陈　锋　常建华／主　编

杨国安　余新忠／副主编

中国历史上的国计民生

社会科学文献出版社
SOCIAL SCIENCES ACADEMIC PRESS (CHINA)

目 录

第一编 理论探讨与学科建设

第二编 群体、生计与日常生活

第三编　财政、经济与社会

第四编　宗族与村落

第五编　社会秩序与基层治理

第一编
理论探讨与学科建设

开放与多元：新世纪中国社会史
理论探讨与学科建设

常建华[*]

改革开放以来，新时期的中国社会史理论探讨与学科建设的演变至今已经三十多年。[①] 其间，我发表了两篇讨论 1986—2006 年学术史研究状况的文章，[②] 兹作续篇就其 2007 年以来的进展加以论述，挂一漏万之处，敬请学者同仁补充指正。

通常认为，所谓社会史，就是研究特定时期或整个历史时期特定地区的人与人之间、人与群体之间以及群体与群体之间的关系和行为模式，研究上述关系的演进及其所存续的外在环境的交换状态，进而揭示社会发展的内在轨迹。社会史既是专史，又是总体史。就中国古代社会史而言，人际关系、群际关系以及人与群之间的关系是其研究的三个基点，而且三个基点的展开都是遵循从下而上和自内而外两个视角进行的。古代社会史研究视野中的人与群体，首先是作为自然人而非政治人的人，是社会中的人而非制度与政权

———————

[*] 常建华，南开大学历史学院暨中国社会史研究中心。

[①] 最新全面性的综述可以参见李长莉《近三十年来中国社会史研究方法的探索》，《南京社会科学》2015 年第 1 期；唐仕春《视角、时空师承及交游——近三十年来中国社会史研究的复兴与拓展》，《南京社会科学》2015 年第 12 期；宋雪玲《近二十年来中国社会史研究述评》，《史学月刊》2015 年第 8 期。

[②] 常建华：《中国社会史十年》，《历史研究》1997 年第 1 期；《跨世纪的中国社会史研究》，《中国社会历史评论》第 8 卷，天津古籍出版社，2007。

中的人，其次才是被追加了种种身份与地位的人。社会史的研究以民间群体与民间自然人为起点，有自己明晰的区界与内涵，以及自己的研究方法和研究特色。①

十年来的中国社会史研究日益呈现开放与多元的趋势。其中，历史人类学与区域社会史结伴相行，并植根于深厚的社会经济史，特色突出；社会生活史的研究也悄然变化，向日常生活史转变，并呈现社会文化史的特色；社会史面对生活，处理的主要是民间文献，社会史在文献处理、史料价值观上，变化也是明显的。民间文献、日常生活、历史人类学交叉渗透，这三个层面的理论与实践，推动着社会史学科的建设。

一　历史人类学与区域社会史

由华南研究发展起来的历史人类学，被视为已经形成学术共同体，并有刊物组织相关学者就此举行笔谈。② 这一学术流派的基本特征是强调从区域人群活动与相互关系中把握社会，重视在田野调查中解读民间文献。他们的学术追求，或许可以用科大卫所著《明清社会和礼仪》（北京师范大学出版社，2016）来表达：通过个案研究，对于统一的中国社会进行详细的论证，重建地方社会如何获取及认同自身特性的历史，以及地方社会如何接受并整合到一个大一统的文化的历史，展现中国社会的独特性和复杂性。科先生主持的"中国社会的历史人类学研究"项目，吸收了香港与内地众多从事田野工作的学者。③ 中山大学历史人类学研究中心组织的"历史·田野丛书"自 2006 年以来推出十余种，彰显了

---

① 马新、齐涛：《关于中国古代社会史研究中的几个问题》，《文史哲》2006 年第 2 期。

② 《开放时代》2016 年第 4 期。笔谈的文章有 9 篇：郑振满《华南学者的历史人类学：传承与互动》，陈春声《真正的学术群体应该"脱俗"》，张小军《学术：共同体的灵魂——以"华南学派"的历史人类学研究为例》，刘志伟《以学为本以人隶之：学术共同体之道》，张侃《学术共同体的法度尺寸与经验感受》，黄向春《"学术共同"抑或"范式"：我所理解的"华南研究"》，张应强《学术共同体与中国人类学"多元一体"知识生产格局之构建》，郑莉《在田野实践中学习：学术认同感与方向感》，李宗翰《对人文科学学术共同体的一点浅见》。

③ 胡晓白：《中国社会的历史人类学第一阶段学术会议：回顾与展望》，《田野与文献》第 74 辑，2014。

自己的研究特色,① 也举办了不少学术研讨会。② 对如何理解一个区域,刘志伟以南岭为例谈了自己的想法,"从这样一种由跨区域的边界和人的流动去建立地区空间概念的历史人类学研究取向出发,南岭就自然可以成为一个作为研究单位的区域"③。

如何理解历史人类学的主张与工作,华南研究学者以及了解他们工作的学者发表了一些文章。历史学者与人类学者的对话有助于互相借鉴。④ 黄国信、温春来、吴滔较早针对学术界对于历史人类学的不同认识,强调历史人类学的区域观念以及历史人类学的研究方式,对近代区域社会史研究具有相当意义。"对于近代区域社会史学界,既强调时间与过程,也重视空间与结构,既讲究史料的分析考辨与校释,也注重'参与体验',从田野中直接获得研究材料,以及历史现场感,并强调分析各阶层、团体的不同历史表达的历史人类学,或许具有特别的意义。强调区域的历史建构过程,意味着研究者不能过分拘泥于僵化的时间或地理界限,而应以人为中心,以问题为中心,并超越所谓'国家—地方'、'普遍性知识—地方性知识'、'大传统—小传统'之类的二元对立,在中国这样一个维持了数千年大一统体制的国家,这类界限其实是相当模糊的。"⑤

他们借用研究盐史的实践表达出了理论追求与经验总结。主张中国盐史

---

① 第一辑9种,计有黄国信《区与界:清代湘粤赣界邻地区食盐专卖研究》,赵世瑜《小历史与大历史:区域社会史的理念、方法与实践》,黄志繁《"贼""民"之间:12—18世纪赣南地域社会》,张应强《木材之流动:清代清水江下游地区的市场、权力与社会》,连瑞枝《隐藏的祖先:妙香国的传说和社会》,黄海妍《在城市与乡村之间:清代以来广州合族祠研究》,温春来《从"异域"到"旧疆":宋至清贵州西北部地区的制度、开发与认同》,郑锐达《移民、户籍与宗族:清代至民国期间江西袁州府地区研究》,郑振满《乡族与国家:多元视野中的闽台传统文化》;第二辑4种,计有陈贤波《土司政治与族群历史》,贺喜《亦神亦祖:广东西南地区的地方信仰与区域社会》,肖文评《白堠乡的故事——地域史脉络下的乡村社会建构》,谢湜《高乡与地乡——11—16世纪江南区域历史地理研究》。

② 如"明清帝国的建构与中国西南土著社会的建构"国际学术研讨会(广州,2010),"流域历史与政治地理"学术研讨会(广州,2011),"东亚人类学论坛——人类学与历史"(广州,2012)。

③ 刘志伟:《天地所以隔外内——王朝体系下的南岭文化》,吴滔、谢湜、于薇主编《南岭历史地理研究》第一辑,广东人民出版社,2016,总序。

④ 郑振满、黄向春:《文化、历史与国家——历史学与人类学的对话》,《中国社会历史评论》第5卷,商务印书馆,2007。

⑤ 黄国信、温春来、吴滔:《历史人类学与近代区域社会史研究》,《近代史研究》2006年第5期。

研究也要在当今历史学的发展脉络下，超越既往范式，引入社会史的视角，重视区域研究，将其放回所在的历史脉络之中，并结合历史人类学"现场感"体验与民间文献结合的旨趣，考察制度运作与地域社会文化的结构过程，才能达到深化盐史研究，真正体现盐在历史时期重要性的目的。① 认为，近20年来，作为方法论的区域社会史研究渗透到历史悠久的盐史研究领域，在区域社会史看来，区域是长时期的历史因素积淀下来的各种地方性观念与朝廷对这些观念的制度化过程互动，所形成的存在于人们心目中的多层次、多向度的指涉。区域社会史研究不是囿于某个行政区划或地理空间的地区历史研究，而是把人当成区域的主体，根据人的活动来展开的区域的整体性历史研究。区域社会史视角下的盐史研究首先体现在一批将盐置于国家或地方历史的维度中，深刻揭示盐与财政、军事、经济、社会、文化以及地方历史进程的深层次关系的重要学术成果中；继而在一系列关于两淮、两浙、福建、广东以及云南、河东等地盐场的区域社会史研究成果里得到充分反映。这些研究成果，为学术界理解盐、盐场以及东南沿海、山西、云南地区乃至中国历史的总体历史变迁提供了参考。②

历史人类学与区域史研究也会遇到各种问题，学者就此进行了讨论。张小也指出，其一，在区域社会研究中应避免"通史区域化"和"区域史地方化"倾向，认识到区域是一种历史建构，是研究者用经验来加以解构的研究对象。其二，对于"国家—社会"分析框架的使用须视具体情况而定，一方面应该认识到研究中国传统社会从典章制度入手是必要的，另一方面也应该认识到其他分析框架的重要性。其三，历史学应该展示历史的全貌和内在脉络，恢复历史的现场感。但是当代历史学无法离开社会科学，因此历史学研究应注意引入那些具有实践性的理论框架和分析工具，这样才有利于学科内以及不同学科之间的对话。其四，民间文献的规模固然庞大，但是不应采取虚无主义的态度，有建设性的做法是找到恰当的方法。民间文献的搜集、整理和利用需要科学的方法，不应破坏其原来的系统，还应注意克服其

---

① 李晓龙、温春来：《中国盐史研究的理论视野和研究取向》，《史学理论研究》2013年第2期。

② 黄国信：《单一问题抑或要素之一：区域社会史视角的盐史研究》，《盐业史研究》2014年第3期。

局限性，解决其中史料的层累问题。① 赵世瑜对于史料问题提出了自己的看法，他认为追求新史料之风在社会史研究领域体现得尤为明显。究其原因，是区域社会史或历史人类学研究对民间文献的重视，即新的研究旨趣或新的研究取向导致了学界对以往利用较少的史料的关注。对于区域社会史的研究者来说，我们面临着对档案、碑刻、族谱、契约文书也许越来越熟悉，但对正史中的《五行志》《礼志》或者地方志中的《星野》越来越没人懂了的困境，甚至很多常识都变成了谜题。也许更可怕的是，我们手边的资料越积越多，用到下辈子写文章都够，但思想呢？② 此外，关于区域史还有一些文章论述。③

对于"华南"概念与区域研究，桑兵有独到的看法。他指出：华南指称的晚出及其内涵外延的变动不居，提示区域研究应自觉使分区概念的形成演化与历史进程相吻合，以免先入为主地削足适履。在谈到区域研究的本旨与流弊时，他认为各省之上的大区划分并非中国历来所固有，主要是近代由域外看中国产生的，大区概念的使用，大都不过为解决当下的问题图个方便或因陋就简，并未深究分区的当否以及意义。这样本无深意的分区，在 20 世纪 60 年代后期海外兴起的中国区域研究中有所发挥。区域研究的初衷，是鉴于中国幅员广阔，差异显著，若是一概而论，难免以偏概全，或是流于支离破碎的状态。只有缩小空间的范围，才能超越大而无当的粗疏或见木不见林的偏蔽，切实求得整体的把握。现有研究大体出现以下不足：其一，用现行的行政区划作为分区的依据凭借，上溯考察该区域的社会历史文化；其二，将所认定的区域内没有事实联系的现象想当然地视为同类并加以归纳；其三，缺乏整体观照，只就局部具体立论，所谓区域性特征，一旦放宽眼界，则或大同小异，或生搬硬造；其四，中国历史文化的统一性无论是空间

---

① 张小也：《历史人类学：如何走得更远》，《清华大学学报》2010 年第 1 期。
② 赵世瑜：《旧史料与新解读——对区域社会史研究的再反思》，《浙江社会科学》2012 年第 10 期。
③ 徐国利：《关于区域史研究中的理论问题——区域史的定义及其区域的界定和选择》，《学术月刊》2007 年第 3 期；李金铮：《区域路径：近代中国乡村社会经济史研究方法论》，《河北学刊》2007 年第 5 期；黄向春：《区域社会文化史研究的视野与经验》，《光明日报》2009 年 12 月 8 日；戴一峰：《区域史研究的困惑：方法论与范畴论》，《天津社会科学》2010 年第 1 期；龙先琼：《试论区域史研究的空间和时间问题》，《齐鲁学刊》2011 年第 1 期；杨念群：《"整体"与"区域"关系之惑——关于中国社会史、文化史研究现状的若干思考》，《近代史研究》2012 年第 4 期。

还是层面，都被严重分解。①

　　"地方"则是罗志田重视的。他指出：针对大一统下形成的"郡县空虚"，从南宋开始，士人开启了以"礼下庶人"的方式构建下层民间社会的持续努力。这一持续千年的尝试，寓正德于厚生，侧重的是"地方"，强调的是"民间"，提示了从"非国家"视角观察历史的必要和可能。州县的范围，既是人人生活的基本空间（实体的和想象的），也是士绅、职役、家族和地方官互动的场域。"国家"与"民间"、体制与乡俗调和（negotiating）于其间，代表国家者常不行使其功能，而行使国家功能者常不代表国家。在或隐或现的"国家"身影下，逐步形成一种"藉士大夫之势以立国"的取向。在乡之士不仅要化民成俗，还要凝聚社会。"道"与乡土的衔接，使"地方"具有更多自足的意义，减轻了上层政治变动的影响。②

　　探讨赣闽粤毗邻地区族群问题的"客家研究新视野丛书"值得关注，其从不同角度体现出了历史人类学与区域社会研究的特色。这套书由中国社会科学出版社于2015年推出，其中温春香的《文化表述与族群认同：新文化史视野下的赣闽粤毗邻区族群研究》以宋元以来赣闽粤毗邻区的族群为对象，以文化表述为切入点，考察宋元以来文人对赣闽粤的记载，发现宋元到明朝中期，文人尽管对不同族群有所记载，但最多的是关注区域性的动乱；而发展到明代中后期，表述出现转变，开始较多地关注这一地区的族群性差异，并将这种差异渐渐明晰。这种表述转变与明代赣闽粤毗邻区的大规模动乱及明中后期以来的社会重组有关，这种由方志主导的言说其实首源于各姓族谱，而族谱编撰的背后则是一整套文化的逻辑及汉人意识在起作用。邹春生的《文化传播与族群整合：宋明时期赣闽粤边区的儒学实践与客家族群的形成》考察了9—18世纪中原王朝政权和儒家主流文化对赣闽粤边区的渗透和其传播的历史轨迹，揭示了赣闽粤边区的社会变迁与客家族群文化形成的内在逻辑；阐述了国家权力在赣闽粤边区的社会变迁和客家族群文化形成过程中所起的作用；并引用文化学的理论，对客家族群的汉民族属性做了学理上的分析。靳阳春的《宋元时期汀州区域开发与客家民系形成》

---

①　桑兵：《"华南"概念的生成演化与区域研究的检讨》，《学术研究》2015年第7期。

②　罗志田：《地方的近世史："郡县空虚"时代的礼下庶人与乡里社会》，《近代史研究》2015年第5期。

探讨了汀州的设立及人口变迁、交通变迁、经济变迁、社会变迁、客家民系的形成和发展。黄志繁、肖文评、周伟华的《明清赣闽粤边界毗邻区生态、族群与"客家文化"：晚清客家族群认同建构的历史背景》认为，晚清"客家文化"被建构为"中原正统文化"，明中期以来赣闽粤边界地区普遍经历的"正统化"是重要原因，晚清时期客家人面对的"族谱"、祠堂、"口碑"等文化资源其实是明中期以来赣闽粤边界地区"正统化"的结果。

华北区域社会史研究的面貌发生着变化。赵世瑜所著《小历史与大历史：区域社会史的理念、方法与实践》（生活·读书·新知三联书店，2006），对于区域史研究有不少心得体会。赵世瑜主编的《大河上下：10 世纪以来的北方城乡与民众生活》（山西人民出版社，2010）系中山大学历史人类学研究中心课题的结项成果。该书通过大量田野调查，用收集到的众多史料及数据，围绕 10 世纪以来北方城乡与民众生活的原生状态进行多角度的探究和展示。该书分为移民、身份与生活、寺庙与基层社会组织、宗族建构和村落与乡村关系认同四部分。赵世瑜对华北区域社会史研究有新的设想。他认为，无论是在世界史还是在东亚史上，16 世纪都是一个重要的时代。正是在这时，明朝深为"北虏南倭"问题所困扰。学界以往对明代"北虏"问题的解释框架，基本上局限于传统的游牧民族与农耕民族冲突史及明蒙关系史。在与其相提并论的"南倭"问题得到新的解释并被置于一个更广阔的海洋贸易史框架后，对"北虏"问题的认识变化依然不大。事实上，在长城沿线发生的、以明朝和蒙古为主角的一系列事件，同样是全球史时代变化的组成部分。"内陆史视角"的观察与思考应成为传统的"海洋史视角"的重要补充。① 他还从区域社会史的角度观察到，明清易代时期在不同地区、不同时段，各地往往表现为"不清不明"，即不断出现反复而未立即确立某一正统的状态，而这种状态又与该区域历史发展的长期特点有关。② 他还尝试反思清代内亚研究以及华南研究所见之清朝国家认同建构的多元性。③ 赵世瑜提出了对北方区域社会史研究的看法，并对山西进行了专

---

① 赵世瑜：《时代交替视野下的明代"北虏"问题》，《清华大学学报》2012 年第 1 期。
② 赵世瑜：《"不清不明"与"无明不清"——明清易代的区域社会史解释》，《学术月刊》2010 年第 7 期。
③ 赵世瑜：《从移民传说到地域认同：明清国家的形成》，《华东师范大学学报》2015 年第 4期。

门研究。①

行龙讲述了对于中国区域社会研究"走向田野与社会"的认识。② 行龙的《走向田野与社会》（生活·读书·新知三联书店，2007）是以近代山西社会的水灾、水案、集体化和晋商等专题为中心的区域社会史研究，注重在田野调查中搜集史料、解读史料，展现出历史学对地方社会变迁的关怀。2012 年 5 月，北京大学出版社推出山西大学中国社会史中心编辑的"田野·社会丛书"四种，即胡英泽的《流动的土地：明清以来黄河小北干流区域社会研究》、张俊峰的《水利社会的类型：明清以来洪洞水利与乡村社会变迁》、郝平的《丁戊奇荒：光绪初年山西灾荒与救济研究》、韩晓莉的《被改造的民间戏曲——以 20 世纪山西秧歌小戏为中心的社会史考察》。该中心还编有辑刊《社会史研究》。③

南开大学中国社会史研究中心连续举办了华北区域社会史研讨会，以求把握华北区域社会发展的动力机制与区域特色。2008 年 12 月 12 日至 15 日，举办了"民间文献与华北社会史"学术研讨会。2009 年 8 月 20 日至 23 日，举办了"断裂与连续：金元以来的华北社会文化"国际学术研讨会。④ 该中心的研究侧重于华北乡村社会经济、商品流通、宗族问题，出版专著多种，近期发表了一些代表性的论文。⑤

① 赵世瑜：《如何深化中国北方的区域社会史研究——〈长城内外：社会史视野下的制度、族群与区域开发〉绪论》，《河北广播电视大学学报》2015 年第 4 期；李卫Б：《社会史与山西研究的反思——赵世瑜教授访谈录》，《晋阳学刊》2009 年第 4 期；赵世瑜：《圣姑庙：金元明变迁中的"异教"命运与山西社会的多样性》，《清华大学学报》2009 年第 4 期；赵世瑜：《村民与镇民：明清山西泽州的聚落与认同》，《清史研究》2009 年第 3 期。

② 行龙：《走向田野与社会：区域社会史研究的追求与实践》，《山西大学学报》2012 年第 3 期。

③ 前两辑由北京大学出版社出版，即《中国社会史研究的理论与方法》（2011），《山西水利社会史》（2012）；后两辑改由商务印书馆出版，第三辑于 2013 年出版，第四辑于 2016 年出版。每辑栏目分为专题论文、学术评论、资料选编，收录文章约 10 篇。

④ 常建华：《"民间文献与华北社会史"学术研讨会综述》，《中国史研究动态》2009 年第 5 期；常建华：《"断裂与连续：金元以来的华北社会文化"国际学术研讨会综述》，《民俗研究》2009 年第 3 期。

⑤ 张思：《从近世走向近代：华北的农耕结合与村落共同体》，《民俗研究》2010 年第 1 期；许檀：《清代山西归化城的商业》，《中国经济史研究》2010 年第 1 期；常建华：《明清山西碑刻里的乡约》，《中国史研究》2010 年第 3 期；王先明：《试析富农阶层的社会流动——以 20 世纪三四十年代的华北乡村为中心》，《近代史研究》2012 年第 4 期；李金铮：《延续与渐变：近代冀中定县农业生产及其动力》，《历史研究》2015 年第 3 期；李金铮：《矫枉不可过正：从冀中定县看近代华北平原租佃关系的复杂本相》，《近代史研究》2011年第 6 期。

　　其实，江南区域社会史研究在稳步前行，也很有特色。近年来上海的复旦大学、华东师范大学、上海交通大学、上海社会科学院、上海师范大学纷纷强调江南研究，南京的南京大学，苏州的苏州大学、苏州科技大学，杭州的浙江大学，金华的浙江师范大学等单位也在从事江南史研究。复旦大学历史系从 2008 年起每两年举办一次关于江南史的国际学术研讨会，现已举办六届，并由复旦大学出版社出版了多种会议论文集，有《江南与中外文化交流》（2009）、《明清以来江南城市发展与文化交流》（2011）、《变化中的明清江南社会与文化》（2016）。上海师范大学中国近代社会研究中心于1997 年起举办江南社会史国际学术前沿论坛，并于 2009 年创办《江南社会历史评论》（唐力行主编），由商务印书馆发行，已经出版八辑。该刊是区域社会研究的综合性学术刊物，辟有理论探索、学术评论、江南经济、江南文化、江南社会等栏目。办刊宗旨一是重视理论的创新，尤其是本土化社会史理论的构建；二是重视新资料的挖掘，包括档案、碑刻、口碑、实物资料等；三是提倡研究社会史的新视野，例如在超越地域社会疆界的广阔视野中进行区域间的比较研究、在长时段的视野中研究中短时段的历史事件与人物、在地方社会与国家互动的整体史视野中审视地域社会的变迁等；四是倡导历史评论，在学术批评中推进学术的发展。唐力行等著的《苏州与徽州——16—20 世纪两地互动与社会变迁的比较研究》（商务印书馆，2007）强调从区域史研究走向区域比较研究。长期研究江南地域社会的朱小田认为，人类学的独特思路可以导向地域文化研究的纵深发展。地域文化史应加强动态生活的呈现，告别传统的脱离生活结构的习俗史，迈向生活领域；人类学的整体视野提醒人们要特别关注地域社会内部各种不同类型的社群世界，向笼统的"中国社会"或"地域社会"概念提出挑战；人类学赋予社会结构中的任何劳动者以一席之地，要求地域文化观察重视作为民间文化持有者的普通百姓；人类学中习见的口头艺术形式，常常以文献与口头两种形态存留下来，成为地域文化研究的独特素材。[①]

　　此外，华中、西南、西北、东北的区域社会史研究都取得了明显进展，我

---

① 朱小田：《地域文化史研究的人类学路径——倾向于江南的案例》，《清华大学学报》2010年第 1 期。

会另外介绍具体的研究成果。但区域史也存在着各区域研究不平衡的现象。①

空间对于历史学具有独特价值。鲁西奇《中国历史的空间结构》（广西师范大学出版社，2014）运用"空间"的观念与方法，思考"空间"对于中国历史发展的意义，分析了中国历史发展的进程及其空间结构。全书分为区域多样性、核心与边缘、城市与村庄三大部分，分别讨论了中国历史与文化的区域多样性、中国历史发展的五条区域性道路、中国历史上的三大经济地带及其变动、王朝的"核心区"及其变动、内地的边缘、边缘的核心、权力与城市空间、乡村聚落形态的演变及其区域差异等问题，多角度、多层次回答了"统一、多元中的中华帝国是如何可能的"这一宏大命题。

跨区域的社会史研究如何进行？吴欣认为："若将运河研究放置在'区域与跨区域研究中的生活方式与社会发展'的框架之下，运河区域社会研究历史意义或更为可鉴……民间文献和'生活方式'视域下的社会史研究，既是运河研究同时也是区域社会史研究的希望所在。"②

值得注意的是，在全球化的今天，社会史的区域研究也把视野投向国外的华人活动与国内及国际的联系性上。郑振满通过考察闽南华侨的跨国生存状态、侨乡社会权势的转移及侨乡社会文化的传承，探讨近代闽南侨乡的国际化与地方化进程。所谓国际化，是指闽南侨乡的社会经济中心不断外移，海外华侨成为闽南侨乡的地方精英，海外世界与闽南侨乡的联系日益密切。所谓地方化，是指闽南侨乡的政治权力中心不断下移，侨乡建设与地方公共事务受到了空前的重视，本地社会文化传统得到了更新和延续。他认为深入研究这一历史过程，对于探讨全球化时代地方传统的发展前景，具有理论意义和学术价值。③ 郑莉着重研究跨国界的文化网络，通过对马来西亚芙蓉坡兴化人的个案研究，探讨同乡同业传统在海外华人社会中的传承与运作机制。④ 刘永华发现，自19世纪中叶开始，随着上海、宁波等口岸开埠通商，国际茶市对中国茶叶生产与销售的影响日益深入。在市场利好的刺激下，徽州婺源产茶区的一家农户通过增加茶叶生产与制作的劳动力投入，提高了家

① 吴琦：《社会史研究中的区域失衡现象》，《江西师范大学学报》2010年第5期。
② 吴欣：《从"制度"到"生活"：运河研究的新维度》，《光明日报》2016年8月10日。
③ 郑振满：《国际化与地方化：近代闽南侨乡的社会文化变迁》，《近代史研究》2010年第2期。
④ 郑莉：《东南亚华人的同乡同业传统——以马来西亚芙蓉坡兴化人为例》，《开放时代》2014年第1期。

庭的现金收入。同时，这家农户还因应家庭规模的变动，投入大量劳动力开垦土地，扩大粮食种植面积，从而缓解了口粮不足问题。①

二　日常生活史与文化史

历史人类学重要的出发点是日常生活史，强调的是一种研究视角与方法，而不是一种独特的研究对象。因此，我们应当拓展对于历史人类学的理解，虽然历史人类学重视田野调查，但绝不限于此。如诸多艺术社会史的研究就体现出历史人类学的特色，物质文化的研究与日常生活、历史人类学的探讨不可分割。②

虽然社会生活史自 20 世纪 20 年代末至 40 年代开始进入中国学者的视野，但是 50 年代至 70 年代中国大陆的生活史研究成果少得可怜。社会生活史作为独立的研究领域，基本上是在最近二十多年才取得突出成绩。近年来，熊月之主编的"上海城市社会生活史丛书"，由上海辞书出版社于 2008 年推出，2011 年出齐，计有 25 种：熊月之《异质文化交织下的上海都市生活》，张笑川《近代上海闸北居民社会生活》，唐艳香、褚晓琦《近代上海饭店与菜场》，汤水清《上海粮食计划供应与市民生活（1953—1956）》，葛涛《唱片与近代上海社会生活》，侯艳兴《上海女性自杀问题研究（1927—1937）》，阮清华《上海游民改造研究（1949—1958）》，白华山《上海政商互动研究（1927—1937）》，陈同《近代社会变迁中的上海律师》，王敏《上海报人社会生活（1872—1949）》，施如柱《青春飞扬——近代上海学生生活》，陈祖恩《上海日侨社会生活史（1868—1945）》，汪之成《近代上海俄国侨民生活》，王健《上海犹太人社会生活史》，金大陆《非常与正常：上海"文革"时期的社会生活》，马学强、张秀莉《出入于中西之间：近代上海买办社会生活》，叶中强《上海社会与文人生活（1843—1945）》，马军《舞厅市政：上海百年娱乐生活的一页》，江文君《近代上海职员生活史》，瞿骏《辛亥前后上海城市公共空间研究》，张生《上海居大不易：近代上海

---

① 刘永华：《小农家庭、土地开发与国际茶市（1838—1901）——晚清徽州婺源程家的个案分析》，《近代史研究》2015 年第 4 期。
② 常建华：《历史人类学应从日常生活史出发》，《青海民族研究》2013 年第 4 期。

房荒研究》，宋钻友《同乡组织与上海都市生活的适应》，宋钻友等《上海工人生活研究（1843—1949）》，葛涛、石冬旭《具像的历史——照相与清末民初上海社会生活》，葛涛《唱片与近代上海社会生活》。一般认为，社会生活史研究是社会史研究的一个重要组成部分，其重点是研究群体的社会生活以及社会生活领域的各种群体性现象。① 李长莉指出，自20世纪80年代中期以来，中国近代生活史研究从兴起到发展，并于近年受到更多关注而成为一个热门领域，主要研究方向为风俗习尚、社会群体生活、城市生活与公共空间、消费生活、文化娱乐生活、生活史综合研究等，更多关注社会变动与生活变化的互动，更多注意生活与政治、经济、社会、文化等诸因素的相互关联和互动关系。不过，中国近代生活史研究的缺陷在于理论分析与理论创新不足。② 也有人认为："随着新时期的到来，历史学发展大的趋势是从政治经济史向社会生活、生态环境、生命史的转移，这不仅是史学研究本身的转移，还是当代文明和社会已经从欲望、本能、名利等转向生活、生命等本质的再认识上。角度的转换，意味着历史观的更新和研究方法的转变，一种新社会生活史观逐渐形成。"③ 我觉得，社会生活史是以人的生活为核心联结社会各部分的历史，生活史研究的最大价值，应当是建立以人为中心的历史学。生活史立足于民众的日常活动，镶嵌于社会组织、物质生活、岁时节日、生命周期、聚落形态中。注意社会分层，了解不同社会群体的生活也必不可少。生活史的研究带来视角与方法的变化，可以从习以为常中发现历史，从日常生活来看国家，挑战传统史料认识，从生活方式的转变考察民族关系，进行不同文明的比较，阐述社会变迁。④ 在清理了社会生活史的学术史之后，我得出了如上看法。因此，提出社会生活史研究应当向日常生活史研究转变，这是中国社会史研究的再出发。⑤

新的社会生活史或者说日常生活史研究，很重要的一点是要借鉴"新文化史"或者说社会文化史。俞金尧指出，起源于新史学的社会史

---

① 项义华：《社会生活史研究的学术传统与学科定位》，《浙江学刊》2011年第6期。
② 李长莉：《中国近代生活史研究30年——热点与走向》，《河北学刊》2016年第1期。
③ 杨卫民：《新时期社会生活史研究述略》，《焦作师范高等专科学校学报》2012年第1期。
④ 常建华：《中国社会生活史上生活的意义》，《历史教学》（高教版）2012年第2期。
⑤ 常建华：《从社会生活到日常生活——中国社会史研究再出发》，《人民日报》2011年3月31日。

学，以书写人民大众的历史为其区别于其他历史研究的身份特征。新文化史研究历史上的大众文化，因而具有社会史学的属性。战后兴起的新社会史秉承了年鉴学派的总体史追求，它倾向于从经济基础和社会结构中寻找社会变迁的终极原因，以建立宏大的历史叙事。然而，新社会史经济社会决定论的弊病，引发了社会史学的"文化/语言转向"，从而催生了新文化史。但是，新文化史强调文化、符号、话语的首要性，最终走向了文化/语言决定论的极端。由于对新文化史激进倾向的强烈不满，西方史学界自20世纪90年代中期之后出现了"超越文化转向"的趋势，这种趋势体现为学者们越发重视实践的作用，社会史学正在进行一种可称为"实践的历史"的新探索。① 李长莉认为，中国"社会文化史"研究出现了微观史与深度描述、建构理论与概念分析工具、以记述叙事为主要表现形式等趋向。② 梁景和强调，研究社会文化史既不能脱离大众文化，亦不能忽视精英文化，同时要注意研究社会文化与国家意志的关系问题，以及社会运动所蕴含的社会文化意义。③ 我认为日常生活应当成为文化史、社会史、历史人类学研究的基础，尽管在这方面中国社会文化史研究已经取得了一定成绩，但应更加明确与自觉地把日常生活作为社会文化史研究的基本内容。④ "比较而言，以往的以社会形态史为背景的中国史研究重视制度和经济，而以人类文化史为背景的'新文化史'重视人的活动，强调观念与心态。在当代，这二者结合的历史研究，或许更符合现实需要。"⑤ 在新文化史的观照下，学者对于史料的解读发生了变化。在新文化史家看来，史料与其说是历史事实的载体，不如说是有意义的文本；特别重视史料的语境分析，主张在具体的历史情境中深度解读史料；在运用史料展开历史叙事时，往往会在对相关史料深入探析的基础上，采用合理的演绎、推测甚或假设等

① 俞金尧：《书写人民大众的历史：社会史学的研究传统及其范式转换》，《中国社会科学》2011年第3期。
② 李长莉：《交叉视角与史学范式——中国"社会文化史"的反思与展望》，《学术月刊》2010年第4期。
③ 梁景和：《关于社会文化史的几个问题》，《山西师大学报》2010年第1期。
④ 常建华：《日常生活与社会文化史——"新文化史"观照下的中国社会文化史研究》，《史学理论研究》2012年第2期。
⑤ 耿雪、曾江：《"新文化史"给我国史学研究带来了什么？》，《中国社会科学报》2013年8月30日。

手段来让叙事变得完整而更具意义。①

　　日常生活史在欧美等地已经成为一个重要的学术研究领域，特别是作为方法论产生了重要的学术意义。从诺贝特·埃利亚斯所著的《文明的进程》到菲利浦·阿利埃斯、乔治·杜比主编的《私人生活史》，都贯穿着西方历史演进中"道德私人化"的基本思想，如今的日常生活史已与物质文化、社会性别、科技、医疗、身体、艺术诸史相融合，研究采用多种视角，已成为跨学科的学问。欧美日常生活史学家尖锐地批评社会科学史学"见物不见人"的特点，特别强调个人的作用。面对海外日常生活史研究产生的一批优秀学术成果，后起的中国日常生活史应当将中外日常生活史的比较研究作为自觉的行为。表面来看，似乎是西方公私分立，中国公私相混，但中国历史上公与私的生活以及二者的关系与西方究竟有何不同，值得深入研究。②

　　如果我们将"日常生活"作为分析性概念，那么对于文献史料的认识也会发生变化。我觉得徽州文书最大的学术价值是提供了民间社会日常生活史研究的资料。若要发挥徽州文书的总体价值，需要对"日常生活"有更深入的认识，从而借助更有内涵、更清晰的概念分析工具，实现史学研究范式的转换，发挥徽州文书最大的学术价值。③

　　近年来，南开大学中国社会史研究中心将日常生活史作为重点进行研究。自 2011 年起连续五年举行了"中国日常生活史的多样性""日常生活史视野下中国的生命与健康""中国史上的日常生活与地方社会""中国史上的日常生活与民生问题""中国史上的日常生活与物质文化"这些推动日常生活史研究的学术研讨会。④ 我利用乾嘉时期的刑科题本的口供探讨了清

---

① 余新忠：《新文化史视野下如何解读史料？》，《历史研究》2014 年第 6 期。
② 常建华：《他山之石：国外和台湾地区日常生活史研究的启示》，《安徽大学学报》2015 年第 1 期。
③ 常建华：《徽州文书的日常生活史价值》，《安徽史学》2015 年第 6 期。
④ 部分会议论文收入天津古籍出版社的《中国社会历史评论》第 13 卷（2012）、14 卷（2013）、15 卷（2014）、16 卷（2015）中。有关会议综述，请参看张传勇《从习以为常发现历史："中国日常生活史的多样性"国际学术研讨会综述》，《民俗研究》2012 年第 2 期；许三春《"日常生活史视野下中国的生命与健康"国际学术研讨会纪要》，《中华医史杂志》2012 年第 5 期；张瑞《日常生活史视野下中国的生命与健康国际学术研讨会综述》，《中国史研究动态》2013 年第 2 期；张传勇《置日常生活于社会空间——"中国史上的日常生活与地方社会"学术研讨会综述》，《中国社会历史评论》第 15 卷，天津古籍出版社，2014；王静《深入日常生活研究推动学术共同体形成——"中国史上的日常生活与民生问题"会议述评》，《城市史研究》2015 年第 1 期；张陆卅《"中国史上的日常生活与物质文化"学术研讨会》，《东岳论丛》2016 年第 1 期。

中叶不同地区的日常生活，[①] 同仁也有新研究的尝试。[②] 此外，学者也做了一些基础性的工作。[③]

值得注意的是，日常生活史研究作为方法论应当重视 "制度与生活" 的视角。这一视角是由社会学学者李友梅提出的：对于 1978 年以来中国社会变迁的考察路径有多种多样，其中 "国家—社会" 视角受到了较多青睐。概而言之，"国家—社会" 视角具有几个基本特点：第一，主要基于公民社会理论构建而成，其中的 "社会" 主要是指政治学意义上的公民社会；第二，强调国家与社会之间二元的权力对应和相互约束关系；第三，其价值取向是塑造具有高度自主性的公民社会，建立民主政治制度。依照这个视角，我国 30 多年来的改革开放普遍被视为国家逐步 "释放" 社会、社会不断自我发育成长的过程。但 "国家—社会" 的分析框架与社会生活实践始终存在无法摆脱的张力：首先，这一分析框架根植于西方的经验而非中国的生活实践，无法真实呈现后者的丰富内涵；其次，这一分析框架注重在宏观层面阐释力量格局转换，难以切入中观与微观社会实践，难以观察到扎根于日常生活中的观念、行为所具有的丰富内涵；最后，这一范式在一定程度上忽略了国家层面的各种管理制度设计同人们的日常生活之间的相互渗透和相互建构关系。有鉴于此，可以尝试构建 "制度—生活" 的分析框架，以 "自主性" 为观察对象，更有效地呈现和解读 1978 年以来中国社会生活的变迁过程。这里的 "制度"，是指以国家为主体的直接的和间接的社会管理制度，其与社会性、观念性制度相互交织，共同形成作用于社会生活的 "制度丛"；"生活" 则局限于人们日常的非正式科层化的社会生活领域，区别于

---

① 常建华：《清中叶山西的日常生活——以 118 件嘉庆朝刑科题本为基本资料》，《史学集刊》2016 年第 4 期；《生命·生计·生态：清中叶江西的日常生活——以 108 件嘉庆朝刑科题本为基本资料》，《上海师范大学学报》2016 年第 5 期。

② 闫爱民：《汉代夫妇合葬习俗与 "夫妇有别" 观念》，《天津师范大学学报》2015 年第 5 期；《 "吕后被" 与西汉皇室三月上巳求子之俗》，《天津师范大学学报》2015 年第 5 期；夏炎：《魏晋南北朝燃料供应与日常生活》，《东岳论丛》2013 年第 2 期；《唐代薪炭消费与日常生活》，《天津师范大学学报》2013 年第 4 期；李金铮《小历史与大历史的对话：王笛〈茶馆〉之方法论》，《近代史研究》2015 年第 3 期。

③ 常建华：《明代日常生活研究的回顾与展望》，《史学集刊》2014 年第 3 期；李金铮：《众生相：民国日常生活史研究》，《安徽史学》2015 年第 3 期；孙立群、常博纯：《魏晋南北朝日常生活史研究回顾》，《许昌学院学报》2015 年第 6 期；王善军：《辽宋西夏金元日常生活史研究概述》，《中国社会历史评论》第 17 卷下，天津古籍出版社，2016。

高度工具理性的经济、政治和文化活动；"自主性"指镶嵌在生活之中、运作生活和改变生活的个体和群体的理性化——不是纯粹工具理性，而是多元化的和混合的理性——的自我选择、自我设计、自我组织和自我调控的行动。"制度—生活"的分析框架并不背离"国家—社会"范式的价值取向，也不否定社会力量制约国家权力的企图，但其具有自身的独特解释力量。第一，它力图在具体的社会背景下解读制度与生活之间的既相互渗透、相互建构，又相互矛盾的动态关系；第二，它努力分析在一个强国家、弱社会的力量格局下，以及一个权利意识尚未发育的环境中，制度与生活之间的力量关系以及二者是如何相互改变的；第三，它尝试在制度与生活的互动关系中分析社会力量和权利意识的发育和成长过程，以及在这一过程中制度与生活之间关系的转变逻辑。① 这一想法，我觉得也适应于社会史研究。

　　社会史学者也在研究实践中敏锐抓住了制度与生活的关系。刘永华指出：明代实行的匠户世袭制度，对民众社会生活产生了深刻的影响。其一，这一制度为民众社会关系的建构提供了动力和契机。其二，这一制度拓宽了民众的空间活动范围。② 杜丽红著《制度与日常生活：近代北京的公共卫生》（中国社会科学出版社，2015）从制度的角度研究近代北京的公共卫生，不仅描述了制度在组织和规则层面的变迁过程，更试图阐释制度影响日常生活的过程，旨在探讨 20 世纪初北京公共卫生制度演变及社会化过程的基本脉络，即公共卫生制度如何诞生、如何变迁、如何在国家与社会互动中成为日常生活规则。③

　　个人生活史的研究也受到了重视。日记与年谱无疑是研究个人生活史最直接有效的文献，值得注意的还有笔记。我依据龚炜的《巢林笔谈》探讨了清朝统治稳定后士人的政治态度与日常生活，兼论笔记的生活史资料价

---

① 李友梅：《制度与生活视野下的中国社会变迁》，《解放日报》2008 年 12 月 18 日；李友梅、黄晓春、张虎祥等：《从弥散到秩序："制度与生活"视野下的中国社会变迁（1921—2011）》，中国大百科全书出版社，2011。按：肖瑛《从"国家与社会"到"制度与生活"：中国社会变迁研究的视角转化》（《中国社会科学》2014 年第 9 期）进一步论证了"制度与生活"的理论。

② 刘永华：《明代匠籍制度下匠户的户籍与应役实态——兼论王朝制度与民众生活的关系》，《厦门大学学报》2014 年第 2 期。

③ 参见杜丽红《知识、权力与日常生活——近代北京饮水卫生制度与观念嬗变》，《华中师范大学学报》2010 年第 4 期。

值。吴中士人龚炜生活在清康熙后期到乾隆中叶，他对于清朝统治高度认同，从他的个人生活史了解了他的政治立场、人生经历、生活态度、家庭生活以及家族关系，看到了他的性情爱好、文化品位、治学情况，特别是绝意科举的人生转折，一个鲜活的士人呈现在我们的面前，这是利用其他资料很难做到的。范莉莉以笔记《五杂组》为主要依据探讨了谢肇淛的日常生活状况，这是从微观层面检视晚明宦游士人生活的一次尝试。① 还有学者利用档案研究当代中国的个人生活史。戴建兵等认为，囿于中西方的国家与社会之间关系不同，当代中国个人生活史研究与西方私人生活史研究存在较大差异，并且还是一块待开拓的处女地。从资料上看，人事制度是当代中国一项重要的管理制度，个人档案具有内容丰富、真实等优点，成为个人生活史研究的基本史料。当代中国个人生活史研究开辟了史学研究新领域，以全新的微观角度反映了普通民众的日常社会生活，拓展了中国社会史研究范围，可使人们更好地认识当代中国缓慢而深刻的社会变迁。② 金光耀、戴建兵编的《个人生活史（1949—1978）》（上海大学出版社，2016）注重微观历史和细节还原，聚焦普通民众的生活实态，就人论事、就事说理，真实地反映出普通人的处世哲学和人生历程，以发现被宏观历史忽略或无法收纳的底层"无言的群体"，厘清被意识形态化和"革命阶段化"所遮蔽的中国社会真实的发展过程。该书收录具体研究的文章16篇。此外，还有民族学学者对一位从越南嫁到中国的苗族妇女的生活经历进行考察，探讨其系列行动的生存理性。③

　　日常生活史的研究，也有一些综合性的探讨。我编的《中国日常生活史读本》（北京大学出版社，2016）收录论文18篇，依内容分为五编，即生育与生命周期、日常交往、消费与逸乐、性别与生活、城乡日常生活。尽可能反映出日常生活的基本问题，既有人的生产与生命历程、社会交往、物

---

① 常建华：《盛清江南士人生活的写照——清人笔记龚炜〈巢林笔谈〉的生活史料价值》，《中国社会历史评论》第11卷，天津古籍出版社，2010；范莉莉：《晚明宦游士人的生活世界——兼谈谢肇淛〈五杂组〉的生活史资料价值》，《中国社会历史评论》第13卷，天津古籍出版社，2012。

② 戴建兵、张志永：《个人生活史：当代中国史研究的重要增长点》，《河北学刊》2015年第1期。

③ 郑宇、曾静：《社会变迁与生存理性：一位苗族妇女的个人生活史》，《民族研究》2015年第3期。

质消费，也涵盖日常生活的空间场所。这其中还兼顾了民间信仰与思想观念的内容，兼顾了论文的研究时段以及不同阶层与社会身份的生活。断代性的生活史研究虽然不太强调区分社会生活、日常生活，也足资参考。宋镇豪的《商代社会生活与礼俗》（中国社会科学出版社，2010）论述了商朝礼制与社会生活礼俗的运作，以及有关商代社会行为观念整合规范的机制，全面考察了城邑生活与族居形态、建筑营造礼仪、宫室宅落建制、居住作息习俗、家族亲属关系和社会风尚，包括商代的衣食住行、农业信仰礼俗、人生俗尚、婚制婚俗、生育观念、养老教子、卫生保健与医疗俗信，以及社会礼仪及礼器名物制度、服饰车马制度、文化娱乐、丧葬制度、甲骨占卜等。黄正建著《走进日常：唐代社会生活考论》（中西书局，2016）探讨了唐代的衣食住与日常生活。师永涛著《唐代的乡愁：一部万花筒式的唐朝生活史》（安徽文艺出版社，2014）试图通过浩瀚史料中被漏下的碎片，诸如夜宴、城市、胡人、庄园、女子、少年、寺庙的日常细节，来呈现一个时代的存在。宋立中著《闲雅与浮华：明清江南日常生活与消费文化》（中国社会科学出版社，2010）主要涉及明清江南日常生活与消费文化，分别从婚姻礼俗与社会变迁、消费服务与消费文化、休闲生活与雅俗冲突三个方面，探讨了学界较少关注的明清时期的婚礼消费、节日消费、娱乐消费、时尚消费、妇女游风、鲜花鉴赏、休闲文化，以及传统服务业，如游船业、旅馆业、娱乐业等内容。李长莉等著《中国近代社会生活史》（中国社会科学出版社，2015）记述了自明末、晚清至1949年，伴随中国社会的近代化变动，人们的衣食住行、社会生活、风俗习尚、文化娱乐等诸方面的变迁轨迹，既考察了近代百余年间社会生活的总体变迁轨迹，又重点考察了各个时段突出的社会生活现象，并加以文化分析，从而揭示出在中国社会近代转型过程中，近代社会生活变迁的社会文化意义。李健胜的《清代—民国西宁社会生活史》（人民出版社，2012）论述了清代至民国时期西宁地区的衣食住行、婚丧礼俗、教育文娱、节庆宗教、医疗卫生等，呈现了西宁地区各民族社会生活的多元性。颜浩著《民国元年：历史与文学中的日常生活》（陕西人民出版社，2012）发掘小说中的历史素材，从百姓民生及其日常生活来反映清末民初社会，讲述了很多日常生活的具体场景，比如娱乐、穿衣等。罗小茗编《制造"国民"：1950—1970年代的日常生活与文艺实践》（上海书店出版社，2011）主要内容：亚洲在发出自己的声音，中韩两国青年新锐学者首次思想碰撞，重返冷战体制现场，探寻"在地"思想资源，建构亚洲自身的思想学术脉络。顾希佳、何王芳、袁瑾著《杭州社会生活史》（中国社会科学出版社，2011）描写出杭州各时期小人物的衣食住行、风土民俗、人生礼仪、宗教信仰等历史场景，多视角展示了杭州人几千年的生活状态。

　　日常生活的研究也有一些较新的尝试。余新忠认为，若能融通社会文化史和日常生活史研究，从社会文化史和日常生活史的双重角度出发来探究中国历史上的生命与健康，对于未来中国医疗史的研究来说，应不失为一条可行的路径。[①] 徽州社会史研究有从社会生活到日常生活的转向。[②] 城市史、知识分子群体的研究也关注日常生活，[③] 特别是将日常生活与特有的时间观联系在一起。一年之中，受自然节律的影响，农业生产活动从种植到收获都会表现出一定的节律性特征，即农事节律（就是一年之中农作物从播种到管理、收获的一系列工作程序）。与此相适应，乡村社会生活也表现出一定的节奏性。农业生产活动有涨有落，于是乡村社会生活诸活动也必会随之起落，各种活动也就会巧妙配合而又有序地分布于时间与空间之中。这种时间生活的结构性安排，不仅深刻影响了传统中国民众的时间观念与时间体系，而且对整个中国传统文化产生了深远影响。近代以来，随着现代大工业的发展，这一时间生活模式也在逐步发生改变。王加华著《被结构的时间：农事节律与传统中国乡村民众年度时间生活——以江南地区为中心的研究》（上海古籍出版社，2015）对此做了深入的研究和探讨。陈辉的《过日子：农民的生活伦理——关中黄炎村日常生活叙事》（社会科学文献出版社，2016）发现陕西关中农村依然保持着较强的家庭观念，依然实践着一套以"过日子"为核心的生活伦理。通过描写日常生活琐事，呈现农民"过日子"的原则、策略和方法。

---

① 余新忠：《回到人间聚焦健康——新世纪中国医疗史研究刍议》，《历史教学》（下半月刊）2012年第11期。

② 卞利：《从社会生活到日常生活——徽州社会史研究的新转向》，《安徽大学学报》2016年第1期。

③ 胡悦晗：《"回收"：日常生活视角下的空间秩序、生活经验与城市想象》，《史学理论研究》2011年第1期；《朋友、同事与家人：家庭生活与社会关系网络的建构——以民国时期上海知识分子为例（1927—1937）》，《开放时代》2012年第11期；《民国时期城市知识群体的生活想象与身份认同——以〈生活周刊〉为例的分析（1925—1933）》，《社会科学论坛》2014年第6期；《漫步、出游与旅行：日常生活中的空间位移——以民国时期上海知识群体为例（1927—1937）》，《中国社会历史评论》第16卷上，天津古籍出版社，2015。

现实生活中网络改变了人们的日常生活。吴兴民著《秩序、冲突与转变：黑客群体的日常生活实践研究》（知识产权出版社，2010）运用社会学的相关理论与方法，通过与黑客访谈、加入黑客 QQ 群、分析研究黑客论坛等方式，从构成黑客日常生活世界的"技术、学习、共享、自由、奉献、法律"这六个规范秩序出发，分析了黑客群体的日常生活实践，揭示了其日常规范秩序的冲突及转变。唐魁玉著《网络化的后果：日常生活与生产实践的变迁》（社会科学文献出版社，2011）从信息网络技术给人类日常生活与生产实践带来的影响两个维度入手，进行深度的网络社会后果分析。主要关涉网络传播与生活方式的现代性，网络环境下的家庭生活、权力生活与消费生活、媒介化生活与新型幸福观，虚拟世界的身心问题，网络交流语境中的聊天与恋爱行为，网络技术与文化摩擦，复杂性与数字化和谐社会的建构、虚拟社区的"在线和谐"，以及信息产业的自生能力的发展和虚拟企业的社会互动机制等。

首都师范大学历史学院中国近现代社会文化史研究中心重视社会生活史研究。中心主任梁景和认为，中国现当代社会文化学是研究中国现当代社会生活与其内在观念形态之间相互关系及其形成新知识体系的学科，是典型的交叉学科。所谓社会生活，是指人们在以生产为前提而形成的各种人际关系的基础上，为了维系生命和不断改善生存质量而进行的一切活动的总和。社会生活有广义与狭义之分。狭义的社会生活包括相当丰富的内容，同时亦存在最基本的内容，诸如衣食住行、婚丧嫁娶、两性伦理、生老病死等。① 基于此，梁景和主编了《社会生活探索》系列出版物，② 该书分为总论卷、婚恋卷、家庭卷、女性卷、性伦卷、综合卷等。同时，梁景和主编的《中国社会文化史的理论与实践》③，对中国 1988—2009 年社会文化史理论方法的探索、重要著作的书序和书评以及重要学术会议和成果的评述等内容进行了编辑和整理，对读者了解这 20 余年中国社会文化史的发展历程有重要的参

---

① 梁景和：《社会生活：社会文化史研究的一个重要概念》，《河北学刊》2009 年第 3 期。

② 梁景和主编的《社会生活探索》，2009 年、2010 年、2012 年、2013 年、2014 年、2015 年出版了 6 辑，除了第二辑由社会科学文献出版社出版外，其余都是由首都师范大学出版社出版的。

③ 梁景和主编《中国社会文化史的理论与实践》，社会科学文献出版社，2010。

考价值。后又出版了《中国社会文化史的理论与实践续编》一书。① 梁景和还组织青年学者对社会文化史理论与方法进行研讨，其主旨就是梳理社会文化史的缘起、挑战与机遇，理清社会文化史的多维综合交叉的特质、特有的意义与价值，以及可供借鉴的理论与方法，多层面、多角度论述社会文化史书写的可能性，提升社会文化史研究的社会服务功能。并主编了《社会文化史理论与方法——首届全国青年学者学术研讨会论文集》（社会科学文献出版社，2014）。梁景和也关注新文化史，不仅组织研讨会，而且主编了《西方新文化史与中国社会文化史的理论与实践——首届学术研讨会论文集》（社会科学文献出版社，2014）。

梁景和还主编了其他系列出版物。如主编《中国现当代社会文化访谈录》②，主编"中国近现代社会文化史论丛"，出版了杨才林著《民国社会教育研究》（社会科学文献出版社，2011）、黄东著《塑造顺民——华北日伪的"国家认同"建构》（社会科学文献出版社，2013）、梁景和等著《现代中国社会文化嬗变研究：以婚姻家庭妇女性伦娱乐为中心（1919—1949）》（社会科学文献出版社，2013）。还组织首都师范大学历史学院中国近现代社会文化史研究中心的系列学术沙龙讲座和编辑出版《社会·文化与历史的思想交汇》系列。③ 梁景和多次组织召开了"中国近现代社会文化史"国际学术研讨会，并出版了会议论文集。④ 婚姻、家庭、性别是该中心重点研究的内容，梁景和主编的《婚姻·家庭·性别研究》已经出版五辑。⑤

---

① 梁景和主编《中国社会文化史的理论与实践续编》，社会科学文献出版社，2015。
② 首都师范大学出版社发行。第 1 辑于 2010 年出版，包括王俊斌、王胜、王宇英访谈，分三卷，分别为土改、农业合作化卷；医疗卫生制度卷；"文革"的家庭文化卷。第 2 辑于 2012 年出版，是由王胜博士历时一年对十位"文革"前农村大学生所做的个人生活史访谈而写成。第 3 辑于 2013 年出版，内容是由李慧波博士对近百位工人、农民、干部、行政技术人员、教师、学生、军人、医生等在新中国成立后前 17 年（1949—1966）婚姻家庭生活进行的访谈。第 4 辑于 2014 年出版，主要涉及新中国成立至 20 世纪 80 年代间有关婚姻、家庭、女性、性伦、娱乐等日常的基本生活。
③ 梁景和主编《社会·文化与历史的思想交汇》，已出版 1—3 辑，分别于 2011 年、2013 年、2015 年由社会科学文献出版社出版。
④ 梁景和主编《首届中国近现代社会文化史国际学术研讨会论文集》，社会科学文献出版社，2012；《第二届中国近现代社会文化史国际学术研讨会论文集》，社会科学文献出版社，2013；《第三届中国近现代社会文化史国际学术研讨会论文集》，社会科学文献出版社，2015。
⑤ 梁景和主编《婚姻·家庭·性别研究》1—5 辑，由社会科学文献出版社于 2012 年出版第 1—2 辑，2013 年出版第 3 辑，2014 年出版第 4 辑，2016 年出版第 5 辑。

社会文化史研究也产生了一些颇有新意的成果。刘永华主编《中国社会文化史读本》（北京大学出版社，2011）指出，社会文化史强调的是，在具体的研究实践中将社会史分析和文化史诠释结合在一起。在分析社会现象时，不能忽视相关人群对这些现象的理解或这些现象之于当事人的意义，唯有如此，社会史分析才不致死板、僵硬；在诠释文化现象时，不能忽视这些现象背后的社会关系和权力关系，唯有如此，文化史诠释才不致空泛、玄虚。该书涵盖社会文化史研究的五个主要领域：国家认同，神明信仰，宗教仪式，历史记忆，感知、空间及其他。通过 21 篇精彩个案研究，引导读者进入中国历史的深层脉络。再如湛晓白著《时间的社会文化史——近代中国时间制度与观念变迁研究》（社会科学文献出版社，2013）以"近代时间"在中国的兴起为研究对象，自觉把时间制度与观念的演变置于晚清民国社会近代化整体变迁的过程中去考察，较为清晰地梳理了以公历、星期制、标准时、时刻分秒计时制等为主要内容的近代时间体制在中国传播和建立的历程，以及近代时间为历法所赋值，为节庆礼仪所演绎，为政治文化所形塑的种种丰富的历史形态，并努力解读了其中所内蕴的政治和文化意义，同时还深度揭示和剖析了清中叶之后时间观念的多层次转变及其内涵，表现出较为宽阔的历史视野、鲜明的创新意识和挑战难题的勇气。

三　民间文献与社会史史料

有关社会史的文献处理与史料认识，冯尔康先生提出过社会史史料学，郑振满强调民间文献学，重视新史料的发现。[①] 历史人类学研究需要借助民间文献，而理解民间文献离不开对民众日常生活的认识。有关民间文献的讨论不断，主要涉及 20 世纪民间文献搜集整理方法的演进历程、徽州民间历史文献整理方法、妇女史研究资料的价值与利用等问题。[②]

2006 年 4 月 17 日，在哈佛燕京图书馆会议室，哈佛大学东亚语言与文

---

① 郑莉、梁勇：《新史料与新史学——郑振满教授访谈》，《学术月刊》2012 年第 4 期。

② 吴欣：《民间文献：妇女史研究资料的价值与利用》，《妇女研究论丛》2012 年第 4 期；王蕾、申斌：《徽州民间历史文献整理方法研究——以中山大学图书馆馆藏为例》，《图书馆论坛》2014 年第 4 期；杨培娜、申斌：《走向民间历史文献学——20 世纪民间文献搜集整理方法的演进历程》，《中山大学学报》2014 年第 5 期。

明系教授包弼德（Peter Bol）与来自中国的哈佛燕京学社访问学者刘平，组织了一场历史学与人类学的对话。萧凤霞、韩明士、丁荷生、宋怡明、郑振满、梁洪生、孙卫国、王明珂、顾坤惠、林玮嫔 10 位学者参加了讨论。郑振满谈道："20 世纪以来，我感觉历史学有两次大变化，第一次是在 20 世纪前期，历史学开始和其它学科结合，开始从研究少数人转到研究老百姓。要研究老百姓，历史学原来的工具已经不够用了，要向其他学科学习，这就是社会科学化；资料也不够用了，要找跟老百姓有关的新资料，这就是民间文献。第二次就是 80 年代以后的后现代思潮，对理解资料有很大影响。我们要去问资料到底有什么意思，而不是写了什么就是什么，认得字不一定懂得读资料、做研究。这就要回到资料形成的环境中去，向当地老百姓请教。这两个问题，即对民间文献的兴趣和对资料的重新理解，催生了历史人类学。所以我理解的历史人类学很简单，就是民间文献加田野调查。在这条路上我们是走了很长时间的。"① 郑振满还谈到民间文献与民众日常生活的关系，他说："每一种民间文献可能都和特定的人群和特定的生活方式有关。如果不把民间文献放在具体的社会环境中，不了解各种民间文献的作者和使用范围，也不能真正理解民间文献的历史意义。要做到这一点，就必须做田野，就需要历史人类学了。"② 就是说，历史人类学通过田野调查与解读民间文献理解"人群"和"生活方式"。

厦门大学设立的民间历史文献研究中心，自 2009 年起，每年举办一届"民间历史文献论坛"，至今已经举办七届。③ 郑振满主编的"民间历史文献论丛"由社会科学文献出版社出版，2013 年推出第 1 辑——饶伟新编《族谱研究》。在以往的研究中，族谱主要是作为史料使用。至于族谱文本本身的编纂、生产、使用和流传，以及与社会文化史之关系等重要问题，则甚少受到学界重视。该书围绕以上问题展开，尝试从族谱的编修与生产、族谱与时代变迁、族谱与宗族建构、族谱与地方权力结构四方面探讨族谱研究的新

---

① 刘平、刘颖、（越）张玄芝整理《历史学与人类学的对话》，《文史哲》2007 年第 5 期。

② 刘平、刘颖、（越）张玄芝整理《区域研究·地方文献·学术路径——"地方文献与历史人类学研究论坛"纪要》，《中国社会历史评论》第 10 卷，天津古籍出版社，2010，第 358 页。

③ 有关报道见郑莉、梁勇《第四届民间历史文献论坛简述》，《光明日报》2013 年 2 月 20 日；汪润、郑莉《"第五届民间历史文献论坛"综述》，《中国史研究动态》2014 年第 5 期；第七届论坛报道见武勇《分疏用好民间历史文献》，《中国社会科学报》2015 年 11 月 25 日。

视野与新的解读方法，并在总体上展现出今后族谱研究一个值得关注的新动向。2014 年推出第 2 辑——郑振满编《碑铭研究》，集中展示了中外学界近年来碑铭研究的最新成果，全书分为碑铭的制作与流传、碑铭与地域社会、碑铭与社会经济、碑铭与社会文化、碑铭与宗族组织五部分。

梁洪生等著《地方历史文献与区域社会研究》（中国社会科学出版社，2010）所收论文多从微观入手，微观切入与宏观把握有机统一；注重实证研究与田野调查，偏好方志、文书、谱牒等地方史料，挚爱"小叙事"，以小见大，视角独特，资料翔实；写作态度端正，大多一丝不苟，丝丝入扣，条分缕析；更可贵的是，部分作者不乏清醒而冷峻地"鉴往事，知来者"的史家情怀。

社会史文献的研究，有诸多门类。其中，契约文书是重头戏。① 乜小红著《中国中古契券关系研究》（中华书局，2013）充分利用敦煌、新疆及黑水城出土的大量各类契券（包括少数民族文字），结合传世文献及前人研究成果，对借贷、买卖、租佃、雇佣、收养、社邑、婚姻、奴婢等方面的契券关系，分门别类进行了全面系统的研究，注重揭示各种契券关系的历史演变，探讨其内在变化规律。陈敬涛著《敦煌吐鲁番契约文书中的群体及其观念行为探微》（中国政法大学出版社，2013），内容主要为契约中的当事人——以田宅契约为例，契约中的保人——以主、保关系为视角，契约中的思维和行为方式，契约中的习俗和观念之演变——以"沽各半"套语为研究对象，从古印度到中土：《百喻经》中的"债"字内涵。自 20 世纪 90 年代以来，《俄藏黑水城文献》《英藏黑水城文献》《中国藏西夏文献》《中国藏黑水城汉文文献》《斯坦因第三次中亚考古所获汉文文献（非佛经部分）》《法藏敦煌西夏文文献》《俄藏敦煌文献》等大型文献的出版，为全面深入研究西夏与黑水城文献奠定了坚实的基础。杜建录、史金波著《西夏社会文书研究》（上海古籍出版社，2010）分为西夏社会文书研究、释文两个部分。刘道胜著《明清徽州宗族文书研究》（安徽人民出版社，2008）以明清徽州宗族文书为中心，采用文书档案与文献记载相结合、微观分析与宏观考

---

① 《安徽史学》2015 年第 6 期发表一组"民间文书的整理、研究与利用"笔谈，计有常建华《徽州文书的日常生活史价值》、周晓光《徽州文书的归户整理与宗族史研究》、徐国利《关于民间文书"归户性"整理的理论初探》、刘伯山《民间文书档案整理的"三尊重"原则》、张应强《民间文献与田野调查："清水江文书"整理研究的问题与方法论》。

察相结合的方法，解读文书的形式，阐释文书的内涵，对徽州宗教文书做出了分类考察，进而揭示明清徽州宗族的各种社会关系。阿风著《明清徽州诉讼文书研究》（上海古籍出版社，2016）论述了徽州与徽州文书，徽州诉讼文书的分类（分别以存在形态、诉讼过程为中心），诉讼程序，徽州人的诉讼书证观念，徽州的诉讼费用研究——以讼费合同文约为中心，明代中期的山林诉讼——以成化年间《祁门县告争东山刷过文卷抄白》为中心，宗族墓地、祠庙诉讼，宗族争仆诉讼——以《不平鸣稿》为中心。此外，还有域外文献，王振忠著《袖中东海一编开：域外文献与清代社会史研究论稿》（复旦大学出版社，2015）重点发掘朝鲜燕行录、琉球官话课本、日本唐通事史料以及近代西方传教士书写的方言文献，以社会史研究的方法将各类史料熔于一炉，在全球史的视野下瞻嘱中外、盱衡古今，希望借此推动中外交流史由政治史、贸易史以及广义的文化史向社会史的拓展。

社会史史料的研究利用方面，有人对当代社会史资料建设问题提出了看法，[①] 还有人对当代中国民间文献史料的搜集整理与利用状况做了回溯。[②]

社会史文献、史料、契约文书大量出版。张传玺主编《中国历代契约粹编》（全3册，北京大学出版社，2014）收录了从原始无文字契约到中华人民共和国土地改革时期的民间契约2500余件，内容包括买卖、雇佣、典当、分家、继嗣、赠送等多种社会经济活动，此外还收录了历代民间模拟契约形式的"买地券"多件，从多方面反映了中国传统基层社会的经济形态、法律关系和文化面貌。陈支平主编《福建民间文书》（广西师范大学出版社，2007）辑录了来自厦门、泉州、闽北地区、寿宁县及其他十县的各类民间文书近3000件，所属时间自明万历年间迄20世纪50年代。所包含文书之品种除大量的买卖、租佃等契约外，更有数量较多、时间集中且归户性很强的警察捐收据及工业捐税收据等，是研究该地区捐税史及工商业发达史不可多得的珍贵史料。除了上述通代或断代契约文书汇编之外，还有按照区域编辑的文献汇编。清水江文书是有关贵州清水江流域苗族、侗族明末清初

---

① 郑清坡：《中国当代社会史资料建设的现状与反思》，《历史教学》（下半月刊）2014年第4期。

② 邓群刚：《当代中国民间文献史料的搜集、整理与利用现状综述》，《中共党史研究》2011年第9期。

以来直至 20 世纪 50 年代经济生活的一种民间文献，主要包括山林经营和木材贸易方面的民间契约和交易记录。张应强、王宗勋主编的《清水江文书》由广西师范大学出版社推出，分别于 2007 年、2009 年、2011 年出版了 3辑。① 浙江省松阳县石仓村因保留了完整的明清土地契约、民间文书，以及从万历以来的大量明清古建筑，从而在学术界与建筑界产生了重大影响。石仓可能是一个集中的村落群中保存契约文书最为齐备，数量最多、种类最多且记载最为清晰的村庄。曹树基、潘星辉、阙龙兴等编的《石仓契约》（第 1、2 辑），分别于 2011 年、2012 年由浙江大学出版社出版。张建民主编《湖北天门熊氏契约文书》（湖北人民出版社，2014），则属于家族性的契约汇编。

徽州文书出版最多。刘伯山编著的《徽州文书》自 2005 年起由广西师范大学出版社推出第 1 辑，后分别于 2006 年、2009 年、2011 年、2015 年出版了第 2—5 辑，每辑共 10 卷（册）。收录民间私人所藏归户性文书，是这套文书的特色，并附有诸多针对归户文书所进行田野调查的实态照片。黄山学院编辑的《中国徽州文书·民国编》（全 10 册，清华大学出版社，2010），包括：徽州人在徽州境内形成的文书，非徽州籍人在徽州境内形成的文书，徽州人在徽州境外形成的文书。李琳琦主编《安徽师范大学馆藏千年徽州契约文书集萃》（安徽师范大学出版社，2014）是由对安徽师范大学图书馆馆藏徽州契约文书进行整理、汇编而成，共分装成 10 册。该书包括元代至清代徽州民间的档案、契约、文书等数千件。黄志繁、邵鸿、彭志军编《清至民国婺源县村落契约文书辑录》（全 18 册，商务印书馆，2014）以保持历史文献的原始状态和更丰富的信息为原则处理清至民国婺源县村落文献资料，希望能为后来研究者提供一套具有较高史料价值的文书辑录。全书收集了清至民国民间文书 3600 多份（套）9000 余张，以契约为主；另外，也有一定数量的纳税凭证、状词和账本，其余文献则五花八门，充分体现了乡村社会生活的复杂性。文献种类有供词、招告、托书、合墨、包书、包封、戏文、托字、杂单、手绘地图、分单、证明、售货清单、保证书、符、当会契、修屋清单、聘礼、礼单、药引、婚约、婚前财产公证、拼批等，

---

① 利用清水江文书的社会史研究不断出现，如吴才茂《从契约文书看清代以来清水江下游苗、侗族妇女的权利地位》，《西南大学学报》2013 年第 4 期；《契约文书所见清代清水江下游苗侗民族的社会生活》，《安徽史学》2013 年第 6 期。

从这些不同类型的文书中，不难看出传统乡村社会生活的丰富性。吴秉坤著《清至民国徽州民间借贷利率资料汇编及研究》（上海交通大学出版社，2015）从黄山学院所藏的徽州文书中，整理出记录当时市场借贷利率数据的借贷文书，按照时间、地点、抵押物、利率、借贷额、借贷方等字段，将基本数据汇总为徽州民间借贷利率数据表，并挑选一部分契约文书原件作为附录影印出版。

宗族文献的整理硕果累累。上海图书馆编纂《中国家谱资料选编》（上海古籍出版社，2013）分为家族源流卷（全2册）、家规族约卷（全2册）、礼仪风俗卷（全2册）、教育卷、经济卷、序跋卷（全2册）、凡例卷、诗文卷（全3册）、传记卷、图录卷、漳州移民卷（全2册），共计11卷18册1930万字。该书所辑资料以上海图书馆的2万余种藏谱为基础，再重点选辑国家图书馆等单位所藏之谱。凡辑入的资料都直接来自原始家谱，保证了资料的原始性和独有性；选辑还兼顾家谱的地域性与姓氏差异，力求入选资料的多样性。冯尔康主编的《清代宗族史料选辑》（全3册，天津古籍出版社，2014）汇集了有清一代宗族史的基本史料，涉及不同地区的宗族活动情形，取材包括各种类型的图书文献，有清代的政书、史书、文集、方志、笔记、档案以及大量视觉史料，主要是民间的族谱（家谱、家乘、宗谱）。卞利主编《明清徽州族规家法选编》（黄山书社，2014）是从现存公私藏2500多种徽州族谱中收集与分类整理辑录，以明清时期（1368—1911）徽州族规家法为主，酌情收录了民国元年至十年（1912—1921）部分徽州族谱中的族规家法。

碑刻集不断出现。许檀编《清代河南山东等省商人会馆碑刻资料选辑》（天津古籍出版社，2013）收录了清代河南、山东、直隶、山西等省的商人会馆的碑刻资料，抄录整理了近160通碑的碑文，内容涉及会馆创建的背景及创建会馆时买卖地契的过程、捐款的明细、开支的明细等，是研究中国近代城镇结构和市场发展的第一手资料。萧用桁编著《石上春秋：泰和古碑存》（江西人民出版社，2013）对江西泰和县境所存的从宋到清、民国的碑刻进行征集并将其整理、拓印成图，对碑文进行析出，详加编排。收录碑刻215块、拓片239张。冼剑民、陈鸿钧编《广州碑刻集》（广东高等教育出版社，2006）内容分类如下：府署学宫类、寺观庙宇类、墓志铭类、宗祠社学类、书院类、会馆类、楼台园林类、公共工程类、禁示规约类、摩崖石刻类、其他类碑刻、中山大学碑刻。

档案。杜家骥主编《清嘉庆朝刑科题本社会史料辑刊》（天津古籍出版社，2008）共 3 册，三百万字，属于大型资料集。该书对内容进行了分类，如家族家庭关系类、良贱关系类、流民类、民族类等。每类之下编入该类内容档案，每件档案作案情摘要、包含重要价值内容的诸总结词，如地保报案、工价、地价、作物种植、合伙贸易、典当、银钱比价、增租夺佃、找价、寡妇再嫁、过继、家产分析、服属等级、寓居、习俗等，以此作为出版物的目录，以便利各专题研究者的查找利用。

南开大学中国社会史研究中心与北京采薇阁书店合作，出版了"南开大学中国社会史研究中心资料丛刊"，由凤凰出版社发行。自 2013 年以来已有多种问世，计有《中国珍稀家谱丛刊·明代家谱》分 32 册影印出版，《稀见姓氏家谱》第 1 辑分 46 册影印出版，《民国旅游指南汇刊》56 册，《近代同学录汇编》35 册。2014 年又推出民国时期山东福顺兴木头铺账册《产业史资料·福顺兴账册》（全 17 册）。2015 年推出大型资料集《中国近代铁路史资料选辑》（全 104 册），该大型资料汇编为教育部人文社科重点研究基地重大项目"现代交通体系与近代华北区域社会变动研究：1881—1937"（08JJD840191）的阶段性成果，主编是项目主持人江沛教授。

四　社会史学科建设

学科建设有益于开展教学科研。改革开放以来的新时期，中国社会史研究是最有学术活力的领域之一，在学术界产生了广泛而深刻的影响。为了进一步开展研究，清理以往的研究成果是十分必要的，常建华、郭玉峰、孙立群、闵杰编著了《新时期中国社会史研究概述》（天津古籍出版社，2009）。在此之前，冯尔康主持的《中国社会史研究概述》（天津教育出版社，1988）一书，清理了 1911 年至 1986 年 6 月的研究成果，该书则为续作，反映了 1986 年 7 月至 2000 年 12 月中国社会史的研究成果。全书分综述、索引两编。上编综述，首先综述社会史理论讨论，然后依照不同时代分四部分概述了自先秦至近代社会史的研究状况；下编索引，分书目索引和论文索引，论文索引既有通论性论文索引，也有断代性论文索引。该书是研究中国社会史基本的工具书与教学参考书。常建华主编的《中国社会史经典精读》（高等教育出版社，2014）为所选 24 篇论文配有"导读"以及延伸阅读目录，是一部适合研究生与青年教师阅读的教研参考书。该书选出24篇论著，基本上依照不同的历史时段分组，各段大致依据论著发表先后排列。注意从几个重要的社会史方面照顾到历史的连续性，如宏观社会结构、宗族家庭亲属、社区与城乡问题、宗教与民间信仰、礼俗习尚、绅士以及女性研究、人口研究。池子华、吴建华主编的《中国社会史教程》（安徽人民出版社，2009），上编"社会史理论"系统地阐述了社会史的理论知识，包括社会史的学科体系，社会史的"邻里"关系，社会史的资料及研究意义、方法，社会史理论研究现状及未来走向；下编"社会史专题"包括中国早期社会组织与婚姻家庭，秦汉基层社会控制，科举制下进士的社会结构和社会功能，明清社会转型概论，明清士绅的文化权力，庙会与社会生活，铁路与近代社会生活，流民问题与社会控制，慈善事业：社会稳定机制的一个侧面。① 姜明、吴才茂、杨春君编著的《区域社会史概论》（西南交通大学出版社，2015）力图展现学术界区域社会史研究方面的新成果和理论框架，并着重以贵州清水江地区为例，通过对该地区现有的历史契约、碑刻、族谱等的研究，展示区域社会史研究的思路与方法。该书上编为理论与方法，中编为民间历史文献，下编为作为区域的清水江地区。

　　长期从事社会史研究的学者，将有关学科建设的论文结集出版。冯尔康著的《中国社会史研究》（天津人民出版社，2010）记录了冯先生新时期探索中国社会史研究的步履。该书选辑作者关于明代以前社会史的论文，成为作者除清代社会史、中国宗族史之外的中国古代社会史论文集。该论文集按文章内容性质区分为五类，依次为社会史理论、社会结构与农民、文化心态史、社会史史料学、社会史与历史研究法，最后缀以附录三篇。常建华的《观念、史料与视野：中国社会史研究再探》（北京大学出版社，2013）是作者继《社会生活的历史学：中国社会史研究初探》之后又一本探讨中国社会史的文集。除序言之外，该书分为七组论文，即回顾与前瞻，岁时、禳除与心态变迁，风俗与社会，社会史资料价值，碑刻与乡约，族谱学研究综述，宗族研究综述。全书收录文章26篇。王先明著《走向社会的历史学》（河南大学出版社，2010）对长期以来学术界有关社会史研究的基本理论、

---

① 代华：《系统的学科建构浓郁的江南特色——〈中国社会史教程〉述评》，《中国社会历史评论》第1卷，天津古籍出版社，2010。

学科意义、研究对象和范畴、争论热点等进行了辨析与深入讨论。全书共分11章，分别为史学危机与社会史的兴起、复兴的社会史：历史承继与时代创新、马克思主义与社会史研究、唯物史观与社会史研究、社会史的研究对象与范围、社会史体系构建问题、社会史学：学科的历史定位、社会史的理论范畴、社会历史动力问题再思考、关于区域社会史、跨学科走向与社会史的新拓展，另附有当代国际史学的新朝向：20世纪下半叶的西方社会史概述。行龙著《从社会史到区域社会史》（人民出版社，2008）收入有关社会史理论与方法问题的文章，分人口问题、学科构建、视角转换、山西社会四组，反映了作者从人口问题切入中国社会史研究，再从社会史到区域社会史研究的学术历程。此外，李世瑜著《社会历史学文集》（天津古籍出版社，2007）收集了作者百余篇论文，主要介绍了作者的治学道路，社会历史学之理论与实践讲稿，1947年、1948年万全、宣化庙宇普查之方法论等，内容包括天津方言岛的研究、民俗学研究、民间秘密宗教研究等。

　　一些社会史的研究机构也推出了集体成果。《新世纪南开社会史文集》（天津人民出版社，2010）为南开大学中国社会史研究中心成立后研究人员的论文集。该书首选在海外发表的论文，共收录17篇，附有中国社会史研究中心大事记（1999—2009）。张国刚、余新忠主编的《新近海外中国社会史论文选译》（天津古籍出版社，2010），反映了海外的相关成果。李治安主编的"基层社会与国家权力研究丛书"，由天津古籍出版社自2009年起推出，计有张玉兴《唐代县官与地方社会研究》（2009）、苏力《元代地方精英与基层社会：以江南地区为中心》（2009）、张沛之《元代色目人家族及其文化倾向研究》（2009）、杨印民《帝国尚饮：元代酒业与社会》（2009）、张国旺《元代榷盐与社会》（2009）、肖立军《明代省镇营兵制与地方秩序》（2010）、张思《侯家营：一个华北村庄的现代历程》（2010）、夏炎《唐代州级官府与地域社会》（2010）、周鑫《乡国之士与天下之士：宋末元初江西抚州儒士研究》（2014）9种。定宜庄、汪润主编的《口述史读本》（北京大学出版社，2011）精选国内外有关文章近20篇，旨在尽可能系统和全面地向读者展现口述历史这一学科的发展过程、基本理论和学术规范。有鉴于口述史学实践性强的特点，该书特别注意收集国内外题材与风格各异的口述史经典研究范例，以及研究者的经验体会，展现口述史实践中诸多关键环节的操作过程、注意事项，以期为初涉口述历史的读者了解口述史学科和从事口述史实践提供有意义的借鉴。

常建华主编的《中国社会文化史丛书》遴选台湾学者的部分论著，以明清时期为主，反映了目前社会史的研究现状。这一时期的资料远较之前丰富，开展社会史研究也较早，成果丰富，更能展示社会史研究的不同侧面。北京大学出版社自 2010 年 7 月起发行，已出版于志嘉著《卫所、军户与军役——以明清江西地区为中心的研究》、赖惠敏著《清代的皇权与世家》、陈玉女著《明代的佛教与社会》、巫仁恕著《激变良民：传统中国城市群众集体行动之分析》等。

近 10 年，中国社会史学会举行了 5 届年会，这些研讨会的主题，也反映了学会与主办单位的学术关注点。第 12 届年会由中山大学举办，主题为"政治变动与日常生活"。第 13 届年会由聊城大学主办，以"区域、跨区域与文化整合"为主题。第 14 届由山西大学主办，主题是"改革开放以来的中国社会史研究"。第 15 届年会由江西师范大学主办，将"中国历史上的生命、生计与生态"作为主题。第 16 届由武汉大学、三峡大学联合举办，主题是"中国历史上的国计民生"。① 其中第 13 届年会的论文集《"区域、跨区域与文化整合"社会史国际学术研讨会论文集》（天津人民出版社，2012）由王云、马亮宽主编出版了。此前举行的第 11 届年会论文集，即卞利、胡中生主编的《民间文献与地域中国研究》（黄山书社，2010）也已出版。

此外，利用社会史年会的间歇期单数年，自 2005 年以来，中国社会科学院近代史研究所社会史研究中心牵头其他单位举办"中国近代社会史国际学术研讨会"，已经成功举办了 6 届。2005 年在青岛举办的"首届中国近代社会史国际学术研讨会"，以"近代中国的城市·乡村·民间文化"为主题；2007 年在乌鲁木齐举行的第 2 届讨论"晚清以降的经济与社会"；2009 年在贵阳举行的第 3 届以"近代中国的社会流动、社会控制与文化传播"为主题；2011 年在苏州举办的第 4 届讨论"近代中国的社会保障与区域社会"；2013 年在襄阳举办的第 5 届讨论"社会文化与近代中国社会转型"；

---

① 第 12—14 届年会已发表的综述如下：第 12 届罗艳春综述载《中国社会历史评论》第 11 卷（2010 年），第 13 届王云、李德楠综述载《中国史研究动态》2011 年第 2 期，第 14 届张喻、郭宇综述载《历史教学》（高校版）2012 年第 11 期。

2015 年在保定举办的第 6 届讨论"华北城乡与近代区域社会"。① 还连续编辑出版了 7 辑《中国近代社会史研究集刊》。②

结　语

几年前我曾笔谈社会史研究的最新发展趋势，我认为，近些年来，海内外的社会史研究在取得进展的同时，寻求着某种突破。有如下研究趋势值得我们关注，即社会史与全球史、物质文化与日常生活的路径、历史人类学的研究取向。我以为社会史研究的趋势，或许可以概括为以下三点：首先是社会空间的扩展，强调研究中把握好社会与村落、城市、区域乃至全球化的关系；其次重视社会史与新文化史联袂，将感觉、日常生活、社会与文化的建构等纳入视野；最后强调跨学科的视野，这些年历史人类学、艺术社会史、医疗社会史、法制社会史取得了令人瞩目的成就，为社会史展示出美好的学术前途。③ 现在我仍持这些看法。

不过，我以为值得推广的还有从"三生"的视角开展中国社会史研究。2014 年举行的第 15 届中国社会史学会年会，主题是"中国历史上的生命、生计与生态"，融合生命史学、环境史学、日常生活史学于一体，构成"三生"的问题意识。关于生命史学，余新忠认为，"生命史学"的核心是要在历史研究中引入生命意识，让其回到人间，聚焦健康。也就是说，我们探究

---

① 历届讨论会报道、综述如下：孙欣《近代中国的城市·乡村·民间文化——首届中国近代社会史国际学术研讨会综述》，《东方论坛》2005 年第 4 期；朱浒《晚清以降的经济与社会——第二届中国近代社会史国际学术研讨会综述》，《近代史研究》2008 年第 1 期；毕苑《第三届中国近代社会史国际学术研讨会综述》，《近代史研究》2012 年第 2 期；黄鸿山、朱从兵《"近代中国的社会保障与区域社会"——第四届中国近代社会史国际学术研讨会综述》，《近代史研究》2012 年第 2 期；《理论月刊》记者《第五届中国近代社会史国际学术研讨会在湖北襄阳举行》，《理论月刊》2013 年第 10 期；肖红松、杨豪《"华北城乡与近代区域社会"暨第六届中国近代社会史国际学术研讨会综述》，《历史教学》2016 年第 5 期。

② 《中国近代社会史研究集刊》前 6 辑由社会科学文献出版社出版。李长莉、左玉河编第 1 辑《近代中国的城市与乡村》（2006），李长莉、左玉河编第 2 辑《近代中国社会与民间文化》（2007），郑启东、史建云编第 3 辑《晚清以降的经济与社会》（2008），欧阳恩良编第 4 辑《近代中国社会流动与社会控制》（2010），唐仕春编第 5 辑《近代中国社会与文化流变》（2010），王卫平、赵晓阳编第 6 辑《近代中国的社会保障与区域社会》（2013）。郭莹、唐仕春编第 7 辑《社会文化与近代中国社会转型》由中国社会科学出版社于 2016 年出版。

③ 常建华：《社会史研究的最新发展趋势》，《安徽师范大学学报》2014 年第 1 期。

的是历史上有血有肉、有理有情的生命，不仅要关注以人为中心的物质、制度和环境等外在性事物，同时更要关注个人与群体的生命认知、体验与表达。① 王利华认为环境史研究除了系统地考察自然环境的历史面貌外，尤应注重生命支持系统的历史、生命护卫系统的历史、生态认知系统的历史、生态—社会组织的历史。② 生态环境与人的结合，构成人与自然的关系。作为历史学重点要考察的人的活动，这种活动是以生计为主的，即人的生命的生产与再生产的日常活动，属于民生活动。"三生"视角的基本逻辑在此，或许可以赋予中国社会史研究以新的学术追求。

---

① 余新忠：《生命史学：医疗史研究的趋向》，《人民日报》2015 年 6 月 3 日。
② 王利华：《浅议中国环境史学建构》，《历史研究》2010 年第 1 期。

重建百姓日用之学

刘志琴[*]

儒家自古就有重视"百姓日用"的传统，这是古人对器物和生活态度的理论和表述。各种流派无不从日常生活中阐扬哲理，并将其提升为中国思想史上一系列的思想观念。

百姓日用之学是一把双刃剑，既有压抑个性的层面，在发展中又滋生出异己的因素，甚至成为张扬个性的先导，在明末引发了早期启蒙思潮。日用之学这内在的矛盾使它具有重新建构的可能性。

百姓日用之学的实践是传统文化结构性的特征，从古代向现代社会的转型中，中国文化结构已经一变再变。作为传统的思想命题，百姓日用之学在新的文化结构中可以生发全新的作用。百姓日用之学与 21 世纪高扬的人文精神天然合拍，重建现代日用之学是传统文化现代化研究的重要路向。

一 百姓日用之学，是儒家的经典之教

百姓日用是古人对衣食住行物质生活器物的用语，自古以来就受到各种学派和经典著作的重视。从《尚书》的"无有远迩，毕献方物，惟服食器用，王乃昭德之致于异姓之邦"[①]；到《诗经》的"民之质矣，日用饮食。

---

    * 刘志琴，中国社会科学院近代史研究所。
    ① 《尚书·旅獒》。

群黎百姓，遍为尔德"①；再到《周易》的"备物致用，立成器以为天下利"；等等。经典著作莫不表现出对服食器用的关注。有关"服""食""器用"的用词，出现在《论语》中有 111 次，《孟子》中 218 次，两者相加共有 329 次。与此相比，在这两部书中"礼"字出现 138 次、"德"字 75 次。② 服食器用以如此高的频率出现在儒家的经典著作中，甚至高于儒家一贯崇奉的"礼"和"德"，不能不说是其高度重视生活的反映。

值得注意的是，"生活"在古人的观念中并不复杂，遍查它在经史子集中的含义，无非是活着、过日子的一种表述。古人对生活的重视主要表现为以高度的理念对待服食器用，并形成百姓日用之学。

生活的主体是人，服食器用是人类赖以生存和发展的前提，也是生活的主要内容。人类社会的进步离不开生活方式的变革，文明的进化往往表现在吃穿用，以及吃什么、穿什么、用什么，怎样吃、怎样穿、怎样用等方方面面，从而发展自己的智慧，创造出独特的文化观念和民族文化形态。所以，生活是观念之源。

但是，生活与观念是人类分别在物质生活和精神生活两个不同领域的行为和反映，在认知方面有感官和思维、感性认识和理性认识的差异，所以这两者各有相应的范畴，从而有一定的间距，并不等同。但在百姓日用之学中，生活与观念之间相互胶着，难分难解，甚至混为一体。所谓"形而上者谓之道，形而下者谓之器"，这句出自《周易》的名言，在该书的注疏中释为："道是无体之名，形是有质之称。凡有从无而生，形由道而立，是先道而后形，是道在形之上，形在道之下。故自形外已上者谓之道也，自形内而下者谓之器也。形虽处道器两畔之际，形在器，不在道也。既有形质，可为器用，故云'而下者谓之器'也。"③ 王夫之说得更明白："无其器则无其道。"④ 可见道能生器，无道不成器，故道在形之上，器为形之下，这上下之别，是因为道为器物之本源，但是无器也就没有道的存身之处，所以这道和器虽有形上和形下之分，两者却密不可分。道是器的内涵，器是道的外

① 《诗经·小雅·鹿鸣之什》。
② 根据《论语词典》和《孟子词典》统计。两文分别收在杨伯峻编著的《论语译注》（中华书局，1962）和《孟子译注》（中华书局，1963）中。
③ 《周易注疏·系辞上卷七》。
④ 王夫之《周易外传·系辞上传二》。

在形式；器有粗细之别，道也有深浅之分，两者相依共存。不仅如此，器还与性通用，因此有器性、器质之谓，即便"器物"这一名称，起初也是指高贵的尊彝之类，后来才成为各种用具的统称。① 所以器物并非简单的用品，而是寓有深刻的道理，然而这器中之道的哲理并非一般愚夫愚妇所能感知，这就是《论语》所说的"民可使由之，不可使知之"。对此，《论语注疏·序》做了权威性的解释："由，用也。可使用而不可使知者，百姓能日用而不能知。"《周易注疏》说，"'百姓日用而不知者'，说万方百姓，恒日日赖用此道而得生，而不知道之功力也"；"至于百姓，但日用通生之道，又不知通生由道而来，故云'百姓日用而不知'也"。② 这些话的要领在于，百姓日用器物而不知其器物之所以然，只有君子才懂得其中的道理；让平民百姓认识日用器物的蕴含之道，是君子教化百姓的使命。历来儒家所提倡的"以礼化俗""导德齐礼"等都不外乎是在阐明这一真谛。

纵观一部思想史，从先秦儒学、汉代经学、魏晋玄学到宋明理学，历代的鸿儒硕学无不从日常生活中阐扬此中的哲理，并从具体的器物层面上升到抽象的理念，从而创造出中国思想史的一系列概念，如道和器、理和欲、义和利、形上和形下等。其实质就是将伦理观念寓于日用器物之中，将有形可见的器物内化为理性的东西，使之秩序化、信仰化，在这内化的过程中，器物已超越它的使用价值，成为人们沟通道体的媒介。因此，形上有外在的形下表现，形下有内在的形上寓意，道器有分，而又无分，促使人们达到道器合一，即道即器的境界。这种从日用实践中体悟人伦的理念，可归结为实践的形上学。在这实践的形上学中，概念的形成不是依靠推理思辨，而是基于人人可以感受的生活经验，这是中国思想史一系列概念的特征，也是与西方思想史相区别的民族思维方式。

这种思维习惯强调感悟的认知方式，宋明理学认为道器的上下之别，可以用"格物"的方法来贯通，以达到下学上达的功效。朱子认为："盖衣食作息只是物，物之理乃道也。将物便唤做道，则不可。且如这椅子有四只脚，可以坐，此椅之理也。若除去一只脚，坐不得，便失其椅之理矣。'形而上为道，形而下为器。'说这形而下之器之中，便有那形而上之道。若便

---

① 《周礼·秋官·大行人》曰："三岁一见，其贡器物。"郑玄注："器物，尊彝之属。"
② 《周易注疏·系辞上卷七》。

将形而下之器作形而上之道，则不可。且如这个扇子，此物也，便有个扇底道理。扇子是如此做，合当如此用，此便是形而上之理。天地中间，上是天，下是地，中间有许多日月星辰，山川草木，人物禽兽，此皆形而下之器也。然这形而下之器之中，便各自有个道理，此便是形而上之道。所谓格物，便是要就这形而下之器，穷得那形而上之道理而已，如何便将形而下之器作形而上之道理得！饥而食，渴而饮，'日出而作，日入而息'其所以饮食作息者，皆道之所在也。"① 这一番话深入浅出地阐明了格物致知乃是领悟的过程。

日用器物本是人类劳动的生产品，按照人们的意愿，用自然界的原料加工做成适合人们使用的器物，以提高人们的生活质量，这是社会的文明和生产者聪明才智的表现。这些成品本身乃是无知无识的客观存在，但在理学家的心目中则被赋予了道的含义。道是什么，是伦理化的观念，把伦理观念融入生活日用之中，使日用器物伦理化。所谓"理在事中，事不在理外，一物之中，皆具一理。就那物中见得个理，便是上达"②。"格物"即是从普通器物中体认天理人情的无所不在，能体会者即能做到下学上达，这是为学的境界。这就要有从小处着眼的工夫，一事一物都要仔细琢磨出其中的义理，"日用之间，只在这许多道理里面转，吃饭也在上面，上床也在上面，下床也在上面，脱衣服也在上面，更无些子空阙处"③。能不能有这种修养就在于能不能正心诚意，摒除私欲。关于这点，朱子在回答问题时做了透彻的说明。"问'五典之彝，四端之性，推寻根源，既知为我所固有，日用之间，大伦大端，自是不爽，少有差失，只是为私欲所挠，其要在窒欲。'曰：'有一分私欲，便是有一分见不尽；见有未尽，便胜他私欲不过。若见得脱然透彻，私欲自不能留。大要须是知至，才知至，便到意诚、心正一向去。'"④ 因此强调"圣人千言万语，只是要人收拾得个本心，不要失了。日用间著力屏去私欲，扶持此本心出来"⑤，此种看法在宋明理学中是非常有代表性的。如果说日用之学在先秦时主要是阐明百姓日用中的无知，愚夫愚

---

① 《朱子语类》卷62《中庸》。

② 《朱子语类》卷44《论语二十六》。

③ 《朱子语类》卷121《朱子十八》。

④ 《朱子语类》卷113《朱子十》。

⑤ 《朱子语类》卷23《论语五》。

妇需要君子去做教化工作，以加强君子的使命感；那么，到宋明理学时则明确表明了"存天理、灭人欲"的宗旨，从吃饭穿衣等日常琐事中调节和克制人有可能产生的各种欲望。服食器用在这些思想家的眼中，不仅可以供人温饱，也是实践礼的手段。百姓日用之学实质是人伦日用之学，以伦理来统率生活，首先要使生活日用伦理化，这是百姓日用之学的最大特色。

二　百姓日用的伦理政治化是文化结构性的特征

日用器物的制作本是为了满足人们的生存、发展和享受的欲望，为什么在中国却被伦理化，具有压抑人性的导向？究其根由，这是中国传统文化的模式的反映。

中国传统文化模式，通常是指封建文化模式，这是封建时代人们在器用、认知、情感、道德和法权方面的综合表现。这种文化模式在中国表现为以礼为中心的一系列意识形态和社会制度，它从周代以来就以礼制的形态区分出尊卑贵贱的社会地位和生活方式。它既是血缘、权力和财产的等分，也是财产分配的原则和人际交往的规范。财产不仅包括固定资产还包括器物的消费，什么等级该用什么、不该用什么都有详细的规定，如历代王朝都以"会典"、"律例"、"典章"或"车服志"、"舆服志"等各式法制条文和律令，管理和统制人们的物质生活和精神生活。这是权力统制财产的体制，没有地位和权力的，有钱也不能随意购买不该享用的消费品。权力通过器物消费的等级分配，物化为各个阶层消费生活的差异，所以礼制不仅以三纲五常为道德信念，还以日用消费品的等级分配作为物质内容，规范各阶层的行为和需求。因此，任何物质器用不仅同时具有物质文明和精神文明的双重功能，对消费者来说又兼有物质待遇和精神待遇的双重价值。由此而形成以等级分配为核心、以伦理道德为本位的文化体系和社会制度，并渗透到政治、经济、文艺、教育、人际交往、道德风尚、社会生活的各个领域，从权力财产的分配到日用器物的消费，几乎无处不在。因此其含有的文化因素，林林总总，不一而足；但就其构成来说，它又具有生活方式、伦理道德、等级序列三位一体化的内容。

先秦时期，思想家们就为建树这种文化模式提供了思想理念。荀子明确宣告："德必称位，位必称禄，禄必称用，由士以上则必以礼乐节之，众庶百姓则必以变数制之。"① 这就是说，德、位、禄必须相称，有德才有位，有位才有禄，道德表现、社会地位和财禄器用一体化。因此以物可以观位，以德又可以量物，贵贱之别不仅溢于形表，君子小人内在道德上的良莠也力图物化为消费生活的等级之别，充分体现了以伦理为本位的价值取向。这种文化模式促成道德意识渗进衣食住行。穿衣着装是衣食住行的第一宗，它最显著、最充分地表现了人们的身份地位。封建制度的等级性在衣冠服饰方面有强烈的表现，管子所说的"衣服所以表贵贱也"成为经典之教。如果说人人不可须臾分离的衣服，在各种文化形态中都有等级之别的话，那么在中国作为道德化为表征，成为礼制的重要内容，这在世界服装史上也是独特的现象。东汉的班固在《白虎通义》中提出了一个著名的命题，那就是圣人制作衣服，不仅是为了防寒蔽体，更重要的是"表德劝善，别尊卑也"。一身衣衫从质料、色彩、款式、花纹无不被历代的礼制所规范，赋予天道、伦理和身份地位等诸多含义，成为封建伦理政治的图解和符号，由此形成衣冠之治的规章和传统。官僚权贵、士农工商从穿靴戴帽，到怎样着装、穿什么、不该穿什么都有明文规定和限制，冒犯的被认为是僭礼逾制，要受到法律制裁，因穿衣不当而获罪的史不绝书。所以古人的衣冠服饰不仅是防寒、实用、审美的消费品，也是等级序列、伦理政治物化的形态。

当然这只是思想家的一厢情愿，在现实中经常遭受挫折。礼制中烦琐的规章和僵硬不变的程式并不便于实际生活，用群体性的等级之别限制人们的穿衣着装，使得这纯属私人的行为很难有自主的选择，这与人们生活的基本欲望会发生冲撞。而来自敌对势力的破坏和本阶级不安分守己者的干挠，更是难以控制的社会问题，所以常常引发越礼逾制和循礼守法的尖锐矛盾。百姓日用的伦理化，旨在从道义上教化人们信守礼制的规范，调节和克制有可能无限膨胀的欲望，这是防范物欲横流，实践礼治的社会理想。

人类的生存、发展也包括享受生活，这是人类本能的欲望。它既可以成为推动社会前进的动力，也可以滋生罪恶，危害他人和社会，它需要法制和道德的约束，而不是一概禁绝。传统文化模式对个性的压抑主要表现在从意识形态扩大到生活领域，从器用消费、生活行为等方方面面教化民众遵循等级之别。

---

① 《荀子·王制》。

这种从生活中传授封建伦理的文化模式，最适用于以小农业生产为基础的自然经济形态，可以使极端分散的小农户笼罩在同一伦理政治氛围中，无处没有等差，无处不受到教化。目不识丁的愚夫愚妇正是从日常生活中接受伦理思想的影响，世世代代相沿为习，从而积淀到民族文化心理的最深层，成为群体无意识的自发倾向，这对广土众民的国家起了重要的凝聚作用。然而，正是这种在波澜曲折中得到稳定传承的机制，导致了民族心理承载礼教的重负，使个性压抑达到最大强度。所以，生活方式、伦理道德和等级序列三位一体的文化模式，使得衣食住行等百姓日用器物高度的伦理政治化，这是中国传统文化结构性的特征。

三　百姓日用之学蕴有丰富的人文因素

百姓日用之学虽然维护的是封建伦理，但这是适应生活需求而建构的学问，是以承认、满足人们的基本欲望为前提。所以，这是一把双刃剑，既有压抑个性的层面，又有优容欲望的人文思想，甚至成为张扬个性的先导。日用之学这内在的矛盾使它具有重新建构的可能性。

人是有欲望的生物，中国自古以来并不缺乏对欲望的优容。在众多的欲望中，以食、色为人类生存、发展的最大欲求，饥渴生死、爱恨情仇，都是人性本能的表现，孟子的一句"食、色，性也"[1] 享誉千古，因为它揭示了求食与求色是人性的源头。中国恰恰在这两方面都得到了最充分的发展。

以饮食文化来说，中国的烹调技艺在世界上名列前茅。孔子提倡的"食不厌精，脍不厌细"[2]，形成了一套精选细作的饮食理论。所谓切割不正，颜色不美，烹饪不得法，调料不当，沽酒市脯等都在不食之列。孟子说："口之于味也，有同耆焉；耳之于声也，有同听焉；目之于色也，有同美焉。"[3] 这就是说吃要吃好的，听要听动听的，看要看美丽的，天下人都一样。孔子也是如此，他早就说："吾未见好德如好色者也。"[4] 又说："富

---

① 《孟子·告子上》。
② 《论语·乡党》。
③ 《孟子·告子上》。
④ 《论语·子罕》。

与贵，是人之所欲也，不以其道得之，不处也。"① 在他看来，喜好食、色，追求富贵，是人的本能，无可厚非，应该指责的是对富贵的取之不当。

再以"色"来说，性爱是最贴己、最隐私的欲望。中国人对性爱的态度是相当豁达的。在西方中世纪，同性恋者要被处死，而在中国，汉哀帝与董贤的恋情成为艳事，雅称为"断袖之欢"，男宠之风在民间也颇为盛行，世界上第一部同性恋小说《弁而钗》就出现在中国。《金瓶梅》以性为主线表现男女的情爱，淋漓尽致地描写性心理、性行为，尤其是对市井妇女性生活感受的刻画，远远超过西方的《十日谈》。荷兰高罗佩在《中国古代房内考》和《秘戏图考》中所收集的性学著作与图像多达 200 余种。中国古代有有关性爱的专书和专论，并将性技巧科学化、艺术化、娱乐化，内容广涉医学、文学、宗教、艺术和哲学等各个领域，其著作数量之多，题材之丰富，堪称世界之最。可以说"食、色，性也"这一认识在中国学界和民间，从未退出主流的观念。

正是因为如此，当宋明理学在压抑人性方面步步紧逼的时候，王艮的日用之学如异军突起，对"存天理，灭人欲"命题进行了重新解释。他说："天理者，天然自有之理也。才欲安排如何，便是人欲。""天性之体，本是活泼。鸢飞鱼跃，便是此体。"这是"自然天则，非人力安排"，"人性上不可添一物"。又说："君子之学以己度人，己之所欲，则人之所欲，己之所恶，则人之所恶。"② 人的本性是自然，自然趋向快乐，因此作《乐学歌》"人心本是乐"，以歌颂快乐人生。他的儿子王襞解释说："鸟啼花落，山峙水流，饥食渴饮，夏葛冬裘，至道无余蕴矣。"穿衣吃饭是自然要求，顺应自然要求，就是至道和快乐，这就从理论上提出了"人同此欲"是"自然天则"的命题，强调人欲与天理并非天生对立。顺应自然的发展，以己欲度人欲，乃是顺人意、应天理的行为。由肯定人欲进而提出"尊身"的思想，认为"身与道原是一体"，"道尊则身尊，身尊则道尊……以天地万制依于身，不以身依天地万物，舍此，皆妾妇之道也"。③ 由此相应的又提出"爱身如宝"的思想。"知保身者，则必爱身如宝。能爱身则不敢不爱人。

---

① 《论语·里仁》。
② 《明儒王心斋先生遗集》卷1《语录》。
③ 《明儒王心斋先生遗集》卷1《语录》。

能爱人，则人必爱我。人爱我则我身保矣。能爱人，则不敢恶人。不恶人，则人不恶我。人不恶我则身保矣，能爱一家，则一家必爱我矣。一家者爱我，则吾身保矣。吾身保，然后能保一国矣。以之治国，则能爱一国矣。能爱一国则一国者必爱吾也。一国者爱我，则吾身保矣。以之平天下，则能爱天下矣。能爱天下，则天下凡有血气者莫不尊亲。莫不尊亲，则吾身保矣。吾身保，然后能保天下矣。"[①] 把尊身提到尊道的地位，认为保身与保国、保天下是一致的，这是对"身"的最高评价。显然，这"身"是依托个体的人而存在的，有身尊才能做到道尊，实际上已超越群体，属于个体性的范畴了。在群体为本位的文化形态中，突出"身"的观念是对个性苏醒的呼唤。

所以，王艮的日用之学不同于先秦百姓的日用而不知。他认为："圣人知便不失，百姓不知便会失。""圣人经世，只是家常事。"[②] 在这方面百姓与圣人是平等的，经义如果只停留在圣人之中而不在百姓中传播就会失去它存在的意义，圣人也要像百姓一样经理日用家常事，这就突出了日用之学的价值和百姓在文化传播中的重要作用。所以，王艮的日用之学在认识人的个体性、人欲即天理方面突破了传统思想的禁锢，萌动了个人意识的觉醒。虽然他宣扬的依然没有摆脱伦理说教，但在缺少个体意识的封建伦理中增加了个性化的色彩，这在当时是前无古人的成就。

明末出现非圣无法，倒翻千古是非的"危言邪说"，学术上以异端自诩，追新求异成为时尚，童心说、市道之交说、尊身说、情教说以及非君论等种种"异端"思想引得倡和者如痴如狂，蔚为社会思潮，究其学术源头，莫不与王艮学说有关。

值得注意的是，这是在没有任何西方思想影响下的新思潮，这也说明在原装的传统社会中的儒家思想也能孕育新的元素，这为我们发掘儒家体系中的活性思想提供了历史借鉴。

四　重建日用之学的历史因缘

百姓日用之学将百姓日用的寻常事上升为思想史的命题，为后代留下了

---

① 《明儒王心斋先生遗集》卷1《语录》。
② 《明儒王心斋先生遗集》卷1《语录》。

宝贵的思想资源，也为中国传统思想与现代文明接轨留下了历史的因缘。

　　一种社会形态的文化，自有一种核心的意识形态作为国家和民族的共同价值取向。封建社会的意识形态，以等级为核心，以伦理为本位，使生活方式、等级序列和伦理道德三位一体化，这种文化体系和社会制度，使生活方式超越生活领域进入政教范畴，日用之学的伦理政治化是其本质性的特征。但是，在从古代向现代社会的转型中，文化核心结构已经一变再变。百年来，以等级为核心的封建主义文化转化为以民权、平等为核心的民主主义文化，社会生活的等级之别受到革命浪潮的颠覆，三位一体的文化模式解构，也冲淡了生活方式的伦理政治性。新中国成立后，确立了以阶级斗争为纲的苏式社会主义，生活方式又成为路线斗争的重要内容，衣食住行普遍政治化。改革开放后建设有中国特色的社会主义，以经济建设为中心取代阶级斗争，生活方式才得以摆脱泛政治的影响。这一百年的社会变革，伴随着生活方式意识形态化的淡化，强化，再淡化，终于在 21 世纪转向以人为本。这就意味着，生活的一切内容都要以提高中国人的生存、发展、享受、素质为宗旨，不再以政治为转移，这才使生活回归日常的生活世界。

　　作为中国传统的思想命题，百姓日用之学在新的文化核心结构中可以生发全新的作用，这有许多先例可参照。儒家的"民贵君轻"在黄宗羲的《明夷待访录》中是抨击君主理论的依据，这在封建社会中乃不失为王朝补台的异端思想。但在近代民主革命中成为推翻封建王朝，召唤社会变革的思想号角，梁启超、孙中山都曾散发《明夷待访录》就是一个明证。这一思想作为封建文化的经典命题，却又对瓦解封建主义产生作用，这是因为其与平等、民权等新思想相结合。"民贵君轻"在封建主义文化体系中对君民关系只能起到调节的作用，一旦与民权、平等思想相结合，就具有了反封建专制主义的新意义。旧的思想命题之所以能发挥新的作用，关键是文化主体结构的转型。在当今社会文化核心构成已有改变的情况下，发掘儒家日用之学的合理因素，使其重新焕发光彩，已有现实的可能性。

　　21 世纪的到来使中国思想史研究面临一次新的挑战，这不仅要继往开来，发展既有的成果，更要面对信息社会、科学技术的迅猛发展，做出应有的回应。这两者所蕴有的内涵并不是我国传统思想的长处，有的还是短板，但这并不意味着没有与时俱进、后来居上的条件和机遇。高科技愈发展，愈要呼唤人文精神，这是学术界的共识，所以说 21 世纪是人的世纪，是高扬人文精神的世纪，这是人类社会持续发展的主流。这一主题与儒家的百姓日用之学天然合拍。思想史本是人文遗产的精粹，但是人文遗产并不限于文本的观念，还有大量的非文本资源。历代儒家对日用之学的重视和阐释，表明儒家思想是从生活中提升观念，也是从生活中向民众传授的。用这一观念重新审视思想史的研究对象，将视角下移到生活领域，发掘日用之学的现代意义是一重要路向。

值得注意的是，国内外思想研究的新动向已经把日常生活研究提上了日程。20 世纪西方文化哲学的一个重要倾向是将日常生活提高到理性层次来思考，使思想史研究贴近生活。胡塞尔对"生活世界"的回归，维特根斯坦对"生活形式"的剖析，海德格尔有关"日常共在"的观念，余英时在《现代新儒学》序言中表示的关心"形而下"的取向，种种都表明一代哲人已把注意力转向日常生活的研究。对此国内哲学界已有回应，哲学研究者已经喊出建立人间哲学的声音，让哲学融于生活，使哲学与生活保持同步发展。李泽厚在《历史本体论》中提出生活是本体的论题，毫无疑问，与生活最贴近的儒家思想首先是日用之学。在这方面，儒家拥有丰富的思想资源，也最有发言权，问题在于怎样用现代生活理念对日用之学推陈出新，建树新时代的日用之学。这是传统文化现代化、深化研究的大趋势。

研究的排头兵。

社会科学，包括史学在内，有个体作业和团队作业两种方式。从司马迁撰《史记》到各朝各代一直到今天都有很多历史学家独自撰写过传世的史学巨著，这种个体作业的方式还会继续持续下去。团队作业成为近世以来完成重大学术项目的一种工作方式，从《清史稿》到当今的"大清史"均为团队作业的一种学术生产方式。从当今学术发展的要求看，几个人和十几人甚或更多人员的团队作业将会越来越适合学术发展的新趋势，社会文化史研究领域也要适应这种新形势。以上谈到的社会文化史的研究重镇，有些就在进行团队作业，这是形成自己学术特色的一种手段。一个团队重点围绕着某个或某几个领域，进行长时间的探索研究，有了这样的研究基础，再进行综合研究，就可以完成系统性的学术成果，真正为学科的理论框架和知识体系做出贡献，这也是学术研究的重要目的。社会文化史没有政治史、制度史、经济史、外交史、军事史、思想史等诸多研究领域所具有的学术影响力和优势地位，它需要各个重镇通过团队作业，在某个或某几个领域进行长期集中的探索和攻坚，才能渐次产生被学界逐渐认同的学术成果和学术价值。

二　关于理论方法

理论一般指对某类知识或问题的有系统的结论，而方法是指研究问题的方式、门路和程序等。理论和方法是不同的概念，但也有交叉部分。本文将理论方法综合为一个问题从特定的层面上进行讨论，主要是为了叙述的方便。

学界有一个基本共识，认为中国大陆本土社会文化史的萌生可以确定为刘志琴《复兴社会史三议》[1] 一文的发表。此后一直有学者努力探索社会文化史的理论方法问题，也有学者对这些理论方法的探索进行过学术史的综述。[2] 刘志琴、李长莉、梁景和、左玉河、罗检秋、常建华以及青年学者吕

---

[1] 署名史薇，《天津社会科学》1988 年第 1 期。

[2] 如李长莉《社会文化史：一门新生学科——"社会文化史研讨会"纪要》，《社会学研究》1993 年第 1 期；左日非《"近代中国社会生活与观念变迁"学术研讨会综述》，《近代史研究》2002 年第 2 期；梁景和等《中国社会文化史理论与实践述论》，《首都师范大学学报》2011 年第 4 期；吕文浩《社会文化史：一个有活力的研究领域》，《团结报》2014 年 10 月 9 日，第 7 版。

文浩、黄东、余华林、张俊峰、韩晓莉、董怀良、王栋亮、李慧波、李志毓等都论述过社会文化史的理论和方法问题。① 刘志琴强调社会文化史要研究大众文化、生活方式和社会风尚，诠释世俗理性的概念，② 特别主张要从本土资源进行社会文化史理论的建树，认为礼俗互动是中国社会文化史的特色，并把它提升到一个理论的高度。③ 余华林在此基础上提出"礼、俗、法"互动是中国社会文化史的特色问题。④ 李长莉借助文化学的理论提出了社会文化史的概念问题，⑤ 展望了未来社会文化史研究将会出现的三个趋势；⑥ 她还认为未来将会引起关注的"关键论题"有民间社会、社会治理、生活方式、价值系统等，并指出这几个"关键论题"可能会成为社会文化史学者为中国社会发展理论创新做出贡献的生长点。⑦ 梁景和提出了社会文化史的概念以及精英文化与大众文化、社会文化与国家意志的关系问题，⑧探讨了社会生活的理论范畴，⑨ 对"常态与动态""碎片与整合""生活与观念""一元与多元""真实与建构"五对概念进行了辨析，⑩ 从理论方法方面特别提出要把"生活质量"作为社会文化史研究的一个新维度。⑪ 左玉河强调要探讨和揭示社会现象背后的文化内涵。⑫ 罗检秋认为社会文化史论题不仅限于大众文化一隅，可从多方面进行拓展和深化。⑬ 常建华则明确肯

① 参见梁景和主编《中国社会文化史的理论与实践》，社会科学文献出版社，2010；梁景和主编《中国社会文化史的理论与实践续编》，社会科学文献出版社，2015；梁景和主编《社会文化史的理论与方法——首届全国青年学者学术研讨会论文集》，社会科学文献出版社，2014。

② 刘志琴：《青史有待垦天荒——试论社会文化史研究的崛起》，《史学理论研究》1999年第1期。

③ 刘志琴：《从本土资源建树社会文化史理论》，《近代史研究》2014年第4期。

④ 在第二届"中国社会文化史研究的回顾与走向"座谈会上的发言，2015年6月6日。

⑤ 李长莉：《社会文化史：历史研究的新角度》，赵清主编《社会问题的历史考察》，成都出版社，1992。

⑥ 李长莉：《交叉视角与史学范式——中国"社会文化史"的反思与展望》，《学术月刊》2010年第4期。

⑦ 李长莉：《中国社会文化史研究：25年反省与进路》，《安徽史学》2015年第1期。

⑧ 梁景和：《关于社会文化史的几个问题》，《山西师大学报》2010年第1期。

⑨ 梁景和：《社会生活：社会文化史研究的一个重要概念》，《河北学刊》2009年第3期。

⑩ 梁景和：《关于社会文化史的几对概念》，《晋阳学刊》2012年第3期。

⑪ 梁景和：《生活质量：社会文化史研究的新维度》，《近代史研究》2014年第4期。

⑫ 左玉河：《着力揭示社会现象背后的文化内涵》，《晋阳学刊》2012年第3期。

⑬ 罗检秋：《从"新史学"到社会文化史》，《史学史研究》2011年第4期。

出，要自觉地把日常生活作为社会文化史研究的基本内容。① 国内青年学者也逐渐展开了对社会文化史理论方法的探讨。黄东认为重视现代性问题是社会文化史研究的价值立场，是当下社会文化史研究的大本和大源。② 韩晓莉认为，在研究理论和方法上，同样关注文化的文化人类学与社会文化史有着更多共通之处，为社会文化史研究提供了方法论意义上的借鉴。③ 董怀良提出，"社会文化史的研究视角的'下移'，不仅在于丰富和增加历史知识的内容，弥补传统史学的'饥饿'，而且在于对传统价值认同、思想倾向的改造，促进一种人本的、整体的研究思维的养成"④。王栋亮认为，社会文化史是针对传统社会史与思想文化史的反思而兴起的，从而使社会史与文化史有机融合为一体，构成了史学研究发展的新思路、新方法和新视角。⑤ 李慧波则指出，社会文化是社会生活的一个体现，是影响社会生活的一个重要因素，而社会生活又是研究社会文化的一个切入点。⑥ 李志毓认为社会文化史给史学带来了研究视角和方法论意义上的革新，为历史学参与反思中国历史、社会和文化中的重大问题提供了必要的帮助。⑦ 张俊峰认为，中国的社会文化史、新文化史是"社会史大旗下的一个分支而非与社会史分庭抗礼的所谓'新史学'"⑧。吕文浩认为"本土社会文化史学者吸收新文化史的理论和方法，用于完善自己的研究实践和理论表述，促进了社会文化史在中国的进一步发展"⑨。以上大致反映了中国大陆学者关于社会文化史理论方法探讨的基本状况。这些探索具有本土性特征，某些方面与西方新文化史又有交叉之处。

---

① 常建华：《日常生活与社会文化史——"新文化史"观照下的中国社会文化史研究》，《史学理论研究》2012 年第 1 期。

② 黄东：《社会文化史研究须重视转型时代的现代性问题》，转引自梁景和主编《社会文化史理论与方法——首届全国青年学者学术研讨会论文集》，第 40—45 页。

③ 韩晓莉：《从文化史到社会文化史——兼论文化人类学对社会文化史研究的影响》，《华东师范大学学报》2009 年第 1 期。

④ 董怀良：《关于社会文化史研究视角"下移"的思考》，转引自梁景和主编《社会文化史理论与方法——首届全国青年学者学术研讨会论文集》，第 79 页。

⑤ 王栋亮：《中国近现代社会文化史的再认识》，《新西部》2014 年第 4 期。

⑥ 李慧波：《关于社会生活与社会文化概念的思考》，《晋阳学刊》2010 年第 2 期。

⑦ 李志毓：《关于社会文化史理论的几点思考》，《河北大学学报》2011 年第 1 期。

⑧ 张俊峰：《也论社会史与新文化史的关系——新文化史及其在中国的发展》，《史林》2013 年第 2 期。

⑨ 吕文浩：《本土崛起与借镜域外——社会文化史在中国的若干发展》，《南京社会科学》2015 年第 5 期。

以上理论探索的主要贡献在于：其一，确定了社会文化史是一个明确的学术、学科概念，学者从多视角和多层面论述了这一概念，并被学界逐渐理解和认同；其二，从本土资源的角度提出"礼俗互动是中国社会文化史特色"的理论；其三，提倡把生活质量作为社会文化史研究的新维度。当今社会文化史研究的成果有了明显的新进展，取得了令人瞩目的新成就。但在上述理论指导下的高水平研究成果却成为人们的一种期待，希望看到相关研究成果的不断涌现。需要反省的是，以往有一部分理论探索具有概括性、宏观性，同时也显现出一种模糊性，这是时代条件和研究所处的初起阶段决定的，进一步的探索应当在以往坚实的基础上转向理论方法研究的具体性、微观性和明确性的方向上来。

在这样的一种理念下，未来社会文化史在理论方法的探索方面，有很多发展的趋向。笔者的建议是：要注重一个关键词、一组概念、一种理论。一个关键词是"感受"；一组概念是"封闭"与"开放"；一种理论是"人的精神进化"理论。

"感受"是指外界刺激使人受到的一种影响。大致说来主要包括两种影响，一种是身体的影响，一种是心灵的影响。身体的影响主要指冷热、痛痒、轻松、舒适、疲劳、乏力等。心灵的影响主要指悲欢离合、酸甜苦辣、灰心丧气、心悦诚服、忐忑不安、喜出望外、心惊胆战、心花怒放等。身体与心灵之间有时又是紧密相连的。为何会有这样那样无限复杂丰富的身体感受和心灵感受，这又是无限的因素决定的，这就可以引发出无限的问题供社会文化史进行研究。若对"感受史"进行深入的理论探究，有望使其成为未来社会文化史研究的重要组成部分。

"封闭"与"开放"是契合中国社会历史特征的一对重要概念，更是中国近现代以来尤其是改革开放以来契合中国社会历史特征的一对重要概念。对于这一组概念进行理论上的探索，所形成的理论体系对于打开社会文化史研究的宽广视阈将会产生重大的指导意义。

"人的精神进化"理论是笔者于20世纪90年代初关注的，后来在出版的专著中有这样的阐述："纵观人类历史的进程，人的自身觉悟，即精神进化或精神解放反映在三个层次上。第一，人类相对摆脱自然（神）的束缚，看重和强调人类本身的价值，确立人类的优越和中心地位，而获得人类整体的相对自由；第二，个人相对摆脱传统人伦文化的束缚，看重和强调个体价值，确立个体的人身地位，从而获得个体间的相对平等和自由；第三，个人相对摆脱自身束缚，注重个体异化，在不断否定自己的过程中，使自身的灵与肉相对分离，个体获得精神异化的相对自由。"① 中国传统社会历史主要处于人类精神进化的第一个层次上，而第二个层次在中国近代社会以来才开始了它的发展进化过程，这个过程至今还在进行当中，未来还有相当长的路要走。中国近现代社会文化史与第二层次上的人类精神进化有着千丝万缕的本质关联，运用这个理论视角是社会文化史研究的重要路径之一。

三　关于领域维度

领域是指历史研究的范围、种类和内容，而维度是指不同的视角和层面，以及时间、空间的多种向度。两者有分离之处也有交叉和重合。要厘清两者的概念，需要专门的研究。

半个世纪以来，西方的新社会史、新文化史，中国的社会史和社会文化史等研究的领域，无论是宏观研究还是微观研究，均可谓蔚为大观，极为丰富多彩。研究内容概括起来主要包括十大类别，包括人群研究、家庭婚姻研究、衣食住行研究、休闲娱乐研究、日常用品研究、表象情感研究、卫生医疗身体研究、信仰习俗研究、时空物质研究、文明野蛮研究等。以上所举，是已经有了研究成果的相关内容，此外还有更广泛的领域等待开发，可见文化史以及社会史研究的领域和内容是多么的广博和丰富。如果仅就中国近现代社会文化史的主要知识架构体系而言，研究也可以从"衣食住行、婚丧嫁娶、两性伦理、休闲娱乐、流行时尚、装饰美容、强身健体、休养生息、医疗救治、心理卫生、生老病死、福利保障、民俗风情、节日旅游、日常消费、宗教信仰、迷信祭祀、求职就业"② 等诸多领域中进行。关于中国近现代社会文化史领域的研究成果有很多学术综述文章可作参考。③ 近年来，中

---

① 梁景和：《近代中国陋俗文化嬗变研究》，首都师范大学出版社，1998，第 320 页。
② 梁景和主编《社会生活探索》第 1 辑，首都师范大学出版社，2009，序言第 3 页。
③ 诸如左玉河、李文平《近年来中国近代社会文化史研究述评》，《教学与研究》2005 年第 3 期；黄延敏《当代中国社会文化史研究的新进展》，载梁景和主编《中国社会文化史的理论与实践》；苏全有《近十五年来的中国近代风俗史研究综述》，载梁景和主编《中国社会文化史的理论与实践》；杨卫民《新时期社会生活史研究述略》，《焦作师范高等专科学校学报》2012 年第 1 期。此外，还有很多值得参考的综述文章，此不赘述。

国近代社会文化史研究成果涉及的领域更为广泛，可参见李长莉等人的几篇研究综述论文。①

从时间的维度看，中国历史可以分为古代史、近代史、现代史和当代史。② 中国历史从鸦片战争开始进入近代史，从中华人民共和国成立进入现代史，从改革开放开始进入当代史。③ 古代史和近代史已属于尘埃落定的历史，对于这两个阶段历史的研究，可以在具体领域研究的基础上去进一步深入思考历史发展的脉络、变迁、特征、走向等有关历史的宏观问题和本质问题，对于社会文化史的研究同样具有这样思考和研究的空间和条件。而对于现当代社会文化史的研究，虽然历史还处于发展变化的过程中，对其脉络和特征的把握还有一定的难度，但对这一阶段的历史研究也有其优势，即研究者正身临其境于历史发展过程之中，对历史本身有切身的感受，这是历史研究难得的一面。研究历史的目的是要还原历史的本来面貌，而时间越久远还原历史原貌的难度就越大，对历史的敏感性就越差。但对于现当代史研究而言，切身的直接感受有益于还原历史的真实和原貌，正如有的学者所言："当代史的研究，比较容易达到求真的目标"④。同时，对现当代史具体细微的研究，也可为未来宏观探讨历史的发展脉络和线索提供可资参照的研究基础。

从学科的维度看，社会文化史与当代学以及未来学融合，能发挥社会文化史的另外一种特殊功能。历史学的基本功能是要揭示历史原本和真实的面貌，这一功能作为历史学的基本立场是坚定而不可动摇的。社会文化史与当代学融合，是指与社会学、伦理学、法学、经济学、政治学、教育学等当代学的交融。这种交融主要包括两个方面，一是利用这些学科的研究方法为我所用，为社会文化史所借镜；二是这些学科的研究成果在某种程度上可以看作社会文化史某些方面的珍贵史料。所以社会文化史与这些当代学的融合有益于本学科的建设和发展，也有益于当代史学科的建设和发展。社会文化史

---

① 李长莉、毕苑、李俊领：《2009—2011 年的中国近代社会与文化史研究》，《河北学刊》2012 年第 4 期；李长莉、唐仕春、李俊领：《2011—2012 年中国近代社会与文化史研究》，《河北学刊》2013 年第 2 期；李长莉、唐仕春、李俊领：《中国近代社会史研究扫描：2013》，《河北学刊》2014 年第 3 期等。

② 历史时段的划分具有时间性，随着历史进程的发展，历史时段的划分会发生变化。

③ 参见梁景和《幽乔书屋杂记》第 1 卷（1985—2015），光明日报出版社，2015，第 77 页。

④ 王晴佳：《新史学讲演录》，中国人民大学出版社，2010，第 42 页。

与政治史、外交史、军事史不同，社会文化史从事研究的条件显然要充分得多，单就资料而言，就要比政治史、外交史、军事史等宽泛丰富得多，不像其强调如何解密档案的问题。社会文化史同时也可以与未来学融合。从历史学的角度看未来，"要求史学工作者不仅能给社会提供历史的经验教训，而只充当一个参谋；史学家还应同未来学家合作，给未来学输入史学的根据；史学家应当成为高水平的园艺工程师，通过嫁接发明新品种，通过对历史现象的取舍和综合，为人类提供未来社会具体领域的参考模型。这同未来学家不同，未来学家可从全社会的总体进行预测，史学家则在具体领域提供参考模型"[①]。社会文化史也可为未来人们的社会生活和日常生活提供参考模型。有的学者也表示了类似的愿望，"史家写作历史，还有一个目的，那就是希望通过回顾过去，以便更好地了解现在和展望未来"[②]。表明历史学对人类未来社会能够产生一种功效，包括预测的功效和设计的功效。

学界有一种风气，愿意跟从权威的思路、方法、视域研究问题，这有它积极、有价值和有意义的一面。不过开辟新的研究领域，凭借个体的主见和经验去发掘问题也很重要。根据上文的论述，社会文化史要关注的领域极其丰富，我们可以关注更为广泛的诸如历史上悲欢离合的生活实况、开放意识下的开放生活以及具体到当今民众的旅游生活、养生生活、性伦生活、礼仪生活、居住生活、饮食生活、诚信生活等，这无疑都是社会文化史研究的重要领域。这一研究对普通民众的日常生活会给予多方面的正向启迪。

四　关于史料文风

史料是研究历史的基本材料，而文风是指撰写历史文章的文字风格。

社会文化史的史料极为丰富，不但有传统意义上的史料，如古籍、档案、官书、法规、报纸、杂志、方志、年鉴、文集、笔记、日记、书信、年谱、游记、回忆录、传记、族谱、口述、著作、论文、调查报告等；而且还有反映另一种真实的新史料，如小说、诗歌、电影、戏剧、美术、音乐、图片、影像、小品、图表、网络信息等；甚至包括反映历史百态的民谣、笑

---

① 梁景和：《史学工作者不可忽视今天与明天》，《史学月刊》1986 年第 5 期。
② 王晴佳：《新史学讲演录》，第 87 页。

话、顺口溜等。总之，无论是文字的、音像的还是网络的、图片的资料都是社会文化史研究的重要史料，甚至虚假文字也是社会文化史研究的史料之一。史学研究是需要辨伪的，这是史学研究的一种重要方法。为了求真，需要剔除虚假的史料，这样我们才能还原历史的真相。然而还有一种存在的历史也需要研究，比如，虚假的史料是怎么来的，为什么会出现这样的虚假史料，这样的虚假史料产生过什么作用，造成过什么影响，这本身也是历史的存在，也可以去研究探索某些问题。从这个意义上说，另一个问题上的虚假史料，在这里又成了真实的有价值的史料了。比如"大跃进"时代，作为党报的《人民日报》竟能报道亩产几千斤、几万斤、十几万斤的虚假新闻。这种虚假史料其实也反映了一种真历史，需要社会文化史去研究。这种"皇帝的新衣"式的问题能上党报，反映了当时各级干部怎样的心理状态，"人有多大胆，地有多大产"的口号在中国有传播的渠道和市场，反映了当时什么样的中国特色的政治环境，对今天在某些领域仍然存在的讨好上级、好大喜功、不敢实事求是、假话大话满天飞的工作作风又有哪些值得警惕和需要吸取的经验教训，这些都需要史学工作者去认真地探讨。

社会文化史同样注重文风问题。其一，讲求叙述的逻辑性，先有铺垫，进而展开，再下结论。文章的叙述应一环扣一环，层层深入，紧抓读者的思维思路，最后把问题叙述完整。其二，讲求叙述的通俗性，文章使用的语言要朴实明畅，不要晦涩呆板，让读者易于理解和通达，学术研究和史学求证一定要远离含糊其词的模糊表达。其三，讲求叙述的形象性，有些叙述甚至还要注重其故事性，娓娓道来，引人入胜。但无论是讲逻辑性还是讲通俗性和形象性，我们都是在作史学文章，目的是要讲明历史，而不是进行文学创作。所以我们唯一的凭借是历史资料，而不能空穴来风、凭空设想。虽然研究历史可以运用一种想象的方法，但这种想象是有根据的推测和设想，不能任其性情，否则就会背离史学，走入歧途。特别是在注重微观研究和主张社会文化史要讲故事的今天，尤其要注意史料与故事性的紧密结合，要用丰富的多重史料，通过科学的编排和逻辑的想象把它连接成真实的故事，这是我们追求一种新的史学叙述的路径。美国著名史学家史景迁的《王氏之死》在国内外影响很大。该书是以研究下层民众以及运用"讲故事"的叙述手法来讲解历史的，受到了学界的好评和赞誉。该书之所以达到这样的效果，与其采用的史料与故事性的紧密结合有关。即便如此，该书仍然有些值得质疑之处，即对大量引用的蒲松龄小说的原文的真实性还缺乏必要的说明和论证。伊格尔斯指出："历史学家研究的是一个真实的而非想象的过去，而这个真实的过去虽则只有通过历史学家心灵的媒介才能接触到，但它却要求遵循学术研究的逻辑的方法和思路。"① 历史学注重的是真实，而真实是被发现和感知的，所以历史学遵循的是实证原则，绝不能违背传统史学多重史料求证的基本立场，而模糊随意地进入文学的虚构和想象之中，这是史学与文学的根本区别。而文学作品之所以可以作为史料，是因为它在某个层面、视角或维度上有其真实性，这是它具备作为史料资格的基本条件，但文学本身却不能同史学相提并论。

结　语

研究中国社会文化史，特别是研究中国现当代社会文化史，要与政治史紧密结合，这是中国社会的特征，也是中国社会生活的特色。脱离政治视角研讨中国社会、中国社会生活、中国社会文化史，既是简单和片面的，也是单纯和幼稚的。

研究社会文化史有多种要义，最终应归于探索生活与观念的互动；研究社会文化史有诸多方法，但万法归宗，即凭借真实的史料去研究客观的历史。

---

① 伊格尔斯：《二十世纪的历史学——从科学的客观性到后现代的挑战》，何兆武译，辽宁教育出版社，2003，第17页。

源头活水：田汝康与中国历史人类学

刘　平[*]

　　历史人类学原本是法国年鉴学派在其发展过程中产生的一个重要分支，在 20 世纪中后期的西方史学界产生了广泛影响。中国历史人类学的产生，一般人往往认为是一批受到弗里德曼（Maurice Freedman）、华德英（Barbara E. Ward）与施坚雅（G. William Skinner）影响的海外学者，如科大卫、萧凤霞等，因为研究"华南"的缘故，而嫁接至本土的，如果从 2001 年中山大学组建历史人类学研究中心算起，在中国不过十多年的时间。实际上，不说萧凤霞等人在 20 世纪 70 年代中期就已经开始在华南做田野调查并传播历史人类学的理念，即便是在中国第一代人类学家那里，他们已经在践行历史人类学的方法了（他们不仅受到人类学之功能主义学派的影响，而且也受到年鉴学派的影响）。其中，复旦大学历史系已故田汝康教授最值得称道。

　　田汝康教授（1916—2006）是一位正在被中国学界逐渐发现的社会学家、人类学家、民族学家、宗教学家与历史学家。所谓"正在"，是因为田先生擅长英文写作，过去很少有人发现其学术研究的真正价值；所谓"逐渐"，乃因以往人们对田先生学术研究的认识，远远不够，有些甚至是错误的。至于那些个所谓"家"的头衔，可以理解为田先生对于当今颇为热门的"社会史"、"历史人类学"与"新文化史"之"跨学科研究＋田野调查＋民族志＋心态史

＊　刘平，复旦大学。

学 + 计量史学"等学术学科前沿早已了然于胸，并在运用中达到了出神入化的地步。下面先从我翻译的田先生的一本英文著作说起。

田先生所著的《男性阴影与女性贞节——明清时期伦理观的比较研究》（*Male Anxiety and Female Chastity：A Comparative Study of Chinese Ethical Values in Ming-Ch'ing Times*，E. J. Brill，1988），就是这样一本"正在逐渐被发现"的著作。这本书是田先生在改革开放后相对宽松的时期在康奈尔大学等地以英文写作完成的，海外影响极大，而国内知之者甚少。一般引用者往往译为《男人的忧虑与女人的贞洁》，或《男性的忧愤与女性的贞节》；在介绍其内容时，往往语焉不详，望文生义。我在接手翻译该书时，一开始并没有对书名产生疑问，只是存在一种"搞不懂"的感觉——知道该书主要讲述明清妇女殉节自杀与守寡等问题，但男人有何"忧虑""忧愤"呢？随着翻译的深入，在进入田先生的文本分析语境之中时，就不难看出，作者的心理学教育背景（1935—1937 年，他就读于北京师范大学教育心理学系，抗战全面爆发后学业中断，回滇当中学老师一年，旋转入昆明国立西南联合大学哲学心理学系），使之在刻画"失意文人"内心深处的"魔鬼"、"节妇烈女"背负的魔咒之时，真是力透纸背，一般治明清史者何尝用过这一套路！

正是因为作为翻译者的我在一开始无法理解田先生书名的完整含义，我想，一般读者更容易坠入云里雾里，所以在完成译稿之后，我征询主持《田汝康文集》（复旦大学出版社，2015）事宜者傅德华教授的建议，欲将书名意译为《男权阴影与节妇烈女——明清时期伦理观的比较研究》，并得到同意。2017 年上半年，复旦大学出版社决定出版这本书的单行本，希望我将所有引文资料还原，逐字校订全书，同时还希望使用他人曾经使用过的书名，即《男人的忧虑与女人的贞洁》。资料还原是在暑假前完成的，逐字校订是暑假在美国夏洛特时完成的，这两项工作的量很大，更坚定了我不同意使用编辑建议的书名。作为通融，将主标题定为《男性阴影与女性贞节》。

"男性阴影"或"男权阴影"，包含两个方面。一是主观方面——因为在各级科举考试中遭遇多次失败（每一级的科考成功者也是一路曲折走来），一个充满挫折与焦虑的文人阶层在明清社会广泛存在，其内心充满"阴影"（焦虑）；二是客观方面，明清时期节妇烈女的大量出现，是理学—男权的必然产物，充满"阴影"的男性为了转嫁其挫折屈辱，利用其男权对女性施加"阴影"。作者通过其早年接受的社会学、心理学、统计学知识，尤其是一种"道德替代的心理机制"对诸多妇女殉节、守寡、溺婴等案例条分缕析，刻画入微，读译品味，令人不忍释手。我也由此产生了进一步探究田先生学术理路的兴趣。

田先生在抗战时期即作为"魁阁"成员、费孝通的助手，在云南开展人类学研究；① 1948 年，田先生获伦敦经济政治学院人类学博士学位，随后在沙捞越做田野调查；② 20 世纪 60 年代初，复旦大学耿淡如先生主编《外国史学史》③，田先生负责编译西方史学流派的资料，由此，他在人类学之外，对于西方史学路径有了进一步了解；1979—1992 年，田先生先后在剑桥大学、澳大利亚国立大学、京都大学、莱顿大学、哈佛大学、康奈尔大学、普林斯顿大学与加州大学等名校做访问。这些背景表明，田先生是中国少有的最先接触西方人类学、历史学理论与方法流变并加以融会贯通的学者，这也奠定了他的中国历史人类学先驱的地位。

目前，中国的社会史—历史人类学研究最重要的特点是关注跨学科研究与田野调查。关于跨学科研究，空谈者多而实践者少；至于田野调查，躬行者众而提升者稀，由此带来一种"顽疾"，即"碎片化"问题。反观田先生的研究，从云南时期所著的《芒市边民的摆》（"人类学 + 宗教学 + 民族志"等），东南亚时期所著的《沙捞越华人社会结构研究》（The Chinese of Sarawak：A Study of Social Structure）、《沙捞越华人早期历史》（The Early History of the Chinese in Sarawak，与华德英合著，"历史学 + 人类学 + 宗教学 + 民族志"等），直到改革开放后在海外所著的《男性阴影与女性贞节》（"历史学 + 社会学 + 心理学 + 统计学"等），无不散发出跨学科研究与田野调查融通的圆润之光。相比之下，他的学弟弗里德曼、学妹华德英等起步较晚、研究范围比较单一——田先生在复旦大学的很长一段时间里，是因为其早期所著的《中国帆船贸易的兴起与衰落》《十七至十九世纪中叶中国帆船在东南亚洲》等论著而以一位"东南亚史专家"闻名的。

① 抗战时云南大学与燕京大学协作的社会学研究室，1940 年从昆明迁往呈贡县城魁星阁，胜利后搬回云大本部。参加"魁阁"研究的有费孝通、许烺光、瞿同祖、林耀华等。
② 同年，其学弟弗里德曼获得硕士学位，同样接受英国殖民地社会科学研究理事会委派，前往星马一带做田野调查，并于 1956 年获博士学位；学妹华德英则是 1949 年获硕士学位，次年前往香港，在香港与东南亚地区做田野调查。
③ 该书编成后，因时局影响与人事变故，直至 1982 年才得以出版，参见田汝康、金重远选编《现代西方史学流派文选》，上海人民出版社，1982。

　　由此，当我们在追溯中国历史人类学研究的学术渊源时，只是着墨于几位"洋人"学者，而忘记了有着同样学术背景、成就更为卓著的华人"师兄"田汝康。这既有失偏颇，又情有可原。所谓有失偏颇，是因为信息阻隔，而不知这一学术群体的庐山真面目，从而忽略了历史人类学进入中国的真正路径；所谓情有可原，是因为，1950—1970 年是东西方隔绝的"冷战"时期，西方人要了解中国人，唯有以港台与东南亚华人社会作为平台，弗里德曼、华德英等得以施展其身手，而此时已经回到祖国怀抱的田先生则正在遭受那一代知识分子精英难以逃避的苦难。费孝通及其社会学都在扫除之列，历史人类学也就只能蛰伏于严冬之中了。等到改革开放，田先生"红杏出墙""墙内开花墙外香"，而科大卫、萧凤霞等人来华"嫁接新枝"，居然蔚然成风。

　　田先生已经魂归彩云之南，我因为翻译田先生著作的缘故，得以略窥门径，欣赏源头活水，吟诵"归去来兮"——田先生开辟中国历史人类学研究之功应不至于湮灭无闻。

江西流坑村的考察历程回顾及其对历史名镇名村考察研究的启示[*]

梁洪生^{**}

20 世纪 90 年代前期，江西在非国家政策推动的状态下，经历了一个历史文化村镇考察的预热过程，发掘出乐安县流坑村这个"千古一村"并使其名噪一时。这在全国也是比较特殊的，在不经意的行为中透露出江西历史文化资源非常丰厚的信息。从其客观效果看，江西既然是中国的一个组成部分，对其古村的关注自然会在"国家关注"层面上留下印记，因而将流坑村视为中国历史文化村镇资源开发过程中的一个重要先例，同时也是推动全国性的历史文化村镇考察评选活动的一个积极因素，毫不为过。^① 其考察历程值得回顾与记录，对后来全面展开历史文化村镇的考察和研究的启示，应予以梳理。

一 流坑村的考察历程回顾

流坑村位于江西乐安县西南部乌江之畔，距县城 37 公里。包括乌江对

* 本研究得到了香港特别行政区大学教育资助委员会卓越学科领域计划项目"中国社会的历史人类学研究"（AOE/H—01/08）的资助，于此致谢。
** 梁洪生，江西师范大学南方古村镇保护与发展研究中心。
① 由国家住建部、国家文物局主管的"中国历史文化名镇名村"的考察评选，开始于 2002 年，至 2014 年已经评选了六批共 528 个。2016 年，国家住建部和国家文物局又下发了组织申报第七批中国历史文化名镇名村的通知；同时由国家住建部、文化部等多个部委主持推动的"中国传统村落"的考察评选始于 2012 年，至 2014 年已经评选了 3 批，全国共计 2555 个。在这两个系列的考察评选中，江西的入选数均居前列。其过程和细节，可参见拙文《江西的历史文化名镇（村）的考察评选历程及其成效》，《江西师大学报》2014 年第 4 期；《"中国传统村落"的评选与保护及江西现态初步考察》，《农业考古》2015 年第 6 期。

面的田地在内，村落总面积为 3.61 平方公里。现有近 1200 多户 6000 多人口，是个以董姓一族民众聚居，逐渐形成的大型村落。

董氏族谱记载，唐德宗时董晋官居宰相，唐末其裔孙董清然因避战乱，迁居于临川扩源（今宜黄县境内），五代后梁开平年间（907—911），董清然之曾孙董合自扩源迁居流坑。南宋绍兴十九年（1149）乐安建县，流坑村从吉州庐陵县划归抚州乐安县管辖。后来，流坑董氏族谱载其远祖，上溯至西汉大儒董仲舒并将其奉为始祖，祀于大祠堂正位。

董氏依赖有利的地理环境和水运条件，耕读起家，宋、明两朝产生了一批读书人及仕宦。元代大儒吴澄撰写的董氏谱序是现存最早的流坑董氏记载，此时董氏俨然已是显赫一方的大族。明代嘉、万年间，又出现了以董燧为代表的江右王门学者群体，他们身体力行，大力建设宗族组织，修谱建祠，订立祠堂祭祀和讲学体制，进行有理论指导的乡村教化和赋役制度改革，使村容村貌有了基本规制和文化表述，影响深远。万历末徐霞客路过流坑村，记载"其处阛阓万家之市"，规模可以想见。

进入清代后，流坑董氏虽然举业不振，然商业发达，尤其是竹木商贸的发展营造出繁茂景象。清末至民国时期，由于外部世界已经发生巨大变化，加之战乱不已，流坑董氏的发展也受到影响且渐趋衰败，但其村落规制依然，在乐安县域内还是有名的大村强宗。在长期的木材贸易与经营中，董氏各房族无疑起了十分重要的组织作用。其致富后的商人购置周边大片山产，其中一部分转为祠产，成为维护民国时期家族运作和周济鳏寡孤独的重要经济来源。借助天然资源优势，董氏长期从事放排业。放排业运输的主体劳动力是本房族众，放排外运的收入远远高于农业收入，实际上至少在清代中期以前，流坑董氏已有一个从事多种经营、与外部市场有着极其密切联系的商人集团，且其对族众的庇佑和吸附力很强。由于放排业有明显的季节性，一批已脱离农业生产的董氏青壮年，放排归来也不屑于务农，鲜衣靓服，又比一般的农民显得见多识广而不易管理，所以在 20 世纪 50 年代初期的"土改"运动中，流坑村给南下干部留下"有几百个二流子"的恶劣印象；各房祠经营族产的一批精英，被划为"地主"或"富农"。又因其族众放排常年外出，为了自我保护而习武逞强，家族势力认同强固，所以在 1950 年以后的历次政治运动中，流坑村都成为打击重点，每每有外派工作组进入。主要的村干部也在非董姓民众中挑选产生，甚至出现外姓干部父子相传的情况，以期抑制董姓"宗族势力"的抬头。这一状况一直持续到 1984 年人民公社制度瓦解，其间基本没有大的改变。也正因为长期的历史积累和比较特殊的政治环境下形成的抑制，流坑村一直像一块被硬性冷藏的化石，比较本色地保存了下来。

流坑村的"被发现"和出名，很大程度上得益于 20 世纪 90 年代初已任江西省委宣传部副部长的周銮书教授。他在 1990 年 8 月因工作之便，得知流坑村的存在并前去参观，随后写成《初访流坑村》一文，发表在《江西画报》上（1991 年第 3 期）。旋即江西史学界前辈谷霁光先生来信，建议抓紧组织力量进行调查，因为谷老认为"从全国讲，很难得再有这样完整的村落遗址"，充分肯定了流坑村具有的历史研究价值和文物价值。对这一过程的细致记述，可以参见周銮书撰《初访流坑村》《流坑村调查记》二文。①

1991 年冬，由江西省考古研究所詹开逊先生带队的 5 人小组进入流坑村，做了 20 天的考察，并形成最初的专题文稿。1993 年 5 月 13 日，南昌大学邵鸿教授和笔者首次前往流坑村考察，前后 12 天，其中前 4 天我们挨家挨户走遍流坑村，对其街巷样貌、祠堂分布、神庙规制、牌匾内容等有了基本了解。更为重要的是：通过这次初访，我们获得了大量的乡土文化信息和鲜活资料，大大突破了以往在历史课堂中获得的知识体系，产生了一大批有待解释的问题，由此极大地激发了持续考察流坑村的热情，并决心以之为长期的研究对象。正因如此，我们才会在此后 4 年之中多次前往流坑村考察，并有系列研究论文问世。② 到 1997 年 5 月，由周銮书主编，上述两批进入

---

① 载《天光云影——周銮书文集·江西卷》，江西教育出版社，2002。

② 邵鸿的相关著作：《竹木贸易与明清赣中山区土著宗族社会之变迁——乐安县流坑村的个案研究》，周天游主编《地域社会与传统中国》，西北大学出版社，1995；《明清江西农村社区中的会——以乐安县流坑村为例》，《中国社会经济史研究》1997 年第 1 期；黄志繁、黄郁成、邵鸿等《农村旅游开发的"输入型"模式——以流坑村为例》，《老区建设》2003 年第 8 期。梁洪生的相关著作：《家族组织的整合与乡绅——乐安流坑村"彰义堂"祭祀的历史考察》，周天游主编《地域社会与传统中国》；《乐安流坑村何杨神崇拜考述》，《南昌大学学报》赣文化专号，1996 年 8 月；《江右王门学者的乡族建设——以流坑村为例》，台北，《新史学》第 8 卷第 1 期，1997 年 3 月；《中国传统村落的房派关系与祠堂、街巷对应的研究——以乐安流坑村为例》，《家庭·社区·大众心态变迁国际学术研讨会论文集》，黄山出版社，1999；"Motivation for, and Consequences of, Village and Lineage (Xiangzu) Development by Jiangxi Scholars of WangYangming School, The Case of Liukeng," *Chinese Studies in History* 1 (2001): 61－95；《乐安县牛田镇流坑村历史与文化研究》，2013 年江西省社科规划课题（13CS12）。邵鸿、梁洪生参撰周銮书主编的《千古一村——流坑历史文化的考察》（江西人民出版社，1997）一书。

流坑村考察的人员分篇成文的《千古一村——流坑历史文化的考察》一书，由江西人民出版社出版。全书 35 万字，为流坑村貌和村民生活的描述，以及流坑董氏历史演变和文化内涵的解释，奠定了基调。此后陆续出版的一批以流坑村为名的读物和照片图集等，其文字介绍部分基本转抄于《千古一村——流坑历史文化的考察》的相关内容。说明此书在当时花费的大气力和研究者的认真态度得到了读者认可，同时也说明该书未能深入的部分还期待其他人的继续努力。此后，周銮书教授还就流坑村历史文化资源的介绍和保护写有系列文字，甚至为流坑村编写保护文物的歌谣，难能可贵。因此，在 2014 年付印的新修董氏族谱中，"名人与流坑"一章将周銮书与王安石、文天祥、吴澄、徐霞客 4 位历史名人并列，以彰扬他在发现和宣扬流坑历史文化方面发挥的不可替代的作用，也体现了流坑村民众对这位教授出身的副部级官员的感恩之情。

　　1996 年 11 月 19 日，《光明日报》以《江西千年古村流坑，中国古代文明缩影》为题，加以独家报道，这在当时全国罕有村落研究的情况下，引起了巨大反响。时任中共中央政治局委员、国务委员李铁映阅读此文后，做出批示："此事如实，应责成江西省文物局尽快制定条例保护起来，并搞规划，给予支持保护。"

　　为此，1997 年 2 月 25 日至 3 月 2 日，由江西省文化厅组织安排，一支由多学科专家组成的工作组共 11 人进入流坑村，对古建筑遗存、家藏文物文献及相关情况等，挨户进行测量、登记和鉴定，一共填写 241 张登记表，最终形成了详细的评估报告，并附有详细的鉴定清单。确认现存的传统建筑及遗址共 260 处，其中明代建筑 7 处，有明代建筑风格的遗址和墓葬共 12 处；家藏文物 318 件，其中重要文物 24 件，另外还开列了保护项目 35 处。

　　通过这次大规模的考察鉴定，流坑村特有的两项历史文化价值被揭示出来。

　　其一，发现一批有清代顺、康、雍诸朝确切纪年的民居建筑，其具有浓郁的明代建筑遗风，由此提示建筑学界应当注意明清之际的政体变易，并未立即导致两种不同风格的民居建筑出现。明代的民间建筑理念、大木的匠作技艺等在清前期依然多有延续和保留；而在流坑村的民居建筑中同样可以看到：至乾隆朝以后，其建筑风格才有明显变化，出现江西"清代建筑"的一些特征，譬如民居建筑的规模扩大，明显突破了明代的制度规定；主要承重的柱、梁用材直径变小，建筑更为纤细美观，表现出中国民居建筑力学的一种进步；装修更为奢华繁缛，木雕细部日益精美而构件出现拼装化等。因而流坑村一批民居建筑具有区分明清建筑风格演变历程的"标准器"意义，尤其在防止滥划"明代建筑"方面，可以提供比对和研究的实例。不无遗憾的是，这一价值往往被人忽视甚至曲解，而导致对流坑村现存传统建筑的修造年代向前"拉长"的不当做法出现。

其二，当时在流坑村中竟然可以找到从明万历十年（1582）直至1948年修成的20种董氏谱牒，真是令人吃惊，叹为观止！故而评估报告对此特别给予了重视和肯定，指出："一个村庄中族谱如此之多，为我省目前所仅见。"另外，1997年5月出版的《千古一村——流坑历史文化的考察》一书，历史文献的辑录工作由笔者承担，当时总共过目和著录的流坑董氏谱牒为24种，比专家组在流坑村鉴定时所见又增加了4种。因为笔者当时就负责历史文献的登记和鉴定，所以对此印象极深，也极为庆幸在全面考察江西各县市之前，偶遇了一把衡量村庄历史文献的"标准尺"。至今笔者已走遍江西全部县市并考察了数百个村镇，尚未见有一处村落所存谱牒数量超过流坑董氏，足见当时这一价值判断的精准和指导意义。

1997年3月11日，中共中央政治局委员、国务委员李铁映接见抚州地委书记及抚州行署副专员等人，听取关于流坑文化和古民居建筑群保护情况的汇报。此后，前往流坑村的专家学者、记者络绎不绝，以工作视察身份前来的省、厅级官员也越来越多。关于这一历程最详细的即时反映，当属1997年3月18日开始编印的《流坑文化工作简报》。该简报开始的编印单位为"乐安县流坑古文化保护利用工作委员会办公室"，从1998年4月当年第一期开始，又改名为《流坑古文化遗产抢救保护工作简报》，编印单位加入了"抚州地区文化局"，发行密集时往往半个月就有一期问世，非常细致地反映出这一时期流坑村是如何的惹人眼球和热闹非凡。如1997年6月一期宣布："由中国社科院组织的'中国百村经济社会调查'，流坑古村作为我省首选对象被选中。"8月初，国家文物局局长张文彬专程考察流坑村，并题写"千古第一村"。同月，江西省政府将流坑村列为省级历史文化保护区，其中21处古建筑被列为省文物保护单位。同年9月15日编印的简报第8期，专有一条报道题为《慕名前来流坑参观考察的各级领导络绎不绝》。1998年5月，中央电视台副台长偕夫人考察流坑；6月，上海招商局国际旅行社总经理前来考察；7月，《中国文物报》开辟流坑专版，宣传流坑古文化。同时获悉《千古一村——流坑历史文化的考察》第一版3000册已经销售一空，再版本将于9月发行。国庆前夕，江西画报社制作的大型摄影画册《千古流坑》出版发行。11月，流坑方面宣布："日本首批政界人士涉足流坑。"1999年5月编印的简报发布专题公告《教育部、文化部、财政部、文物界、文艺界一批重要人士考察流坑》。与此同时，流坑人获知"湖北麻城董氏源于乐安流坑"，并盼来前国家主席董必武的后人到流坑村认祖。据其谱载，湖北红安县（原黄安县）董氏是乐安董氏外迁的重要一支，过程是：流坑董氏十七世孙董奉高为湖北麻城县董氏的开基祖，麻城六世孙董极迁往黄安县。据此推算，董极十四世孙董必武（谱名贤琮）为流坑董氏三十六世孙。因此，至今在流坑村龙湖以西的"秘阁校书祠"中，存有董必武事迹图文展。2014年11月29日，六修《流坑董氏合公族谱》举行盛大的颁发庆典，董必武的子女均参加并为新修族谱题词。

1998年，清华大学建筑专业师生由陈志华教授带领，进入流坑村进行现存传统民居的实测，并制定保护规划。当年10月23日，清华大学制定的《乐安县流坑村古村落保护规划》在南昌举行评审会，与会者人数众多。以此实测和规划为基础，方有以下二书的先后问世，即李秋香、陈志华著《流坑村：中国乡土建筑》（乡村建筑艺术摄影，重庆出版社，2000）；李秋香、陈志华著《流坑村：中国古村落》（河北教育出版社，2003）。

2001年6月，流坑村被列为全国重点文物保护单位。2003年11月，流坑村未经过"省级历史文化名村"初评而直接被评为中国首批"历史文化名村"，不仅成为江西唯一的国字号"历史文化名村"，而且成为全国12个具有丰富历史文化内涵的名村之一。以下即为其他11个村落的名目及其耀眼之处：浙江武义县俞源乡俞源村，号称"中国唯一的太极星象村"；浙江武义县武阳镇郭洞村，号称"江南第一风水村"；山西临县碛口镇西湾村，碛口陈氏商人200多年兴建而成的城堡式明清古建筑群；安徽黟县西递镇西递村、宏村镇宏村，均于1999年12月同时被列入联合国《世界文化遗产名录》；福建南靖县书洋镇田螺坑村，是以土楼群著称的传统村落；广东佛山市三水区乐平镇大旗头村，是以古建筑群著称的大村落；广东深圳市龙岗区大鹏镇鹏城村，原系明代为抗倭而设立的大鹏守御千户所城，是全国保存最完整的明清海防卫所旧址；北京门头沟区斋堂镇爨底下村，全村有清后期至民国建成的四合院、三合院74座，房屋689间，依山而建，高低错落，内有弧形大墙分开，外有弓形墙围绕，便于防洪、防匪；陕西韩城市西庄镇党家村，始建于元代，村中有120多座四合院和11座祠堂、25个哨楼，以及庙宇、戏台、文星阁、看家楼、泌阳堡、节孝碑等；湖南岳阳县张谷英镇张谷英村，为明代洪武年间江西风水先生张谷英择地而始建，并以之命名，据称有1700多座明清建筑，规模大，建筑精美。

经过比较，可知江西流坑村必须有深厚的历史文化内涵和知名度才可以一举胜出。还有一个现象颇有意思：一些外地的历史文化名村在进行宣传时，往往会加上一句在哪些方面"超过了流坑村"之类的话。这更反证了流坑村丰富的历史文化资源及其具有的知名度已令任何人都不得不正视之。拿过来做比较，或可因此增加他者的分量，但在客观上对流坑村也起到了一种宣传作用。流坑村的"被发现"，也成为江西厚重的宋明文化遗产被重新认识和宣传的典范和导线。在20世纪的最后几年，江西一些有历史文化遗存的村镇先后见报，一批文化工作者留下相关的报道和珍贵照片，国内的传统民居建筑专家们也前来考察。江西乡土社会经济欠发达，传统文化资源则颇为丰厚，在很长的一段时间内既无经济实力去拆旧建新，在文化价值层面又遭漠视甚至刻意打压，因此而积蓄了潜在的张力。一旦获得相对宽松的政治环境并对其历史文化资源给予价值认同和肯定，一批传统村镇就以前所未有的势头喷薄而出。从另一个角度讲，这也是这些地方的民众唯存的文化力量和与外部世界对话的资本了，他们不仅珍视之，而且期望其成为拉动经济发展的第一桶金。进入21世纪以来，江西的"历史文化名镇名村"以及近年的"中国传统村落"申报评选，其热情空前的积极。历史文化村镇资源的不断被发现，真正的底蕴和动力即在于此。

二　对历史名镇名村考察研究的启示

全国范围的"历史文化名镇名村"考察评选工作，始于2002年，此后基本两年评选一批，予以公布并挂牌。由是群星并出，名村名镇之"热"从国家层面一直下沉到省甚至市、县。20世纪末期那种传统村镇资源被"意外发现"，以致万众瞩目、聚焦一点的局面再难重现。也正因此，在特殊的外部环境下各个部门一哄而上，锦上添花式地给予优待和扶持，使之一时抢眼夺目，迅速升温而形成的"流坑效应"也再难持续和仿效。甚至在江西民众中，流坑村的知名度也逐年下降。另外还可以看到，流坑村后来出现的一些问题，有些在其急速成名的过程中就已形成并潜藏下来了。譬如：管理层和村民初期的高度兴奋、认同与热情，如何催生村落内部民主管理制度的建立？十分复杂的宗族房派关系如何被正面利用起来，形成一种相对村级行政管理缺陷而必需的补充或制衡？在各项维修和保护经费不断增加，数量渐趋巨大的情况下，如何防止贪腐现象的产生？等等。做此回顾不难看出，流坑村这种个案式的"发现"和"隆重推出"，在当时的社会环境和时代需求下可以理解并且应予以充分肯定，但是随后的逐渐冷却甚至溢出一些负面名声，也就在所难免了，值得今人深思和探讨。但是，这些问题都无损于这个历史文化名村自身所具有的稀世价值。流坑村及其"被发现"的历程，折射了几个时代的内容，它的浮出是必然的、无可替代的，因而也是不朽的。

笔者作为流坑村历史文化内涵考察、研究以及保护活动的参与者之一，今日回首亦是收获良多，不胜感慨。如果将其置于"中国历史文化名镇名村"以及"中国传统村落"考察评选这一长过程中看，笔者体会到的启示至少有以下四点。

其一，真正要做好一个历史文化村镇的内涵解读，需要长时间的关注、研究和各种投入。流坑村的考察和系列研究持续了十几年，而1997年十余名各个专业的专家大规模考察鉴定的结果，不仅被随后出版的《千古一村——流坑历史文化的考察》所采用，也进一步夯实了日后管理部门多项申报的资料基础，明显提升了流坑村的历史价值和学术价值。更为重要的一点是：通过这次大规模考察而结识并在日后继续为此贡献知识和心智的一些专家，成为2002年以后江西历史文化名镇名村考察评选活动的基本专家队伍，一直工作至今。他们在流坑村获得的知识、经验和感悟等，深深影响了日后他们对这项工作的投入态度和分析理路，因为不仅"流坑历练"是无可替代的，投入的感情是真挚的，而且相关研究工作的总时长至今也难有人超越。自2013年以来，江西省委宣传部和省社联以专项课题的形式，组织一批中青年人文学者介入50个历史文化名村的历史撰写和"村史馆"建设，立意超前，且投入了很多的资源和精力，实属不易。但是一般都只有半年左右的操作时间，这对一个乡村聚落的数百年甚至上千年的历史梳理，及其丰富而又逐渐远去的社会生活内容的考察而言，还远远不够。也正因此，这批参与者都有一种感受或说遗憾，就是希望自己介入的那个村能够最终形成一本《千古一村》——从每个村庄都有自己的历史可写的角度来说，这种希冀并非空想，但是确实需要长时间的投入和各种资料的挖取，以及不断地考察、体会、研究。更何况还有一点毋庸讳言：能够根据文献资料做研究的人，未必能做好一个活态的、依然有一大批人生存其中的村落的研究。因为对后者的观察角度、研究方法、调查手段等，都和只在书斋里进行智力生产和案头工作的方式多有不同，需要更多的学科交融和方法借鉴。更何况还要研究者有必不可少的情感投入，以及研究者究竟是"平视"还是"俯视"其研究对象的不断思考和相应调整等，这就更加需要研究者认真的体验和感悟了。

其二，流坑村与乌江的关系明显揭示了江西小盆地结构中的家族聚落与某条河流的密切关系。所谓江西"小盆地结构"，是笔者多年来对江西地理环境与历史上的聚落开发、生产及人群活动加以实地考察而逐渐形成的一种解释模式，在此不予展开。这一模式的要点之一，就是说明在江西，越是面积大的盆地，海拔越低，越有更多的大聚落；而越低的地方，又是众水汇聚之处，就有较大的河流。如果还原为一个历史过程，就是越早在江西落地开基的家族，越是在海拔低的河边建村，因为这样对其田地灌溉、生活用水、外出乘船出行都更方便。而且流经村落的一段，几乎都无一例外地成为这些聚落的"内河"，这些聚落借此控扼河流，把持运输。流坑村自三官殿以下的乌江河段，凡有竹木、鱼虾等资源顺流而下进入时，外村外姓人一概不得捕捞，就是显例。而其明清时期的竹筏木排外运，就更与乌江有密切关系了，几乎成为流坑董氏持续发展和致富的生命线。在近十余年研究中，笔者发现江西几乎所有的历史文化名村都具有这种特征，甚至在一些河水已经断流、河床难以寻找之处，都可以凭此经验还原这些河边聚落的历史。只要考察研究者愿意花气力去实地观察，去问做过挑夫或排工的老者，去询问民国时期的村口和现在的村口是否在同一个方向，或多问一句为什么过去村里会有个万寿宫，等等，就可以把一些传统乡村的基本生活常识转化为学者研究的线索或问题。将这些放到当时的生产力水平和环境条件下去理解，并给予足够的尊重和符合历史唯物主义的解读，这样才可能还原当地民众的真实生活历程。

其三，流坑董氏作为在较大盆地中发展起来的大家族，与周边较小盆地的其他族群的关系错综复杂，甚至由此形成从明清地方冲突直到近代革命发生的基本的结构性的关系，影响至深。流坑村万历十年族谱的族规，严禁董氏族人纳娶周边"小姓"之女为"妾"，违者即要"黜族"，其实就是严格区分作为"主"的董姓族人和租种其山、田的"佃仆""火佃"等近似"贱民"身份的人群。在这种族群关系和地方权力格局中，家族内的阶级对立隐晦难寻，而族群之间的界限和矛盾随处可见。笔者在近十余年的考察中发现，凡是江西大盆地中的历史文化名村几乎都具有这种特征；而凡是具有这种特征的村落，几乎都在 20 世纪 50 年代以后遭受过打击并程度不同地有一个"冷冻"过程。如果仔细分析其后来成为历史文化名村的各种必然的和偶然的致因，不难从中发现近百年来中国基层社会的运作和变迁的诸多要素。每当走入这样一些分布在不同地域、操持不同方言的历史文化名村，都会让人隐约感受到流坑村的气息和影子而心生感叹，更会让人不断思索这些村庄在折射中国社会百年变迁方面具有的重要时代价值。

其四，对于江西各地历史文化名村的"历史文化"的研究和解释，一定要客观，要有与外部大世界的对比并且慎言，防止"文化"的泛化和无节制的拔高。众所周知，历史文化名村的外部特征和夺人眼球之处，就是保留了一片好看的传统建筑，包括祠堂、神庙、民宅以及周边相应的一批文化景观等。所以对其"好看"的原因就必须解释而无法回避。从流坑村的实例看，真正可以确定为官宦宅第的数量并不多，而门悬"儒林第""司马第"牌匾的房主，几乎全是清代经商致富后的捐官者，其实是商业资本和利润在乡村的一种表现方式。类似的情况在历史文化名村中屡见不鲜。对此应该给予高度关注，而往往语焉不详的是村中族众的社会流动问题：他们去了什么地方？做的是什么营生？靠着什么发了财？何时回到家乡盖了房，甚至捐建了祠堂和神庙？怎样捐的功名？等等。其实只要用心读其家谱，尤其细读那些有传记之人的所作所为，对此都不难理解。如果再细读族谱传记，还可能懂得另外一番道理：科举出身真正在外为官为宦者，其家乡的住宅未必是最张扬、最豪华的。这就牵涉到如何理解传统时期官宦人物在家乡的行为举止和为人处世的问题了。现在各地普遍出现的问题，是将一些"豪宅"的房主都视为官宦，甚至和当代的官员实职和级别相对应，这就可能离历史真相越来越远了。还有一个普遍现象与此相关且已造成了诸多混乱和困扰，就是很多村落或家族都宣称历史上产生过数十甚至上百个进士，而唯一的依据是其族谱（其中不乏对旧谱传记的误读）。细读清代地方志对地方"选举"的记录，可知前人对此可能早有一番甄别。如果以之与《明清进士题名碑录索引》等资料相对照，往往发现一批被算为该村进士的其实只是同修谱牒的关系，他们的科考籍贯已在数百上千公里外的邻省了，确切地说已经是另外一批人的生活历程和故事了，不可重复计算，否则就与明清科举考试的实况以及整个官僚队伍的体量大小和构成相去甚远了。江西乡民有以科举众多为荣的习惯心态，往往讳言祖上实为捐官之史事，加之一些旧谱传记也是套话连篇，对于经商活动多用隐喻之语，很少有实际内容，更让今人不易把握甚至产生误读。解决这个问题的有效手段之一，就是尽量收集和阅读近代族谱的传记。因为晚清以来，乡村的文化人开始接受外来的文化和观念，逐渐有了声、光、电和植物、动物、生产技术这些知识概念，就会或多或少把这些内容反映到家谱中；进入民国以后，因为有了"民生"主义和新的"经济"观念，所以就会大大方方详细记载族里的商人做什么生意，公司或铺面叫什么名字，规模有多大，对家乡做了哪些贡献等。以此为线索，再与其清代祖先的活动相联系，找异同，往往可以挖掘出清代谱牒语焉不详或不同的新内容来。

中国近代社会史研究三十年
发展趋势与瓶颈

李长莉[*]

中国近代社会史研究从 20 世纪二三十年代开始发轫，新中国成立后 30 多年间附属于政治史而有一定发展，直至 1986 年以后才作为一个独立学科开始复兴，迄今已有 30 余年历程，可以说是一个新兴学科。回望 30 余年，这一新兴学科从无到有，从小到大，从弱小边缘学科到兴旺发展、成果丰硕的热门学科，经过了一个持续快速发展历程。

对于 1986 年以后中国近代社会史研究发展状况，在各个时段都有业内学者做过一些回顾与评介。如闵杰对 1986—2000 年的研究状况做过比较详细的梳理评介。[①] 王先明对 1986—2008 年的中国近代社会史研究状况做过综合性评介。[②] 笔者对近 30 年中国社会史研究方法的探索也做过讨论。[③] 这些回顾与评介为我们了解相应时期中国近代社会史学科的发展历程提供了引导。

本文拟通过对 30 余年来中国近代社会史研究成果的统计分析，[④] 对学

---

[*] 李长莉，中国社会科学院近代史研究所。

[①] 闵杰：《近代社会史研究》，常建华、郭玉峰、孙立群、闵杰编著《新时期中国社会史研究概述》，天津古籍出版社，2009。

[②] 王先明：《新时期中国近代社会史研究评析》，《史学月刊》2008 年第 12 期。

[③] 李长莉：《近三十年中国社会史研究方法的探索》，《南京社会科学》2015 年第 1 期。

[④] 主要依据闵杰《中国近代社会史论著目录（1987—2000 年）》（常建华、郭玉峰、孙立群、闵杰编著《新时期中国社会史研究概述》）、《近代史研究》每年末期附刊上年度"国内论著目录"（1991—2013 年）两种目录进行统计。《近代史研究》无 2010 年度论著目录，2011 年后改为网络版，且仅有论文目录而无著作目录，2014 年后无目录，故未做统计。

科发展历程做一长时段、综合性的回顾，考察学科发展总体趋势，并对面临的发展瓶颈、挑战及其如何回应提出讨论。

一　成果数量持续快速增长

自 1986 年以来，中国近代社会史研究论著成果的数量，呈现长期持续大幅增长的发展态势。

下面将有论著目录可统计的 1987—2013 年（缺 2010 年）27 年间每年度发表论文数量统计做一排列，以观察其总体趋势。

据闵杰收集整理的《中国近代社会史论著目录（1987—2000 年）》，在此 14 年间每年发表的中国近代社会史论著数量如表 1 所示。

表 1　1987—2000 年发表中国近代社会史论著数量统计

年份	论文（篇）	著作（部）	年份	论文（篇）	著作（部）
1987	19	8	1995	89	19
1988	46	10	1996	159	35
1989	59	23	1997	118	32
1990	46	25	1998	165	28
1991	59	24	1999	136	38
1992	75	28	2000	192	49
1993	93	22	合计	1342	361
1994	86	20			

1987—2000 年共 14 年的成果数量统计，反映了中国近代社会史兴起前期研究成果逐年持续增长的情况。

除了这一统计之外，作为中国近代史研究的权威学术期刊《近代史研究》，自创刊起便在每年末期（后为第 5 期）附刊上一年度国内发表论著目录，也可作为一种统计依据。该刊在 1991 年度论文目录中才首次开始单独设立社会史门类（著作目录在 1991 年、1992 年两年开始有 "地方史和社会史" 合列一类，1993 年以后才将社会史单独列出），但收录范围比前述闵杰所收目录略窄，如把基督教归入中外关系类，把民间信仰归入文化类，因而收录论著数量相对较少。据该刊目录，1991—2013

年（缺 2010 年）每年国内发表的中国近代社会史论著数量统计如表 2 所示。

表 2　1991—2013 年发表中国近代社会史论著数量统计

年份	论文（篇）	著作（部）	年份	论文（篇）	著作（部）
1991	12	28（地方史/社会史）	2003	235	74
1992	28	23（地方史/社会史）	2004	241	102
1993	22	4	2005	310	93
1994	44	6	2006	267	80
1995	52	9	2007	352	86
1996	82	8	2008	375	85
1997	72	19	2009	443	（以下缺）
1998	86	35	2010	（缺）	—
1999	155	27	2011	529	—
2000	160	38	2012	427	—
2001	143	93	2013	541	—
2002	212	89	合计	4788	899

　　由表 1、表 2 两种目录统计可以看到，虽然这两种目录因收录范围宽窄不同，具体数量显示有些差异（前者因收录范围较宽而数量较多，后者因收录范围较窄而数量较少），但都反映了中国近代社会史论著数量呈现持续增长的发展趋势。每年发表论文数量基本上是每十年一个台阶，第一个十年为每年几十篇，第二个十年每年超过 100 篇，第三个十年每年超过 300 篇，最近的 2013 年则超过 500 篇，可以说每年发表论文数量以较大幅度持续且加速度增长。

　　上述 27 年间不同时段年均发表论文数量也可以反映这一态势。将这 27 年按每 4—5 年为一个时间段，分为 6 个时间段，将每个时间段年均发表论文数量进行对比。依闵杰所列收录范围较宽的论著目录，1987—2000 年各时间段年均发表论著数量如下（见表 3）。

表 3　1987—2000 年各时段年均发表论著数量

时间段	论文（篇）	著作（部）
1987—1990 年（4 年）	43	17
1991—1995 年（5 年）	80	23
1996—2000 年（5 年）	154	36

依《近代史研究》附刊收录范围较窄的论著目录，1991—2013 年各时段年均发表论著数量如下（见表 4）。

表 4　1991—2013 年各时段年均发表论著数量

时间段	论文（篇）	著作（部）
1991—1995 年（5 年）	31	14
1996—2000 年（5 年）	111	25
2001—2004 年（4 年）	208	89
2005—2008 年（4 年）	326	86
2009—2013 年（4 年，缺 2010 年）	485	（缺）

从 1987—2013 年每 4—5 年时间段年均发表论著数量对比，也可以看到这种阶梯式增长态势，6 个时间段排比论文数量：40 + 、80（30 + ）、100 + 、200 + 、300 + 、400 + 。6 个时间段对应 6 个梯次，步步增长，最后 4 年年均论文数量比最初 4 年年均论文量增长 10 倍多。这两种收录范围宽窄略有不同的目录，都反映了相同的趋势，即中国近代社会史复兴以来，年均发表论文数量及出版著作数量，呈持续大幅递增态势，且越到后期越加速增长。

无论是 1987 年以来的论文数量，还是各时段的年均论文数量都表明，这期间中国近代社会史论著数量呈长期持续大幅增长的发展态势。

二　由边缘"小学科"发展为热门"大学科"

30 余年间，中国近代社会史论著数量与中国近代史其他分支学科的对比显示，其已从一个初期论著数量少而处于附属、边缘地位的弱小分支学科，发展成为论著数量位居前列的大分支学科。

《近代史研究》附刊年度论文目录，在 1991 年之前，所分门类都是以政治史专题为主，如有鸦片战争、太平天国运动、中法战争、洋务运动、中日甲午战争、戊戌变法、义和团运动、辛亥革命、北洋军阀、五四运动至第一次国内革命战争时期、第二次国内革命战争时期、抗日战争时期、第三次国内革命战争时期 13 个专题，再以经济史、文化史、中外关系、人物等作为补充门类。社会史未列为独立门类，相关内容附于各专题之内。至 1991 年论文目录才开始单独设立社会史门类（著作目录在 1991—1992 年开始将"地方史和社会史"合列一类，至 1993 年以后才将社会史单独列出），与经济史、文化史、中外关系等并列。此举意味着有关社会史的论文开始增多，且显示出独特的学科特征，使目录编选者感到有必要将其分出列为独立门类。因此，也可以说此举标志着"近代社会史"作为一个独立分支得到了学术权威刊物的认可。该刊论文目录自 1991 年开始将"社会史"单独分列门类，至 2013 年（缺 2010 年），共计 23 年。其间自 1997 年目录开始，废止了此前以政治事件和革命运动等前述 13 个专题领头，以经济、文化、社会等专题为补充的分类模式，而改为以研究领域划分为八大门类：总论专题、政治（后来加上法律）、军事、经济、社会、思想文化、中外关系、人物。政治类内容也大大缩减，原来一些附属于政治类的其他专题内容，被划入各相应专题门类之内。自此以后这八大门类的分类法成为常态，一直延续至今。为了便于比较，现将 1992—2013 年以每 4 年为单位，分为 5 个时间段，除了"人物"以外的七个门类每个时段发表的论文数量统计如表5 所示。

表5　1992—2013 年各门类各时段论文数量统计

单位：篇

门类/时间段	1992—1995 年	1997—2000 年	2001—2004 年	2005—2008 年	2009—2013 年（缺 2010 年）
政治、法律	3575	1437	919	1202	1662
经济	319	607	749	908	1318
思想文化	275	1002	1519	2050	2979
中外关系	228	1380	1347	1141	874
社会	146	473	831	1304	1940
总论专题	120	391	640	692	747
军事	54	103	276	374	468

再将表 5 统计数据按各时间段各门类论文数量多少排序（见表 6）。

表 6　1992—2013 年各时段各门类论文数量排序

时间段/排序	第一位（篇数）	第二位（篇数）	第三位（篇数）	第四位（篇数）	第五位（篇数）	第六位（篇数）	第七位（篇数）
1992—1995 年	政治（3575）	经济（319）	思想文化（275）	中外关系（228）	总论（120）	社会（146）	军事（54）
1997—2000 年	政治法律（1437）	中外关系（1380）	思想文化（1002）	经济（607）	社会（473）	总论专题（391）	军事（103）
2001—2004 年	思想文化（1519）	中外关系（1347）	政治法律（919）	社会（831）	经济（749）	总论专题（640）	军事（276）
2005—2008 年	思想文化（2050）	社会（1304）	政治法律（1202）	中外关系（1141）	经济（908）	总论专题（692）	军事（374）
2009—2013 年（缺 2010 年）	思想文化（2979）	社会（1940）	政治法律（1662）	经济（1318）	中外关系（874）	总论专题（747）	军事（468）

将这 5 个时间段 7 个门类论文数量增减情况用坐标图显示，可能会更具直观效果（见图 1）。

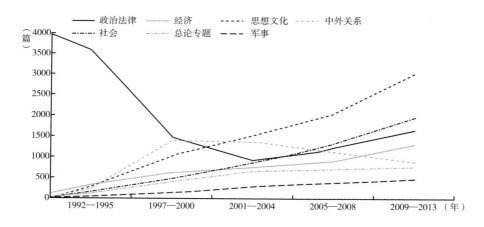

图 1　1992—2013 年各时段各门类论文数量增减

由图 1 可以比较直观地看到各门类在此 20 余年间论文数量增减变化情况，政治门类从起初遥居高位而下降幅度最大（1997 年后政治类目录不再以专题编排，有的专题后并入总论专题门类中），虽后期又有小幅回升，但已降至第三位；中外关系门类第 1—2 时间段上升后平缓下降；军事和总论专题始终在低位小幅上升；持续大幅增长的是思想文化和社会两类。虽然论文数量统计及所画图示并不十分精确，但反映了各门类论文数量增减的大致状况。各门类论文数量在最后一个时间段形成的高低排序为：第一位思想文化，第二位社会，为高档位；中档位为政治法律和经济；低档位为中外关系、总论专题和军事。

从图 1 可以看到，社会史论文数量 1992 年时处于低位，此后持续大幅增长，经过 20 余年，到最后时间段已经跃居第二位，反映了近代社会史发展总体走高的态势。20 世纪 90 年代以后，中国近代史学界也形成了新的一般分类法，把中国近代史分为政治、社会、经济、思想文化、中外关系五大门类，如按此分类，将军事并入政治法律，其论文总数略高于社会。即便如此，社会史也仍是一个"大门类"，已经成为中国近代史五大门类之一。可见，中国近代社会史经过 30 余年持续快速发展，已经从一个弱小的新兴边缘学科，发展成为中国近代史的重要分支学科，为五大门类之一。

三　关注重心由政治话语向社会本位回归

30 余年间中国近代社会史研究不仅论著数量持续增多，而且研究论文的论题所反映的关注重心也发生了转移，总体趋势是由政治话语延伸论题转向社会论题，标志着研究重心由政治附属向社会本位的回归。下面对各时间段论文论题的变化情况做一统计分析。

近代社会史从复兴初期，论文论题涉及面就比较广，有关近代社会的一些基本问题都有涉及。下面将初兴期 1987—1995 年的论文论题归纳为 20 个，按各论题论文数量多少排序如下（见表 7）。

表 7　1987—1995 年各论题论文数量排序

单位：篇

位序	论题	论文篇数	位序	论题	论文篇数
1	基督教与教案	58	5	风俗习尚与民间信仰	35
2	城市社会	50	6	商人及行会商会	34
3	秘密社会	48	6	社团	34
4	吸禁鸦片	36	7	总论及综合史	32

续表

位序	论题	论文篇数	位序	论题	论文篇数
7	妇女（儿童）	32	12	知识阶层	18
7	人口	32	12	婚姻、家庭与家族	18
8	灾荒救济与慈善医疗	29	13	社会性质	15
9	华侨与外侨	27	14	生活与休闲娱乐	10
10	移民与游民	22	14	社会控制与基层社会	10
11	社会观念与心态	20	15	区域与乡村社会	9

上述 20 个论题，是对初兴十年论文论题的归纳。各论题都有一定数量的论文，涉及的都是一些社会基本问题，涵盖面比较广。具体可归纳为以下七个方面。

（1）社会阶层和群体：知识阶层、商人、妇女（儿童）、华侨与外侨；

（2）社会结构：城市社会、区域与乡村社会、人口；

（3）社会组织：婚姻家庭和家族、行会商会、社团；

（4）基层社会与社会控制：社会控制与基层社会、秘密社会、移民与游民；

（5）社会生活与民众文化：风俗习尚与民间信仰、基督教与教案、生活与休闲娱乐；

（6）社会问题与社会保障：吸禁鸦片、灾荒救济与慈善医疗；

（7）社会观念与理论：社会性质、社会观念与心态。

这七个方面基本涵盖了社会的主要方面，表明近代社会史研究从初起阶段就涉及广泛的基本社会问题了。这些论题后来基本延续下来，但各论题论文数量及排序有所变化，反映了各个时期各论题所受关注度有所转移。表 8 是前述排序约 20 年后的 2009—2013 年（缺 2010 年）论题论文数量排序情况。

表 8　2009—2013 年（缺 2010 年）各论题论文数量排序

单位：篇

位序	论题	论文篇数	位序	论题	论文篇数
1	灾荒、慈善、医疗、生态	254	5	妇女（儿童）	167
2	知识阶层（官僚）	245	6	社会控制与基层社会	102
3	区域与乡村社会	222	7	商人及行会商会	101
4	城市社会	170	8	生活、休闲娱乐、大众文化	88

续表

位序	论题	论文篇数	位序	论题	论文篇数
8	华侨与外侨	88	14	秘密社会	27
9	社团	77	15	吸毒与禁毒	23
10	婚姻、家庭与家族	75	16	总论、综合史、社会结构	21
11	风俗习尚与民间信仰	72	17	市民社会与公共空间	17
12	移民与流民	33	18	人口	16
13	社会观念与心态	31	19	社会性质	6

　　将前后相隔约 20 年的两个论题论文数量排序相比较，可以看到一些论题的前后顺序有升降变化，反映了它们受关注程度的增减状况。有些在早期处于前列的论题，到后期已经退居后位，表明这些论题的关注度下降。如早期排在前面第 3 位的"秘密社会"、第 4 位的"吸禁鸦片"这两个论题，到后期则降到第 14 位、第 15 位，反映了这两个早期受关注的由农民战争和反帝话语延伸出来的论题，到后期关注度已经下降。与此相应的是，一些早期排在后面的论题，到后期则升到前列，如早期排在最后两位的第 14 位"社会控制与基层社会"、第 15 位"区域与乡村社会"，到后期则分别升至第 6 位、第 3 位，已位居前列。反映了这些社会基层和民间社会基本问题早期受关注不多，到后期则集中成为受关注的热点论题。有的论题实际内容和内涵有所变化，因而有些微调。如"吸禁鸦片"这一论题由早期重在反对外国侵略，到后期重在治理社会问题，因而论题多转用"吸毒与禁毒"；又如"城市社会"由早期重在城市阶层话语，后期则重在城市生活等。这些变化都反映了 30 余年间研究者关注重心有所转移。

　　如果对 30 余年来各时段居于前列的论题进行排序比较，就更能突显这种关注重心转移的轨迹。各时段位居前三位的论题如表 9 所示（由于基督教论题后期不在收录范围，故未列）。

表 9　各时段论文数量位居前三位的论题排序

时段	第一位	第二位	第三位
1987—1995 年	城市社会	秘密社会	吸禁鸦片
1996—2000 年	城市社会	吸禁鸦片	生活、休闲与大众文化
2001—2004 年	商人及行会商会	区域与乡村社会	灾荒、慈善、医疗、生态
2005—2008 年	灾荒、慈善、医疗、生态	区域与乡村社会	知识阶层
2009—2013 年	灾荒、慈善、医疗、生态	知识阶层	区域与乡村社会

由表9可以看到，论文数量居前三位的论题，早期是由阶级话语延伸的"城市社会"、农民战争话语延伸的"秘密社会"、反帝话语延伸的"吸禁鸦片"。这些论题都有较多的政治话语痕迹，反映了近代社会史初兴时期，刚刚由附属政治领域走出，关注重心和研究主题仍然带有附属政治的印迹，与政治关系紧密的论题是关注重心。而后来一些社会基本问题的关注度逐渐上升，到后期的十年，居于前三位的论题是社会保障范畴的"灾荒、慈善、医疗、生态"，社会精英阶层范畴的"知识阶层"，社会基础结构范畴的"区域与乡村社会"。这些都是社会基本、基础问题，反映了近代社会史已经确立了以社会为主体、为本位的学科独立性。

30余年来研究重心变化的总体趋势，反映在论文数量集中、居于前列的论题上。由起初的秘密社会、禁吸鸦片等革命和反帝政治话语延伸论题，逐渐转向救灾慈善、区域与乡村社会等一般民生社会论题，反映了社会史研究重心向民间、民生转变的趋向。热点论题的变化也反映出，由早期与革命话语相关的特殊问题、非常态社会问题，如秘密社会、吸禁鸦片，转向社会常态问题和基本问题，如社会保障、区域乡村等。这反映了社会主体问题回归关注中心，即近代社会史学科回归社会本位的特征。

重点论题的转换，反映了研究重心和关注重心的转移，这是中国近代社会史学科回归社会本位的学术发展规律的必然结果。同时，这些论题也是当今中国社会改革所面临的基本问题，因此这种关注重心的转移，也是社会史研究对现实问题的回应。这种主题转移，反映了社会史的发展趋向。

四　形成研究重镇及成规模的研究队伍

30余年来，中国近代社会史吸引了越来越多的研究者，有了成规模的研究队伍，形成了多个研究重镇和研究团队，并有了常规化的学术交流平台，这也成为成熟学科的另一个重要标志。

首先，在全国高校和研究机构中已经形成了一批有长期积累、初具规模、各具特色的研究基地。主要有：中国社会科学院近代史研究所社会史研究中心，主要研究方向为近代社会史、社会文化史、社会生活史；南开大学社会史研究中心，主要研究方向为社会史、区域史、生活史；中山大学历史人类学研究中心、厦门大学历史系，主要研究方向为历史人类学、区域史

（以华南为主）；上海社会科学院历史研究所、上海师范大学中国近代社会研究中心、华东师范大学上海史研究中心等，主要研究方向为上海史、城市史及城镇史；山西大学社会史研究中心，主要研究方向为山西及华北区域社会史；华中师范大学中国近代史研究所，主要研究方向为经济社会史、风俗史；湖北大学中国思想文化研究所，主要研究方向为文化史、社会文化史；中国人民大学清史研究所，主要研究方向为灾荒史、文化史、社会文化史；首都师范大学社会文化史研究中心，主要研究方向为社会文化史、女性与婚姻家庭史；天津社会科学院历史研究所，主要研究方向为天津城市史；四川大学城市史研究中心，主要研究方向为城市史。

上述研究基地，有的起于 20 世纪八九十年代，有的是 21 世纪开始成长的，都已经有较长时间积累、已做出系列成果并产生了一定影响。这些"老牌"研究基地，都有一定规模的研究团队，有较集中的研究方向，形成了一定的学术特色，并经常举办相关学术会议，组织出版系列研究论著，有的还出版具有学科特点的系列学术刊物。如中国社会科学院近代史研究所社会史研究中心自 2006 年以来连续出版《中国近代社会史研究集刊》，已出版七辑；天津社会科学院历史研究所创办《城市史研究》辑刊，原为年刊，后改为季刊；上海社会科学院历史研究所出版了系列丛书；近年首都师范大学社会文化史研究中心出版了系列书刊等。

除了这些较大的研究基地之外，近十余年来，全国各地高校也陆续成立了一些有关近代社会史或区域史的研究中心，一些地方省市社会科学院历史研究所，也将区域—地方社会史（近现代是重要内容）作为研究重点。可以说，现在近代社会史研究基地已经在全国呈现遍地开花、齐头并进的发展之势。可以预期，今后若干年，中国近代社会史研究范围会随之而有更大扩展，研究成果会有更多增长。

这些遍布全国多地的研究基地，各有特色和主攻方向，形成了中国近代社会史学科的基本研究团队和研究重镇，此外还有更多分散在全国各地高等院校和研究机构中的研究者。他们共同组成了人员数量可观、领域广阔多样、各有专长、互相补充的中国近代社会史研究队伍，这也是近十年来研究成果大幅增长的人才基础。

其次，形成了学科内部定期、稳定、成系列的学术交流平台。

随着近代社会史研究的持续发展，研究基地逐渐增多，研究队伍日益扩大，研究者之间也需要相互交流和研讨论辩的园地，以沟通学术信息，促进学术发展和深入。因此，自社会史研究复兴以来，以上述研究基地为阵地，有关单位陆续举办了不同专题和不同规模的学术会议，以联络聚集相关研究者，并围绕一些社会史问题进行交流研讨，形成了一些学术交流平台。尤其是近十余年来，随着社会史研究的发展成熟，研究经费的增加，各地举办的学术会议也日益增多，特别是一些大型的系列性学术会议，成了学科同行定期进行学术交流的平台。

如自 1986 年以来由中国社会史学会主办的每两年一届的全国性"中国社会史学术年会"，中国近代社会史即是其中的重要分支，同行学者借此定期交流，至 2016 年已经举办了十七届。此外，自 2005 年以来由中国社会科学院近代史研究所社会史研究中心联合各高校主办的每两年一届的"中国近代社会史国际学术研讨会"，至 2015 年已经举办了六届。每次参会人员都有百人左右，多来自全国各高校和科研机构，也有来自日本、韩国、澳大利亚等海外的学者，形成了中国近代社会史学科海内外研究者定期交流的一个平台。各次会议举行情况如下：第一届，2005 年（青岛），主题为"近代中国的城市·乡村·民间文化"；第二届，2007 年（乌鲁木齐），主题为"晚清以降的经济与社会"；第三届，2009 年（贵阳），主题为"近代中国的社会流动、社会控制与文化传播"；第四届，2011 年（苏州），主题为"近代中国的社会保障与区域社会"；第五届，2013 年（襄阳），主题为"社会文化与近代中国社会转型"；第六届，2015 年（保定），主题为"华北城乡与近代区域社会"。这些主题各有侧重，都是中国近代社会史领域一些重要且已有一定研究积累的论题。通过举办系列会议，提供业内学者定期性、经常性的交流平台，聚集了海内外相关研究者进行集中研讨交流，推动了这些专题研究的深入发展。

上述各次会议后都编选参会论文并结集出版，形成了《中国近代社会史研究集刊》系列，至今已经出版七辑：第一辑《近代中国的城市与乡村》（社会科学文献出版社，2006）；第二辑《近代中国社会与民间文化》（社会科学文献出版社，2007）；第三辑《晚清以降的经济与社会》（社会科学文献出版社，2008）；第四辑《近代中国社会流动与社会控制》（社会科学文献出版社，2010）；第五辑《近代中国社会与文化流变》（社会科学文献出版社，2010）；第六辑《近代中国的社会保障与区域社会》（社会科学文献出版社，2013）；第七辑《社会文化与近代中国社会转型》（中国社会科学出版社，2016）。

《中国近代社会史研究集刊》七辑的连续出版，集中展现了中国近代社会史各时段的最新研究成果，记录了中国近代社会史研究的发展轨迹，也成为海内外中国近代社会史学术交流的渠道，对推动中国近代社会史研究起到了一定作用。这种定期持续的学术交流和成果批量推出，也是中国近代社会史学科成熟发展的一个标志，对聚集学科队伍、推动和引领学科持续发展发挥了作用。

五　趋势、瓶颈与挑战

由以上用成果统计分析方法对中国近代社会史 30 余年研究状况做的综合考察，可以看到研究成果积累已经相当丰厚，仅据以上论著目录统计，30余年间发表的论文约 5000 篇，出版著作逾千部。30 余年间学科发展趋势主要有以下几点：研究成果的数量呈现持续大幅加速增长的发展态势；在中国近代史大学科领域内，社会史从一个初期论著数量少而处于附属、边缘地位的弱小分支学科，发展成为论著数量位居前列的大分支学科；研究重心由政治话语延伸论题转为社会主体论题，完成了向社会本位的回归，而且涵盖领域相当广阔；在全国形成了多个研究重镇、研究团队，并形成颇具规模的研究队伍，有常规化学术交流机制与平台。

上述这些趋势和特征，标志着中国近代社会史已经发展为一个成熟学科，而且已经具有了比较丰厚的研究积累。已有研究成果涉及领域相当广阔，研究论题涵盖面广，且仍在向更广、更细方面扩展，以致今天的研究生做论文似乎已经很难找到无人涉及的论题了。但"社会"本身的涵盖面广阔庞杂，又似乎有着无限的扩展空间。近年来，学科论文以每年约 500 篇、研究著作以每年近百部的速度持续增长，并且呈现继续增速的发展态势，学科发展似乎仍处于欣欣向荣、蓬勃成长的兴旺状态。然而，反省学科的已有成绩及现状，也会发现其还存在一些明显的缺陷与不足，主要表现为以下几点。

第一，同质化。许多研究成果的选题、主旨、思路、方法、框架、文风，甚至结论，多有雷同，同质性个案研究太多，只是具体论述内容的载体略有不同。因此有不少属于重复性研究，对于学术创新和深入推进价值不大。

第二，碎片化。许多研究论题日趋细化、碎化，或为缺乏社会意义与历史价值的细枝末节，或为缺乏社会历史联系的零散碎片，难以形成系统化、条理化的社会史研究成果链。

第三，平面化。许多研究成果仅止于对某种社会现象的具体描述、机械式还原，只运用历史学实证方法描述、还原社会现象的原貌，满足于"讲故事"，而没有社会理论的解释与剖析，缺乏"讲道理"的层面，使研究成果缺乏深度。

上述缺陷与不足，造成在一定时间段内学科成果数量增多而整体水平未见明显提升，已经形成了学科进一步发展的瓶颈。对此，近年来学界已经多有批评与改进的呼吁，但迄今似乎尚未有明显改观。而当我们站在今天审视学科的已有成绩及现状时，我们不得不面对一些新的挑战。

首先，在研究成果数量大增的同时，单一研究成果平均阅读量和受关注度减少，许多论文的命运是"发表后即淹没"，只具有成果数量统计上的意义。这是否意味着研究成果的价值含量分散化或单一研究成果的知识价值含量降低？在信息爆炸和知识更新加速的当今时代，这种知识生产的价值何在？如何体现？

其次，当今中国正处于剧烈的社会转型期，面临着诸多疑难社会问题，许多问题是近代社会转型的延续，因而对近代社会史研究提出了更高的现实需求。但学科研究成果对现实需求的回应则十分乏力，多数研究成果因与现实需求脱节而遭冷落，在应对现实问题的知识创新和理论创新的贡献上严重不足，并未突显这一学科的特殊优势，学科的生命力和存在感薄弱。

面对上述知识价值与现实需求的双重挑战，中国近代社会史学科的回应显然十分微弱。这种挑战与前述缺陷共同构成了制约学科发展的瓶颈。

反省30余年来学科的发展，研究成果已经达到数千篇的规模，涵盖领域相当广阔，说明这一学科已达到一定的体量，形成了一定规模，但衡量学科的成熟度应有两个维度，不仅要有数量之多，还要有质量之高。而衡量一个人文社会学科质量高低的标准是什么？笔者认为可有两个：一是本学科提出的理论，是否既在学科内部具有普遍解释力，而且对其他学科也具有广泛的影响力，如当今经济学和社会学的一些理论；二是作为人文社会学科，其是否具有生命力和存在价值，还在于其对人类面临的现实或永恒问题能否做出有效的回应，特别是在知识爆炸的当今时代尤其如此。与此对照，中国近代社会史已有成果显然还未达到这样的质量高度。从这个意义上看，学科30余年的发展只可说是草创阶段，只是打开了场子、摊开了摊子、搭起了架子、奠定了地基，还不能说达到了成熟程度，而是面临着在数量优势基础上提升质量、再上台阶的急迫任务。

如何回应上述挑战，中国近代社会史未来应向什么方向寻求发展与突破，在此笔者提出几点思考。

第一，从丰富学术内在发展脉络、提升学术质量方面。首先，研究论题应避免填空式、零碎化，避免简单同质化和碎片化的个案研究，突破"分头挖坑、遍地栽树"的拓荒式研究模式，而要充分梳理以往研究成果链条的各个环节，寻找学术链的缺环和薄弱环节，使论题的研究成果与前人成果形成系统、充分的知识链，并发掘知识链条关键环节的独特价值，由此促使中国近代社会史形成比较系统、充分、立体、多元的知识体系；其次，应避免平面化叙述，跨越纯实证性研究，在充分的实证研究成果基础上致力于更加深入、概括性的理论解释与归纳，在"讲故事"基础上增强"讲道理"的深度，寻求为中国近代社会变革各方面问题提供不同层次的解释理论；最后，在学科理论、研究范式和研究方法上有更多创新与突破，形成多元开放、适应多层面研究中国近代社会变迁历程的研究范式和学术流派。

第二，从回应现实挑战、增强学科生命力方面，中国近代社会史作为与当今社会转型变革联系紧密的学科，研究者不应回避时代责任，在一只眼瞄准学术内在发展的同时，另一只眼还要瞄准现实需求。从面临的现实社会问题着眼选择论题，从学科的独特角度，力求为中国近代社会转型和发展道路提供多层面的解释理论，并得到学科内外的认可；为解决当今中国乃至人类发展面临的问题，提出本学科的有效知识和本土理论；特别是在当今困扰国内外思考者的"中国道路"这一难题上，充分发挥本学科的优势，提出充分系统的知识阐述与坚实可信的理论解释。

中青年一代，是当今及未来推动学科发展的主力。与老一代学者相比，其在知识结构、技术能力、理论视野、学术素养等诸方面都具有优势，并有当今互联网大数据、资料海量、知识共享等有利条件。展望未来，他们站在前辈学者的肩上进一步开拓、提升，一定会做出更多具有创新性、突破性和高质量的研究成果，将中国近代社会史学科提升到更高层次，这才是学科真正成熟的表现。

在生命的关注中彰显历史的意义

——当今中国医疗史研究的新思考

余新忠[*]

2003 年那场肆虐中国、震动世界的"非典",让国人顿然意识到现代医学和公共卫生机制并没有使瘟疫的威胁远离现代社会,成为一种遥远历史记忆。这一事件开始促使人们更多地去关注疾病和医学的历史,反省现代的卫生保健政策。数年后,当今中国医学界的权威人士韩启德教授在再版的王吉民和伍连德著的《中国医史》的序言中写道:"虽然从读书到工作,几十年间我都没有离开过医学领域,然而真正关注医学史,却是晚近之事。2003年'非典'肆虐期间,我开始研究传染病的历史,之后对医学史兴趣日浓。通过研究医学史……更让我坚定了医学应当回归人文的理念。"① 医学本来就是救治生命的科学与技艺,何以还会漠视人文,需要回归人文呢?这听起来似乎有些不可思议,但确确实实普遍存在于当今社会。这让笔者想起来了美国著名史学史家伊格尔斯评论 20 世纪最具影响力的史学流派年鉴学派的一段话:"布罗代尔的历史学大厦,正如列维指出的,仍保留有很大的空间可以容纳大量各种各样的观点和研究路数——可是竟然没有人入住。"② 由此看来,人文的缺乏并不只是医学的事,很长一段时间以来,就连自身属于

---

* 余新忠,南开大学历史学院暨中国社会史研究中心。

① 韩启德:《序〈中国医史〉再版》,载王吉民、伍连德《中国医史》,上海辞书出版社,2009,第 1 页。

② 格奥尔格·伊格尔斯:《二十世纪的历史学:从科学的客观性到后现代的挑战》,山东大学出版社,2005,第 110 页。

人文学科的历史学也迷失在对"人"也即对生命缺乏关注的窠臼之中。

对于这样一种倾向，2016 年 5 月，美国著名医学人类学家、哈佛大学教授凯博文（Arthur Kleiman）在中山大学发表的题为《对社会的热情：我们如何思考社会苦痛?》的讲演中，首先就提出了自己的省思，他说：

> 社会科学起源于西方，自英国的亚当·斯密和法国自由主义思想家约翰·斯图亚特·密尔肇始。在创立之初，社会科学关注重点的是如何改善人们的生活和改良社会，因此将人类苦痛看做是一个社会问题，而不是个人问题，并通过研究试图找到解决人类苦痛的办法，并以此来改善人们的生活。与社会科学不同的是，医学则是关心个体问题，尽管当代医学研究已经认识到许多个体问题受到社会因素的影响。
>
> 随着时间的变迁，社会科学逐渐演变成一个客观科学，并从学科自身的需要来对社会展开研究。社会科学家们强调，对社会的客观化不仅有助于学科的发展，也能改善社会。然而，运用社会科学知识帮助人们，特别是那些正在经历苦难的人们，这一宗旨却逐步被遗忘。①

不仅社会科学，自 19 世纪以来日渐社会科学化的历史学也越来越脱离人文情怀，往往聚焦于事关社会发展和大势的宏大主题，而甚少关注个人乃至社会的苦痛。在努力追求成为"科学"的一分子的过程中，研究者基本的目标往往是通过人类的理性去探寻人类生活的轨迹以及呈现一般性（也就是均质化）的社会及其生活，而无意将关注的重心置于具象个人围绕着的日常经验与体验的生活世界中。在这样的语境中，生命即便没有完全消失，那也至多不过是一个抽象的概念而已。

缺乏生命关怀的历史，必然无以安放具象的人的苦难经验、体验及其应对。虽然人类苦难的来源纷繁复杂，但若立足于个人，由疾痛而引发的诸多苦痛无疑至关重要。如果我们的社会科学不再忘却其宗旨本来就应是推动社会和个人的全面发展，不再有意无意地将社会发展凌驾于个人幸福之上，不再忽视个人和社会的苦痛；如果我们的历史研究不再一味追求宏大叙事，不

---

① 凯博文：《对社会的热情：我们如何思考社会苦痛?》，中山博济医学人文微信公众号首发辞，2016 年 7 月 2 日。

再一味执着于社会科学化，也不再无视个人角色和具象生命，那么，关注生命，构建关注具象生命的苦痛、回到人间、聚焦于健康的"生命史学"体系，自当为目下中国史学发展的题中之义。

虽然生命史学涵盖的内容可能相当丰富，但直接勾连于个人生命的疾痛、聚焦于生命健康的疾病医疗史无疑是其中特别重要的核心内容。那么，若在这样一种理念的指引下展开医疗史的探索，又将对我们当下的历史研究产生怎样的影响呢？而在历史研究中关注和思考疾痛和生命，是否可能以及如何在整体的学术研究中彰显史学的价值呢？

一　21 世纪中国医疗史①的兴起

若放眼国际学界，主要由历史学者承担，以呈现历史与社会文化变迁为出发点的中国医疗史研究，早在 20 世纪七八十年代即已出现，至 20 世纪 90 年代，在个别地区，比如台湾，还呈现了颇为兴盛的景象。但整体而言，特别是考虑到中国史研究的大本营中国大陆的情形，这一研究日渐受到关注和兴起，仍可谓是 21 世纪以来之事。这一研究的兴起，无疑应置于世界医疗史不断发展的脉络中去观察和思考，同时，亦应将其放在国际中国史研究演进的背景中去认识与理解。也就是说，它的出现和兴起，必然是国际以及中国学术发展史的一环。关于这一研究的学术史，笔者以及其他学者已有不少的论述，② 毋庸赘言。于此值得思考的是，中国医疗史这样一个传统上属于科技史范畴的研究的日渐兴盛是如何成为可能的？究竟是什么力量在不断

---

① 这里所谓的医疗史不同于一般意义的医学史，主要是指立足于历史演变而非医学发展而展开的有关疾病、医药、卫生和身体等主题的历史研究。

② 余新忠：《关注生命——海峡两岸兴起疾病医疗社会史研究》，《中国社会经济史研究》2001 年第 3 期；《从社会到生命——中国疾病、医疗社会史探索的过去、现实与可能》，杨念群、黄兴涛、毛丹主编《新史学——多学科对话的图景》，中国人民大学出版社，2003；《新世纪中国医疗社会文化史研究刍议》，余新忠、杜丽红主编《医疗、社会与历史读本》，北京大学出版社，2013；陈秀芬：《医疗史研究在台湾（1990—2010）——兼论其与"新史学"的关系》，《汉学研究通讯》第 29 卷第 3 期，2010 年 8 月，第 19—28 页；蒋竹山：《新文化史视野下的中国医疗史研究》，氏著《当代史学研究的趋势、方法与实践：从新文化史到全球史》，台北，五南图书出版股份有限公司，2012，第 109—136 页；杜正胜：《另类医疗史研究 20 年：史家与医家对话的台湾经验》，生命医疗史研究室编《中国史新论·医疗史分册》，台北，中研院、联经出版事业股份有限公司，2015，第 7—60 页。

地推动这一研究的兴起呢？

在当今中国的史学界，医疗史自 21 世纪以来取得了长足的发展，应是不争的事实。只要随便翻翻这十多年中的各种专业期刊以及具有一定学术性的报刊，就很容易感受到。但对这一形势，在不同人的眼里，可能会有相当不同的感受。很多并不从事该研究的学者往往都会有种直观的感觉——这一研究当下颇为热门，不过内心的感受却未必一致。在一部分人认为这是一项具有发展前景的新兴研究，甚或认为其是未来社会史发展的新增长点时，另一部分人则可能会将其视为未必有多少意义的时髦。而对从事该研究的人来说，虽然大多会认同这一研究具有意义和潜力，但往往在现实中遭遇合法性和正当性的困惑。① 这些差异，除了一些个人因素以外，主要应是研究者对医疗史的了解度、认同度以及对其未来发展的期待度的不同所致。对该研究缺乏认同甚或不屑一顾的现象，放在任何地方，都必定多有存在，不过相较于欧美以及中国台湾等学界，中国大陆史学界整体上对医疗史的了解较少，认同程度较低，似乎也是显而易见的。

造成这种现象的原因，首先也最直接的当是大陆医疗史研究的兴起时间较晚，整体研究还相当薄弱；而若进一步追问更深层的原因，则应与中国历史学受传统的实证史学和马克思主义史学影响较深，尚未比较深入地经受欧美学界自 20 世纪六七十年代以来出现的"语言转向"和"文化转向"的洗礼，以及包括医学人类学、医学史在内的医疗史研究的整体学术积淀还颇为薄弱有关。不过，不管怎样，这一研究能在 21 世纪的史学研究中，呈现异军突起之势，必然自有其缘由，而且就笔者的感受，该研究未来的发展前景应该是乐观可期的。

医疗史能在 21 世纪的中国兴起，不外乎内、外两个方面的因素，是内动外促、内外合力共同作用的结果。就内外而言，可以分三个层面来谈。首先就地域而言，其是中国社会与学术自身发展需要与国际学术思潮汇合而共同推动所致。自 20 世纪 80 年代中国开启改革开放的进程以来，包括史学界在内的中国学界就一直在反省和引进中追求创新与发展。20 世纪 80 年代中期，伴随着史学界在内在反省中提出的"还历史以血肉"诉求的出现，社

---

① 参见余新忠《当今中国医疗史研究的问题与前景》，《历史研究》2015 年第 2 期，第 22—27 页。

会史研究开始在大陆全面兴起，并日渐成为史学界的新秀，而医疗史或医疗社会史的出现，可谓这一潮流的自然延伸。因为在这一过程中，随着历史研究对象的扩展，研究者一旦涉足社会救济、民众生活、历史人口、地理环境等课题，疾病和医疗问题便不期而至了；同时，在针对以上论题开展的文献搜集中，亦不可避免地会不时遭遇疾疫之类的资料，这些必然会促使其中的一部分人开始关注这一课题。① 故而这一研究的出现，首先是史学界内省的结果，但与此同时，也离不开国际学术界的刺激和推动，而且有时甚至是至关重要的。比如《再造病人：中西医冲突下的空间政治（1832—1985）》这本在国内医疗史界产生重要影响的著作的作者杨念群早期致力于有关医学传教士和西医东传研究，明显与他 20 世纪 90 年代中期在美国游学的经历有关，而其关于疾病隐喻的论述也直接源于苏珊·桑塔格的影响。② 较早从事疾病史研究的曹树基也特别提到其研究与麦克尼尔的《瘟疫与人》等书有关。③ 而笔者的最初兴趣虽然源于在从事灾荒救济史研究时，发现了不少有关嘉道之际瘟疫的资料，但最后颇具理论自觉展开这一研究，则无疑是因为受到了西方和中国台湾学界相关研究的启发和指引。或许可以这么说，在 20 世纪 80 年代以来中国史学界对前 30 年教条主义史学研究广泛进行反省的基础上，越来越多地期望更新理念和拓展史学研究范围来推动中国史学的发展。在这一背景下，一些研究者敏锐地意识到疾病医疗史的探究意义，而此时海外相对成熟的相关学术理论和颇为丰富的研究成果，则不仅为那些早期的介入者提供了学术的启发和指引，还更进一步提振了他们继续探究的信心，并让他们比较容易地找到了为自己研究辩护的理由。不仅如此，海外一些从事医疗史的重量级学者，比如台湾中研院院士梁其姿，长期与大陆史学界保持着较为密切的交流互动，并利用其崇高的学术地位，通过呼吁倡导和奖掖后进学人等方式，对国内医疗史研究的兴起起到了极大的促动作用。

---

① 参见余新忠《从社会到生命——中国疾病、医疗社会史探索的过去、现实与可能》，杨念群、黄兴涛、毛丹主编《新史学——多学科对话的图景》。

② 杨念群：《再造病人：中西医冲突下的空间政治（1832—1985）》，中国人民大学出版社，2006，第 6、11 页。

③ 曹树基、李玉尚：《鼠疫：战争与和平——中国的环境与社会变迁（1230—1960 年）》，山东画报出版社，2006，第 1—3 页。

　　其次，就学术的层面来说，则为学术界的内在冲动与社会的外在需求的结合。前面提到，海内外史学思潮的共同作用，激发了中国史学界对于探究疾病医疗史的意愿。虽然中国史学界的医疗史研究出现较晚，基本始于20世纪90年代中后期，但史学界整体上从一开始就对其表现出了相当的认可甚至鼓励。曹树基1997年发表于《历史研究》上的论文《鼠疫流行与华北社会的变迁（1580—1644年）》，在翌年即荣获中国史学会颁发的"中国古代史优秀论文奖"。笔者于2000年完成博士学位论文《清代江南的瘟疫与社会》后，也获得了未能预料的广泛好评，并于两年后获得"全国百篇优秀博士论文奖"。四年后，李玉偿（尚）的《环境与人：江南传染病史研究（1820—1953）》再次获得这一奖项。与此同时，继曹树基的论文后，疾病医疗史的论文不时出现在《中国社会科学》、《历史研究》和《近代史研究》等史学界的顶级刊物中。这些表明，医疗史研究虽然可能尚未成为大陆主流史学的一部分，但主流史学界对这一研究总体上是欢迎和认同的。如果没有学界一些重要人物的认可和接受，这些成绩的取得显然都是不可思议的。而在学界之外，这样一种研究在2003年"非典"爆发以前，似乎可以说几无影响。近数十年来，随着现代医学的发展，传染病在现实生活中影响越来越小，而对其历史进行探究的兴趣自然更付阙如。而医学界内部的医学史研究虽然一直在持续，但不温不火，从事者较少，影响也比较少溢出学界。不过"非典"的爆发，可以说极大地促动了社会对疾病医疗史的关注，当时笔者的博士学位论文刚刚出版，一本纯学术性的著作，顿时引起各大主流媒体的广泛关注，还在当年年底被《中华读书报》推选为"2003年社科十大年度推荐图书"（2003年12月24日）。此后，随着禽流感、埃博拉病毒等不时骚扰，社会对疫病史基本能保持比较持续的关注。不仅如此，正如本文开头所言，"非典"事件也引发了医学界对医学人文的关注，医学史是医学人文的重要组成部分，医学的社会影响力毋庸置疑，而医学人文则是相对容易引发社会关注的内容。不仅如此，随着社会经济的发展，人们对健康问题的关注度也在不断提高，而当今中国社会在这方面存在的问题又相当严重，甚至有愈演愈烈之势，特别是医疗保障问题、医患关系问题，十分突出。加之本来就比较受社会关注的中西医论证问题依然热度不减，这些都使得社会很容易对从历史角度探究疾病医疗问题产生兴趣，从而形成这方面的知识需求。对此，笔者有颇多切身体会。近年来，不时会有媒体或社会组织来采访、约稿以及邀请演讲，有些编辑还会采摘笔者文章中的一些内容写成新闻稿来宣传疾病医疗史。这两方面的动力和需求的结合，无疑会更进一步促进学人特别是青年学者投身于这一研究之中。

最后，就条件和根源而言，则是医疗史本身的价值得到了一些拥有较高学养的研究者的发掘利用。毫无疑问，医疗史之所以能够兴起，最根本的肯定还是这一研究本身具有价值和意义。疾病医疗不仅与人们的日常息息相关，而且也承载了丰富的社会文化变迁的信息。通过对历史上疾病医疗的研究，去呈现历史上人类的生存境况、身体经验和社会文化变迁的轨迹以及对生命的感知和认识的历程，不仅可以让我们更系统地了解历史上人们的日常生活，更全面地认识和理解历史，更深入地把握和思考社会文化变迁的脉络，同时还可以让我们更深刻地理解社会文化境遇中的疾病和医疗本身。不过，有意义和有价值的研究，若没有在合适的时间得到合适的研究者的关注和投入，可能也不利于这一研究的兴起和发展。相反，其意义若能得到一些重要学者的认同和倡导，则往往会直接推动其迅猛发展。台湾的中国医疗史研究，之所以能够在全球范围内最为亮眼，显然与杜正胜的积极倡导和推动，以及包括梁其姿、熊秉真等一大批重要学者的投入密不可分。而大陆的情况，虽然没有台湾那么亮眼，但显然也与 20 世纪末以来，有一批颇具实力的研究者投入这一研究中直接相关。对此，常建华在前些年对国内该研究的总结，非常好地说明了这一点。他指出："融合疾病、环境等多种因素的医疗社会史属于新的学术领域，虽然起步晚研究者少，但研究起点很高，学术成果引人注目。"[1]

二　在日常生活的语境中关注历史上的生命

关注生命，秉持生命关怀意识，无论是对于历史研究还是对于现实活动来说，原本都应是十分自然的题中之义。然而，当我们将对物质进步和整体社会经济的发展的追求和重视凌驾于对人自身的发展和个体生命的幸福的关注之上时，当我们将人自身的发展和个体生命的幸福化约为物质进步和整体

---

[1]　常建华:《跨世纪的中国社会史研究》,《中国社会历史评论》第 8 卷，天津古籍出版社，2007，第 389—390 页。

社会经济的发展时，在高大上的着眼于整体的宏大叙事面前，个体生命的状况、体验和情感往往就没有了安放之地，对生命的关怀也就成了追求小资或个性的奢侈品了。

20 世纪出现的这一研究取向，虽然在一定意义上也可以视为人类理性的进步，但无疑也导致了如本文开头所说的后果，历史学家精心构筑的精致的历史学大厦竟然没有人居住。正因如此，自 20 世纪六七十年代以来，西方史学界在"文化转向"和"语言转向"等学术思潮的带引下，出现了微观史、日常生活史、新文化史和物质文化史等一系列新兴的史学流派或分支。这些研究虽然有各自不尽相同的特点和诉求，但整体上都可以视为对以往过度社会科学化的历史学研究的一种反动，都希望将具象而非均质化的人重新拉回到历史中来，都倾向从日常生活的逻辑去理解历史上的人与事。如果我们回到日常生活的语境与逻辑，那么对生命的关注就变得自然而不可避免了。个体的生命摆脱不了生老病死，缺乏疾病与医疗的历史，不仅会让历史的内容变得残缺不全，而且也必然会妨碍我们更全面系统地认识和理解历史中生命的状态和行为，乃至历史的进程。李建民借用威廉·康诺利（William E. Connolly）的说法，指出："医学要比已经知道的更多，尤其是更多地揭露了历史中关于'人'的故事。"[1] 显然，如果让我们的史学立足日常生活，更多地注目于"人"，关心他们的日常经验和常识，以及由此透视出的时代意识和"地方感"，那么我们便没有选择地会更多地关注疾病、医疗和卫生等议题。实际上，我们在阅读西方的一些重要的日常生活史研究著作时，也很容易发现它们对这类主题的叙述。而在众多西方医学社会文化史的论著中，不乏对日常经验和感觉进行论述的内容。[2]

有鉴于此，笔者一直主张，医疗史作为一项新兴的研究和"新史学"的一分子，应该尽可能地以新理念、新方法来探讨新问题，应参照和借鉴西方相对成熟的研究方法和理念，将自己的研究置于国际学术发展的脉络中来展开，更多地关注并会通日常生活史、微观史、社会文化史和物质文化史等新兴前沿研究，以便让中国的医疗史，在引入和践行国际新兴学术理念和方

---

① 李建民：《旅行者的史学：中国医学史的旅行》，第 535 页。

② 参见余新忠《回到人间聚焦健康——新世纪中国医疗史研究刍议》，《历史教学》2012 年第 11 期下，第 3—11 页。

法上，在史学界更好地扮演起先行者的角色，更多更好地彰显"新史学"的气象。并借由将具象的生命引入历史，构筑以人为本，立足生命，聚焦健康，将个人角色、具象生命以及历史多元性和复杂性放入历史学大厦的"生命史学"体系。① 要实现这一目标，路径和方法固然是多种多样的，但显然都需要我们跳脱以往过于关注直接关乎社会经济发展的宏大主题、热衷宏大叙述的思维，将对历史的认识与理解拉回到日常生活的情境中来。一旦如此，便不难看到，尽管任何个人的生活与命运不可能逃脱于时代和社会的大势之外，不可避免会受到时代思潮文化、国家的政治经济大事等因素的影响，但个体生命存在的意义和价值绝不应是体现时代文化及其变迁或佐证社会发展趋向或规律的道具，生命本身作为一种自在的存在，其价值与意义应自有相对的自主性和独立性。人性的光辉、生命的尊严、苦难的应对与拯救等日常生活中的主题，对于社会的宏观大势来说，或许无关宏旨，但却是生命本身的价值与意义之所在。故而，立足日常生活的逻辑，置身日常生活的语境，不仅可以让我们看到不一样的历史面向，可以更深入细致地观察到生命历程与体验，还可以让我们更具人性地去理解和书写历史。这样，我们就可以在日常生活的语境中关注生命，在对生命的关注中探究人类的疾病、医疗和健康，并进而在对疾病、医疗和健康的探究中呈现生命的历史与意义。

对于上述的认知和理念，很多人也许并不反对，但也往往会生出"说说容易落实难"的疑问。这样的问题固然是存在的，要想很好地实现这一目标，不仅需要研究者比较系统全面地更新学术理念和方法，而且也要有较为深厚的学术功力和较强的学术洞察力。要做到且做好，诚然不易，但作为一种学术追求和目标，只要真正体认它的价值和意义，努力进取，也完全是可能实现的。实际上，无论是国际还是国内，都已出现了一些比较成功的范例。比如，琼·雅可布·布伦伯格（Joan Jacobs Brumberg）通过对近代发生在女孩身上厌食症的探析，呈现了近代英法中产阶级家庭中女孩的生命状态，并进而探析了诸多社会文化权力在女孩身体上的交织和博弈，认为文化

---

① 参见余新忠《当今中国医疗史研究的问题与前景》，《历史研究》2015 年第 2 期；余新忠《回到人间聚焦健康——新世纪中国医疗史研究刍议》，《历史教学》2012 年第 11 期下；Yu Xinzhong, Wang Yumeng, "Microhistory and Chinese Medical History: A Review," *Korean Journal of Medical History* (Vol. 24, No. 2, Aug. 2015): 355 – 387；《生命史学：医疗史研究的趋向》，《人民日报》2015 年 6 月 3 日，第 16 版。

和女孩青春期身上的压力在疾病的发生上起主导作用，而生理的和生物学的力量则掌控了疾病的经历过程。① 劳拉·撒切尔·乌尔里奇（Laurel Thatcher Ulrich）以美国缅因州哈洛韦尔的产婆玛莎·巴拉德（不是医生）的日记为主要分析文本，通过充分引用日记的篇章让读者感觉到了日记"详尽而反复的日常性"，并在日常中彰显了十八九世纪美国社区中的普通人的内心世界、医疗行为、医患关系以及性别角色与特征等直接关乎生命的信息。② 杜登（Barbara Duden）利用现在留存下来的 1721—1740 年一位德国医生约翰尼斯·斯托奇记载的 1816 份女性病人的陈述，细腻地探究了当时德国普通妇女对自身身体的体验与认知。③ 吉多·鲁格埃罗，从微观史入手，以意大利威尼斯的一个老妇人玛格丽塔（Margarita Marcellini）离奇的死亡为分析案例，细腻情景化地呈现了 17 世纪初意大利疾病、宗教、大众文化和日常生活之间的复杂关系以及文化对疾病与身体的解读。④ 在中国医疗史界，虽然还缺乏此类比较成熟的专著，但也不乏颇为成功的论文问世。比如，张哲嘉利用晚清名医力钧的医案《崇陵病案》，细致梳理了光绪三十三年（1907）力钧为光绪皇帝治病的经历，并着力探讨了其中所展现的医患关系。该文很好地实践了从例外中发现正常的理念，尽管力钧为龙体把脉是一特殊的个案，但是透过这样的"例外"，我们仍得以省思宫廷中医患关系的实态。⑤ 韩依薇的《病态的身体——林华的医学绘画》即利用广东商业画家林华于 1836—1855 年为医学传教士伯驾的肿瘤患者所作的医学绘画，通过细致分析这些绘画制作的背景、技术和内容，来探讨 19 世纪早期有关病态和中国人身份的信息是如何在文字和视觉文化上被传播和变化的。⑥ 笔者在

---

① Joan Jacobs Brumberg, *Fasting Girls*: *The Emergence of Anorexia Nervosa as A Modern Disease*（Cambridge, Mass., 1988）.

② Laurel Thatcher Ulrich, *A Midwife's Tale*: *The Life of Martha Ballard*, *Based on Her Diary*, 1785 - 1812（New York, 1990）.

③ Barbara Duden, *The Woman Beneath the Skin*: *A Doctor's Patients in Eighteenth Century Germany*, *Translated by Thomas Dunlap*（Cambridge, Mass.: Harvard University Press, 1991）.

④ 吉多·鲁格埃罗：《离奇之死——前现代医学中的病痛、症状与日常世界》，载王笛主编《时间·空间·书写》，浙江人民出版社，2006。

⑤ 《为龙体把脉——名医力钧与光绪帝》，载黄东兰编《身体·心性·权力：新社会史》第 2 集，浙江人民出版社，2005。

⑥ 韩依薇：《病态的身体——林华的医学绘画》，载杨念群主编《新史学：感觉·图像·叙事》，中华书局，2007。

有关清中叶扬州医生李炳的研究中，也通过对有限资料的细致解读，努力在具体的历史情境和人情网络中来理解李炳的医疗行为和心态，呈现了一位普通医生的生命状态和历程。① 如此等等，不一而足。

由此可见，只要我们能够更新理念和方法，努力挖掘资料，在生命史学理念的指引下，以疾病与医疗等主题为切入点，比较深入细腻地呈现历史上生命的存在状态、体验和表达及其与社会文化的互动，是完全有可能的。尽管与国际史学界相比，中国的医疗史研究还甚为薄弱，但国际同仁的成功范例以及目前业已出现的良好开端，让我们有理由对中国医疗史研究在这一方向上取得重要进展充满期待。而要实现这一目标，就笔者的考量，以下两方面的努力应是可行的路径。一是通过广泛搜集、细致解读日记、年谱、笔记、医话和医案等私人性的记录，尽可能系统而细腻地呈现历史上日常生活中之人的医疗行为和模式、疾病体验、身体感、性别观和健康观等情况。二是将从各种文献中搜集出来的相关史料，置于具体的历史语境中，从日常生活的逻辑出发，来发掘、破解史料背后关乎生命的文化意涵，观察和思考时代社会文化情境中人们的生命状态、体验及其时代特色。

三　在对生命的关注中彰显历史的意义

前不久，笔者曾在回顾和展望当今中国医疗史研究的文章中谈道："近年来，史学界的医疗史研究作为新兴的研究，受到不少年轻人的欢迎。而今随着时间的推移，这种'新'所带来的红利正日渐消失，如果我们不能及时地针对其存在的问题，探明可行的发展方向，那么这一研究的未来之路必然会更加困难重重。而要让这一研究不断发展，最重要的不外乎研究者能够持续拿出有分量的学术成果，以真正有新意的研究成果来推动学术的发展，并不断彰显这一研究的价值和意义。只有这样，才能依靠实力坦然地面对来自外部的各种质疑。"② 一项研究要想取得持续的发展，无疑有赖不断有高质量的研究论著奉献于学林，而高质量的成果需要的不仅是研究者足够的时

---

① 余新忠：《扬州"名医"李炳的医疗生涯及其历史记忆——兼论清代医生医名的获取与流传》，《社会科学》2011 年第 3 期，第 142—152 页。

② 余新忠：《当今中国医疗史研究的问题与前景》，《历史研究》2015 年第 2 期，第 25—26 页。

间和精力上的投入、扎实而深入的钻研，而且也往往离不开新鲜而有意义的
理论和方法的刺激和指引。对于当下中国医疗史研究来说，其作为新兴研究
在名词和研究对象等方面的新鲜感日渐消退之时，适时地提出恰当的新的理
念、方法和发展方向，凝练出新的概念，无疑是十分必要的。而如前所述，
"生命史学"作为新的理念、方法和学术概念，对于当下的医疗史研究来
说，不仅具有适切性、可行性，而且对于在总体上推进史学理念的更新，历
史研究特别是社会史研究的深入开展，也将大有助益。

不仅如此，笔者认为，若能较好地在日常生活的语境中关注历史上的生
命，践行"生命史学"的理念和方法，贡献出有品质的学术成果，还将有
助于更好地彰显历史研究的价值与意义。

首先，更有人性的历史书写有助于提振历史论著在学界和社会上的影响力。
如果我们从日常生活的逻辑和语境出发，将有血有肉、有情有理的具象的人拉
回到历史中，去关注和呈现时人的疾痛体验、苦难经历、健康观念和生命状态等，
必将会让我们的历史书写更具情趣和人性，也必将有更多的可能去触发学界乃至社
会之人内心世界的情感和认知阀门，引发他们更多的兴趣、关注和思考。

其次，有助于从历史的维度促进对疾病和医疗及当今医学发展趋向的理
解。现代科技，特别是生命科学与技术的不断发展，大大提升了现代医疗的
水平，然而在征服了人类众多疾病的同时，也遭遇了科技发展瓶颈以及诸多
难以用科技解决的相关医疗社会问题。这些都推动了现代医学人文的兴起。
众多的医学人文学者，尤其是医疗社会学和医学人类学学者纷纷开始重新思
考疾病与医疗的本质、现代医疗模式与医患关系的困境、疾病对人的生活世
界和人生意义的影响等问题。他们的研究让人们看到，疾病并不只是科学可
以测量的生理病变，同时也是病人的体验、科学话语、社会制度和文化观念
等共同参与的文化建构；医学更不只是一门科学的技艺，同时也是拯救灵魂
与身体的保健服务，以及市场体系中的公共产品。若只是仅仅关注疾病
（disease），而对病痛（illness）视之漠然，那就不能真正地消弭人类的苦
痛。无论是疾病还是医疗，都深深地具有文化的意义。① 这些研究显然大大

---

① 对此，可参见拜伦·古德《医学、理性与经验：一个人类学者的视角》，吕文江、余晓燕、
余成普译，北京大学出版社，2010；凯博文《苦痛和疾病的社会根源：现代中国的抑郁、
神经衰落和病痛》，郭金华译，上海三联书店，2008；阿瑟·克莱曼《疾痛的故事：苦难、
治愈与人的境况》，方筱丽译，上海译文出版社，2010。

推动了人们对当今医疗技术、模式和发展方向等问题的反省，对于人类的健康和全面发展意义重大。但这些研究，若缺乏历史的维度，缺乏历史学的介入，显然就不利于我们更全面系统而深入地认识疾病与医疗，也不利于目前相关研究的进一步推进。而对历史学者来说，对诸多深具文化意涵的疾病和医疗技艺的深入探究，比如上火、肾亏、麻风、肺痨以及温补、辩证论述等，不仅可以借此从全新的角度来展示社会文化的变迁，而且也可能与社会人类学一道来更好地理解和思考疾病和医疗的社会文化属性。实际上，社会人类学家对此应该是相当关注和欢迎的。梁其姿有关中国麻风病史的英文论著问世后，很快就引起了凯博文（Arthur Kleinman）、许小丽（Elisabeth Hsu）等著名医学人类学家的关注，并发表书评，这就是很好的证明。①

最后，有助于从历史学的角度增强整个社会的生命与人文关怀。近代以来，科学和理性似乎一直在蚕食人文的领地，科学的日渐强势，业已成为现代世界一种常态。针对这一状况，现代国家特别是西方发达国家，往往会通过有意识保护和支持人文学科来加以平衡。不过在目前中国这样的发展中国家中，虽然国家也有一定相应的举措，但整个社会对于科学的推崇和对人文的轻忽，则明显比发达国家严重。在这样的大情势下，不仅整个社会的人文与生命关怀相对薄弱，而且即使是历史学这样传统的人文学科，也在不断追求科学化的同时，日渐淡化了其原本的人文属性，我们的研究和教科书中，甚少有关乎生命和人类精神家园的内容。故而，如果我们能够引入"生命史学"的理念和方法，在日常生活的语境中去关注不同时空中人们的健康与生命，入情入理地去梳理和思考健康文化和生命状态的变迁，那么一旦这样的成果获得足够的累积，必然会反映到历史教科书中去，而借由教科书这部分内容的传播和渗透，势必会引导和熏陶人们更多地拥有生命关怀意识，从而推动整个社会对生命与人文关怀的培育。

---

① 杨璐玮、余新忠：《评梁其姿〈从疠风到麻风：一种疾病的社会文化史〉》，《历史研究》2012 年第 4 期，第 174—175 页。

第二编
群体、生计与日常生活

催课抑或抚字：明代地方官面对国计民生的矛盾心态及其施政实践

陈宝良[*]

引论：问题的提出

所谓地方官，过去的研究者大多从狭义的角度加以定义，将其限定在州县官上，从而将府官排斥在地方官之外。如瞿同祖即通过"治事之官"与"监督官"两个概念的辨析，将州县官（知州、知县）定义为"治事之官"，认为州县官尽管在地方官序列中品秩较低，但在地方行政中扮演着极其重要的角色。进而言之，唯有州县官才称得上是真正的行"政"之官，意思是说州县官是"负责实际事务的官员"。至于府官（知府）则属于"监督官"，亦即是"治官之官"，意思是说知府是"负责监督官员的官"。进而言之，州县官可以被称为"亲民官"或"地方官"，而他们管治下的百姓则称他们为"父母官"。[①] 然从较为广义的角度加以定义，将府官（知府）列入地方官亦未尝不可。这基于以下两个理由：一则就地方行政体制而言，制度层面通常可以"郡县"并称，如顾炎武所著名篇《郡县论》，显是就此立意，[②]

* 宝良，西南大学历史文化学院。

① 瞿同祖：《清代的地方政府》，范忠信、晏锋译，法律出版社，2003，第29页。
② 顾炎武《郡县论》合计九篇，也是"守令""令长"并称，进而将"守令"与"监司"、"督抚"加以区别。参见顾炎武《亭林文集》卷1《郡县论一》，载氏著《顾亭林诗文集》，中华书局，1983，第12页。

明代的诸多史料亦大抵将府州县官通称为"守令";① 二则就民间称谓而言，百姓称知州、知县为"父母官"，同时又称知府为"祖父母"或"公祖"。②

对于国家与地方来说，府州县官的选择显得尤为重要，无论是"民社存亡"，还是"百姓死生"，无不取决于府州县官的贤否。③ 从国家的层面来看，国家对府州县官"寄以地方，寄以百姓，寄以城池府库，寄以钱粮征收，责任尤重"④。从地方的层面来看，府州县官又需要"为民作主，愚者觉之，弱者扶之，屈者伸之，危者援之，阙者完之，隐然一方之保障"⑤。正如有的研究者所言，府州县地方官"与国家政权安危和地方社会兴衰息息相关"⑥。

揆诸明代地方官的官守以及行政才能，可谓好坏不一，长短不齐。"庸吏""傲吏"固不待言，即使是"才吏"与"清吏"，也有道德或才能偏于一隅之弊。唯有"循吏"，才能保护"群黎"，使百姓摆脱"水旱之流离，兵燹之疮痍"之困境。⑦ 然欲达臻"循吏"这一境界，既得朝廷之赞赏，又结治下百姓之欢心，谈何容易。官员层级序列中的地方官，同样必须遵循官

---

① 如明永乐元年（1403），明成祖曾对吏部都察院说："为国牧民，莫切于守令。守令贤，则一郡一邑之民有所恃，而不得其所者寡矣。"永乐十年，又下谕吏部曰："守令一郡一邑之长，昔人每戒数易。盖牧守治寄甚重，须久于其职。"以上资料，已足证守令可以并称，且均有"牧民"或"牧守治寄"之责。参见龙文彬《明会要》卷41《职官十三·府》，中华书局，1998，第724页。

② 清人刘廷玑云："近日士大夫称知县曰父母，称知府为公祖。百姓称知县为大爷，知府为太爷。是县为父，而府为祖也。"足见在乡士大夫的眼里，知县与知府均属亲民的"父母官"，只是存在层级差别。参见刘廷玑《在园杂志》卷3《老爷奶奶》，中华书局，2005，第122页。

③ 明末清初人魏禧云："天下之乱，莫不始于州县。州县得人，则乱不及府；府得人，乱不及省会；省会得人，乱不及京师。"参见魏禧《魏叔子文集外篇》卷8《殉节录序》，中华书局，2003，第372页。

④ 阎敬铭：《请道府州县四项无庸减成疏》，载《皇朝经世文续编》卷17，清光绪二十七年上海久敬斋铅印本。

⑤ 徐栋：《牧令书》卷1《治原》，载袁守定《居官通义》，清道光二十八年安肃李炜刻本。

⑥ 柏桦：《明清州县官群体》，天津人民出版社，2003，第20页。

⑦ 关于此，明末清初人张怡曾有如下辨析："世有庸吏，积日待移，而官守则隳；亦有才吏，事至□□，□举念或私；乃有傲吏，视在上若等夷，或壮于趾而缺于慈。岂无清吏，护尺寸若藩篱，或长于守而短于为。惟真循良，有真调剂，鞭朴不施，案牍不羁，酬应不疲，赋税不亏。豪右无所用其把持，便佞无所用其诡随，谗口无所用其排挤。纲纪以治，教化以宜，桑麻以滋，保我群黎，不识不知，以恬以熙。及其谳大狱，断大疑，片言立决，如持利剑以斩乱丝，有见睍之庆，而无覆盆之悲，又何患乎水旱之流离，兵燹之疮痍？"参见张怡《玉光剑气集》卷7《吏治》，中华书局，2006，第307页。

场规则，而后达到"致君泽民"这一理想。为了"致君"，地方官必须忙于"催科"，更多地替"国计"着想，以便解决朝廷的财政危机；为了"泽民"，地方官又必须以"抚字"为先，不得不替"民生"多做考虑，以便安定地方秩序。于是，在"国计"与"民生"之间，明代地方官不免陷入一种矛盾的心态。但地方官对"民瘼"的关切，使其在施政实践中更为偏向于解决"民生"问题。

一　制度变迁：府州县官的职掌

考察明代府州县地方官的职掌，理当追溯至汉代，以及相关制度在唐宋两代的变迁。就府而言，事实上存在一个从"刺史"到"知府"的演变历程。在汉代，汉武帝曾遣刺史周行郡国，"省察治状，黜陟能否，断治冤狱，以六条问事"。然汉时的刺史，其职掌仅仅限于以六条考察郡国，并不参与守令之事。[①] 至隋开皇三年（583），隋文帝下令罢设郡，改为以州统县。自此以后，刺史名存而职废，后虽有刺史，均是太守之互名，不再是原先刺史之职，不过是统理一郡而已。如有时改郡为州，则称之为"刺史"；有时改州为郡，则又称之为"太守"。名不同，实则相同。鉴于此，顾炎武认为，汉代的刺史，相当于明之巡按御史；魏晋以下的刺史，相当于明之总督；而隋以后的刺史，则相当于明之知府与直隶知州。[②] 至唐，开始将京郡改称为"府"。至宋，凡是潜藩之地，均升为府。如宋初太宗与真宗，都曾经出任过开封府尹。因后继无人，于是设"权知府"一人。至崇宁三年（1104），蔡京上奏请求罢去"权知府"，改设"牧"与"尹"各一员，牧以皇子统领，尹以文臣充任。可见，所谓的"权知府"，不过是为了避京尹之名。然至明代，则直接称为"知府"，从制度层面来说虽非得当，但基本已经成为定制。[③] 综上可见，从"刺史"到"知府"，其职掌渐渐从监察的层面转而变成牧民治事。

就州而言，唐代已分上、中、下三等。据宋人叶适之说，宋代知州的设

①　顾炎武著，黄汝成集释《日知录集释》卷9《部刺史》《六条之外不察》，中州古籍出版社，1990，第207、209页。

②　顾炎武著，黄汝成集释《日知录集释》卷9《隋以后刺史》，第209页。

③　顾炎武著，黄汝成集释《日知录集释》卷9《知府》，第212页。

立，目的在于削弱刺史之权，通过让文臣"权知州事"，使其"名若不正，任若不久者，以轻其权"。宋初尚设有刺史，其后，罢刺史而专用知州，知州虽仍有"权设"之名，但已经成为"经常之任"，属于一种常设之职，州制由此而定。①

就县而言，汉时县制，县官分为两等：万户以上者称"令"，其品秩为600—1000石；少于万户者则称"长"，其品秩为300—500石。所谓的知县，并非以前的县令，其意无非是"知县中之事"，其中的"知"字，即"管"的意思。唐人姚合任武功尉，作诗云："今朝知县印，梦里百忧生。"故唐人又将知县称为"知印"。至于知县一职，始于贞元之后，最初尚带有一个"权"字。"权知"之意，足证当时的知县是一种"不正之名"。至宋初，才普设知县。然宋时知县结衔，多称"以某官知某县事"，足见当时的知县尚不可称为此县的正官，而仅仅是"任其事"而已。②

至明代，知府、知州、知县已经成为正式的地方官。明初，将诸路改为府。洪武六年（1373），将天下之府分为三等：税粮20万石以上的为上府，知府的品秩，则为从三品；税粮20万石以下的为中府，知府的品秩，则为正四品；税粮10万石以下的为下府，知府的品秩，则为从四品。其后，一律将知府品秩定为正四品。

在明代，府设知府一人，正四品；同知、通判无定员，正六品；推官一人，正七品。知府之职掌，"掌一府至政，宣风化，平狱讼，均赋役，以教养百姓"。同知、通判，"分掌清军、巡捕、管粮、治农、水利、屯田、牧马等事"，既无常职，又无定员。至于推官，则专门负责"理刑名，赞计典"。③

按照制度规定，明代地方上的土地、民籍仅仅属于州县管辖，知府并不直接管辖土地、民籍。尽管府不同于州县，然州县之政无一不与知府相干，知州、知县之事无一不与知府相同。所以，知府可以称得上是："州县之领袖"，是"知州、知县之总督"。④ 明代知府别称"太守"。自秦汉以来，太

---

① 顾炎武著，黄汝成集释《日知录集释》卷9《知州》，第211—212页。
② 顾炎武著，黄汝成集释《日知录集释》卷9《知县》，第210—211页。
③ 《明史》卷75《职官四》，中华书局，1984，第1849页。
④ 吕坤：《实政录》卷1《明职·知府之职》，载《吕坤全集》中册，王国轩、王秀梅整理，中华书局，2008，第928—929页。

守之官颇受尊重，汉代尤重。即使到了宋代，其体面亦不轻。至明代，在洪武、永乐、宣德、天顺、成化、弘治年间，知府尚相当有体面。直至嘉靖、隆庆、万历年间，知府体面转而变轻，尤其是万历年间，更是"轻不可言矣"。知府官尊受轻视，其势必造成如下恶果："轻则亵，亵则下属百姓咸卑鄙之，令不行，禁不止，有太守名，无太守实矣。"①

在明代，州设知州一人，从五品；同知（从六品）、判官（从七品）无定员。明代的州分为两类：一为属州，一为直隶州。属州相当于县，直隶州相当于府，品秩则相同。知州职掌，掌一州之政。至于同知、判官，"俱视其州事之繁简，以供厥职"②。

吴元年（1367），将县定为三等：税粮 10 万石以下的为上县，知县从六品；6 万石以下的为中县，知县正七品；3 万石以下的为下县，知县从七品。其后，知县品秩一律改为正七品。③ 牧民之职，莫重于县官。明代知县一职，其职责主要在于"治百里之地，抚百里之民，以上承乎治化者"④。在明代，县设知县一人，正七品；县丞一人，正八品；主簿一人，正九品。明代知县，掌管一县之政，其职掌大抵分为三大类。第一类是赋税的征收与徭役的摊派，如："凡赋役，岁会实征，十年造黄册，以丁产为差。赋有金谷、布帛及诸货物之赋，役有力役、雇役、借倩不时之役，皆视天时休咎、地利丰耗、人力贫富，调剂而均节之。岁歉则请于府若省蠲减之。"第二类内容众多，涉及养老、祀神、贡士、读法、表善良、恤穷乏、稽保甲、严缉捕、听狱讼等，无不"躬亲厥职而勤慎焉"。第三类是土贡，"若山海泽薮之产，足以资国用者，则按籍而致贡"。知县之下，县丞、主簿分掌粮马、巡捕之事，典史则掌管文移出纳。⑤

明代政治体制中的内外轻重之变，一般史家认为存在一个从"重内轻外"到"重外轻内"的演变历程。明代初年，最重视六部郎署之职，即使像都察院的监察御史，也必须九年考满称职，才得以升任六部的主事。随

---

① 李乐：《续见闻杂记》卷 10，上海古籍出版社，1986，第 878—879 页。
② 《明史》卷 75《职官四》，第 1850 页。
③ 《明史》卷 75《职官四》，第 1851 页。
④ 杨自惩：《梅读先生存稿》卷 9《送贰尹范君某之黄陂序》，载张寿镛辑《四明丛书》第 29 册，广陵书社，2007，第 18307 页。
⑤ 《明史》卷 75《职官四》，第 1850 页。

后，渐重台省之职，若有大臣保荐，才得以与部属官一同出任布政司、按察司官与知府。至于六科给事中与御史，则多从新中进士中除授，最终导致外官渐轻。如程敏政就认为，在明初，知县大多由他途除授。至成化年间，明宪宗开始重视亲民官，才改为由第三甲进士出任。然仕途久袭"重内轻外"之说，知县一则必须自任其劳，二则又要受人之挫，导致知县情多不堪。正如罗伦所言，士人一中进士，"上者期翰林，次期给事，次期御史，又次期主事，得之则忻"。他们看待知州、知县之官，犹如鹓鸾之视腐鼠，一旦获悉自己被授知州、知县，则"魂耗魄丧，对妻子失色，甚至昏夜乞哀以求免"。由此足以证明，知县一职，已经颇为士人轻视。自从实行考选法之后，科道官必须由评事、博士、中书、行人、知县、推官选任，由此导致"外吏骤重"。尤其是知县，更是人多乐意就任。究其原因，就任知县之后，通过宦橐之入，可以结交要路，取誉上官。再往后，知县大多可以出任本省乡试的同考官，更使知县"门墙桃李，各树强援"。三年考绩为优之后，即使是上司衙门，亦将知县视为科道官，"降颜屈体，反祈他日之陶铸"。至于那些中了二甲进士之人，尽管被授予六部主事之职，通过积资待次，最多不过出任布政司、按察司的官员以及知府，反而要仰视那些由知县选任的科道官。若想走清华一路，只有调任吏部文选司一职，然必须深缔科道官的欢欣，才可以得手。其结果，则造成三甲进士一旦出京担任知县一职，同年反而有"登仙之羡"①。

其实，这仅仅是就其大概而言，因为知县能选任科道官的毕竟属于少数，其中大多数知县一类的地方官，明代后期的地位反而低于明初。究其原因，大致有以下三端。

其一，朝廷给予府州县官的待遇开始下降，事实上最终形成了一种"重内而轻外"之风。明代的制度规定，凡是新授的府州县官，均给予"道里费"，有时甚至还可以得到"厚赐"。洪武元年（1368），下令征召"天下实才"，出任府州县官，"敕命厚赐，以励其廉耻"。在整个明代初期，凡是府州县官能够做到"廉能正直"的，皇帝一定会派遣行人"赍敕往劳，增秩赐金"。此类厚赐制度，在洪熙、宣德年间尚是如此。自明英宗、明宪宗

---

① 沈德符：《万历野获编》卷22《府县·邑令轻重》，中华书局，2004，第579页。

而下，就日益罕见。其后，更加"重内而轻外"，厚赐地方官之风，几成绝响。①

　　其二，府州县官的选任开始讲究出身，进而形成一种重甲科、轻乙科的局面。明代州县官的选任，明显具有资格之别，分别有甲科进士、乙科举人与监生三类。出身不同，无论是在民间的声望，还是在考核时，均会得到不同的待遇。以浙江桐乡县为例，当地的秀才，凡是遇到州县官出身甲科进士的，就"不胜谄事"；若是州县官仅仅出身乙科举人，就五六成群，"嘱托以求必济，苟不如意，便加词色犯之"。② 在考核地方官时，同样讲究出身，明显很不公平。如隆庆四年（1570），给事中贾三近在上疏中就明确指出，当时对州县的考核，最重甲科进士，轻视乙科举人。同是以一个"宽"字行政，若是州县官出身进士，则称为"抚字"；若仅仅出身举人，则直斥为"姑息"。同是以一个"严"字行政，若是州县官出身进士，则称为"精明"；若仅仅出身举人，则直斥为"暴戾"。其结果，则造成"低昂之间，殿最攸异"。③

　　除了出身进士、举人之外，明代中期以后，监生出身的州县官逐渐增多。比较而言，出身进士、举人的州县官，还能"多得其人"，而出身监生的州县官，就"鲜有能称其职"。究其原因，弘治十五年（1502），尚书马文升在上疏中已经有所解释。他认为，监生从在国子监学习一直到吏部听选，经过20余年才得以出身。等到除授为官，大多年已超过50岁，神志昏倦。这些监生出身的州县官，认为到任不久，就会面临被黜退的窘境，自己很难得到升用，所以"惟便身图，罔有治民之心"④。天顺三年（1459），建安的老人贺炀在上书时论及时事，也有相同的解释，认为这些老监生一旦被授予州县官，任满九载之后，多已"年几七十"，所以就变得"苟且贪污"⑤。

　　其三，府州县官的选任之法，或行掣签法，或讲南北互选，最终还是不脱讲求资格。明代礼部取士，以糊名取之，已有举其所不知之弊。至于地方

---

① 《明史》卷75《职官四》，第1851页。
② 李乐：《续见闻杂记》卷11，第1040页。
③ 龙文彬：《明会要》卷41《职官十三·州》，第729页。
④ 龙文彬：《明会要》卷41《职官十三·州》，第728—729页。
⑤ 龙文彬：《明会要》卷41《职官十三·县》，第733页。

官员的选举，曾经采用掣签、南北互选二法，更使地方政治弊窦丛生。按照明代制度，在外的府州县官员，均属于常选官，他们的选授迁除，均由吏部掌管。吏部选授官员，最初采用的是"拈阄法"。至万历二十九年（1601），吏部文选司员外郎倪斯蕙条上铨政十八事，其中一条就是主张选官改用"掣签"，得到吏部尚书李戴的采纳，并上报朝廷实施。其后，吏部尚书孙丕扬踵行此法，一直到明亡不再更改。① 掣签选官，其创立之意，无非为了避免"中人请托"，进而达臻选官至公的目的。殊不知，此法不免以弊治弊，显是一种懒政，其弊甚多。众所周知，被选之士，人才长短，各有所宜；资格高下，各有所便；地方繁简，各有所合；道里远近，各有所准。若是一概付之于掣签，无疑就是"掩镜可以索照，而折衡可以坐揣也"。这无疑是将衡鉴之地，降而为一吏之职。在掣签法未行之前，在地方官员的选任上，吏部文选司官员虽不免多有"为人择地"的弊端，但还是能做到"为地择人"。自掣签法实施之后，地方官员的选任听之不可知之数，最终导致"繁剧之区，有累任不得贤令，相继褫斥者"。南人选南，北人选北，此乃过去旧例。如宋政和六年（1116），就曾下诏知县注选，即使很远，也不可超过30驿，即不超过900里。自南北互选之法实施后，官员赴任，动辄数千里，赴任宁家之费甚多，必须举债方可得官。到任之后，又面临土风不谙、语言难晓的窘境，最后导致"政权所寄，多在猾胥"。这就是说，地方官赴任之后，人与地不相宜，则吏治堕；吏治堕，则百姓畔；百姓畔，则干戈兴。② 明代地方政治的一蹶不振，盖有其因。

进而言之，州县之制，理应以差选人。在唐、宋两代，将州县分为畿、赤、次、雄、望、紧、上、中、下九等，以此作为官秩之崇卑，出身之优劣，升迁之上下。事之繁简，任之轻重，人才之进退，以此而分，其法诚善。至明代，吏部注选府州县官员，则分为瘠、饶、淳、顽、进士、乙科、乡贡、任子，将地域、资格之别混合一处注选。将府州县之地分为繁、简，这还说得过去。若是再细分为顽、淳，显非奖励风俗、责成教养之道。若是又从中分出个地域的饶、瘠，则更是"羡之以贪而悼其廉也"。地方官上任之初，在胸中已经有了"饶瘠"两字，为了得到饶地，或者上任之后得到

---

① 《明史》卷71《选举三》，第1716页。

② 顾炎武著，黄汝成集释《日知录集释》卷8《选补》，第191—193页。

一个好的考评，就免不了去走门路，上自吏部、都察院，下至布政司、按察司，一一干求行贿。如此选官除授，既不可使士有廉耻之心，而又令地方上的百姓难得"生理"。①

二　催科抚字：府州县官的矛盾心态

在明初，地方行政制度相对比较完善。这主要体现在以下两个方面。一方面，朝廷对守令官相当重视。如永乐元年（1403），明成祖就对吏部、都察院官员说："为国牧民，莫切于守令。守令贤，则一郡一邑之民有所恃，而不得其所者寡矣。如其不贤，当速去之。"考虑到吏部选授守令之时，往往出于仓促之间，未能全部了解这些官员的才能。所以，明成祖又下令给巡按御史与按察使，要求他们对府州县官上任半年以上者，必须考察其"能否廉贪"之实，具奏上报。永乐十年，明成祖又下谕吏部，认为守令官必须"久于其职"，不可数易其官。此外，进一步要求守令官的上司，不能因为其他公务而擅自差遣守令官，以便让守令官可以"专职理民"②。至宣德五年（1430），明宣宗暂弃资格不用，进而采用会推知府的制度。如当时擢郎中况钟任苏州知府，赵豫任松江知府，莫愚任常州知府，罗以礼任西安知府，员外郎陈本深任吉安知府，邵旻任武昌知府，马仪任杭州知府，御史何文渊任温州知府，陈鼎任建昌知府，都赐予敕书，让他们驰驿上任。同年冬天，又以会推之法，选任薛广等29人出任知府。这些通过会推上任的知府，多有治绩，而且连任长达一二十年，"吏称其职，民安其业。一时蒸蒸称盛"③。另一方面，明初府州县官行政程序相对简化。如洪武六年（1373）九月，明太祖下令，将地方有司庶务的月报改为季报，而后将季报合为岁报。至于府州县的狱囚，不论轻重，一概依律断决，不必转发。若是其中果有违枉，才由御史、按察司纠劾。此令一出，"天下便之"④。

至明代中期以后，府州县地方行政制度日趋繁复，府州县官行政大多受

① 王夫之：《噩梦》，又《黄书·大正第六》，载杨家骆主编《梨州船山五书》，台北，世界书局，1988，第5、29页。
② 龙文彬：《明会要》卷41《职官十三·府》，第724页。
③ 龙文彬：《明会要》卷41《职官十三·府》，第724—725页。
④ 顾炎武著，黄汝成集释《日知录集释》卷8《法制》，第190页。

上司的掣肘，不得施展其能，以致地方官有为官不易之叹。此外，在实际的行政过程中，地方官在国计（催科）与民生（抚字）的选择上，同样面临着两难的抉择，存在一种矛盾的心态。这首先源自明代地方政体的自相矛盾。就地方官的职掌而言，无非"洁己爱民""修政立事"两端。洁己，就是要做到"一尘不染"；爱民，即"安民"，就是要"以我从民"，而不是"强民从我"；修政立事，就是政体主于宽厚，政令全要严明。简言之，府州县之政，不是为国，就是为民。就此而言，在为国还是为民的选择上，明代大多数地方官并非选择其一，而是选择了"为己"，即为了一己私利。随之而来者，则是地方行政上普遍缺乏循吏，而多是"喜事之吏""木瘅之吏""昏庸之吏""耗蠹之吏""惰慢之吏""柔邪之吏""狡伪之吏""谄谀之吏""酷暴之吏""贪鄙之吏"，[①] 既不尽为国之职，又难当为民的"父母官"之称。

究其原因，还是地方政体本身的矛盾性所致。一方面，地方官号称"父母官"，庶民百姓尊之为"父母"与"祖父母"，在行政上必须以"爱民"甚或"教民"为先务。只有做到"爱民如子"，方可使百姓"爱之如父"[②]。另一方面，地方官又号称"州牧""县宰"，必须担负起替朝廷治理乃至控制百姓的职责。作为地方上的行政首脑，地方官显然具有共同的职责，需要对辖区内的所有事情担负起责任，尤其必须维持辖区内的治安秩序。除此之外，最为重要的则是税粮的征收与司法事务，这就是牧令之则要求地方官以"刑名钱谷二事为先务"[③]。因为这两项关乎他们政绩的考成。只要不是有意忽略，其他职责并不影响他们的考成，所以地方官只以很少的精力去应付。[④] 于是，关乎个人考成的税粮征收，与儒家理想所要求的"爱民如子"的仁政，必然会产生矛盾，进而令地方官彷徨徘徊，甚至在具体的施政上有无所适从之感。

---

① 吕坤：《实政录》卷6《风宪约·按察事宜·按察十吏》附《太原谕属》，载《吕坤全集》中册，第1116—1120页。
② 张萱：《西园闻见录》卷96《政术·前言》，引罗公侨谕属吏，哈佛燕京学社，1940年铅印本。
③ 刚毅：《牧令须知》卷1《莅任》，清光绪十五年江苏书局刻本。
④ 瞿同祖：《清代的地方政府》，第31—32页。

（一）为府州县官之难

明代府州县地方官，无不有一种为官甚难的感觉。这种为难的感觉，主要是因为施政受到各级上司的掣肘。正如顾炎武所言："且守令之不足任也，而多设置监司；监司之又不足任也，而重立之牧伯。积尊累重，以居乎其上，而下无与分其职者，虽得公廉勤干之吏，犹不能以为治，而况托之非人者乎？"① 其结果则造成冗事于一官，或者冗官于无事，官与事趋于两分。

仔细探究明代地方官员行政之难，主要来自以下两个方面。

一则受制于上官，尤其是监司官。明代州县之官，大多从布衣诸生中选任，寄之以百里之命。未及三年，即迁官而去。而州县的考察，即他们是"贤"还是"不肖"，则"悉听于监司"。其中监司官所奏罢的姑且不论，即使是他们所荐举的官员，尽管极尽褒美之词，等到迁任之后，未必多有治绩。可见，吏之贤否，出于名者多，并不名副其实，上官亦"以名求之而已"，对于百姓并不有益。②

事实确是如此。以知府为例，其行政大多受到分巡道、分守道、兵备道这些监司官员的掣肘。更有甚者，一省所设之监司官，有时远多于府官。如山东只有 6 个府，却设有 16 个分司官；山西只有 5 个府，却设有 13 个分司官；陕西只有 8 个府，却设有 24 个分司官；四川只有 9 个府，却设有 17 个分司官。③ 以知县为例，曾经做过知县的归有光深有体会，断言："令之难非难于为官，而难于其为其官之上者。"为此，归有光进一步加以说明，认为明代的知县，在施政上完全受制于上官，即"今以一令而大吏数十人制于上"。知县"欲左"，而上官则"掣之使右"；知县"欲右"，而上官"掣之使左"。于是，知县只能"勤苦焦劳，日夜以承迎其上"，反而别无他事可做。④ 知县行政之难，有时远超秀才。做秀才的时候，最难耐的是提学官，却只有一个。一旦出仕做了知县，则必须受到十几人的牵制。这些人

---

① 顾炎武著，黄汝成集释《日知录集释》卷 8《乡亭之职》，第 181 页。
② 归有光：《震川先生集》卷 10《赠俞宜黄序》，周本淳校点，上海古籍出版社，2013，第 237—238 页。
③ 王夫之：《黄书·宰制第三》，载杨家骆主编《梨州船山五书》，第 8 页。
④ 归有光：《震川先生集》卷 10《送陈子达之任元城序》，第 227—228 页。

"皆能以咳唾为风波，即顷刻变霜露"①。基于此，谢肇淛提出"为令者有八难"②，系统道出了明代地方知县行政之难。

二则分权于佐贰等属官。众所周知，明代每府设知府一人，同知一员，通判一员或两员，推官一员。知府统理一府各属州县各项事务，同知则同知一府之事，通判专用砝墨笔金判文牒，兼管粮储、水利等事，推官专理一府刑名，清晨同坐大堂，率领各吏办理诸务。事虽各有分责，其权却统于知府一人。至后，渐不遵循旧制，率多分管，诸如清军、驿传、河防、江防、海防、捕盗、马政、巡盐、运粮、水利之类，佐贰官"各司其事，各有处分"③。换言之，知府治其所属，已无专断之权，他们不但要受到分巡道、分守道、兵备道这些监司官员的掣肘，而且很多事情还要受到同知、通判、推官的阻挠。④ 而其恶果，则是知府施政下令，同知、通判、推官"不听命焉"；知县施政下令，县丞、主簿"不听命焉"。⑤ 佐贰官尽管可以阻挠知府、知县这些长官的举措，却并非专任其职，考课并不涉及这些佐贰官的实际职责。随之而来的是，那些还能坚守洁身自好的佐贰官，不过"持禄以待选"而已，否则就是"法外生事以扰民"，所以政事反而集中于知府或知县一人，致使他们无暇去顾及农桑、学校一类的事情，更遑论去承担诘戎、捕盗、督粮、问刑之类的职责了，其结果则是"冗事于一官，而冗官于无事"，一如王夫之所言，是一种"两失之道"⑥。

从制度的层面来说，明代当然有一套完整的考成体系用以考课地方官员，然在实际的考课过程中，政绩的考成还是取决于出身的资格。照理说来，府州县一类的地方官，任用不应限于一途，选授更应凭实际的干才而

---

① 徐日久：《复闻子将》，载周亮工辑《尺牍新钞》卷9，米田点校，岳麓书社，1986，第328页。
② 谢肇淛所概括的为令八难，大抵如下："勤瘁尽职，上不及知，而礼节一疏，动取罪戾，一也。百姓见德，上未必闻，而当道一怒，势难挽回，二也。醇醇闷闷，见为无奇，而邪驱蜚语，据以为实，三也。凋剧之地，以政拙招尤，荒僻之乡，以疏遽见弃，四也。上官所喜，多见忌于朋侪，小民所天，每见仇于蠹役，五也。茧丝不前，则责成稛至，包苴不入，则萋菲傍来，六也。宦成易急，百里半于九十，课最盈亏，衔橛伏于康庄，七也。剔奸厘弊，难调驵侩之口，杜门绝谒，不厌巨室之心，八也。"参见王嗣奭《管天笔记外编》卷下《世道（兼治术）》，载张寿镛辑《四明丛书》第2册，第1169页。
③ 刘廷玑：《在园杂志》卷1《明初府之建置》，第8页。
④ 王夫之：《黄书·宰制第三》，载杨家骆主编《梨州船山五书》，第8页。
⑤ 王夫之：《黄书·任官第五》，载杨家骆主编《梨州船山五书》，第23页。
⑥ 王夫之：《噩梦》，载杨家骆主编《梨州船山五书》，第22—23页。

定，如此方可使人人自尽其力。一旦选任之后，则应"责其成"，亦即当考核其"才不才"，或者其事"治不治"，不当顾及他们的出身资格。事实并非如此。自从天下独重进士甲科之后，地方纷纷"不得其平"。譬如朝廷每年派遣御史按行天下，借此考察地方官员之贤否。这些御史到了地方上，不去考察地方官的政绩如何，反而"汲汲于问其官之所自"，亦即他们的资格出身。假如地方官出身进士，即使属于不肖之人，御史也"必其所改容而礼貌之，必其所列状而荐举之也"，得到吏部擢升的通常也是这些出身进士之人。即使这些出身进士的地方官罪迹暴露，需要加以罪罚，御史还是感到很为难。反之，假如不是进士出身，即使属于为政有实迹且为百姓爱戴的贤官，御史就不会"改容而礼貌之"，也不会"列状而荐举之也"，得到吏部黜退的通常就是这些不是进士出身的人。而等到这些不是进士出身的官员政绩显著，需要加以奖赏时，御史依然感到很为难。其结果，则"暴吏恣睢于民上，莫能谁何必；而豪杰之士，一不出于此途，则终身俛首，无自奋之志。间有卓然不顾于流俗，欲少行其意，不胜其排沮屈抑，逡巡而去者多矣"①。

　　诚如前述谢肇淛所言，明代的知县已有"八难"之说。然正如王嗣奭所论，地方官若是能以清正自持，其行政难则可减去一半。在此基础上，再能以义命自安，则所有困难都不足为虑。若是地方官能以实心行实政，更可以让百姓普遍受到恩惠膏泽。② 其实，王嗣奭之论，不过是为上上者说法而已，对于明代绝大多数的地方官而言，如此的政治环境，势必给地方官造成很大的压力，致使他们产生一种畏难情绪，甚至会滋生讨厌做地方官的情绪。以知县而论，我们不妨找出一些资料，对他们左右为难的心态加以部分的揭示。譬如有人将知县做了如下比喻："作令如入螺蛳壳中，愈入愈曲；又如行十八滩，一上一叹苦。"这种苦处实出有因。如一旦考成在即，很多钱粮多是旧逋，很难清缴完毕，因此替他人受过尚可，若是替他人代偿，就不免是一件难事。于是，小小的一个知县，成了"愁债之客""愁米之妇"，这确实是一件"大屈事也"③。面对民生日蹙，知县"宽

---

　　① 归有光：《震川先生集》卷13《杨渐庵寿序》，第329页。
　　② 王嗣奭：《管天笔记外编》卷下《世道（兼治术）》，载张寿镛辑《四明丛书》第2册，第1169页。
　　③ 李陈玉：《复门人吴求履》，载周亮工辑《尺牍新钞》卷6，第195页。

则废事，严则速谤"①，已是左右为难。无奈之下，当时的知县只好抱持如下两种心态：一是把做知县看作"当家老婆子"，但求无事，"不妨平平结案耳"②；二是厌官心态。一个士子读书半生，一旦做了知县，就好像是一个修行人，成不了佛，升不了天，反而堕落在"鬼神道中"。尽管还是掌管着人间生死、东岱南岳，职掌不轻，但终究需要仰视天曹的鼻息。为此，任过知县的李陈玉不免对朋友坦露心声，直言道："仆已厌弃。"③

（二）催科与抚字之间的矛盾心态

明代的府州县地方官，一方面是"亲民官"，而且被民间百姓称为"父母"。所谓"父母"，即为"生我养我者也"。民间百姓称府州县官为"父母"，其实是期望府州县官像父母一样，"生我养我"。为此，地方官就必须担当起关注"民生""民瘼"的职责，使治下百姓无不"安生"："民情所好，如己之欲，我为聚之。民情所恶，如己之雠，我为去之。使四境之内，无一事不得其宜，无一民不得其所。"唯有如此，方可使治下百姓，"如坐慈母之怀，如含慈母之乳，一时不可离，一日不可少"，才是"真父母"。④另一方面，地方官又是牧民之官，需要替朝廷担负起控制乃至管理治下百姓的职责。这样，就使地方官在"亲民"（抚字）还是"牧民"（催科），或者说在"民生"与"国计"的选择上，常有一种两难的心境。无论是从制度的设计层面，还是从具体的考课层面，无不促使明代的地方官更多地选择"牧民"，通过"催科"而完成"国计"，进而使自己在仕途上得以擢升。

先来看制度设计。因为税粮的征收关乎国计，所以朝廷为了加强税粮的征收而大量增设地方上的佐贰官。如成化三年（1467）八月，巡按御史上疏认为，江西一省，赋税繁杂，但官员很少，导致赋税的催征不力，"逋负者多"。为此，请求增设司府佐贰官，由这些佐贰官专门负责税粮的督理。于是，朝廷增设江西布政司参议一名，另在南昌、吉安、抚州、袁州、临

---

① 李陈玉：《复门人吴求履》，载周亮工辑《尺牍新钞》卷6，第195页。
② 李陈玉：《复钱孝廉尔斐》，载周亮工辑《尺牍新钞》卷6，第194页。
③ 李陈玉：《与门人廖田生》，载周亮工辑《尺牍新钞》卷6，第197页。
④ 吕坤：《实政录》卷1《明职·知州知县之职》，载《吕坤全集》中册，第923—924页。

江、饶州、瑞州七府各增设同知一名。① 大致说来，明代府州县佐贰官的大量增设，很多都是为了加大税粮征收的力度，这基本已经可以说明，对于地方官来说，催科尤为重要。

再来看地方官员的考课。明代地方官员的考课，大致分为"考满"与"考察"两类，而且两者相辅而行。所谓考满，就是"论一身所历之俸"，分为"称职""平常""不称职"，亦即上、中、下三等。所谓考察，即合天下内外官一同考课，分为"贪""酷""浮躁""不及""老""病""罢""不谨"八等。② 考满、考察的结果，是地方官擢升、降职、罢职的主要依据，关乎官员一生的仕途。从具体的考察实践来看，似乎"民生"不太重要，更多的还是以"催科"作为考核地方官员的主要依据。正如王夫之所言："自以催科为急，于是有藉口钱粮任重，而郡县长吏有终身不入都门者。升降皆遥为除受，其陟其黜，一听之上官，上且不知有天子，而况有廷臣之公是非乎！上官者唯知己之好恶，又其下则唯知食贿已耳。"③ 即以山西为例，很多地方官因为催科不足而被查参。受灾之后，对地方官税粮的征收通常减去二分，以收足八分为称职。即使如此，在灾荒之后，还是有很多地方官很难及格。如沁州、吉州、隰州三州，以及武乡、石楼、永和三县，税粮的征收很少能达到五分。若是地方在税粮征收上达到六分，因尚未到八分的及格线，还是不免降俸、住俸，甚至不准升迁、给由。尤其是武乡一县，从来没有不降调之官，官员一选此县，"如投荒徼"④。因为旧日积欠太多，地方官即使"星火催科"，也是难以假借。其结果，则"逃民愈众，则荒地愈多；荒地愈多，则钱粮愈累。是带征者无益往年之逋负，只累见在之钱粮。彼固以为完不可胜完，百欠总成一欠。民无余力，官无巧术，是以年年之带征贻年年之拖欠也"⑤。这似乎已经成了一个死结。

自明代中期以后，由于灾荒频仍，国家财政日益困难，民生日趋凋敝，国计与民生之间的冲突更趋明显。根据吕坤的回忆，出现"连岁之凶"与

①　龙文彬：《明会要》卷41《职官十三·府》，第726页。
②　《明史》卷71《选举三》，第1721—1723页。
③　王夫之：《噩梦》，载杨家骆主编《梨州船山五书》，第14—15页。
④　吕坤：《去伪斋集》卷1《论钱粮疏》，载《吕坤全集》上册，第45—46页。
⑤　吕坤：《去伪斋集》卷1《论钱粮疏》，载《吕坤全集》上册，第44页。

"数省之歉"，已是相当频繁。尤其是万历十年（1582）之后，更是"无岁不告灾伤，一灾动连数省"①。灾荒频仍，导致财用"耗竭"，国家财政面临前所未有的困难。即使如此，朝廷还是兴作不断，譬如寿宫之费多达几百万两，宁夏用兵之费花去几百万两，采木之费又达几百万两。所有这些支出，"半非岁额"，只能加派赋税。② 于是，民生日趋凋敝。天灾迭见，导致"官仓空而库竭，民十室而九空"，"小民生计，所在萧条"。正如吕坤所揭示，当时各处百姓，"冻骨皴肌，冬无破絮者居其半；饥肠饿腹，日不再食者居其半。流民未复乡井，弃地尚多荒芜，存者代去者赔粮，生者为死者顶役。破屋颓墙，风雨不蔽；单衣湿地，苫藁不完。儿女啼饥号寒，父母吞声饮泣"③。民生如此艰难，地方上的巡抚、巡按认为，"赈济不可屡诎，存留不可终免，起运不可缺乏，军国不可匮诎"，所以"灾伤之报遂稀，催科之严如故"。④ 其实，这并非说明地方大吏不哀悯百姓、关心民生，而是情势不得不如此。

面对如此的情势，地方官在"催科"与"抚民"之间更趋矛盾："欲议蠲，难乎其为国；欲议征，难乎其为民。"左懋第出任陕西韩城知县时，同样具有这种矛盾的心理。左懋第感到，吏若"催科"，就要违背"抚民之心"；若"抚民"，又不可以为吏。⑤ 这种"民不安其生，吏难尽其职"的矛盾心理，只有独居一端，打破一头，才能找到出路。像左懋第这样的地方官，虽有"抚民"之心，但在实际的行政中很难付诸实践。因此，侯峒曾对"催科"就只能做出调和的做法了。科既要征，但又需做到"完全之人户宜清，欠多与欠少之分数宜析，解发之缓急宜衡"⑥。这种有限的"调和"，正是地方官在救荒时的常用之法，即在"救穷民"的时候，"体富民，治乱民"更是关键。"抚民"思想若能摆脱"抚民"与"催科"之间的矛盾，就能向前跨出一步，这一步恰恰是它的进步性所在。如李应昇深知"敛急民贫"的道理，他的"恤民"思想已经开始走出彷徨于"抚民"与

① 吕坤：《去伪斋集》卷1《忧危疏》，载《吕坤全集》上册，第8—9页。
② 吕坤：《去伪斋集》卷1《忧危疏》，载《吕坤全集》上册，第9页。
③ 吕坤：《去伪斋集》卷1《忧危疏》《摘陈边计民艰疏》，载《吕坤全集》上册，第9、25—26页。
④ 吕坤：《去伪斋集》卷1《忧危疏》，载《吕坤全集》上册，第8—9页。
⑤ 左懋第：《左忠贞公集》卷2《初抵韩城与亲友书》，《乾坤正气集》本。
⑥ 侯峒曾：《侯忠节公集》卷7《与万明府书》，1933年铅印本。

"催科"之间的困境了，而是要求蠲除"积欠并征"之害，是一种真正意义上的"抚民"思想。① 魏大中所主张的蠲除"加派"，同样是相同意义上的"抚民"思想。②

进而论之，"催科"与"抚民"之间的矛盾，所牵涉的问题虽多，最为主要的是以下两大问题。一是如何看待"国计"与"民生"的关系。正如吕坤所言："民生国计，利害本自相关，而体国忧民，臣子不可偏重。"③ 当然，所谓的"国计"，理当取之于民，用之于民，而不是国君为了一己之利，随意私取，最终导致百姓无计为生。④ 然在如何处理"体国"与"忧民"的关系时，很多地方官却是陷入了困境。二是"君富"与"民贫"的关系。在天下之财固定不变的前提下，"君欲富"，"天下必贫"。一方面，九重之内，是国君之身家；另一方面，九门以外，也是国君的赤子。赤子一旦困穷，国君岂能独享安富。⑤ 鉴于此，明代的地方官员认为："同民之欲者，民共乐之；专民之欲者，民共夺之。"⑥ 一旦民穷财尽，最终必会失去人心。对于国君而言，"人心得则天下吾家，人心失则何处非仇？"⑦

（三）府州县行政之病态

面对"国计"与"民生"的矛盾，一些地方官在行政实践中，开始抛弃儒家的"仁政"思想，所作所为尽是为了一己私利。这主要体现在以下三个方面。

其一，所谓的"廉才之吏"，其实名不副实，难以担当起"良吏"一称。毫无疑问，明代地方官考课制度的失当，最终导致拔擢非人。一些地方官虽被"举良吏"，升之高位，显荣而去。然观其治境之内，"冻饿僵死犹昔也，豕食丐衣犹昔也，田野荒莽犹昔也，庐舍倾圮犹昔也"。这些所谓的

---

① 李应昇：《落落斋集》卷1《缕诉民隐仰动天心乞行宽恤以固邦本疏》。
② 魏大中：《藏密斋集》卷1。
③ 吕坤：《去伪斋集》卷1《论钱粮疏》，载《吕坤全集》上册，第43页。
④ 吕坤：《去伪斋集》卷1《忧危疏》，载《吕坤全集》上册，第10页。
⑤ 吕坤：《去伪斋集》卷1《忧危疏》、卷2《停止砂锅潞绸疏》，载《吕坤全集》上册，第18、66页。
⑥ 吕坤：《去伪斋集》卷1《忧危疏》，载《吕坤全集》上册，第18页。
⑦ 吕坤：《去伪斋集》卷1《忧危疏》，载《吕坤全集》上册，第18页。

良吏，若是因为廉洁而得以拔擢，那么一节之廉，反而不能"养民"，其实与"贪吏"相去不远；若是因为有才而得以拔擢，那么有才而不能"养民"，实则与"酷吏"相去不远。真正的良吏，必须做到"爱赤子"，然后替赤子选择乳母。若是把地方官比作爱赤子的乳母，他们就必须做到"勤谨不懈，得主母之欢心"。那些所谓的"廉才之吏"，"不能救民之饥饿"，犹如"乳母而无乳者也"，实非真正的"良吏"。①

其二，地方守令患有"二病"。贪污之吏姑且不论，其他的地方官员也大多陷于以下二病。一是"高谈坐啸而厌薄簿书"，这是置民生国计于不顾。此则属于地方官个人修养的问题。二是"避嫌远疑，一切出纳概不敢亲"。此则属于制度不合理所带来的弊病。在明代，一些上司官员，"疑守令甚于疑胥役，其信奸民甚于信守令"，凡是所有钱谷出入，一概由里役自收，地方官不得经手，这是将府州县官视为"盗跖"，最终导致地方官不理钱谷之事。②

其三，地方官不愿出任边远之职。如嘉靖年间，因云南地处荒徼，很多出仕者"惮不欲往"。即使有人愿意出任云南地方官，也并非"志甘投荒"，不是因为"年迫衰迟"，就是因为"家贫急禄"。可见，这些地方官"志在为己"，并不在于"恤民"，为此导致"滇中多不得人"。③

三 施政之方：府州县官的行政实践

揆诸明代地方官的行政实践，最高的境界则是能做到"致君泽民"。正如吕坤所云："宇宙之内，一民一物痛痒，皆与吾身相干，故其相痒相安料理，皆是吾人本分。"④ 这无疑就是儒家"民胞物与"精神的翻版。然在实际的行政过程中，明代的地方官实则出现了两分的现象：一则为国为民，实心任事，既得上官口碑，又得百姓口碑；一则只顾一己私利，而置民生疾苦于不顾，只得上官口碑，却无百姓口碑。

---

① 唐甄：《潜书》下篇上《考功》，中华书局，1984，第110页。
② 谢肇淛：《五杂组》卷14《事部二》，上海书店出版社，2001，第279页。
③ 龙文彬：《明会要》卷41《职官十三·县》，第733页。
④ 吕坤：《实政录》卷1《明职·知州知县之职》附《太原谕属》，载《吕坤全集》中册，第925页。

（一）从歌谣看实心为国为民之官

究竟是替"自己身家"做官，还是替"朝廷百姓"做官，这无疑是摆在很多地方官面前一道必答的选择题。很多地方官心里显然清楚，替自己身家做官很容易，而替朝廷百姓做官就难了。若是仅为自己身家计，只需用上攀缘之法，即可取得富贵利达；反之，若是尽忠报国，行志安民，就会"媒忌招尤，因而委弃身命"①。为此，有些地方官员就以佛教"方便"之说，作为自己为官的准则。佛婆子曾云："当权若不行方便，如入宝山空手回。"在明代地方官的意识中，已经不将"方便"二字解释成"慈悲"，而是释为"做得彻"，且可析为两层含义：一是通过自己"行上等贤哲事"，而后"方便自己"，这是人格修养的升华；二是让"天下受上等平康福"，进而"方便天下"，这是治国平天下的外在功效。② 这无疑已将佛教的"方便"之说与儒家的"修齐治平"融合为一。高攀龙对知县一职的认知，显然也具有相同的价值取向。他认为，一人做了知县，若是率尔放过，真是"宝山空回"，甚至会"一生令名，百世血食，方寸有无穷之慊，子孙有无穷之报"。所以他建议，三年知县，完全在于"一念自持而已"③。所谓的一念，尽管高攀龙并未明言，实则还是倡导替朝廷百姓做官，亦即传统所谓的"致君泽民"。

佛教"方便"之说，一旦与儒家"致君泽民"之说相合，其结果则是在地方上出现了很多实心为国为民的官员。明人吕坤将官员区分为八等，其中的前四等，虽有高下之别，但大抵当得起为国为民之称。其中的第一等官员，有一点"恻隐真心"，即从"不忍人之心"，进而导源出"不忍人之政"。他们对待地方百姓，"如亲娘之于儿女，有饥念寒，怕灾愁病，日思夜虑，吊胆提心，温存体爱，百计千方，凡可以使儿女心遂身安者，无所不至"。这是完全出于自然。第二等官员，把天地万物一体看作自己的"性分"，使天下万物各得其所当作自己的"职分"。"惓惓维世道，亟亟爱民生，以谓为之，自我当如是耳。"这是尽其"当然"，虽有勉强向道之心，

---

① 张民表：《与周元亮》，载周亮工辑《尺牍新钞》卷9，第309—310页。
② 李如一：《与缪西溪》，载周亮工辑《尺牍新钞》卷8，第279页。
③ 高攀龙：《答袁宁乡》，载周亮工辑《尺牍新钞》卷1，第1—2页。

但精神稍有不贯之处。第三等官员，认为只要自己洁己爱民，修政立事，那么名誉自会彰显，否则毁言日至。士君子立身行己，名节为先，不得不有所自爱。这是"为名而为善"之人。第四等官员，操守上能做到"洁己"，但短于才干；内心知道"爱民"，但懦于政务，虽是好官，但对地方百姓并无多少好处。①

吕坤如此细分"好官"，还是具有一定价值的。这些好官，都有一个行惠民之政的共同点，且在百姓中留下了很好的口碑，甚至百姓编出歌谣加以称颂。他们所行惠政，无不具有一些共同点，主要有以下几个方面。

政平讼理。如海阳人戴瑀曾任南丰知县，"政平讼理"，百姓感怀其德，歌道："山市晴，山鸟鸣；商旅行，农夫耕，老瓦盎中浊酒盈，呼嚣隳突不闻声。"② 又，吴江人马公远任昌邑知县，"为政平易"，"民有讼者教谕之，使听解。度不可已，乃受理"。③

重视教育。如洪武年间，俞永出任鲁山知县，兴修学校，亲自替诸生讲说经史，"正句读，校文理，士风翕然称盛"④。又，杨子器任昆山知县时，拆毁庵庙百余所，用这些材料修理"学校、仓廪、公馆、社学等事，一时完美"⑤。

兴修水利。如吴淞江由嘉定入海，江口淤塞长达百年，百姓深受其害。吉水人龙遵叙以御史左迁，出任嘉定知县，亲自踏勘其地，召见父老讲求水利，多方设施，过了一月尽将淤塞江口疏通；又开掘支河五条，惠及旁县，百姓称为"御史河"⑥。又，陈幼学任确山知县时，确山地多荒芜，且缺乏水利设施。他就发给当地百姓种子，开垦荒地 800 余顷，疏通河沟 189 道，"节省里中杂支银六百余两，申抵正额，给贫民粟千余石，贫妇纺车八十余辆，积粟一万二千余石"⑦。

省费惠民。如况钟任苏州知府时，奏减重额虚粮，合计达 120 余万石，

---

① 吕坤：《实政录》卷 1《明职·知州知县之职》附《太原谕属》，载《吕坤全集》中册，第 926—927 页。
② 张怡：《玉光剑气集》卷 7《吏治》，第 308 页。
③ 张怡：《玉光剑气集》卷 7《吏治》，第 309 页。
④ 张怡：《玉光剑气集》卷 7《吏治》，第 308 页。
⑤ 张怡：《玉光剑气集》卷 7《吏治》，第 316 页。
⑥ 张怡：《玉光剑气集》卷 7《吏治》，第 315 页。
⑦ 张怡：《玉光剑气集》卷 7《吏治》，第 325 页。

种种兴革，都是纪纲大务。考满时，当地百姓叩阙挽留，多达 8 余万人，且民谣云："况太守，民父母，早归来，慰田叟。"又云："况青天，朝命宣，早归来，在明年。"① 又，洪洞人卫瑛任开封知府时，开府属于东南要冲，宾客辏集。他上任之后，一切不急之费，蠲除十之五六，"民间便之"。巡抚、巡按有时有政令下达，他一旦认为不能执行，就入具白状，从容陈说。有时会遭到上司的谴谪，他喟然叹道："吾凡以惠民为本，他宁足恤？"②

捕盗平叛。如慎正蒙任漳浦知县时，明察强断。当时有盗贼"负山海而窟，诸亡命多归之，攻剽聚落，莫敢谁何"。慎正蒙选择县中有胆略的豪杰 10 余人，严格保密，让他们假装与盗贼相通，甚至替盗贼做向导，帮助盗贼攻剽，实则在暗地里密报官府。当盗贼率部前来攻剽之时，豪杰从中作为内应，绑缚盗首 30 余人，"威行邑中，盗贼以息"③。又，方升在嘉靖二年（1523）任永嘉知县，凡民间有人犯盗贼之事，就"从重治之"④。

生活清俭。"好官"能行惠民之政，自可约束个人欲望，过着一种清俭的生活。如胡寿安，永乐年间曾任新繁知县。其人性清俭，"在官未尝肉食"。他的儿子从徽州来省亲，在两月内连烹两鸡，他就怒骂道："饮食之人，则人贱之，尔好大嚼，讵不为吾累乎！"⑤

这些能行惠政的地方官自然会更多地关注百姓的民生，遂在百姓中留下了很好的口碑。地方官行政，事实上已经分为两类：一类是只顾上官的口碑，为的是一己私利；另一类则是顾及百姓口碑，为国为民实心任事。河南杞县，属于一省的巨邑，过去曾任此地的地方官，只是为了"要名悦上"，获得上官的口碑，故所行"严督责之令，刻征赋之期，启无艺之科，周宾客之需，结权势之好"，以致"其政赫赫，其民焦焦，其用纷纷，其民嗷嗷"。这虽可得上官的嘉奖，但百姓并非"甘心"。等到刘濬伯出任知县之后，则"务宣德化，致乐利，祛奸蠹，拯困殆，宁缓公家之需，而不忍夺民之有，宁稽在己之政，而不忍伤民之心"。尽管不再皎皎务饰，借此迎合上官之好，对百姓而言，却可得惠爱之实，使百姓"阴被其福泽"。针对这

---

① 张怡：《玉光剑气集》卷 7《吏治》，第 311 页。
② 张怡：《玉光剑气集》卷 7《吏治》，第 331 页。
③ 张怡：《玉光剑气集》卷 7《吏治》，第 340 页。
④ 姜准：《岐海琐谈》卷 3，上海社会科学院出版社，2002，第 44 页。
⑤ 张怡：《玉光剑气集》卷 7《吏治》，第 311 页。

一事实，王廷相曾经加以评论，认为知县行政，都是为了百姓，而不是为了自己。设置知县一职，也是为了百姓，而不是为了知县自己。所以，"务饰悦上而得名者，窃其令之似者也"；只有做出了为民的实政而得百姓口碑，才是真正的知县。[①] 同样的事例也出现在清初。如达良辅任山西巡抚时，平阳知府前来求见。良辅问道："平阳之为县者，孰贤，孰不肖？"知府举出数人回答。良辅怒道："百姓之所谓贤者，尔之所谓不肖者；百姓之所谓不肖者，尔之所谓贤者也。尔不可以为三十四城之长。"将知府弹劾罢官。[②]这就是上司口碑与百姓口碑之别。

（二）地方行政之弊端

除去上面为国为民实心任事之官外，明代地方行政确实是弊端丛生，且地方官以不称职者居多。这些地方官对于民生疾苦，昏昏然绝不闻知；对于风俗美恶，梦梦然不再理会。他们只知道坐轿打人，前呼后拥，招摇于大市稠人之中。譬如耽于诗赋之官，"以豪放自高"；喜好宴安之官，"以懒散自适"；嗜好骄泰之官，"以奢侈自纵"；工于媚悦之官，"剥民膏以事人"；只计自己身家之官，"括民财以肥己"。[③] 这确实也是当时的实录。吕坤将地方官分为八等，其中后面的四等大致符合这类官员。如有一等官员，"志欲有为而动不宜民，心知向上而识不谙事"，最终还是"品格无议，治理难成"。又有一等官员，"知富贵之可爱，惧摈斥之或加。有欲心而守不敢肆，有怠心而事不敢废。无爱民之实，亦不肯虐；无向上之志，亦不为邪，碌碌庸人而已"。还有一等官员，"实政不修，粉饰以诈善；持身不慎，弥缝以掩恶。要结能为毁誉之人，钻刺能降祥殃之灶。地方军民之事，毫发不为；身家妻子之图，殷勤在念"。这是一种巧宦，但在当时地方官场已经风靡一时，牢不可破。更有一等官员，"嗜利耽耽，如集膻附腥；竞进攘攘，如驰骑逐鹿"。他们做官只是想多得钱，只要能得钱，

---

① 王廷相：《王氏家藏集》卷22《送杞令刘潆伯序》，载《王廷相集》第2册，王孝鱼点校，中华书局，2009，第409—410页。

② 唐甄：《潜书》下篇上《为政》，第112页。

③ 吕坤：《实政录》卷1《明职·知州知县之职》，载《吕坤全集》中册，第924页。

"笑骂由他笑骂耳"①。

在地方上，有些属于正常的或者关系到民生的工程，如城垣、官衙、吏舍、仓库、祀典、庙貌、坛壝、医学、学校、道路、桥梁、沟渠、公馆、养济院等，若有损坏，自当设法兴修。② 有些却并不与民生休戚相关，如书院、闲亭、楼台、庙宇，就应该切忌兴作。③ 事实并非如此。明代很多地方官热衷于在地方上兴建一些面子工程，反而给地方百姓带来额外的负担。譬如有些地方官员，因为地方上的财力有余，就"喜游观，重风水"，建造一些书院、闲亭、文昌祠、钟鼓楼，似乎是为了"增胜概、妆奇观"，实则属于无益之作。尤其是地方官热衷于建造牌坊一事，更是劳民伤财、万无一益。明代地方上的牌坊，大致分为以下三类。一是乡宦坊第。一般由巡抚、巡按替乡宦建造，这是旧例。然在建造的过程中，弊端丛生。如一些州县官在接到巡抚、巡按公文之后，"动支库藏，起派人夫，妨废农末，骚扰闾阎"。至于那些乡宦的父兄子弟，为了悦人耳目，更是"远方求匠，隔省画图，凿玲珑之石，题夸张之额，壮丽者费数百金，工巧者修三两岁，敛千家之怨，侈一己之荣，日新月盛，奢丽相高"。更有甚者，有时一个乡宦竟然建造坊第六七座，一县相加，竟建牌坊六七十座。二是科举牌坊。凡是初中举人、进士，由官方给予建造牌坊的银两，有的建于当年，有的建于他日，均由举人、进士自行盖造。为了"表厥宅里"，巡抚、巡按与司道官员，只是替举人、进士增加门牌。然自此之外，地方建造的每科总坊，则需要"动支钱粮，派编夫役"，同样劳民伤财。三是衙门牌坊。如巡抚、巡按、司道、府州县衙门，以及一些行台公馆，通常也会在大门之外竖立一座大牌坊，另外又在左右分列两座牌坊。④ 这些牌坊无不是为了美观瞻，但浪费了不少民脂民膏，纯粹属于面子工程。

（三）施政如行医

古有上医医国之说，地方官治理地方事务，亦当如是。就医生而言，显

---

① 吕坤：《实政录》卷1《明职·知州知县之职》附《太原谕属》，载《吕坤全集》中册，第926—927页。

② 吕坤：《实政录》卷3《民务·有司难禁》附《官问二十三条》，载《吕坤全集》中册，第1013页。

③ 吕坤：《实政录》卷3《民务·有司难禁》，载《吕坤全集》中册，第1013页。

④ 吕坤：《去伪斋集》卷1《摘陈边计民艰疏》，载《吕坤全集》上册，第22—23页。

有良医、庸医之别：良医治人之病，通过诊脉、望气、投药，自可让病人痊愈；庸医治人之病，携药箱而来，守治数月，病人毫无起色。治人之病如此，地方官的施政亦当效仿医家治病。自到任之时，便应该洞察辖下"受病标本"，而后分出治疗的先后，诸如"何困可苏，何害当除，何俗当正，何民可惩，何废可举"，等等。只有洞悉其中的弊源，再斟酌其治疗之法，日积月累，方能"责效观成"①。明末人徐世溥也认为，地方官在地方上庖政，犹如医生治病，必须洞悉致病之由，而后可以对症下药。就明代地方官员来说，科目出身的地方官，类似于太医院的医生；而由荐举出身的地方官，则如"草泽之医"，即所谓的草头郎中。若由太医来治病，只要不把人医死，虽不免会被褫夺冠带，但头项尚可保存；若由草泽之医来治病，本来这些人就被太医院医生排挤，"乍进一方，今日服之，明日不效"，再加上旁人进谗，那就会有不测之祸。②

出身资格限制了明代地方官的施政实践。此外，施治地方是否有效，尚关乎为官的才德。如明代有一位知县，曾在衙门大堂上悬挂一联，云："才拙勤堪补，官卑清自尊。"③可见，若是才能不足，尚可以"勤""清"二字维持自己的体面。那么，做知县一类的地方官，在治理地方事务之时，是否具有一些要诀？为此，明朝人提出两大要术，一为"耐烦"，二为"无为而治"，颇值得深思。

做知县的要术在于"耐烦"，此说出于耿定向。史载有一人初为知县，曾向耿定向请教为官要术。耿定向告以"耐烦"二字。知县不解。耿定向进一步做了如下阐释："耐烦"二字，最是难言。以知县为例，其职关系到宣上达下。就宣上来看，知县就地方事务"关白"上司，上司有时不予理睬，一不耐烦，就会愤怒。一旦愤怒，则上下之情就更加暌隔。只有做到耐烦，才能通过积诚委曲，最后感动上司。就达下来看，面对治下百姓，"鄙固狂悍，抵突咆哮"，一不耐烦，就会"淫怒以逞，失其当者多"。只有做到耐烦，才能原情察理。至于"宾旅之往来，竿牍之造请"，一不耐烦，则必有"草率获戾之处"；还有"勾稽之琐委，犴狴之堤坊"，一不耐烦，则

---

① 吕坤：《实政录》卷1《明职·知州知县之职》，载《吕坤全集》中册，第925页。
② 徐世溥：《答黄商侯论保举书》，载周亮工辑《尺牍新钞》卷2，第59—60页。
③ 张怡：《玉光剑气集》卷7《吏治》，第346页。

必有"疏漏之愆"。此外，像服官而廉，犹如为女而贞，这本来是地方官的本分，并无多少奇特之处。若是知县"负其廉而自矜"，进而"不耐烦以承上而傲上，不耐烦以恤下而暴下，不耐烦以酬世理纷"，那么惰慢丛脞，在所难免。[①] 为官"耐烦"之说，来源于陆象山"耐烦是学脉"的说法，而后成为明代地方官治理地方的要术。

至于"无为而治"，则可以公安派的袁宏道为例加以说明。史载袁宏道任苏州府吴县知县时，众人都认为吴县政务烦剧，难以治理，袁宏道却"洒然澹然，不言而事自集"。他清理额外赋税征收"凡巨万"，以致吴县百姓"大悦"。每当谳狱，常常片语而折，只要不是重罪之案，就不加罚赎。在通常情况下，县衙门中的胥吏总是借公事扰害百姓，但袁宏道从不差遣胥吏，以致胥吏终日兀坐，不能糊口，只好"逃归为农"。袁宏道任吴县知县，"清次骨，才敏捷，一县大治"。内阁首席大学士申时行为此感叹道："二百年无此令矣！"史料记载还称，袁宏道在任职期间，"居恒不发私书，尘积函封"。若有来客，宴会从不丰腆，但也无所缺乏。他曾因勘灾而外出，借此遍游太湖洞庭两山，过了一年，吴县"大治"[②]。

（四）"养民""富民"说之勃兴

针对朝廷的奢求无厌，民间百姓的困苦，以及地方官员在"国计"与"民生"之间的矛盾，晚明地方官员群体与知识精英发起了"养民""富民"之说。这种说法来自"仁政"这一儒家传统的政治学说，即《易传》中所说的"民之所好好之，民之所恶恶之"。至晚明，仁政思想进而演变为"抚民""养民""保民""恤民""足民""富民""爱民"等说法。

先来看"养民"之说。儒家"仁政"学说的特质，就是要做到"政在养民"。明代曾任温州府永嘉县知县的刘逊，曾以"龙"勉励士人读书仕进，其咏龙之诗云："嘘云上青天，变化犹如尔。寄语读书人，变化亦如此。"一旦出仕，行政就不应如"虎"，刘逊咏虎之诗云："威容常不堪，苛政民犹苦。寄语为政人，为政莫如虎。"[③] 言外之意，就是要求地方官不行

① 张怡：《玉光剑气集》卷7《吏治》，第341—342页。
② 张怡：《玉光剑气集》卷7《吏治》，第347页。
③ 姜准：《岐海琐谈》卷3，第44页。

苛政，而能"养民"。宣德年间，曾任温州知府的何文渊，亦有诗云："衮衮诸公著锦袍，不知民瘼半分毫。满斟美酒千人血，细切肥羊百姓膏。烛泪落时人泪落，歌声高处怨声高。为官若不行方便，空收君王爵禄叨。"① 比诗勉励居官之人，应该关切"民瘼"，行政应为百姓"行方便"。吕坤告诫地方官，首先应该以"爱百姓"立下自己的施政本体，认为地方官对待百姓，应该像父母对待自己的赤子一般，必须要有耐心，让他们渐渐驯服，切勿"赫然武怒"②。换言之，守令官对待百姓，只要有像对待自己儿女一样的"真心肠"，知疼知热，就能做出"爱养曲成"的事业。③ 在此基础上，吕坤断言："养道，民生先务、有司首政也。"④ 赵南星认为，若要吏治民生有所改观，主要在于地方官能做到"救民"，"不能救民，算不得帐"⑤。到了明末，地方上的情势已经大为变化，赋税日重，百姓日贫，四方盗贼日多，而且"蠲免无受赐之实，加派有不返之势"，所以，徐世溥认为，地方上的大患，不在于"求贤之途狭"，而在于"养民之道微"。⑥ 在经历了明清两朝鼎革之后，清初的唐甄更是对"养民"思想做了系统的总结。他认为，"为政"的根本在于"养民"。"为政"之事，固然散见于"兵""食""度""赏罚"之中，然"为政"之人，若只是看到"政"，心中没有"民"，"四政"还是难以成立。⑦ 基于此，唐甄断言："天下之官皆养民之官，天下之事皆养民之事。"⑧ 至于养民之术，唐甄认为关键在于不对百姓"虐取"，进而使"贫富相资"⑨。

再来看"富民"之说。"养民"说的发展，就是要"藏富于民"⑩，尤其要减轻百姓负担。吕坤所谓的"足民"之说，其精髓同样是"富民"。他

---

① 姜准：《岐海琐谈》卷4，第60页。
② 吕坤：《呻吟语》卷5《治道》，吴承学、李光摩校注，上海古籍出版社，2001，第277页。
③ 吕坤：《呻吟语》卷5《治道》，第294页。
④ 吕坤：《实政录》卷2《民务·小民生计》，载《吕坤全集》中册，第944页。
⑤ 高攀龙：《与华润庵邹荆玙忠余》，载周亮工辑《尺牍新钞》卷1，第3页。
⑥ 徐世溥：《答黄商侯论保举书》，载周亮工辑《尺牍新钞》卷2，第59页。
⑦ 唐甄：《潜书》下篇上《明鉴》，第108页。
⑧ 唐甄：《潜书》下篇上《考功》，第110—111页。
⑨ 唐甄：《潜书》下篇上《富民》，第106页。
⑩ 如崇祯时江西道御史吴履中就主张"富民"，参见《崇祯长编》卷35，台北，中研院历史语言研究所，1962年影印本。

说："足民，王政之大本。百姓足，万政举；百姓不足，万政废。"① 宣德年间出任温州知府的何文渊，分别有一诗、一文，通过劝勉百姓以"富民"。其诗云："世上经营事万千，男耕女织最为先。收藏谷米无饥岁，采办柴薪恐雨天。男计但从朝早起，女工全在夜迟眠。治家若是能如是，便见妻贤夫也贤。"② 其《劝世文》劝勉百姓，孝顺双亲、勤俭持家、和睦邻里、养育猪鸡、造完科粮，③ 同样切于民生日用。明末清初的唐甄堪称"富民"说的集大成者。他首先断言："财者，国之宝也，民之命也；宝不可窃，命不可攘。"只有"以百姓为子孙，以四海为府库"，不"有窃其宝而攘其命"，才能"家室皆盈，妇子皆宁"。④ 换言之，立国之道，只在于"富"，"自古未有国贫而可以为国者"。但其所谓的"富"，应该是"富在编户"，而"不在府库"。假若"编户空虚"，即使府库之财"积如丘山"，还是"贫国"，甚至不可以"为国"。⑤

进而言之，若是对富户、百姓过分诛求，势必会削弱统治基础，甚至导致社会矛盾的激化。这就牵涉到对明朝灭亡的反思问题了。唐甄认为，明朝的灭亡，绝不是"外内交哄，国无良将"，或者是"虽有良将，忌不能用"。这仅仅是明亡之"势"，而不是明亡之"根"。明亡的根本，在于失去民心。为何失去民心，其根本则又在于"官贪"。唐甄认为，官贪之害，"十百于重赋"。官贪虐取，则造成"富室空虚，中产沦亡，穷民无所为赖，妻去其夫，子离其父，常叹其生之不犬马若也"⑥。照理说来，"大贾富民，国之司命也"。因为官贪虐取，最终导致"粟货凝滞，根柢浅薄，腾涌焦涩，贫弱孤寡佣作称贷之途窒，而流死道左相望也"⑦。官贪吏污，当四海困穷之时，其结果必然是"君为雠敌，贼为父母"。鉴于此，唐甄"以身喻民""以心喻君"，认为"君之爱民"，就应当如"心之爱身"。⑧

---

① 吕坤：《呻吟语》卷5《治道》，第282页。
② 姜准：《岐海琐谈》卷4，第60页。
③ 姜准：《岐海琐谈》卷4，第60页。
④ 唐甄：《潜书》下篇上《富民》，第105页。
⑤ 唐甄：《潜书》下篇上《存言》，第114页。
⑥ 唐甄：《潜书》下篇上《富民》，第10—107页。
⑦ 王夫之：《黄书·大正第六》，载杨家骆主编《梨州船山五书》，第28—29页。
⑧ 唐甄：《潜书》下篇上《明鉴》，第108—109页。

综上所述，"养民""富民"之说虽以儒家"仁政"思想为张本，[①] 但诸如此类说法的勃兴，最终致使明代的地方官能够摆脱"国计"与"民生"的两难选择，进而将行政实践更多地落实于民生上。这是一个值得引起重视的新动向。

余论：地方政治的改革路径

毫无疑问，自明代中期以后，明代的地方政治已经弊端丛生。细加概括，主要集中在以下三个方面。

其一，因为科目取士，很多地方官员大多凭借时文进身，不习世务之学，因此难当"民社存亡"之责。[②] 其结果，则是在地方官员中"通晓吏事者，十不一二，而软弱无能者，且居其八九矣"，"既以害民，而卒至于自害"。换言之，明代地方政治中已经形成了一种"儒非儒，吏非吏"的怪现象。[③] 地方长官不习民事，势必导致胥吏权重局面的形成，甚至在掌握铨政的吏部，胥吏同样可以操其两可之权，"以市于下，世世相传"[④]。

其二，府州县地方官权力太轻。即使是"细故兴除"，这些地方官也必须"积累而上大有司，不报可，终不得行"[⑤]。在明代初期，知府上任，有时可以获得皇帝颁发的赐敕，借此便宜行事。即使到了成化年间，此例尚存。其后，守令无权，已属一种常态。皇帝执掌大权，不将自己的权力"寄之人臣"，而是将其"寄之吏胥"。作为亲民官的守令一旦无权，则"民之疾苦，不闻于上"[⑥]。不仅如此，皇帝还"人人而疑之，事事而制之，科条文簿日多于一日"。为了控制地方守令官，转而设置监司官，甚至设立总督、巡抚，守令官见了巡抚，"入见严于朝参，跪拜卑于奴隶"[⑦]。其结果，则使守令官"凛凛焉救过之不给"，哪里还有心思替百姓"兴一日之利"，

---

① 关于儒家"仁政"思想在晚明的继承及演化，以及诸多观念的局限性，可参见陈宝良《悄悄散去的幕纱：明代文化历程新说》，陕西人民教育出版社，1988，第202—205页。

② 魏禧：《魏叔子文集外篇》卷8《殉节录序》，第372页。

③ 顾炎武著，黄汝成集释《日知录集释》卷8《选补》，第191页。

④ 顾炎武著，黄汝成集释《日知录集释》卷8《铨选之害》，第201页。

⑤ 魏禧：《魏叔子文集外篇》卷8《殉节录序》，第372页。

⑥ 顾炎武著，黄汝成集释《日知录集释》卷9《守令》，第212—214页。

⑦ 唐甄：《潜书》下篇上《卿牧》，第132页。

其结果必然是民穷国弱。①

其三，教化亡失。早在宣德年间，明宣宗尚知晓"教养有道，人材自出"的道理，认为在人才的选拔上，不应只凭三载考绩之文，而应行"三物教民之典"②。可见，在万历以前，"法令举而辅之以教化，故其治犹为小康"；自万历以后，"法令存而教化亡，于是机变日增，而材能日减"。③

针对地方政治的诸多弊端，明代中期以后乃至明末清初，很多士大夫精英提出了自己的解决之道，或致力于制度性的建设，或致力于官德教化的倡导。细加概括，大致不外乎以下三点。

其一，主张寓封建之意于郡县之中。明末府州县之制，存在两大弊端：一则当时的州县，"官无定守，民无定奉"，以致盗贼"至一州则一州破，至一县则一县破"④；二则官无"封建"，而吏有"封建"，吏胥可以"窟穴其中，父以是传之子，兄以是传之弟"⑤。对此，顾炎武提出自己的解决之道，断言："寓封建之意于郡县之中，而天下治矣。"至于具体的改革方案，则是"尊令长之秩，而予之以生财治人之权，罢监司之任，设世官之奖，行辟属之法"。唯有如此，方可"厚民生，强国势"⑥。

其二，主张守令官久任。明人叶权就明确指出，若是"官不久任"，地方行政就会"一切因仍苟且"⑦。为此，何良俊更是直言："当今第一急务，莫过重守令之选，亦莫过于守令久任。"他认为，作为亲民官的地方守令，若是迁转太速，势必导致他们心怀苟且之念，不利于地方的治理。⑧ 此类说

①　顾炎武：《亭林文集》卷1《郡县论一》，载氏著《顾炎武诗文集》，第12页。

②　顾炎武著，黄汝成集释《日知录集释》卷9《人材》，第203页。

③　顾炎武著，黄汝成集释《日知录集释》卷9《人材》，第202—203页。

④　顾炎武：《亭林文集》卷1《郡县论四》，载氏著《顾炎武诗文集》，第14页。

⑤　顾炎武：《亭林文集》卷1《郡县论八》，载氏著《顾炎武诗文集》，第16页。

⑥　顾炎武：《亭林文集》卷1《郡县论一》，载氏著《顾炎武诗文集》，第12页。按：在清初三大家中，王夫之反对做无谓的"封建"与"郡县"之辩，认为"封建"不可复，郡县之制并无太多危害。其说显与顾炎武之说有别。不过，顾炎武亦并非主张恢复封建，而是主张寓封建之意于郡县之中。王夫之之说，参见氏著《读通鉴论》卷1《秦始皇一》，中华书局，2002，第1—2页。

⑦　叶权：《贤博编》，中华书局，1997，第18页。

⑧　何良俊：《四友斋丛说》卷13《史九》，中华书局，1983，第106页。按：对于州县官久任之说，王夫之同样持担忧的态度。他认为："久牧民之任，得失相数，犹相半也。"参见王夫之《宋论》卷2《太宗十》，中华书局，2003，第45页。

法，同样得到了清人陆以湉的支持。他认为："牧民官必使久于其任，而后与民相习，得以尽抚绥之略。"①

其三，从教化的视角倡导官德。在明代，为了改变地方官场行政的弊端习气，一些贤守令开始倡导官德，希望通过自己的以身作则，在地方官场中形成一种为国为民的良好官风。如陈幼学任浙江湖州知府时，曾在衙门大堂上大书一联，云："受一文枉法钱，幽有鬼神明有禁；行半点亏心事，远在儿孙近在身。"② 这是倡导官风清廉。又，史载徐九思任句容知县时，以廉俭著声。后升任部郎，离任前百姓争相挽留，乞求行前有所训诲。徐九思云："俭则不费，勤则不隳，忍则不争，保身家之道也。"徐九思曾在县衙门前壁上画了一棵白菜，在上面题词道："为吾赤子，不可一日令有此色；为民父母，不可一日不知此味。"县中父老将此画刊刻出来，并在上面写了"勤""俭""忍"三字，号称"徐公三字经"③。

尽管明代府州县地方行政体制已是弊端丛生，而且一些儒家精英也对这些行政弊端洞若观火，进而提出了诸多的改革设想，但正如瞿同祖所言，地方所有利益集团的紧张（冲突），固然会刺激变革，但始终难以导致显著的变革，所有这些已经足以证明传统社会和政治秩序具有一种稳定性与持续性。④ 明清易代，固然导致一些儒家精英对地方政治体制提出一些更为激进的改革主张，然随着清代统治秩序趋于稳定，这种社会和政治秩序的稳定性和持续性更是得到了更大程度的巩固。清代的地方行政体系除了不再设置巡按御史与府一级的推官之外，将明代的地方行政体系有效地继承了下来，而且原本在明代尚处于不固定的总督、巡抚、道臣这些官职，至清代更是得到了定型。这就是说，短暂的紧张冲突之后，地方社会与政治秩序依然故我。这无疑是一个更为值得引人深思的问题。

---

① 陆以湉：《冷庐杂识》卷 8《久任》，中华书局，1984，第 417 页。
② 张怡：《玉光剑气集》卷 7《吏治》，第 343 页。
③ 张怡：《玉光剑气集》卷 7《吏治》，第 336 页。
④ 瞿同祖：《清代的地方政府》，第 338—339 页。

19 世纪初松江地区人类发展
指数（HDI）试探*

李伯重**

  用 GDP 作为衡量一个国家或地区在一个时期的经济状况的综合指标，是当今国际通行的做法。但是近年来，学界对于 GDP 的批评日益增多。一些学者指出：虽然 GDP 是一个很有用的指标，但也存在明显的缺陷。例如，即使计算 GDP 的各种数据都是可靠的，没有弄虚作假，所得出的结果（即 GDP）也仅只片面反映经济状况。这是因为这个结果不包括闲暇、环境质量和家庭内部经济活动，特别是没有直接反映影响人们生活质量的其他因素。更重要的是，GDP 不能显示社会创造的财富如何为社会全体成员所分享。为了克服这些缺陷，学界试图引进更为全面的指标，其中最主要的是联合国开发计划署引入的人类发展指标（Human Development Index，简写为 HDI。为简略计，下文即使用 HDI 之简单形式）。HDI 除了用购买力平价[①]计算人均 GDP 外，还包括"健康与寿命"和"教育与知识"两大内容。GDP 与 HDI 两套指标之间有高度的相关性，可以说前者是后者的基础。[②] 但是由于

---

 * 本文主要部分取自拙著《中国的早期近代经济——1820 年代华亭—娄县地区 GDP 研究》
（中华书局，2010）第 14 章，经增补改写而成。

 ** 李伯重，北京大学。

 ① 购买力平价，即 Purchase Power Parity，缩写为 PPP，亦有译为"实际购买力"者。

 ② 在联合国开发计划署 2004 年的报告中，按照人均 GDP（以 PPP 计算）和 HDI，分别对 177
个国家和地区做了排名。对比不同国家和地区的排名，可以发现这两项排名的相关性非常
高，人均 GDP 高的国家或地区 HDI 也高，反之亦然。虽然高 GDP 并不自然导致高 HDI，但
是高 GDP 使得提高 HDI 变得更为可能，因为人均 GDP 越高的国家越有经济条件提高健康
水平、延长寿命、增加教育投入、提高知识水平；而低的 GDP 使提高 HDI 变得困难。

HDI 可以更加全面地反映经济发展的水平及其结果，因此已为联合国等机构广泛采纳。

HDI 从三个方面衡量一个国家或者地区的经济发展成就：寿命（以预期寿命来衡量）、知识（以成人识字率来衡量）和生活水平（以人均 GDP来衡量）。由于中国土广民众，各地情况差别甚大，本文将以 19 世纪 20年代松江府华亭和娄县地区（以下简称华娄地区）为对象，对 HDI 问题进行讨论。

关于 19 世纪初期长江三角洲地区人口预期寿命问题的研究，目前尚未看到学界的研究成果，本文只能根据一些对于清代不同地区人口预期寿命的非常有限的研究，进行一些推测。教育（识字率）和生活水平（食物消费水平）问题，我在以往的研究中已做了专门的讨论。① 下面，就依次对这些问题进行分析。

（一）寿命

中国历史上的平均寿命问题，学界一直未有深入研究，迄今为止，只有几个局部地区的个案研究。其中，袁贻瑾（I. C. Yuan）对 1800—1849 年广东中山李氏家族人口在 20 岁时的平均预期寿命进行分析的结果为，男性33.7 岁，女性 36.8 岁。② 李中清与王丰对 1792—1867 年辽宁沈阳附近道义屯农村人口 10 岁时的平均预期寿命的研究，结果为男性 37.2 岁，女性 36.5岁。③ 从这些非常有限的研究成果来看，在 19 世纪前半叶，中国人的平均预期寿命在 33—37 岁。

近年来，一些学者对明清时期江浙地区特定人群的平均寿命问题进行了探讨。其中叶建华在《论清代浙江的人口问题》④ 中指出："我们根据雍正《浙江通志·列女》所载加以统计，除丈夫去世后，妻子立即自杀殉节

---

① 李伯重：《十九世纪初期华娄地区的教育产业》，《清史研究》2006 年第 1 期；李伯重：《"乡民们吃得不错"——十九世纪初期松江食物消费水平研究》，北京大学中国中古史研究中心编《邓广铭先生百年寿辰纪念文集》，中华书局，2008。

② I. C. Yuan, "Life Table for A Southern Chinese Family From 1365 to 1849," *Human Biology* 3 (1931): 157 – 179.

③ 李中清、王丰：《人类的四分之一：马尔萨斯的神话与中国的实际，1700—2000 年》，三联书店，2000，第 75—76 页。

④ 叶建华：《论清代浙江的人口问题》，《浙江学刊》1999 年第 2 期。

者外，共有 1460 名妇女有确切寿年记载。平均死亡年龄是 63.14 岁，其中 90 岁以上 23 名，占 1.58%；80 岁以上 145 人，占 9.93%；70 岁以上 432 人，占 29.59%。最高年龄为 100 岁，共 2 名。我们又搜集了有确切生卒年可考的清代浙江男性人口 602 人，经过统计，平均寿命为 64.95 岁，其中 90 岁以上 9 人，占 1.50%；80 岁以上 92 人，占 15.28%；70 岁以上 242 人，占 40.20%；最高年龄为 99 岁，共 1 人。从以上统计数据可以看出，清代浙江人口的平均寿命已达到了一个较高的水平，男性寿命略高于女性，但高龄段则女性略多于男性。值得注意的是，70 岁以上的男女共有 674 人，占统计人数的 32.69%，这是一个比较高的数据，由此可见，'人生七十古来稀'的谚语正逐渐为人口发展的事实所抛弃。"李宏利在《明清上海士人群体寿命探析——以墓志为中心》[1] 中，以 126 篇清代墓志作为统计样本，[2] 对所涉死亡年龄进行统计，结果是男性平均年龄为 64.57 岁，女性 60.29 岁，男女平均 63.57 岁。不过，这两项研究所涉及的样本数量还是太少，涉及人群也具有相当的特殊性，因此所得结论是否能够适用于全体人民，尚待以后新的研究予以检验。但是可以肯定的一点是，位于江浙地区中心的华娄地区，至少自明代以来，就以人民生活富裕和社会安定而闻名全国，因此平均预期寿命应当高于此。这里，我们姑且以男女均 40 岁计，应当不会过高。

中国最早的人口平均寿命研究，始于 20 世纪 30 年代。其中影响最大的是谢费特（Harry E. Seifert）1933 年所做的中国农民寿命表。[3] 该表的资料来源是金陵大学对 1929—1931 年中国 100 多个县共 38256 户农家的调查，得出的结论是中国农民男性出生时的平均预期寿命为 34.85 岁，女性为 34.63 岁。尔后，1935 年，薛仲三利用南京居民的生命统计资料，计算得出南京市居民的平均寿命，男性为 39.80 岁，女性为

---

① 李宏利：《明清上海士人群体寿命探析——以墓志为中心》，《史林》2014 年第 6 期。
② 该样本共涉及 268 人，其中男性 116 人，女性 152 人（女性均为男性的配偶）。剔除早夭或早亡的，即死亡年龄在 14 岁以下的，所得有效男性死亡年龄统计样本为 101 人，有效女性死亡年龄统计样本为 31 人。
③ Harry E. Seifert, "Life Tables for Chinese Farmers," *Milbank Memorial Fund Quarterly* Vol. 13 (1935): 223–236. 其中记录有 2817 名男性死亡人口和 2682 名女性死亡人口。

38.22 岁。[①]

因此，19 世纪 20 年代华娄地区人民的平均寿命，应当已经达到 1935 年南京市居民的平均寿命。而南京不仅位于长江三角洲地区，而且此时正值中国经济的"黄金十年"，作为当时的首都，其居民也享有较高的生活水平和平均寿命。

如果从全球史的角度来看，在 19 世纪的世界上，上述平均寿命是很高的。1800 年，全球平均预期寿命只有 28.5 岁。其中富裕地区的预期寿命为 35.6 岁，到 1850 年也才上升到 36.3 岁。[②] 在英国，据法尔（William Farr）较早的研究，1841 年时男女平均寿命分别为 39.88 岁和 40.80 岁，[③] 而据盖洛普（Adrian Gallop）晚近的研究，1850 年男女出生时的预期寿命也只是 40 岁和 42 岁。[④] 因此可以说，19 世纪 20 年代华娄地区人民的平均寿命，可以与当时最发达的国家英国相比。

（二）教育

在此，我们主要关注人民识字率、人均受教育年限以及教育投入在 GDP 中的比重三个问题。

1. 识字率与人均受教育年限

我曾依据罗友枝（Evelyn Rawski）关于清代中国识字率的估计并参考其他材料，认为 19 世纪江南成年人的识字率大约为 30%。[⑤] 华娄地区是江南教育最发达的地区之一，成年人识字率应当不低于此。19 世纪初期华娄一带人民平均寿命姑以 40 岁计，其时华娄人口总数为 56 万人，其中 16 岁以上的成年人口总数应为 33.6 万人。若识字率为 30%，即有 10 万成年人在儿童时代接受过识字教育。

---

① 薛仲三：《南京市寿命表》，《复旦统计通讯》1945 年第 6 期。薛氏指出："南京市生命统计资料比较可靠。"理由是与上海、北平、汉口等城市相比，南京市的出生率和死亡率都要更高，"显见调查之出生数及死亡数殊少遗漏"。

② James C. Riley, "Estimates of Regional and Global Life Expectancy, 1800 – 2001," *Population and Development Review* Vol. 31, No. 3 (2005).

③ I. C. Yuan, "Life Table for A Southern Chinese Family From 1365 to 1849," *Human Biology* 3 (1931): 157 – 179.

④ Adrian Gallop, "Mortality Improvements and Evolution of Life Expectancies," http: //www. osfi-bsif. gc. ca/eng/docs/deip_ gallop. pdf，最后访问日期：2017 年 5 月 15 日。

⑤ 李伯重：《八股之外：明清江南的教育》，《清史研究》2003 年第 4 期；李伯重：《十九世纪初期华娄地区的教育产业》，《清史研究》2006 年第 1 期。

又，依照我的计算，19 世纪初期的华娄地区在各种学校学习的学生人数为 2.2 万人，[①] 占华娄总人口（56 万人）的 3.9%，占 6—16 岁学龄人口（14 万人）的 15.7%。与此相对照，20 世纪 30 年代中国各级学校在校学生数量为 1333 万人，仅占当时总人口（5 亿）的 2.7%。[②]

2. 教育投入在 GDP 中的比重

在现代社会中，教育在经济中的重要性表现为社会对教育的投入在 GDP 中所占的比重上。这个比重与经济的发展水平密切相关。经济越发达，这个比重也越高。[③]

据我的计算，19 世纪 20 年代华娄地区的教育投入占到该地区 GDP 的 2.7%。[④] 与此相对照，近年来，我国的国家财政性教育经费所占 GDP 比例一直徘徊在 3%，[⑤] 加上其他来源的教育支出，[⑥] 也仅占 GDP 的 3%

[①] 李伯重：《十九世纪初期华娄地区的教育产业》，《清史研究》2006 年第 1 期；《中国的早期近代经济——1820 年代华亭—娄县地区 GDP 研究》附录 11。

[②] 近代数字均引自 Angus Maddison，"Chinese Economic Performance in the Long Run," *Chinese Economic Performance in the Long Run*（Second edition，revised and updated：960 – 2030 AD）. Development Centre of the Ogranisation for Economic Co-Operation and Development（Paris，2007），Table 3 – 7，3 – 9，D – 1。

[③] 梁伟真指出：发达国家公共教育支出占 GDP 的比重高于发展中国家，经济发展水平越高，比重也越大。1995 年公共教育经费占 GDP 的比重，世界平均为 5.2%，发达国家为 5.5%，发展中国家为 4.6%，最不发达国家为 3.6%。又，1993 年世界平均人均教育支出为 22.9 美元，发达国家为 108.9 美元，发展中国家为 43 美元，不发达国家为 8 美元。参见梁伟真《财政性教育支出的国际比较及对策研究》，《经济经纬》2004 年第 6 期。

[④] 李伯重：《中国的早期近代经济——1820 年代华亭—娄县地区 GDP 研究》第 8 章第 4 节。

[⑤] 自 2002 年以来，我国公共教育经费在 GDP 中的比例分别为 3.41%（2002）、3.28%（2003）、2.79%（2004）、2.82%（2005），2008 年仅为 2.4%。参见中国青少年研究中心：《"十五"期间中国青年发展状况与"十一五"期间中国青年发展趋势研究报告》，蔡昉主编《2009 年人口与劳动绿皮书》。

[⑥] 按照《中国教育经费统计年鉴》《中国教育年鉴》中的统计，中国的教育投入，由国家财政性教育经费、社会团体和公民个人办学经费、社会捐集资办学经费、事业收入和其他收入五类组成。其中，以国家财政性教育经费为大宗，主要来源于政府拨款，用于公办教育支出。这种情况与 19 世纪初期华娄教育投入基本上来自私人投资有很大不同。同时，由于今天中国的教育投入除了国家财政性教育经费外还包括其他一些来源（特别是在最近一个时期，中国私人支出占教育支出的比重不仅高于世界平均水平，也高于发展中国家的平均水平。见蔡昉主编《2009 年人口与劳动绿皮书》），因此投入的总量比国家财政性教育经费要大一些。

略多。①因此，教育在 19 世纪 20 年代华娄地区经济中的比重，已接近于 20 世纪末的全国水平。这种情况表明：在 19 世纪初期的华娄地区，教育投入达到了相当高的水平；教育不只是为上层社会服务，② 而且也为更多的普通民众所分享。

（三）生活水平

为了判断 19 世纪 20 年代华娄人民的生活水平，我们需要将其与本地区在 20 世纪的生活水平进行比较。由于资料的关系，这里仅选择衣食两项作为比较的内容。

---

① 从麦迪森（Angus Maddison）使用中国官方数据对中国 1952—2005 年财政收入和支出的规模和构成进行统计得出的结果，这一点十分清楚：

表 1　1952—2005 年中国财政收入和支出的规模和构成

年份	总计	经济建设	文化与教育	国防	行政管理	其他
1952	25.9	10.8	3.1	8.5	2.3	1.2
1965	27.1	14.8	3.6	5.1	1.5	2.1
1978	31.1	19.7	4.0	4.6	1.5	1.0
1995	11.4	4.8	2.9	1.1	1.7	1.0
2005	18.5	5.1	4.9	1.4	3.6	3.6

注：按当期价格计算的官方统计的 GDP 的百分比。

资料来源：Angus Maddison, *Chinese Economic Performance in the Long Run*, 960 – 2030, p. 22, Table 3.28。

如果从"文化与教育"支出栏中除去"文化"支出，"教育"支出的比重大致来说在 3% 以下。1993 年中共中央和国务院颁布的《中国教育改革和发展纲要》提出，到 2000 年年末，财政性教育经费占 GDP 的比例达到 4%。2008 年财政性教育经费占 GDP 的比重达到历史最高，但也只占 GDP 的 3.48%。依照岳昌君关于中国公共教育投资比例的国际平均水平与实际水平对照以及不同收入水平国家的公共教育支出占 GDP 比例等指标的比较，我国的公共教育投资在 GDP 中的比例不到 3% 不仅低于国际平均水平（4% 以上），而且也低于低收入国家的平均水平（3.3%），比印度还低。参见教育部《力争今年实现教育经费占 GDP 4%》，转引自岳昌君《中国公共教育经费的供给与需求》，《北京大学教育评论》2008 年第 2 期。

② 据光绪《华亭县志》卷 13《人物志·选举上》，自顺治朝至道光朝，仅华亭一县就出了进士 66 人，举人 163 人（娄县的情况在地方志中阙如，但应当相差不大）。按照人口比例，远远高于全国平均数。因此华娄的精英教育成效也颇为可观。

1. 纺织品（棉布）

据我的计算，19 世纪初期松江地区的人年均棉布消费量在 2.2 匹以上。[①] 这个数字不仅明显高于 19 世纪中期的全国平均消费水平 1.5 匹，[②] 而且也高于 20 世纪后期松江县的消费水平。

1991 年《松江县志》汇集了 1978—1985 年的统计资料，其情况如表 2 所示。

表 2　1978—1985 年松江县农民人均纺织品消费量

单位：平方米

品种	1978 年	1979 年	1980 年	1981 年	1982 年	1983 年	1984 年	1985 年
棉　布	3.85	3.863	4.53	4.30	3.103	3.013	1.937	1.71
化纤布	2	2.40	1.44	1.723	3.20	4.153	3.687	5.07
呢　绒	0.237	0.59	0.27	0.147	0.077	0.047	0.157	0.153
绸　缎	0.73	0.793	0.537	0.153	0.027	0.18	0.323	0.227

资料来源：何惠明、王健民主编《松江县志》，上海人民出版社，1991，第 956 页。

据此，1978—1985 年松江县人均消费棉布 3.29 平方米，化纤布 2.96 平方米，合计 6.25 平方米，按照面积，相当于标准土布 2.1 匹。[③] 因此，19 世纪初期，松江人民的纺织品消费超过 20 世纪中后期同地区的消费水平。[④]

[①] 李伯重：《十九世纪初期松江人民的纺织品消费水平》，《社会科学》2007 年第 12 期；《中国的早期近代经济——1820 年代华亭—娄县地区 GDP 研究》附录 17。

[②] 1860 年的全国平均消费水平见徐新吾主编《江南土布史》（上海社会科学院出版社，1992）第 229 页。这里我们把上述结果与华北农民的消费水平做一简单比较。据徐浩的研究，清代北方农民衣被的年消费量水平相当低。如直隶望都"居民率衣土布，自织自用，只取其蔽体御寒，不求华美。寻常衣服，棉改袷，袷改单，敝而后已，虽褴褛之衣，方作鞋履之用，不肯轻于一掷"；山西孝义"乡民则布絮缕缕，终岁不制衣者十室而九"；五台"农人夏一袷，冬一袄一裤，商贾隆冬走走山谷，布袄之外，袭老羊皮马褂，士类一棉布袍，一棉马褂，无衣裘衣帛者"。华北农家平均棉布消费量，徐氏估计为土布 5 匹左右，亦即人均 1 匹（转引自张研《清代农家收支研究》，《古今农业》2006 年第 1 期）。

[③] 1 匹标准土布 = 3.6337 平方码（徐新吾主编《江南土布史》，第 209 页），1 平方码 = 0.8306 平方米，因此标准土布 1 匹 = 3.0182 平方米。

[④] 我国在 1953 年开始实行纺织品限量配给制度，使用了将近 30 年的布票到 1983 年才废止。因此 1978—1982 年的松江人均纺织品消费量较低，是可以理解的。1983—1986 年人均纺织品消费量没有增加，原因大概是当时化纤布比棉布更受欢迎（或者说更为"时兴"），而化纤布的使用年限比棉布长，因此人均纺织品年消费量也没有出现增加。

此外，在表 2 中，松江县人民还消费一定数量的呢绒与绸缎。19 世纪初期松江人民不消费呢绒，但消费的丝绸数量肯定明显超过 1978—1985 年。①

2. 食物

为了对 19 世纪初期松江人均食物消费水平进行客观的判断，我们需要将其与 20 世纪的消费水平进行比较。

（1）与 20 世纪前半期华娄地区农民食物消费水平的比较

首先，我们看看 19 世纪 20 年代华娄地区农业雇工农忙时期的伙食，其标准为：

> 忙工之时，一工日食米几二升，肉半斤，小菜、烟酒三十文。②

其次，我们再看看 1937 年松江县中等农户农忙时期的伙食，其大致情况为：

> 第一顿（上午 6 时半）：煮蚕豆；
> 第二顿（上午 10 时—10 时半）：蚕豆，煮鱼、田螺，并饮烧酒；
> 第三顿（下午 3 时—3 时半）：炒蚕豆；
> 第四顿（下午 6 时—6 时半），大约同第二顿。③

将两者进行比较，可以看到 19 世纪 20 年代雇工的食物消费水平显然更高。这里需要注意的是，与 20 世纪前半期大部分时间内原松江府

---

① 早在明季，范濂就已指出：在松江，"贫者必用紬绢色衣，（纱或熟罗）包头不问老幼皆用"（范濂：《云间据目钞》，《笔记小说大观》第 3 辑，江苏广陵古籍出版社，1984 年影印本）。18、19 世纪之交曾到中国旅行的英国人巴娄（John Barrow）也看到江浙人民（特别是城市居民）普遍穿绸［John Barrow, *Travels in China*,（London，1806，printed for T. Cadell and W. Davies. in the Strard），p. 572］。在江南，松江属于比较富裕的地区，人民穿戴丝绸肯定也很普遍。

② 姜皋：《浦泖农咨》，上海图书馆，1964 年影印本，第 33 段。

③ 南满洲铁道株式会社上海事务所编《江苏省松江县农村实态调查报告书》，1940，第 213—214 页。调查对象为张竹林，种田 14 亩。

地区农民的食物消费水平相比，1937 年中等农户的食物消费水平明显较高。[①] 因此可见在华娄地区，19 世纪 20 年代的食物消费水平高于 20 世纪前半期。

（2）与 20 世纪后期本地区人均食物消费量的比较

1952 年，松江县人均食物消费水平有所改善，但仍然是全年有两个月混食麦䄕、杂粮，其他月份主要吃米饭，每日"二稀一干"。[②] 1959—1962 年困难时期，因粮食不够吃，推广"粮菜混吃""炒米蒸饭"，还搭吃麦片、山芋干等。1964 年食物消费情况有所好转，但随后又陷入困难。直到 1978 年以后，方有真正改善。[③] 依照官方统计，1953 年、1956 年、1978 年和 1985 年松江县农户人均口粮分别为稻谷 240.5 公斤（481 市斤）、266 公斤（532 市斤）、304 公斤（608 市斤）和 283 公斤（566 市斤）。[④] 按照 260 市斤稻谷出 1 市石大米的比例，[⑤] 上述口粮数分别相当于 1.85、2.05、2.34 和 2.18 市石大米。

以上统计仅包括粮食的消费。1978 年以后的统计才有副食品消费数字，详见表 3。

---

① 据今日编纂的地方志，新中国成立前松江县西南地区农民在青黄不接时吃稀饭，或南瓜饭、豆板饭、菜饭，东北地区农民在口粮不足时常吃麦䄕饭、麦䄕粥调剂（何惠明、王健民主编《松江县志》，第 956 页）。又，在与华娄（松江县）比邻的上海县，据 1929 年的调查，上海县第二区五口之家的"中人之户"，农副业年收入 116.945 元（银元，下同），年支出 241.505 元，不敷 124.56 元，以外出帮佣、典质、借贷相抵，青黄不接时，以红花草干、杂粮熬粥为炊。1933 年调查 104 户农家，每户年均收入 322.70 元，支出 315 元。1935 年，马桥俞塘地区 215 户农家，收支盈余 25 户，收不抵支 190 户（其中负债 50 元以下 38 户、51—100 元 97 户、101—150 元 55 户）。1950 年，土地改革前，北桥乡新农村 260 户，有贫农 160 户，其中收支勉强相抵的 20 户、负债的 140 户，全年缺粮的 125 户；86 户中农，36 户负债。新泾区、龙华区农家，收入较上海县稍高，一般一日三餐，二稀一干，故有"二粥一饭，譬如讨饭"的说法（详见王孝俭主编《上海县志》，上海人民出版社，1993，第 1074 页）。

② 1952 年，塘湾区大树乡五村、八村 158 户农家，117 户生活改善，39 户维持原水平，2 户下降；77 户有余粮，持平 77 户，缺粮 4 户；16 家典型户中，13 户全年有两个月混食麦䄕、杂粮，平时米饭，每日"二稀一干"。详见王孝俭主编《上海县志》，第 1074 页。

③ 何惠明、王健民主编《松江县志》，第 956 页。

④ 何惠明、王健民主编《松江县志》，第 956 页。

⑤ 李伯重：《十九世纪初期松江地区的度量衡及折算标准》，厦门大学国学研究院编《厦门大学国学研究院集刊》第 1 辑，中华书局，2008。

表 3　1978—1985 年松江县农民人均食物消费量

单位：公斤

年份 品种	1978	1979	1980	1981	1982	1983	1984	1985
粮食	304	359	332.50	330	308	309.50	299	283
植物油	2.45	2.50	3.28	3.63	3.46	4.03	3.38	3.99
猪肉	15.80	18.40	10	11.55	14.40	13.90	12.40	19.08
牛羊肉	0.23	0.45	—	0.015	0.02	0.095	0.115	0.31
家禽	0.82	1.125	0.76	0.925	1.155	1.63	1.705	3.73
蛋类	4.835	5.18	2.90	3.24	3.15	3.445	3.515	4.82
鱼虾	5.10	6.645	3.25	3.69	6.76	4.725	4.445	5.135
食糖	1.20	1.43	1.68	1.83	2.35	2.525	1.665	2.395
酒	3.235	4.43	2.195	2.41	5.775	4.90	6.20	16.13
茶叶	—	—	—	0.24	0.24	0.175	0.24	0.47

资料来源：何惠明、王健民主编《松江县志》，第 956 页。

下面，我们分别就粮食、副食品两项进行分析比较。

兹将 1953 年以后有关时期的消费数字列为表（见表 4），并与 19 世纪 20 年代情况做比较。

表 4　不同时期的华娄人均大米消费量

单位：石

时间	数量	时间	数量
19 世纪 20 年代	2.7	1978 年	2.3
1953 年	1.9	1985 年	2.2
1956 年	2.1		

松江县农村人均副食品消费量，到 1978 年才有统计。兹采用 1978 年和 1985 年的数字，与 19 世纪 20 年代的数字进行比较（见表 5）。

表 5　不同时期的华娄人均副食品消费量

单位：市斤

时间	猪肉	牛羊肉	家禽	蛋类	鱼虾	植物油
19 世纪 20 年代	30	1	2	7	10	10
1978 年	31.6	0.5	1.6	9.7	10	6
1985 年	38.2	0.6	7.5	9.2	10.3	8

注：①1978 与 1985 年数字原为公斤，兹折为市斤。②家禽为禽肉而非活体家禽。

资料来源：何惠明、王健民主编《松江县志》，第 956 页。

由表 5 可见，19 世纪 20 年代华娄地区人均粮食消费水平高于 20 世纪绝大部分时期，副食品消费水平则与 1978 年相当。

（3）与今天全国和国际的消费水平进行比较

下面，我们通过对食物营养成分的摄入量的分析，把 19 世纪 20 年代华娄地区的消费情况放在一个更大的范围内，来看这个消费到达了一个什么水平。

已知 19 世纪 20 年代华娄地区各种食物的人均消费数量，用各种食物的单位营养含量，即可计算出人均每年摄入的营养总量（见表 6 与表 7)[1]。

表 6　19 世纪 20 年代华娄人均年摄入热量

食物种类	年消费量	折为公制（千克）	单位热量（千卡/千克）	年摄入总热量（千卡）
米	2.7 石	216	3620	781920
蚕豆	0.9 石	45	2040	91800
肉	33 斤	16.5	2500	41250
蛋	9 斤	4.5	1500	6750
鱼虾	10 斤	5	1300	6500
食用油	10 斤	5.0	8840	44200
总计		292	19800	972420

注：麦、豆以蚕豆计。干蚕豆的比重为每石 125 斤，鲜蚕豆的比重不详，二者合计，姑以每石 100 斤计。肉主要为猪肉、牛肉、禽肉。鱼虾以鲜鱼计。

---

[1]　食物单位折算标准见《中国的早期近代经济——1820 年代华亭——娄县地区 GDP 研究》附录 2。食物热量与蛋白质含量据 Susan E. Gebhardt & Robin G. Thomas，"Nutritive Value of Foods," in United States Department of Agriculture, Agricultural Research Service: *Home and Garden Bulletin*（Washington DC, 2002），p. 72. Also published in USDA: *National Nutrient Database for Standard Reference*。参考 Robert C. Allen，"The Great Divergence in European Wages and Prices from the Middle Ages to the First World War," in *Explorations in Economic History*（Academic Press, 2001），p. 38。Allen 文章中蛋类的热量和蛋白质的含量分别为每公斤 79 千卡和 6.25 克，无疑太低。兹据 Gebhardt 与 Robin G. Thomas 文章中数字计算为 1500 千卡和 113 克。又，蚕豆的热量，据国内数据，鲜豆为每千克 1040 千卡，干豆为 3040 千卡；蛋白质含量，鲜豆为 88 克，干豆为 246 克。干豆的热量与蛋白质含量比 Allen 的 Bean（Asia）的相应数字（3383 千卡与 213 克）有一些差别，兹取国内数据。华娄人民食用蚕豆有明显的季节性，主要在夏季农忙时（《江苏省松江县农村实态调查报告书》，第 213—214 页）。事实上，华娄人民把蚕豆既当菜吃，又当饭吃。因此这里我们姑假定食用的蚕豆中，鲜豆和干豆各占一半。这样，其单位热量即为 2040 千卡，蛋白质含量则为 167 克。

表 7　19 世纪 20 年代华娄人均年蛋白质摄入量

食物种类	年消费量	折为公制 （千克）	单位蛋白质含量 （克/千克）	年蛋白质摄入总量 （克）
米	2.7 石	216	75	16200
蚕豆	0.9 石	45	167	7515
肉	33 斤	16.5	200	3300
蛋	9 斤	4.5	113	508.5
鱼虾	10 斤	5	192	960
食用油	10 斤	4.5	1	4.5
总计	—	291.5	748	28488

注：肉包括猪肉、牛肉、禽肉；鱼虾以鲜鱼计。

据此，19 世纪 20 年代华娄人均每日摄入的热量为 2664 千卡，蛋白质量 78 克。

据 1959 年第一次全国营养调查以及 1982 年、1992 年、2002 年营养调查，中国每人每天平均热能摄入量如表 8 所示。

表 8　20 世纪后半期中国全国人均日摄入营养量

年份 种类	1959	1982	1992	2002
热量（千卡）	2060	2485	2328	2250
蛋白质（克）	—	67	68	66

资料来源：中华人民共和国卫生部：《建国四十年全国卫生统计资料 1949—1988》（内部资料），第 13 页；中华人民共和国卫生部：《居民人均每日营养摄取量》，国家卫生部网站。

又，据联合国粮农组织的数据，20 世纪后期世界人均日摄入营养量如表 9 所示。

表 9　20 世纪后期世界人均日摄入营养量

年份 种类	1978	1980	1985	1990	1995	2000
热量（千卡）	2527	2535	2644	2709	2748	2805
蛋白质（克）	66.8	66.9	69.9	71.6	73.7	75.6

注：表中数据已包括了储备和进出口因素。
资料来源：《FAO 食物平衡表》，转引自何秀荣等《中国国家层面的食物安全评估》，《中国农村观察》2004 年第 6 期。

　　由上比较可以看到，19 世纪 20 年代华娄人民的营养摄入，已达到今天我国人均水平和世界平均水平。[①] 今日国际公认营养学推荐标准为人均每日热量 2600 千卡，蛋白质 72 克。而 19 世纪 20 年代华娄人民的营养摄入水平，已大体达到了这个标准。

　　19 世纪初期松江府一带人均食物消费水平达到了相当高的程度，这在当时西方人的记述中也可找到证据。1832 年 2 月，英国东印度公司职员胡夏米（H. H. Lindsay）乘坐"阿美士德号"帆船从澳门沿中国东南沿海地区进行考察。他于当年 6 月 20 日来到上海吴淞口，在上海停留了 18 天。在其日记中，他对上海一带人民的食物供应和消费情况做了如下描写。

　　　　人口看来甚为稠密，乡民们身体健康，吃得也不错。小麦做成的面条、面饼是他们的主食，[②] 我们在此期间，地里小麦刚收割完毕，土地耕耙、灌溉后紧接着又种上水稻。水稻要到九月份收割。此足见当地土壤之肥沃异常。当地的冬天据说十分寒冷，有些年份数尺深的积雪可经月不化，冰块大量地存放到夏季，主要用于保存鲜鱼。

　　　　（在上海县城）除了在中国任何地方都难以买到的牛肉之外，这里各类食物的供应既便宜又充沛。山羊很多，羊肉供应也同样充沛。这里

---

① 我国 20 世纪 90 年代的人均营养摄入量已达到世界平均水平，详见表 10。

表 10　中国与世界的人均每日食物平衡比较（世界平均水平 = 100）

年份	热量	蛋白质
1978	88.92	78.08
1980	91.83	81.17
1985	99.01	88.65
1990	100.12	91.35
1995	104.57	102.45
2000	107.98	113.11
2000 年世界排名	46	52

　　注：本表数据已包括了储备和进出口因素。
　　资料来源：《FAO 食物平衡表》，转引自何秀荣等《中国国家层面的食物安全评估》，《中国农村观察》2004 年第 6 期。

② 此时是夏季青黄不接之时，故乡民以麦面为主食，这与本文前面所引用姜皋所言一致。

的水果比南方的好得多，我们逗留之时，正值桃子、油桃、苹果和枇杷
等上市，价格十分便宜，各种各样的蔬菜供应也十分丰富。①

　　从这段实地观察来看，与华娄毗邻的上海，在当时英国人眼中，食物消
费水平确实颇高。华娄二县是松江府城所在，消费水平不会比属县上海低。
胡夏米的观察，一则因为这是亲眼所见，比较可靠；二则因为作为外国人，
其目击往往会注意到中国人因为习以为常而忽视的许多东西。这条西方人的
目击材料，从一个侧面有力地证实了当时松江府（包括华娄）地区人民的
生活水准确实相当高。②

　　通过以上探讨，我们可以看到：19 世纪初期华娄地区人民的人类发展
指数达到了相当高的水平。人民的平均寿命，达到了 20 世纪 30 年代中国经
济繁荣时期中国首都居民的平均寿命；教育经济中的比重，已接近于 20 世
纪末的全国水平；而人民的衣食消费水平高于 20 世纪大部分时期。这个结
论大异于传统看法，但是事实就是如此。虽然本文的研究仍然有待于进一步
完善，但是我认为在对近代以前中国人民的 HDI 问题进行研究时，不应抱
某种先入为主的成见。只有这样，才能得出更为可信的结论。

---

① 　胡夏米：《"阿美士德号" 1832 年上海之行纪事》，洪泽主编《上海研究论丛》第 2 辑，上
　　海社会科学院出版社，1989。
② 　在 19 世纪初期的世界上，中国普通人民的食物消费水平是相当高的，即使较之西欧发达地
　　区亦然。英国学者福钦（Robert Fortune）于 1839—1860 年受英国皇家园艺协会的派遣四次
　　来华，收集中国的植物资源。他考察了福建武夷山（产茶地）等地后，发现中国劳苦大众
　　的饮食优于英国（苏格兰地区）的劳苦大众，但是他将此归功于中国的烹调技术（转引自
　　王国斌《转变的中国：历史变迁与欧洲经验的局限》，江苏人民出版社，1998，第 26 页）。
　　华娄人民的饮食消费水平明显高于福钦所见的采茶工人，因此也肯定高于英国劳工大众。

清末民初武昌县中医朱仁甫的收入与生活

路彩霞[*]

自 2002 年《朱峙三日记》出版以来，学界利用这一资料进行的研究，多聚焦在朱峙三生平及清末武昌县风俗、地方教育方面。[①] 章开沅先生在该书序言中曾提示可以此日记资料进行家庭经济个案研究，[②] 受章先生启发，本文将视角移向朱峙三的父亲朱仁甫。通过这位武昌县城普通医生的收支和生活，来展现清末民初中部县城中医群体的生存状态，透视近代社会变革下普通中医日常生活层面的惯性与微澜。

一　清末民初武昌县医药资源

武昌县清末民初时隶属江夏郡，距湖北省府武昌 180 里，北临长江，与

---

* 路彩霞，湖北省社会科学院文史研究所。

① 相关研究成果主要有王振忠《〈朱峙三日记〉所见晚清武昌县民俗及其变迁》，《民俗研究》2001 年第 1 期；关晓红《科举停废与近代乡村士子——以刘大鹏、朱峙三为视角的比较考察》，《历史研究》2005 年第 5 期；陈胜、田正平《横看成岭侧成峰：乡村士人心中的清末教育变革图景——以〈退想斋日记〉和〈朱峙三日记〉为中心的考察》，《教育学报》2011 年第 2 期；田正平《清末废科举、兴学堂的另一类解读——〈朱峙三日记 1893—1919 年〉阅读札记》，《教育研究》2012 年第 11 期；陈胜《走向革命：一位士子在晚清教育变革中的心路历程——以〈朱峙三日记〉为例》，《吕梁学院学报》2015 年第 4 期。

② 胡香生辑录，严昌洪编《朱峙三日记（1893—1919）》，华中师范大学出版社，2011，第 3 页。

汉口相隔约八小时水程。[①] 民国二年（1913），武昌县改为寿昌县，又称鄂城。

武昌县"水居其七，山二，土田一"[②]，适宜耕种的土地较少，米粮仅足本地食用，人民多谋生于外。[③] 据光绪十年《武昌县志》，县城居民分为士、商、工三等。"（咸同）军兴以来，学校之途既广，科目之士逾多。"[④] 在武昌县，"下等人家子弟专以读书认字多为主，盖读一二年即学徒为工商者也。欲习科举为进身之阶，仅四五家"[⑤]。读书致仕成为读书人的较高追求，但跃进龙门的毕竟为少数，一些科举不第者转而自学成为儒医。

根据《朱峙三日记（1893—1919）》的零星记载，清末民初在武昌县城行医者至少有朱仁甫、程少圃、周致廷、徐文悬、黄舜卿（有时作顺钦）、程松年、祝仁安、洪小坪、沈伯卿、万南山、徐文轩、王子恒等十余人，这些人属于普通医生群体，并未在当时和今天的官方史志上留名。[⑥] 清末民初，正是西医深入内地时期，《鄂州中医志》记载，1908 年、1910 年，武昌县、葛店相继建起福音堂，或有传教士医生在武昌县活动，但笔者尚未发现具体相关记载。

药物资源方面，在相距仅几个小时水程的汉口，1908 年时即有中英大药房、中法大药房、中兴大药房、南洋大药房、思明堂大药房、韦廉士医生药局等十余家专售西药的药房。[⑦] "搜之药肆，则所有西人精造诸品，无不利市三倍，而参岐黄术，久藏药笼，无顾而问矣。"[⑧] 汉口中药、西药激烈竞争。但这一时期的武昌县，药物资源基本是中药。1915 年之前，武昌县有大生堂、仁善堂、邵记、延寿堂、普济利、王同兴、夏万和、春和堂、涂

---

① 胡香生辑录，严昌洪编《朱峙三日记（1893—1919）》，第 112 页。

② 光绪《武昌县志》，台北，成文出版社，1975，第 175 页。

③ 林传甲：《大中华湖北地理志》，中华地学会，1920，第 181 页。

④ 光绪《武昌县志》，第 174—175 页。

⑤ 胡香生辑录，严昌洪编《朱峙三日记（1893—1919）》，第 27 页。

⑥ 民国《湖北省通志》有关清末民初江夏郡名医的记载阙如，今人编著的《鄂州中医志》（鄂州中医志编纂委员会编，湖北科学技术出版社，2006，第 72—78 页）、《湖北医学史稿》（湖北中医学院、湖北省卫生厅中医处编，湖北科学技术出版社，1993，第 135—137 页）列举有清一代武昌县医术、医德较佳的名医多至十五六人，但上述医生仍未在列。

⑦ 《汉口中西报》1908 年，广告。

⑧ 《论近日西货流传甚广》，《申报》1888 年 1 月 1 日。

寿芝、马恒兴、福寿康 12 家中药铺，其中延寿堂、普济利、王同兴、夏万和为县城城关药铺。尚无资料显示清末民初武昌县城有西药房。《朱峙三日记（1893—1919）》记载，1913 年朱仁甫咳痰难愈，其子朱峙三特意赴汉口，从华法大药房购回燕制除痰药水并补丸，[①] 也可间接说明武昌县缺乏此类西药。

　　清末民初，西医、西药、西医院及医学校渐显强势，中医的执业资格及教育方式、中药的审核与疗效逐渐为政府和舆论关注甚至诟病。民元前后，在通商口岸城市及中央甚至出现了废中医之议。但在位于华中的湖北武昌县，西方医学对传统中医的影响和冲击并不明显，对中医执业人员及收入的影响也不大。中医、中药仍是中部县城民众主要的医疗资源，传统的诊疗方式、用药习惯，乃至祈祷添寿等俗信仍普遍存在。

二　医生朱仁甫及其收支情况

　　朱仁甫初习举子业，似当过私塾先生，《朱峙三日记（1893—1919）》记载，其细舅李祖桂为"曾受业于父亲者"[②]，经商的许叔文"彼幼时为父亲弟子，故能为榜书甚佳"[③]。另外，朱仁甫去世时主祭的周斗丞，也是"父之门生也"[④]。

　　青年时，朱仁甫转习医术。其开始行医时间不详，所知为 40 岁时（1894）"医道大行"，50 岁时朱仁甫已成为武昌县城知名医生之一。

（一）医生朱仁甫

　　在晚清，父子相传、师徒授受以及自学医书，是获得医学知识的主要途径。据传教士余恩思 1900 年左右对湖北的观察，"在这片土地上，你真的可以说医生是天生的，而不是通过大学教育或者医院造就的，所以，不用说，江湖郎中遍地都是"。在他眼里，中国医生做的是一种"无本生意"，仅需医书及装点体面的眼镜、褂子、袍子和帽子就能执业。[⑤]

─────────

① 胡香生辑录，严昌洪编《朱峙三日记（1893—1919）》，第 387 页。
② 胡香生辑录，严昌洪编《朱峙三日记（1893—1919）》，第 4 页。
③ 胡香生辑录，严昌洪编《朱峙三日记（1893—1919）》，第 321 页。
④ 胡香生辑录，严昌洪编《朱峙三日记（1893—1919）》，第 441 页。
⑤ 余恩思：《汉人：中国人的生活和我们的传教故事》，国家图书馆出版社，2013，第 132 页。

不过，这一时期，武昌县城朱姓医生的学识和素养似乎较一般医生要高。光绪《武昌县志》称，县城"医学能讲求灵素，取法长沙者，唯县亍中有之"①。县城西长岭街的朱家，谱载为安徽婺源朱熹后裔，该支代有名医。晚清时，朱庆甲（1831—1895）科举拔贡后自学医书，创办大生堂药局（1854年），撰写《伤寒辨论》十卷、《医学入门》，赓续了朱家医脉。②

朱仁甫曾对其子朱峙三言，其家也为朱熹后裔。与朱庆甲一样，朱仁甫也是通过博览医书获得诊疗知识。不过，朱仁甫所属的武昌县养廉乡朱家，与县城城关街上朱庆甲家并非同支。朱仁甫本姓胡，父亲幼时过继到朱家，其祖上以农业及小贸为生，其子朱峙三则从事行政及教育工作，并非医学世家。

晚清时期，医生有名医和普通医、时医与不行医、儒医与江湖医等区分，朱仁甫则是武昌县的儒医、名医。据水野幸吉描述，清末的汉口："没有医师、医术开业考试制度，大多数医生仅凭研习一篇《伤寒论》就开始开处方……初开业的医生，一般通过招待友人、举行开业宴、挂牌或在报纸上登广告告知众人。"③ 与这些医生不同，武昌县城的朱仁甫可谓传承医学正统、"持笔墨为生"的一名儒医。

朱仁甫医学类藏书丰富，据朱峙三称："先父从前所置医书甚多，如《御纂医宗金鉴》《黄氏八种》《陈修园全集》等，大部之书或为程松师借去，或卖于黄舜卿诸人者，约三百余本。"朱仁甫还藏有《医方集解》《医学心语》《王叔和脉决》《景岳全书》等典籍。④ 而且，所置所藏医书朱仁甫都"阅过数次，手批朱字者，皆木版书"⑤。朱仁甫圈点顶批的《景岳全书》为明代医药综合性巨著，《御纂医宗金鉴》为清乾隆年间吴谦等编纂的太医院教科书，《黄氏八种》为乾隆年间御医黄元御所撰医书汇编，《陈修园全集》为晚清流行的医书。由此可见其医学素养深厚，绝非仅读《汤头歌诀》的泛泛之流。

---

① 光绪《武昌县志》，第175页。

② 朱祥麟、朱寒阳：《清末名医朱庆甲》，《湖北中医杂志》2004年第5期。

③ 水野幸吉：《中国中部事情：汉口》，武汉出版社，2014，第36页。

④ 胡香生辑录，严昌洪编《朱峙三日记（1893—1919）》，第97、184、488页。

⑤ 胡香生辑录，严昌洪编《朱峙三日记（1893—1919）》，第488页。

朱仁甫开始行医时间不详，且没有专门医室，一般在家坐诊或应请出诊。其朋友业塾师兼行医的程松年，曾请在汉口写招幌的陈元长题写"梦余生儒医"，并刊于木牌。① 朱仁甫所租住四眼井及后来的古楼房子即其医寓，以《朱峙三日记（1893—1919）》之翔实，医寓如有名称，似应有所记录，但笔者未曾发现关于朱仁甫医寓名称的记载。

朱仁甫39岁时（1893）"行医久"，40岁时"医道大行"，42岁时"医道愈有名于世"。② 朱仁甫诊疗范围广及县城、临邑和四乡，③ 出诊范围远及黄州、九江。如1897年，朱仁甫为黄州城协台马朝龙看病，乘红船往来并有兵勇护送。④ 1907年，九江仲航观察病重，朱仁甫搭大轮去九江为其诊病。⑤ 尽管朱仁甫也有回天乏力之时，但行医数十年，并未与病人发生过实际的医疗纠纷，或可说明其为医术相对高超的名医。

（二）朱仁甫的行医收入

根据朱峙三描述，朱仁甫很在意每年的财运。惯例，大年初一于仁寿宫（药王庙）进香后，朱仁甫便"时时目注地下，并命予留意，寻地有收账所遗零钱，盖藉以（卜）上一年财运耳"⑥。

朱仁甫的收入全部源于行医所得脉金、节礼。《朱峙三日记（1893—1919）》间接记录了朱仁甫1893—1913年的收入情况。

1893年，朱仁甫"每日所入，至少者三百钱"，一月约一串钱。⑦ 因收入多，是年春节朱家"年饭甚丰"⑧。

1894年，朱仁甫"医道大行，月入较历年多盈益"⑨，尽管这一年操办了弟媳丧事，"年终仍有余资置灯彩也"⑩。

对1895年朱仁甫的收入，《朱峙三日记（1893—1919）》无具体记载，

---

① 胡香生辑录，严昌洪编《朱峙三日记（1893—1919）》，第59页。
② 胡香生辑录，严昌洪编《朱峙三日记（1893—1919）》，第2、26、32页。
③ 胡香生辑录，严昌洪编《朱峙三日记（1893—1919）》，第30页。
④ 胡香生辑录，严昌洪编《朱峙三日记（1893—1919）》，第34页。
⑤ 胡香生辑录，严昌洪编《朱峙三日记（1893—1919）》，第215页。
⑥ 胡香生辑录，严昌洪编《朱峙三日记（1893—1919）》，第2页。
⑦ 胡香生辑录，严昌洪编《朱峙三日记（1893—1919）》，第10页。
⑧ 胡香生辑录，严昌洪编《朱峙三日记（1893—1919）》，第7、8、11页。
⑨ 胡香生辑录，严昌洪编《朱峙三日记（1893—1919）》，第13页。
⑩ 胡香生辑录，严昌洪编《朱峙三日记（1893—1919）》，第32页。

但从这年朱家增添了月工价六七百文的雇工来看，[①] 朱仁甫收入应该不错。

1896 年，朱仁甫"医道愈有名于世，月之所入自谓较教书先生束修已逾数倍"。是年腊月朱仁甫长女出嫁，"嫁奁费用过于寻常人家"[②]。

1897 年，朱仁甫"医道渐闻于邻邑及四乡，有发舟遣舆以出诊者，每月收入又较去年倍增，生活益丰"[③]。

1898 年，朱仁甫"较去岁收入总数尤多"，"家中环境好"。是年夏，其父出殡，虽然用费高达一百五十串文，但因朱仁甫行医收入丰厚，"能支持不竭也"[④]。

1899 年朱仁甫的行医收入不详，从其除夕夜"结算一年用账，竟未睡片刻"来看，收支应该很多。[⑤] 《朱峙三日记（1893—1919）》也未记载 1900 年朱仁甫的具体收入，从"买齐年下应用之菜蔬鱼肉等，海味亦有之"[⑥]，可间接推断其收入还不错。

1901 年，因忙于行医，朱仁甫将办端午节戏的事情交给儿子，因"今年收入甚佳"，春节应用各物提前购置齐全。[⑦]

1902 年，朱仁甫医务繁忙，表现在端午节前"各处送节礼人多"，主要为城内曾找其看病记账者。[⑧]

1902 年、1903 年两年，朱仁甫希望儿子朱峙三学医，间接表明行医收入较好。1903 年冬，因朱峙三大婚用度过重，家中陈债百六十串。

1904 年，儿子朱峙三参加乡试，朱仁甫"医道所入亦尽贴用"。朱峙三府试进学后，县城古楼与朱仁甫素有往来者，共送来贺礼三十五串："我家所得如此，则洪子卿、程贤智二人开贺未必能有此数，可推想也。"[⑨] 说明朱仁甫的收入应较洪、程二医为多。

1905 年，朱家办年货较上一年为少，朱仁甫向鱼行新借十串文做过年

①　胡香生辑录，严昌洪编《朱峙三日记（1893—1919）》，第 25 页。
②　胡香生辑录，严昌洪编《朱峙三日记（1893—1919）》，第 26 页。
③　胡香生辑录，严昌洪编《朱峙三日记（1893—1919）》，第 30 页。
④　胡香生辑录，严昌洪编《朱峙三日记（1893—1919）》，第 38 页。
⑤　胡香生辑录，严昌洪编《朱峙三日记（1893—1919）》，第 55 页。
⑥　胡香生辑录，严昌洪编《朱峙三日记（1893—1919）》，第 72 页。
⑦　胡香生辑录，严昌洪编《朱峙三日记（1893—1919）》，第 95 页。
⑧　胡香生辑录，严昌洪编《朱峙三日记（1893—1919）》，第 98 页。
⑨　胡香生辑录，严昌洪编《朱峙三日记（1893—1919）》，第 150、153 页。

预备费。①

1906 年，朱仁甫的收入不详，《朱峙三日记（1893—1919）》有"设无债，医道可支持全家伙食"② 之语。

1907 年，朱仁甫承担了儿子朱峙三在两湖师范的费用，朱峙三喟叹，如能不累家中，父亲行医"收入可余矣"③。

1908 年，朱峙三依靠润笔收入补贴家用。是年没有关于朱仁甫收入的具体记载。1909 年，由于时医的竞争，朱仁甫"今年医道收入已减"，总收入仅二百余串，较往年减少八十串。④ 是年朱仁甫大病了一场，对收入也有一定影响。1910 年，朱仁甫医道无甚起色。1911 年，辛亥首义波及武昌县城，朱仁甫行医收入受到时局影响。

1912 年，朱仁甫"医道甚好"，出诊脉金"较旧年增加"⑤。如正月初四，为余泰和诊病得脉金二百文，为西街岭徐姓诊病得脉金一百六十文。当时武昌县城，二百文可买米五升，买肉三斤余，柴四十斤，油条三十七根，菜油五斤。是年朱仁甫"医道甚忙，进款足敷家用"⑥。

1913 年，武昌县城百物腾贵，米涨到每斗六百四十文，柴涨到一担五百九十文。朱仁甫再次重病，"病后医道收入少"⑦。

朱仁甫"恃笔墨谋生以养家口，一遭疾病即生七事恐慌"⑧。更糟糕的是，1914 年腊月，朱仁甫病殁，朱家失去重要收入来源。1915 年，朱仁甫出殡，朱仁甫长女去世，朱峙三独力支撑："父亲去世后，家计困窘，转而借新债。"⑨ 朱家再陷困境。

如前所述，作为名医的朱仁甫，大多数年份收入丰厚，足以支撑全家八口的日常生活。由于存在医道消长，一般医生的收入会比名医朱仁甫要少。如县城祝仁安医生，年长朱仁甫六岁，但收入微薄："祝医本不佳……且向

---

① 胡香生辑录，严昌洪编《朱峙三日记（1893—1919）》，第 174 页。
② 胡香生辑录，严昌洪编《朱峙三日记（1893—1919）》，第 181 页。
③ 胡香生辑录，严昌洪编《朱峙三日记（1893—1919）》，第 205 页。
④ 胡香生辑录，严昌洪编《朱峙三日记（1893—1919）》，第 255 页。
⑤ 胡香生辑录，严昌洪编《朱峙三日记（1893—1919）》，第 320 页。
⑥ 胡香生辑录，严昌洪编《朱峙三日记（1893—1919）》，第 321、346 页
⑦ 胡香生辑录，严昌洪编《朱峙三日记（1893—1919）》，第 403 页。
⑧ 胡香生辑录，严昌洪编《朱峙三日记（1893—1919）》，第 432 页。
⑨ 胡香生辑录，严昌洪编《朱峙三日记（1893—1919）》，第 455 页。

不行时者也。"①

晚清读书人要谋生，除行医外，还可在教馆谋职。晋中的刘大鹏认为读书人弃科举而教书，"以多得几修金为事，此亦可谓醒醒之极矣"②。但实际在清末民初教馆谋职也不乐观，有先生因失馆陷于困顿，乃至以游学名义在各私塾索取零钱。③在武昌县城，每生每月俗例是给先生茶钱 30 文，私塾先生总收入由学生人数确定。朱峙三读私塾时，程师有学生四十人，王师有三十人，邱师有七八人，闵师仅三人，王师的收入"可买肉菜等，以供一家打牙祭"④。新式学堂建立后，私塾教书先生受到冲击："县市教书先生，今（1906）春学生甚少，盖各生家庭均观望城内新开之三堂小学也。"⑤新式学堂多聘请师范学校毕业者，其中，省城师范毕业者薪水"月可得三十元，合钱每月可得三十三串"⑥。

清末民初，凭借学识做报纸撰稿人的收入也很可观。朱仁甫儿子朱峙三在两湖师范读书期间，兼做《汉口中西报》撰稿人，每星期日作文一篇，得洋两元；又兼做访事，访稿四角一条，约得一二元；后兼作小说，每千字两元。以上诸事使得朱峙三每月收入稳定在 15—20 元。1910 年时，"写字润金并报馆卖文收入，已胜于县中教员也"⑦。当然，进入政府任职者收入更丰。民初，朱峙三就职黄冈书记官一年，就还清了朱家数年两百余串积欠。⑧

如果不读书，从事某些行业收入也不菲，如 1900 年，武昌县城太成典当管楼的程维周，年收入五百串，比朱仁甫还高。⑨但一般人只能出卖劳力，且收入微薄。1898 年，与朱仁甫一同租住的周某以弹花为业，其妻为人洗衣，"甚贫困"。另一家祝某及其子、孙、孙媳均从事鞭炮制作，每日所得四十文，每月劳作勉强养活一家五口。⑩ 1906 年，程贤生在朱家做佣

①　胡香生辑录，严昌洪编《朱峙三日记（1893—1919）》，第 289—290 页。
②　刘大鹏：《退想斋日记》，山西人民出版社，1990，第 71 页。
③　胡香生辑录，严昌洪编《朱峙三日记（1893—1919）》，第 46 页。
④　胡香生辑录，严昌洪编《朱峙三日记（1893—1919）》，第 22 页。
⑤　胡香生辑录，严昌洪编《朱峙三日记（1893—1919）》，第 362 页。
⑥　胡香生辑录，严昌洪编《朱峙三日记（1893—1919）》，第 174 页。
⑦　胡香生辑录，严昌洪编《朱峙三日记（1893—1919）》，第 217、218 页。
⑧　胡香生辑录，严昌洪编《朱峙三日记（1893—1919）》，第 403 页。
⑨　胡香生辑录，严昌洪编《朱峙三日记（1893—1919）》，第 59 页。
⑩　胡香生辑录，严昌洪编《朱峙三日记（1893—1919）》，第 40、43 页。

工，"每月工价三百文，外水钱约三四百文不定"①，一个月仅相当于朱仁甫一天的收入。

（三）朱仁甫的家庭支出

朱仁甫本姓胡，祖籍武昌县敦礼乡胡林，胡家世代务农。因"田少而住宅陋"，朱仁甫父亲（冠群公）九岁即被过继给养廉乡朱姓。②冠群公成年后职业不详，似以小贸为生，育有二子一女，朱仁甫为其长子，次子在本家鱼行帮工。朱家并不富有，朱仁甫"幼年困窘，曾游江南"，成家后仍旧贫苦，其妻"每谈从前贫苦状，不胜感慨"③。晚年的朱仁甫身体较差，被认为是"昔年辛苦，元气已亏"④。

朱仁甫育有五个儿女，仅长女及幼子朱峙三长成。长女孀居，带一双儿女依娘家生活；朱峙三成婚后，先后生养多个子女。清末民初朱仁甫一家八口生活在一起。

自父亲冠群公起，朱仁甫家"两代住城，上无片瓦，下无立锥"⑤，一直在武昌县城赁屋而居。清末时在县衙较近的四眼井租住多年，民国元年迁至古楼赵姓屋，所同住皆穷苦人家。

如前所述，作为名医的朱仁甫，其1893—1913年行医收入足以维持一家八口基本生活开销。但自1906年至1912年，朱家有七年困于债务。朱仁甫的家累，从其支出可窥端倪。

朱家负债，直接肇因于婚丧、进学、疾病等家庭大事。1897年，朱仁甫办理父亲出殡事宜，产生了二十串欠款。次年，为弟弟出枢，"用费百余串，皆挪借而来"。因为新增借款，朱仁甫"形容顿改，面黄疲矣"⑥。1903年，朱仁甫操办儿子婚事，新增欠款六十串。1904年，儿子府试得中，朱仁甫除"医道所入亦尽贴用"外，还新借二百两。为还积欠，朱仁甫督促儿子在城乡甚至九江拜客，"必籍拜客抽丰还账"⑦。至是年，朱家负债二百

---

① 胡香生辑录，严昌洪编《朱峙三日记（1893—1919）》，第25页。
② 胡香生辑录，严昌洪编《朱峙三日记（1893—1919）》，第147页。
③ 胡香生辑录，严昌洪编《朱峙三日记（1893—1919）》，第9、18页。
④ 胡香生辑录，严昌洪编《朱峙三日记（1893—1919）》，第389页。
⑤ 胡香生辑录，严昌洪编《朱峙三日记（1893—1919）》，第47页。
⑥ 胡香生辑录，严昌洪编《朱峙三日记（1893—1919）》，第44、45页。
⑦ 胡香生辑录，严昌洪编《朱峙三日记（1893—1919）》，第151页。

余串。此债在民初才由朱峙三彻底还清。

朱家长期负债，一方面是由朱仁甫"讲颜面热闹"直接导致"开支大，收入不够用"①；另一方面，重息的利滚利，使得旧债新债层叠。朱仁甫借款主要来自本家鱼行，虽为同族，仍需支付一定利息。儿子府试入学时，朱仁甫向姻亲王亨甫借款二百两，月息二分五，据称"王丈与人合开钱铺，不能不要重利"②。朱仁甫与洪小坪交好，曾以三分利息向洪小坪借款，本息共计四五十串。1912年时，因洪小坪催还欠款，两人交恶。③

数年陈债成为朱家心结。据朱峙三称，"先君在日，除民国元二年外，忆庚子年终有余钱十五串，其余均着急过年"④。朱峙三本人也以寒士自居，渴望府试进学后通过亲朋贺礼缓解窘况："科举本非善政，然贫贱之士，小而言之，进学后开贺，可获贺礼者三百余串，中举则倍之矣。"⑤根据人类学的考察，婚丧嫁娶、进学的礼金形成的礼物流动，本质上是为解决家庭经济力量不足而出现的互助行为，⑥而不仅仅是让朱家父子难堪的所谓"打抽丰"。

在朱仁甫父子看来，"家无恒产"是生活困窘的根本原因。朱仁甫"仅持笔墨为生"，"无屋宇、田地可押"，⑦其妻女曾以纺纱填借款，⑧其子1907年后在报社兼职补贴家用。为增加收入，考虑到朱仁甫的职业，1913年朱家父子曾与人计议，由对方出资入股，由朱仁甫坐堂，合开药店。旋因朱仁甫过世作罢。1917年时，朱家还清欠款，"已走顺境，而先君谢世三年"⑨。

三 朱仁甫的人际交往

从身份来看，时人认为业医"尊贵"⑩。朱仁甫因为行医缘故，在武昌

① 胡香生辑录，严昌洪编《朱峙三日记（1893—1919）》，第132、160页。
② 胡香生辑录，严昌洪编《朱峙三日记（1893—1919）》，第147—148页。
③ 胡香生辑录，严昌洪编《朱峙三日记（1893—1919）》，第257、341、344、347页。
④ 胡香生辑录，严昌洪编《朱峙三日记（1893—1919）》，第492—493页。
⑤ 胡香生辑录，严昌洪编《朱峙三日记（1893—1919）》，第297页。
⑥ 阎云翔：《礼物的流动：一个中国村庄的互惠原则与社会网络》，上海人民出版社，1999。
⑦ 胡香生辑录，严昌洪编《朱峙三日记（1893—1919）》，第45页。
⑧ 胡香生辑录，严昌洪编《朱峙三日记（1893—1919）》，第181页。
⑨ 胡香生辑录，严昌洪编《朱峙三日记（1893—1919）》，第493页。
⑩ 胡香生辑录，严昌洪编《朱峙三日记（1893—1919）》，第96页。

县城有一定社会地位。1897 年，朱仁甫为父亲治丧，各处送祭幛礼者极多，"当时习尚重门面与情感，人重礼教，俗重纯朴，是以结果如此"①。朱仁甫子女长成后，与朱家联姻的是殷实人家。1896 年其长女所嫁艾家，"向称富人，经商起家"。不仅婚礼"甚隆"，朱家陪嫁"路人均称羡"，贺客"可谓众矣"。其子随后与张余湾余德化之女订婚，余德化"家宅富有，画栋雕梁"②。民初，朱家地位主要依靠其子朱峙三支撑。朱峙三清末府试进学，民初任黄安公职。朱峙三曾以"世俗眼浅"，请父亲趁"现位置不低"，及时为外甥儿女缔结婚姻。③

　　然而，就家庭经济收支来看，朱家情况有些复杂。以朱仁甫之收入，朱家应属中等人家，每年大年初一，来拜年的多是到朱家的，同住的其他几家，"均系下等人家，与外人交往少"④。按武昌县俗例，中上等人家正月都会举行春酌，这也是朱仁甫"不计家中困窘者"要举行的常例。⑤ 然而由于无田宅积蓄，家口众多，用度过大，朱家实际并非富裕阶层。

（一）医生间的交好与交恶

　　《朱峙三日记（1893—1919）》提到过武昌县城中医十余人，没有提及西医。朱仁甫与这些同道多交好。每年来朱仁甫家参加春酌的主要有余钊垣、程少圃、沈伯卿、洪小坪等行医者。每年朱仁甫生辰前一天，来朱家吃酒席的也不乏医生，提到最多的是其弟子陈茂如医生。清末民初的 20 年间，朱仁甫经历了父亲、弟媳、弟弟去世，儿女婚嫁，自己重病等大事，其间多有医生朋友程少圃、洪小坪、陈茂如、洪子卿、余钊垣等送礼金以及亲自帮忙。

　　县城医生间也存在竞争与倾轧。1896 年腊月，朱仁甫女儿出嫁，戚友多来道贺，其子朱峙三观察到："唯小西门涂三爹及其子琴舫，与父亲因医道消长有隙，不送礼，亦未来贺。去春，彼与万俊甫勾结，曾以揭白毁父亲者。"⑥ 同样行医的涂三爹等以匿名或托名招贴形式，从医术上诬陷朱仁甫，

①　胡香生辑录，严昌洪编《朱峙三日记（1893—1919）》，第 30 页。
②　胡香生辑录，严昌洪编《朱峙三日记（1893—1919）》，第 29 页。
③　胡香生辑录，严昌洪编《朱峙三日记（1893—1919）》，第 349 页。
④　胡香生辑录，严昌洪编《朱峙三日记（1893—1919）》，第 2 页。
⑤　胡香生辑录，严昌洪编《朱峙三日记（1893—1919）》，第 136 页。
⑥　胡香生辑录，严昌洪编《朱峙三日记（1893—1919）》，第 29 页。

进行恶性竞争。1909 年，朱仁甫行医收入减少 1/3，据朱峙三称是因为周致廷、徐文悬两时医的竞争："本来医理欠缺，而乡人信之。"受竞争影响更大的是黄舜卿、程少圃两医，"学问经验比周、徐二人强几倍，而无人延治病者"①。

（二）朱仁甫与病人的交往

作为医生，朱仁甫与病人交往广泛。在武昌县，每逢端午、中秋、春节，病家"送钱（日常赊欠的诊费）之外，伴以糕点水果等节礼"②，节礼负载着世俗人情。1896 年，朱仁甫嫁女，送贺礼者除街坊邻右及以前的病人，"其余尚有仅认识、毫无感情可言者，如盛西垣、邱昆池、孟雪樵等，亦来致贺"③。

朱仁甫与一些病家交好。其中程、邓二家，在 1893 年"因诊其病愈，均结拜为义亲者也"④。1896 年正月，由于朱仁甫为其家人看病俱痊，陈松年（字茂如，《朱峙三日记（1893—1919）》有时误作程姓）拜朱仁甫为师，成为其第一个学医弟子。⑤ 而擅长诗文的闵孝荃，因感念朱仁甫为其治愈失红症，以药名填写康复令词，函寄朱仁甫，二人遂成为挚友。⑥

不过，也有病家视医患之间为"生意"关系。如 1904 年春节，朱峙三府试进学，发现"各商及友好处，以七月间送予贺礼之故，送父亲诊治费则减少三分之一。吾邑城内人占小便宜，均类此"⑦。

（三）朱仁甫与其他人的关系

朱仁甫的私交主要在文人圈。一是塾师。朱仁甫以"隆重师道，读书人家应该如此"⑧，与教授过其子的程松年、高幼泉、闵孝荃、邱竹泉等塾师交往频繁，和其中的程松年关系尤为密切。程松年去汉口谋职后，朱仁甫

① 胡香生辑录，严昌洪编《朱峙三日记（1893—1919）》，第 252 页。
② 胡香生辑录，严昌洪编《朱峙三日记（1893—1919）》，第 98 页。
③ 胡香生辑录，严昌洪编《朱峙三日记（1893—1919）》，第 29 页。
④ 胡香生辑录，严昌洪编《朱峙三日记（1893—1919）》，第 2 页。
⑤ 胡香生辑录，严昌洪编《朱峙三日记（1893—1919）》，第 27 页。
⑥ 胡香生辑录，严昌洪编《朱峙三日记（1893—1919）》，第 47 页。
⑦ 胡香生辑录，严昌洪编《朱峙三日记（1893—1919）》，第 160 页。
⑧ 胡香生辑录，严昌洪编《朱峙三日记（1893—1919）》，第 3 页。

受托照顾其家人。① 另外，1901 年二月十三，朱仁甫请"高（幼泉）师宴"，其妻亲自操办酒席，数人作陪。② 二是在乡士绅。朱仁甫经常出入县城南门张翰林（张季馥）家，从那里获得科考消息和京师的各种信息。③ 朱仁甫还与张翰林合订《申报》，讨论时政。④ 三是书画文人。谈楚樵在武昌县城以擅画著称，1894 年腊月，历时四小时为朱家画灯："楚樵与父亲交深，故愿做此画也。"朱家的新式寒暑表，也是谈楚樵所赠送。⑤ 不过，朱仁甫的朋友圈仅局限在武昌县城，"在省人士知交少"。1903 年风闻科举将废，朱仁甫面托张叔华，请其在省城代为寻觅武童生名额。⑥

作为儒医、良医，朱仁甫的人际交往，在对象及方式上有特殊性，但作为生活在清末民初中部县城社会的文人，其交往也是世俗人情的一部分。

四　朱仁甫的良相良医情怀

朱仁甫家祖龛上层中间供奉天地君亲师，左右附祭药王孙思邈和金花圣母娘娘，光绪三十年（1904）后立位祀文昌帝君。⑦ 作为读书人，朱仁甫生活中遵循着儒家孝悌忠恕之道：孝养父亲，丧葬如仪；谅解弟弟，负担弟媳丧葬"用钱无怨容"⑧；教育儿女注重品德与礼节，"谓忠孝大节，读书人所应有也"⑨。朱仁甫自己平日里雅好诗画，不饮酒，仅吃吃水烟，偶尔玩玩牙牌占卜，可以说是个品行端谨的传统文人。⑩

作为文人、医生，朱仁甫不为良相则为良医。医家的救人和儒家的济世，同为朱仁甫的精神信仰。

清末在汉口调查的水野幸吉观察到"医生等同于商人"⑪。在地方县志

---

①　胡香生辑录，严昌洪编《朱峙三日记（1893—1919）》，第 56 页。
②　胡香生辑录，严昌洪编《朱峙三日记（1893—1919）》，第 76 页。
③　胡香生辑录，严昌洪编《朱峙三日记（1893—1919）》，第 14 页。
④　胡香生辑录，严昌洪编《朱峙三日记（1893—1919）》，第 56 页。
⑤　胡香生辑录，严昌洪编《朱峙三日记（1893—1919）》，第 19 页。
⑥　胡香生辑录，严昌洪编《朱峙三日记（1893—1919）》，第 121 页。
⑦　胡香生辑录，严昌洪编《朱峙三日记（1893—1919）》，第 97、139 页。
⑧　胡香生辑录，严昌洪编《朱峙三日记（1893—1919）》，第 16 页。
⑨　胡香生辑录，严昌洪编《朱峙三日记（1893—1919）》，第 9 页。
⑩　胡香生辑录，严昌洪编《朱峙三日记（1893—1919）》，第 473 页。
⑪　水野幸吉：《中国中部事情：汉口》，第 36 页。

中，我们经常会看到关于擅岐黄术者贫不取资的描述，对医学人物的评判上，道德品质和医术奇验处于同等重要的地位。我们在《朱峙三日记（1893—1919）》中看到的朱仁甫，救人济世，被周边的多数人视为良医。① 朱仁甫兢兢于行医养家，遵从武昌县惯例，采取来家就诊者不欠记、城内相识者可记账、一年三次随节礼支付的为医之道。② 尽管没有与典范人物类似的行为，但朱仁甫行医数十年未实际发生医患纠纷，足可见其诊病态度之严谨，医术之高超。

朱仁甫虽为医生，但一直有知识分子的入世情怀。其"喜谈时务"③，戊戌政变后，县中读书人多不敢言，而朱仁甫与友人则时时谈及。④ 听闻八国联军侵华，朱仁甫"仇洋人"叹国弱、吏贪、民奸。⑤ 朱仁甫从《申报》《新闻报》《中华民国公报》《欧洲十一国游记》等时务书报中获得关于国家和世界的信息。⑥ 县中争端，朱仁甫仗义执言。⑦

朱仁甫弃儒从医的经历使其寄望儿子读书致仕。幼时严格考问朱峙三功课，勉励其"用功读书，不愁无出息也"⑧。1902 年，传闻科举将废，朱仁甫遂起意让朱峙三学医传代："继承先人志，亦是佳事。"⑨ 但考虑到"术不精，实足以害人也"⑩，同意儿子朱峙三"照料家事，学医兼读书"⑪，最终通过新式学堂实现了读书致仕。儿子民初为政黄安时，朱仁甫督促其"唯须心性和平处事为要"，希望其时时"修德"⑫。

---

① 胡香生辑录，严昌洪编《朱峙三日记（1893—1919）》，第 30 页。
② 胡香生辑录，严昌洪编《朱峙三日记（1893—1919）》，第 98 页。
③ 胡香生辑录，严昌洪编《朱峙三日记（1893—1919）》，第 56 页。
④ 胡香生辑录，严昌洪编《朱峙三日记（1893—1919）》，第 45 页。
⑤ 胡香生辑录，严昌洪编《朱峙三日记（1893—1919）》，第 56 页。
⑥ 胡香生辑录，严昌洪编《朱峙三日记（1893—1919）》，第 56、232、300 页。
⑦ 胡香生辑录，严昌洪编《朱峙三日记（1893—1919）》，第 307 页。
⑧ 胡香生辑录，严昌洪编《朱峙三日记（1893—1919）》，第 14 页。
⑨ 胡香生辑录，严昌洪编《朱峙三日记（1893—1919）》，第 97 页。
⑩ 胡香生辑录，严昌洪编《朱峙三日记（1893—1919）》，第 96 页。
⑪ 胡香生辑录，严昌洪编《朱峙三日记（1893—1919）》，第 136 页。
⑫ 胡香生辑录，严昌洪编《朱峙三日记（1893—1919）》，第 343、353 页。

"东方芝加哥"中的"乡巴佬"：
近代武汉农村移民的底层生活

胡俊修　肖　琛[*]

对武汉土生土长的市民而言，常常面临这样一个困惑而百思不得其解：武汉在百年前被誉为"东方芝加哥"，且被未来学家看好，位列"世界十大未来之城"[①]，这足以令人自豪和骄傲的光环却掩饰不住世人对它的另一种"成见"——太过平民化的印象、太重小市民的气息——甚至以"中国最市民化的城市"[②]冠之。武汉曾经占尽中国第二大商埠雄风，[③]如今正向国际化大都市狂飙突进，却长期无缘恢宏大器的美誉，[④]这恐怕要叩问历史以推本溯源。若将历史的镜头推向近一个世纪前，一批批带着浓厚乡土气息的乡民踏上武汉这片热土，奔走在三镇之间，打拼多年后依然是淹没在尘世的小民，但却顽强地在武汉生存下来，成为后来地道武汉人的祖先。有这样一幅景象作铺垫，或许对世人难以更改的武汉平民化印象，我们不会再愤愤不平了。

作为一个典型的移民城市，汉口发展迅猛。短短两三百年间，先后位列"四大名镇"和"天下四聚"，在近代成为华中重镇，享"东方芝加哥"美

* 胡俊修，肖琛，三峡大学马克思主义学院近代城市研究所。

① 中国城市活力研究组主编《武汉的性格》，中国经济出版社，2005，第123页。

② 罗教讲：《武汉人的形象——对武汉人的自我形象的实证分析》，冯天瑜、陈锋主编《武汉现代化进程研究》，武汉大学出版社，2002，第278页。

③ 李宪生：《两次世纪之交的武汉对外开放》，中央文献出版社，2001，第213页。

④ 章开沅：《精品意识与文化武汉》，《华中师范大学学报》（人文社科版）2004年第2期。

誉。这座移民城市，成就了无数人的梦想，尤其是四方商民在此圆了淘金梦。这也美化了人们对于汉口的想象，把汉口作为武汉三镇的代名词，甚至稍远地方的人们知有汉口而不知有武汉，人们蜂拥而至。不过，从 1927 年一直到 1949 年，新一批的移民来到汉口，同时也登陆武昌、汉阳。这一时期迁居武汉的移民主体有所变化，大多是武汉周边的农村移民。

一　从四方商民到周边农民：武汉移民主体的变化

可以说，正是一批又一批的移民在两三百年间执着地移居武汉，为武汉近代成为大都市奠定了高密度的人口前提。汉口建镇较晚，但其优越的水陆地理位置所决定的商业重要性，为迅速、密集的移民运动提供了契机。①

武汉三镇中最负盛名的汉口，从来就是一个移民聚居之地。"五方民处，客旅居多"② 的局面一直到民国，也未发生根本的变化。在笔者深度访谈的 40 位老武汉人当中，有 30 人的家庭是从外地迁到武汉的，而在武汉三镇长大的 10 人当中，又有 5 人是第二代移民。这一随机访谈的样本，竟与 1850 年叶调元的竹枝词中所记载之 "此地从来无土著，九分商贾一分民"③ 的本土居民比重的情形相吻合。而在 1915 年完成的《汉口小志》也说，按照文化和语言划分，城市中只有十分之一是本地人。④

汉口因商而兴，滥觞伊始，就吸引着四方追名逐利的人们。"看他汲汲争名客，笑尔纷纷逐利人。以财以势以权力，无年无月无晨昏。"⑤ 来自江浙、广东、湖南、江西、安徽、山西、陕西、四川以及本省的商民纷纷来汉寻利，使汉口的茶叶、木材、皮革、盐业等贸易在中国首屈一指。他们在获得利市的同时，不经意间使武汉成为全国最大的港口中转贸易城市，成就了武汉 "东方芝加哥" 的辉煌。

进入民国时期，尤其是 1927—1935 年和 1945—1949 年，武汉又迎来两

---

① 罗威廉：《汉口：一个中国城市的商业和社会（1796—1889）》，江溶、鲁西奇译，中国人民大学出版社，2005，第 263 页。

② 江浦、朱忱等：《汉口丛谈校释》，湖北人民出版社，1990，第 201 页。

③ 叶调元：《汉口竹枝词》，徐明庭辑校《武汉竹枝词》，湖北人民出版社，1999，第 30 页。

④ 徐焕斗：《汉口小志·风俗志》，1915 年印刷本。

⑤ 孙南溪：《题汉口镇》，《武汉日报》1948 年 5 月 23 日。

次移民浪潮，人口进入急速增长期，使 1935 年武汉三镇人口达到新中国成立前的峰值 129 万。① 不过在这 20 年间，武汉移民的主体却从四方商民变为武汉周边农民。尤其以方圆数百里以内黄陂、新洲②、黄石、孝感、汉川、黄冈、咸宁、黄安（今红安）、鄂州、沔阳（今仙桃）③ 等地的乡民为主。诚然，他们中的部分人也怀着淘金梦来到武汉，但大多数人却是迫于农村无生计可求，逃到武汉谋生的。

二　为了生存或更好的生活：移民的武汉梦及其破碎

（一）金钱诱惑：到武汉寻求黄金梦

城市代表了不同于乡村的生活，对乡村有着永远的诱惑。为了生活，人们从乡村来到城市；为了更好的生活，人们驻留于城市。

中国的城市和乡村在漫长岁月中呈现和谐一体的景象，但在近代产生了明显的界限，④ 尤其是从近代西方文明强劲地冲击中国都市开始。中国近代城市⑤在发展过程中，常将"周边的农村吸纳过来"⑥，并吸引无数四邻村民来到城市。"城市之所以有如此巨大的魅力和影响，全在于城市作为文明发展的高峰，对于许多人来说，城市生活就是美好的生活，就是幸福的象征，成为他们的天堂和向往之地。"⑦ 尤其对于被隔离在城市之外又与城市近在

---

① 皮明庥：《近代武汉城市人口发展轨迹》，《江汉论坛》1995 年第 4 期。
② 当时没有新洲地名，今天的新洲是原黄冈的一部分。为了明确区别起见，本文使用了新洲这一地名。
③ 当时的移民来源，反映出今天武汉城市圈即"1＋8"的规划格局有着历史的渊源。"1＋8"城市圈中"1"是指武汉，"8"是指周边的黄石、鄂州、黄冈、咸宁、孝感、仙桃、潜江、天门。
④ 施坚雅和他的同事在其巨著《中华帝国晚期的城市》的中心论点之一就是传统中国的城市与乡村是连为一体的。直至 19 世纪，处于不同的地理区域，行政管理、商业经营水平完全不同的城市和乡村，都是一片和谐相融的景象。尤其在社会、文化方面，城乡之间并没有明显的差异和鲜明的对照。甚至连作为城乡分界标志的城墙，也无法将城市和乡村隔绝开来，但这一切似乎随着西方文明的进入而改变。参见施坚雅主编《中华帝国晚期的城市》，叶光庭等译，中华书局，2000；卢汉超《霓虹灯外——20 世纪初日常生活中的上海》，段炼等译，上海古籍出版社，2004，第 117 页。
⑤ 区别于乡村和古代城镇而言。
⑥ 纪晓岚：《论城市本质》，中国社会科学出版社，2002，第 17 页。
⑦ 贾明：《大众文化：现代都市的文化主潮——兼论文化与都市的关系》，孙逊主编《都市文化史：回顾与展望》，上海三联书店，2005，第 201 页。

咫尺的四周乡民，到城里去是其一生的理想与追求，哪怕是蜗居在县城一角也令人羡慕。所谓"有福之人住城角"①，更何况大汉口！对于武汉周边的广大农民来说，武汉是财富的聚集地，甚至遍地是黄金。他们厌倦了在农村守着一亩三分地的清苦，以为在城市里可以赚更多的钱，实现致富的梦想，甚至过如诗中描述的挥金如土的生活：

> 城市笑了
> 它拥有着
> 如此丰饶的市场
> 如此繁缛的货品
> 有金、银、宝石、珍珠
> 有细麻布，绣花料，软缎，绸子，朱红色料
> 各样香水，各样珍贵的器皿
> 肉桂，豆蔻，香料，香膏，乳香
> 山珍，酒，油，细面，香稻米
> 还有骰子，麻醉品，春药
> 以及那么多妖冶的卖笑的女人
> 珍馐美味和淌水似的金钱②

　　少数成功同乡的示范效应，也撩拨了一些农民进城的激情。早于自己离乡的亲戚、邻居、朋友进入城市并已定居，这使他们内心有所萌动，至少心存一种期望，一种能得到友善帮助而被接纳的期望。③ 结果一些敢想敢做者跟着迈出了寻金梦的步伐，来到离家不远的武汉，渴望在这片充满商业机遇的热土上挣到大把的钱。

　　乡民对城市财富的幻想与渴望很容易泛化为凡是从农村到武汉的人都成了"阔人"的错觉。对城市的盲目向往削弱了人们的分辨能力，他们看不到同乡在汉打拼的艰辛落魄，只知道隔三岔五就有人从汉口寄钱回村里，而

---

① 据武汉地方史专家徐明庭口述，2007 年 4 月 5 日。
② 上官柳：《这城市》，《武汉日报》1946 年 12 月 30 日。
③ 卢汉超：《霓虹灯外——20 世纪初日常生活中的上海》，第 117 页。

且过两年又在农村盖了新房，从而笼统地以为从农村到武汉的人都变得"阔"了。正如从乡下到武汉找二弟借钱以解燃眉之急的大哥所说："回乡去的人，都说你在外干得很阔的差事，有的甚至说你在外边讨了弟媳妇。"而实际情况是，这个干着很"阔"工作的二弟已经三个月没有领到薪水，却暗地里找同事、朋友凑齐了钱交给大哥带回家乡。①

当然除了关于都市的财富想象外，城市里多彩多姿的生活样式也是他们一生的梦想。宽广的马路、飞驰的汽车，灯红酒绿，纸醉金迷，足以让第一次到武汉的周边乡民惊讶，震撼，过目不忘，刻骨铭记，而沉淀为心理的期待。毫无疑问，下面这首诗中描绘的近代武汉的物质生活样式，如磁铁般吸引着有都市生活初体验的周边农民：

> 这城市
> 像打扮得花枝招展的娼妓
> 以淫荡的媚眼和巧笑
> 招徕四面八方的客人
> 这城市
> 张开了血盆似的口
> 吞纳了各式各样的人们
> 有豪华的官吏
> 有各地的客商
> 有穿细轻衣裳的女人
> 有更多的追寻黄金梦的人们
> 销魂般的醉乐在沸闹着
> 黄金般的宴会在铺陈着
> 人们在火山上跳舞
> 在琥珀色的夜的深渊里沉沦②

问题在于，那些执狂地要到城市的乡民，他们往往只看到都市富庶、繁

---

① 曼引：《崩溃》，《武汉日报》1933 年 5 月 18 日。
② 上官柳：《这城市》，《武汉日报》1946 年 12 月 30 日。

华的一面，而有意忽视或来不及去触摸都市生活阴暗、贫穷的一面，就已经贸然决定进城。

此外，武汉作为大都市，又有着令四周乡民艳羡的资源聚合优势。开放、流动、熙攘的都市比起闭塞、静谧的乡村来，蕴含着丰富得多的资源和机会。作为长江中游的中心城市，① 武汉不仅是"社会财富与权力的中心"②，而且随着商业与近代大众传媒的迅速发展，③ 城市流动着发财的机会和丰富的信息。汉口"最初的功能是商品的集散地，在此基础上它成为商品信息的集散地，最终，如果说整个社会的媒介系统是一个网的话，那么都市就是网线之经纬的结合点"④。

一个在武汉生活过，"发誓离开这个荒淫的都市，去寻找适合生存的地方"，回到家乡却忍不住再次来到汉口的漂泊者敏锐地捕捉到了这一点。他之所以来汉、回乡、又来汉，就是因为汉口"有它另一面的，那就是各种形式、名称、性质、人和物的集合、荟萃、交流"⑤。可见，有了都市生活体验的人，是很难抵挡武汉作为资源聚合地的吸引的。"他们早先在家乡毫无期盼的生活着"⑥，尽管进城后遭遇挫折，但都市便利的生活与潜在的机会皆是他们不忍放弃的，这也是周边乡民来到武汉返回家乡，最后又回到武汉的重要原因。

当然，被"到城里发财"的潮流所蛊惑而盲目来到都市的乡民亦大有人在。在武汉四周的农村，一些人把"下汉口"谋生致富的前景和故事描述得惟妙惟肖，口耳相传，以至于人们把进城赚钱演化为令人向风而动的乡村时尚，认为城里总比乡下好。一些赶时髦的乡民根本不顾自己是否适合在都市生活或生存，只是被富丽堂皇的都市寻金梦点亮前程而离乡进城。

---

① 施坚雅主编《中华帝国晚期的城市》，第 274 页。
② 贾明：《大众文化：现代都市的文化主潮——兼论文化与都市的关系》，孙逊主编《都市文化史：回顾与展望》，第 201 页。
③ 李卫东：《晚清武汉的经济发展与社会变迁》，严昌洪主编《经济发展与社会变迁国际学术研讨会论文集》，华中师范大学出版社，2002，第 438 页。
④ 刘旭光：《都市文化与媒介——从符号与媒介的角度对都市文化的定位》，孙逊主编《都市文化史：回顾与展望》，第 174 页。
⑤ 李里：《我回到了都市》，《武汉日报》1948 年 10 月 3 日。
⑥ 卢汉超：《霓虹灯外——20 世纪初日常生活中的上海》，第 116 页。

（二）农村凋敝：到武汉谋生

相比一批有着野心和强烈成就欲的乡民而言，更多到汉的农民是由于农村经济的萎靡凋敝而移居武汉谋生的。与其说是城市吸引了他们，不如说是乡村抛弃了他们。

太平天国运动以后，中国农村人口稳步增长，人均耕地面积逐渐下降，农业技术又毫无进步，农业生产率出现下降，使得广大农民生活水平停滞不前，甚至出现实质性的倒退。[①] 尤其在地处江汉平原的武汉周边农村，人地矛盾日益突出，农民生活每况愈下，有的村庄40%的农户面临耕地面积缩小的问题。[②] 而这一时期城市又出现了畸形的繁荣，表现出极强的吸纳力，于是大量周边农民选择进城到武汉谋生。

但作为农民，他们中的有些人不会放弃家乡的农田。由于地利之便，周边乡民可以选择往返在武汉和家乡之间，两地轮流生活。农闲时节，到武汉当苦力，做小生意；农忙时节，又回家乡做农活，两边奔波以维持生计。他们"在城乡之间往来穿梭"[③]，"一只脚坚实的踩在农村的土地上"[④]，一只脚在城市寻觅生机。

农村不仅男劳力，连女人也加入逃荒的行列。青黄不接之际，一些妇女结伴将农产品运到武汉贩卖，又将城市的生活小日用品贩到乡间以获微利。最典型的例子就是往返在武汉和孝感之间的女"跑荒"者。《武汉日报》记者翔实地记述了他们的单帮客的生活。

> "跑荒"，算是一种新兴职业，由孝感到汉口，路虽不长，可是靠"跑荒"吃饭的人却不少。
>
> 青黄不接的春"荒"期间，为了要活命，要逃掉这"荒"的厄运，只有"跑"。三个五个妇人家，老小成群，他们不像男子们可以到都会

---

① 参见杜赞奇《文化、权力与国家——1900—1942 年的华北农村》，王福明译，江苏人民出版社，2004，第三章"农村政权的现代化建设"对此有详论。

② 《湖北建设月刊》第 1 卷第 4 期，1928 年。

③ 陆汉文：《现代性与生活世界的变迁——20 世纪二三十年代中国城市居民日常生活的社会学研究》，社会科学文献出版社，2005，第 51 页。

④ 卢汉超：《霓虹灯外——20 世纪初日常生活中的上海》，第 174 页。

里来出卖劳力，他们只能做着小买卖，过着小规模的单帮客生活。

只要火车是由孝感或经过孝感开来到大智门或循礼门停的时候，三等车、货车、车厢里会拥挤出来一群群"跑荒"的妇女，手里都抱着大包小包，风尘仆仆，头发上堆满了灰沙，两只改组派小脚，在地上很有力的颠簸。她们走出了火车站，分头去找目的地，交通比较热闹的马路两侧，就是她们兜揽主顾的地方。

在他们开始营业之初，先在人行道上席地一坐，然后把随身由孝感带来的青大蒜、荸荠一簇簇、一堆堆的分开，带鸡蛋的话依旧放在竹篮里。有的带鸡子的，她们非但把鸡脚用绳子缚得紧紧的，而且一辈子用手抓紧了鸡的翅膀，直到卖给顾客收到法币为止。

一个顾客，或是一个人行道上溜达的人，从她们面前经过，很随意的望一下，她们就感觉到你是个神，是个成全她们交易的财神，甚至说得过火一点，像初恋时候满身被电流激动似的，她们用两眼对你静静地看着，怕你没有好言语回答她们，所以她们也不敢问你："要大蒜么？"

她们不像素有经验的水果商人、小菜贩子，所以很原始式的对待她们的货品，一点不会修饰。大蒜上不喷一点水，荸荠上都是泥巴，鸡蛋上有的还是血迹斑斑，只有鸡子和菜市场上鸡笼里的鸡子一样，分别不出彼此来，有的反较活泼漂亮，因为不像鸡市场上的鸡的喉咙里被塞满了粮食。

买"跑荒"者的货，和她们讨价还价，会使你感觉到一种愉快，甚至怜悯。她们所开口要的价钱，原来就要比一般的便宜。你如果依旧感到人心不足，要在她们开的价目上杀一下，她们可以卖，就卖给你了；如果不够本，当然不可以卖，这一笔交易就不会成功了，可是她们决不会对你恶声相向，或两眼对你来一个轻蔑的注视。她们对你是只有苦笑，甚至向你天真的表示歉意，很简单的说一声："要亏本，你加一点我就卖给你！"

随身携带的二三十斤货都脱售了，要等待火车回孝感去，或者货尚没有脱售，夜已深了，马路两侧的人家，家家户户都已打了烊，大家好梦正甜，她们呢？坐在屋檐下，两脚坐成一个空心圆形，把货物圈在中间。有的过分疲倦了，相互团结一起，背靠着背，临时休息一下。有时风吹，有时雨打，她们穿着破棉袄，把头缩紧了，眼睛还要硬睁着，内心在祝福，期待太阳的来临。

赚了几个钱，她们就都欢天喜地。万一赚不到钱的话，本来买饭吃要用钱，但她们就在吃饭上用功夫了。她们不用血本来买饭吃，她们到人家门口去求乞。尤其初一月半，家家施舍的日子，她们把大小钞票都塞在破棉袄里，然后混杂在乞丐群里，向人家讨几个钱。这种无本万利的生意，他们大多数要尝试一下的。

由汉口再到孝感去之前，她们始终保持着一种信念，就是币制会贬值，货物是不会贬值的。于是带了些肥皂、火柴、最廉价的香烟，这些农村里必需的日用品，包了一大包，摇摆颠簸的赶到大智门或循礼门车站，票子也不买一张，挤上火车，很快又到了孝感了。不论钱赚得多少，脸上都是挂着一丝愉快的笑容的。

记者曾问一个白发苍苍的老太婆，她说她已是六十五岁，家里连孙子都有了，儿子在乡里种田，她自己跟她的儿媳妇在孝感和汉口间"跑荒"，不怨天，不尤人，两手慢慢数着钞票笑着说："跑荒总是可以赚到几个，闲在家里也没有事做。"①

这些频繁游走在武汉与家乡之间的人们，挖空心思地想从往返旅程中获取微薄之利。在很原始的小生意——路边叫卖中，其作为乡民的淳朴、单纯、善良和羞涩展现无遗，这种自然的流露博取了城里人的好感与善意，成就了他们"多少赚几个"的愿望。

（三）天灾人祸：背井离乡

如果说因为农村衰败到武汉谋生，以及往返在家乡和武汉两地间的周边乡民在某种程度上是出于主动选择的话，那么在天灾人祸频发的 20 世纪二三十年代，农村生活受到严重威胁时，农民则是被动地、别无选择地背井离乡。恶劣而"艰苦的自然环境和大土地所有者的威胁"，使得他们"常常处在生存与毁灭的交叉点上"②，他们举目四望，目光盯向了更具包容性的邻近的大都市——武汉。在没有兵匪和外敌入侵的岁月，武汉成为四周乡民的避难所和避风港。

水旱灾害接连不断，使武汉周边农民破产，生计维艰，甚至无家可归，

---

① 文心：《汉孝间"跑荒"者》，《武汉日报》1948 年 5 月 2 日。
② 沙莲香等：《社会学家的沉思：中国社会文化心理》，中国社会出版社，1998，第 17 页。

只好纷纷逃往武汉（见图1）。1931年湖北大水灾使"近江诸县，皆成泽国"，"农民生活困难，群相率以逃向大都市，以求得生活之机会"①。接下来的1934年，农村水旱灾害亦使乡民饥寒交迫，"全省人民，不苦于水灾，即困于干旱，因是而流离失所，沦为灾黎者触目皆是。时近严冬，除乏食外，又将苦于无衣矣"②。而其他年份，武汉报端也接连出现"沔阳空前大水灾，六万人无家可归"，"天灾人祸相应逼来，粥少僧多饿民待哺"等农村不堪景况的报道。③ 老幼灾民纷纷流落武汉街头，"天灾人祸命难挨，临老无依更可哀。三尺童儿三棒鼓，也随洪水上街来"④。

图1　1933年武汉周边的灾民

注：因为天灾人祸，曾经给了农民生计和温暖的乡土无情地断绝了农民的活路，逼迫他们另谋出路。他们只好到都市去寻求生机。与其说是都市吸引了他们，不如说是乡村抛弃了他们。图中的灾民拖家带口、留恋不舍地离开生养他们的热土。两个嗷嗷待哺的孩子光着身子睡在地上，反映出他们衣食无着的悲苦处境——下一顿在哪里呢？

资料来源：武汉市图书馆藏。

---

① 《武昌市政府人力车概况调查报告》，1935年8月，武汉市档案馆馆藏档案，档案号：18-10-102。

② 《募寒衣》，《武汉日报》1934年12月13日。

③ 陈默：《清晨的镜头》，《大众报》1947年8月24日。

④ 公正：《武汉竹枝词》，《武汉日报》1949年2月5日。

动荡孕育了不安全感。[①] 匪患横行乡里，百姓生命没有保障，只好举家到汉以求平安。农村的破败使得乡民无以为生，一些人便做匪行乱，"老百姓因为无饭吃，'软死不如硬死'，于是有许多便为非作歹起来"[②]。"在此四乡匪患时间，杀人放火，绑票勒索，无论何人，见而生畏。于是只有携家大小，赴此平安之地之汉口。在汉口之人自然不敢回去。在乡间不敢宁处之人，又络绎不绝而来。"[③] 于是武汉成为四边乡民的避风港。

（四）近水楼台：享交通之便

便利的交通使周边乡民到武汉谋生成为一件相对容易的事情。武汉周边农民大多可沿汉水步行，或由各水路假舟楫之便抵达武汉。黄陂外出谋生者大多直接沿着滠水或黄孝河来到汉口，除聚居于黄陂路、黄陂街外，还有大批黄陂人杂居于武汉三镇，以至民间流传"无陂不成镇"的俗语。[④] 汉阳、孝感、天门、汉川、沔阳、嘉鱼、黄冈、鄂城等地农民沿水路抵达武汉，也是一两天之内的事情。每日游弋于汉水之上的木船就是将周边乡民迎往的工具，汉江的平静便利周边农民带着简单的生活起居用品来到武汉。

（五）武汉梦的破碎：真实生活景象

人们奔向武汉，怀着美好希望而来。对于心怀都市寻金梦的乡民，他们在动身进城前，可能已经打好了诸多的如意算盘，甚至憧憬过富贵齐人的那一天。用歌德的话说，他们"生活在理想的世界，也就要把不可能的东西当作仿佛是可能的东西那样来处理"[⑤]，但武汉现实的生活却远比他们想象中的艰难得多。

大多数到汉移民的主要目的是想在经济繁荣的城市寻找工作和生计。然而，几乎所有能找到的工作都是些不需要特殊技能的苦力或小贩等卑贱的职

---

① 吉尔伯特·罗兹曼主编《中国的现代化》，国家社会科学基金"比较现代化"课题组译，江苏人民出版社，1998，第452页。

② 曼引：《崩溃》，《武汉日报》1933年5月18日。

③ 九达：《物价高涨之原因》，《光明》1930年8月30日。

④ 严昌洪：《汉口的黄陂人与黄陂文化》，严昌洪编著《老武汉风俗杂谈》，中国档案出版社，2003，第133页。

⑤ 参见恩斯特·卡西尔《人论》，甘阳译，上海译文出版社，2004，"中译本序"，第5页。

业，这也是由移民自身的文化技能素质低下所决定的。尽管大多数的移民都想进厂做工，可到了武汉，才发现工厂工作并不好找。当时武汉情形与上海类似，哪怕是工厂里最一般的工作，首先是要有厂里认可的社会关系的介绍，其次是必须给工头送礼，在某种情况下，还需要一定的文化要求或经过某种技能考试。[1] 甚至进烟厂做打杂的童工，也需要找关系并通过公开的招考。这些新移民要找到自身与这片陌生土地的连接点，可以想象其困难重重，就算去找先期到汉的亲朋好友，但由于他们往往自身难保也是于事无补。

结果，除少数念过私塾甚至中学，并懂些简单算写的农村移民通过社会关系在武汉能找到小学教员或者店员这样的活计外，大多数无文化、无技能、更无良好社会关系的新移民，只能凭借自己唯一拥有的东西——力气，在武汉立足。武汉开埠后的数十年间，"轮船和铁路相继出现，水运码头及铁路枢纽很快成为大批农村人的落脚点，人力车夫、码头工人、沿街小贩等成为很多人的栖息之业"[2]。女人则进入市民家里，寻求下河女、洗衣女或者家佣的工作。而像梳头妇这样的工作要求熟悉汉市女性的发髻式样，但外乡妇女一无所知，只有本市穷人家的妇女才能得到。最典型的谋生组合方式是男人做工，女人帮佣。[3] 农村移民的职业和收入状况表明，他们中绝大多数人都蛰伏在都市社会的最底层，[4] 遭受资源匮乏、经济拮据之苦，过着悲惨的生活。

武汉报刊常有文字抒写对这些穷人的怜悯，兹略举数例如下：

浣衣女：浣衣的姑娘/你又来了/河水唱起欢迎的歌/别皱起眉头吧！/真实的生活/是劳苦的积累/有谁不承认/用自己的汗水/洗净别人身上的污垢/是伟大的呢？/当我穿起那件你洗净的衣裳/我的心/也泛起

[1] Honing, Emily, *Sisters and Strangers*：*Women in the Shanghai Cotton Mills*，1919 - 1949 (Stanford, California：Stanford University Press，1986)，pp. 79 - 93. 转引自卢汉超《霓虹灯外——20 世纪初日常生活中的上海》，第 117 页。

[2] 陆汉文：《民国时期城市居民的生活与现代性（1928—1937）——基于社会统计的计量研究》，博士学位论文，华中师范大学，2002，第 24 页。

[3] 刘德政：《外来人口与汉口城市化（1850—1911）》，硕士学位论文，华中师范大学，2006，第 17 页。

[4] 李明伟：《清末民初中国城市社会阶层研究（1897—1927）》，社会科学文献出版社，2005，第 420 页。

对你的肃静了。①

　　更　　夫：又是那阵凄楚的梆音/和跟跄的步履/响过去，冷冷的/——从我的窗前/夜色是如此的沉重/颤抖在你手中的灯火/挣不开/一圈昏黄/踏着这圈昏黄/你巡梭在人家的甜梦/让生活的足迹/埋葬在深深的夜里/远处，鸡啼了/黎明照亮了生活的路/而你/却累倒在夜巡的疲惫里去了。②

　　下河妇：人不在贵，有信则名。也不在高，能勤则精。斯是贱役，为吾德馨。别人食珍肴，我为倒臭粪。每日来一趟，始终不失信。走至房门口，唤一声，不窥人之隐私，不取人之一尘。报酬虽低微，工作却忠勤，君子曰：何贱之有？③

　　猴戏人：沐猴而冠，傀儡做戏；牵东背西，指挥如意；锣鼓敲响，老少群集；猴儿献艺，斯人得利。④

　　卖唱者：每当黄昏。各家都坐在自己门口纳凉的时候，街头巷尾的竹床和板凳简直是星罗棋布，走起路来都有点别扭。同时卖米的、卖豆浆的和卖香瓜西瓜的叫卖声，络绎不绝。而此时最吸引人的当是街头卖唱的一群。他们每当十点钟以后就出来，一边拉着胡琴，敲着檀板，一边走着，等待着主顾，主顾当然就是坐在门前的纳凉的人们了。如果你叫住他，他马上给你一本戏名册子，请你随意点上一两个，他们就开始唱给你听。唱完，你给了他钱后，他们就又到别处找寻新的主顾了。

　　至于每个戏的代价也有一定的。大约是先讲定两毛或者三毛，有时候却也说不定。如果你高兴，也可以多给他几个，像单人唱的有许多他们不过是随便你给，并不计较多少，唱出来的戏当然是好不到哪里去了。尽管声嘶力竭，他们终日也难求一饱。⑤

周边乡民在汉充当苦力，最大的苦力群体是人力车夫和码头工人。1946

---

①　江原：《浣衣女》，《武汉日报》1947年1月7日。
②　江原：《更夫》，《武汉日报》1947年1月7日。
③　少章：《下河妇铭》，《大楚报》1940年3月5日。
④　《猴戏人》，《武汉日报》1936年3月16日。
⑤　豫生：《街头卖唱的一群》，《武汉报》1941年7月23日。

年，汉口的人力车夫绝大部分来自周边县乡的农村。地域分布如下：黄陂
35%，汉阳 18%，应城 10%，孝感 9%，沔阳 5%，汉川 5%，云梦 4%，
鄂城 2%。①

　　人力车夫工作负荷大，家庭负担重。不分寒暑做"牛马走"，加上坐车
的人不停喊"快点拉，快点拉"，使得车夫即使在下雪的日子也跑得汗流浃
背（见图 2）。每日辛勤劳作加上长期营养不良，使得病亡的车夫不在少数。
车夫生病后又往往靠借高利贷治病，或者无钱医治而死亡也很正常。而且一
般在农村成家的车夫都设法把家人接到汉口，因而背负着沉重的家庭负担，
常常是一人养活三四口人，有的甚至要养五六人。②

图 2　冬天里乘客的冷与车夫的热

注：人力车夫主要是周边农村来汉移民从事的职业。车车是城市里做
"牛马走"的苦力。冬天北风呼啸，车上乘客和路上行人都裹得严严实实，
车夫因要卖力拉车，衣衫单薄却仍旧汗流浃背。超负荷的工作，加上无钱治
病，使得车夫中壮年亡故者不在少数。
资料来源：张雾作《冷与热》，《武汉日报》1947 年 11 月 16 日。

---

① 根据《人力车业职业工会会员名册》统计折算而来，武汉市档案馆藏汉口市政府档案，
档案号：9 - 17 - 38（1）。
② 《怡和村分驻所管辖区贫民登记调查表（1947 年）》，武汉市档案馆藏汉口市警察局档案，
档案号：40 - 13 - 2705。

虽然人力车夫地位低下，工作辛苦，生活困顿，而且受到政府、人力车业职业公会和人力车商的管束，但在多重权力网络下，他们的利益却得到了彰显，使得他们能够以群体的力量去争取经济上的权益，甚至方式十分激烈。[①] 因而一直到新中国成立前武汉人力车夫人数都稳增不减。码头工人与人力车夫一样，也有着自己的工会组织，在约束自己的同时又维护了自身的权益，从而使基本生活得到保障。

但是对于周边农民在汉谋生的最大群体——游动小贩来说，他们的力量却缺乏有效的组织，而像散兵游勇一般，游走在武汉三镇的大街小巷，叫卖生活。这也成为城市最广泛的底色，影响着城市的生活基调。

三　家乡：割不断的牵连

近代城市以极大的人口容量和惊人的发展速度，为流动人口提供了各种谋生的可能和就业机会，[②] 但真正在城市里立足生存并不容易。对于那些未能实现在城里落户或举家进城的农村移民而言，他们只能把目标指向家乡，从家乡源源不断地汲取奋斗的动力和情感的养料。

家乡在传统中国是个人身份的关键部分。[③] 在一块特定的乡土上与亲人聚居的家庭生活所培育的"家庭精神"，支配着人们的思维准则和行为方式，塑造了农民对乡土和家庭的亲和与依赖。[④] 民国时期，移民武汉的四周乡民与家乡保持着密切的联系。他们将钱寄往老家，年节回家探亲，回乡娶妻；或者在城里怀念祖先，思念亲人。在一系列仪式与活动中他们形成了浓厚的家乡情结。然而，在某些时候，尤其当经济状况不佳时，他们却主动克制思乡的情绪。

（一）年节忆念祖先

祖先怀念是传统农村生活的重要内容。周边农民带着"忘祖"是大不

---

① 汤蕾：《多重权力网络下的近代中国人力车夫——以 1945—1949 年的汉口人力车夫为中心》，硕士学位论文，华中师范大学，2006，第 48 页。
② 李明伟：《清末民初中国城市社会阶层研究（1897—1927）》，第 455 页。
③ 顾德曼：《家乡、城市和国家——上海的地缘网络与认同，1853—1937》，宋钻友译，上海古籍出版社，2004，第 3 页。
④ 沙莲香等：《社会学家的沉思：中国社会文化心理》，中国社会出版社，1998，第 18 页。

孝的信念来到武汉，并在年节时分以仪式或活动来表达对祖先的忆念。即便住在贫民区里，也挡不住他们的热情与虔诚，"这里的人们，每当过节的时候，同样的纪念着祖先，玩着龙灯、高跷、狮子、蚌壳。比一般更热闹，敲锣打鼓的"①。尤其当来自同一乡源的农村移民聚居在城市的同一地方时，集体忆念不仅方便，而且还可能追忆到人们共同的祖先。② 类似于近代上海的农村移民，他们"生活在都市里的'村庄'，在很大程度上还是都市里的乡民"③。在春节、清明以及鬼节④，迁居武汉的农村移民都会始终如一地焚香、烧纸⑤或者送灯，祈求祖先的护佑。

离家乡较近的移民，还会在春节和清明时，回到家乡祭祖。尤其是来自新洲、黄陂、汉阳农村的移民几乎毫无例外地回乡上坟。不过，这基本上是家庭中男主人的使命，一般女人和孩子不参与其中，他们所做的就是天黑时倚着门槛等待回乡祭祖的丈夫或者父亲归来。即使全家搬到武汉，回乡祭祖也是必需之事，否则会被家乡人非议。

死后埋在家乡的土地反映出来汉的四周乡民对祖先与故乡的忠诚。中国人的死亡观念带有很大成分的"乡土性"⑥，灵魂的处所——死后的归宿应是自己的生养之地。所谓叶落归根，这在第一代来汉农村移民身上是根深蒂固的。这与更早些时候，寓居汉口的客商的做法与态度极为相似。汉口的同乡会馆常帮助把寓居者的遗体运回家乡，并鼓励这种对家乡的留念方式，⑦反映出已经都市化的商人们那种剪不断理还乱的乡村情结。⑧

（二）财富与婚姻的指向：家乡

经济联系与婚姻纽带是移民与家乡和亲人加强联系的重要方式和内容。

---

① 常怀祖：《在"贫民区"里》，《大众报》1947 年 4 月 27 日。

② 罗威廉：《汉口：一个中国城市的商业和社会（1796—1889）》，第 262 页。

③ 张仲礼主编《近代上海城市研究》，上海人民出版社，1990，第 735 页；熊月之：《乡村里的都市与都市里的乡村——论近代上海民众文化特点》，《史林》2006 年第 2 期。

④ 每年的阴历七月十五，亦称中元节。

⑤ 不独农村移民，广大市民包括中上等人家也有烧纸钱以祈求亡故祖先护佑的习惯。当时住在高档里弄住宅的日本军官百田宗志即发现对面人家在中秋夜焚烧冥钱。参见百田宗志《汉口风物诗》，武汉宣传联盟事务局，1945，第 43 页。

⑥ 钟敬文：《民俗文化学：梗概与兴起》，中华书局，1996，第 221 页。

⑦ 徐焕斗：《汉口小志·名胜志》。

⑧ 涂文学：《对立与共生：中国近代城市文化的二元结构》，《天津社会科学》1998 年第 1 期。

对于家人尚留在农村的移民来说，他们在武汉辛苦劳作的目的，就是攒钱，改变家人的生活状况。他们也许不能像富商那样，将在汉口赚到的财富运回家乡，服务当地社会，但其财富的指向同样是迁出地——故乡。

在汉单身农村移民的主要目标就是挣钱，回家买地、盖房子、娶媳妇。"他们通过购买土地使自己同乡村保持着密切的联系。"① 据笔者访谈，从鄂城葛店到汉口长江边做码头搬运工的尤志旺、叶方刚、兰水成、王长银将攒的钱让老乡带回给家乡的父母，以用来给自己买地、建房、讨媳妇，至今回味起来他们都觉得心满意足。可见他们确实乐意让财富流向老家，当然这在很大程度上是因为父母拿钱帮助自己在家乡成家立业了。如果一个农村移民在城里不能找到一个有着同样背景的"门当户对"的媳妇，则一般还是回农村成亲。何况他们中的好多人从家乡出来时，已经有了"父母之命、媒妁之言"的婚约了，有的甚至订的是娃娃亲。

进城时已经成家的农村移民，则埋头挣钱养家，攒了钱让同乡带回或寄给家里的妻儿与父母。"人在外面心在家，少年妻子一枝花。"② 哪怕再苦一点，他们心里也踏实。刘庆和从黄陂农村到汉口做临时工时，每天只吃中餐和晚餐两顿，总吃不饱，却不肯花三分钱买一个面窝作为早餐，否则他会想到家乡的妻儿可能因为自己的"贪嘴"而饿肚子。③ 如果长期不寄钱回家，可能还会受到家人的责怪，被人说"忘了根本"④。当然我们有理由相信，老家的父母都是仁善的，能够体谅儿子在汉漂泊的不易，因此即使家里困难也报喜不报忧。

适箴父母写的一封家信浓缩了家乡老人对只身在汉的儿子的体慰关切之情：

儿见字知悉：近闻武汉天气甚热，易染疾病，须多加仔细，注意卫生，汝能擅自调摄，日益健康，使余放心，则孝道尽矣。至于经济一层，武汉生活程度高昂，余已深知，汝月入有限，可不必勉强汇寄家

---

① 涂文学：《对立与共生：中国近代城市文化的二元结构》，《天津社会科学》1998 年第 1 期。
② 王干一：《旅汉杂记》，《西北风》第 16 期，1937，第 29—30 页。
③ 访谈资料：F－6，2006 年 4 月 20 日。
④ 曼引：《崩溃》，《武汉日报》1933 年 5 月 18 日。

用。余自能维持，万勿以此难过。汝喜读书报，然天气热时，亦应有节，勿为饱知欲而害身体也，且嘱！父母字。[①]

（三）思乡情结及其克制

思乡，在到武汉谋生的农村移民中是常有的普遍现象。

一个人思念自己所了解的家乡，是一种本能的情感。[②] 对家乡的热爱和思念，可能源于儿时的忆念与天然的认同感，[③] 看见那片土地就舒服，因为是在那里长大的。离开家乡的移民几乎没有不患思乡病的，他们相信身体和精神的痛苦源自背井离乡。[④] 而思乡的情结是生活的一部分，随时可能引发。

在汉生活的不如意会撩起思乡的情绪。武汉的热或冷会使人怀念家乡的怡人气候："去年的夏天，我是在那风光秀丽的故乡很愉快地消磨过去了，可是今年在这没法避暑的汉口，从热气腾腾当中又使人大有怀乡之感。"[⑤] 当被人问及"你的家乡是哪里"的时候，也会触痛怀乡的神经。[⑥]

春节或者中秋节团圆的气氛和城里热闹的场面，也会引发在汉游子的乡思。春节是对在汉游子思乡情绪的考验。只要看见别人争购着新年需要的东西回家，或和友人互相馈赠，便随时可以触起思家念友的感觉。每当这个时候，游子总免不了太息一声，太息做了异乡的孤客。只身在汉的拔戈有时和他的友人闲谈起，便会欣羡地向他们说："啊！一个人没有家是多么可怜啊！当寂寞无聊之后，不知要发多少凄然慨叹的感慨呢？……"于是拿出笔给丧偶的母亲写信，却又怕增添母亲的感伤："母亲，这也许完全是你儿的罪过吧？在这新年将近的日子，还是只身在这数百里的武汉，不能回家来看看你衰老多愁的亲娘，反而更加许多数不清的思念孩儿的伤感于你。母亲，这话你的儿不能说了，你的儿的泪水已滴湿了信笺……"[⑦]

---

① 适箴：《家信》，《武汉报》1941 年 7 月 5 日。
② 罗威廉：《汉口：一个中国城市的商业和社会（1796—1889）》，第 286 页。
③ 凡凡：《还乡》，《大楚报》1941 年 6 月 6 日。
④ 顾德曼：《家乡、城市和国家——上海的地缘网络与认同，1853—1937》，第 3 页。
⑤ 星子：《怀乡》，《武汉报》1940 年 8 月 3 日。
⑥ 力子：《怀乡》，《武汉报》1940 年 8 月 3 日。
⑦ 拔戈：《游子情》，《武汉报》1941 年 1 月 26 日。

虽然是一般游子思乡的情绪，但只有身在异乡的游子才能体会中秋之夜的孤苦以及对家人的深情：

今年的元宵我在武汉，
一个人望着圆圆的月亮。
得着了片纸的家书，
乡愁就缠得我好心慌。
我记得那时曾经说过，
到中秋无论如何回家，
和父母，和兄妹，在庭前，
灭了烛，看月亮，看桂花。
现在中秋了，
我依然在异乡
捐弃不了乡愁，
还有了一身的债，
穿着破衣走遍了长街，
无限的愁怀系着无穷的思索。①

可见，对于只身在汉打拼的农村移民来说，思乡是隐藏在心底一触即发的深沉的情感。

但思乡的情绪却是复杂的，甚至会受到思乡者经济状况的左右。结果，"'故乡'这词很像橡皮，富于伸缩性"②。思乡的情绪随着财富的积累而疯长，最后的结局就是举家移居武汉；而经济的窘迫则会销蚀游子思乡的勇气。对于前者，"故乡是甜蜜蜜的"；对于后者，"故乡却是酸溜溜的"③。所以，民国中后期从周边到武汉谋生的移民与传统中国人的"华衣丽锦好还乡"的观念保持着高度的一致。所谓衣锦还乡，不混出点名堂，就觉得无颜见父老乡亲。处境窘迫，即使思念故乡，也不敢回去探望亲人，从而与

---

① 萧然：《异乡的中秋》，《汉口罗宾汉报》1935 年 9 月 21 日。
② 青芜：《我的故乡新年》，《西北风》第 14 期，1937 年，第 66 页。
③ 邵劈西：《故乡》，《武汉日报》1934 年 8 月 2 日。

故乡产生隔膜。正如游子凡凡的心绪一样："家乡的确有许多处所，萦系了我的心。不过，我难得发生还乡的念头，我就淡忘了它呵！当然我很羡慕衣锦还乡的故事，要说是我能达到这种愿望好像是太渺茫了。实在的，我并没有这些野心。不过我总觉家乡与我之间，有些间隔。让家乡的人们咒骂着我吧，说是一个可怜的浪子呀！"① 所以经济状况欠佳、没有成就的在汉移民因怀乡而觉羞耻，思乡的情绪因此受到克制，而难以产生回乡探望的勇气。

总之，思乡是在外游子的一种自然的情感体验。民国时期到汉谋生的四周乡民也在情感、财富、婚姻、仪式及墓地选择等方面与家乡保持着紧密的联系。当无力举家移居武汉时，家乡就成为他们的精神动力，是年节时分寄托思念的方向，家乡的妻儿父母是他们劳碌的全部理由。对家与家乡的思念、缱绻之情随时可能爆发，但与家乡的亲近感却又在某种程度上取决于他们所取得的经济成就。这是农村移民未曾料想到的尴尬。他们到底属于家乡还是属于眼前的这座城市呢？

四　双重边缘化：身份认同的困惑

自己属于武汉这座城市，还是属于不远的家乡？自己是城里人，还是"乡巴佬"？这是近代武汉农村移民常常自问与谈论的话题，也许是百思不得其解的难题。

对于长期在汉经商，而且成为财富精英的外乡人来说，他们有着良好的心理感受和自我认同，乐于把自己当武汉人和城里人看待。尽管外地商民以各种方式与家乡联系，但对于大多数"汉口寓居商人中的头面人物，至少从社会活动的参与方面看，都把他们自己看作全面融入汉口社会的一份子"②。

然而，对于来汉的农村移民来说，情况可能有所不同。他们存在身份认同的困惑，不知道自己到底是武汉人还是乡下人。他们在武汉面临的社会景象迥异于之前他们所生活的乡村世界，这给他们的生活带来了颠覆和烦恼，使其左右不是，他们被置于城市与乡村的双重边缘。

---

① 凡凡：《还乡》，《大楚报》1941 年 6 月 6 日。
② 罗威廉：《汉口：一个中国城市的商业和社会（1796—1889）》，第 303 页。

（一）初来乍到：内外都是"乡巴佬"

近代武汉是个衣冠社会。作为一个晚近发展起来的转口贸易城市，武汉三镇名来利往，过客如云，使人应接不暇，以至于人们只重衣冠不重人。[①]　初来乍到的四周乡民，从内到外，在武汉人眼中都是一个老土的"乡巴佬"。

移民初到武汉的外表和装扮就是乡下人的标志，这加深了自己和城里人对他们"乡巴佬"身份的体认。一双草鞋或者布鞋，加上土洋布裤褂，一看就知道是乡下来的，城里人不自觉地露出鄙夷的眼色。这打击了新移民的自尊心，让他们因为自己是乡下人而自卑，于是要在外观上向城里人看齐，积极寻求改变，由土变洋。结果却食"洋"不化，反而变得不土不洋，让人看着别扭。那些有幸到工厂做上女工的农村移民身上就呈现这种不协调：她们的服装虽然是想努力于时髦打扮，但是从头到脚总不能完全调和。不是高跟皮鞋太小，就是新制的旗袍未免太俗，脸上的脂粉和残留的姿态，显示出她们的青春爱情和生活的疲惫。[②]

初进城的农村移民因为对都市生活陌生，呆笨的行为举止会被人鄙弃为"乡巴佬"。在武汉土生土长的城里人有着莫名的优越感，甚至百般刁难乡下人。以下是宋海所观察到的在武汉的"乡巴佬"受到的不公平待遇：

> 你走上街去，高视阔步，从那些你看去呆头呆脑，东张西望，土里土气的人里，你会意识到你是从这大群人当中分出的"城里人"的一个，而在心里鄙弃的喊："乡巴佬！"
>
> 我曾看到过乡巴佬被警察老爷在警岗旁怒罚立正十分钟，原因是汽车来了还要跑，不会走路——城里的路。于是我懂得了市虎[③]为什么老爱亲热乡下人：他们不会走路。更有意思的是在市虎吃人后，人群里传出来惋惜声的程度性质，也会因城里人乡下人而不同，"一个乡下人！"看多泄气！
>
> 我曾看到乡巴佬被有优越感的城里人不客气的猛吼，原因是他们像

---

① 徐明庭辑校《武汉竹枝词》，第 348 页。
② 王里：《朝去暮归：水平线下生活之一》，《武汉日报》1935 年 8 月 2 日。
③ 指汽车。

刘姥姥进大观园似的东张西望，看这个橱窗，问那个地摊，妨碍交通！

进百货店和绸缎铺，城里人从势利的店伙那里得到殷勤的招待，拿烟倒茶，先生太太前，货色不如意，转身就走，还得笑赔两个不是。若是换上乡下来的朋友，你猜谁神气足？站上半天，没人睬。货色问多了，不高兴；还价，没这规矩；问了不买，准挨骂。

寄信，坐车，乘船，我们的乡巴佬都不受欢迎。叽里咕噜真讨厌。信，不晓得往筒里一丢？买车船票，班次票价，外面白纸上都用墨字写得有，偏偏要问，真幼稚，真讨厌！

前不久我看电影，哪知半途停下来查身份证，这一招谁都没有防到。没有，城里人聪明得很，会扯由头，打交道；却苦了乡巴佬，电影没看成，捉将官里去![①]

近代武汉城里人对乡下人的歧视和上海人对外乡人的优越感竟如出一辙。[②] 这是由他们生活的世界——城乡的不同景象所决定的，"洋气十足"与"乡巴佬"的生活之间有天壤之别。初到城里的乡下人，面对一个完全陌生的世界和接踵而至的、从未经历过的人和事，无所适从，其行为难免迟钝可笑。生疏的环境与生活让他们不知所措，因而会做出些鄙陋的事情。有的当街撒尿，有的把垃圾箱奉为张天师的宝剑，敬畏之心油然而生。[③] 而坐在汽车头上的故事则暴露出乡下进城女佣的无知与尴尬：

新年里一位奶奶带了她的孩子们出去拜年，带着一个女佣人，刚从乡下到汉口来的，道路不熟，所以也不大出门，那天带了她一起出去。当坐上汽车的时候，那位奶奶，特意关照她坐到前头去，意欲教她和汽车夫并坐。她看看前头，只有汽车头，于是拼命的爬到汽车头上。汽车夫问她："你做什么呀？"她说，"叫我坐在前头，难道不许吗？"[④]

① 宋海：《乡巴佬》，《武汉日报》1949 年 2 月 27 日。
② 忻平：《从上海发现历史——现代化进程中的上海人及其社会生活（1927—1937）》，上海人民出版社，1996，第 253—258 页。
③ 小市民：《原来这就是垃圾》，《汉口报》1946 年 6 月 13 日。
④ 《坐在前头》，《罗宾汉报》1947 年 2 月 9 日。

报纸刊登这样离奇的事情，或许是子虚乌有，恐怕只是为了揶揄乡下人、满足城里人的优越感而已——乡下来的人多不会看到这样的文字，即便被城里人污蔑和冤枉，也不得而知。

由于成长生活在完全不同的环境里，城乡人的日常行为方式、个性气质、心理需求、价值取向都显示出截然相反的特征。[①] 城里人的歧视，加上自身言行举止的滞后性，强化了自己是"乡巴佬"的自卑。因而，初到武汉的周边农村移民很难形成自己是"武汉市民"的身份认同，但他们却从外到内、孜孜以求从乡下人到城里人的转变。"这些过去的农民必须尽快改变其纯朴的天性，以成为这既有挑战又有希望的都市生活的一部分。"[②]

（二）站稳脚跟：渐生城里人的优越感

在城里奋斗了一段岁月并且略有成就的乡下移民，不愿自己再被看成"乡巴佬"。随着时间的推移，自身经济状况改善，言行举止渐脱土气，农村移民在武汉站稳脚跟后，也会渐生城里人的优越感。他们当初被城里人瞧不起的记忆渐渐淡化，反而看不惯乡下人，自己不再把自己作为乡下人看待。

城市改变人的力量大得惊人。"近朱者赤，近墨者黑。"常人会随着环境而改变，何况在被人当成"大染缸"的都市。著名的美国城市社会学家沃思在其经典之作《作为生活方式的都市主义》中指出，都市人口规模、人口密度和社会异质性导致都市生活远较乡村生活更加个性化和多样化。[③] 快节奏而多彩多姿的都市生活会塑造新进入都市的民众，让他们按照多数市民的样子去着装、行动和思考。

农村到汉移民经济稍微改观后的第一件事就是改变装扮，主动与"乡巴佬"区别开，力求"形似"城里人。甚至在经济窘迫之时，他们也注重衣冠，所谓"生拉活扯制西装，哪管家中已绝粮"[④]。这种改变修饰的举动是不自觉的"印象整饰"行为，为的是使别人对自己形成自己所希望别人

---

① 张鸿雁主编《城市·空间·人际——中外城市社会发展比较研究》，东南大学出版社，2003，第33—38页。

② 卢汉超：《霓虹灯外——20世纪初日常生活中的上海》，第91页。

③ 于海主编《城市社会学文选》，复旦大学出版社，2005，第44页。

④ 徐明庭辑校《武汉竹枝词》，第348页。

形成的印象,① 即让别人觉得自己是城里人,是武汉人。

除了外表,农村移民还会被动沾染或者主动学习所谓城里人的精神气质,力求"神似"。他们尤其注重学习城里人见多识广、精明圆滑的习性。武汉这座大都市里各种变幻多端的新鲜刺激渐渐让乡下人在挫败中适应,并学会选择,学会有分寸地做出反应,从而一改当初的呆板而增长见识,变得精明。他们慢慢学会如何更好地建立人际关系,扩大交往圈子,如何得体处理各种人事,甚至学会在什么情况下应该大度,什么情况下应该斤斤计较。连从乡间来的人力车夫也跟城里人一样圆滑了,让坐车的人不好对付,只得研究"雇车的哲学",因为人力车夫更愿意拉西装阔少或摩登太太,而他们最乐意拉的是洋人。② 应该说,崇洋是这个城市的一个文化特性,只是车夫表现得最为露骨罢了。

结果,这些形神兼备城里人特征的四乡移民习惯了都市的生活,渐渐产生了优越感而看不起乡下人。这种微妙的感觉在不经意间流露出来最能说明真切性。曼引看到从乡下来汉口的哥哥时,就产生了这样的心理,并且意识到了自己的"失态":

> 看见他穿了一件蓝布长衫,上身套住一件半截"马褂",足登[蹬]一双约有半寸厚的布底鞋,此外带村中旅行所必备的一把雨伞,一个小布包袱,样子真像被都市上人讥笑为乡巴佬,颇有点好笑。但,马上想到我自己不也是乡村中出来的?以前初出门时不也是这副行装么?那对于哥哥又有什么可笑呢?我不觉歉然,似乎太对不起我哥哥了。③

而从前为乡民的人力车夫也势利得不愿拉"乡巴佬",讥笑他们出不起钱还要坐车开"洋荤"。④ 自己尚未完全融入都市生活,就开始看不起乡下人,这引起了不平者的拷问:"城巴佬,你们自己甚至你们的祖宗都是从乡

---

① 周晓虹:《现代社会心理学——多维视野中的社会行为研究》,上海人民出版社,2002,第179页。
② 均颖:《雇车的哲学》,《武汉日报》1932年1月1日。
③ 曼引:《崩溃》,《武汉日报》1933年5月18日。
④ 均颖:《雇车的哲学》,《武汉日报》1932年1月1日。

里面出来的啊，别再那么自视过高。”①

　　尽管让受到轻视的父老乡亲不解甚至不平，一部分体验到都市生活的农村移民渐渐开始认同武汉，轻视乡下的生活与乡下人了——也许两年前他也属于那个世界和那种生活。结果，内外都向城里人“进化”了的他们，下意识里将自己与乡下人划清界限，甚至以“乡巴佬”身份为耻，自然难以形成自己是乡下人的身份认同。家乡的父老乡亲也因为他们那些“忘了本”的言行心生不满而排斥他们。与此同时，先期到汉并且成功转型的武汉人或其后代则始终觉得这些缺乏长期、成熟的城市生活体验的移民别扭和奇怪，不把他们当武汉人和城里人看待。

　　结果，这批都市的农村移民不愿认同自己是乡下人，家乡父老也不愿接纳他们了；虽然他们极想认同自己是武汉人，并被别人视为是城里人，却被更地道的城里人视作乡下人或者怪怪的一类。身处都市繁华之中，却又同时被都市和乡村推到边缘，双重的边缘化让他们产生了身份认同的困难、痛苦与尴尬。

　　他们到底是城里人还是乡下人呢？这是一个需要时间去检验和印证的问题。随着时光的流逝，这批农村移民艰难地在武汉生存下来（见图3），生养后代，他们的子孙成了真正的武汉人和城里人。那么，谁也无法否认，尽管这些移民在人生的某个时段是在乡村生活，但最终却成为城里人的祖先了。在这个高度商业化的都市社会，大城市是个“巨大的择选和筛选机制，它必然在全部居民之中挑选最适合在某一特定范围里生活的个人”②，于是早先的农村移民“转化成了各种各样的小商人或苦力，就这样，这些为人不屑一顾的小人物成了商业世界及其文化——所谓都市文化——的一个基层部分”③。

　　武汉，当这座近代城市造就了为数不多的商业巨子，搅起汹涌的商潮，活力四射时，人们会感叹其富庶、繁华与喧嚣，赞之以“东方芝加哥”的美誉，但常常忘记这样一个事实：在炫目的光圈之下，大多数市民过着庸常

---

① 宋海：《乡巴佬》，《武汉日报》1949年2月27日。
② 著名的城市社会学家、芝加哥学派的创始人之一，罗伯特·帕克在《作为社会实验室的城市》一书中写道的。参见伊夫·格拉夫梅耶尔《城市社会学》，徐伟民译，天津人民出版社，2005，第44页。
③ 卢汉超：《霓虹灯外——20世纪初日常生活中的上海》，第91页。

图 3　街头

注：画中一个无名之辈蜷缩在墙角，身后的摩天大楼近在咫
尺，却又永远都不属于他，眼中的无奈似乎在诉说他的悲苦和心
酸。作为一个从农村来到武汉都市的人，要想出人头地，进入上流
社会可能是一个遥不可及的梦。

资料来源：王维中作《街头》，《武汉日报》1946 年 11 月 23
日。

甚至悲苦的生活。大量的市民是过去的农民，他们移居都市后又干着最卑微
的活计，过着最底层的生活。为数众多者的这种人生样态，增添了都市的草
根特征与平民色彩。而十有其一的小贩人群，在生计逼迫与都市生活的双重
塑造下形成的精明习性，成为这座城市小市民化倾向的重要来源。如此势必
会销蚀都市生活总体的浮华、高贵和优雅的情调，使之归于平淡与庸常。

第三编
财政、经济与社会

折上折：明代隆万间的赋役折银
与中央财政再分配

李义琼[*]

引　言

　　折色是中国古代财政赋役史上的重要问题。众多学者的研究表明，南朝至宋代，折色、折租、折科、折变等，是中国古代财政赋役中的常见现象，涉及唐代制度江南化（南朝化）、货币地租等古代史研究中的重要命题。[①]到了明代，赋役折色进一步演变成折银，包含着王朝货币财政体制的形成、一条鞭法的推进、国家与社会的转型等重大问题。

　　本文论述的"折上折"，并非仅停留在赋役折色这个层面，更是要处理中央各部门以折色为手段，展开财权博弈重新分配财赋的问题。即，文章既要处理明代赋役从折色到折银的问题，更要分析户、工二部如何以折银为手段，借机分割皇帝内府财赋的问题。后者将打破皇帝强势占夺国家财赋、万历皇帝贪财等固有认知，[②]

---

　*　李义琼，浙江师范大学。

　①　参见陈寅恪《陈寅恪集·隋唐制度渊源略论稿》七《财政》，生活·读书·新知三联书店，2001，第156—174页；唐长孺《魏晋南北朝史论丛》（外一种）之《魏晋户调制及其演变》，河北教育出版社，2000，第75—80页；杨际平《唐前期江南田租造布的财政意义——兼论所谓唐中央财政制度之渐次南朝化》，《历史研究》2011年第2期，第16—34页；卢厚杰《唐代折变考论》，《云南社会科学》2015年第4期，第151—158页；汪圣铎《两宋财政史》，中华书局，1995，第198—203页；包伟明《论宋代折钱租与钱租的性质》，《历史研究》1988年第1期，第147—161页。

　②　黄仁宇用万历皇帝的贪财与吝啬去解释万历时的财政问题，仅停留于表面而忽略了制度因素。参见黄仁宇《十六世纪明代中国之财政与税收》，阿风等译，生活·读书·新知三联书店，2007，第397页。

分析财政表象背后的制度性问题。嘉万时期是一条鞭法兴盛时期，① 那么，以赋役折银为核心内容之一、在各地自发进行的一条鞭法，如何导致了明朝财政体制从以实物劳力为主到以白银货币为主的转变？通过对隆万时期京师银库，特别是其所贮上供物料折银的研究，本文将从中央白银财政管理体制拓展的层面推进对一条鞭法的研究。

赋役折银是明代经济史研究的重点，因为它是一条鞭法的重要内容，而一条鞭法的研究已吸引了几代学人，成果不胜枚举。② 具体来讲，赋役折银

---

① 梁方仲：《梁方仲文集·明代赋役制度》，中华书局，2008，第 245 页。

② 梁方仲认为，赋役用银缴纳，相对实现赋役征收期限上的整齐划一，带来一条鞭法的"总收分解"，是一条鞭法的核心内容之一。参见梁方仲《一条鞭法》，载《梁方仲文集·明代赋役制度》，第 11、51—52 页。他还强调，"中国对白银货币的需求很大程度上是由赋税货币化引起的，而这种赋税货币化的动力来自政府的财政体系运作的需要，白银的流通主要发生在政府财政分配的领域"。参见刘志伟、陈春声《天留迁腐遗方大，路迷因循复倘艰——梁方仲先生的中国社会经济史研究》，载《梁方仲文集·明代赋役制度》，第 32 页。黄仁宇则从中央财政分权的角度去看待赋役折银：中央实行财政分权，没有建立起统一的中央国库，户部、工部、太仆寺、光禄寺等都有各自的银库，南京户部也有自己的银库。参见黄仁宇《十六世纪明代中国之财政与税收》，第 23 页。刘志伟指出，一条鞭法实行以后，赋役合并，统一折银，总收分解，差役银"作为正项赋税的一部分，置于中央政府的直接控制下，地方财政与中央财政的划分由原来的税源划分法和分成法并行改变为单一的分成关系"。参见刘志伟《略论清初税收管理中央集权体制的形成》，中山大学历史系编《中山大学史学集刊》第 1 辑，广东人民出版社，1992，第 116 页。万明则从白银货币化与赋役改革的关系分析赋役折银，参见万明《明代白银货币化的初步考察》，《中国经济史研究》2003 年第 2 期，第 39—51 页；《明代白银货币化：中国与世界连接的新视角》，《河北学刊》2004 年第 3 期，第 145—154 页；《白银货币化视角下的明代赋役改革》（上），《学术月刊》2007 年第 5 期，第 124—129 页；《白银货币化视角下的明代赋役改革》（下），《学术月刊》2007 年第 6 期，第 134—139 页。上供物料、徭役折银是 20 世纪五六十年代日本学界关注一条鞭法的重点之一，山根幸夫、岩见宏、栗林宣夫、谷口规矩雄等分时段、分区域考察了徭役折银，包括江南均徭法中的力差、银差，华北的银差，山东的门银等。参见山根幸夫《明代福建的丁料和纲银》，李小林译，《中国社会经济史研究》1991 年第 1 期，第 11、23—27 页。其原文《丁料と綱銀—福建における里甲の均平化》，载《和田博士古稀纪念东洋史论丛》，讲谈社，1961，第 1027—1038 页。岩见宏《銀差の成立をめぐって—明代徭役の銀納化に関する一問題》，《史林》1957 年，第 408—426 页。栗林宣夫《里甲銀に關する考察》，载东京教育大学文学部东洋史学研究室、山崎宏编《中国の社会と宗教——東洋史学論集》第二，东京，不昧堂书店，1954，第 329—354 页。谷口规矩雄《明代華北における銀差成立の一研究—山東の門銀成立を中心として》，《东洋史研究》1961 年第 3 期，第 233—267 页。足立启二认为中国白银财政体制的建立是一个渐进的过程，提示研究者要从包括内承运库、太仓银库在内的"京库"进行考察。参见氏著《初期銀財政の蔵出入構造》，收入《山根幸夫教授追悼纪念论丛——明代中国历史的位相》（下），东京，汲古书院，2007，第 681—698 页。藤井宏则从盐课折银的角度，分析成化末已形成商人于运司纳银中盐的制度。参见氏著《明代盐商的一考察——边商、内商、水商的研究》，载刘森《徽州社会经济史研究译文集》，黄山书社，1987，第 244—346 页。

主要有田赋、盐课、上供物料和徭役的折银。长期以来，学界的研究多集中在田赋、徭役折银，略微涉及盐课折银，但对上供物料折银的关注还很不够。[①] 而且，以往研究的视角多集中在基层赋役，疏于关注京师衙门间的财政关系，或者说中央财政的再分配。虽然岩井茂树认为一条鞭法首先是个财政问题，并且应从徭役与财政的关系去研究一条鞭法，但是他认为白银财政的建立是个常识性的问题。[②] 事实上，白银财政的建立和拓展并非理所当然的事件和过程。需要说明的是，因材料及财政问题本身敏感性的限制，本文对中央各部财权博弈的探究，更多是基于数据统计而非案例分析。

一　京师银库与中央财政的再分配

明代的京师银库，简称京库，主要有皇帝的内承运库、户部的太仓银库和工部的节慎库。它们先后建立，主要税源分别为明代赋役的田赋折银（"金花银"）、盐课折银和上供物料折银。[③] 三者皆为赋役折银的主要类别，三个主要京师银库可视作各地的各色赋役折银在中央层面的制度化，即一条鞭法在中央财政的制度化。当我们追问各银库所藏白银数量如何，是何名目，来自何地，折银之前与之后有何变化，各银库间的财政关系如何等时，分析的触角便会伸向明中叶以后的一条鞭法改革和白银财政管理体制的建立。

京库是集合名词，有内、外之别，南、北之分，且因时而异，从以贮藏

[①] 关于上供物料折银的研究还有：岩见宏《明代における上供物料と徭役》，《东洋学报》1972 年第 2 期，第 1—31 页；谷口规矩雄《明代の上供物料について——光禄寺物料を中心に—》，《山根幸夫教授追悼纪念论丛——明代中国历史的位相》（上），东京，汲古书院，2007，第 5—21 页。盐课折银，除前述藤井宏的成果外，还有刘淼《明代灶课研究》，《盐业史研究》1991 年第 2 期，第 15—22、26 页；余永哲《明代广东盐业生产和盐课折银》，《中国社会经济史研究》1992 年第 1 期，第 22、23—27 页。

[②] 岩井茂树：《中国近代财政史研究》，付勇译，社会科学文献出版社，2011，第 294、345、358 页。

[③] 明代京师银库，主要出现在定都北京，且"金花银"大量出现的正统之后。贮藏以"金花银"为主的内承运库建立于正统元年（1436）。户部太仓银库创建于正统七年（1442），但其主要收入盐课银稳定在百万两主要在嘉靖后期。工部的节慎库建立于嘉靖八年（1529），其重要收入四司料银稳定在年额五十万两，却在嘉靖三十五年之后。黄仁宇认为：整个明代从来没有建立起中央国库，户部、工部、太仆寺、光禄寺各有银库，互不统属。且南京户部也有自己的银库。也即，明代京师银库远非笔者关注的三个，只是它们相对重要而已。参见黄仁宇《十六世纪明代中国之财政与税收》，第 23 页。

实物财赋为主变为以贮藏白银货币为主，故常与“内府库”、“内库”、太仓银库、节慎库、南京银库等混用，给研究者理解和运用史料造成不便。洪武时，它大概指南京的皇帝的内府库和户部的九个库藏。永乐之后，北京逐步形成了建制与南京相似的库藏体系。正统之后，皇帝、户、兵、工等部银库相继建立。那么，如何判定京库是哪个库藏呢？可遵循以下基本原则（但它们主要适用于正统以后，因为正统以后，各部银库先后建立，情况变得复杂）。第一，京库是指各个内府库。按照各库的职能，相应所解物品送入相应库藏。① 第二，“派剩米麦、马草折银”，丝绢折色折银解送户部太仓银库。第三，承运库丝绢折色折银，供用库黄、白蜡折色折银，甲、丁字库颜料折色折银，以及天财库、广惠库钱钞折色折银等进入太仓银库。第四，部分甲、丁、戊字库及其他库折色折银解入工部节慎库。第五，两京制度确立以后，解往南京库藏的物品要在库藏前加“南京”二字，解入北京的则不加“北京”，默认京师即北京。要特别注意的是，内府库的折色物料折银，户部的太仓银库和工部的节慎库都有贮藏。这又究竟如何区分？笔者认为，应严格根据史籍记载，具体分析。因为上供物料的本色、折色之派征，要上报皇帝同意，由户部、工部等分别发放堪合，派到各府州县。根据会典的规定与各部堪合的具体内容，特别是所派物品的本、折之分，基本可以判定赋役要解送的具体部门或库藏。

明中叶以后，京师库藏体系分为两套，包括帝室财政（或宫廷财政）所属的内府库和中央政府财政所属的户部、工部、太仆寺、光禄寺等管理的银库。前者贮藏包括上供物料在内的黄蜡、颜料、丝绢、布匹、钱钞等，为皇帝控制，宦官管理，主要负责皇帝个人的开支。后者分属中央各部，由文官管理，应付政府的各种公共开支。本文要分析的黄白蜡、丝绢、颜料、野

① 徐溥、李东阳等：正德《大明会典》卷33《户部十八·库藏二》之《内库·事例》，《景印文渊阁四库全书》第617册，台湾商务印书馆，1985，据江苏巡抚采进本影印，第365—366页：“凡各处解到鍜匹、金银、瓔玉、象牙等物，送内承运库收。凡各处解到钱钞等物、并各衙门锁钥，俱系内府天财库收掌。凡各处解到白熟粳糯米等物，送内府供用库收。凡各处解到布匹、并各色颜料，送甲字库收。凡各处解到纻丝、绵布、胖袄、裤鞋、毛袄、狐帽等物，送乙字库收。凡各处解到绵花、丝绵等物，送丙字库收。凡各处解到铜钱、皮张、苏木等物，送丁字库收。凡各处解到军器、胡椒等物，送戊字库收。凡各处解到阔生绢、并翠毛皮，送承运库收。凡各处解到钱钞、并纻丝、绫罗、紬绢、氆氇、铁力绵布、衣服、花绒等物，送赃罚库收。凡各处解到钞钱，送广惠库收。凡各处解到纻丝、纱罗、绫绵、紬绢、布匹等物，送广盈库收。”

味等财赋，在明前期，财政体制以实物劳力为主，贮藏在皇帝的内府各库；而明中叶以后，通过折色特别是折银，白银财政体制逐渐建立，逐渐从皇帝专属变为皇帝、户部、工部等共有。简言之，隆万间，户、工二部在财赋入库前，通过将上供物料从之前的区分本色和折色，变为区分本色折银和折色折银；将本色折银召商买办物料实物，仍贮于皇帝的内府各库，而将折色折银贮于户、工二部银库（太仓银库和节慎库），成功地分割了皇帝的财赋。这正是一条鞭法发展至隆万间出现的新特点。

明代的赋役折银是一个历时性的过程，它大规模地始于周忱在江南的田赋折征，尤以"金花银"的出现为关键。[①] 赋役折银也是一个多层次的、非常复杂的财政运作体系，包括编派、会计、征收、解运和入库等环节。[②] 赋役折银还是一场有中央各部参与的财政博弈，其"入库"环节和中央各部通过折色折银对财赋的再分配，正是本文着力探究的内容。

二　户部利用物料折银开始分割皇帝的财赋

据山根幸夫的研究，物料折银只解运至布政司，[③] 但到了嘉靖中后期，这些折银已经解往京师。不过从入库来看，来自各地的赋役折银到达京师后，在贮藏时并非完全实现折银。出于国防安全、内府和朝廷需要等考虑，漕运米麦和宫廷所需丝绢、布匹、白粮等，仍需实物。不过这些实物在贮藏

---

① 参见郁维明《明代周忱对江南地区经济社会的改革》，台湾商务印书馆，1990；堀井一雄：《金花银の展开》，《东洋史研究》1940 年第 2 期；星斌夫《金花银考》，收入氏著《明清时代社会经济史の研究》，东京，国书刊行会，1989，第 123—155 页。关于百万"金花银"在财政体制变迁史上的意义，唐文基、黄仁宇等都曾提出解释。唐文基认为："正统年间金花银的出现，市货币税在田赋中所占的比重大大增加"，"原是国家财政收入的金花银，成了皇帝私有财富，加剧了明王朝的财政危机。"（唐文基《明代金花银和田赋货币化趋势》，《福建师范大学学报》1987 年第 2 期，第 78、80 页）黄仁宇认为："它从田赋收入中永久地分出了 15% 的定额，使得国家名义上的收入与实际收入之间又产生了另外一个差异。"（黄仁宇《十六世纪明代中国之财政与税收》，第 68 页）
② 除前述梁方仲分析到各个环节外，还有山根幸夫的实证。山根幸夫：《明代福建的丁料和纲银》，李小林译，《中国社会经济史研究》1991 年第 1 期，第 11、23—27 页，他分析从正德到嘉靖，福建的物料折银实现了从州县征收白银解运到府、由府购买实物解运京师，到州县征收白银到布政司、由布政司购买实物解运京师的转变。
③ 山根幸夫：《明代福建的丁料和纲银》，《中国社会经济史研究》1991 年第 1 期，第 24 页。

前，既可以从征收之地解运而来，也可以是户、工等部利用所折白银，代内府召商，利用另一群人——"商人"，买办实物入内库。① 后一种情况引申出一个问题：户、工二部等是否真的将暂贮白银全部用来购买物料？答案显然是否定的。一是因为，内府各库贮藏实物物料的能力有限，如果库藏富足，那么便有一部分白银长期贮藏在太仓银库和节慎库。② 二是户、工二部等的财政开支一直较大，特别是在北虏南倭问题日益突出以及大工不断兴建的情况下，这部分暂贮等候召商的白银极可能被挪用。那么，户、工二部等是如何将暂贮白银保留下来的呢？其细节笔者无从得知，不过在隆万间，户、工二部的确采用"折色折银"的手段，成功分割了原本属于皇帝内府库的财赋，从而充实了太仓银库和节慎库。这也正是赋役改革的重要结果。

隆庆元年发生的户部大规模改折内库上供物料的事件，或有助于寻找本色折银与折色折银发生的原因。此事后来成为户部改折内府物料的重要事例，直到明末，当大臣要求皇帝改折内库物料充实太仓银库时，还被引用来据理力争。③

隆庆元年，礼科给事中王治建议，将内府的供用库、内承运库、承运库、甲字和丁字库的物料改折白银，解入太仓银库。改折理由有：拖欠物料之地不产此物；内库物料比较丰足；户部需银接济边用等。改折物料包括黄蜡、白蜡、芩苓香、绢匹、阔白三梭布、阔白绵布、苎布、红花、光粉、二砂、水银等。改折的时间和数量，尚无统一的明确规定。④ 这一事件可谓开了改折内库物料的先例，使户部日后有例可循。例如在万历初期，奏请改折

---

① 何士晋：《工部厂库须知》卷 1《厂库议约》，《北图古籍珍本丛刊》第 47 册，书目文献出版社，1998，据明万历刻本影印，第 321 页："巡视厂库工科给事中臣何士晋，谨题为商困剥肤已极都民重足堪怜……国家经费，一切物料，其初俱用本色，取自外省，后因揽纳滋弊，始令折银解部，该部给价召商，临时买办。"

② 何士晋：《工部厂库须知》卷 1，第 324 页："凡内库有见存，即移会取用。必内库无见贮，始召商买办。"

③ 程开祜：《筹辽硕画》卷 8，民国国立北平图书馆善本丛书景明万历本，第 26b、29a 页："户部尚书李汝华，疏为极陈太仓匮乏之由，竭撅军饷急需之策……其一改折十库物料。查隆庆元年，礼科给事中王治题甲字库银砂红花光粉水银等料，将见该起解之数，各照原定时估折征银两，解发济边。又题丁字库黄蜡、颜料、油漆、并铜、锡、水牛皮角等项，各照原定时估折征银两，解部济边。"

④ 张学颜等：《万历会计录》卷 30《内库供应·沿革事例》，《北京图书馆古籍珍本丛刊》第 53 册，书目文献出版社，1998，据万历刻本影印，第 1014 页。

内库物料的事例就时有发生，但以笔者之见，此时似乎还未形成明确的制度。

万历四年，户部尚书殷正茂将颜料银中需召商买办支付商价的部分贮藏在部廊，无须给商的才存入太仓银库。殷正茂给出的理由是还款，但此事已然说明户部已经将部分颜料银收入本部银库，而且它们无须再用来购买颜料。万历七、八年，丙字库棉花因库藏丰足而改折白银，存入太仓银库，改折的理由与隆庆元年之事相似，程序也类似，即由大臣奏请，皇帝批示，然后再将命令下达地方进行改折。① 物料折银无须再购买物料，意味着户部可以自由处理料银，处理这些料银的最有说服力的理由便是济边。至于究竟用来做什么，借给工部，或者被皇帝拿到内承运库，皆有可能。

隆庆元年，内府供用库和丁字库的黄、白蜡折银的细微差别是：在两库贮藏的黄、白蜡暂时够用的情况下，供用库黄、白蜡入太仓银库的折银是不产黄蜡地方的折银，以及所有白蜡的折银；而丁字库的黄蜡折银却是拖欠且不产黄蜡地方的折银。② 故从时间上看，隆庆元年以后，内府供用库黄、白蜡的折银可能持续发生，而丁字库黄蜡的折银只是针对过去的拖欠，一旦完欠，户部便不再有此收入。如是，便可解释万历时的文献《太仓考》和《万历会计录》中太仓银库的黄、白蜡折银 68325 两来自供用库而非丁字库的记载，③ 而且，《万历会计录》还详载内府供用库黄、白蜡折银转解太仓银库的情况。

表 1 中的黄蜡、白蜡是指物料本色，而黄蜡折色和白蜡折色是指物料折色数额，"折银"表示黄蜡折色和白蜡折色按照规定的折率折成的白银数额。

---

① 张学颜等：《万历会计录》卷 30《内库供应·沿革事例》，第 1015 页。
② 张学颜等：《万历会计录》卷 30《内库供应·沿革事例》，第 1014 页："一开供用库香蜡……白蜡库贮甚多，足供支用，与不产黄蜡地方，照原定时估，白蜡每斤四钱，黄蜡每斤二钱，解送太仓银库，接济边用。""一开丁字库黄蜡……通行各该抚按，将节年拖欠数目清查，系出产地方，仍征本色。不系出产，并铜、锡、水牛皮角等料，各照原定时估，折征银两，解部济边。"
③ 《太仓考》卷 9 之二《岁入》，《北京图书馆古籍珍本丛刊》第 56 册，第 834 页。张学颜等：《万历会计录》卷 1《旧额岁入岁出总数》，《北京图书馆古籍珍本丛刊》第 52 册，第 18 页。

表1　万历六年供用库的黄、白蜡岁入及转解太仓银库的黄、白蜡折银

税目 各司	黄蜡 （斤）	白蜡 （斤）	黄蜡折色 （斤）	折银 （两）	白蜡折色 （斤）	折银 （两）	折银总计 （两）
浙　江	13500	无	5000	1000	35540	14217	15217
湖　广	10750	无	4700	940	29244	11698	12638
江　西	10000	6000	6400	1280	25290	10116	11396
广　东	7600	6300	6300	1260	12600	5040	6300
四　川	15450	17000			19000	7600	7600
山　东	13900		15447	3089			3089
河　南	13900		15447	3089			3089
福　建	10500	6516	3700	740	4134	1653	2393
贵　州	1569						
苏州府	2600		5909	1182			1182
松江府	1400		3202	640			640
常州府	1800		4104	821			821
镇江府	1000		2386	477			477
庐州府	1000		2300	460			460
凤阳府	1100		2547	509			509
淮安府	1000		2473	495			495
扬州府	1000		2547	509			509
宁国府	1200		2620	524			524
安庆府	1000		2300	460			460
太平府	1200		2620	524			524
总计（《会计录》载）	110000	35816	90000	18000	125812	50325	68325
总计（笔者计算）	111469	35816	90002	18000	125808	50323	68323

注：①黄蜡0.2两/斤，白蜡0.4两/斤。

②四川，张学颜等：《万历会计录》卷30《内库供应·供用库》，第995页："隆庆三年，改解陕西四镇，抵充京运年例。"

③笔者总计与《会计录》载总计有出入，原因是笔者录入时采用四舍五入法处理。第一列出入较大，在于《会计录》没有将贵州的年例黄蜡计算在内，而笔者计算在内，此外的原因笔者亦不知，但作保留。

资料来源：张学颜等：《万历会计录》卷30《内库供应·供用库》，第993—996页，与《太仓考》卷10之三《供应·供用库》，第853—854页。

　　《万历会计录》乃户部财经专书，①其记载的太仓银库收入来源和数额，甚不稳定。正如笔者上文分析的来自供用库的黄、白蜡折色银68323两，获得的前提至少有二：一是内府供用库的黄、白蜡足够使用；二是户部向皇帝

————————

①　张学颜等：《万历会计录》卷1之户部尚书王国光、张学颜的奏疏，第6—7页。

奏请折银，得到批准。万历末财政紧张时诸位大臣的议论表明，太仓银库从供用库争取到的这笔物料折银，因其不确定性一直都处于争议中。① 笔者认为，这正是太仓银库收入在制度设计上的重要特点，它不仅反映在黄、白蜡折银的收入上，其他如丝绢折银，绵苎布折银，临清、河西务、浒墅、九江、淮安等钞关船料商税折银等收入，亦不稳定。因为丝绢、绵苎布和钱钞等，也是属于内府的财赋，贮藏在内府承运、甲字、丙字和广惠库中，但折银后，除去购买物料充实内库的那部分白银外，剩余的都归户部太仓银库所有，用来接济边用。至此，笔者推测，户部在保障内府库实物供应的同时，会尽可能"节约"物料折银，充实本部银库，以应对不断扩大的边防财政需求。

户部究竟采用哪些方法保障内府库的物料供应，笔者无法确知，但是户部的确解决了此问题，确保内府物料折银的一部分属于太仓银库，而且还将这种结果写入官方文献。这也是万历前期户部两部重要文献《太仓考》和《万历会计录》记载这些收入项目和数量的原因。而户部确保其从内府物料折银中分得一部分的策略，便是先将物料分为本色和折色，然后再分别折银，即本色折银和折色折银，将折色折银变为户部收入。另，两种折银的比率和相关费用不一样，不同的折银率，可参见泰昌元年徽州府夏税起运南京库人丁丝绢的情况（见表3）。不同的费用，则表现在内府的本色折银附带"铺垫费"，而户、工二部的折色折银便无此名目。②

三　户部利用折色折银保障太仓银库的制度性收入

万历间，因一条鞭法赋役合并和折银的盛行，要详细区分某一税目的性

---

① 《明神宗实录》卷569，台北，中研院历史语言研究所，1962，万历四十六年闰四月丙寅，第10709—10711页："巡视太仓户科给事中宜应震，以边需甚急，左藏悬罄，奏乞清查卫营香蜡……"《会计录》载："本色定为一十四万七千三百八十四斤，已溢旧数，外折色银六万五百七两零，原为太仓接济，遇蜡偶缺方行支买，今不问缺否，每遇新正，定买五万斤，共价一万一千三百两……伏望时加清核，以济急边。不报。"

② 万历《江西赋役全书》，屈万里主编《明代史籍汇刊》第25册，台湾学生书局，1970，第31—32页："一甲、丁二库颜料折价，奉有部单坐派，若征解本色，价随彼中时估，止照部文来数，外加铺垫银两……如改征折色，则不用铺垫银。"又见《工部厂库须知》卷1《厂库议约》，第326页："工部署部事右侍郎臣刘元霖等谨题为商困……比时钱粮止有正供外，并无铺垫。铺商易于办纳，监司便于验收，工作无误，铺商无苦。今则铺垫之费，过于正供。"丁廷楗：康熙《徽州府志》卷13《风节·汪文辉》，《中国方志丛书·华中地方》第237号，台北，成文出版社，1975，第1775页。"故事，物料上内府，先纳贿主藏中官，谓之铺垫"，则说得更为明白。

质似乎比较困难。例如南直隶和两浙的丝绢、绵苎布，明初就已记载于方志的田赋门内，明中叶周忱在江南地区的田赋折征改革后，又充当过田赋折色的标准物，[①] 故常在文献中遗留绵苎布准米多少，或者绵苎布米等痕迹。[②] 但是从二者贮藏的库藏看，作为实物，丝绢主要解往南、北两京的承运库，有少许解往两京的丙字库，绵苎布主要解往两京的甲字库，绵花绒解往两京的丙字库。它们都是嘉万间的内库，由皇帝控制、宦官管理，虽常委托户、工二部代为验收和批文，以及让科道官代为督查等，但二部却不能支配财赋的使用，且科道官的稽查亦未成定制，多为具文。

笔者以丝绢及其折银为例，探讨京师属于皇帝的承运库和户部的太仓银库之间的关系。万历六年，朝廷实征天下夏税丝绢名目多达十余种，总计约373889 匹。[③] 同洪武二十六年的夏税绢288487 匹相比，[④] 万历六年丝绢税的名目增加了许多，且数量也增加近 10 万匹。其中，增加 9000 匹以上的主要是南直隶、北直隶、山东、河南、陕西。[⑤] 万历初丝绢税名目和数额增加的情况，可追溯至正德会典所载的弘治十五年的丝绢税。[⑥] 也就是说，从洪武到弘治，田赋折征丝绢的情况已经很普遍。笔者认为，这主要发生在宣德间周忱在江南进行税粮折征的改革之后。

那么，万历间明代的丝绢税大概有多少属于起运，分别解送至哪些库藏呢？具体见表 2。

---

① 郁维明：《明代周忱对江南地区经济社会的改革》，第 55 页，在介绍田粮折征时，介绍了平米折布法。

② 明初徽州府歙县的丝绢，是为了抵补所亏元代的夏税麦，参见彭泽、汪舜民纂修弘治《徽州府志》卷 3《食货二·财赋》，《天一阁藏明代方志选刊》第 21 册，台北，新文丰出版公司，1985，据天一阁藏明弘治刻本影印，第 543—544 页："内有歙县元科丝绵折麦，则比各县一例起科，夏麦比附元额，亏欠正耗脚九千七百余石，合将本县轻租民田三千六百四十六顷，每亩科丝四钱，补纳元亏麦数。"第 562 页："（成化十八年）南京库收阔白苎布 30000 匹，准小麦 21000 石。"这反映了周忱改革后的明中叶，徽州府部分夏税麦已改为折布匹。

③ 申时行、赵用贤等：万历《大明会典》卷 25《会计一·税粮二》，《续修四库全书》第 789 册，上海古籍出版社，2002，第 416—418 页。笔者将夏秋丝绢税加总，并按 20 两丝＝1 匹绢换算。

④ 洪武《诸司职掌》不分卷《户部·仓科·征收·税粮》，《续修四库全书》第 748 册，上海古籍出版社，1995，据北京图书馆藏明刻本影印，第 638 页。又见梁方仲《中国历代户口、田地、田赋统计》正编《乙表 39 明洪武二十六年分区实征税粮数》，中华书局，2008，第 489—490 页。

⑤ 申时行、赵用贤等：万历《大明会典》卷 25《会计一·税粮二》，《续修四库全书》第 789 册，第 418—430 页。笔者另有表格统计，限于篇幅而省略。

⑥ 申时行、赵用贤等：万历《大明会典》卷 24《会计一·税粮一》，《续修四库全书》第 789 册，第 402—404 页，载有弘治十五年多达 10 种以上的丝绢税。

表 2　万历前期起运的丝绢税收与库藏

京库各司	承运库①（匹）	南京承运库②（匹）	丙字库③（匹）	南京丙字库④（匹）	太仓银库⑤（两）
浙江	97365⑥	3509	15703	2150	705
山东					37979⑦
北直隶					25280⑧
南直隶	12555	11141			9855
湖广	2921	4992			
江西	11512⑨				
河南					7500⑩
福建		600			
……	……	……	……	……	……
总计（文献记载为 318034 匹）	148129	22329	15882	2150	银共计 90681 两，按 0.7 钱/匹计，共计绢 129544 匹
总计（笔者计算为 278618 匹）	124353	20242	15703	2150	银共计 81319 两，按 0.7 钱/匹计，共计绢 116170 匹

注：①张学颜等：《万历会计录》卷 1《天下各项钱粮原额岁入岁出总数》及《十三司分理各省直田粮岁额岁入岁出总数》，第 13—74 页。另，《太仓考》卷 10 之二《供应·承运库》，第 848 页记载为 148054 匹。

②申时行、赵用贤等：万历《大明会典》卷 42《南京户部·各处起运数目》，《续修四库全书》第 789 册，第 746—754 页。

③张学颜等：《万历会计录》卷 30《内库供应·丙字库》，第 999 页。另，《太仓考》卷 10 之五《供应丙字库》，第 859 页。

④申时行、赵用贤等：万历《大明会典》卷 42《南京户部》，《续修四库全书》第 789 册，第 746 页，南京丙字库的丝绢税来自浙江，将夏税串五丝、荒丝和中白绵共 43000 两折成绢，为 2150 匹。另，徐溥、李东阳等：正德《大明会典》卷 41《南京户部》，《景印文渊阁四库全书》第 617 册，第 475 页的记载与万历会典的相同。

⑤张学颜等：《万历会计录》卷 1《天下各项钱粮原额岁入岁出总数》，第 18—19 页。另，《太仓考》卷 9 之一至 9 之五，第 834—846 页。二者的记载稍有出入，后者为丝绵、税丝、农桑绢折色 131821 匹，每匹折银 7 钱，共计银 92275 两。

⑥《太仓考》卷 10 之二《供应·承运库》，第 848 页，为 97258 匹。

⑦《太仓考》卷 9 之四《岁入》，第 841 页，为 27979 两。

⑧《太仓考》卷 9 之三《岁入》，第 835—837 页，北直隶 8 府小计为 25738 两。

⑨《太仓考》卷 10 之二《供应·承运库》，第 848 页，为 11516 匹。

⑩《太仓考》卷 9 之四《岁入》，第 842 页，为 16186 两。

⑪考虑记载本表数据的文献《太仓考》、张学颜等：《万历会计录》、申时行、赵用贤等：万历《大明会典》均成书于万历十五年以前，故将本表的时段设定在万历前期。

⑫表中的丝绢税有众多名目，如人丁丝折绢、农桑丝折绢、夏税丝绵折绢等，表中未列细目。

⑬丝绵 20 两＝绢 1 匹，重量单位 16 两＝1 斤。

⑭承运库、丙字库所藏为实物绢匹，而太仓银库所藏为丝绢折成的银两。

⑮丝绵和绵花绒是两种物品，本表未包括由绵花绒织成的绵布及其折银数。

资料来源：《太仓考》、《万历会计录》、万历《大明会典》。

文献记载的起运两京各库丝绢总额约为318034匹，这就是万历前期乃至整个明代起运丝绢的大致总额，约占万历《大明会典》所载实征丝绢税总额373889匹的85%。其中，起运部分入库时又分为实物和白银，实物约占起运的59%，白银约占起运的41%。起运丝绢又可分为起运北京和南京两种，其中南京的丝绢占起运的8%，北京的丝绢占起运的92%。显然，明朝丝绢税在起运、存留的划分上，以起运两京为主；在起运南、北两京的划分上，以起运北京为主；在实物和白银贮藏上，虽说以实物为主，但并不象起、存和南、北两京在划分比例上那样悬殊。考虑到太仓银库于正统前期才建立，且最初并无丝绢折银的收入项目，虽然笔者不清楚户部太仓银库获得丝绢折银的过程，但通过表2，的确可见户部以折色折银的方式，从皇帝的内府库分得一部分财赋。

南京户部通过丝绢折色折银从南京内府承运库分割丝绢税的情况，或可帮助认识户部太仓银库是如何从北京内府承运库分割丝绢税的。"（嘉靖）二十八年议准，南京户部自嘉靖二十九年为始，查照原议承运库绢，除湖广浙江原坐本色，及福建窎远照旧折价外，其应天、并直隶徽州、松江、苏州、宁国、太平府、广德州折色绢，于内量改一半本色5569匹……其余照旧折价解部，以备文武官四、八月折俸，并赏赐军士等项支用。"但是"（嘉靖）四十年，议准江西布政司并徽州府各本色苎布，应天、苏州、徽州、松江四府各本色绢，自四十年为始，暂征本色，送南京户部，以备年例供应。"不过"又议准，南京官军绢布折银，自四十一年为始，仍旧例，每绢一匹折银七钱，苎布一匹折银二钱"[①]。隆庆间至万历初期，关于南京的丝绢税是征解本色还是折色，多有反复，但总的原则是"若该库本色有余，折色不敷，临期该部再行题请"[②]。表明应优先供给内府承运库的供宫廷使用的本色丝绢，在本色丝绢供应充足的情况下，南京户部可向皇帝题请征解折色丝绢，所折银两用来发放官俸或者济边。万历会典关于丝绢本色、折色的规定，在徽州府起运南京的丝绢税中有相应体现。

<hr />

[①]　申时行、赵用贤等：万历《大明会典》卷42《南京户部·派纳绢布》，《续修四库全书》第789册，第757页。

[②]　申时行、赵用贤等：万历《大明会典》卷42《南京户部·派纳绢布》，《续修四库全书》第789册，第758页。

表 3　明中后期徽州府夏税丝绢起运南京库的情况

时间	夏税	起运
嘉靖四十一年（1562）	丝 10976 斤，共折本色绢 8781 匹，每绢 1 匹折银 7 钱，共征银 6147 两	收丝 10976 斤，共折本色绢 8781 匹，今改每绢 1 匹折银 7 钱，共征银 6147 两
万历六年（1578）	丝绵折绢共 8794 匹	人丁丝折绢 8779 匹，农桑丝绢 15 匹，二项本色一半，折色一半，每匹折银 7 钱，共银 6156 两
泰昌元年（1620）	人丁丝 175583 两，折绢 8779 匹，本折色共该正扛银并铺垫银 6439 两	收农桑生丝绢奉部札改解折色 15 匹，每匹折银 7 钱，该银 11 两；收人丁丝绢奉部札坐派 8779 匹。内奉文本色绢 1053 匹，每匹征银 5 钱 5 分，该银 579 两 3 钱；折色绢 7725 匹，每匹折银 7 钱，该银 5408 两。本折色共该正扛银并铺垫银 6439 两

注：①丝绵 20 两 = 绢 1 匹。

②数据尾部采用四舍五入法处理。

资料来源：汪尚宁等：嘉靖《徽州府志》卷 7《食货志·岁赋》，《北京图书馆古籍珍本丛刊》第 29 册，第 176—182 页；张学颜等：《万历会计录》卷 16《南直隶田赋》，第 635—636 页；泰昌《徽州府赋役全书》，屈万里主编《明代史籍汇刊》第 24 册，台湾学生书局，1970，第 49—63 页。

　　表 3 记载了万历六年和泰昌元年起运南京库的人丁丝绢折银，相对于嘉靖四十一年的丝绢税，万历间才出现丝绢的本色、折色折银，只不过万历六年的本色、折色折银率是相同的，都为每匹 0.7 两；而泰昌元年的《徽州府赋役全书》却记载了本色、折色的不同折银率，本色丝绢折银率为 0.55 两/匹，折色丝绢折银率为 0.7 两/匹。除了本色和折色各自的折银率不同外，各自的数额也不相同，这都说明，户部从内府库分割的收入，处于某种不确定的状态。当然，这种不确定的状态，与户部上报的丝绢折色数额、折银率以及皇帝的批复有关，这表明皇帝才是国家财政的最高决策者。虽然这是南京户部银库而非北京户部太仓银库从内府库分割丝绢税的情况，但其反映的权力运作机制是类似的。而且，南京户部银库的白银，还会接受北京户部银库的调遣。

　　表 3 中的"南京库"，特指贮藏丝绢实物的南京承运库和贮藏丝绢折银的南京户部银库。南京户部银库似无特定的名称，不像北京户部银库叫太仓银库，而且南京户部银库的藏银量和重要性都比不上北京的太仓银库，故笔者在万历会典等典章制书中，并未发现专门记载南京户部银库收入项目、数额等的详细信息。表 3 万历和泰昌间徽州府丝绢税本色折银、折色折银表

明，表 2 中万历会典记载的南京承运库的丝绢，其中的折色折银不是收贮至南京承运库，而是在南京户部银库。泰昌《徽州府赋役全书》在记载南京库的人丁丝绢时，有"铺垫扛费银 397 两"。铺垫费是丝绢本色上纳内府承运库时给管库内官的打点费，如果丝绢折银解入南京户部银库，则不需此费，此点笔者前文已述。

考虑到洪武间皇帝有内承运库，户部有外承运库，皇帝和户部共同掌管天下的丝绢税，正统到正德间皇帝以内并外，将户部的外承运库变为内府的承运库，天下丝绢税尽归内府，[①] 而到万历间，户部又想方设法从皇帝的内府库分割部分财赋进入太仓银库，笔者不禁感叹财赋机构变迁背后的皇帝、宦官、阁臣、部堂等对财赋分配的运作，该是何等惊心动魄，才能造成如此戏剧性的变化。

四　工部上供物料收入在各司府州的分布

工部也通过本色折银、折色折银的方式，参与对内府各库等上供物料的分割。万历间，在"入库"时，并非所有的上供物料都是折银的。第一，某些属于当地特有的物品尚未折银；第二，某些物料在地方征收时可能已经折银，或者起运时以及至京后仍为白银，但是，问题的关键在"入库"。内府各库贮藏本色物料，各地起运至京的物料本色折银便暂贮工部，由工部代为召商买办实物。而物料折色折银，包括徭役折银在内的匠班银、柴夫银等，便贮藏在工部的节慎库，由工部决定其用途。虽然《工部厂库须知》未明确提到物料的本色折银和折色折银，只是记载本色和折色（本色即实物，折色即白银），这是因为作者是从赋役"入库"贮藏的角度考虑的。从各地赋役全书如徽州府和江西省的记载可以看出，内府库上供物料的编派、征收和解运已基本折银，且根据所入库藏不同，分为本色折银和折色折银。本色折银会附加征收专供内官的铺垫费，而折色折银则无，此点笔者前已阐述。

嘉靖三十五年（1556），节慎库的四司料银岁额为 50 万两，[②] 但万历四十三年（1615）时，节慎库的收入除四司额征料银 515753 两外（见表 4），[③] 还有

---

① 李义琼：《亦存亦废的明代承运库》，《史原》复刊 2013 年第 4 期，第 251—252 页。
② 申时行、赵用贤等：万历《大明会典》卷 207《四司经费·四司岁额》，《续修四库全书》第 792 页，第 444 页。
③ 四司额征料银为表 4 中营缮司、虞衡司、都水司和屯田司的额征料银之和。

表 4　万历四十三年（1615）节慎库各司府四司料银统计

单位：两

各司府州	营缮司		虞衡司			都水司			屯田司		总计
	额征料银	杂料折银	额征料银	军装折银	杂料折银	额征料银	河泊额征折银	杂派额征折银	额征料银	柴夫折银	
北直隶	14112	14160	7057	594	2597	11348		4633	10582	100113	165196
南直隶	64956	23058	28357	365	561	56837	5702，遇闰加 196	500	46070		226406，遇闰加 196
浙　江	10376	8548	5188			9079	1128，遇闰加 85	15	7782		42116，遇闰加 85
山　东	9339	7311	4669	1916	1037	8171		23	7004	70357	109827
江　西	10376		5188		78	9079	834		7782		33337
山　西	4150	6155	2075		148	3631			3113	90828	110100
陕　西	4150	3739	2075			3632			3113		16709
广　东	9339		4669			8171	681，遇闰加 52		7004		29864，遇闰加 52
河　南	8301	7064	4150		810	7263		560，遇闰加 47	6226		34374，遇闰加 47
四　川	6226		3113			5447	1973		4669		21428
湖　广	9339		4669		929	8171	13631，遇闰加 34		7004		43743，遇闰加 34

续表

各司府州	营缮司		虞衡司				都水司		屯田司		总计
	额征料银	杂料折银	额征料银	军装折银	杂料折银	额征料银	河泊额征折银	杂派额征折银	额征料银	柴夫折银	
福建	9339		4669	4763	387	8171	49,遇闰加4		7004		34382,遇闰加4
广西				2253	12		8				2273
云南								1650			1650
备注		直隶大同中屯卫、沈阳屯卫、山东临清卫共37		天津卫及左右卫、宁山卫、沧州卫、德州卫及左卫蒲州关所共664				通惠河道1408,西城兵马司12	江西、湖广、河南、山东四省段匹折银23518,遇闰加1760		25639,遇闰加1760
总计	160003	70072	75879	10555	6559	139000	24006,遇闰加371	8801,遇闰加47	140871,遇闰加1760	261298	897044两,遇闰加2178

各种杂料银及赋役折银，表明工部的收入项目在拓展，数额亦在增长。

在对节慎库的本色、折色的折银展开分析之前，我们先了解四司的上供物料在各布政司和直隶府州的情况。

将表4稍做整理，将南北直隶和各布政司进行排序，并将南北直隶的统计具体到府，也进行排序，便可得出万历四十三年各司和南北直隶各府的工部物料折银的排名（见表5）。

表5　万历四十三年各司及南北直隶各府的料银排名

单位：两

排名及占总数的比重	南直隶各府	料银小计
1（25%）	南直隶	226406
（3%）	苏州府	29246
（3%）	松江府	26235
（3%）	常州府	24666
（2%）	徽州府	19530
（2%）	应天府	17819
（2%）	镇江府	14986
（2%）	扬州府	13403
（1%）	庐州府	12196
（1%）	淮安府	11973
（1%）	安庆府	11535
（1%）	凤阳府	11717
（1%）	宁国府	9328
（1%）	太平府	8440
（1%）	池州府	7584
（0.3%）	广德州	2774
（0.2%）	徐州	1797
（0.2%）	和州	1677
（0.2%）	滁州	1500

排名及占总数的比重	北直隶各府	料银小计
2（19%）	北直隶	165196
（6%）	真定府	52109
（5%）	保定府	43221
（5%）	顺天府	41970
（1%）	河间府	9516
（0.7%）	大名府	5698
（0.6%）	广平府	5489
（0.4%）	永平府	3828
（0.3%）	顺德府	3365

排名及占总数的比重	各省司	料银小计
3(13%)	山西	110100
4(13%)	山东	109827
5(5%)	湖广	43743,遇闰加34
6(5%)	浙江	42116,遇闰加85
7(4%)	福建	34382,遇闰加4
8(4%)	河南	34374,遇闰加47
9(4%)	江西	33337
10(3%)	广东	29864,遇闰加52
11(2%)	四川	21428
12(2%)	陕西	16709
13(0.3%)	广西	2273
14(0.2%)	云南	1650

注：①表中各省司和直隶各府的料银总数为873526两，作为百分比的分母，计算时未包括遇闰所加银两。

②山东、湖广、江西、河南四省的段匹折价银共23518两，遇闰加1760两，未计算在料银总数之内。

③所有数据末尾均采用了四舍五入法处理。

从表5可见，万历时期，各布政司和南北直隶的工部料银排名，南直隶、北直隶、山西、山东、湖广、浙江排在前列；而南北直隶各府中，真定府、保定府、顺天府、苏州府、松江府、常州府排在前列。可以这样理解，大致来看，南、北二京附近的直隶府和布政司的料银相对较多。这当然与物料需求地北京、南京有关，也与物料的就近供给有关。那么从嘉靖到万历，工部节慎库四司料银中哪一司的料银最多呢？这些主要的料银是何名目，分别分布在哪些布政司和直隶府中呢？

表6 嘉靖、万历时期工部四司料银总计

单位：两

时间	虞衡司	都水司	营缮司	屯田司	总计
嘉靖三十五年(1556)	78960	138185	157927	118243	493315
万历四十三年(1615)	92993	171807	230075	402169	897044
万历四十三年比嘉靖三十五年增加的数量及百分比	14033,3.5%	33622,8.3%	72148,17.9%	283926,70.3%	403729,100%

注：遇闰加增数据暂略不计。另，百分比的分母为403729两。

资料来源：万历《明会典》、《工部厂库须知》。

表7　嘉靖三十五年和万历四十三年各省直隶省司的四司料料银数量及占比情况

单位：两，%

各司及直隶省	营缮司料银		虞衡司料银		都水司料料银		屯田司料银		小计		四司料银占总数的百分比	
	嘉靖三十五年	万历四十三年	嘉靖三十五年	万历四十三年	嘉靖三十五年	万历四十三年	嘉靖三十五年	万历四十三年	嘉靖三十五年	万历四十三年	嘉靖三十五年	万历四十三年
浙江	10376	18924	5188	5188	9079	10222	7782	7782	32425	42116	6.6	5
江西	10376	10376	5188	5266	9079	9913	7782	7782	32425	33337	6.6	4
湖广	9339	9339	4669	5598	8171	21802	7004	7004	29183	43743	5.9	5
福建	9339	9339	4669	9819	8171	8220	7004	7004	29183	34382	5.9	4
山东	9339	16650	4669	7622	8171	8194	7004	77361	29183	109827	5.9	13
山西	4150	10305	2075	2223	3632	3631	3113	93941	12970	110100	2.6	13
河南	8301	15365	4150	4960	7263	7823	6226	6226	25940	34374	5.3	4
陕西	4150	7889	2075	2075	3632	3632	3113	3113	12970	16709	2.6	2
四川	6226	6226	3113	3113	5447	7420	4669	4669	19455	21428	3.9	2
广东	9339	9339	4669	4669	8171	8852	7004	7004	29183	29864	5.9	3
广西	—	—	—	2265	—	8	—	—	—	2273	—	—
云南	—	—	—	—	—	1650	—	—	—	1650	—	—
南直隶	64955	88014	32477	29283	56837	63039	48816	46070	202785	226406	41.1	25
北直隶	12037	28272	6018	10248	10532	15981	9026	110695	37613	165196	7.6	19
备注		37		664		1420						
小计	157927	230075	78960	92993	138185	171807	118243	378651	493315	873526	100	100

注：①所有数据省略了遇闰加增数。

②数字末尾采用了四舍五入法处理。

③营缮司的备注为"直隶大同中屯卫、沈阳中屯卫，山东临清卫共664两"，都水司的备注为"直隶大同中屯卫、沈阳中屯卫，山东临清卫共37两，虞衡司的备注为"天津卫及左右卫、宁山卫、武清卫，沧州所、德州卫及左卫、潼关卫、蒲州所共664两"，都水司的备注为"通惠河道1408两，西城兵马司12两"，屯田司未包括江西、湖广、河南、山东四省段匹折银23518两。

资料来源：万历《大明会典》卷207《四司经费·四司岁额》，申时行等；赵现贤等《工司厂库须知》卷3至卷12，第394—695页。

从表6可知，万历四十三年，四司中以屯田司402169两的料银为最多，且相比嘉靖三十五年的资料，屯田司的料银也成为增长幅度最大、数量最多的，其次才是营缮司。表7显示，万历四十三年相比嘉靖三十五年，天下各布政司和南、北直隶增长幅度较大的主要是北直隶、山西、山东，且主要是屯田司料银的增加，其次是营缮司料银的增加。具体是屯田司和营缮司何种料银的增加呢？表4清晰地表明，主要是北直隶真定府、保定府和顺天府，山西和山东的柴夫折银。不过，柴夫折银并非万历四十三年才出现，万历《大明会典》已有记载："今营造之外，又有柴夫以供内府之用。"① 之后史载工部有两种夫役，一为砍柴夫，二为抬柴夫。前者应役司府主要为北直隶、山东、山西各府，早在弘治年间便已折银，但未载额数，嘉靖六年决定将砍柴夫银解往工部节慎库贮藏，隆庆元年定额为261298两；而后者主要为北直隶六府，于嘉靖二十年折银，不用亲身应役，改为雇募，所折银共50400两，解送工部转送惜薪司交纳。② 可见，《工部厂库须知》所载柴夫银261298两，即为砍柴夫银，而非抬柴夫银。其实容易理解，因为供应内府惜薪司的燃料柴炭早已折银，且在嘉靖五年解往工部寄放，等候工部召商，于京师附近买办柴炭，事毕再支给银两。③ 如是，砍柴之役自然用不上。

从表4可知，节慎库四司料银的岁额基本保持嘉靖三十五年的额度，而更重要的是，此表揭示万历后期节慎库的岁入可达897044两，比嘉靖三十五年节慎库的岁入50万两增加了397044两，增加的是何目？是否属实？是否亦如太仓银库，其岁入变动不居？从节慎库四司杂料银的具体情况，可获解答。

五 上供物料的折色折银与工部节慎库收入的拓展

嘉靖三十五年，工部确定节慎库的四司额征料银岁额约50万两，这其实是对各种加派的制度化、定额化。④ 那么伴随着嘉万时期一条鞭法的上供

---

① 申时行、赵用贤等：万历《大明会典》卷206《工部·夫役》，《续修四库全书》第792册，第438页。

② 申时行、赵用贤等：万历《大明会典》卷206《工部·夫役》，"砍柴夫"和"抬柴夫"，《续修四库全书》第292册，第439—441页。

③ 申时行、赵用贤等：万历《大明会典》卷205《工部·柴炭》，《续修四库全书》第792册，第437页。

④ 马森：《明会计以预远图疏》，收入孙旬《皇明疏钞》卷39《财用二》，明万历自刻本，《续修四库全书》第464册，第227页："及（嘉靖）三十五年，该部（工部）尚书赵文华建议总作四司料价派征前料，多有仍旧重征重收，纳解不明，积贮在库，相应通行抚按衙门清查。"

物料折银，节慎库的收入又如何呢？《工部厂库须知》对此有记载。此文献虽刊刻于万历末，但其反映的情况却可主要视为万历间的，差不多与一条鞭法同步。虽然文献记载已无法反映折银的过程，却呈现折银后的结构，以及折银的动机。

从上供物料及徭役折银的名目和数量来看，万历四十三年，营缮司杂料银共 70072 两，有匠班银、砖料银、苎麻银、苇课银等，以匠班银和砖料银为主，主要是南直隶、北直隶、浙江、山东、山西、河南、陕西缴纳。① 虞衡司物料主要包括军装和杂料，各分为本、折二色。军装名目有军器、胖袄、弓箭、弦条、撒袋、焰硝等，折色银约共计 10555 两；② 杂料名目有翎毛、天鹅、牛角、牛筋及各种动物皮张（狐狸、麂子、虎、豹、大小鹿等）本、折二色，还有山场地租、铁冶民夫、匠班等折银，折银总计约为 6559两。③ 都水司有河泊、杂派及织造额征物料及折银。河泊额征有黄白麻、鱼线胶、翎毛、生熟铜铁、桐油、牛角、牛筋等本折，其中折色银小计约 24006 两；④ 河泊杂派额征名目有蒲草、芦席、竹木、箬帚、榜纸、槐花、动物皮料毛料、笔管、蓝靛、铜铁丝等本折，其中折色银小计约为 8801两；⑤ 织造额解主要为南直隶和浙江织造局的绫罗绸缎，其次也有不善织造地江西、湖广、河南、山东的段匹折银 23518 两。⑥ 屯田司的柴夫折价银为北直隶顺天府、保定府、真定府和山东、山西的砍柴夫折银，共计 261298两。⑦

相对于上供物料及徭役折银的名目，笔者更重视上供物料及徭役本折的问题。当各地上供物料及徭役所折白银解到工部时，会特别强调其缴纳的是本色还是折色，因为中央会根据本色和折色决定各物料应入的库藏，本色入内府各库，由内府支配；折色白银入节慎库，由工部支配。例如，"军器弓箭本折俱巡视厂库衙门挂号，而本色则验示厅验过，送戊字库收，折色节慎库收，焰硝、胖袄二项本色送巡视十库衙门挂号，验示厅验过，送内库收，

---

① 《工部厂库须知》卷 3《营缮司·杂料》，第 397—400 页。
② 《工部厂库须知》卷 6《虞衡司·军装本折》，第 491—496 页。
③ 《工部厂库须知》卷 6《虞衡司·杂料本折》，第 496—503 页。
④ 《工部厂库须知》卷 9《都水司·河泊额征》，第 595—602 页。
⑤ 《工部厂库须知》卷 9《都水司·杂派额征》，第 603—605 页。
⑥ 《工部厂库须知》卷 9《都水司·织造额解》，第 605—607 页。
⑦ 《工部厂库须知》卷 12《屯田司·柴夫折价》，第 694—695 页。

其胖袄折色则送厂库衙门挂号，节慎库收"①。另，顺天府的狐狸皮单年折色送节慎库收，而双年本色送内府丁字库收。② 同一上供物料，按单双年轮流区分折色和本色，就是为了分别收贮在不同的库藏。这也说明，收贮在节慎库的物料折银，某些名目的收入并不一定为每年都有的收入，可能两年才有一次。类似的情况其他各司府也有。当然，物料折银，并非全部解入节慎库，直隶凤阳府、河南布政司的大鹿折银，便入了太常寺；河南的缸坛折价银，由光禄寺收贮。③ 同理，本色物料也并非全收贮于内府库，例如河南的拾瓶坛本色，便由光禄寺收贮。④ 都水司的河泊额征和杂派额征，明确规定本色解内府十库，折色解工部节慎库，且折色遇闰还加银，同样也入节慎库。⑤

另，万历四十年，工科给事中马从龙等弹劾丁字库太监通同湖广物料解官郑士毓作弊，将物料折色改为本色，收贮丁字库。而丁字库太监却说是部司变乱旧例，改本为折，现在应该照旧征收本色入内库收贮。最后颁下圣旨，湖广麻、铁等料，应该按照万历会典规定，解送折色银入节慎库贮藏。⑥ 此种情况，何士晋说得更为透彻，"国家一应物料，取自外解，原有折色有本色，所从来矣。折色纳于节慎库，其弊有倾换，有挂欠，有倒批，臣等任劳任怨，所得而禁革者也。本色纳于内库，该监惟铺垫是图，解官辄通同为市，于是有原解折色而故买滥恶抵充改纳本色者，有原解本色而匿其精以自鬻易其伪以役库者，又有本折俱不入库，全与该监瓜分，反税出库中之物，以为验而径取批收去者。弊至此而极矣，法至此而穷矣。夫祖宗之制，虽本折兼用，然必以会有会无之数定外解召买之规，勿令缺乏，亦勿令朽蠹，其初岂不甚善？何至今日，而中涓把持，明系会有，捏称会无，明该折色，强争本色。如近日解官张明经、王德新等以折纳本，正费查验，而内

---

① 《工部厂库须知》卷6《虞衡司·军装本折》，第496页。而内府库中收贮焰硝、胖袄的分别为广积库、乙字库。

② 《工部厂库须知》卷6《虞衡司·杂料本折》，第496页。

③ 《工部厂库须知》卷6《虞衡司·杂料本折》，第499、501页。

④ 《工部厂库须知》卷6《虞衡司·杂料本折》，第501页。

⑤ 《工部厂库须知》卷9《都水司·河泊额征》，第595页；卷9《都水司·杂派额征》，第603页。

⑥ 《工部厂库须知》卷1《厂库议约》，第338—339页。

库银朱数万斤，为该监王朝用盗卖，且见告矣"①。

不过，《工部厂库须知》并未有本色折银和折色折银的明确记载，笔者前面已分析，这是因为文献作者记载的角度是"入库"。如果我们查阅从赋役编派、征收的角度记载的文献，便能清晰发现同太仓银库一样的本色和折色均已折银的证据，而这些文献便是现存的晚明各地的赋役全书，主要是泰昌《徽州府赋役全书》和万历《江西赋役全书》。下面来比对《工部厂库须知》和赋役全书关于徽州府和江西省上供物料本折的记载。

泰昌《徽州府赋役全书》之条编物料起运项下记载：

> 岁造段匹每年额征柒百贰拾壹匹，该价银贰仟捌佰玖拾伍两柒钱。铺垫银每年该伍百柒拾陆两捌钱。岁办枝子、槐花折价银壹百伍两。工部弓贰千张，箭贰万枝，弦壹万条，奉文改造本色箭壹千捌百叁拾捌两柒钱伍分玖厘捌毫捌丝……工部年例砖料奉部札坐派银柒百捌两。②

这与都水司的织造额解徽州府的纻丝，都水司杂派额征徽州府的槐花、栀子，虞衡司军装本折项下徽州府的军器弓箭弦，营缮司外解杂料银中徽州府的砖料银都相符合。③ 笔者比对时，数量符合并非重点，重点在于这些物料在编派征收时都基本折银。虽然入库时有些必须以本色入库，这只能说在解送白银和入库贮藏前还有一个环节，使得物料得以实物入内库贮藏，那就是工部召商买办制度。

而万历《江西赋役全书》之江西通省起运项下，甲、丁字库颜料银及铺垫银，④ 以及四差之里甲的上供物料银（弓箭弦、胖袄、军器）的记载，⑤ 与《工部厂库须知》的虞衡司军装和杂料本折，以及都水司的河泊和杂派额征项下的记载基本相同。⑥ 同前对徽州府的分析一样，笔者重点不是查看

---

① 《工部厂库须知》卷 1《厂库议约》，第 344—345 页。
② 泰昌《徽州府赋役全书》，第 68—70 页。
③ 《工部厂库须知》卷 9《都水司·织造额解》，第 606 页；卷 9《都水司·杂派额征》，第 603 页；卷 6《虞衡司·军装本折》，第 492 页；卷 3《营缮司·杂料》，第 399 页。
④ 万历《江西赋役全书》，第 72—76 页。
⑤ 万历《江西赋役全书》，第 85—89 页。
⑥ 《工部厂库须知》卷 6《虞衡司·军装本折》，第 494 页；卷 6《虞衡司·杂料本折》，第 500 页；卷 9《都水司·河泊额征》，第 600—601 页；《都水司·杂派额征》，第 604 页。

数额是否相符，因为数额不一定完全符合，上供物料不同年份可能出现按照皇室和朝廷需要增加的情况，这也是一条鞭法在某些项目上不能定额化的表现。笔者强调的是，江西省在编派和征收上供物料时，也已基本折银，甚至还将工部用解去的物料银召商买办的本色物料，入贮内府库时的内官额外索要的铺垫费，也一并编入一条鞭法中。且江西省在其赋役全书的凡例中明确指出，甲、丁二库颜料折价，若征解本色，按照时估①派银外，外加铺垫银两，如改征折色，则不用加铺垫银。②

由上可知，节慎库在四司岁额料银外的各种杂料银，同太仓银库一样，是通过区分本色折银和折色折银，从皇帝控制的内库收入分割而来的，故也必须得到皇帝的批准。且由于某些物料银轮年折征，并非每年都有，表明节慎库收入也有不连续、不稳定的特点。

结　论

嘉靖时期，上供物料已经被区分成本色和折色两部分。折色的基本含义是折银，所折白银解运至京师，通常由户、工二部代为召商买办实物，入内府库贮藏。也就是说，折银并非户、工二部法定的可自主支配的收入。隆万间，上供物料等赋役在编派、征收、解运环节基本实现折银，但在入库环节被细分成本色折银和折色折银：本色折银由户、工二部代为召商，买办物料入内府库贮藏；而折色折银便成为户部太仓银库和工部节慎库的收入，可由二部自行支配。关于此种转变发生的复杂背景，笔者当另文探讨。隆万间的上供物料，从区分本色和折色，到区分本色折银和折色折银，从专属皇帝到皇帝、户部和工部共同所有，表明一条鞭法下的赋役折银，与中央各部的财权博弈密不可分。而这种分配格局，被写进中央颁布的会典、会计录，以及地方编写的赋役全书、地方志，表明一条鞭法改革的推进，乃中央朝廷权力斗争的结果，且通过官方赋役册籍的记载，在国家层面走向了制度化。

---

① 时估为物料召商买办时朝廷给予商人的价格，也是应解物料各地在编派条编物料时的价格。参见高寿仙《明代时估制度初探》，《北京联合大学学报》（人社版）2008 年第 4 期，第 55—64 页。

② 万历《江西赋役全书》凡例，第 31—32 页。

但是，隆万间户、工二部从皇帝内府库分割而来的财赋，需奏报皇帝，表明皇帝才是中央财政的最高决策者；而派无定数、轮年折征、折率不定，说明中央朝廷内部不存在财政集权，而是实行财政分权。同时，户、工二部将代内府库接收的上供物料本色折银，通过召商买办制度，利用另一群人——"商人"购买内府库所需物料，表明王朝国家在财政需求增加的情况下，设计出了另一套转嫁财政负担，保障财政收入的制度。①

总之，16世纪中国来自海外的白银，其周转过程、主要用途以及对明王朝和后世的影响，值得重视。因为，皇帝、户部、工部等以海外白银流入中国为契机，进行财权博弈，不仅改变了王朝的货币制度，在事实上认可白银的合法地位，而且建立起了白银财政管理体制，还由此发展出上供物料的召商买办制度。

此外，本文的研究还表明，第一，如果户部的太仓银库可称为"国库"，那么工部的节慎库理应为"国库"之一。因为其白银货币收入，从数量上看，嘉靖末已达50万两，万历末已近100万两（参见表7），相比同期户部太仓银库200多万和近400万两的白银，②虽仍有一定差距，但不能被学界忽视。而且，节慎库的白银收入主要来自上供物料的折银，是明代四大主要税收项目（田赋、盐课、上供物料和劳役）之一。从地域上看，节慎库的收入来自除贵州以外的全国直隶府和各布政司（参见表5），十分广泛。

第二，在赋役白银货币化的大背景下，中央政府的财政收入除田赋、盐课、上供物料三大类外，还有劳役的货币收入。例如表4、表7表明，嘉万间，节慎库白银的增加幅度最大、数量最多的便是柴夫折银，即砍柴和抬柴之役的白银货币化。

第三，明代后期徽州府夏税丝绢的起运情况表明，赋役折银之折率的情

---

① 参见许敏《明代嘉靖、万历年间"召商买办"初探》，载中国社会科学院历史研究所明史研究室编《明史研究论丛》第1辑，江苏人民出版社，1982，第185—209页；高寿仙《市场交易的徭役化：明代北京的"铺户买办"与"召商买办"》，《史学月刊》2011年第3期，第38—54页；胡海峰《明代北京城市的铺户》，《中山大学研究生学刊》（社科版）2003年第1期，第36—44页。

② 全汉昇、李龙华：《明中叶后太仓岁入银两的研究》，载全汉昇《中国近代经济史论丛》，中华书局，2011，第250—251页。

况，十分复杂。除与梁方仲提到的道路之远近和仓库的轻重有关外，[①] 它还与权力部门的财政需求和财权博弈相关，绝不能视作物品的市场价格。例如，万历六年和泰昌元年的南京库收入丁丝绢之本色折银率和折色折银率，从相同到不同，尤其是缴纳南京内府承运库的本色人丁丝绢折银，还需缴纳专属内官管理收入的铺垫银。

---

① 梁方仲：《田赋史上起运存留的划分与道路远近的关系》，《梁方仲经济史论文集》，中华书局，1989，第201—218页。

清初的招商与盐商的承充[*]

陈　锋[**]

　　刘淼在论述明代食盐运销体制的变化时说："明代食盐运销体制的划时代变革，即是万历四十五年纲运法的成立。所谓'纲运法'，实质上是由资本雄厚的商人包揽承运官盐引所上纳的税银，而官府所佥定的纲运商人，即系纲商。纲商包运的若干盐引即称为'纲'，或称为'窝'、'窝本'、'窝引'等。因此说，持有窝本的纲商，即拥有纲盐运输的垄断权。在法的意义上，因承包纲盐运输得到国家（官）的认可，所以受到国家权力的保护。此外，具有纲运权则意味着独占性经营特权的确立，他人不得侵入，否则即被视为违法。而这种纲运权并有相应的处分权，如转让、继承等权益。所以万历纲法实际上确立了商人在食盐运输业中的独占地位，而这种独占性沿及清代无改，可谓影响深远。"[①] 王振忠说："万历四十五年，为了梳理盐引，挽救日益严重的盐政危机，袁世振和李汝华共同创行纲法，将先前分散任销

---

　*　本文为国家社科基金重大招标项目"清代财政转型与国家财政治理能力研究"（15ZDB037）的阶段性成果、武汉大学自主科研项目（人文社会科学 2016 年重点项目）研究成果，并得到"中央高校基本科研研究费专项资金"资助。

　**　陈锋，武汉大学。

　①　刘淼：《明代盐业经济研究》，汕头大学出版社，1996，第 281—282 页。相关研究参见薛宗正《明代盐商的历史演变》，《中国史研究》1980 年第 2 期；薛宗正《清代前期的盐商》，《清史论丛》第 4 辑，中华书局，1982；朱宗宙《扬州盐商的地域结构》，《盐业史研究》1996 年第 2 期。

的内商组织成商纲，这是明代盐政制度的一次重大变化，它标志着商专卖制的最终确立，为清代纲盐制度的进一步发展，奠定了基础。"① 前此许多学者所论大致相同。杨久谊的新作有进一步的认识："从历史的脉络来看，清代的盐法，承续了中国悠久的盐专卖传统。然而，清朝的盐专卖，不论在形式上或本质上，均与先前各朝的制度大相径庭。……明朝采用纲法不到三十年就灭亡了，不仅纲法还在草创之阶段，试行的地区基本上也只有两淮和长芦，明政府甚至从未正式宣布放弃开中法。因此，明末的纲法虽然开启了后来二三百年商专卖的先河，在制度上，除了盐的运销可以成为少数商人世袭的利权外，其他一些重要的制度，如'总商'制、'任课'与'任地行引'制，都在清朝才成立及得到长足的发展。换句话说，以商专卖为本质的'纲法'在明末只是粗备雏形，至清朝才逐渐成。"②

前此学者的主要观点可以归结为三：第一，清代的纲盐制度沿自明代后期的纲法；第二，取得专卖权的盐商成为世袭商人；第三，清代纲盐的一些重要制度，与明代相比已经大为不同。

在食盐专卖的运销体制下，盐商是至为重要的一环。但首先应该明确的是，盐商有多种名目。一般来说，承担食盐运销的盐商为运商，有的盐商有引窝（根窝），且承为世业，无引窝的盐商则要向窝商租借买单。清代最大、最主要的盐商是业盐两淮的盐商，即所谓的扬州盐商。佐伯富《清代盐业资本》除对各地盐商的一般性叙述外，主要在于讨论业盐两淮的盐商，他认为："清代的两大财阀，是山西的票商和扬州的盐商。扬州的盐商是从事淮南盐贩卖的商人，在另外的地方，如长芦、山东、河东、两浙、福建、两广、云南、四川、陕甘、东三省等盐场，也不能说没有盐商的存在，然而，从淮盐在国家财政中所占的比重，以及从扬州盐商的地位来看，毫无疑问地说，其他地区的盐商也只能步扬州盐商的后尘。"③ 虽说其他地区的盐商只能步扬州盐商的"后尘"，但两淮盐商并不能完全代表其他盐区的商人，或者换句话说，其他地区的盐商与两淮的盐商并不完全相同。如山东地

① 王振忠：《明清徽商与淮扬社会变迁》，生活·读书·新知三联书店，1996，第11页。
② 杨久谊：《清代专卖制之特点——一个制度面的剖析》，《中央研究院近代史研究所集刊》第47期，2005年。
③ 佐伯富：《清代盐业资本》，《东洋史研究》第11卷1、2号，1950、1951年。参见氏著《中国史研究》第1卷，京都，东洋史研究会，1969，第249—290页。

区有"引商"和"票商"的区别："引商半系客籍，皆有引窝。引窝者，商人初任某引地，所费不赀，子孙承为世业，遇有消乏革退，新商必交旧商窝价，方准接充，其价之多寡，以引地之畅滞为衡。各省引商皆然。""票商则皆土著，必亲邻出具保结，方能成充，有力则当，无力则退，客商不能干预。……票地准其作为世业，凡有退认，照引窝一律办理。"① 即使同属一省，同属一个盐区，山东的"引商"和"票商"也是有所不同的。广东则有"排商""长商"的区别，王守基《广东盐法议略》称："康熙初年，粤商系里下报充，三年一换，名为排商。弊端百出，嗣将排商之费一万一千余两归入正课，举报殷实之户充为长商。然有场、埠之分，场商出资以收盐，埠商运盐以行销。"② 邹琳《粤盐纪要》所言略同："向例行盐，粤商系里下报充，三年一换，名为排商。弊端百出，嗣改举报殷实之户充为长商，然有场、埠之分。场商出资以收盐，埠商运盐以行销。惟场商资本微薄，灶户所产盐斤不能尽数收买，以致场多卖私。"③ 这里的"埠商"，也就是其他盐区所谓的运商，广东前后相继的"排商"与"长商"也有明显的不同。④

更为重要的，有关清代盐商的几个问题，至今并不清晰，第一，在新旧王朝更替之时，清初如何招商，清初的盐商是不是明代的旧商。第二，盐商承充的标准是什么，旧商如何更换。第三，是否各地都有引商或窝商，引商或窝商如何租借、转卖引窝。本文主要论述前两个问题，第三个问题另撰专文进行论述。

一　清初的招商

既然清代的纲盐制度沿自明代后期的纲法，取得专卖权的盐商成为世袭商人，那么，清初的盐商是否依旧是原来的盐商呢？

---

① 王守基：《山东盐法议略》，《皇朝政典类纂》卷71。

② 王守基：《广东盐法议略》，《皇朝政典类纂》卷75。

③ 邹琳：《粤盐纪要》，沈云龙主编《中国近代史料丛刊》第890册，台北，文海出版社，1966。

④ 王小荷、黄国信把"排商"之前的盐商称为"王商"。参见王小荷《清代两广盐商及其特点》，《盐业史研究》1986年第1期；黄国信《藩王时期的两广盐商》，《盐业史研究》1999年第1期；黄国信《明清两广盐区的食盐专卖与盐商》，《盐业史研究》1999年第4期。另外，我指导的研究生撰写的论文对广东的专商引岸制以及改埠归纲、改纲归所也有论述。参见赖彩虹《清代两广盐法改革探析》，硕士学位论文，华中师范大学，2008。

清初战祸连绵，盐商多已逃散，一旦军事稍定，食盐供销问题立待解决，盐商只要有利可图，自然愿意重操旧业。但际此新旧王朝交替时期，商人不免有种种疑虑，销盐纳课，尤多具体困难。如何消除商人疑虑、解决销盐纳课困难，便是清政府招商措施的开端。

清初的招商，一是招集旧商，二是重新招募新商。

两淮盐区在招集旧商方面，面临的首要问题是积盐的充饷。顺治二年，两淮巡盐监察御史李发元上疏言：

> 比臣入淮，见巨舰横流，皆固山助饷之盐，而淮北之盐尽矣。及入扬，四百余船之捆盐已变价开帆；而在桥、在坝、在垣有主无主之商盐，又奉尽行充饷之令，而淮南之盐又尽矣。其已经变价者，臣言亦无益，惟垣盐六万引，皆商人资本购之场下，备脚运载至扬，堆积垣内，各各封识。据道司申详，的系有主。虽云充饷，向未装运。数日以来，情景皇皇，商以此盐与臣决去留，臣亦以此盐与商觇聚散。①

李发元所言，清楚地表明，清军在大举南下的过程中，为了弥补军饷的竭蹶，把两淮的积盐无偿地变价充饷；而清朝统治者也没有顾及商人的利益，不管是"有主无主之商盐，又奉尽行充饷之令"。这种只顾眼前的劫略性行为，不但对招商不利，就是对残存的商人也是一个致命的打击，残商大有如鸟兽散之势。所以李发元要求"仍将垣盐还商"，以达到"结其心，施招徕"的目的。由于李发元言真意切地指出了"积盐充饷"的严重性，户部才议覆允从。"部覆"称：

> 查各商捐资中盐，原以射利。据称淮南、淮北积盐，俱已括充月饷，惟余垣盐六万引，商人之聚散视此，特为请留。盖恐此盐一入公家，则各商无所系恋，必致星散，国课将亏，谅非圣朝惠商之至意，相

---

① 嘉庆《两淮盐法志》卷40《优恤一·恤商》。参见光绪《两淮盐法志》卷139《优恤门·恤商上》。另据钞档《清代题本》147《盐课三·两淮一》，顺治十一年五月二十六日兵部尚书沈文奎揭帖称："顺治二年四月内，城外垣内堆有残盐八万引，奉豫王令旨，行督抚并道府各衙门清查，内除消折外，实存六万余引。"是原有"残盐八万引"，已经"消折"掉近二万引。中国社会科学院经济所藏。

应允从。①

"将垣盐还商"，是两淮招集旧商的第一步。

顺治二年十月，两淮巡盐御史李发元题准："垣盐还商，征二免一，量力行盐。"② 顺治三年正月，户部议覆两淮巡盐御史李发元陈量力行盐一疏，认为："当此兵燹之后，商人未集，势难取盈，合允盐臣所请，量力行盐，令其极力招商，设法疏通，无多亏国课。"③ "量力行盐"依旧是关键之点。同年，李发元又题称："查江南底定，颁行恩诏，大兵经过地方，免征粮一半，归顺地方，不系大兵经过者，免三分之一。元年，山东、长芦盐课悉照此例蠲免。两淮事同一体，亦应照此征课，以昭朝廷浩荡之恩。"④ 随后，又蠲免顺治二年、三年未完正课银近三十万两。⑤ 毫无疑问，适当蠲免、量力行盐，是两淮招集旧商的第二步。

同时，最为重要的是承认旧商的引窝。嘉庆《扬州府志》下面的一段记载非常重要：

> 去其繁苛，加以优恤，引窝听商得自为业，曰"根窝"。其届年支运者，亦听商得转相拨售，曰"年窝"。顺治初，部颁引额，剖明之每引四百斤为二百斤。九年，派定淮南、淮北每岁引额。至若行销界，课程有定，经费有常。⑥

这里的"引窝听商得自为业，曰'根窝'"，意味着清朝对盐商专卖世袭权的承认，而且，这种引窝被界定为"根窝"。这里的"届年支运者，亦听商得转相拨售，曰'年窝'"，意味着引窝（根窝）既可以自己经营，也可以转售于他人行盐，每年转售于他人行盐的引窝，被界定为"年窝"。

正因为有上述措施，所以在第一任两淮巡盐御史李发元任内就有了

① 康熙《两淮盐法志》卷 10《奏议一》。
② 康熙《两淮盐法志》卷 7《额例》。
③ 光绪《两淮盐法志》卷 95《征榷门·商课上》。
④ 康熙《两淮盐法志》卷 10《奏议一》。
⑤ 顺治八年五月二十八日波洛题《为淮北商困当苏谨陈因革之宜事》，中国第一历史档案馆藏。
⑥ 嘉庆《扬州府志》卷 21《盐法志》。

"散者集，逃者复，贫者称贷，农贾徙业而至"的气象。① 第二任两淮巡盐御史李嵩阳任内，也是"劝徕慰恤"，盐商"新旧俱集"。②

山东盐区是清朝最早恢复招商行盐的盐区之一。顺治元年，山东巡抚方大猷明确提出了"欲招商先须惠商"的中心思想。③ 顺治元年十二月，方大猷在《惠商恤灶疏》中，从引制、引额、引价、灶丁、灶地、盐场、行盐、私贩八个方面，共提出八项措施。这八项措施事实上都与招商、行盐、纳课有关。

其"引制"一条称："引制往例，边商中盐，内商出价，每引价一钱五分，运司向户部关领，今合令内商照引纳价，运司解部领引，似更省便。"这主要是考虑到明清易代之际的变制。

其"引额"一条称："引额旧例八万，加至十二万后，愈增愈壅。崇正（崇祯）十五六年，止行二三万引，今合暂行减额，每岁止令商人照蒲关见盐征课。待商贾渐至，引数渐加。"这不单纯是行盐壅滞要求减引，而是直接行多少盐引就征收多少盐课。

其"引价"一条称："引价往例，每引盐六百斤，引价一钱五分，正课三钱六分，后因余盐加割没银一钱。今新商告困，暂宽割没，以示激劝。至于盐票之设，所以济引之不及，往例一票征银一二钱不等。连岁引尚难行，票自迟滞，今每票量减一二分，庶商贾乐输。"这是要求减轻引盐的课额，豁免割没银，票盐课额也适当减轻。

其"灶丁"一条称："灶丁，六府计征银六千六百六十六两零，兹因逃亡者多，当清审其见在若干，按名征课，逃亡死绝者一概豁除。"这是要求清查灶丁，豁除无名灶丁之课，以利于食盐的生产。

其"灶地"一条称："灶地，六府原额征银一千九百九十一两零，近因佃种不前，合行清查成熟者，计亩上税，荒芜者照例除免。"这是要求清查灶地，豁免荒地之税，也与食盐的生产有关。

其"盐场"一条称："盐场相去千余里，两分司逐处查点，势难周悉，盐场大使各有分管，今当择人急补，有所责成。"这是就盐场的管理而言，

①　李发元：《盐院题名碑记》，嘉庆《两淮盐法志》卷55《杂记四·碑刻》；光绪《两淮盐法志》卷159《杂记门·艺文七·碑记》。
②　嘉庆《扬州府志》卷45《宦迹志三》。
③　《清盐法志》卷62《山东十三·征榷门》。

由于盐场地势辽阔，盐运分司难免稽查不周，盐场大使的作用重要，要及时补充到位。

其"行盐"一条称："行盐全在州县，而守令绝不关心，私盐盛行，置之不问，皆由不系官评，遂敢漠视。今当编入考成，听运司开揭于盐院，以行荐劾。"这是专门针对食盐的销售而言，并提出了对地方官员进行销盐考成的建议。

其"私贩"一条称："私贩年来千百成群，俱投托势宦，捕官捕役贪图月钱，谁肯捉获，应责成盐法道，凡有私盐盛行处所，竞提捕官捕役，从重究治。"这是要求赋予盐法道特别的权力，从重从快处理缉私不力的捕官、捕役，本质上也是为了食盐的销售。

户部对方大猷《惠商恤灶疏》的议覆认为："灶丁、灶地二款，应照民丁民地则例遵行。至额引引价，照长芦优免分数，每引免征五分五厘八丝。又各府照额纳价，运司解部，领引行盐，毋得仍前用票销卖，以滋他弊。若严考成、禁私贩，如议，通行申饬。"① 也就是基本上全部议准了方大猷的条奏。对此，传记亦称："方大猷，浙江德清人，进士。顺治元年巡抚，时荒乱之余，井灶萧条，上言惠商恤灶八款，通行申饬，有裨商政。"②

顺治元年十二月，长芦巡盐御史吴邦臣在《输征通融疏》中称："山东州县节被荒残，逃亡殆尽，行盐无地，食盐无人……抚臣方大猷有见盐征课之说，请敕部通融议覆，以从其请。"户部覆准："山东盐课岁额六万九千五百六十两五钱五分，照原额先征一半，其一半准来岁带征。"③ 顺治五年五月，吴邦臣在《除豁未完盐课疏》称："山东运司每岁额行四十六万三千七百三十七引，每引征银二钱五厘八丝，共该银九万五千一百余两，顺治元年三分免一，该银六万九千五百六十余两。……其未完盐课似应悉为除豁，以昭恤商之仁。"④ 这包括了缓征盐课和蠲免盐课。吴邦臣的这些上疏和相关措施，也被记录在《宦迹》中，吴邦臣巡盐，"以商灶节被荒残，额课难办，题请缓征，商民戴恩"⑤。

---

① 方大猷：《惠商恤灶疏》，雍正《山东盐法志》卷11《本朝奏疏》。
② 雍正《山东盐法志》卷10《宦迹》。
③ 吴邦臣：《输征通融疏》，雍正《山东盐法志》卷11《本朝奏疏》。
④ 吴邦臣：《除豁未完盐课疏》，雍正《山东盐法志》卷11《本朝奏疏》。
⑤ 雍正《山东盐法志》卷10《宦迹》。

　　顺治七年九月，长芦巡盐御史王世功在《恳请照例蠲免疏》中要求蠲免虚悬额引。户部议覆："山东运司盐课原有定额，因连年兵荒频仍，食盐户口人少，引目未能全领，以致二、三两年欠课追比难完，盐臣疏请蠲免，虽与恩例未符，但年地方艰苦，准予豁除。"顺治十一年七月，长芦巡盐御史杨义上《请照户口更定引额疏》，指出："前抚臣方大猷，盐臣吴邦臣目击行盐无地，食盐无人，引额虚悬，故有见盐征课之请，但见盐征课漫无纪极，何以督率考成。今八年于兹，每岁领引一半，而销引十无三四，元、二、三年积逋，前盐臣王世功疏请恩蠲。乃近日情形更有甚难者，土寇窃发，洪水横流，村落悉成丘墟，田畴尽为薮泽……以极残之户口责全盛之引额，必不得之数也。"因此要求按户口重新更定引额。①

　　山东盐区清初实行的"量力行盐"，"许以见盐上课，行盐若干即征课若干"②，不拘泥于引额成例，销多少盐即征多少课，给商人描绘出诱人的前景。山东的招商非常迅速，据山东盐运使张君赐称，"明末加派叠增，遂至商逃课缺"，清朝定鼎，"百政维新"，"抚按出示招商，许以见盐上课，又蒙总、抚、盐三院会题，部覆行盐若干，即征课若干。钦奉明旨，仍着该地方官极力疏通，荷蒙为国恤商，不以故额为厉"。所以，顺治元年初招商时，"未及两月，新商鳞集百家"。征收的盐课，"元、二两年，较之明末，多征两三倍矣"③。这里虽说是"新商"鳞集百家，但对照雍正《山东盐法志》所说"引商招自远方，世代相传已久"④来看，也应该主要是原来就已经行盐的明季旧商。在招商有一定规模和成效后，又采取蠲免盐课、豁除难销之引的办法，对盐商进行多方面的抚恤。⑤

　　长芦盐区也是清朝最早恢复招商行盐的盐区之一。由于清初的山东盐区和长芦盐区同属于长芦巡盐御史管辖，有些盐业恢复和招商的政策具有一致性。同时，林永匡和常建华也先后有文章探讨，可以参见。⑥

---

① 雍正《山东盐法志》卷11《本朝奏疏》。
② 顺治四年八月二十五日英峨岱题《为虚悬引额难敷，残商困苦已极事》，中国第一历史档案馆藏。
③ 顺治四年八月十二日王守履题《为虚悬引额难敷事》，中国第一历史档案馆藏。
④ 雍正《山东盐法志》卷7《商政》。
⑤ 有关措施还可参见林永匡《清初的山东运司盐政》，《山东师范大学学报》1984年第4期。
⑥ 林永匡：《清初的长芦运司盐政》，《河北学刊》1983年第3期；常建华：《清顺治朝的长芦盐政》，《盐业史研究》2012年第3期。

在河东盐区，顺治二年五月，河东巡盐御史刘令尹为"先课后引"还是"先引后课"以及盐课的起征日期，是否仍行旧票，专门以《河东盐法创始，祈酌立定制，以裕国计》为题上奏，其折称：

> 旧例盐引，商人先解纸价领引，至司后按引纳课。今新制，商人先赴部纳银，而后给引。此在附近商人则可，河东地势辽阔，官丁商人错处，安能间关而先纳银乎？今众商仍裕先解纸价领引至司，而后按引纳课。是不可不预定也。

> 至于征课之期，河东一带向罹汤火，至元年十月，贼始西遁，十月以前盐课尽付逝波。此征课定期将从何日为始，是不可不预定也。

> 河东盐策，与他省运司不同，他省盐法或煎或晒，皆产于海，惟河东独产于池，风动盐结，乃天地自然之利。但采办之法有二，一为官丁捞采之盐池，周围百二十里，附近十三州县额有丁口，每捞盐十引，令商人纳课银三两二钱，每引重二百斤，此官盐也。皆用引也。一为商人捞采之盐，乃商人自备工本，出人力以捞盐，每百斤为率，内分七十引为官盐，每十引令本商纳课银三两二钱，内分三十引抵作商人工本，不纳课银，止给官票，以别于私盐，此商盐也，用引兼用票也。旧例山西太原、汾州、辽州、沁州等处食本地煎盐，每引折刷小票，每张行盐一百斤，以小贩担负，不能多也。此又照引折票也。我朝盐法，统归户部，不用票而用引，诚有深虑，但官丁采办之盐皆用引可也，而商人采办之盐内有抵作工本者，裕用引则不纳课，不用票将何以别于私盐。

> 再，照时已入夏，正河东解池采盐之候，若待引到开池，往返四千余里，奏报稽延，误时且误课矣。臣已星夜催督商民暂用小票捞采，一面候颁引到日票即停止。此臣暂为通商办课之着。

户部议覆认为："河东盐课，向系宣、大、山西三镇宗禄军饷之用，今宗禄已裁，兵饷减少，臣等酌议，应解京库，以备急需。其给引之法，河东地远，势不能先纳银而后领引，则先解纸价而后按引纳课。旧例可循。至于征课之期，河东地方去年十月方出汤火，应于顺治二年春定期征解，以苏商力。若夫捞采之法，自应仍照旧惯，惟是山西太原、汾辽沁州等处依旧欲行票盐，似非画一，应照山东一例革票行引，以除私贩积弊。"① 河东盐区的"先引后课"以及顺治二年开始起征，无疑对招商有重要意义。但是，河东盐区明末清初商人的逃亡十分严重，招商依旧面临许多困难，一如河东巡盐御史朱鼎延所奏：

> 河东盐课岁额一十二万有奇，向系商人输纳。至明季崇祯五年，阴雨灾池，生息渐微，兼以兵荒谍臻，商众逃亡，五百余户仅存寥寥三五十人，皮毛俱尽，课额征解不前。……臣自入境以来，各属纷纷告苦，目击心伤，但以国课攸关，点金无术，不得不仍旧例催征。近据山西黎城、沁水、阳城、河南、济源等县申称：遭闯逆蹂躏以来，大旱大疫，人民流亡，田土荒芜。昔也千有余户，今也百十余家。计口算盐，计盐算课，尚不及十分之二。欲以原派之额，委难完足。伏望轸念苦悰，暂照见丁征纳，俟生齿渐繁，再议增加等情。据此，臣思盐课系干军饷，河东岁额一十二万四千九百三十二两一钱，内除运司商人平阳、太、汾、凤翔等处征课九万九千一百七十二两一钱外，潞、泽、怀属户口该银二万五千七百六十两。若减一分则少一分之额，况旧商蔡宗圣等一百零七家已办课六万三千九百七十八两二钱二分，骨力已竭，若再加派，不无困敝之累。清夜图维，无米难炊，不得已劝谕运、安两城人民，愿充商者具结投报，准照旧商一例捞晒办课。皆据新商张永盛等二十六家，赴臣衙门投认。臣即批行运司查议去后，据该司呈称：据新商张永盛等议得潞、泽、怀属额引八万五百引，派银二万五千七百六十两。②

照朱鼎延的题本可以看出，尽管明末清初河东盐业凋敝，但仍招得旧商蔡宗圣等107家，新商张永盛等26家。在招新商时，尽管招商急迫，也需要"具结投报"等手续。旧商、新商除享受同等待遇外，也豁免了一些加增，特别是豁除了"见丁征纳"或"按户派引"。这在户部对朱鼎延的题本议覆中也看得清楚，户部议覆认为："该臣等看得，商人领引行盐办课，原系旧例，按户派引，实出权宜。……应如河东盐臣议，先令所招新商二十六

---

① 佚名：《盐法考》卷12《河东·河东事例》，清抄本。
② 顺治四年正月二十日朱鼎延题《为军兴需饷甚殷户口输榷惟艰事》，中国第一历史档案馆藏。

人照数完课，其未足之数，亦设法招商。"① 顺治六年，"设法招商"，又招新商马兴等 23 人，"其不敷之数，仍设法招徕，以苏民困而复旧例"②。顺治十年，"又招得商人董教等一百一十余名。至此，商数充足，引课皆有商人承认"③。据后来一份史料的回溯，到顺治十年招商已经充足的说法是可信的。嘉庆十一年，山西巡抚成宁说："至顺治十年，经御史刘秉政招募商人董教等一百一十余名，一时商数充足，认地行销，极为盐法盛规。"④

在浙江盐区，《盐法考·两浙》记载，顺治三年正月，两浙巡盐御史王显题称："盐之要务有二，招商恤灶而已。浙商今虽漫散，在前朝已掣盐斤，分发各府州县者，未必全无，今概以私盐绳之，则商本亏而不来，概以引盐宽之，则国课缺而非法，惟见盐计引，按引征税，既不亏商，又不亏课，而商可渐次招徕矣。"户部议覆认为："国家盐课，两淮岁额最多，次则两浙。然欲岁额之无亏，必先商灶之云集。宜盐臣王显首以招商恤灶为言也。查各商现在盐斤，皆商人捐血资以称掣者，今令其见盐计引，按引纳课，则商乐从，而国课无亏。应饬盐臣查明确数，给发新引，照新定经制办课者也。至于水乡草荡涨成可耕之田，原系灶户糊口之需，似宜并听盐臣清查，俾灶户复业，庶煎盐有人而办课亦易矣。"奉旨："是，依议行。"⑤ 从"前朝已掣盐斤，分发各府州县"、"各商现在盐斤，皆商人捐血资以称掣者"来看，浙江当时的盐商主要是旧商，对明末的旧商采取的措施是给发新引，见盐计引，照新定经制办课。

顺治三年九月，为"申明掣验之规"，王显又题称："今开创之始，招徕为先。各商急公者固多，而营私者亦复不少，每遇掣期，或观望以待市价

---

① 顺治四年二月二十日英峨岱题《为军兴需饷甚殷户口输榷惟艰事》，中国第一历史档案馆藏。

② 顺治六年五月十七日巴哈纳题《为续行招商分引以苏民累事》，中国第一历史档案馆藏。

③ 《河东盐法备览》卷 6《通商门》。

④ 嘉庆十一年十一月十七日成宁奏《为缕陈河东、吉兰泰盐务分别招商各办引地事》，中国第一历史档案馆藏。

⑤ 佚名：《盐法考》卷 11《两浙·两浙事例》。笔者查到了现存档案，王显上奏的日期是顺治二年十二月，其原奏称："今之要务有二，招商恤灶而已。商何以招？以利招之。灶何以恤？以恩恤之。查浙商今虽漫散，在前朝已掣盐斤，分发各府州县者，未必全无，今概以私盐绳之，则商本亏而不来，概以引盐宽之，则国课缺而非法，惟是见盐计引，按引征税，既不亏商之本，又不亏国之课，而商可渐次招徕矣。"大致不误。见《清代题本》152《盐课八·两浙二》，顺治三年正月二十九日户部揭帖。

之高，或漏掣以酿重照之弊，或越渡以开影射之门……今臣立法，凡掣盐过限半月者，铳引目十分之二，过限一月者，铳引目十分之五，此外免铳。"① 户部议覆认为："盐引掣验，原有定期过限即为铳毁，此旧例也。但国家当定鼎之初，浙江值兵燹之后，盐臣酌定日期，分别铳毁，以示招徕，相应允从。"奉旨："依议行。"② 同年九月，王显因"浙东初定，商疲灶残，曾经寇兵，蹂躏独惨，透征已多"，又要求"盐课于某月开征为始，照例分别或蠲三分之一，或蠲其半"。户部议准："浙东初平，惊鸿未定，商散灶逃，应广示招徕之法。盐臣疏请开征日期与蠲免分数，应遵恩诏，以地方归顺之日征收为始，而蠲免分数当从三分之一，以信明纶。"③ 重新规定掣验过限铳毁盐引的时限以及规定开征日期和蠲免分数，也是为了招商和惠商。

顺治四年以后，两浙历任盐臣王燮、祖建明、石维崐、于嗣登、迟日巽等的上疏大都涉及行盐规制、批验所设置、杂课清理、引费减轻、盐引疏销、带销积引等问题，都值得注意。其中，顺治十二年十月，两浙巡盐御史祖建明，以及顺治十六年八月，两浙巡盐御史迟日巽的揭帖对减轻盐商的压力尤为重要。祖建明称："商之办课，犹民之办粮，民粮出自土地，商课悉己脂膏。两浙年额课银三十一万有奇，惟藉住省各商办纳掣运转输。商安则课裕，商困则课亏。此理势之必然。职自奉命莅浙，仰体皇上恤商之至意，苟有利于商者，靡不毕举，有害于商者，悉行力除。"于是革除各项杂费。④ 迟日巽的奏疏则如下所引：

> 　　两浙纲商朱永祚等呈称，浙东自顺治三年六月内大兵渡江，原比两淮迟行盐一年，见今与淮商一样，追销积欠之课，实是多征一年。又加增引课四万五千两。旧引堆积司库者四十余万，存部者八十四万四千有奇，愈加壅滞，课逋日甚，呈请设法疏销等情。户部行臣查明具奏。臣查两浙年来海氛未靖，宁波、温、台三府沿海一十五场，商逃灶窜，庐

---

① 佚名：《盐法考》卷11《两浙·两浙事例》。
② 雍正《两浙盐法志》卷11《奏议》。
③ 佚名：《盐法考》卷11《两浙·两浙事例》。该条雍正《两浙盐法志》卷11《奏议》缺记。
④ 《清代题本》152《盐课八·两浙二》，顺治十二年十月祖建明揭帖。缺具体日期，顺治十二年十月二十四日到部。

舍多墟，正引、加引多在尘封，按额比商，苦难挖肉。更有历年压欠之课并八十余万带销之引壅滞不楚。淮、浙归诚，先后有别，行引征课实在三年十月间也。今计部以军需告匮，持筹赋额，淮、浙引课一例起科清算，故有欠课壅引。殊不知淮、浙归版各有前后，似难一概起科，况又新增课银四万五千两，加引十万。年来皆属不行，各商比照长芦经制，情愿完课，不敢请引。即请引，无地行销。今以在浙旧引之未销者四十万计，存部之未领者八十万有奇，日逭一日年壅一年，又复责以带销。无怪乎征解之难足，压欠之难楚也。乞俟温、宁、台郡晏清，几当遵照输纳，暂宽额外之征，以解倒悬之苦。

户部议覆认为："两浙引壅一年，原因顺治三年十月间江东始复，十月方始行盐，以致引目壅积，故臣部已将未领八十余万之积引自十六年起分作四年带销，业经提奉谕旨。今盐臣以海氛扰攘，商人困苦，疏请缓征，应如所议。除见年额课如数征解外，其所积之引课暂宽自十八年为始，将积引照季节责令关领，按年带销全完。至于新增十万引，请照长芦之例，加课而不加引，应如所请，将新增十万引减去，其新增四万五千余两课银加于旧引之中，照额征解。"①

从顺治十六年两浙巡盐御史迟日巽的题本以及户部的议覆来看，尽管当时浙江"海氛未靖""海氛扰攘"，招商办课已有相当成效，只是由于"军需告匮"，户部"持筹赋额"，又想出加引增课的办法，才使得盐引壅滞，不得不在盐臣的要求下采行新的办法。除迟日巽在上述题本中提到两浙纲商朱永祚外，我们在现存钞档中也查到了杭、嘉、绍、温、台、松六所的纲商汪溟泰、汪德佩、金吕、王茂、傅礼、叶文芳、汪文衡、袁复兴、戴茂等的名字。他们共同呈请，"六所纲商酌覆"，可见两浙的盐商与盐商组织已经具备相当的规模。②

在福建盐区，据福建巡按御史霍达在顺治六年的揭帖，在顺治三年九月，清兵始入闽境，当年冬季即开始有盐商行盐，并征盐课，当年解过银两

---

① 佚名：《盐法考》卷11《两浙·两浙事例》。《盐法考》把此题本的日期定在顺治十六年十月，实则是八月，十月初二日到部。参见《清代题本》152《盐课八·两浙二》，顺治十六年八月迟日巽揭帖。
② 《清代题本》152《盐课八·两浙二》，顺治十六年八月迟日巽揭帖。

批，每批 750 两，只是刚刚起步。但"顺治四年夏四五月，山海之间大贼蜂起，所属龙岩、平和、诏安、漳平、宁阳五县前后继陷，道路梗塞，行盐之地被贼盘踞，行盐商人尽皆逃散，以致课额空悬。至顺治五年九月终，大兵至漳，道路才通。六年正月内恢复龙岩、平和等五县"。随即展开招商，于是招徕"旧商"王兴、程和等四人。并认为"催督旧课过严，恐伤朝廷惠爱灾黎之深恩"，原来的"旧课"，"虽属逋欠，实因地方失陷未复，原未行盐，无从办课。所请蠲免，政与恩诏例合。似应准从"。得到户部的议准。① 同年，霍达题称："今福建甫定，行盐产盐之地虽海运未通，而担负肩挑者已将源源而至。臣多方招徕，今商人、水客已归业者十之七八。"② 也主要是招集旧商，而且富有成效。但是顺治七年四月，霍达又题称，"福建东路行盐之地，自顺治四年起至今，皆为贼窟，课盐未售，商人束手坐困"，要求豁免"四、五两年旧欠额课"，也得到了户部的议准。顺治七年五月，霍达又称，"万历四十八年以前，闽课正银四万六百七十两零，明季叠加，商不堪命，资本赔累，逃者过半"，因此"条议一十七款"，要求"疏引惠商、厘奸裕课"。户部分别议覆，"数项新加之课，永为裁革"，东、南、西三路的行盐"清分界线"，避免"南借西盐，西售南地，彼此奸混"等。顺治十年，福建巡按御史王应元称："闽省行盐之法，因地制宜，不特与各省不同，即东、西、南三路亦各迥异，今奉部文，查会计录所载，福建岁额行引一十万四千三百四十引，钦遵新制而行化引之议，每引定盐二百斤，臣与抚臣备行道、司，细加酌覆，据称，三路盐引年止二万一千四百四十五道。其余系各场灶户纳价之引，合之始有十万四千三百四十引之数。三路引课实止二万五千七百余两，其余系各场灶户本折盐斤、漳属盐饷等项凑之始有四万六百六十七两零之额。……今欲化引遵制，西路每引支盐六百斤，化一为三，犹可勉副，东路每引支盐六千斤，南路每引支盐四千八十斤，若尽令化引，则引多课少，实为难行。通议概以仍旧为便。"户部亦议准。顺治十三年，福建巡按御史朱克兰称："闽省行盐与各省异，各省盐课多而商本厚，闽省盐课少而商本微。乃今闽省之盐又与旧异，盖行盐必须食

---

① 《清代题本》153《盐课九·福建、两广》，顺治六年八月霍达揭帖。缺具体日期，顺治六年十一月二十四日到部。

② 顺治六年八月初十日霍达题《为再明闽中行盐定规等事》，中国第一历史档案馆藏。

盐之人，往时人稠户殷，斤户口凋残，百里无烟。行盐必须行盐之地，往时地靖商通，今除泉、漳新复外，余依山傍海半为贼踞。行盐必须行盐之费，往时二船装运一引只费一二钱，今时片板不许下海，俱用肩挑，一人仅挑五六十斤，盘山过岭，跋涉维艰，一引费至六七钱不等，是以商日贫而盐日阻。据众商金呈，顺治十二年方销八年，寒来暑往之引尚未行半，已扣完十二年之课。"因此要求自顺治十三年起，"销新带旧"，"将从前积压逐年带销"，也得到了户部的议准。① 以上豁免旧欠、革除加课、旧引行盐、逐年带销等项措施对招商、惠商无疑具有重大意义。林永匡从议定行盐定则、颁行引目、蠲免无盐之课及旧欠、剔除明末弊政、参劾贪劣官员几个方面对清初福建盐政进行了论述，可以参见。②

在两广盐区，由于清初"用兵之后，埠地荒残"，招商与盐业的恢复都遇到一定困难。黄国信认为，清初顺治五年，"以广东地方初定，本省盐课照万历四十八年旧额，按引如数征解，其天启、崇祯年间加派尽行蠲免"，清廷开始对两广地区征收盐课，但此时朝廷关心的只是征课，至于食盐专卖制度的细则，并未给予太多的关注。直到顺治十一年，清广东地方官府才真正开始重建两广盐区食盐专卖的努力。③ 就现在能够看到的地方官员的题本，在顺治八年至康熙初年的一段时间内，为了招商、销盐、征课，清廷主要采取了四项措施。第一，不按照万历年间则例征课，也不按照原来的起运、存留比例，一切权宜。这就是顺治八年广东巡抚李栖凤上奏后，户部覆准的"广东一省明时岁额盐饷一十七万有奇，七分解部，三分留充兵饷，此成例也。今该抚疏称本省额税八万余两，照各榷关例随征随解，暂准留充兵饷。查粤东地方初定，兵需甚急，自应如议留用，年终报销。其广西、湖广衡永平乐，江西等处，计税九万余两……今粤西大兵云集，荡平有期，不妨渐次酌征，以济急需。至应解部银两，事平之日，仍当照旧解部"。第二，因为"恢复伊始，课引征销不前"，要求不按其他盐区的销引征课考成办法，而是"暂缓考成"。这就是顺治十年广东巡按御史杨旬瑛上奏后，户部覆准的"粤东初入版章，户口凋耗，盐课未完，情有可原，合无暂从宽

① 佚名：《盐法考》卷 15《福建·福建事例》，清抄本。
② 林永匡：《清初的福建运司盐政》，《中国社会经济史研究》1986 年第 1 期。
③ 黄国信：《区与界：清代湘粤赣界邻地区食盐专卖研究》，生活·读书·新知三联书店，2006，第 59 页。

政，免其参罚，仍设法催完"。第三，没有像其他盐区那样题定新的引额，也没有按当时通行的"二百斤成引"的盐引重量，而是依据明代后期的成例进行招商运销。这就是顺治十一年广东巡抚李栖凤上奏后，户部覆准的"至盐引经制，我朝以二百斤为一引，今抚臣疏称地方初附，剖分多引，无益于饷，请以仍旧为便，似应允其所请，暂准旧额五万九千八百零八道，仍如河东例，一年一请，请每于年前先期请发，不误见年行运"。第四，因为"盐场参坏，灶丁杀掳逃亡不可胜计"，开除逃亡灶丁，豁免灶课。顺治十三年广东巡按张纯熙题称："自今为始，敕行盐法道，转行各府州县，逐一清查原额灶丁若干，见在若干，新成长者若干，确查明白。果系年久亡故，通行开除，遗下灶课尽行豁免。"户部议准："严行申饬该地方官吏商灶人等，一体遵行，如有故违，按律治罪。"①

清初具体的招商，广东与广西措施不同。在广东，尚可喜部下见充商有利可图，纷纷霸占盐埠私充盐商，这些盐商被称为"王商"，已有学者论述，可以参见。② 事实上，在顺治年间，广东为了招商行盐也采取过一些值得注意的措施。一是禁止地方官员和武官乱行抽税。如顺治十三年广东巡按张纯熙所说，地方官员"坐抽私税，五里一关，十里一榷，所过地方，恣行横抽，以致商人裹足不前"。武职人员"潮镇标下千总张吉虎踞松口拦河抽税。盐从府城而上，每千斤抽银二两。谷从长兴而下，每百石抽银四两，凡铜锡、鱼苗、绫罗、布匹、竹木，无不尽行抽剥"。要求对此严加处理，以达到"惩一儆百，而朝廷国课不至尽饱虎弁之腹"③ 的目的。二是裁革"官商"，招徕民商。顺治十六年，广东巡按张问政称："虽经前任各按臣条议补救，而犹未得利兴弊绝也。职查历年盐课饷额所完之数，尚不及半。职不胜惊骇。因思盐课关军国急需，奈何粤东败坏一至于斯，推原其害，皆由作俑于官商耳。夫粤东现在拆引行盐者，总此官商居利。"此等官商"行营势之威，带弓张旗，鸣锣响喊，与职官分庭抗礼。巨艘连舡，有司不敢过而问；引缩包浮，关厂莫敢向而稽。……报税十无二三，盘验徒为故事。至其到埠发卖，则大异矣。高价勒买，一任施为，甚而计口数丁，不论贫富，压

---

① 佚名：《盐法考》卷 17《广东·广东事例》，清抄本。

② 王小荷：《清代两广盐商及其特点》，《盐业史研究》1986 年第 1 期；黄国信：《藩王时期的两广盐商》，《盐业史研究》1989 年第 1 期。

③ 《清代题本》153《盐课九·福建、两广》，顺治十三年六月十三日张纯熙揭帖。

派食盐。稍有还价稽迟，则垒利加算，又或指为私贩，或诬为私买，肆行诈害。未呈告于官府，先捆打于私家"。种种非法，闻所未闻，所以，"欲苏困裕饷，非禁革官商不可"，要求"将一切官商尽行革去"，另招民商，"编名造册达部，分埠认饷"。①

广西行盐则采取了"招搜流亡旧商"和新商的办法。顺治十六年，户部尚书车克的一份题本揭示了相关情况。据新化县知县称，奉广西右布政司之令，"提解盐商赴广买运盐斤"，"拘商人李琼芳一十六名，前后二批，差役李秀、罗斗解府换文转解。所有未到新旧盐商，卑职分差传唤，到日即解"。据邵阳县知县称，顺治十五年"批差覃秀等共解过新旧盐商岳伯宝等七十九名"，顺治十六年"批差刘祥押解新商尹武藩等一十六名解府，转解往粤买运盐包"。据武冈州知州称，"奉本府通行提取旧商"，于是"责令经承出票，多方责差，四路分催，拘获旧商二十一名"②。顺治十七年车克的另外一份题本中，也谈到了相关情况。对此，黄国信已经做了分析："统计中的这批盐商一共六十七名，其中'自赴投到'即自愿充商者八名，约占总数的十分之一，其余十分之九均为'批解'而至，强行征来。"③ 这种在广西布政司和本府的行文之下，"提取旧商""拘商人""拘获旧商""招搜流亡旧商"的办法，以及派专差"押解"新旧盐商赴广西买运盐斤、交纳课税的办法，在一般盐区闻所未闻。

至于四川，与其他盐区不同。四川明末以来遭受的破坏特别严重，在清初的一段时间内招商征课成为不可能。顺治六年，四川巡按御史赵班玺题称："四川屡经残破，人民几尽，不特贩盐无商，抑且煎盐无民。"因此要求"凡一切肩挑背负、易粮糊口者，任令易卖，并不许巡拦苛求。至于秦商往来便船带盐发卖，若不给票照验，恐无以杜私盐之奸。欲候部发大引，不惟商本微小，不能合引，难以通行。且恐路远稽迟无济。请暂行小票，通商惠民"。户部议覆认为："蜀疆未定，商贾稀少，即有一二秦商市贩盐斤，如一旦起课，恐商贾警散，似应免其征课，亦不必给票。俟川中荡平，商民

---

① 《清代题本》153《盐课九·福建、两广》，顺治十六年闰三月二十六日张问政揭帖。
② 顺治十六年七月车克题：《为敬陈盐业壅滞之由事》。林永匡在他的论文中已引述过这份档案，并以"招流商行粤盐，以资国计，以佐军需"为题，进行了论述。参见林永匡《清初的两广运司盐政》，《华南师范大学学报》1984年第4期。
③ 黄国信：《区与界：清代湘粤赣界邻地区食盐专卖研究》，第60页。

稍苏，另议。"① 也就是说，四川最初即不发引票，也不课税。随后，清廷因地制宜，采取了"听民自由贩运"的措施。由于明代大引"与井灶所出、商民所办实相悬殊"，也废止不用，只颁发小票，规定水路每票载盐五十包，陆路每票载盐四包。这既使民众免遭淡食之苦，又能略收税课。即所谓："小票听民自领自卖，颇为简便，若额定每州每县行盐若干，派引几许，反致行盐无民，岁课有亏。"② 由于实行这种较为宽容的政策，所以至顺治十年，"据保宁、顺庆、潼州等属造报，招徕开淘盐井一百八十六眼'。又自"十一年起至十五年止，开过上中下盐井共二百二十三眼"，已经开始行用小票，征收盐课。③ 以后逐步恢复，到雍正年间，已是"盐井日开，户口日增，商贾大集"④，"陕西大贾习礶业者，入蜀转运行销"⑤，形势有了显著的改变。

二　盐商承充的条件与程序

前此学者很少注意到盐商承充的条件与选任条件，在笔者阅读范围内，只有少数学者予以注意。如萧国亮举了广东的例子："盐政之要，首重商人，必择殷富而诚实者充之。……凡有资本，皆可承充，只须商人互保，便为相安。"⑥ 刘贵仁、薛培提到两淮和河东的盐商选任的两条史料，一是两淮规定盐商必须要由"家道果系殷实，品行素为商贾所信服者"来承充；二是河东"逐一查明，择其经理妥善，资本充裕者，取具保结，令其照旧承办，毋庸更换"⑦。

如上所述，在明末清初迭遭战乱之后，招商非常困难，"即欲招商疏引，谁肯舍性命而入垒卵之邑"⑧。而盐业的恢复与招商又非常迫切，当时招商急如星火。有些盐区甚至要押解商人运盐，不论是旧商还是新商，只要

① 佚名：《盐法考》卷 14《四川·四川事例》，清抄本。
② 雍正《四川通志》卷 14《盐法》。
③ 佚名：《盐法考》卷 14《四川·四川事例》。
④ 雍正十三年十二月初三日张廷玉题《为盐务章程事》，中国第一历史档案馆藏。
⑤ 王守基：《四川盐法议略》，《皇朝政典类纂》卷 76。
⑥ 萧国亮：《清代盐业制度论》，《盐业史研究》1989 年第 1 期。
⑦ 刘贵仁、薛培：《略论清政府对盐商的控制与利用》，《盐业史研究》1998 年第 2 期。
⑧ 顺治十年闰六月初九日车克题《为遵例开复事》，中国第一历史档案馆藏。

愿意运盐纳课，基本上没有什么特殊的条件就可以承充盐商；只在河东的招商档案史料中看到了"具结投报"的字样。河东由于招商也很迫切，当时所谓的"具结投报"，也有可能是官样文章，并不见得认真执行。顺治后期，在长芦盐区、山东盐区已经有了"势豪不准占揽引窝，商铺不许自定价值"以及"各商告领额引，只用本商的名，不许代挈"的约略规定。① 康熙以后，随着盐业的繁盛和盐商运销食盐利润的提高，盐商承充的条件有了许多具体的规定，而且也有了相应的程序予以规范。各个盐区略有不同，兹举例予以说明。

如长芦盐区，康熙二年规定，愿意行盐告运者，必须是"殷实人户"②。康熙七年议准："行盐地方将认过引目商人姓名，取保结认状，造册报部，并于年终取具并无派引累民印结送部。"③ 具体条件和程序如下：

> 芦商认办引地，例于具禀后，饬纲查明是否家道殷实，仍由本商自觅散商，联名出结具保，纲总循例加结，始由运司转详，咨部更名。一面给发行知，领引办运。其中紧要关键，重在出结之保商，不在加结画押之总商。其或商本实不充足，或外来人地生疏，纲中无商承保，往返查访，稽延时日，亦事势所常有，并非纲总有意刁难，藉端需索。惟新商认岸之初，办千引者，先交两课银一千余两不等，名曰"寄库"，以验殷乏。又任运、租运、捆运之外，另有试运章程，试之二三年，果不能办，准其禀退。有"寄库"，则资本之证据早明，有试运，则本商之进退裕如。嗣后新商具呈，但有散商联名结保，即令纲总酌定限期，于二十日内加结画押，运司亦迅速发给行知，庶众商可资鼓舞。
>
> 部议芦纲甲年盐引，至丙年五月始办奏销，中隔一年，恤商优厚。其试运一二年之处，如按奏销年份核算，已是办运第三四年，销数畅滞，大概可见。……新商入纲，取具联名商保，如有贻误课运，愿甘分赔甘结。惟各商向有随引带交参课银两，遇有参商欠课，除查抄变抵

---

① 《清盐法志》卷2《通例二·运销门·引目附转运》。参见《清盐法志》卷17《长芦八·运销门四·商运》；《清盐法志》卷55《山东六·运销门二·商运》。

② 《清盐法志》卷17《长芦八·运销门四·商运》。

③ 《清盐法志》卷2《通例二·运销门·引目附转运》。

外，均在商交参课内弥补。①

可以看出，出任长芦引地的新商，一是要商人申请；二是要由纲首查明是否家道殷实；三是要由商人出结联保；四是要由纲首画押，然后由运司报巡盐御史转报户部更名落实；五是年终进行有无派引累民的考察；并有一定的试用期；同时，还要交纳"寄库银"和"参课银"。"寄库银"在于证明商人的实力；"参课银"则用于盐商办运不利遭参革后的赔款抵押。另外，从档案材料中还可以发现，在长芦新商接替旧商的过程中，还有"引窝"的转让。"引窝"按引计算，各有不同的价值，形成所谓的"引价"。一般情况下，在有引窝的盐区，新商需要"归还引价"，才能承接旧商的引地，后面将通过具体的案例进行讨论。

上述康熙二年和康熙七年规定的新任盐商必须是"殷实人户"，必须"取保结认状"，这是"通例"，所以也通行于其他相关盐区。而长芦盐区的"具体条件和程序"则是较为细致的，其他盐区盐商承充的材料虽相对简略，但也各有特点。

山东盐区在康熙二年有"凡殷实人户愿行盐者，听其顶补办课"的约略规定，后来的规定逐步细化，如道光二十年的记载：

> 商人原为裕课便民而设，必须家道殷实、人品端方任办，方期课运无误。并因众商人多，散漫不一，是以设立纲首，以为一纲之总，专司保举商人、催督课运。凡遇新、旧商认、退，定例应各将引窝价值呈递声明，由纲用戳，取具殷实四商联名保结，现年纲首公保状呈司批准，方准过拨。如纲首从中袒护冒保，先究纲首。其告退之商，亦令纲首确查，不得以有力之商藉称疲乏，以杜规避。嗣后散商认退分劈，着该现年纲首恪遵定例，并查明现年情节，秉公核实确查，如有殷商巧于脱卸，以及接充之商并非殷实端方，滥行具保情弊，均即有纲驳饬。倘有不遵，即行据实禀侯本司传究。②

---

① 《清盐法志》卷 17《长芦八·运销门四·商运》。
② 《清盐法志》卷 55《山东六·运销门二·商运》。

　　从这个定例中可以看出，在旧商告退、新商接替之际，首先需要明确或议定引窝的价值，并由商纲用戳认定。其次，对新商是否"殷实端方"特别看重，不但家资殷实，还要人品端方，并且需要四名殷实的盐商联名担保。再次，必须由"现年纲首"（即"轮值纲首"，参见后述）公保由盐运司批准后才能生效。最后，退认的盐商必须是疲乏商人，对一纲商人中散商的"认退分劈"，纲首亦有稽查责任。从这些规定中还可以看出，在商人的认退过程中，除盐运使衙门的职责外，盐纲特别是"纲首"起着十分重要的作用。

　　山东除引商之外，还有票商。山东的票商，"多系本地土商承办，有力则充，无力则退"，充商与退商虽然也需要保人，但往往"彼任此保，朋比作奸，行私侵课"。于是雍正六年题准："票盐土商如有拖欠钱粮，无力告运者，斥革。由运司另募殷商承办，不拘本地外省，保商亦不拘本县土民。"① 既改变了票商由土商担任、保商由土民担保的惯例，也明确了盐运使司在新旧商人更换中的权力。

　　河东盐区在乾隆年间到嘉庆年间曾经实行"课归地丁"的改革。嘉庆十一年，重新实行官督商销的运销体制。又重新招商，其具体办法是所谓的"以商招商"，见于山西巡抚同兴的奏折："惟有以商招商之法，方可免官吏勒索之弊。现拟先传乾隆五十七年旧商中之家道殷实者，令其互保复充。其有家已中落，无人互保者，是为乏商。即令已复之旧商保举新商承充更换，如所举不实，仍惟保商是问。总期保举更换俱不经地方官之手，而又妥协章程，有弊必除，有利必兴。"② 此时虽然也是新招商人，时移世异，与清初已经明显不同，将善于作弊的地方官排除在外，由殷实旧商重新担任并互相担任保人，或保举新商承充。由于当时充当盐商有利可图，这种办法取得了明显效果，时隔数月，山西布政使金应琦就奏报："办理河东盐务，首在招商，而商人承运，尤在家道殷实，为人诚笃，庶可奉行久远。……查明家道实系殷实，为人诚笃可靠，不致再有反悔者，计旧商王恒泰等二十四家，新商贾立德等十六家，共计新旧商四十家。查河东运商向系五十八家，今核计已有四十家，尚短一十八

---

　　① 参见《清盐法志》卷55《山东六·运销门二·商运》。
　　② 嘉庆十一年五月二十二日同兴奏《为筹议河东盐务招商办理事》。

家……计一两月间即可足数。"① 所谓"家道殷实，为人诚笃"，依旧是上述"殷实端方"条件的重申。

与上述河东"以商招商"以及长芦、山东等有窝引地的招商主要由商纲操作不同，两广、福建等盐区盐商的承充，地方官起着至关重要的作用。两广盐区既有官运官销和官督商销的区别，又有前后不同的变化。在官督商销招商承办和新商接替旧商的过程中，首先强调的是商人"必须身家殷实"和"招募殷商"，其次是严催"地方官详慎招募"。乾隆元年两广总督鄂弥达的一份奏折，曾经缕述了雍正元年以来两广的官运官销以及改归官督商销的情况：原来的官运之埠除平远、兴宁、上杭、武平、东定、长汀、长宁七埠已经招商承办外，尚有宁化、清流、归化、连城、石城等"未据商人承充"，"各州县一面照旧办理拆运，一面招募殷商，陆续详报咨部"。但两广商人"大都资本微薄，实无殷实之人承充。其附近东省各埠，商力犹能转运支持，至边远之地，商人除完东饷西税之外，每无余资赴东拆运"，招商困难。"各州县冀免处分，并不查其是否殷实，苟且从事。"这样一来，必然导致"赤手空拳者乘间营充"，盐商"旋充旋退，误引误饷，国课民食均有未便"。因此要求"仰请圣恩，免定限期处分。所有东西两省应请归商各埠，如现有殷商者，准其承充。倘各埠一时未能招募齐足，无商承充者，仍交官办，俟陆续招有殷商详充，照例报部"。这份奏折很长，而且反反复复陈说，所以在折子的最后为所未闻地出现了"贴黄难尽，伏乞皇上全览"的字样。② "贴黄"是贴在奏折后面的一张黄纸片，类似于现在的提要，鄂弥达竟然要求皇上不看提要，直接看全文，胆子确实够大。在另外一份题本中，我们也注意到，两广除"招募殷实良商承办"外，也有着"取具印保各结，送部查核"的要求。③

福建盐区也曾经有官运官销和官督商销的区别，以及前后不同的变化。据称："闽省现在各州县行盐之水客，原不比两淮、两浙、长芦、河东实系

---

① 嘉庆十一年十月三日金应琦奏《为办理河东盐务招商事》。实际上很快招满，据新任山西巡抚成宁称："臣到任后，复督同该司（布政使司）等招定殷实可靠新旧商李自用等十八家，连前已足五十八家之数。"见嘉庆十一年十一月十七日成宁奏《为缕陈河东、吉兰泰盐务分别招商各办引地事》。

② 乾隆元年六月初六日鄂弥达奏《为遵查广东广西二省官卖食盐招商承办情形事》。

③ 乾隆三十一年三月二十二日傅恒题《为请定商人欠课之处分事》。

富商大贾，家道殷实之人，不过稍有资本，便充水客行盐。"但依然要求"家道殷实"。而"情愿承充各商"是否身家殷实，由盐法道具体查实，然后"取具地方官印结"，再"咨部请定引课"①。其后乾隆四十年、乾隆五十年的续招新商，依然由盐法道查明是否为殷实商人，"取具地方官印结"，并报闽浙总督"覆查无异"，然后报户部核准。② 到道光后期，情形已是不同。道光二十五年，闽浙总督刘韵柯奏称："民间任充盐商，本属谋利之计。闽省盐务自乾隆年间改归商办，其时充商有利可图，趋者若鹜，商数多至六十余人，数十年中，课额并未稍亏，商力亦未或绌，即偶有倒革，而一商甫去，一商复来。……及其后团秤革而商之获利薄，仓馆废而商之成本亏，场盐缺、银价昂，而商之纳课售盐均多耗折，于是岁额不克全清，惟藉借帑、缓课二端为调剂之策，乃调剂愈数，空款愈增，商困因而愈重，遂致倒罢相继，接任无人。即偶尔招的数商，而不量其身家，不问其愿否举旧商一切逋负，概令肩承，故虽有殷实之人，一经托业，其中无不力尽筋疲，接踵继倒。其能勉力挹注，幸获瓦全者，十无二三。当招商之初，或委州县以访传，或凭旧商之举荐，倾陷需索，百弊丛生，于嵯务未见有裨，而民间先致贻累，故闽省绅士向皆以官之招商谓苛政病民。每遇招募之时，被举者皆惮而不前，旁观者亦从而滋。"③ 闽浙地区此时招商困难的情形，基本与当时全国的情形一致。

---

① 乾隆八年三月十五日徐本题《为密陈闽省嵯政混淆情形事》。这份题本是满汉合璧折，也非常长，仅汉文部分就长达170面。
② 乾隆四十年十二月十九日钟音奏《为奏闻事》。乾隆五十年十月十二日雅德奏《为奏闻事》。
③ 道光二十五年刘韵柯奏《为闽省招商缘由事》。此件档案尾残，缺具体月日。

清代私盐市场之形成

——以嘉道年间湖南南部私盐贸易为例

黄国信[*]

有清一代，盐政是国家要政之一。清王朝实行分区行盐制度，无证贩盐和官盐越界，均为私盐。私盐，从来都是对盐政的重大挑战。那么，私盐市场是如何形成的呢？既往研究对私盐的成因，大体上均归结到盐区边界地区两个盐区之间某区食盐的比较优势，以及官盐不能完全满足市场需求等问题上，即私盐成因于"市场需求"。[①] 当然，私盐的形成，必然需要以市场需求为基础，但私盐市场是否可以培养？是否可以人为拓展？却是既有研究未能充分关注的问题。此外，因为私盐问题的重要性，清代各级各类官员对私盐关注颇多，留下了相当丰富的史料，其中道光年间著名幕僚包世臣关于私盐的分类——将私盐分为商私、官私、兵私、弁私、船私、场私等十一种，启发了学术界关于清代私盐问题的研究，一直为学界所引用。[②] 包世臣指出，"商私"是指商人在合法正盐之外夹带私盐，或将商引重复使用而行私，"官私"是指官员旅行途中在运输工具中暗中携带数量较大的食盐而走私。[③] 学术界已举出诸多史料，证明了包世臣此论的正确性。但是，商私、官私是否仅仅为商人与官员自身"挺身而出"贩卖私盐？官私与商

---

* 黄国信，中山大学历史系。

① 参见张小也《清代私盐问题研究》，社会科学文献出版社，2001。

② 参见陈锋《清代的盐政与盐税》，武汉大学出版社，2013，第232—261页。

③ 包世臣：《庚辰杂著五》，载《安吴四种》卷3，第5页；沈云龙主编《近代中国史料丛刊》第294册，台北，文海出版社，1973，第188页。

私之间是否存在关联？如果有，是怎样的关联？商人贩卖私盐过程中，与官员是否有联系？官员在盐商贩卖私盐时，起到了怎样的作用？这些问题，至今未引起足够重视。因此，本文拟以一些新发现的史料为基础，以清中叶湖南南部地区的私盐流通为例，讨论官员与盐商在私盐流通中的关系和各自作用，以及某些行为主体如何培育私盐市场等问题，以期在私盐问题中的"市场需求论"和官商"挺身而出论"的基础上，提供一些新的视角，为深入理解清代的私盐以及所谓"私盐是反官方垄断"的经济行为提供一些思考。

衡州府：食盐贸易中的盐商与地方官员

清王朝沿袭唐中叶以来的分区行盐制度，不同产地所产食盐，被指定到特定地区销售。按清朝盐政规定，两淮盐行销今江苏、安徽、江西、湖北、湖南、河南等省的大部分地区，为全国最大盐销区；广东盐行销广东、广西两省全境以及湖南、江西、贵州、福建四省部分府州。自康熙初年开始，衡州府从两广盐区划归两淮盐区，行销淮南盐场所产食盐。其南部与之接壤的湖南郴州、桂阳州等地则行销广东盐场所产食盐。清廷规定，盐商须持盐运司衙门发出的许可证——盐引，才可合法贩运食盐，其盐名曰"官盐"。市场上流通的官盐之外的所有食盐，皆为非法流通之盐，清廷名之曰"私盐"。清廷或组织或允许盐商参与组织缉私队伍，负责取缔私盐。一般认为，清廷之所以实行食盐专卖制度，[①] 是因为对于王朝版图之内的绝大部分普通百姓来说，食盐并非可以自产自销。控制食盐的产与销，可以获得大量财政收入。事实上，盐税收入也经常居于清廷财政收入的第二位。[②] 更重要的是，从食盐运销中获取财政收入，相对于田赋来说，应急性与可操作性更强，在特定情境特别是战争环境下，食盐贸易常可以给朝廷带来丰厚的收入。另外，控制食盐的流通，在战争或与对方对立的环境下，所谓"无盐

---

① 学术界亦有人称为"专营"制度，参见张世明《清代盐务法律问题研究》，《清史研究》2001 年第 3 期。

② 参见张九洲《中国旧民主主义时期的经济变迁》（河南大学出版社，1999）第 363 页"乾隆三十一年岁入银数明细表"显示，是年清廷财政收入，地丁银 2991 万两，位居第一，盐税 574 万两，居第二位。

则肿",还是非常有效的控制敌方的技术策略。①

在清代的食盐运销制度规范之下,湖南衡州府地处两个食盐销售区的边界地区,经常因为盐区归属发生纷争,甚至成为两淮盐区和两广盐区的争夺对象。明代已经纷争多次,② 进入清初,"本朝开辟以来,因罢兵燹,路梗商稀,暂食淮盐者十有余年"③,衡州、永州、宝庆等湖南南部三府非制度性暂时从粤盐区改为行销淮盐。直到顺治十五年,清廷才要求当地重新销售粤盐。但当地官员与商人却不希望回归粤盐区,"顺治十八年,御史胡文学称衡、永、宝三府民苦粤西盐贵多砂,又隔山岭,为害无穷,不若仍食淮盐。……寻因广西巡抚屈尽美以粤税有亏,请罢改食之令"④,未果。到康熙四年(1665),衡山县儒学生员吴开运等上题为"为粤盐不改,官民两病,吁宪遵谕特题以广皇仁、以回天意"之长篇呈文,"痛陈"衡州府行销粤盐之苦。其基本逻辑是,当时广东盐产减少,粤盐难于运抵衡州府,淮盐盐价只是粤盐的七、八分之一,政府招徕商人运销粤盐,竟无人愿承,地方官迫于考成压力,只好将责任派之乡村居民,引起诸如"逃亡""自杀"等严重社会问题。⑤ 清初,清廷为恢复食盐运销秩序,一方面招徕盐商,另一

---

① 参见佐伯富《盐和中国社会》,刘俊文主编《日本学者研究中国史论著选译》第 6 卷,栾成显、南炳文译,中华书局,1993,第 75 页;黄国信《食盐专卖和盐枭略论》,《历史教学问题》2001 年第 5 期。

② 衡州府的盐区纷争起源于明代。明初,衡州府被划入两广盐产销售地。但嘉靖四十年(1561)前后,都御史鄢懋卿整顿盐法,提出将湖广衡、永二府改食淮盐,并曾暂时实行。不过,很快即遭到两广提督吴桂芳的反对。嘉靖四十二年(1563)吴桂芳上《议复衡永行盐地方疏》,并得到嘉靖皇帝支持,湖广衡州府等地行销粤盐的局面基本稳定下来。因此,从总体来说,有明一代,衡州府基本上都归属两广盐区。

③ 车克:《为陈述盐政事》(顺治年间,尾缺),中国第一历史档案馆馆藏档案·内阁汉文题本,前三朝。

④ 宗绩辰:《永州府志》卷 7 下《食货志·盐法》,道光刻本,第 23 页。此外,此事在王定安《两淮盐法志》中亦有简略记载。

⑤ 周士仪:《衡州府志》卷 5《盐政附》,康熙刻本,第 114—116 页。吴开运呈文略云:"(今粤西)官盐……州县乡城(村)挨门督发,推甲役乙,奸胥骚扰,正价之外,使用不赀,每斤纹银七、八分不止。淮盐每包重八斤四两,时价不过一钱有零,客自卖,民自买,相安无事,两者相较,其便奚啻霄壤之隔也。尤可伤者,招商措本之檄一下,责在里排,着报殷实,有倾家荡产者,有弃业逃窜者,有死于投缳、毙于杖下者,如衡山之罗层七等竟为怨鬼已。……上无补于国用,下徒虐乎民膏。……粤盐久缺,半载竟无盐到,百姓茹苦食淡,几越月矣……何忍高抬虚值,严参厉禁,只知利粤,驱楚三府之民于陷阱中而制其命耶?上年十月内,运等目见心怆,缮写条议,泣奏台前……故敢冒昧再陈,伏乞仰体宸衷,俯协舆情,开恩特题,止认粤课,仍食淮盐,在粤无缺课之虑,在官无参罚之苦,在民无报商措本领盐发盐之害。"

方面将此纳入官员考核。吴开运所呈，反映的正是这一过程中衡州府之"痛"。因此，他建议衡州府"仍食淮盐"。不过，尽管其呈文得到了各级地方官的一致支持，[①] 但最终结果还是与顺治十八年的情况一样，朝廷并未改划衡州府的盐区归属。

吴开运呈请失败，"衡、永、宝三府民周学思、吴圣旭"等人遂于康熙六年（1667）正月，五千里匍匐往返，动身进京，亲赴户部"具呈"。被驳回后，周学思等人"具本通政司"，亦被通政司封驳，"不准封进"。[②] 周学思于是"具状鼓厅"，击鼓叩阍。康熙六年（1667）四月二十四日得旨，云："衡州、永州、宝庆三府民周学思、吴圣旭等状内既称食粤盐路远，有盘滩过岭之苦，请改食淮盐，两粤课饷并粤西杂税令三府照额认纳，着改食淮盐。"[③] 从此，有清一代，衡州府改属两淮盐区。

然而，非常吊诡的是，衡州府士商、湖南地方大员努力争取到衡州府归属两淮盐区后，在清代相当长的时间里，衡州府市场上实际流通的食盐却多为粤盐。同治《衡阳县志》的作者曾深刻地揭示了这一现象，他说："以余所闻见，自道光以来，粤盐通行，虽官有淮引，典之通判，特以名而已，城乡数十万口，何莫非粤之所食，淮课不登又亦久矣。"[④] 可见，根据同治地方志作者的亲自"闻见"，粤盐已完全占领了衡州市场，淮盐在衡阳仅剩名分而已。按清王朝制度规定，这些粤盐其实就是私盐，也就是说，衡州府划归两淮盐区后，市场上流通的食盐主要是私盐。而且，实际上这种情况远在嘉庆朝及其以前即已出现。[⑤] 那么，为什么湖南官、商努力争取衡州府划归两淮盐区后，结果却是这样呢？从市场导向的角度出发，一般

----

① 侯钤《衡山县志》卷28《盐法》（道光刻本，第4—5页）记载，湖广总督张长庚阅后，盛赞其条陈"句句真切，字字含泪，可谓留心民瘼，志存经济之士"，并因此"专行盐道妥详酌题"。

② 江恂：《清泉县志》卷6《食货志·盐政》，乾隆刻本，第8页。批中所称"广西总督以粤西运到之盐未卖，题请暂停"之事，指的是顺治十八年两淮巡盐御史胡文学题请衡、永、宝三府改行淮盐后，广西巡抚屈尽美要求暂时维持粤盐销于三府一事。

③ 谢开宠：《两淮盐法志》卷12《奏议三》，康熙刻本，第26页。周学思等因为衡州府盐区划分而叩阍，实在是一件颇为蹊跷之事。周学思的奏文中，对此的解释是"年来粤东禁海迁灶，盐课缺额，有司苦于考成，勒里排坐派，包课血比"，以致官、商均无法忍受。详情请参见黄国信《区与界：清代湘粤赣界邻地区食盐专卖研究》。确实是两广制度与两淮制度的差异，引起招商问题，从而导致这些人叩阍，从中看出官商利益一致之下的合作。

④ 彭玉麟：《衡阳县志》卷11《货殖》，同治刻本，第2—3页。

⑤ 下文将详细论及于此。

文献的解释是，衡州府境内淮盐价格比相邻的郴州所行销的粤盐价格高。

然而，与衡州府盐课"不登亦久"状况截然相反的是，清嘉庆年间，据两广总督阮元说，湖南南部的郴州与桂阳州等地，食盐销售"历届奏销，年清年款"①，从不拖欠盐课，而且成为清中叶以后两广盐区食盐销售总体不畅旺的情形之下，唯一畅销且可融销别柜悬引②的地区。因而，深得广东方面重视，广东官、商努力维持并寻求不断扩大其销量的途径。③ 为何当时广东食盐得以在湖南南部畅销？一般文献认为，广东盐进入湖南南部，相对于淮南盐从江苏运入毗邻的湖南衡州府，路程比较近，且盐价较低。因此，广东盐在这里具有与两淮盐的比较优势，不会受到两淮盐的挤压。

可见，从淮、粤双方文献来看，衡州府名归两淮区实销粤盐，是市场调节的结果。但是，古典经济学理论常常将市场现象直接归因于"市场调节"的逻辑机制，而不再深究市场调节过程中具体的人和事，从而掩盖了市场调节背后的社会动因。在本文的议题上，需要进一步讨论的是，衡州府的这一现象是否完全由市场自发调节而决定呢？在自发的市场调节背后，是否掩盖了某些市场化结构之下具体的人的作用，甚至掩盖了某些非市场化的因素呢？事实上，湖南南部的食盐贸易情形，并非仅自发的市场流动可以解释。有材料显示，盐商与当地地方官的勾连，也是一个重要因素。

两广盐商中，有一位叫潘进的留下了大量文字，反映了这种情况。潘进，字健行，广东南海西樵百滘堡黎村（今村头村）人，生于乾隆三十二年（1767），去世于道光十七年（1837），享年70岁，是西樵百滘堡潘氏家族崛起的核心人物。道光《南海县志》有其传，为1700余字长文，略云：

> 潘进，字健行，号思园，百滘堡黎村人。自幼友爱性成，笃交谊，喜施予。读书不屑章句，屡困童试，澹如也。后以家贫，弃举业，习法

---

① 英国外交部档案，档案号：FO 931/181。
② 融销，即通融销售。清代粤盐盐法规定，食盐销售引额分配到各销售口岸，即各埠，但若某埠销售畅旺，而他埠积引甚多，则可将其积欠融销到畅销盐埠。悬引，指食盐销售不畅，官盐无法按期售出，以致盐引悬宕。
③ 参见黄国信《区与界：清代湘粤赣界邻地区食盐志卖研究》。

家言。……其精于读律如此，粤中州县多延为幕宾而进。谓佐治者，如箭在弦上，指发由人，恐不能自行其意，遂改事盐策。如是者数年，又谓业此者，止可利用安身，不能惠人泽物，且终日持筹握算，亦觉其劳。方拟改业，会李可蕃观察楚南，招之往。……进居楚幕年余……度岭而归。归则林下逍遥，不经心尘务，而居乡族内。……道光十三年，西潦决围，民苦饥馑，飓风又作，族内房舍坍塌实多，进先捐资平粜，水退后，按房大小酌量给资，使自为修复，昏垫露处之氓，多所全活。而惠泽及人之广远，尤在前后保护桑园围一事。……桑园围自乾隆甲寅后，频年溃决，修筑之费，累钜万，起科不足，继以题签。上则督责追呼，下则喧争聚讼，民甚苦之。……道光九年，围决三水县之陂子角，水建瓴下，由是桑园围之吉水湾仙莱冈等处皆决，进劝伍商捐三万六千两分助修筑。……援例候选直隶州州同，以孙斯濂贵，貤赠翰林院庶吉士，晋赠候选员外郎。卒时年七十一。①

《南海县志》以如此长文为其立传，显见其在地方或者地方志编修者心中的重要性。传内显示其主要事功有：以盐策起家；为李可蕃幕；经营桑园围（当然主要表现在策略而非出资）。不过，即便如此，潘进已经可以勾通当道，联结巨商，从普通乡民跻身于对地方社会有重要影响的人物之列，潘家从此崛起。潘进个人举业虽然失败，但其后人却在科举上取得了非凡成功。潘进生四子，到孙辈时，已有潘斯濂、潘斯湛、潘斯湖三人考中举人，潘斯濂还高中道光丁未科（1847）进士，与李鸿章、何璟等为同年，为百滘第一位进士。②

在地方上如此重要的人物，《南海县志》重视叙述其所谓"事功"，却对其崛起的历史一带而过，显示出地方文献编修者的意识形态选择。所幸的是，潘进留下了大量书信和其他文字，被收录于其后人刊刻的《潘氏家乘》中，成为我们了解他起家历史的重要文献。

《潘氏家乘》至今未为学术界所利用，该书收藏于广州中山大学图书馆，共3卷2册，光绪刻本，著录为潘斯濂辑。但细读是书，可以发现，该

① 道光《南海县志》卷14《列传》，台北，成文出版社，1968，第265—266页。
② 参见《潘世德堂族谱》，西樵村头村潘氏家藏刻印本。

书其实由两个不同的编者编辑而成。第一个编辑者是潘斯濂，第二个是潘斯澜。如上文所述，潘斯濂是潘氏中科举最成功的士人，为潘进四子潘以鬵之子。潘斯澜是潘进二子潘以逊之子，潘以逊一直居乡，潘斯澜亦无取得功名之记录，很可能一直居乡耕读，但目前并无太多材料可以对其做进一步介绍。除《潘氏家乘》的目录外，全书有六个部分，分别是墓志铭、潘氏家规、潘氏家训、思园祖遗稿、潘氏家谱和家庙记。其中潘斯濂编纂了《潘氏家乘》的第一、二部分，即思园公（潘进）墓志铭和潘氏家规；潘斯澜编纂了家乘的第三至六部分，分别是潘氏家训、潘思园祖遗稿（又名资政公遗稿）、潘氏家谱和家庙记。该书除第一部分非潘进文字之外，其他各部分全部或大部分都是潘进之著文，因此，《潘氏家乘》与其说是一部家谱，倒不如说是一部潘进文集。

通过分析这部家乘可知，潘进的经商范围广泛，他购买、经营香山沙坦，与江西朋友共同开设硝厂，和十三行巨商伍秉鉴等人合作管理规模巨大的桑园围等。① 但他的起家史中，最重要的还是经营盐业。《资政公遗稿》载，他于乾嘉之交入业盐策，首先就与许拜亭合伙经营番禺沙湾盐埠，获得了沙湾地区的食盐专营权。沙湾埠，位于沿海地区，附近居民易于获得食盐，是当时广东著名的"疲埠"，食盐销售并不畅旺。但是，它的好处是门槛较低，将其作为进入这个行业的第一个埠头，是相当不错的选择。此事反映了潘进从商相当有眼光。果然，很快他就在盐商的生涯中获得了很好的发展机会，又与邓氏合股，共同赴韶州府经营乐桂埠盐务。乐桂埠，即广东乐昌与湖南桂阳两县食盐销售口岸，正是嘉庆、道光年间广东食盐外运规模最大、利润最高的盐埠。在这里，潘进获取了丰厚的利润，成为其起家的关键。②

经营乐桂埠期间，潘进获得了发展良机，那就是李可蕃出任湖南粮储道。③ 李可蕃，字衍修，号椒堂。广东南海人，道光《南海县志》记载其为

---

① 参见《潘氏家乘·潘资政公遗稿》，光绪刻本。
② 参见《潘氏家乘·潘资政公遗稿》，光绪刻本。
③ 《潘氏家乘》收录了潘进来往书信，其中《潘资政公遗稿》第37页为"复李石泉书"题注云："石泉讳可琼，兄弟三人翰林，与先大父少同窗。历任广西思恩府、浙江杭嘉湖道、升山东盐运司。"李可蕃，即为李可琼二哥，其大哥为李可端。

佛山人，① "南海历史文化丛书"之《南海衣冠》则考订其为丰华堡人，②
而潘进则在书信中，记载其为潘进儿时同窗李可琼之二哥。李可蕃乾隆六十
年（1775）中举，嘉庆七年（1802）中进士，授翰林院编修，不久即升山
西道监察御史，兵科给事中。其间，他关心家乡事务，屡上条陈，深得嘉庆
皇帝肯定。嘉庆二十一年（1816），外放湖南粮储道。接任命后，李即修书
潘进，要求履行十年前他们闲聊时的一个约定：如李外放即招潘为幕僚。潘
进随即复信李可蕃，答应其赴湖南为幕，云："椒堂四兄大人阁下，六月接
京来手书，欣悉吾兄荣升粮道，分藩南楚……今总埠事者，系孔复之二兄之
令郎，英姿卓扳，待弟以礼，伊埠现招水客，诸多布置，弟悉与参末议，此
诚义不容辞，实非好为冯妇。弟经手事件，稍为部署，即能治装赴楚……期
于明年返粤。"③ 信中，潘进首先详述了不能即刻出发北上之缘故，在于他
参与的乐桂埠盐务贸易事还有不少俗务需要安排。通过检校《两广盐法志》
得知，嘉庆二十年前后，乐桂埠归属于商名为"孔文光"的广东盐商。④ 当
时"孔文光"辖有粤北与湘南 11 个盐埠，分别是广东的乐昌、曲江、乳源
三埠和湖南的桂阳、嘉禾、蓝山、临武、郴州、宜章、兴宁、永兴八埠。
"孔文光"商名之下的孔氏，就是与潘进同籍的佛山南海孔氏。根据活动时
间推断，嘉庆二十年前后执掌"孔文光"商名的，应该是孔传颜，⑤ 也就是
潘进信中所说的"孔复之二兄之令郎"。实际上，当时孔氏与潘进的关系，
并不仅仅在其待潘进以礼，而是潘进与邓氏合股，在"孔文光"名下经营
乐桂埠盐务。⑥

因此，当时潘进面临的形势是：他在"孔文光"的商名下经营着乐桂
埠的盐务。乐桂埠的粤盐需要靠大量走私销售到湖南衡州等两淮盐区才有极

① 黄定宜修、邓士宪纂《南海县志》卷 39，同治刻本，第 39 页上。
② 中共佛山市南海区委宣传部等主编《南海衣冠》，中山大学出版社，2011，第 47 页。
③ 《潘氏家乘·潘资政公遗稿》，"复李椒堂书"，第 27—28 页。
④ 何兆瀛：《两广盐法志》卷 18《行盐疆界》，光绪刻本，第 13—15 页。
⑤ 《南海衣冠》，第 94 页。
⑥ 《潘氏家乘·潘氏家谱·曾祥祖斋公家传》载："初思园公在韶州事盐策。"见《潘氏家谱》
第 6 页。而同书《潘资政公遗稿》第 46 页载潘进书信《致邓某书》云："两载未奉德音，
瘅思殊切。比惟大兄大人，与居叶吉为慰。启者，乐埠旧事清楚日。弟曾将办理情由及与
令弟牧堂玉浦兄昆玉，集算各数抄寄，嗣奉还云。虽蒙深谅弟等经理数目之苦衷，但惟时
炽庭兄未亲视埠事，孔府内，仍多未达弟与吾兄相与周旋之原委。"说明潘进当时与邓氏合
作在乐桂埠经理盐务，而当时的乐桂等盐埠的总商则为孔氏。

好的效益，而两淮与湖南方面自然要设法限制边界私盐。而此时，他儿时同窗的哥哥出任湖南粮储道，一个与湖南官场建立良好关系的机会触手可及。潘进将如何审时度势做出决策呢？果然，不出所料，他采取了行动。面对儿时同窗的兄弟，他修书李可蕃，毫无保留地陈述了自己希望得到湖南官方照顾的愿望。他说："楚地郴州、永兴、宜章、兴宁、临武、蓝山、嘉禾、桂阳八州县，例食乐桂埠盐，本埠饷引特重，每被邻充。又湖南淮地卡员，常入粤境滋扰，二者深为埠累。八州县皆衡永道辖属，彭道宪于十四年时，承吾兄札致之后，极蒙关照，倘因公晤彭道与盐道二宪，能面托其时时谕所属，加意体恤，则弟之来楚，更可安心。"① 可见，李可蕃在出任湖南粮储道之前，已经在嘉庆十四年（1809）致信衡永道彭姓道台彭应燕，请求其关照潘进等广东盐商，减少湖南"卡员""入粤境滋扰"，② 且效果非常之好。这次李可蕃出任湖南粮储道，潘进遂希望他能直接会晤湖南衡永道彭姓道员，并且希望李可蕃可以直接面见湖南盐法道，以进一步减少湖南"卡员"对粤盐盐商的"滋扰"。

非常有意思的是，嘉庆十九年（1814），湖南提督魁保上奏，称"经督臣马慧裕加派文武，抚臣广厚派令衡永道彭应燕、协同盐道图勒斌，会同营员、带领弁兵把住衡永一带要口，四处淮引可望畅销"③，可见衡永道的彭道台，仍在任上。

为何广东盐商希望湖南地方官和盐政官员对其网开一面呢？其实此事事出有因。有清一代，淮盐地界就不断受到邻近各盐区私盐的浸灌，其中很多时候，均是邻盐盐商所为。顺治十七年四月，两淮巡盐御史李赞元指出："臣确访私盐来路，大抵广东私盐由南路运过梅岭，直抵九江；西路从各水透之衡州，转至武昌；福建之私盐由八水关贩至饶州；浙江之私盐自广德梅渚并泥水东坝越界至芜湖；河东私盐越河南至襄阳，径往下江；淮北私盐犯界直至岳州。"④ 到雍正十二年（1734）九月，两

---

① 《潘氏家乘·潘资政公遗稿》，"复李椒堂书"，第27—28页。

② 当时的行政区划与盐政分区不相吻合，潘进所谓粤境，当指行盐上归属粤省，而行政上归湘省的郴州和桂阳州地区。在这些地区，湖南地方官常常进入检查，但理论上，他们不应该进入这些地区检查粤盐。

③ 《嘉庆十九年六月十八日湖南提督魁保奏为川粤二盐越境，淮盐不能畅销之盐丁埠头通同舞弊缘由仰祈圣鉴事》，中国第一历史档案馆藏档案，档案号：3－1782－20。

④ 王定安：《两淮盐法志》卷59《缉私一》，光绪刻本，第2页。

淮盐政高斌细致地谋划解决两淮盐务积弊的方案时，则明确指出邻盐主要来自邻近盐区盐商，他说："今浙、闽、川、粤及长芦之商乃于淮盐接界、地僻人稀之处，广开盐店，或五、六座、十余座至数十余座不等，多积盐斤，暗引枭徒，勾通兴贩。是私枭借官盐为囤户，盐店以枭棍作生涯。"① 因此，两淮盐区不断加强对边界邻近盐区私盐的查处，努力防止其他盐区盐商向淮盐地区销售食盐。高斌提出的方案是"恳请圣恩，敕部定议，行令河南、浙、闽、川、粤各该督抚，通饬地方官，接壤处所开设盐店逐一严查，其有应留一二店以备本地民食者，酌量存留，详报该官上司核实。其余盐店悉令撤回于城市开张，倘有不遵，仍前勾枭贩私，即严拿从重治罪"②。但其建议拖延了 60 多年，经过无数次斗争与辩论，发生众多盐区之间的纠纷后，直到乾隆六十年（1795）才成为谕准的最终"定例"，要求所有与淮盐接壤的其他盐区的食盐店，必须开设在淮盐边界三十里之外。③ 从此，两淮盐区在边界地区不断加强对邻盐的稽查，直至道光年间发生了非常著名的两江总督陶澍领导的大规模砸毁周边盐区官盐店的事件。④ 潘进书信中所谓两淮"卡员""滋扰"粤商，所指正是此类两淮盐官与湖南地方官稽查广东食盐之事。

其实，现在看来，此事非常蹊跷。众所周知，清代盐务有考成责任，对盐政官员和地方行政官员均有约束。⑤ 那么，在上述大背景下，湖南地方官和盐务官，如何还可以应广东籍官员的要求而袒护粤商将粤盐销售到淮盐区内的行为呢？这主要是由当时两淮盐区的食盐运销制度与其他盐区不一样而决定的。早在康熙四十九年（1710），两淮巡盐御史李煦等即已题准"湖南引盐一例通销"。当时，户部覆准其题本称："今据该御史李煦会同原任湖广总督郭世勋、偏沅巡抚赵申乔疏称，湖广十五府一州隶食淮盐，盐引无分南北，一例通销……运到汉口之盐，听水商分运各处销卖，缉私办课，两有

---

① 《乾隆元年二月十五日管吏部户部尚书张廷玉题为敬陈盐政要务恭请圣训事》，中国第一历史档案馆馆藏档案，档案号：2 - 12849 - 14。
② 《乾隆元年二月十五日管吏部户部尚书张廷玉题为敬陈盐政要务恭请圣训事》，中国第一历史档案馆馆藏档案，档案号：2 - 12849 - 14。
③ 王定安：《两淮盐法志》卷 60《缉私二》，第 24 页。
④ 参见黄国信《清代"淮粤之争"中的边界》，《历史人类学学刊》2005 年第 1 期。
⑤ 参见陈锋《清代盐法考成述论——清代盐业管理研究之一》，《盐业史研究》1996 年第 1 期。

裨益，应照所请，将衡州等处盐引俱行一例通融销售。"① 李煦奏准之后，淮盐在湖广地区一例通融销售，盐引不直接分配到具体的州县。因此，湖广淮盐地界的盐法考成，与其他盐区不同，无论是地方官、盐务官员还是盐商，均无须以州县为地域范围来进行考核，其结果是几乎等于允许淮盐商人放弃与粤盐交界的衡州等府引地。从此，衡州府等地地方官没有盐务考成压力，既可以为两淮盐政充当马前卒，按朝廷要求稽查不断渗入的粤盐，也可以卖给同僚面子，放弃对努力越界北上的粤盐的稽查。自此始，淮盐在衡州府的销售逐步变得有名无实，两广食盐大量灌入其地界。乾隆二年（1737），湖广总督史贻直进一步奏准，在淮粤盐交界地区"遇淮盐不能接济，仍遵零星食盐免其缉捕恩旨，听从民便交易零盐，以资日食"②，更为粤盐北上提供了制度的默许。因此，在这样的制度背景之下，湖南地方官甚至盐务官员都可以在特定条件下，提供粤盐北进的可能。嘉庆二十年南海佛山人李可蕃出任湖南粮储道时，像嘉庆十四年那次一样，再次接到了广东盐商潘进的信，潘希望通过他得到湖南衡永道和盐法道的庇护。更为有意思的是，潘进已经在书信中答应李可蕃，他很快就会去充当李的幕府。可以想见，这样的人际关系比嘉庆十四年李可蕃给彭道台修书一封，对潘进的乐桂埠食盐北上衡州府淮盐地界所起的作用，肯定要大得多。其结果是，粤北地区成为当时广东食盐唯一畅销的地区。《两广盐法志》记载，嘉庆八年（1803），两广盐课积欠四万七千余两；嘉庆十一年（1806），积欠一十八万一千余两；嘉庆十七年（1812）则积欠至二十九万四千余两，几占额定盐课六十余万两的50%。无怪乎陈铨衡说："递年果能征收足额否耶？潮桥仅能开报七成"③，省河"中柜各埠只认完引饷五成……东柜引饷只认完五成，南柜饷额最轻，亦仅认完七成耳"，唯"北柜号称畅销，递年可融销别柜悬引"④。据两广总督阮元说，嘉庆十年（1805），北柜"陈建业、梁萃和等人复无力，先后顶与该商孔文光，合力办埠"，结果孔文光等盐商经营的北

---

① 王定安：《两淮盐法志》卷43《引界上》，第3页。
② 《乾隆二年三月初八日湖广总督史贻直奏为川粤交界食盐无碍淮南引课恭恳圣恩俯准仍循旧例以便商民事》，中国第一历史档案馆馆藏档案，档案号：3-0609-9。
③ 陈铨衡：《粤鹾蠡测编·粤鹾论》，清光绪刻本。
④ 陈铨衡：《粤鹾蠡测编·六柜论》。所谓"北柜"，乃乾隆五十四年广东盐务改革时发明的概念。是年，广东将部分州县盐埠划为六柜，其中广东北部的乐昌等地与湖南南部、江西南部均归入北柜。

柜，尤其是乐桂埠"历届奏销，年清年款"①，成为清中叶以后两广盐区唯一畅销且可融销别柜悬引的地区，从而引发长达 20 余年的多位两江总督、两广总督及其下属官员卷入的大规模的两淮与两广盐区之间的"淮粤之争"。② 非常有意思的是，在这些封疆大吏争吵不断的大背景下，湖南一些中下层地方官和盐务官员，出于特殊的原因，却与粤盐商人"暗通款曲"，推动广东官盐"化官为私"进入两淮引地——衡州府。

熬锅：高级官员角力与粤盐北进

湖南某些中下层地方官员和盐务官员与粤盐商人"暗通款曲"的同时，两淮与两广盐务之间的"淮粤之争"也在如火如荼地进行，双方角力主角主要是两个盐区的高级官员。不过，由于这一角力时间跨度很长，本文的篇幅无法全面讨论。因此，本文仅就其中与潘进经营乐桂埠时间段比较接近的嘉庆、道光年间展开分析，并且着重讨论其中的"熬锅"纷争。所谓"熬锅"，即广东盐商设在粤北官盐店煎熬食盐的铁锅。清乾隆二十年（1755）以后，两广所产食盐全为生盐，即晒扫之盐，色白，无须煎熬可直接食用，淮盐则为煎熬后之熟盐，色灰黑。淮、粤边界市场上流通的食盐，一睹即知淮、粤，极为容易判断是否走私。但嘉庆十二年（1807），广东方面提出食盐从广州运输到粤北的过程中，常常会有"海船舱底之盐……名为扫舱，埠中进出渗漏之盐，名为地砂，色黑难卖"，为避免损失，两广总督吴熊光奏准"连盐包烧灰淋出卤水，以之熬出熟盐，在近村零卖"，是为广东盐商可将生盐熬熟之开始。③ 从此，淮粤边界市场上的淮、粤官盐，在外观上没有明显差别，事实上为粤盐北进淮盐地界提供了方便。

正如前文所指出，有清一代，两淮盐区一直有周边盐区食盐渗透进入，在淮盐畅销的形势下，淮区盐政官员和盐商对此相对能够容忍。但是，一旦淮盐利润下降、销售困难、欠课趋势加重，他们就会要求朝廷限制邻盐渗

---

①　英国外交部档案，档案号：FO 931/181。

②　此纷争过程非常有意思，反映出传统政治、经济的诸多特点，很值得作为标本来解剖。参见黄国信《清代"淮粤之争"中的边界》，《历史人类学学刊》2005 年第 1 期。

③　何兆瀛：《两广盐法志》卷 18《行盐疆界》，第 9 页。

入。自乾隆末年起，清廷军费剧增，盐政再次顺理成章成为扩大财源的重要目标。清王朝不断向盐商增加种种摊派，本已积弊重重的两淮盐政，雪上加霜。嘉庆伊始，盐引、盐课壅滞现象越来越严重。嘉庆二十四年（1819），湖广、江西额定行销食盐 105 万引，无商领的盐引却达 25 万。道光二年（1822），两淮盐课积欠已达 4300 多万两；道光十年（1830），盐课积欠再攀新高，达到 6300 万两之巨，为两淮盐课 20 年的总额，几近清王朝一年财政收入。因此，两淮盐官和两淮盐区的地方官，发起新一轮对周边盐区官盐走私进入淮界的反击，以求减轻邻私的冲击。

嘉庆十九年（1814）十一月初一，湖广总督马慧裕与湖北巡抚张映汉、湖南巡抚广厚、两淮盐政阿克当阿四人联衔上奏，要求"仰恳圣恩，敕下接壤两湖之川、粤、陕、豫各督抚，嗣后凡邻近楚省边界之州县止准行销额引，不准将别州县之引融销于邻楚边界州县"①，明确要求邻盐不得将淮盐边界地区作为其拓展食盐销售的对象。显然，如前文所述，由于淮界地域广，在周边地区，其食盐与邻近盐区的食盐存在明显的比较劣势，淮盐区提出这样的要求自然是符合市场实际的。事实上，周边盐区也不断有邻近盐区官盐走私进入淮界。嘉庆二十二年（1817），湖广总督庆保曾有奏章谈到粤盐北进的情形。他说，"本年六月以来，衡州府属各州县拿获私盐十余起，皆系粤东透漏。……近来湖南郴桂等八埠以及例食仁化埠之桂阳、桂东、酃县各处子店甚多，以永兴县属杉树下地方，熬户（指安设熬锅煎熬粤盐的商户——引者注）群集，距安仁不上十里，又近接茶陵、耒阳、清泉、衡山等州县，在在可以透漏。其余近接淮纲地面，更有囤户窝藏，大伙贩卖，侵灌下游"②，以致"永州、宝庆虽存淮引之名，并无行销之实"。③ 因此，从情理上说，马慧裕奏折所提之要求，完全是合理的。但是，马慧裕等人的这一提案由于遭到周边各盐区反对，并未得到执行。从此，广东盐商的"熬锅"就成为淮盐区官员在盐务问题上最为恼火的事情之一，也成为当时

①　《嘉庆十九年十一月初一日为遵旨确查（湖南各属食盐情形）据实复奏事》，中国第一历史档案馆馆藏档案，档案号：3－1782－42。融销，即本埠食盐滞销，将其应销盐额移至他埠行销，是为他埠融销本埠食盐。嘉庆末年，珠江三角洲滞销的粤盐引额被融销到粤北、湘南、赣南等邻近淮界的地区。

②　英国外交部档案，档案号：FO 931/181。

③　《嘉庆二十三年四月十八日湖广总督庆保湖北巡抚张映汉奏为实力堵缉邻私并陈楚省引地实在情形恭折奏明圣鉴事》，中国第一历史档案馆馆藏档案，档案号：4－0496－044。

淮粤盐务纷争中的核心问题。

据目前所见史料，淮粤熬锅纷争始于嘉庆二十年（1815）。是年，粤盐区的湖南郴州永兴县民黄荣滩诉一名叫李文煌的人贩卖私盐，称其盐来自广东盐商，云："广东乐昌埠商孔文光所管十一埠，九埠在湖南，两埠在广东地方，各有子埠，设有炉灶，熬盐销卖。"① 得知此消息后，正在为盐务问题焦虑不安的两湖官员，感觉找到了邻盐入侵的证据，既然上一年对付周边邻盐的奏本因为各省反对而未施行，那这一证据的重要性便不言而喻。为此，两湖对盐务负有责任的官员立即抓住此事不放，把案件从李文煌个人贩卖私盐，变成对广东官盐"化官为私"进入湖南的反击战，最终形成两个盐区之间的"淮粤熬锅之争"。

永兴地方官审理此案后，将广东盐商孔文光在邻近淮盐边界的湖南南部地区熬制食盐的消息，层层上报，最终交由湖广总督马慧裕处理。马慧裕对此甚为担忧，他认为："粤盐色白，淮盐色黑，诚恐该商等煎熬粤盐等为名，任意多熬，搀和沙土，充作淮盐，越境售卖，不可不防其渐。"② 而且，马慧裕发现广东盐商孔文光所管湖南各埠，均设有子埠，子埠设有子店，"每子店应设炉灶若干口，每口应熬盐若干斤，均无定数"，马慧裕认为，粤盐的这一销售格局，"易滋私熬充塞，滋生事端"③。显然，马慧裕抓住了该事件的核心问题。广东盐商的这一做法，对于粤盐北进渗透到淮盐地界，并且使粤北和湘南地区成为两广盐区食盐畅销区的作用肯定不可小觑。

面对广东盐商这一唯利是图的做法，淮盐区有盐务责任的官员，从嘉庆二十年（1815）开始到道光十七年（1837）为止，用了20多年的时间，不断发文咨商两广总督，上报户部，直至上奏天听，提出自己的诉求，希望抵制粤盐向北渗入淮界，以维护或提升淮盐的销售。依时间的不同，他们提出的要求也略有差别，主要有下列几个方面。

嘉庆二十年，湖广总督马慧裕要求广东盐商固定熬锅数目。鉴于粤盐子店无定数，炉灶无定数，他担心粤商将大量白色生盐煎成灰色熟盐，因而提出要求，希望广东方面"设定炉额，交地方官实力稽查"。户部支持了马慧

① 何兆瀛：《两广盐法志》卷18《行盐疆界》，第15页。
② 何兆瀛：《两广盐法志》卷18《行盐疆界》，第15页。
③ 何兆瀛：《两广盐法志》卷18《行盐疆界》，第15页。

裕的方案，但因广东方面反对而未成功。① 道光十一年，湖广总督卢坤上奏再次提出此方案，得到道光皇帝钦准。

嘉庆二十二年，面对粤盐不断向北渗透，湖广总督庆保提出将湖南南部永州、宝庆二府改划给两广盐区的提案，但遭嘉庆皇帝痛斥。随后，他转而对广东方面提出了比较严苛的要求，主要有三点。一是，核定广东九埠额销粤盐数量，核定各埠子店数量，将子店移出淮界三十里之外。其文云："请转饬孔文光所管南省地面桂阳、嘉禾、蓝山、临武、郴州、宜章、兴宁、永兴等八埠，及粤省地面仁化埠行销郴属之桂东、桂阳二县、衡属之酃县食盐，查明分销引数，循照定例，于淮界三十里外酌设子店，定以额数。"庆保这一提议的基本依据，是从雍正到乾隆历时 60 多年经过无数次争吵所形成的"两淮定例"。该定例要求所有与淮盐接壤的其他盐区食盐店，必须开设在淮盐边界三十里之外。二是，子店商人名册由湖南地方官管理，连环具结，由湖南盐道主持考察。他要求："由地方官收具子店姓名年籍，查系何商所管，何埠补充，按名取具连环保结，粘加印结，造册赍道立案。仍由道设立循环印结，饬令该店将所发某地盐数挨次登填呈缴各地方官，按月赍道循环考核。"三是，湖南方面直接查处不法子店。他要求，在完成上述两项工作后，由湖南方面"半年委廉干可信之员密查一次，遇册内无名别店有大篓粤盐发收，即以囤私论。嗣后，毋许子店煎熬，藉官行私。若淮地卡所再有拿获私盐，除本犯按拟究办外，必根究买从何店，卖系何商，保举提同并案严究，以端本澄源！"② 显然，该方案如果正式实施，广东盐商通过熬锅向湖南淮盐区销售食盐的可能性必将大大降低。但这一方案亦因被广东方面反驳而未施行。

道光十六年，陶澍要求粤盐子店每店仅可设熬锅一口。道光十年陶澍任两江总督，次年，两江总督的职责增加了"主持盐政"一项。陶澍面对的是淮盐盐引、盐课皆严重积欠的事实。因此，他首先对江西南部广东行盐地界同样存在的"熬锅"，展开了有史以来最为猛烈的反击。从派大员与广东方面会勘、核定粤盐子店和"熬锅"是否在淮界三十里之外，到直接派出兵丁拆毁粤商设于江西南部粤盐地界内的盐店，并且不断上奏，同时发文咨

---

① 何兆瀛：《两广盐法志》卷 18《行盐疆界》，第 15 页。
② 英国外交部档案，档案号：FO 931/181。本自然段三段引文均出处此档案。

商广东方面，各种办法兼而施之。虽然其重点在江西南部，但同时也"照顾"到了湖南南部的情况。道光十六年，他在道光十年卢坤核定熬锅得到钦准的基础上，上奏要求：粤盐子店"每家只准存锅一口，永为定额，不准私自加增及添设子店，锅口尺寸亦不准稍有宽大"①。其要求得到了道光皇帝钦准，似乎为"熬锅"事件画上了句号。

但实际上，这个钦准并没有为"熬锅"纷争画上圆满的句号。因为，每当湖南或者两淮方面提出要求时，广东都会以冗长公文举出诸多理由加以反对，以致每每两淮方面提出的方案，均无法实施。这些公文众多，文字烦琐，笔者仅列出广东方面最有影响的几次反驳及其理由如下。

嘉庆二十年，接到马慧裕咨文后，两广总督蒋攸铦拒绝核定熬锅数量。其理由是：粤北乐昌和湘南粤盐各埠，"递年额销引盐，自省配运，长途跋涉，挽运维艰。盐包破烂，沾染沙泥，或埠中积存仓底青盐，及走卤盐泥，转发子店淘洗煎熬销售，事所常有。其煎锅炉灶，即卖熟盐各埠销售不一，时有时无，实难悬议额数。况淮盐色黑，粤盐色白，彼此不同，无从搀越"②。此提议虽未获户部批准，却也在公文往返的悬宕中，维持着粤盐"熬锅"的正常运行。至于其所谓粤盐"色白""无从搀越"的说法，自然得不到两湖官员的相信。但其回应，也让马慧裕方案未成功施行。

嘉庆二十四年，阮元针锋相对回应并完全拒绝庆保三大强硬要求。其主要理由有三。其一，所有粤盐子店均已在淮界三十里之外，符合"两淮定例"的要求，无须移撤。他说："经查，乐昌开各店设在广东乐昌县境内，距淮界五百余里……湖南桂阳、嘉禾、蓝山、临武一州三县……各距淮界一百九十里，又湖南郴州、宜章、兴宁、永兴一州三县……均不在三十里内。……是淮粤交界在淮界三十里内者，系应留之列，其在三十里外百数十里至数百里者，系粤引内地，与淮境毫无关涉，自应遵奉谕旨各守界址，自固藩篱，不得轻改旧章，致滋流弊。"其二，粤盐子店在淮界三十里之外，且滞销于粤北、湘南，可见并无侵入淮界，无须湘省委员直接入店查盐。其文云："今乐桂埠各盐囤子店远者距淮界数百

①　陶澍：《陶文毅公全集》卷19《奏疏·会同两湖督抚筹议楚省蹉务折子》，第3—5页。
②　何兆瀛：《两广盐法志》卷18《行盐疆界》，第15—16页。

里，近者亦距淮界百余里……淮界内应于界内设法堵缉，未便越境直入粤引内地，轻议更张，又委员直入粤引内地稽查！况乐桂等埠递年应销正匀各引一十六万余包，今该埠积存完饷未销之引至六十余万包之多，档册可查，其未畅销充淮已可见。该埠引繁饷重，疲难素著，正在设法堵缉邻私，疏销官引，何堪邻省越境滋扰，格外苛求，致误奏销，而碍民食?!"其三，粤商名册无须湘省过境过问。他说："至楚省来咨，拟将乐桂子店按名取具连环保结，申缴湖南盐道，又由盐道设立循环簿，按月查考一节。查该埠之曲江、乳源、乐昌三县去湖南盐道衙门二千余里，即桂、嘉、临、蓝、郴、宜、兴、永八州县，去盐道衙门亦千余里。乐桂子店数百余间，若照来咨，按起登填，计每日需一簿，合埠日需数百簿，一月数千、万簿，遍给则事太纷繁，摘给又多遗漏。……且乐桂囤店设在粤引内地，距淮界自百余里至数百里，该商有引饷之责，地方官有督销之责。该商遇用子店不慎贻误引饷，自有查抄监追之罪，地方官督销不力，自有本省督宪考核题参，似均无庸淮境过问！"阮元强调名册不便交湘省保管，是因为：空间距离太远难以操作；需要名册数量过多无法操作；广东自有地方官管理盐商无须湘省过境查问。此番回应，理据似乎比较充足，因而口气也颇为强硬。此次回应使嘉庆二十二年庆保所提方案未能实施。

道光十七年，两广总督邓廷桢上奏拒绝核定粤盐熬锅数。此次上奏，所论主要是赣南粤盐子店情况，但结果同样适用于湖南南部。邓廷桢认为不能额定熬锅的理由，在于售盐要符合当地民众的饮食习惯与本朝成例。这与蒋攸铦第一次提出熬锅数量不能固定的理由——舱底积存青盐"时有时无"，随时煎熬，已完全不同。他说："粤盐生熟兼销，系康熙二十七年八月议准，载在盐法志内，称粤省熟盐煎于归德等场，生盐产于淡水等场，在民嗜好不同，有食生盐者，有食熟盐者，向来原听商民随便办挈。……赣埠熬锅，先于道光元年经前督臣阮元复奏融引案内，声明官锅一项系视埠之畅滞为用锅之多寡，随时增减，难于悬揣额数。钦奉谕旨允准移行遵照。今江省以粤盐由晒扫而成，不须锅熬变熟，冀侵淮纲，是直以前人便民之良法，视为枭贩骛利之私图，恐非平情之论。况淮盐色黑，粤盐色白，熬熟亦然，岂能淆混？至近来既多食熟盐，又加以融销例引，倘执生熟各半，按额核锅，似亦不免胶柱刻舟之见。……江粤民皆赤子，既未能强之独食生盐，即生熟限以各半分销亦难家喻户晓。若如江省议以每店定锅二十二口，一遇埠销畅旺，乏锅煎盐，实于课饷民食均有窒碍，亦应照旧听其随时增减，以资利济。"① 不仅如此，邓廷桢还在以技术分析进行"防守"之后，进而以带有感情色彩的文字来反击陶澍并打动道光帝。其奏文云："臣复思两江督臣陶澍整顿淮纲，志在兴利除弊，初非故与粤省为难。第其在淮言淮，犹之臣在粤言粤。粤因革损益各有攸宜，实难彼此迁就，如谓邻私侵灌，则粤与淮同所当各守各界、各缉各私，严驻卡之巡查，惩得规之包庇，以期同疏课引，自卫藩篱，较为尽善。若不此之议，惟图变粤省百数十载之旧章，未见有益于淮，先已有损于粤，何异因噎废食，且欲废人之食，势不至干人已交病不止。② 臣受恩深重，公事公办，不敢立异，亦不敢苟同。否则国课攸关，成宪具在，各前督臣所兢兢守而弗失者，一旦由臣坏之，臣虽至愚，何肯出此？所以情难缄默，敢特陈于圣主之前者也。除将司道查议实在情形移咨两江督臣查照定案会议具奏外，谨先恭折缕晰复奏。"③ 邓廷桢虽表面肯定陶澍"兴利除弊""在淮言淮"，但"初非故与粤省为难"一句，已经强烈谴责陶澍此举实在是与粤省为难。邓廷桢进而指出，陶澍不思自固藩篱，却"图变粤省百数十载之旧章"，完全是"欲废人之食，不至于人，已受病不止"。批驳陶澍之后，邓廷桢转而陈情自身之为难，称"国课攸关，成宪具在，各前督臣所兢兢守而弗失者"，自己亦不能"坏之"，所以，"臣虽至愚，何肯出此"，完全拒绝了陶澍固定熬锅数的方案，并最终得到道光朱批"依其行"，否定了其对卢坤和陶澍两个折子的朱批，维持了粤盐熬锅的自由与随意。

综上所述，在双方关于粤盐熬锅的争论中，淮盐区要求粤商熬锅固定化，由其官员在地化管理核查粤商名册，甚至不时越界巡查粤商盐商；粤盐区则坚决维护熬锅数量随时增减，并由己方自主管理粤商名册、巡查盐店。显然，问题的核心在于熬锅数量是否固定。如果熬锅固定化，每年粤北产出的广东熟盐数量基本固定，对于淮盐区防止粤盐化官为私，渗入淮界是有相当帮助的，而粤盐将白色生盐转化为灰色熟盐，渗入淮区的数量自然受到

① 何兆瀛：《两广盐法志》卷19《行盐疆界》，第3—4页。
② 王定安本《两淮盐法志》此句作"且欲废人之食，不至于人，已受病不止"，参见王定安《两淮盐法志》卷44《引界》，第22页。
③ 何兆瀛：《两广盐法志》卷19《行盐疆界》，第6页。

抑制。因此，最为重要的问题就变成粤商熬锅所熬食盐，到底是符合当地民众生活习惯之需要，还是输出粤盐进入淮界的需要。从上文所述当时湘南淮界区的实际销售状况，以及淮界区截获的化官为私粤盐案件之频繁来看，其实是不言而喻的。所以，淮盐区的各种抱怨以及固定熬锅的要求，显然是可以理解的。但是，鉴于嘉道年间粤盐区是唯一可以完成食盐销售引额，并有余力帮助销售其他盐埠引额的地区，即粤北、湘南和赣南，粤盐区对淮盐区要求的各种抵制和坚决维护粤盐熬锅的随时增减，也是完全可以理解的。显然，粤盐在制造、培育并维系一个"合法走私"的食盐销售地域。

更有意思的是，广东官方高层努力维护湘南、赣南淮盐区作为自己的官盐走私市场，背后的信息来源和依靠力量是谁呢？跟上文讨论到的潘健行等盐商有无关系呢？上引阮元奏折隐含了一些信息。阮元说，他接到庆保和户部咨文后，通过两广盐运使查清阿，召集两广盐商尤其是管理北运粤盐的总商苏高华等人，由他们提供详细情况汇报，并据以回应庆保和户部。据阮元称，盐商苏高华禀文明确指出，两淮产熟盐，"以一昼夜为一火伏，得盐若干，即为额数"，可以且必须固定锅［金敝］，以方便管理。而粤北广东盐商"埠中偶煎熟盐，与淮南各场之煎产熟盐迥不相同……偶因海船舱底之盐……（或）埠中进出渗漏之盐……色黑难卖，连盐包烧灰，淋出卤水，以之熬出熟盐，在近村零卖，不过以民间煮饭之锅煎卤成盐，并无铁盘铁灶房火伏，况有卤则煎，无卤则止，非比淮盐之统年煎熬，定有额数。是以所煎之盐为数甚少，不及额盐百分之一，此人所共知，实不能定以限制"。[①]可见，阮元在盐务问题上的信息来源，最终来自盐商。虽然目前没有材料表明，潘健行或者孔文光直接提供了信息给阮元，但相信苏高华关于粤北广东盐商经营行为的解释，只能来自他们。因此，两广盐区在与两淮盐区展开的食盐贸易中的"熬锅"纷争，官商利益一致，并且共同努力维护了粤盐的北进，既保证了粤北、湘南、赣南地区粤盐的畅销，又为其他地区滞销的粤盐找到了融销的销路。因而，广东方面极不愿意改变湘南郴、桂各盐埠之盐法，并以此直接推动粤盐"化官为私"挺进淮盐区。同时，清廷在这一系列辩论与争吵中，态度左右摇摆，相当暧昧，

---

① 何兆瀛：《两广盐法志》卷18《行盐疆界》，第13—15页。

经常出尔反尔。显然，维护既有制度和格局，是其基本出发点。在这一前提之下，广东方面提出的明显不符合常理的理由，比如煎熬后的食盐仍为白色、永兴子店全在淮界三十里之外等，清廷依旧照单全收。正是传统政治的这种惯性运行逻辑——或者称为"路径依赖"，导致粤盐在"熬锅"之争中，虽然明显理据不足，仍然占据优势，维持了保证粤盐北进的制度，推动了粤盐"化官为私"进入淮盐地界，使其成为湖南南部最重要的私盐来源，最终使湖南南部衡州、永州、宝庆等府淮盐仅存虚名而已。

小　结

　　清代盐史研究领域，私盐问题一直颇为学术界所重视。众多学术专著和论文，对此问题展开了广泛而有深度的讨论。在这些讨论中，包世臣的"商私""官私"定义，仍是常用的概念。但本文潘健行的故事和粤盐"熬锅"的纷争，却显示出在私盐市场中，还未引起学术界重视的另类"商私"和"官私"。潘健行起家于番禺沙湾埠，这是靠近盐场的盐埠，一般情况下，盐埠销售地域内，居民比较容易获得食盐，所以该埠属于两广盐区经营状况不理想的"疲埠"，但潘健行从沙湾埠入手，成功获得盐商资格，并顺利在嘉、道年间与商名为"孔文光"的盐商一起经营两广盐区销售状况最好的乐桂埠。事实上，乐桂埠能够销售畅旺，和潘健行等人的经营策略密切相关。其策略就是利用两淮盐区规定"湖南引盐一体通销"、盐引额并不分配到盐埠的制度，以学谊、乡谊等办法，联结湖南地方官员，让他们关照广东盐商，减少湖南"卡员"进入粤盐地界（行政上属于湖南）的"滋扰"，以保证粤盐"化官为私"，顺利进入两淮地界销售。而粤盐"熬锅"事件，通过马慧裕与蒋攸铦、庆保与阮元、陶澍与邓廷桢三次总督级别之间的辩论，两广盐区几乎采取了近乎明火执仗的方式，利用清廷处理封疆大吏之间纷争常常不了了之的方式，维护了粤盐的北进稳定之路，以至于湖南南部的淮盐地界的衡州府等地，自道光以来，所销售食盐几乎全部是粤盐。正如衡阳县令彭玉麟以亲身经历所总结的："以余所闻见，自道光以来，粤盐通行，虽官有淮引，典之通判特以名而已。城乡数十万口何莫非粤盐之所食？淮课不登又亦久矣。……淮盐积滞，后止不前，督销淮盐者自买私盐而食之，旧榷盐厘十减八九，徒失其利，盐政扫地尽矣。"①"化官为私"的粤盐完全占据了当地市场。由此可见，包世臣的"商私"与"官私"概念，并不能够涵盖"商私"和"官私"的全部，更为重要的"商私"和'官私"，反而是本文所揭示的官商联手所贩卖的私盐。这种私盐，自然需要其在市场上具有比较优势。但比较优势，在清王朝的食盐贸易体系之下，并不一定能使其在市场流通的潜在可能性变为直接现实性。真正使这种经济学所称的粤盐比较优势成为现实优势的是，官商联手利用制度存在的可能性所培育与推动的商品市场。在这一意义上讲，清代的私盐市场在很大程度上，是官商出于特殊利益而共同制造的市场。私盐问题中的"市场需求论"和官商"挺身而出论"，都不能完全解释私盐市场的内在逻辑。正因为如此，私盐贸易必然长盛不衰，再多的制度条文和巡捕兵丁，都无济于事。这也正是中国传统市场体系中最有特色的地方之一，凸显了理解市场体系所需关注的一些重要问题。在这一体系中，走私食盐被视为自由市场行为，进而被誉为"反市场垄断"，似乎也有点南辕北辙。

---

① 彭玉麟：《衡阳县志》卷 11《货殖》，第 2—3 页。

清代图甲户籍与村族社会

——以祁门县二十二都二图四甲王鼎盛户为中心

刘道胜[*]

一　实征册介绍

实征册系明清地方官府每年实际编徭征税时所使用的一种赋役文册,[①] 在徽州文书中颇有遗存;早在明代即已出现,且由明至清长期存在。总体而言,明清时期的实征册登载的内容和形式,既具有前后继承性,同时随着明代后期一条鞭法的推行,到清代雍正年间摊丁入亩的正式施行,实征册在适应明清时期赋役制度不断变革的背景下,亦呈现阶段性差异。

具体而论,明朝建立后,为征调赋役而实施黄册制度。黄册每十年一大造,造册之年,按照旧管、新收、开除、实在的四柱式,登载各户人丁、事产之变化,及时反映人丁、事产之实在,并作为每年实征赋役之依据。在明代前期,黄册与社会实际大体一致,黄册即具有实征册之功能。所谓实征,原本指据黄册之实而征之。[②] 然而,明代中期以后,面对生产生活中编户之家的人口、事产逐年异动,变化无常的形势,十年一造的黄册难以适应这种人口、事产变化无常的社会实际。因此,十年大造黄册之外,衍生出逐年编

---

　*　刘道胜,安徽师范大学历史与社会学院。
　①　栾成显:《明代黄册制度》,中国社会科学出版社,2007,第209页。
　②　栾成显:《明代黄册制度》,第209页。

造实征之册，从而使黄册与实征册两种赋役册籍并存，即所谓"赋役稽版籍，一岁会实征，十年攒造黄册"①。黄册与实征册之间的重要区别是，前者大凡"册年过割"，十年一大造；而后者体现为"随即推收"，逐年造册，当属逐年登记以备册年大造的民间册籍。对此，栾成显先生根据今存明代徽州文书实物研究认为，明代万历间，徽州实征册所载内容仍按照黄册四柱式进行登记，内容几乎均依据各轮黄册所载而定，即使发生土地变动，亦须等到下轮黄册大造的册年方可进行推收，并非完全脱离黄册。直到明末，徽州方于十年大造黄册的同时，出现了真正有别于黄册，以"随买随税"为基础而编造的"递年实征册"。②

入清以降，特别在清代前期，实征册作为编审册之一重要册籍类型继续存在。清初，在攒造黄册的同时，实施了五年编审之制，即十年一造册，五年一编徭，编审制度作为一项基本赋役制度在清代前期大力推行，从而产生了编审册。清代编审所编造的册籍除了径称编审册外，又有推收册、实征册等之谓。③ 那么，明代至清代前期，实征册、编审册记载的内容和登载的格式如何呢？栾成显先生依据文书实物研究认为，实征册、编审册具体登载形式与黄册的四柱式相同，即分旧管、新收、开除、实在四大项，内容涉及丁口和田土。不同于黄册之处：一是实征和编审册籍中的人丁记载采取的是一条鞭法之后的折丁计算，丁不再作为人口单位，而是作为一种银差核算单位；二是田、地、山、塘一律换算为"折实田"，即将地、山、塘等的土地面积，各按一定比例而折算成相应的田的亩数。这种折实田统一核算的方法，为税粮征收变为折色银的一条鞭法的实施提供了条件。④

编审制度是伴随明代一条鞭法实施到清代雍正摊丁入亩正式施行这一赋役制度改革过程中，于清代前期推行的一种过渡性举措。康熙五十一年（1712），议准"滋生人丁，永不加赋"，雍正七年（1729）前后实行"摊丁入亩"，即在完全实施一条鞭法和地丁合一的条件下，编审制度丧失其历史职能和作用。乾隆三十七年（1772），清政府宣布"嗣后编审之例，著永

---

① 《图书编》卷90《赋役版籍总论》，转引自栾成显《明代黄册制度》，第210页。
② 栾成显：《明代黄册制度》，第219页。
③ 栾成显：《明代黄册制度》，第241页。
④ 栾成显：《明代黄册制度》，第215、236、242页。

行停止"，编审制度终被废止。①

然而，随着雍正年间摊丁入亩的正式实施，乾隆年间编审制度的废止，徽州基层社会仍可见继续编造的实征册，并未停止。那么，雍正以降实征册是如何实际编造的？实征册中登载内容和户籍形态又如何？安徽师范大学图书馆馆藏六种《实征册》，其记载始于雍正六年（1728），迄至咸丰九年（1859），恰恰为我们考察清代雍正年间摊丁入亩正式实施之后，民间实征册编造的实际情况提供了难得的样本。以下先对六种册籍做一介绍。

系列《实征册》，计六册，均系墨迹写本或抄本。② 依据各册封面和首页题字，每册可分别题名为《雍正王鼎盛户实征册底》（以下简称《雍正册》）、《乾隆元年起至三十年止王鼎盛户各位便查清册》（以下简称《乾隆册》）、《嘉庆元年至二十五年止二十二都二图四甲王鼎盛户归位捴册》（以下简称《嘉庆册》）、《二十二都二图四甲王鼎盛户道光元年至十六年止各位一贯底册》（以下简称《道光册》）、《咸丰元年起至二年止二十二都二图四甲王鼎盛户实征册》（以下简称《咸丰一册》）、《咸丰三年起至九年止二十二都二图四甲王鼎盛户实征粮册》（以下简称《咸丰二册》）。六种册籍分别叫作实征册底、便查清册、归位捴册、一贯册底、实征册、实征粮册，名称不一，其实就是明代以来在黄册基础上衍生而来的实征册，或称"归户册"。六种册籍所载地点均标注"二十二都二图四甲"，所涉户籍均为"王鼎盛户"。《雍正册》记载始于雍正六年（1728），当与雍正年间实施摊丁入亩有关，为了适应新的赋税制度变化，民间依据实际田土而分担税粮提上日程，由此而编造了册籍；下迄咸丰九年（1859）。其中，《嘉庆册》包含嘉庆元年至二十五年间的完整记载，而雍正、乾隆、道光三个年号的册籍均存在部分年份内容缺轶。③ 然而，几种册籍仍基本涵盖雍正、乾隆、嘉庆、道光、咸丰五代，每册均逐年登载总

① 栾成显：《明代黄册制度》，第 239 页。
② 参见李琳琦主编《安徽师范大学馆藏千年徽州契约文书集萃》第 3—4 册，安徽师范大学出版社，2014。
③ 笔者按：《雍正册》缺雍正八年至九年内容，该册封面题有"八、九年本、外户均无推收，故无册"字样，可见与没有发生田土变化而无年份记载有关；《乾隆册》缺乾隆三十年至六十年记载；《道光册》缺道光十七年至三十年记载。

户王鼎盛属下各子户田土及其推收情况，内容翔实，地点集中，事主具本，前后关联，史料价值弥足珍贵。

几种册籍的编造，均以户为纲，逐年登载各户田土的实际变化。兹以《雍正册》中雍正六年"元兆"户的记载为例：

> 元兆，田拾七亩乙 [一] 分三厘一毛 [毫] 八系 [丝] 三忽
> 一分收田乙 [一] 分乙 [一] 厘土名师卜坑收本户中秋会
> 一收田六分〇六毛 [毫]　土名松树坞门前收廷位
> 一除田六分三厘八毛 [毫] 九系 [丝]　土名南坑埠下入道缉
> 一除田六分九厘七毛 [毫]　土名车头段入廷位
> 实田拾六亩五分乙 [一] 厘乙 [一] 毛 [毫] 九系 [丝] 三勿 [忽]

可见，册籍登载格式与既有的黄册、编审册相类似，仍可见旧管、新收、开除、实在的四柱式。登记内容以一甲总户王鼎盛户为单位，总户之下，将各业户（即子户、户丁）的各都田产及其逐年异动情况悉数登记，从而形成归户实征册籍。其中，新收田土主要包括分家所得的"分收"和购买而来的"买收"，开除多称"除田、扒田、推田"等，并详细标注产业土名以及推收所涉的受业者。产业以田为标准，涉及山、地均折算为田亩，即采取清代编审较为普遍的"折实亩"①。如：

> 收山二分五厘，折田五厘五毫五丝
> 除地二分三厘，折田一分四厘四毫二丝一忽

从所引材料可见，山、地折算田亩分别为：地一亩折田 0.627 亩，山一亩折田 0.222 亩。这与《祁门县志》中的相关记载是一致的。② 册籍以田为标准登载每户田土逐年之变化，举凡山、地折算田亩，尾数精确到

---

① 折实亩，即统一以田亩为标准，将田、地、山、塘不同类型的土地实际面积，按照一定比例，一律折算成相应的田亩面积。

② 道光《祁门县志》载："地每亩转折田六分二厘七毫，山每亩转折田二分二厘二，塘赋旧同，田不折。"参见王让等纂修《祁门县志》卷13《食货志·田土》，《中国方志丛书·安徽省》第 639 号，台北，成文出版社，第 397 页。

"毫丝忽微"①，各户田亩数额又与一甲总数毫厘不谬，记载十分精细专业。册籍编造或抄写当出自精于传统里甲赋役之术者之手。因此，《道光册》封面题有"道光十七年暮春中浣王申甫抄"字样，这里的王申甫应深谙书算之事。

如上所述，乾隆三十七年（1772），清政府宣布废止编审制度，一般认为，作为与赋役征收密切相关的编审册、归户册等的攒造退出历史舞台。而本文所涉的几种实征册涉及清代中后期的雍正、乾隆、嘉庆、道光、咸丰时期，登记内容未见"人丁"以及各户应纳的钱粮数额，只对各户田土推收、产业异动予以逐年实录。笔者认为，这当与雍正间摊丁入亩实施后，基于税粮征纳需要，按照田产归户编造册籍，借以理顺地产与业户间的关系密切相关。册籍当系民间围绕田亩分担实际税粮而编造的民间文书。

二　设甲立户

捡诸几种册籍，均标注"二十二都二图四甲王鼎盛户"，根据相关记载考证，所涉都图隶属祁门县，所载王鼎盛户与该县高塘村有关。②

高塘村（又名鸿村、鸿溪村）位于祁门县西部的皖赣边界，系王姓聚居的传统村落。该村始建于元代至元年间，村落原分为上村、下村，上村称高塘，下村称鸿村，全村又名鸿溪村，在清代属于祁门县二十二都，该都下设两个图。③ 据笔者调查，明清、民国时期，鸿村系祁门茶叶生产经销的中心地之一，由此村落发展日趋兴盛，全盛时全村男丁近千人。④ 为了进一步考察清代高塘村族的设甲立户情况，有必要借助家谱资料对高塘王氏的系谱关系做一梳理。

---

① 《休宁县都图甲全录》载："论粮数：石斗升合勺杪撮圭粟粒颗颖黍稷；论田亩：分厘毫丝忽微纤沙尘埃渺漠逡巡漠清须。"

② 道光间，祁门县示谕县内城乡"振兴科考"，该县第二十二都绅耆为此倡兴鼎元文会，以积极响应。文会会产所寄其中之一户籍明确记载为"高塘约二图四甲王鼎盛户"。参见《鼎元文会同志录》第1册，上海图书馆藏，道光二十三年刊本。

③ 方志记载，清代祁门县22都由19个大小不一的基础性村落构成。参见王让等纂修道光《祁门县志》卷3《疆域·都图》，《中国地方志丛书》第639号，第161页。

④ 笔者2015年寒假赴高塘村调查了解所得。

迄今遗存的乾隆《高塘鸿村王氏家谱》①（以下简称《乾隆谱》）记载，祁门王氏源于东晋南迁的琅琊王，嗣后，以唐代王璧②为新安始迁祖，时祁门王氏主要居住在查源等地。③ 至元代，王璧十五世孙叔振公自查源迁高塘（鸿村），叔振公又系王氏始迁鸿村者。另有叔善公自查源迁车坦（潭），叔良公自查源迁许村，唯叔祥公留居查源。车坦（潭）、许村、查源诸村与高塘毗邻，均属二十二都。据调查，这四个村落至今仍均以王氏为主，尤以高塘（鸿村）规模最大。祁门王氏"旧有统谱，创自宋端拱己丑，刊于元元统乙亥，至明洪武壬午、正统己未、正德乙亥、嘉靖庚申，皆代有修葺"④。即清代乾隆以前，祁门王氏曾五修统谱。而《乾隆谱》系高塘王氏所独修。关于该谱的修撰，先看以下记载：

> （乾隆间）欲集思聪公后四族合修之，以为宗谱。旋以许村入继，不肯承祧事，争之官讼得直，四族遂涣而不萃，此鸿村王氏家谱所以狃有续修之举也。按鸿村自叔振公始迁，四世皆孤立，至积庆公生子四以邦行，兄弟友爱，李水部为作传，所谓"王氏四友"者也。为鸿村四大房支祖。嗣后以兆行者十，以素行者二十三，以晋行者五十一，以宜行者百有九，以荣行者百七十一，庠序仕籍，世世有之。⑤

综合以上记载可见，聚居祁门查源村的王氏，自十五世祖叔振、叔善、叔良、叔祥四人或留或徙，开始形成散居查源、高塘（鸿村）、车坦（潭）、许村的祁门"王氏四族"。在明代，许村与高塘两支之间，曾因同宗继嗣而产生纠纷。乾隆五十六年基于廓清谱系以续修"王氏四族"宗谱的需要，高塘王氏以许村悔继，"不肯承祧"为诉由将其讦告官府。⑥ 祁门王氏"四族遂涣而不萃"，致使"四族"统谱之修未成，仅高塘王氏"独有续修之

---

① 《高塘鸿村王氏家谱》六卷本，乾隆五十七年刊本。
② 王璧，字大献，唐代后期由杭迁祁，以世乱集众保境。刺史陶雅屡奏其功，吴王杨行密承制，累拜银青光禄大夫、检校、兵部尚书加金紫。后出为祁门令，遂卜居邑。参见《高塘鸿溪王氏家谱》卷1。
③ 《高塘鸿溪王氏家谱》卷首《吴云山序》。
④ 《高塘鸿溪王氏家谱》卷首《吴云山序》。
⑤ 《高塘鸿溪王氏家谱》卷首《吴云山序》。
⑥ 《高塘鸿溪王氏家谱》卷末《附录卷案》。

举"，从而形成乾隆《高塘鸿村王氏家谱》。

揆诸《乾隆谱》，共六卷，世系详于始迁鸿村的十五世祖叔振公以下支系，这与该谱以聚居高塘王氏为中心而修撰有关。家谱世系的记载，以十九世祖积善（存一公）、积庆（存二公）为始端，分为存一房、存二房。因存一房乏嗣，存二房有"邦本、邦宁、邦理、邦成"四子，其中邦理入继存一房。此即《乾隆谱》中详细呈现的四大房支。所谓"鸿村自叔振公始迁，四世皆孤立，至积庆公生子四，以邦行，兄弟友爱，所谓王氏四友者也，为鸿村四大房支祖"①。具体谱系如图1所示。

叔振（十五世祖，始迁高塘）—琼甫（十六世祖）—道宗（十七世祖）—惟中（十八世祖）—积善（存一公，十九世祖，乏嗣）、积庆（存二公，十九世祖，生子邦本、邦宁、邦理、邦成）。

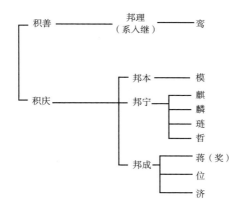

图1　《乾隆谱》中的高塘王氏世系

以上世系中，值得一提的是，十九世（存一公、存二公）、二十世（邦理、邦本、邦宁、邦成）、二十一世（模、麒、麟、琏、哲、蒋、位、济）三代，时间涵盖明代前期百余年，在《乾隆谱》中是作为承前启后的核心谱系存在的。该谱目录中，每卷之下的题名分别标注："存一房""存二长房模股""存二中房麒股""存二中房麟股""存二中房琏股""存二中房哲股""存二幼房蒋股""存二幼房位股""存二幼房济股"等。所谓"存一房、存二长房、存二中房、存二幼房"以及"模、麒、

———————

① 《高塘鸿溪王氏家谱》卷首《吴云山序》。

麟、琏、哲、蒋、位、济"股等，均是对上述三代中依据父子系谱关系而形成的层级有别的房支之称。① 特别是以邦理、邦本、邦宁、邦成为标志的四房，在《乾隆谱》中是作为整个高塘王氏认同的"四大房支祖"存在的。可见，至清代乾隆撰修家谱时，高塘鸿村王氏尽管支派消长各异，但仍以传统"四大房支"作为村族主体。实际上，由明至清，高塘鸿村的图甲乃至保甲组织的推行，很大程度上都是以这"四大房支"为基础而予以编制的。

首先，关于图甲推行。明清高塘村的图甲及总户是如何设置的呢？几种《实征册》的登记形式十分详细，无分产业大小，对各业户分散在各都图的每宗田土、逐年交易的实际面积、折田亩数、土名、买受者所属的总户以及子户名称等均一一开载。总体来看，田土交易范围以"本户"为主，即以二十二都二图四甲王鼎盛户下各子户之间发生为多见。另外，土地流动还涉及"城都、一都、二十都、二十一都、二十二都"等都图，反映了清代徽州田土跨都跨图交易亦较为普遍的现实。跨都跨图交易又以毗邻的二十一都、二十二都为主。据此记载，可以梳理出王鼎盛户田土交易所涉的都图以及各都图下每甲总户的信息。与此相印证的文献还有《祁门修改城垣簿》，该文献系乾隆二十八年，祁门县发动"合邑里户、绅士、商贾人等"捐修城垣，并由此编撰而成的簿册。② 据记载，本次捐输登载簿册的"里户"，即系以图甲为单位，每甲均主要以总户形式登录户名，登记捐输银两数额。兹以几种《实征册》较多涉及的二十一都、二十二都为例，参照《祁门修改城垣簿》，对二十一都、二十二都之下所涉图甲总户名称做一统计，如表1所示。

表1　二十一都、二十二都之下所涉图甲总户名称

都	图	甲	《归户册》所涉总户	《祁门修改城垣簿》所涉总户
二十一都	一	四	陈恒茂	陈恒茂
	一	五	陈绍荣	陈绍荣
	二	三	陈肇兴	陈兆新
	二	八	查复太	陈兆茂
	二	九	陈绍忠	陈绍中

① 参见拙作《明清徽州宗族的分房与轮房》，《安徽史学》2008 年第 2 期。
② 《祁门修改城垣簿》第 1 册，乾隆三十六年刊本。

续表

都	图	甲	《归户册》所涉总户	《祁门修改城垣簿》所涉总户
二十二都	一	一	王永盛	王永盛
	一	二	王际盛	王际盛
	一	三	赵永兴	赵永兴
	一	四	汪惟大	汪惟大
	一	五	汪德茂	汪德茂
	一	六	金复盛	金复盛
	一	七	王光士	王光士
	一	八	陈宗虞	陈宗虞
	一	九	王都	王都
	一	十	金大进	金大进
	二	一	王发祥	王发祥
	二	二	王鼎新(兴)	王鼎新
	二	三	王道新	王道新
	二	四	王鼎盛(本户)	王鼎盛
	二	五	洪显邦	洪显邦
	二	六	金德辉	金德辉
	二	七	金万钟	金万钟
	二	八	王道成	王道成
	二	九	王思学	王思学
	二	十	王大成	王大成

　　对比可见,《实征册》和《祁门修改城垣簿》所载二十一都、二十二都部分图甲总户名称几乎一致,且各甲总户名称前后继承,在有清一代均固定未变,呈现出"图—甲—总户—子户"的架构,每图均划分为十甲。关于祁门县图甲制下一图分十甲,从相关记载也可以看出。如道光二十年(1840),祁门县令方殿谟"谕城乡凡五百二十甲,期以五稔,每甲必出一人应童子试"①。可见,道光间祁门县共设有 520 甲。而清代祁门县共有图 52 个,② 每图所辖的甲数应为 10 个。每甲专设一个业税总户,总户之下包含若干业户(即子户、户丁)。这些总户当系明代中后期基层社会应对赋役征纳实际变化的产物,主要是作为缴纳税粮的单位而存在的。

①　《鼎元文会同志录》,上海图书馆藏,清刊本。
②　周溶修,汪韵珊纂同治《祁门县志》卷 3《舆地志·疆域·都图》,《中国地方志集成·安徽府县志辑》,江苏古籍出版社,1998。

一图十甲的构成，当源于明代以来的里甲制。明代里甲制编制按照110户为1里，每里分为10甲，每里由1里长和10户甲首构成。其时，里甲黄册作为国家实施的重要赋役制度，基本适应了当时人口流动性小，跨都跨图的田土交易并不常见，小农经济颇为稳定的社会现实，且黄册因时大造，原则上亦可及时调适各户人丁事产的实际变动。然而，明代中期至清朝，土地流动日趋频繁，黄册制度日益衰落，里甲赋役趋于定额化。随着万历时期的土地清丈和赋役制度改革，里甲因赋役编户职能日渐弱化；与此同时，以图为基础，继承里甲组织形式，融合具有管理地籍的都保职能于图甲体系，一图赋予特定字号，归户管理跨都跨图、流动不居的田土，以确保税粮征收的图甲制逐渐形成。本具有及时反映各户人丁事产实际功能的黄册由实到虚，110户的"里长—甲首"结构随着黄册户籍陈陈相因，逐步演化为图甲制下虚拟名称的"总户—子户"形式。以既有的一里十甲为基础，渐渐形成一图十甲格局。这从《顺治四年休宁县九都一图立清丈合同》中可见一斑：

> 九都一图公议图正、量、书、画、算合同。里役郑积盛、程世和、程上达、陈世芳、程恩祖、陈泰茂、汪辰祖、陈琛、陈梁、陈世明等。奉朝廷清丈田土，本图十排合立事务，各分条例，拈阄应管本图图正、量、画、书、算，议立三村均管。佥名图正陈程芳、量手汪世昭、画手郑以升、书手程世钥、算手陈明伟。现里陈泰茂公报名，以应定名目。其在官丈量造册名目，俱系十排朋名充当……①

这是一份顺治四年（1647）为清丈土地而立的合同。可见，休宁县九都一图是由既有的里甲演化而来的。原来里甲的十甲里长户（即十排）分别为郑积盛、程世和、程上达、陈世芳、程恩祖、陈泰茂、汪辰祖、陈琛、陈梁、陈世明。至清初，一里十甲制逐步演化为郑、陈、程、汪四姓所在"三村"构成的图甲，清丈田土通过"三村均管""十排合立事务"运作。所谓"在官丈量造册名目，俱系十排朋名充当"，即原来的十甲里长户（即十排）中，每

---

① 《顺治四年休宁县九都一图立清丈合同》，《康熙休宁陈氏置产簿》，南京大学历史系资料室藏档案。

甲以朋名作为一甲名目登记于清丈册籍之中，这种登记名目应为一甲总户，从而形成"总户—子户"结构，借以实现对跨都跨图流动田土的归户管理。原来一甲甲首户相应演变为"甲下户"（或称"甲户"）。高塘村中的二图四甲王鼎盛户作为一甲总户亦当由此而生。这样，原来以人户人丁事产为登记中心的里甲制，逐步过渡到以人户、田地、税粮为编制原则的图甲制，里甲制下的"里长—甲首"关系，亦逐渐转变为图甲制下的"总户—子户"关系。①

在本文所据的几种实征册中，业户每一宗田土交易，均标注有推收主体姓名及其所属图甲，如"收一图九甲王都户法""入本图八甲王道成户续白"，另外，王鼎盛户户下业主之间的交易均标注"本户"字样。据此，笔者梳理各总户之下的具体业户，再对比《乾隆谱》的记载，大略可以看出业户之间的房派谱系关系。兹例举如表2。

表2　二十二都部分业户之间的房派谱系关系

都—图—甲	总户名称	《实征册》登记的部分业户名称	《乾隆谱》中业户所属房派
二十二—一—九	王都	道演、道定、道秀、道乾、道溥、道淖、道混、道甫、道滋、道潜、道密、道津、道满、道儒、学娄	存二中房琏股
		月内、龙保	存二中房麒股
二十二—二—三	王道新	道五、道法、海元、道盛、学饶、学时、学祯	存二中房麟股
二十二—二—四	王鼎盛	廷训、道贵、道员、道贞、道赞、廷谏、廷清	存二长房模股
		茂春、学敄、夏龙、盛春、富春、神生、廷富、旺进、广居、通成、秀元、爱春、道诚、昇良、同太	存二幼房蒋股
		捷九、方九、长生、振元、贵生、廷珍	存二幼房位股
		古龙、群龙、学渚、道统、廷倬、廷位、道绅、道纬、学江、道绪、道纲、廷清、道霖、廷清、廷法、廷涞	存二幼房济股
二十二—二—八	王道成	廷矗、廷翰、廷羽、廷金、廷令、廷钊、廷翎、廷竝	存二中房麟股

依据表2，可以明确隶属高塘王氏的图甲：二十二都一图九甲、二图三甲、二图四甲、二图八甲，各甲总户名称分别为"王都""王道新""王鼎盛""王

① 参见刘志伟《清代广东地区图甲制中的"总户"与"子户"》，《中国社会经济史研究》1991年第2期。

道成"。且有清一代这四个总户名称均存在于实征册籍中，前后因袭。

由表2还可以看出，《乾隆谱》中"存二中房麟股"业户分散于二十二都一图九甲、二图三甲、二图八甲三个甲中，而二图四甲总户王鼎盛户之下却兼有4个房派的业户。究其原因，从《乾隆谱》记载看，这与高塘王氏传统"四大房"之下的支派人户发展到清代前期彼此兴衰各异有关。家谱谱系中，以"存二中房麟股、琏股"以及"幼房济股"等房派的世系繁衍最为突出，而诸如"存一房，存二中房麒股、晢股"等所载人丁均属寥寥，显示这几个房支有衰微迹象。

总体而言，高塘王氏的四个总户之下业户的房派归属性，以及以房派脈名共享一甲总户的现象颇为明显，册籍中有关王鼎盛户所属业户之间的产业交易均注明"本户"，"本户"即含有房派认同和归属之意。这从一个侧面呈现出明清徽州图甲设置与村族之间的关系：一图之设以自然聚落为基础，涵盖特定的村落共同体；一图之内，分为十甲，每甲以房派为主体，立甲设户，具有结构性的总户由此产生。上述的"王都""王道新""王鼎盛""王道成"等总户名称，在乾隆《高塘鸿村王氏家谱》中并未见确载，正体现出一甲总户的公共性和虚拟性。

其次，关于保甲编制。笔者曾利用与清末编制保甲相关的系列册籍，对保甲编制与村族治理做过专题探究。① 其中，《光绪五年户口环册》反映的正是高塘村的保甲编制情况。② 为了便于比较高塘村图甲制与保甲编制的异同，以下选择与高塘村密切相关、时间邻近的晚清《咸丰册》和《光绪五年户口环册》做统计，如表3所示。

表3　晚清高塘村图甲制与保甲制的异同

类别	都	图	甲	每甲总户名称/每甲牌数名称
图甲	二十二	一	九	王 都
		二	三	王道新
		二	四	王鼎盛
		二	八	王道成

① 参见拙作《清末保甲编制与村族治理》，《安徽师范大学学报》2015年第5期。

② 《光绪五年户口环册》第1册，涉及祁门县二十二都一图、二图保甲编制内容。承蒙陈琪先生惠示，谨致谢忱。

续表

类别	都	图	甲	每甲总户名称/每甲牌数名称
保甲	二十二	一 二 二 二	九 三 四 八	九 三 十 六

　　由表 3 可见，清末推行保甲制，高塘村被分别编入二十二都一图九甲、二图三甲、二图四甲、二图八甲，凡四个甲，图甲与保甲的分图设甲完全相同。

　　进一步分析可知，保甲制推行的实际做法是借助明代以来既有的都图体系灵活编制甲牌。一图之下，并非以 10 户立牌、10 牌立甲为限，而是以村族聚居为中心，确保特定村落乃至房派能完整地隶属一甲，不致"畸零人户"跨甲设置，而体现出以人户的自然分布和房支归属为基础的灵活编甲。一甲之下，村族聚居灵活设牌，比邻成编，从而达到"诸色人户，一体登记"的控制效果。①

　　基于上述考察，图甲之甲为登载田土以征纳税粮而存在，与之相关的册籍是实征册等，立甲设置总户，总户之下登载具体子户，借以实现跨都跨图田土及其税粮归户。户籍具有共有性、继承性和虚拟性。保甲之甲因治安需要而设，与之关联的册籍是保甲册，分甲设牌，牌下登记的系实际诸色人户。无论是图甲设置还是保甲编制，都是以图为单位展开的。一图之设系涵盖一定数量村落的共同体。一图之下，既设置侧重以田土税粮为原则的甲，属于赋役性的图甲系统，本文姑且称之"花户甲"；也存在以实际人户为基础而编制的甲，属于治安性的保甲系统，姑且谓之"烟户甲"。"花户甲"体现的是"甲—总户—子户"的形式，"烟户甲"呈现的是"甲—牌—户"的架构。在"花户甲"和"烟户甲"中，甲分和房分相互嵌入，有机融合，这两种类型的甲所包含的村族、涉及的人户其实是重合的，呈现叠相为用的格局。

　　具体到图甲制，十甲为一图，一图分十甲而定；分甲设户，一甲为立户而存；田土归户，业户因田土而实，是明清以来图甲制的实际运作模式。图甲作为明清自上而下普遍实施的基层组织，在不断适应基层乡治实际中呈现出地方

---

① 参见拙作《清末保甲编制与村族治理》，《安徽师范大学学报》2015 年第 5 期。

性和稳定性的一面。由明至清，具有村落共同体性质的图，逐步被认同为具有特定空间的基层区划。图一般在方志记载中，是作为拥有相对固定村落和特定地域的基层而存在的。图在基层社会的稳定性，使得清代保甲编制难以另起炉灶，只能借助既有的图甲体系而展开。因此，甲作为图甲制、保甲制之下共同的基层组织形式，在推行中兼具"总户—子户"和"甲—牌"的包容性机制，不断灵活适应村族实际，而成为基层行政的有效单位和地方乡治的功能社区。

三　业户形态

几种实征册均以总户王鼎盛户为编册单位登载其户下所属的业户，并未附若干甲户（或称甲下户）。关于附属性的甲户将于下文探讨，这里先对各册籍记载的王鼎盛户下的业户数量做一统计，如表 4 所示。

表 4　王鼎盛户下的业户数量

单位：户

实征册	《雍正册》	《乾隆册》	《嘉庆册》	《道光册》	《咸丰一册》	《咸丰二册》
业户总数	140	167	189	184	188	195

由表 4 可见，清代总户王鼎盛户所属的业户数量少则 140 户，多达 195 户，且总体呈增长趋势。业户形态主要体现了以下三个特点。

第一，继承性。梳理《雍正册》《乾隆册》涉及的业户名称，对照《乾隆谱》记载，可以看出，这些业户多见载于《乾隆谱》的第 28 至 30 世世系中，时间集中于清初至乾隆时期。兹略举两例如下：

其一，《乾隆谱》："廷训，生于顺治壬辰（1652），殁于雍正辛亥（1731）。子贵、员、贞、赞。"① 《雍正册》中即有"廷训田"，到《乾隆册》中变为"道贵、道赞、道员、道贞、训祀"五户，其中"道贵、道赞、道员、道贞"四户均于乾隆六年下标注"新立，分收本户父廷训"字样。显然，《乾隆册》中"道贵、道赞、道员、道贞"诸户系分家继承所新立户籍。其父廷训殁于雍正辛亥，于父死之后的乾隆六年，兄弟之间方进行分家

① 《高塘鸿村王氏家谱》卷 4《存二长房模股》。

析户，并设置了众存祀产"训祀"以祭祀其父，且单独立户。该祀产一直延续到咸丰年间。

其二，《乾隆谱》："廷倬，小名与珑，字汉章，号淡园。生于康熙甲辰（1664），殁于乾隆己未（1739）。子经、绎、缉、纯、续、绥、绾。"[1]《雍正册》中有"廷倬、道经、道绎、道缉、道纯、道续、道绥、道绾"，计8户，廷倬户有田产274余亩，可见，这是一个产业殷实的多子之家。册籍载雍正六年父亲廷倬平分田产给诸子，诸子分家后遂于雍正间各立户籍，登记在册。《乾隆册》中有"倬祀、淡园文会、道经、道绎、道缉、道纯、道续、道绥、道绾"，凡9户，户籍的父子继承十分清楚。且雍正年间分家后，该家庭还以其父之名"倬"以及号"淡园"分别设立"倬祀、淡园文会"两个共有户籍，并出现于《乾隆册》中。雍正间分立的诸子产业大体相当，拥有田土均为30余亩。而到乾隆三十年，各兄弟之家田土数量增减有别，多者如道绎田产近217亩，少者如道续降为19亩，产业分化颇为明显。

通过上例可见，《雍正册》和《乾隆册》中登记的业户，或系因时设立的共有户籍，或系实际户主姓名，并随着分家析产、田土流动，这两个册籍的业户登记亦因时变化。一些共有户籍通过房派继承，自雍正时期一直存在到咸丰年间；一般家户户籍亦通过分家析产易立户籍，前后相继，均具有继承性，且在《乾隆谱》谱中均得到印证。

第二，共有性。系列《实征册》登记的业户作为总户的子户，并不完全是以家庭户主之名设立的实际人户，不少业户系"公祀公会"性质的户籍。六种册籍中明确标注"某某祀""某某公""某某会"等颇为多见，如表5所示。

表5　《实征册》中业户户籍类型

单位：户

户籍类型	《雍正册》	《乾隆册》	《嘉庆册》	《道光册》	《咸丰一册》	《咸丰二册》
公祀公会户	44	45	45	43	49	54
一般家户	96	122	144	141	139	141
总计	140	167	189	184	188	195

---

① 《高塘鸿村王氏家谱》卷4《存二幼房济股》。

由表 5 可以看出，每册共有的"公祀公会"户籍多为 40—50 户。"公祀公会"户以特定的房派为主体，层属有别。以下结合《乾隆谱》对几种册籍涉及的部分共有户籍做进一步分析。

据统计，六种册籍中均有登载的共有户籍凡 25 户，反映了这些户籍至少自雍正时期至咸丰年间存在了 130 余年，具体名称如下：正伦堂、万一公田、存二公、旦公、训祀、宜四公、昰公、兆六公、佐公祀、寻常公、三召公、琛公祀、模公祀、廷倬祀、廷位公、俨公、颐祀、三语公、策公祀、兆九公、德予祀、鼎盛、瑞祀、邦成公会、元公祀。

25 户共有户籍，第一种情形，是以祠堂号或远祖之名设置的"祀户"①，此类"祀户"共有的范围相对较大。如：正伦堂②、万一公田（十四世祖，名万一）、存二公（十九世祖，名积庆，行存二）、邦成公会（二十世祖，名邦成）、寻常公（二十一世祖，名友卿，号寻常）、模公祀（二十一世祖，名模）、兆六公（二十世祖，名德龙，行兆六）、三语公（二十五世祖，名三语，字墨之）、策公祀（二十五世祖，名三策，字献甫，号明醇）等。第二种情形，是于雍正之后历代因时而立的"公祀公会"户。兹以《雍正册》所载"廷清"户为例，结合《乾隆谱》记载，可以具体而微地了解共有户籍因时设置的情况。

《乾隆谱》载③：

二十七世：

宗元，字贞起，生于顺治戊戌（1658），殁于雍正乙巳（1725）。子法、涞、海、清、满、淞。清出继与兄宗先为嗣。

宗先，字用，生于顺治己丑（1649），殁于雍正癸卯（1723）。邑候赵公赠其额"年高德劭"。（宗）元第四子清入继。

二十八世：

---

① 《高塘鸿村王氏家谱》卷 1《世系源流》。
② 今存乾隆《高塘鸿村王氏家谱》中缝印制有"正伦堂"字样，当系该村王氏祠堂堂号。
③ 《高塘鸿村王氏家谱》卷 4《存二幼房济股》。以下 3 段引文均出于此。

廷清，字胜瑞，邑庠生，名瑞，号澄波。生于康熙癸酉（1693），殁于乾隆庚辰（1760）。吴邑候为撰"尊像赞"。子霖、露、霄。

二十九世：

道霖，号云屏，名采风，邑庠生。生于康熙庚子（1720），殁于乾隆癸卯（1783）。

道露，字湛斯，生于雍正甲辰（1724），殁于乾隆壬寅（1782）。

道霄，号静斋，名德风，国学生。生于乾隆丙辰（1736）。

以上梳理的是一个家庭的三代谱系。其中，"宗先"曾获县令赠赐"年高德劭"匾额。"宗先"嗣子"廷清"系邑庠生，其"尊像赞"乃县令吴候所撰。"廷清"之子"道霖"系邑庠生，"道霄"为"国学生"。可见，这是一个多代俱显、颇有乡望之家。

《雍正册》登记有"廷清田"1户。雍正六年，"廷清"户即拥有产业248亩，其中当有继承所得。且以"廷清"立户的产业登记中，自雍正六年至乾隆十七年先后购买田土凡366宗，到乾隆十六年该户田土数额多达464亩。《雍正册》"雍正六年"载有一甲田土总数，计1766亩有余，那么，"廷清"户田产约占总户的14%，无疑属一甲显赫殷实之家，颇为典型。

《乾隆册》由"廷清"户衍生出"用祀、瑞祀、琢云轩、紫云庵、道霖、道露、道霄"7户。册籍记载，乾隆元年，道霖、道露、道霄三子分家立户，这三户到乾隆三十年拥有田地大致相当，各在150亩左右。分家后，留存大量众存产业，并以祖"宗先"之字"用"设"用祀"户，以父廷清之名"瑞"设"瑞祀"户，并设"紫云庵""琢云轩"等众户。其中"瑞祀"一直存在至咸丰年间。进一步梳理其他各册实征册发现，嘉庆以降，仅以"廷清"父子为名，进一步衍生的共有户籍名目多样，具体如：澄波松衫会（廷清，二十八世，号澄波）；霖祀、采风文会（道霖，二十九世，名采风）；露祀（道露，二十九世）；霄祀、德风文会、静斋祀（道霄，二十九世，号静斋，名德风）。这些户籍中，以"道霄"名义设立的共有户籍即达3个。

上例可见，因时所立的共有户籍，多属殷实之家借用父祖名义而设。可以说，是否拥有"公祀公会"户籍和产业的多寡，是衡量一个家庭，乃至一个家族和宗族经济组织化程度和实力的标志。进一步对系列实征册中大量存在的共有户籍进行分析，可以看出，王鼎盛户下登记的共有户籍颇为普遍，这也从一个侧面反映出，王鼎盛户所属的王氏房支重视家族内部和家族之间的经济互助和合作，而不断组织化。

第三，虚拟性。如上所述，《雍正册》《乾隆册》中登记的户籍，与《乾隆谱》所载同时代人名、字号大多吻合，反映了这两种册籍记载的户籍和产业具有真实性，实征册名副其实。究其原因，当与清初以来大力推行田土清丈金业，不断编审赋役有关。而且，《雍正册》记载始于雍正六年，亦当与雍正年间实施摊丁入亩有关。其时，为了适应新的赋役制度变化，民间依据实际田土而分担税粮提上日程，真实登载户籍和产业具有客观必要性。

然而，揆诸此后的《嘉庆册》《道光册》《咸丰一册》《咸丰二册》，民间编造的实征册，户籍日趋虚拟化，主要体现在以下四个方面。一是王鼎盛作为总户之称，几乎在有清一代前后因袭，然而，历考《乾隆谱》古今谱系，均未发现"鼎盛"之名。总户名称的这种虚拟性由明至清长期存在，学术界颇有关注，姑不赘述。二是共有户籍多属以父祖名义因时而设，嗣经前后相继，亦因袭成为虚应之名，演化为特定房派众存共有的名号而已。三是一般家户户籍，随着不断继承，不少户籍名称不断出现沿袭前代父祖之名现象。如《雍正册》中的"道统户"，在《咸丰册》中仍相沿未易。四是新立户籍存在虚设名称，如《咸丰册》中的"铣钜"，显然由"士铣""士钜"兄弟之名合并而成。凡此种种，导致继承性户籍层累而下，新设户籍又徒有虚名。随着时间推移，二图四甲王鼎盛户下业户越积越多，从《雍正册》的139户增加到《咸丰册》的195户。

实征册中的户籍的虚拟性，通过与保甲册做比较也可以得到印证。依据上述《光绪五年户口环册》，该册籍的户籍系光绪五年（1879）为编制保甲而登记的实际人户，其中，登记二图四甲凡92户；实征册之一的《咸丰二册》，属于二图四甲田土归户户籍，记载下至咸丰九年（1859），登载业户计195户。《咸丰二册》与《光绪五年户口环册》的记载前后相距仅20年，时间相近，倘二者涉及的户籍具有真实性，应该有关联之处。然而，通过逐一比对，两种册籍中的户籍名称未见同似。这从一个侧面反映出，实征册中的户籍之名，在有清一代逐渐经历了由实到虚的变化过程，至清代咸丰年间，同明代中后期衰落的黄册一样，实征册成为民间为分担定额化的实际税粮而编造的重产业归户、轻业户名实的户籍具册。

四　共有户籍与村族社会

实征册中无论是总户，还是总户之下的子户，其实际兼具田土产业归属、税粮征纳单位性质，乡族统合实为一体。由《祁门修改城垣簿》的记载可见，结构性的总户作为村族社区的公共名称，其功能即体现于捐输事务的动员上。总户之下，特别是共有性的"公祀公会"户籍，在村族社会事务中亦发挥着主体性作用。

在《咸丰一册》中，王鼎盛户下载有"鼎元文会"户，登记田产为"三十一亩五分三厘八毫二丝"。然考诸此前《道光册》并无此户记载，《道光册》只涉及道光元年至十六年内容，据此推断，"鼎元文会"户应属道光十六年以后新立业户，并登载于《咸丰一册》中。有幸的是，笔者于上海图书馆发现了《鼎元文会同志录》。据记载，该文会正是祁门县二十二都包括高塘村在内的 13 个村落所立。以"鼎元文会"户的兴立为个案做剖析，可以揭示具体共有户籍的运作实态，及其在村族社会中发挥的功能性作用。

《鼎元文会同志录》，1 册，道光二十三年（1843）刊本。道光庚子（1840），祁门县令方殿谟示谕县内城乡，[①] 要求"每甲必出一人应童子试"，以振兴科考。为此，祁门县二十二都所辖的高塘（鸿村）、查源、许村等 13个村落，积极响应县令谕示，在合都绅耆主导下，"为培养本都人材"，随即创建鼎元文会。并刊刻会簿以"汇集规则、田亩、契据"，以供乐输"同志之人执照"，文会会簿因此成编。

鼎元文会基于自愿原则而创设，凡各村族乐输田产的"同志之人"即

---

① 　按："方殿谟，浙江人，进士，道光二十年署，二十一年去。"参见周溶修、汪韵珊纂同治《祁门县志》卷 20《职官表》，《中国地方志集成·安徽府县志辑》，第 202 页。

可入会，并于《同志录》中登载捐输事宜，"以为执照"。举凡乐输入会者，须签订捐产入会的输契，且载入《同志录》，所捐产业均为鼎元文会田产。揆诸会簿"捐输契约"所署时间，各村捐产入会集中于道光二十二年（1842）。可以推断，鼎元文会开始作为王鼎盛户的业户亦当在道光二十二年（1842）。

鼎元文会涉及祁门县二十二都 13 个村落的 8 个姓氏，系多姓村族联合而立的文会，所捐输田产以折田租的形式计算，共计田产 78 宗，凡租 1054 秤 3 斤 11 两。本文所涉《乾隆册》中即载有"田一百二十八亩六分六厘，计租一千四百零七秤"等类似数据，借此可以推算，每亩所折田租在 10—11 秤。那么，鼎元文会醵集田租 1054 秤有余，计田亩当近百亩。据会簿中的《公议规则》载：

> 钱粮分寄三约，俱立鼎元文会的名。一在新安约二图五甲洪显邦户；一在龙溪约一图八甲陈宗虞户；一在高塘约二图四甲王鼎盛户。

也就是说，文会百亩田产，以"鼎元文会"之名，分寄在包括二图四甲王鼎盛户等三个甲在内的总户之下。王鼎盛户《咸丰一册》中的"鼎元文会"户即由此而来。

会簿中载有"各村乐输人名租数"，其中明确记载"高塘鸿村"捐输田产凡 25 宗，是 13 个村落中捐产最多者。具体如表 6 所示。

表 6　《鼎元文会同志录》中高塘鸿村捐输情况

捐产名氏	所捐租数	捐产名氏	所捐租数
王淡园文会	肆拾贰秤壹斤拾叁两	王兆文会	叁拾叁秤
王师禧祀	叁拾秤	王义建会	贰拾壹秤伍斤
王济祀	贰拾壹秤	王瑞祀	拾捌秤叁斤
王师圭	拾叁秤	王三召祀	拾贰秤
王师玎	拾壹秤肆斤	王邦成祀	拾壹秤
王邦本祀	拾秤伍斤	王古槐祀	拾秤
王屏山祀	拾肆秤伍斤	王三阳祀	拾秤
王宪之祀	拾秤	王德风祀	拾秤肆斤拾肆两

续表

捐产名氏	所捐租数	捐产名氏	所捐租数
王仕铣	拾秤	王西祀	玖秤伍斤
王朝俊	柒秤伍斤	王宗元祀	陆秤叁斤肆两
王耕山祀	陆秤	王文义会	伍秤
王也趣祀	伍秤	王义昌祀	伍斤
王学轼祀师芸	陆秤	总计	叁佰叁拾柒秤陆斤拾伍两

由表 6 可见，高塘王氏共捐田产"叁佰叁拾柒秤陆斤拾伍两"，按照上述田亩折租标准换算，所捐田产在 31 亩左右，这与《咸丰一册》中登载的"鼎元文会，三十一亩五分三厘八毫二丝"基本一致。表 6 中 25 宗捐输田产的业户，据笔者根据几种实征册记载——考证，几乎均系"公祀公会"户籍。其中，涉及王鼎盛户下的业户有 11 户，即王淡园文会、王兆文会、王义建会、王济祀、王瑞祀、王三召祀、王邦成祀、王邦本祀、王德风祀、王仕铣、王宗元祀，这 11 个户籍均见载于王鼎盛户的 6 种实征册，共捐田租 175 秤 2 斤 15 两。另外，表 6 中所示的其他 14 户未见载于 6 种实征册，当属高塘村所属的一图九甲，二图三甲、二图八甲的业户，在捐输入会后，这些业户亦寄于王鼎盛户户下。这从王鼎盛户《咸丰一册》中"鼎元文会"户的产业总数可以看出。

在《咸丰二册》的"鼎元文会"户下，明确记载咸丰六年（1856）寄在王鼎盛户下的"鼎元文会"推出田土计 44 宗，原有的 31 亩有余的田产几乎全部推出，受业者涉及洪、汪、赵三姓，即田产全部推予异姓。与此相关的是，《咸丰二册》中，王鼎盛户所属的"昆祀、济祀、三召、淡园文会、澄洋祀、义建会、瑞祀、霄祀、宗元、学扶"等业户下，均有"收陈宗虞户鼎元文会"田产的记载，收业时间亦为咸丰六年（1856）。陈宗虞乃一图八甲总户，系鼎元文会分寄税粮的户籍之一。可以看出，于道光二十二年（1842）设立的鼎元文会，至咸丰六年（1856）已经式微。以二十二都为范围的一都文会仅存在了十余年，这是否与太平天国运动有关，不得详知。

通过分析鼎元文会户籍构成可以看出，该文会存在大量家族性"公祀公会"，呈现"会中有族、族中有会、相互嵌入"的实态。一甲总户之下的共有性的"公祀公会"户，在村族社会互助和合作中，作为基层组织化的经济主体发挥着重要作用。实际上，揆诸明清徽州地方文献，"公祀公会"大量存在，多系众存共有，并以"某某众""某某祀""某某公""某某会""某某堂""某某祠"等体现于实征册籍等地方文献文书中，这种户籍及户下产业，按照其出所自，归属层级有别的大小房派，实际运作亦以属下房派为主体。促使"公祀公会"实际联合和功能诉求的逻辑起点多为祭祀和信仰需要。然而，随着组织化程度的加强，以"公祀公会"为主体，其发挥的互助功能往往日趋泛化，乃至扩大到特定家族房派的信仰、诉讼、教育、赋役、赈济以及地方公共建设、公益活动等范畴。从而，共有户籍和产业，虽具"公祀公会"之名，实乃乡族之间的实体性合作关系，并主要通过契约关系予以维系。

青州驻防八旗粮饷残册初步解读

潘洪钢[*]

历史长河永不停息地奔流前进，历史上人们生活的许多细节则常常被淹没于历史的洪流之中。史学家研究的旧时历史的起点，当然是对史实本身的追溯。还原历史细节无疑是一件极其艰难的事情，而还原的方法，除了必要的技术手段，还需要回到历史的发生地，重返历史现场。重返历史发生的现场既是学者的幸运，也是工作的方法之一。

笔者何幸，2013 年 11 月赴山东省青州市清代八旗驻防城故地——北城社区进行田野调查，社区领导赠送的相关资料中，有复印残档一份。经整理抄录，确认该册为光绪三十一年（1905）青州驻防八旗粮饷残册。值此第十六届中国社会史学年会暨"中国历史上的国计民生"国际学术研讨会召开之际，仅将档册内容公布[①]并做简要介绍、解读，与各位同仁分享。

一 关于残册时间

据当地学者及社区领导介绍，此册为光绪二十八年户籍档册。但该册破损严重，加之以复印件为底本复印，字迹模糊及残缺之处特别多。整理编号

---

* 潘洪钢，湖北省社会科学院文史研究所。

① 残册附文末，编号为笔者所加。

后，笔者发现，首先可以肯定的是，该册并非户籍册。它所记载与关注的是每户所食钱粮等，对于一般旗内户口、家族、家庭等继承关系则并不关注，一般也未加说明。而笔者见到过的、有文献记载的京口旗营户籍册更关注继承关系和家庭传承，并未记载所得粮饷等内容，故初步推测该册为粮饷册而非户籍册。其次，该册实为光绪三十一年青州旗人粮饷残档，证据有二。一是第 22 条，前锋小旗得瑞的孀居儿媳名下小字注云："其夫于光绪二十二年八月二十九日病故，该氏自二十一岁守节。"而该孀媳名后所注年龄为"三十岁"。即光绪二十二年该女子开始守节时为 21 岁，至档册修订时，为 30 岁，经过了九年，故可以推断，该册为光绪三十一年所制作或修订。二是第 40 条载，马甲广安之孀母，年 49 岁，自光绪十一年 29 岁开始守节，亦可证该册制作或修订于光绪三十一年。二者时间完全吻合，基本可以断定。

二　基本情况

青州驻防动议于雍正八年，当时选址，独立于老城之外，择地另建新城，当地人称之为北城。历时三年，至雍正十一年，满蒙旗兵入驻。按乾隆时定制，青州驻防自副都统至协领及以下之佐领、防御、骁骑校、笔帖式、委前锋校等各级官员 83 员；自前锋至领催及以下马甲各兵种共 1236 名，步兵 240 名，养育兵 120 名，弓匠铁匠等 8 名。总计官兵 1945 名。[①] 乾隆《山东通志》卷 16《兵防》记载，驻防青州府满洲营"共马甲二千名，步甲四百名，匠役在外"。连同家属，城内人口总数可达 1 万数千人，如果按一般每户为五口人估算的话，则旗城内户数应该有 2000 余户。晚清时期，人口增加，户数也有变化，但残册所载清末户数仅有 56 户，如果照一般理解，很难以此残册概括旗城的生活状态。但按抽样方法，将其理解为随机抽取的样本，管中窥豹，仍有一定价值。

总户数为 56 户，均为前锋、领催及以下兵丁，没有官员及其家庭在册，可以断定为兵丁之饷册，与官员无关。

56 户中，"只身"即独身户（含孀妇独居户 1 户）为 6 户。其中，孀妇与就养者同住者为 2 户，即编号为 15、45 两户。

---

① 乾隆《钦定八旗通志》卷 35《兵制四·八旗驻防兵制》。

总人口：267 人。① 户平均人口为 4.77 人，接近于一般研究者所说的一户平均 5 口人的说法。

可辨性别人口数：男 124 人，女 134 人。② 可辨别性别 258 人中，男性较女性少 10 人，总体男女性别比为 100∶108。

男 124 人中，16 岁以下幼丁为 38 人；女 134 人中，13 岁以下幼女为 26人。③

女性 13 岁以上成年人中，孀居者 23 人，未婚者 26 人（其中，20 岁以上大龄未婚者为 10 人）。

男性 16 岁以上，"只身"独居或与长辈孀居者同住者 6 人，未婚者 21人（其中，20 岁以上大龄未婚者为 9 人）。

三　初步解读

（一）生活状态

如果不考虑粮饷拖欠、克扣和分摊公务费用、偿还贷款等因素，仅以每户收入情况来计算，理论上，青州旗城内，一部分旗人生活尚属小康，但也有相当一部分人户处于贫困状态，生活较为困难。如果将上述拖欠、克扣等情况叠加进去，则困难程度更为严重。晚清时期相关资料显示，旗饷的拖欠实际上是经常性的，因此，以下所讨论的一般性情况中，虽然很多人已处于贫困之中，却仍然不及实际情况那么严重。

按驻防旗人粮饷制度，驻防兵丁收入由月饷、岁米、马干、名粮几个部分组成。京旗自康熙二十五年饷额确定后，前锋、护军、领催月饷均为 4 两，马甲

---

① 这个总人口数只是个基本准确的大约数，因为档册残缺，有的户册中人数记录不完整，如 25 号"另居景谦之三从叔父前锋有志"家庭，自第 6 行起下部残缺，无法得到该户总人口，只能以已经记录的 5 口人计算，显然是不准确的。但这类情况并不多，故说基本准确。另外，有些户册虽然缺少若干行，但仍能得到较准确的人口数，如第 29 号，虽然缺失 5行，但最后一行中，有"前锋一、马甲一、十三口"，仍可得到准确人口数。

② 由于该册中多处出现只有户下总人口而缺少性别记录或字迹不清的现象，故此男女总数与总人口数有一定出入。

③ 清制，旗下男性自 16 岁开始，可以参加挑甲，视为成丁，故以 16 岁为界；女性以 13 岁为参加选秀标准年龄，故以此为标准。

3 两，匠役 3 两，步甲 1.5 两。各地驻防则略有不同，个别地方驻防的饷额与京旗持平，大部分则低于京旗。内地直省驻防，前锋、领催月饷为 3 两，马甲则为 2 两，步甲为 1 两；广东、福建步甲月饷为 1—2 两。兵丁岁米，各地驻防不一。山东青州驻防均为满蒙旗人，无汉军旗。青州八旗士兵饷米情况如下：

> 领催、前锋月饷 3 两，岁给家口米 30 石，马干草豆折银 12 两。岁甲领催，月饷 3 两，岁支家口米 10 石。马甲月饷 2 两，岁给家口米 15 石，马干折价银 20 两。步甲月饷 2 两，岁支家口米 10 石。养育兵月饷银 1 两，岁给家口米 10 石。

青州与其他驻防稍异之处，另有余兵月饷一项，这是一般驻防旗营所没有的。嘉庆二十年，山东巡抚陈预与青州副都统呈请增添余兵："山东青州驻防满营，额设马甲一千四百六十名，步甲三百二十名。兹据奏称，该满营兵丁素称得力。生齿日繁，若增添马步甲兵，需饷较多，其壮丁一任闲散，又殊可惜，自应设法调剂。着照所请，准其将该满营所存马价银六千两，再于司库扣存市平内酌提银二万四千两，共成三万两，交商一分生息。每岁息银三千六百两，随饷拨解，交该副都统在于驻防八旗闲散壮丁内，择其材堪造就者二百四十名，作为余兵。与甲兵一体操练，每名每月支给银一两，以资养赡。除支放余兵饷银二千八百八十两外，每岁所存余息银七百两零。即陆续归还原款。"[1] 因此，增设余兵 240 名，月饷 1 两，无家口米。因而，在残册中，不少家庭中有余兵一项。

为说明青州旗人在当时的生活状态，需对银两的购买力加以考察。笔者检索了清代山东地区粮食价格变动情况，以主要口粮中大米、普通食米、稻米、粳米为例来看，乾隆元年（1736）九月，山东省上述几项主粮最低价为每仓石一两三钱，最高价为每仓石二两零一厘（以下粮食计算单位均为仓石，不注）；光绪元年九月，同类粮食最低价为二两三钱六分有零，最高价为四两一钱九分七厘有零；到本残册制定的光绪三十一年（1905），仍以九月为例，主粮每仓石价格最低价为三两五钱零三厘，最高价为五两五钱四

---

① 光绪《大清会典事例》卷 1140《八旗都统·老幼官兵俸饷》，中华书局，1991 年影印本，第 343 页。

分二厘。较之光绪初年已上涨了48.4%和32%；如果与乾隆元年山东粮价相较，则上涨了169.5%和177%。清初以降，驻防旗人粮饷定额未变，而物价成倍增长。咸丰间粮饷减至五成发放，至光绪末年始恢复到八成发放。如此，则物价涨而饷额降，人口增而兵额不加，生活质量严重下降。

有些户人口数虽多，但理论上生活状态并不能算作贫困人口，如3号家庭，总人口为8口，但一户之中，有领催1人，马甲1人，余兵1人。按上述饷制，该户3名有饷人员，年收入：领催48两（含马干折银，下同），马甲42两，余兵12两，计102两，另有家口米一年45石。自太平天国运动爆发后，所有粮饷减成发放，青州旗城饷项减至六成，光绪末恢复至八成。该户全部收入以八成计，每年仍收入银80余两，粮30余石。以光绪三十一年山东粮价折算，80两现银可折算约20石上等主粮。如此则一家拥有50余石粮食，8口人生活之衣食住行均取于此，虽不富裕，却也不能算作贫困。当然，这只是粗略估算，未考虑晚清时期常常出现的粮饷拖欠以及只发粮饷而不发马干折银的情况。在清末物价增长的情况下，3号旗人家庭生活较之从前生活水平有较大幅度的下降，但在旗内而言，并不能计入困难户中。类似的情况如8号家庭，人口达15口之多，但可领粮饷有前锋1人，马甲2人，大体上，生活状态虽然略逊于上述第3号，但一人平均供养5人，仍不能计入困难户中。上述两户中，领催、前锋、马甲三类领饷者均属旗丁中粮饷较多者，且领催虽然算不上官员，却管理旗营粮饷发放等事务，有诸多权力，故维持生活并无大碍。此类家庭还有53号、55号等。有的户籍中人口较多，有收入的人较少，生活就比较困难了，如22号家庭，只有前锋1人收入，却需养活13口人，显然较困难。有些虽然人口不多，但能够取得粮饷的人数较少，收入也偏低，如20号家庭，仅有步甲1人，供养人口共4人，通常情况下生活已属困难，在清末旗饷一直未能恢复原额的情况下，则更加困难。56户中，享受生活补贴、亲属帮银和孤寡补贴的户数达12户，此类家庭虽然有旗制补贴，但家庭取得收入的途径少，所得补贴收入也只是基本收入，有的甚至不足以维持基本生活。如，23号家庭仅有步甲1人收入，不足以维持生计，只得由其弟每月帮2300文，另食贫困津贴每月2钱银。总体来看，残册中反映的贫困家庭比例达20%以上。

就旗营的基本情况来看，旗人生活状态的好坏，主要取决于家庭中有几人取得当兵吃粮的资格。无论人口多寡，只要家庭中有足够的兵丁，就可以保证其基本生活。当兵吃粮为基本生活来源，仍是清末驻防旗人生活的一般状态。当然，此类生活状态，只能是在旗内与平均情况进行比较，如果与社会上有各种劳动收入的其他族群相比，则不具可比性。

在 56 户中，仅 1 户有 1 人"外出谋生"，即第 41 号家庭之"满洲闲散华森"，这个情况也值得关注。清代自太平天国运动以降，对无职无业的闲散旗人外出谋生，多持支持态度。理论上，旗人外出谋生是许可的，但从青州旗城的情况来看，外出谋生，以改变生活状态的仍属极个别的情况。

（二）婚姻状态

残册显示，108 名成年女性中，未婚者达 26 人，其中 10 人为 20 岁以上的大龄女子，说明青州旗城在晚清这一时期，婚配已出现某种程度的困难。应该注意的是，其中有 4 人取得了"孤女钱粮"资格，即作为父母双亡的旗女获得了旗营发给的生活补贴。限于"旗女不外嫁"的惯例，女子的婚配圈较男子更小，女子婚配困难应该更大于男子。大龄未婚女子立户独居者有 1 户，食孤女钱粮，其余均仍居原家庭之中。

按清代旗俗，旗内未嫁女子在家庭中身份地位极高，有较大自主权，在家庭事务中也有发言权，自由活动范围也较大，因而造成不少年轻女子不愿出嫁甚至养成老姑娘也不出嫁。各地旗俗中普遍有大姑奶奶身份高的情况，徐珂《清稗类钞》"旗俗重小姑"条：

> 旗俗，家庭之间，礼节最繁重，而未字之小姑，其尊亚于姑，宴居会食，翁姑上坐，小姑侧坐，媳妇则侍于旁，进盘匜奉巾栉惟谨，如仆媪焉。
>
> 京师有谚语曰："鸡不啼，狗不咬，十八岁大姑娘满街跑。"盖即指小姑也。小姑之在家庭，虽其父母兄嫂，亦皆尊称为姑奶奶。因此之故，而所谓姑奶奶者，颇得不规则之自由。南城外之茶楼、酒馆、戏园、球房，罔不有姑奶奶。①

---

① 徐珂：《清稗类钞·风俗类》，中华书局，1981，第 2212 页。

传说旗营女子地位尊崇，导致不少女孩不愿出嫁，成为老姑娘。满族民间曲艺八角鼓的鼓词中有"妈妈糊涂"一段，讲的是旗人家庭女儿地位尊崇，最后成了老姑娘，终老娘家，对父母反生埋怨："成心你把奴的青春误，疼奴爱奴反倒害了奴。——老家不办正事，儿女怎么能服。别怨我横眉立目，有窝心的事儿我气不舒。——在家里我也圈不住，跟着些老爷们没事把城出，到那个苇塘里，去捥拉拉蛄……"① 这里虽然说的是京师旗人故事，却与各驻防地高度相似。旗营未嫁女子地位极高，的确是清代旗人社会的普遍现象。广州、福州等地八旗驻防中，家庭中有婚丧大事，往往要喊已出嫁的姑娘回家主持，也是姑奶奶地位高的体现。

青州旗营中这种大龄女子情况是否与此俗有关，并未找到直接证据，当地在世的老人也没能明确回答。有待于结合其他驻防地区的相关资料进一步研究。

男性 16 岁以上，"只身"独居或与长辈孀居者同住者 6 人，未婚者 21 人，其中 20 岁以上大龄未婚者 9 人。表明男子也同样有婚配困难的问题存在。

男子结婚，须取得马甲或者至少是步甲的钱粮，否则无以养家，而取得这样的资格其实是比较困难的。9 名大龄未婚男子，壮丁 7 人，仅 2 人为步甲，其余均未取得领取粮饷的资格，这应该是其婚配困难的基本原因。另有"马甲终身钱粮"一人"金贵"（第 26 号），亦为"只身"，但无法确认其年龄，未婚配原因不明。第 35 号家庭养育兵嵩音，年 35 岁，已婚，虽然作为养育兵，收入微薄，却也得以婚配，与妻子及孀母同住，并得到了每月津贴，可算是低收入者在婚姻方面的幸运者。但这一户仅嵩音与妻子及孀母，一家三口，并无子女，是否大龄晚婚，或刚结婚不久而没有子女，因缺乏佐证，只能做一种猜测。

（三）寡妇的生活

旗营寡妇的生活状态是旗营整体状态的一种反映。

青州旗兵，素以善战出名，几乎参加了雍正以后所有较大的战事，其作

---

① 叶绍先述，徐存甫记《民间曲艺八角鼓》，中国人民政治协商会议全国委员会文史资料选辑编辑委员会编《文史资料选辑》136 辑，中国文史出版社，2011，185 页。

战牺牲者多有。如咸丰十一年，青州八旗出兵淄河截击捻军，大败，"据人们回忆，死者的棺材从北城北门外的接官厅，一个挨一个，摆出二三里地。父母哭儿，妻喊丈夫，一片哀号多日不绝"①。一夜之间，青州旗城就新添了200多名寡妇。战争与寡妇数量之关系于此亦可见一斑。以是而论，残册所载，当然只是旗营寡妇数量中极小的一部分，但仅此亦可看出旗城寡妇数量之多。

　　册中134名女性，成年女性共108人，其中孀妇达23人，比例较大。册中寡妇在50岁以下者为7人，其余为年龄较大的寡妇。留营寡妇大多与儿孙同住并依靠其收入生活，其中孀妇独居者1户，与"就养人"或亲属同居一户者为2人，其余均与家族亲属同住。按清代定制，旗营孀妇，如果其夫系立功战死，则可享有其夫之"半俸半饷"，直到子嗣长成任职，收入足以抵其半俸半饷时为止。对于旗内一般寡妇，雍正十三年，"议准：八旗寡妇不论年岁，有无子嗣，情愿守节者，两族佐领具保，照例给予一年半分俸饷。该佐领等不得藉端勒索"②。即，一般寡妇可以享受一年半俸半饷，此后则要由旗内设立的孤寡养赡银两来补贴生活。各地驻防营都设立了类似的津贴，册中23位孀妇，享受孤寡钱粮待遇者共3人。2号家庭中，68岁的老年寡妇领一份"孤寡钱粮"，与其侄步甲贺色奄同住，后者则有一份每月二钱银子的"津贴米银"，以此维持二人的基本生活。5号家庭则是已升任防御之职的恩禄，家中除其妻及三女一子外，另有孀庶母即其父亲的寡妾。而6号家庭则是马甲一人与未嫁的姐姐及寡母一起生活，显然，这类家庭中，即使寡妇没有得到旗营给予的寡妇钱粮资助，她们也能依靠亲属的"钱粮"或其他收入生活。整个残册所载的23名寡妇，仅有3人食有"孤寡钱粮"的津贴，其他均依靠亲属的家庭收入生活。

　　从名分上看，孀妇在家庭中的身份既有"孀母""孀祖母"这样依靠儿孙生活的，也有"孀姊母""孀庶母""孀儿媳"等情况，但未见回归娘家生活的孀妇。整个册子只有56户，当然不是青州旗城的全册，也不能完全代表旗营寡妇生活全貌，但大体可以反映一些我们从文献记录中难以看

---

① 李凤琪：《青州满族旗城轶闻》，山东省政协文史资料委员会编《山东文史集粹》上集，中国文史出版社，1998，第570页。

② 光绪《大清会典事例》卷259《户部·俸饷一》，第1062页。

到的细节。可以断定：旗营寡妇基本没有回娘家生活的情况，即使是年轻寡妇也留在夫家生活；大多数寡妇依靠儿子生活，23 名寡妇中，以"孀母"身份出现者达 17 人，占 73.9%；没有成年儿子的寡妇，有依靠侄儿生活的情况，册中以"孀婶母"身份出现的为 2 人；得到"孤寡钱粮"津贴的寡妇数量不多，仅 3 人，约计 13%；册中未见寡妇得到国家旌表的事例。

青州旗城寡妇的主要状态是与亲属生活在一起，其生活也依靠家庭或家族。如果说生活困难，则应该是旗营生活的总体困境。大体可以说明，清代八旗制度对寡妇的供养，在基层社会中并未完全得到贯彻，青州旗营寡妇中得到此项补贴的人实际上很少。册中寡妇在 50 岁以下者为 7 人，其余为年龄较大或年龄不明者，但未见寡妇因守节而得到国家旌表的记录。

总体来看，光绪青州驻防八旗粮饷残册，为我们提供了清末旗城生活的部分状况。由于该册所载家庭与人口数量很少，难以看出青州旗人生活的全貌，但管中窥豹，它仍然为我们了解与认识当时驻防旗营兵丁的生活，提供了一手资料，其中所体现的旗人生活状态、婚姻状态及寡妇的生活等具体情况，均具有一定的参考价值。

附：光绪《青州旗营粮饷册》残本①

1. 在京德祥佐领——一族富察氏：

另户满洲步甲伯林年五十七岁

妻年四十五岁

子幼丁宜厚年五岁

步甲一，三口，

存志，每月帮银一两

（此处存志每月帮银一两，估计为亲属按制提供。以下 23 号与此同）

2. 另居伯林之弟步甲贺色奋年五十五岁

---

① 该档册残本为青州北城社区政府所赠，由于原本过于残破，只能在复印件上再次复印，多处不清晰，只就可以辨认的部分抄录，仅供学界同仁参考。借此向青州北城社区政府及唐玉民老师致谢。

只身

另居伯林之从孀婶母（现食孤寡钱粮，系色呼崇额之妻）年六十八岁

孤寡钱粮一只身每月食津贴米银二钱

3. □□□□□□

妻年？

长子武生马甲凤彬年？

子幼丁锡源年十一岁

次子余兵凤寿年二十五岁

三子壮丁凤纪年二十岁

四子壮丁凤崑年十八岁

女　□□□　　　　　年二十七岁

领催一马甲一余兵一八口

4. 另居凤通之四叔父文生马甲庆瑞年五十？岁

妻　　　　　　　□□□□

子余兵凤鸾　　　　□□□□

子幼丁炳勋年二岁

马甲一余丁一四口

5. 另居凤通之族叔补授镶红旗防御恩禄年四十？岁

妻年四十二岁

孀庶母年四十八岁

子幼丁凤翔年十一岁

长女年十八岁

次女年十五岁

三女年二岁？

6. □□□□□□□□

孀母年？岁

姊年二十六岁

马甲一三口

7. 另居凤来之再从兄世袭云骑尉凤文年三十四岁

妻年三十岁岁

孀母年五十五

长女年十

次女年五

云骑尉一五口

8. 凤瑞年五十四？

妻？

子余兵凤？？

子？年六岁

女年九岁

文生马甲奎明年三十一岁

妻年三十二岁

妹年二十二岁

次妹年十七岁

……

前锋一马甲二十五口

9. 另居锦奎之族伯父告退马甲勒里斯辉年六十四岁

妻年五十九岁

……

前锋一七口

10. 另居景元之弟马甲平元年三十五岁

妻年二十五岁

女年二岁

马甲一三口

11. 另居景元之次弟马甲存志年三十二岁

妻年十八岁

12. □□□□□□□□

□□□□

长子壮丁松华年二十岁

次子壮丁松勋年十七岁

三子幼丁松良年十五岁

四子幼丁忠良年十三岁

五子幼丁忠勋年七岁

马甲一七口

13. 另居景宽之弟马甲景广年四十四岁

妻年三十四岁

子松寿年十岁

马甲一三口

14. 另居景宽之次弟步甲景绅年三十五岁

妻年二十八岁

长子幼丁松清年十岁

次子幼丁松润年四岁

步甲一，每月食贫户津贴银四钱

15. 另居景元之孀婶母年七十三岁

只身伊侄景元就养

16. □□□□□□□□

孀母年六十？岁

女年十三岁

马甲一四口

17. 另居景全之再从兄马甲积拉春年五十三岁

妻年五十三岁

子马甲治华年三十一岁

妻年二十四岁

马甲二四口

18. 另居景全之再从兄世袭云骑尉色拉春年五十七岁

妻年五十四岁

长子余兵忠恕年二十九岁

次子步甲忠华年二十二岁

云骑尉一步甲一余兵一四口

19. 另居色拉春之弟马甲色拉奋年五十？岁

妻年四十一岁

子壮丁忠信年二十一岁

女年十九岁

马甲一四口

20. 系在京海明阿佐领下一族赵佳氏

另户满洲文生步甲景谦年三十四岁

妻年三十岁

子幼丁元昌年二岁

女年七岁

步甲一四口

21. 另居景谦之从弟马甲永明年二十七岁

孀母年五十五岁

弟壮丁明厚年二十四岁

妹年？？

马甲一四口

22. 另居景谦之再从兄前锋小旗复瑞年五十五岁

妾年三十五岁

孀儿媳（其夫于光绪二十二年八月年三十岁

二十九日病故，该氏自二十一岁守节）

子幼丁纯乾年十二岁

女年十岁

长子幼丁国昌年十一岁

次子幼丁国璋年四岁

长女？？？

次女？？？

三女年十九岁

四女年十五岁

五女年十岁

六女年二岁

前锋小旗一十三口

（据此条可以判断：本残册为光绪三十一年所造之册）

23. 另居复瑞之弟步甲景亭年四十岁伊

妻年三十六岁

子幼丁隆昌年十二岁

女年五岁

步甲一四口伊弟景年□□

帮钱两千三百文每月食贫户津贴银二钱

24. 另居复瑞之再从侄马甲绪昌平地图年二十八岁

妻年二十四岁

孀母年四十？岁

子幼丁纯全年六岁

弟壮丁年十七岁

妹年十一岁

次妹年六岁

马甲一七口

25. 另居景谦之三从叔父前锋有志年三十八岁

妻年三十七岁

孀母年七十四岁

长子幼丁全厚年十四岁

次子幼丁林厚年十一岁

□□□

26. 另居有志之三从侄马甲终身钱粮金贵年？？

只身

27. 另居金贵之从兄步甲金铭年二十二岁

只身

28. 另居有志之族孙女现食孤女钱粮（系已故普秀之女）年二十六岁

孤女钱粮一只身每月食津贴米银二钱

29. □□□□□

　□□□□□

　□□□□□

　□□□□□

　□□□□□

　□□□□□

三子幼丁安厚年八岁

长女年四

次女年二

弟马甲根志年二十八

妻年二十七

长子幼丁恭厚年十一

次子幼丁恭佑年四

前锋一马甲一十三口

30. 另居有志之三侄步四厚恩年二十？

妻年三十？

子幼丁金明年十三

女年九岁

马甲一四口

31. 另居景刚之从弟余兵凤安年十四岁伊

孀母年四十一岁

妹（现食孤女钱粮）年十一岁

余兵一孤女钱粮一三口每月食贫户津贴银四钱

32. □□□□□□

妻年四十九

长子幼丁忠俊年十五

次子幼丁忠全年十三

马甲一四口

33. 另居有祥之再从侄马甲广志年三十八岁

妻年三十四岁

孀母年六十

子幼丁锦芳年十岁

马甲一四口

34. 系在京园林佐领下一族佟佳氏

另户满洲世袭云骑尉嵩瑞年四十七岁

妻年五十

云骑尉一二口

35. 另居嵩瑞之从弟养育兵嵩音年三十五

妻年二十三

孀母年六十三

养育兵一三口每月食津贴？钱

36. 系在京双恩佐领下一族汪依氏

另户满洲文生马甲志林年五十三岁

妻年五十

子步甲国桢年十九

长女年十三

次女年十

马甲一步甲一五口

37. 另居志林之再从弟步甲有林年四十九

妻年四十三岁

子壮丁桂芳年十九岁

长女年十六岁

次女年十五岁

三女年十二岁

马甲一（疑为步甲？）六口

38. 另居成瑞之族孀祖母（现食孤寡钱粮，系佟顺之妻）年六十六岁

孤寡钱粮一只身

39. 系在京讷龙阿佐领下一族瓜尔佳氏

另户满洲文生马甲成恩年五十岁

妻年四十七岁

长子余兵广珍年十八岁

次子幼丁广勋年八岁

女年十六岁

马甲一余兵一五口

40. 另户成恩之三从侄马甲广安年二十七岁

妻年二十八岁

孀母（其夫光绪十一年五月二十七日病故，年四十九岁

该氏自二十九岁守节）

子幼丁炳炎年三

妹年二十

马甲一五口

（据此亦可断定此册为光绪三十一年之粮册）

41. 系在京舒林佐领下一族赵佳氏

另户满洲闲散华森（出外谋生）年三十一岁

孀母（现食孤寡钱粮）年五十七岁

弟壮丁华亭年二十七岁

孤寡钱粮一三口每月食贫户津贴银四钱

42. 另居华森之叔父闲散奎凌年六十三岁

妻年五十四岁

子马甲鸿源年二十七岁

妻年二十四岁

女年四岁

长女年二十一岁

次女年二十一岁

三女年十六岁

马甲一八口

43. 系在京宗英佐领下一族那喇氏

另户满洲翻译生马甲荷恩年三十八伊

妻年二十三岁

马甲一二口

44. 另居荷恩之弟马甲伯勋年三十四岁伊

妻年二十九岁

长子幼丁春来年五岁

次子幼丁春普年三岁

长女年九岁

三女年六

马甲一六口

45. 另居荷恩之次弟文生马甲仲麃年二十九岁

孀母？？？

马甲一二口

46. 另居荷恩之再从兄马甲松凌年四十一岁

　　　　妻年三十七岁

　　　　孀母年七十六岁

　　　　长女年十四岁

　　　　次女年十岁

　　　　马甲一五口

47. 系在京恒善佐领下一族赫舍哩氏

　　　　另户满洲马甲色拉图年五十七岁

　　　　妻年五十五岁

　　　　子壮丁成文年十八岁

　　　　马甲一三口

48. 另居色拉图之从孙余兵恩培年十二岁

　　　　孀母年三十七岁

　　　　姊（现食孤女钱粮）年??岁

　　　　□□□□□□

49. 另居色图拉之再从侄闲散凌瑞年？十五岁伊

　　　　妻年四十八岁

　　　　孀母年八十七岁

　　　　子马甲锦绣年二十三岁伊

　　　　妻年二十五岁

　　　　子幼丁纯华年三岁

　　　　弟马甲恒瑞年五十岁

　　　　妻年三十五岁

　　　　子壮丁锦如年十六岁

　　　　长女年九岁

　　　　次女年四岁

　　　　马甲二十一口

50. 系在京舒昌佐领下一族马察氏

　　　　另户满洲闲散有绪年四十八岁

　　　　妻年五十一岁

　　　　子马甲宽厚年三十岁

　　　　妻年二十一岁

女年二十岁

马甲一五口

51. 另居有绪之弟步甲有成年四十二岁

妻年□□□□

长子幼丁图厚年??? 岁

次子幼丁林厚年三岁

女年十五岁

步甲一五口每月食贫户津贴银一两

52. 系在京讷龙阿佐领下一户瓜尔佳氏

另户满洲翻译举人马甲恩芳年三十四岁

妻年三十六岁

孀母年六十岁

子幼丁文祺年三岁

长女年十三岁

次女年七岁

马甲一六口

53. 系在京吉瑞佐领下一族那喇氏

另户满洲前锋松茂年五十三岁

妻年四十四岁

长子余兵舒绅年十九

次子幼丁舒勋年十二

女年十七

前锋一余兵一五口

□□□□□□□□

54. □□□□□□□□

孀母年四十一岁

姊年十九岁

养育兵一孤女钱粮一每月食津贴米银三钱

55. 另居松年之再从弟马甲松林年四十九岁

妻年四十三岁

长子马甲舒伦年二十七岁

妻年二十八岁

长子幼丁全河年八

次子幼丁全海年五

女年三

次子幼丁舒云年十

马甲二八口

56. 另居松森之从兄闲散松森年五十五岁

妻年四十八岁

长子马甲舒恩年二十七岁

妻年二十四岁

次子马甲舒志年二十四岁

三子壮丁舒棉年十六岁

四子幼丁舒宽年十二岁

晚清妓捐征收与警察系统之建立

王　燕*

　　关于中国娼妓之起源，学界多有分歧。王书奴在《中国娼妓史》中考证认为，在殷商时期就存在类似具有宗教色彩的性交易的"巫娼"。陈东原的《中国妇女生活史》认为："中国之有妓女，实起于汉武之营妓。"陈锋、刘经华先生认为："娼妓，是东西方社会中普遍存在的一种病态社会现象。……这种以女性为玩物，肆行娱乐的特殊社会行业，被称为'世界上最古老的职业'，自是由来已久。"① 陈锋、刘经华在《中国病态社会史论》中将中国娼妓演变的历史轨迹，大致分为三个阶段，即宗教卖淫时期、官营娼妓时期、私营娼妓时期。认为无论是汉代的"营妓"、唐代的"官妓"、明代的"教坊乐户"，还是晚清以来各种类型的"公娼""私娼"，都是女性苦难生涯的代代相继。纵观中国历史的发展，娼妓这一病态的现象一直或明或暗地存在。对于这一社会文明进程中的"暗疮"，官方对其合法性的判别各有不同，但一直是以其满足男性生理需求为基础。

　　时至晚清，国力衰竭，清政府竭尽财政收入以担负累累外债，自强新政又在在需款，在财政支出非常态增加的前提下，财政收入变态性增加，新的税种——主要是杂税、杂捐，也不断涌现。每一个社会的个体都成为被敲骨

　　＊　王燕，武汉大学。
　　①　以上均参见陈锋、刘经华《中国病态社会史论》，武汉大学出版社，2013，第318—319页。

吸髓的对象，社会最底层的娼妓也不能幸免。更为奇特的是，从这一特殊行业收取的妓捐，几乎均成为维护国家的机器——警察系统之经费。这不仅成为晚清税收史上的奇特现象，也是中国社会史上的一大"奇葩"。

事实上，清季妓捐的开征，不仅是社会史上的一个病态现象，更是税收史上的极端案例。其对于公共财政建立，特别是警察系统的肇始，起到了至关重要的作用。同时，对于妓捐开征与否，在朝臣内部以及时论舆情中，也有着截然相反的论辩，从中又可以窥察在晚清西学东渐、国力衰竭的背景下，各类群体在遵守祖宗之制与社会变革中的纠结和蜕变。

迄今为止，学界似乎没有注意到"妓捐与警察"这种类似于老鼠和猫的关系居然相伴而生的怪异现象。仅苏有全、肖剑《论清末妓捐》对清末各地开展妓捐情形进行过初步梳理。① 伊丽莎白·J. 雷米克在《民国妓捐与地方建设》中，对晚清妓捐也有所涉及。② 本文主要论述三个问题：一是清季征收妓捐的背景，二是征收妓捐的分歧与讨论，三是妓捐的征收与晚清警察系统建立的关系。同时对普遍认为的妓捐始于管子之说提出质疑。

一 晚清妓捐的征收背景及始作俑者

晚清因对外赔款，对内新政自强，财政亏空剧增，面对巨大的财政压力，清政府默许地方督抚就地筹款，正如《浙江全省财政说明书》所云："甲午以前，司、道、局库不无盈余，故彼时量入为出，未闻有罗掘俱穷之叹。自中日和议有赔款，各国和议有赔款，岁出骤增，不得不趋于量出为入之一途。近年以来，新政繁兴，在在需款，欲加赋则民不堪命，欲节用则事不易行，徒令司空仰屋而嗟，计臣束手无策。揆厥原因，坐困于洋款、赔款之岁需巨宗也。"③ 在这种财政背景下，妓捐的征收在朝野上下已产生了非常大的影响，故而达到遵循传统的朝臣以奏折向皇上奏报的程度。关于晚清妓捐的征收背景及始作俑者，浙江道监察御史王步瀛奏请将京城妓寮捐停罢

---

① 苏有全、肖剑：《论清末妓捐》，《濮阳职业技术学院学报》2013 年第 4 期。

② Elizabeth J. Remick，"Prostitution taxes and local state building in republican China，" *Modern China*，Vol. 29 No. 1，January 2003.

③ 《浙江全省财政说明书·总叙》。本文所引用各省财政说明书，均为 1915 年北京经济史学会刊印本。参见陈锋主编《晚清财政说明书》1—9 卷，湖北人民出版社，2015。

的奏折中有所陈述：

> 近年赔款、新政，需款日繁，而取民之术亦日多，曰米捐，曰梁捐，曰酒捐，曰烟捐，曰膏捐，曰灯捐，曰亩捐，曰房捐，曰铺捐，曰车捐，曰船捐，曰茶捐，曰糖捐，曰赌捐，曰靛捐，曰粪捐，曰绸缎捐，曰首饰捐，曰肥猪捐，曰中猪捐，曰乳猪捐，曰水仙花捐，巧立名目，苛取百姓，不可胜举。筹款者或以为升官发财之媒，受害者实不胜卖妻鬻子之惨。流弊所极，史册罕见。然尤为天下之奇闻者，则无过于妓寮一捐。言之可丑，闻者赤颜。夫妓寮之捐，闻始于湖广督臣张之洞，继之者为直隶督臣袁世凯，大率迫于筹款，误听劣属下策，原不必论。①

王步瀛在罗列了米捐、梁捐等二十几种"史册罕见"的杂捐后，认为征收妓捐是"天下之奇闻"。这种"言之可丑，闻者赤颜"的妓捐，"闻始于湖广督臣张之洞"。王步瀛在给皇上的奏折中敢于对封疆大吏张之洞有所微词，虽言语间极尽委婉，可以想见，当有确凿证据。但查阅今本《张之洞全集》及民国《湖北通志》，未见相关记载。盖因妓捐毕竟是从社会最底层的污浊之气中罗掘钱财，故而有些史料的记载对其有所避讳。民国《夏口县志》记载，汉口的妓捐分为乐户捐、旅馆寄妓花捐、乐工捐、花酒捐、妓女执照费、乐户执照费六种，但未说明妓捐的开征时间。按照1926年的统计，乐户捐年收洋45000元，旅馆寄妓花捐年收洋1320元，乐工捐年收洋1608元，花酒捐年收钱18000串文，妓女执照费年收洋3840元，乐户执照费年收洋5340元。②又据《武汉市志》，光绪二十九年，汉口"开征花捐，按乐户大小，月征1—60串文不等。后改征乐户执照捐和妓女捐。执照捐年征6—30元，妓女捐月征1—2元，相沿成习"③。如果按此说，汉口于光绪二十九年开征妓捐，那就与所谓的妓捐"闻始于湖广督臣张之洞"不符。因为《直隶财政说明书》已经有记载称：

---

① 浙江道监察御史王步瀛奏《为请将京城妓寮捐停罢事》，中国第一历史档案馆藏，档案号：03–6523–055。原折年代缺失，推测为光绪三十一。
② 民国《夏口县志》卷3《丁赋志》。
③ 武汉地方志编撰委员会主编《武汉市志·财政志》，武汉大学出版社，1992，第87页。

"天津妓捐，由工巡捐局抽收，而划归卫生局应用，其捐分四等开办，在光绪二十八年。保定妓捐，由工巡局抽收，作为卫生之用，捐例分三等开办，在光绪三十二年。唐山妓捐，由唐山巡警局抽收，归入巡警项下开支。"① 天津的妓捐在光绪二十八年已经开办，王步瀛不会不清楚。另外，光绪二十八年的《申报》有文《论妓捐》，对妓捐之最初开征有所论述："若汉口，若芜湖，若天津，若广州，凡系互市之场，无不有若辈之踪迹。好之者，谓为风流之薮，温柔之乡；恶之者，谓为销金之窝，伐性之斧。……奈何曰有收捐之法，在从前有芜湖听鼓之，某君曾禀请当道，收取妓捐藉充经费，上台如何核议，迄未得知。迩者，粤东又有人以省会妓女如云，虽向不抽捐，而所纳陋规，亦颇不鲜。"② 也可以体察到，在光绪二十八年之前，汉口等地已经开始征收妓捐。《湖北财政说明书》的相关记载值得注意，《湖北财政说明书》有"戏园乐户捐"的记载："戏捐创自光绪二十四年，由夏口厅抽作巡防经费。二十九年，开办清道局，拨充清道经费，并抽收乐户捐，而其收数且过之，现均改充警费。"③ 笔者认为，汉口在光绪二十四年开征戏捐时，或许同时，或许稍后，妓捐开始征收，这是当时征收妓捐的一种"混搭""消纳"现象。对此，《江西财政说明书》有说明："各属报明妓捐者，惟新淦一县，每月收捐二十千文，由娼户包缴，拨充警察经费。查新淦及所属三湖地方，市面并非繁盛，居然办成妓捐，而通都大邑，并未报有此款。或者以其有伤风化，未便举办，抑以此捐颇不雅驯，消纳于他项捐款之中，亦未可知。"④ 又如苏州"警务公所杂捐"中，有所谓"营业捐"，所有"开设店面、茶酒馆、戏园、客栈等业，均需纳捐，解交警务公所充作经费"。其中的纳捐对象，"所包甚广，名目尤觉猥琐"，亦未将妓捐专门标出。⑤

还需要注意的是，光绪初年，在上海租借内已有征收妓捐的记载。光绪六年，《申报》有文章称：

---

① 《直隶财政说明书·杂税杂捐说明书》第二章"杂捐"。
② 《论妓捐》，《申报》光绪二十八年十月十四日。
③ 《湖北财政说明书·杂捐·戏园乐户捐》。
④ 《江西各项财政说明书·地方收入总说》第二章"地方特捐收入"。
⑤ 《江苏财政说明书·苏属省预算说明书》第四轶《厘捐·正杂各捐》。

如房捐、地捐、车捐、酒捐、烟捐、妓捐，凡若此者，皆系乎华人，而议皆出于西士，是则所宜变通者矣。……近来议加房捐、妓馆烟灯等捐，在工部局以为码头费既经裁去，必当另思补苴之法，亦出于势之不容已。而在局外人议之，一苦于租界居人殊多不便者，盖苟能深体乎华人之情，详求夫可捐不可捐之故，虽加捐而居民亦无怨咨，此则由于无华人之熟谙情形者，为之委曲剖陈故也。工部局之意，亦未尝不欲俯顺华人之情，而略知大概，未能细识本原。①

这里讨论如何吸收华人的意见，如何增加房捐和妓馆烟灯等捐，意味着此前就有妓捐的征收。随后，议定了妓捐新的征收标准："英工部局议增租界中之娼寮捐项，计须每名每月捐洋半元，兹悉长三幺二向本每户每月捐洋二元，现则按户加收一元云。"② 可见，原来不论是"长三"还是"幺二"等级的妓女，每户每月均捐洋二元，新的规定是一律"按户加收一元"。另据《申报》："天津美国租界榷收妓捐，计已两年余，今年七月间，停捐逐妓后，一时花柳中人，如鸟兽散。"③ 从此记录可知，天津的美国租界也在光绪四年开征妓捐，又在光绪六年停征。可以说，妓捐之征收，虽然就晚清地方财政而言始于湖广督臣张之洞，但上海、天津租界始肇其端。

二　各方对于妓捐开征之态度

苏有全、肖剑《论清末妓捐》，曾经讨论过京师地区、湖北、四川、江苏、福建等省区的妓捐征收，可以参考。④ 事实上，据晚清各省财政说明书及《申报》等资料，征收妓捐的除较早征收的湖北、直隶等外，奉天、黑龙江、吉林、山西、河南、四川、江苏、浙江、安徽、江西、湖南、广东、福建等省均有征收，大多数地区的征收时间在光绪三十年以后。

---

① 《推广议院延置华人说》，《申报》光绪六年正月十九日。
② 《妓捐议定》，《申报》光绪六年正月二十四日。
③ 《送办匪类》，《申报》光绪六年十月初二。
④ 苏有全、肖剑：《论清末妓捐》，《濮阳职业技术学院学报》2013 年第 4 期。

对这些省区的妓捐开征，上自朝野，下至民间均有不同的看法和议论。两派观点截然相反。持否定态度者认为其有伤颜面，如王步瀛在前揭奏折中认为：

> 前阅邸报，工巡局亦奏请抽捐京城妓寮……殊为骇异。夫礼以防淫，犹惧不给，今乃弛其法以导之为奸。是凡天下至污贱凶恶之事，举可弃法以牟利，而刑部之律亦可不设，古今亦何尝有此政体。即谓国家今日穷困已极，亦不应科敛此等钱文，以资国用。譬如人子养亲，一旦因亲有缓急，遂至黩法图财，不问是非，不论可否，父母即或不知，而人子欲济亲之穷，先乃自陷不义，所谓贻父母，以令名者顾当如是乎，况巍巍皇都，四方瞻仰，尤不应与行省同一秕政。纵日本维新亦开此捐，然我国当效其自强，不当学其所短。应请饬下巡警部，立将京城妓寮捐停罢，免致贻讥后世，以为圣治之累。至于各省滥捐，并请严饬各省将军、督抚，随时认真厘剔禁止，以苏民困。臣为存国体重法令起见，是否有当，谨附片具陈，伏乞圣鉴训示。[①]

王步瀛乃"吾之学在圣贤，吾之志在忠孝，吾之操在廉耻"的传统贤士，自然不可能容忍这种"天下至污贱凶恶之事"的妓捐征收合法化，从而丢了国体，失了法令，坏了世风。巡警部当时的职能是筹款建立巡警，与妓捐的征收密切相关，所以王步瀛要求"饬下巡警部，立将京城妓寮捐停罢"。笔者正好查到了巡警部的回奏档案，且看巡警部是如何回复王步瀛的：

> 本月十七日准军机处交片，御史王步瀛奏请停止妓寮捐一片，奉旨：巡警部议奏，钦此。臣等查阅原片……该御史所陈似亦不为无见。惟臣等查接管卷内大学士臣那桐前经具奏化私为公折内，戏馆妓寮皆酌定捐输。奉旨：知道了，钦此。未及核办移交到部。臣等查外洋各国亦颇在营业捐内有此项捐输，是于抽纳之中隐寓限制之意。又见天津办理

---

① 浙江道监察御史王步瀛奏《为请将京城妓寮捐停罢事》，中国第一历史档案馆藏，档案号：03 - 6523 - 055。原折年代缺失，推测为光绪三十一年。

妓捐以后，地面痞棍争斗之案日见稀少。臣等因查照奏定原案，暂为试办，一面饬协巡营商定章程，一面咨钦命修订法律大臣，设定专条。……该御史所称刑部之律亦可不设，是犹未知此事之原委也。至于不应敛此等钱文以资国用一节，臣等按区区妓捐为数有几，是亦仿照外洋各国，于抽纳中隐寓限制之意，且可使地面痞棍无所凭附，庶抢劫斗殴之业日见稀少，于国用并无关涉也。①

巡警部的答复，可谓冠冕堂皇。一方面认为"该御史所陈似亦不为无见"，有一定的道理；另一方面又说该御史不了解全面情况，有点胡乱弹奏。而且声称征收妓捐不是为了敛财，而是为了限制，并举出天津的例子证明其有加强社会治安的效果，且"外洋各国亦颇在营业捐内有此项捐输，是于抽纳之中隐寓限制之意"。更为重要的是，此前大学士那桐已经上奏过"戏馆妓寮皆酌定捐输"，皇帝也已经画圈恩准了。既然文明发达的外洋各国有征收先例，又有皇帝的"知道了"，虽然征收妓捐数额区区无几，毕竟对财政有所补苴，自然是照例征收，不会停罢。

各省地方政府对于妓捐的开征也是理由充分。如奉天："妓捐之设，远师管子女闾之遗意，所以分别良贱，整齐风俗者也。近仿东西各国法制，酌收捐款，以备保护治安、检查（霉）[梅]毒之用。"② 可见，奉天的说法除了"仿东西各国法制""保护治安"之外，又多了"检查梅毒"的说法。而且，又说"远师管子女闾之遗意"，古已有之，不值得大惊小怪。广东对征收妓捐更是振振有词："各属花捐，多为筹办新政，就地抽捐之款。查娼妓为社会上至为污贱之品，不耕不织，而衣食裕如，非严格取缔，不仅风化之忧也。乃何以从古及今，无论何地，而娼妓一流不能禁绝？即以管仲霸才，尚有女闾三百之设。金陵克复以后，当事者即行规复秦淮旧迹。昔贤岂不以娼妓为当禁，盖所以不禁者，其用意自有所在也。娼妓一流，自表面观之，固为分利之辈，然商办之地，客贾辐辏，苟有勾栏之处为豪商富贾征歌选舞之场，亦可促商埠之繁盛，固未能一时禁绝者也。禁之既有所不能，且

---

① 光绪三十一年巡警部奏《为遵旨议复停止妓寮捐事》，中国第一历史档案馆藏，档案号：03-5519-070。

② 《奉天全省财政说明书·东三省奉天光绪三十四年入款说明书》第六款《杂捐》。

使私娼增盛，流为风俗之害，不如严格取缔，抽其捐款，以为地方之用。考之日本税则，艺妓之税，属于地方税之杂种税项内，即所谓妓捐也。又娼妓贷坐敷之赋金，亦属于地方税之内，即有似于花楼捐款也。凡酒馆饮食之税，皆为地方之税，亦即酒楼捐之类也。则以上所列各项花捐，原为地方税应行收入之款，未可谓为有失政体。"① 广东对于征收妓捐可谓双手赞成，多方论述，既是"筹办新政"所必须，又是繁荣商业之需要，并且可以进一步扩大到对"花楼""酒楼"的征捐。

当时的舆论也有妓捐征收的支持者，以无名氏《论妓捐》为代表，该文称：

> 自昔管子治齐，以女闾三百招致四方商贾，此为妓之滥觞，而数千年来其风遂绵延不绝……其地商务愈盛者，妓馆必愈多，理有固然，无足怪者。……迩者，粤东又有人以省会妓女如云，虽向不抽捐，而所纳陋规，亦颇不鲜，爰拟就《花捐章程》，名为"保良花票"，每票月捐洋银五元，以八千张为额，计每年可得洋银四十八万元，以七成报效警察，经费余三成，作为办公云云。窃谓此法虽于政体似属有妨，然行之今日，亦尚不无裨益。盖嫖之与赌与烟，皆属害民之举，揆诸正本清源之理，均宜厉禁高悬，不容民之或犯，然至今日，赌则有饷，膏则有捐，国家既为筹款之大宗，民间亦视为应设之常肆。然则推而广之，虽竟捐及妓寮，亦岂得谓出于情理之外，况尤有善者。龟鸨之待养女，往往任情鞭挞，苛虐万端，甚者或竟因之玉碎香消，含冤莫白。……倘既有纳捐之章，则一埠之中妓院若干家，一家之中妓女若干人，皆一一载之于册。妓之初堕平康也，必先责令报名，并声明是否由父母自愿出卖，倘有来历不明之处，即时严行提究。至将来之或嫁或死，亦须赴官报明，验之而确，方能允准。或有把持及凌虐情事，则立提龟鸨，尽法惩办。如是则若辈或有所顾忌，不致肆意妄行。然则此法之行，不特有益于筹捐之法，亦且有合于防弊之端。倘开设妓院者能遵照定章，踊跃捐纳，于筹款固不无增益，若竟畏其繁扰，相率改图，则孽海中少此若干人，未始非良民之福。所谓以不禁为禁者，此也。世有通达治体者，或亦不以子言为乖谬乎。若夫陈义甚高，而事多窒

---

① 《广东财政说明书》卷7《正杂各捐·保良公司妓捐》。

碍，则求全责备之徒，或有议之者，而非予之所敢知也。①

如是，妓捐与"赌饷""膏捐"一样，是国家筹款之大宗，其结果不仅使警察的经费有了着落，社会治安得到了改善，也使妓女的合法权益得到了保护，不至于龟鸨肆意妄行，"不特有益于筹捐之法，亦且有合于防弊之端"，何乐而不为呢？这就是作者说的"尤有善者"，并非"乖谬"。

当然，时论对于妓捐的征收亦有讥讽之语和反对之声。《月月小说》刊登的吴趼人的《俏皮话》颇具讥讽色彩：

> 庚子之后，赔款过巨，政府以责之疆吏，疆吏责之州县。大抵于暴敛之外，别无筹款之法，故民日见其穷，财日见其匮。惟不肖官吏，上下其手，巧立名目，借饱私囊而已。而闲散之员，更于此时穷思极想，条陈聚敛之法，以冀迎合上司，得以见用。故粤中有娼捐之议（按：近时已实行，美其名曰"花捐"）。夫广东自闱姓报效海防经费以来，已有"奉旨开赌"之诮；使娼捐之议再行，则讥诮更有不堪闻问者矣。或曰，此议若行，是加娼家以美名也。问何美名？"捐躯报国"。②

吴趼人的《俏皮话》可谓辛辣至极，隐含着舆论对于清廷不择手段罗掘钱财的极大不满。

《申报》中一篇《捐僧道议》，则婉转表达了对妓捐征收的反对：

> 时至今日，国家之度支可谓奇绌矣，计臣之搜括，亦可谓至密矣。其已经通行者，若房捐，若膏捐，若酒捐，若糖捐。其议而未行者，若亩捐，若丁捐，若印花捐，条例繁多，名称猥杂，不顾大局。……夫国家当万不得已之际，藉众人之财，救一时之急，彼食毛践土者，固应输将踊跃，不宜稍存吝惜之心。然亦思民之托业于懋迁，殚力于畎亩者，蝇头所入，夫固皆从辛苦经营来乎，以闾阎有限之脂膏，岂能供国家无穷之挹注。……女闾三百，虽属管仲富国之谋，然卑贱污辱，为民生之

---

① 《论妓捐》，《申报》光绪二十八年十月十四日。
② 吴趼人：《俏皮话》，《月月小说》第4号，1907年1月。

大害，乃今者芜湖等处亦有人上条陈于大府，请行妓捐筹款，而计及此
等事，则何如将僧道度牒竭力振顿，犹得古人之遗意乎。①

财政之困窘，使各级政府不择手段，与其学管子征于娼妓，"卑贱污
辱"，弗若学唐朝征于僧道度牒，"犹得古人之遗意"。

有些地方在士绅的反对下，似乎也有是否取消妓捐的讨论。光绪三十三
年，《申报》载文《禀请停抽妓捐》称："汉口妓捐一项，每年可得一万余
金，由警局抽收，作为经费。现有绅民张世勋等具禀汉关道称：近年妓户因
抽捐，骤添二千余家，实于风化大有关碍，应请停抽等情，奉桑铁珊观察批
示，仰夏口厅会同警察局酌议，具复核夺。"② 在抽收妓捐的情况下，汉口
的妓户竟然"骤添二千余家"，确实惊人，也的确有碍风化。但这种取消妓
捐的要求，只能表达士绅的一种态度，当然不可能付诸实施。

值得注意的是，晚清妓捐开征的支持者，大多提到了这是遵循管子古
法，如"妓捐之设，远师管子女闾"，"管仲霸才，尚有女闾三百之设"等，
上述已经多有提及。需要在这里稍做辩驳。

查今版《管子》，并未有征收妓女夜合之资以充国用的记载。各类古
籍，对于管子是否以"女闾三百"还是"女闾七百"招四方商贾之说，
有不同的记载。同时对于与所谓妓女之滥觞有关的管子之"三归""三
台""女闾"等，也有不同记载。此故事的史籍本源是《战国策》，《战国
策》之各家注及后来的其他史籍中的相关记载，大多记述纷纭。本文没有
必要一一缕述，只关注所谓的"妓捐之设，远师管子女闾"是否符合历
史事实。

明以前的记载，大多认为管子娶三姓女，为分齐桓公之非，与征收所谓
的妓女夜合之资无关。其中，苏东坡的说法颇有代表性：

> 齐桓公宫中七市，女闾七百，国人非之。管仲故为三归之家，以掩
> 公。此战国策之言也。苏子曰：管仲仁人也，战国策之言，庶几是乎，
> 然世未有以为然者也。虽然管仲之爱其君，亦陋矣。不谏其过，而务分

---

① 《捐僧道议》，《申报》光绪二十八年十一月十三日。

② 《禀请停抽妓捐（汉口）》，《申报》光绪三十三年二月二十三日。

谤焉。或曰管仲不可谏也。苏子曰：用之则行，舍之则藏，谏而不听，不用而已矣。故孔子曰管仲之器小哉。①

笔者认为，这里或许可以解释为：齐桓公有女七百，国人非之，管子于是突破"礼"所规定的"诸侯娶三姓女，大夫娶一姓女"② 之限，娶了三姓女，国人就非议管仲，而解了齐桓公之围。对于管子是妓女或妓捐之始作俑者，并无明确提及。所以苏东坡说管子娶三姓女，只不过是为君分谤而已。

笔者注意到，从明代开始，对此事有了两种说法。一是"宫中七市，女闾七百"是指宫中之女善于经商。如明代人王志庆所说："齐宫七市，女闾连闾，殷室九君，姬屋成列，但负贩之徒，异业趣，竞刺绣，谢其倚门，多财归，其善贾。"③ 二是管子开妓捐之征。如明人杨慎所说："齐有女闾七百，征其夜合之资，以充国用。论语有归女乐之文，亦出于齐，其女闾之余乎。管仲相桓公而立此法，宜为圣门之童所羞称也。"④ 又如明人于慎行所说："管子治齐，设女闾七百，征其夜合之资，以助军旅。此在王道视之，口不忍道，及后世言利之臣，亦未尝权算及此者。"⑤ 杨慎所说的"齐有女闾七百，征其夜合之资，以充国用"，于慎行所说"管子治齐，设女闾七百，征其夜合之资，以助军旅"，当是"妓捐之设，远师管子女闾"之本源。后来清人周亮工又说："女闾七百，齐桓征夜合之资，以佐军兴，皆寡妇也。"⑥ 类似的说法尚多。

故而，笔者认为，管子开妓捐之征，均是后人的附会，其说多不确。晚清之人借此说事，则是自知该捐之开征有违传统善良之风俗，而曲解祖宗之法以为今用，为妓捐之开征自圆其说，找个借口罢了。

---

① 苏轼：《东坡全集》卷 92《管仲分君谤》。
② 郑方坤：《经稗》卷 11《管氏有三归》称："旧注引包咸说，谓三归是娶三姓女，妇人谓嫁为归，诸儒说皆如此。朱注独谓三归是台名，引刘向《说苑》为据，则遍考诸书，并无管仲筑台之事，即诸书所引仲事，亦并无有以三归为台名之说，刘向误述也。《礼》诸侯娶三姓女，大夫娶一姓女。……刘向误述仲事，因误解国策所致。"
③ 王志庆：《古俪府》卷 4《政术部·财赋》。
④ 杨慎：《升庵集》卷 76《独妇山》。
⑤ 于慎行：《谷山笔麈》卷 3《国体》。
⑥ 周亮工：《书影》卷 4。

三　妓捐与晚清警察制度的建立、维持

警察制度的建立，是晚清新政之一，学界已多有论述。这里只探讨妓捐的征收与警察制度建立、维持的关系。其要义大致有三点：一是妓捐的开征与警察制度的建立几乎同步；二是妓捐多归巡警局征收；三是巡警之经费主要来自妓捐。一言以蔽之，妓捐与警察制度密不可分。从下述史料中即可以体会。

如奉天妓捐："奉省班、妓捐，自光绪三十三年开办，分班捐与妓捐为两种。班捐则征之于开班营此业者，其捐率初分为四等：头等月捐银元二十四元，二等月捐二十元，三等月捐十六元，四等月捐十二元。嗣后减为头等十六元，二等十二元，三等八元，四等四元。此班捐之捐率也。妓捐则征之于本妓个人者，亦分为四等：头等每妓月捐银元四元，二等月捐三元，三等二元，四等二元一角。……各府厅州县亦多援照省城为准则，亦有因营业盛衰而因地因时变通者。……妓捐之归巡警局征收，亦因有赖于警察之保护与干涉之故。盖以既承认其为营业，则警察有保护之责任。"① 又称："奉天乐户捐，原曰妓捐，各属地方多有之。皆以之充警务之用，实有地方税之性质。"②

如黑龙江妓捐："江省自光绪三十三年，于齐齐哈尔城南创开商埠，街市稍繁，京津娼妓来者浸多，率杂居客栈，不便取缔。省城巡警局始禀请于省城之南指定处所，建院房以居之，名曰永安里。拟定章程，酌收妓捐。此外，如呼兰、绥化、海伦、黑河、呼伦各属均有妓馆，于是各属均有妓捐。……省城每妓女一名，月捐江钱十吊，不分等第。绥化则分等收捐，上等每名月捐六元，中等三元，下等二元。呼兰亦分三等，上等每名月捐江钱二吊，二等一吊六百文，三等一吊。海伦府分二等，上等每名月捐江钱十二吊，次等六吊。黑河府每名月捐羌钱五元。呼伦厅每名月捐羌钱六元，皆不分等。……都会之盛衰与妓馆之多少为正比

---

① 《奉天全省财政说明书》第4卷《正杂各捐·妓捐》。
② 《奉天全省财政说明书·划分国家税地方税说明书》第六章"国家税与地方税划分之标准"。

例，街市繁盛，商业发达，则以妓馆营业者必日益增加，征之通商各口岸可见也。惟开设之地必须限以一定场所。关于妓女治安、卫生等事，均当妥定章程，以便稽查，此为巡警专责，需款甚巨，故不能不酌收妓捐，以充警费。"①

如吉林妓捐："妓捐始于光绪三十四年，由巡警局拟定管理规则及纳捐章程，捐分两项：曰妓馆捐，曰妓女捐。而又差为三等：曰头等，曰二等，曰三等。所收捐款以宣统元年为最畅旺，是年增收土娼捐，由各该馆掌班将应纳捐资于每月初五以前按数呈缴。外城如长春府、依兰府、滨江厅、珲春厅、阿城县等处，多系水路……故各该处巡警经费，以此二项收入为多。……省城妓馆捐，头等按月捐洋二十五元，二等十五元，三等五元。妓女捐，头等按月捐洋五元，二等三元，三等一元，青妓减半。土娼捐，每人月捐洋一元，每元定价折钱三吊。依兰府上等月捐十五吊，中等十吊，下等五吊。滨江厅按照四等纳捐，头等月捐吉洋十元，二等八元，三等六元，四等四元。"②

如山西妓捐："此款为地方经常之收入。系光绪三十三年十一月，据太原总商会照料委员会曾绅纪纲、韩绅谦，以省垣新修马路，宜筹岁修的款，以保路工而垂久远，禀经巡警总局，择地建房，倡办妓捐，以作保路经费。当经巡警局据情详，奉抚院宝批饬，将省城妓馆彻底清查，先行试办，俟确有把握，再行划区造屋，分别详办。三十四年正月，巡警局仿京、津办法，订拟章程，分别人捐、户捐，按等次收捐，上等定为每人每日捐钱三百文，中等每人每日捐钱二百文，次等每人每日捐钱一百文。其户捐亦照等交纳，并饬阳曲县派差会同各分局巡警弁丁，将各该妓户姓名、住址、人数、年岁，先行查明，除择妥地基再行建房定租饬居外，暂就察院后并小巷子客居，饬令租赁居住。自是年七月十五日起，一律照章起捐，并设济良所，委员随时稽查，按月抽收，呈缴巡警局。"③

从以上示例可以看出，尽管各省妓捐的征收标准不一，但统一归警局征收，并作为巡警之经费，则是一致的。

---

① 《黑龙江财政沿革利弊说明书》卷中《杂捐类·妓捐》。
② 《吉林全省财政说明书·吉林全省税项详细说明书·地方税之府厅州县税·妓捐》。
③ 《山西财政说明书·山西各署局所自行经理各款说明书·警务公所·妓捐》。

晚清妓捐征收最为繁盛、名目最多者，当属广东。广东妓捐，主要分为保良公司妓捐、花楼警费、艳芳楼警费、保益公司妓捐、南词班警费牌费、花楼房捐警费、酒楼警费、花酒艇警费、宴花筵艇警费、各属花捐等。征收数额最大的保良公司妓捐，"每年认缴饷银三十六万元，内除江门留用一万零五百元，香山留用三千元，东莞留用五千二百元外，每年实缴银三十四万一千三百元。至光绪三十二年间，由善后局将此项妓捐归并巡警总局经收"。后来巡警总局改为警务公所，"仍照收为巡警薪费之用"。对于各类妓捐之数额及其与警费之关系，可以参见表1。

表1　广东省各类妓捐数额

单位：两

署局	款目	实收数	
		光绪三十四年	宣统元年
警务公所	保良公司妓捐	215345.880	237994.170
	艳芳楼警费	589.680	606.384
	花楼警费	3276	2520
	保益公司妓捐	1303.996	960
	南词班警费牌费	6199.200	无
省河水巡警局	花楼房捐警费	26352	24298.384
	酒楼警费	13775.472	15599.376
	花酒艇警费	6082.560	无
	宴花筵艇警费	2450	无
警务公所	保良公司报效	无	359.280
南海县	花楼房捐	1296	108
新会县	花捐商报效	720	780
三水县	花捐商捐效	630	无
高要县	花捐报效警费学费	4037.738	4903.716
清远县	花捐警费	210	120.200
开平县	花捐	无	180
四会县	花捐报效警费学费	1229.018	1249.091
高州府	花捐报效	2413.345	2397.473
电白县	花捐	162	无
龙川县	花捐警费	无	74.240

续表

署局	款目	实收数	
		光绪三十四年	宣统元年
西宁县	花捐报效学费警费	1307.392	1422.163
琼山县	妓捐	1260.403	2194.300
	妓捐按饷	3366.640	163.278
钦州	花捐警费	150.267	1313.161
新宁县	花筵捐警费	无	785.454
英德县	花捐警费	3960.646	3960.646

资料来源:《广东财政说明书》卷 7《正杂各捐》。

从表 1 可以看出,广东省城警局的经费以及各县警局的经费,主要赖于妓捐的支持。

在晚清警察制度建立之初,巡警经费并无"的款"。其筹措之法,主要模仿袁世凯在直隶实行的"就地抽捐"之法,即所谓"各州县警察款筹划之法,或系保甲旧费,或系商铺捐输,或系按亩摊派,或系各项杂捐,率皆目前支应,究非常年的款。既无的款,则筹法混杂,则弊窦丛生"①。而警费支出又有一定的规模,如御史赵炳麟所奏:"巡警一项大省约三百万,小省尚需二百万。"② 警费的来源,除有些省份的"戏捐""巡警捐""车捐""铺捐""路灯捐""街灯捐""客栈牌捐"等捐项外,③ 妓捐既是主要的来源,也是众多警款杂捐中最为特殊的一个。禁烟、禁赌、禁娼是警察的主要任务之一,也是时代文明进程的一个主要标志,但其经费却又主要取自妓捐,甚至取自膏捐、赌捐。这不能说是晚清财政史与社会史上的一朵"奇葩"。妓捐在警费中的作用,也使其在税收史与社会史的善恶之间打上了烙印。

---

① 甘厚慈:《北洋公牍类纂》卷 9《警察三》,光绪丁未九月初版,第 12 页。
② 《时报》宣统二年五月初六。
③ 参见《河南财政说明书》下编《岁出部·地方行政经费·巡警费》;《广西全省财政说明书》第 2 编《各论上·省税之部》。

"深浚"与"筑塘":杨时与
湘湖工程方式的选择

钱　杭[*]

　　笔者曾经关注了一个与海域、江（河）域、泉（溪）域基本无关，水源主要来自春夏降雨，因而水源水量补给既不稳定也不充分的人工水库——浙江萧山湘湖；并且注意到它是一个存在于平原低地、因流速缓慢而极易淤塞、在一年的大部分时间中水越用越少的人工水库。为了说明其特殊性，笔者的论述涉及这个水库的水源补给方式、补给水量和流动方式等因素。

　　萧山湘湖在北宋末年被建成水库之前，已经从（汉末以前的）泄湖，演变为（唐末以前）包括湖田、丘陵、高坡、湿地、湖沼在内的一片山间荒原。要使之成为有明确功能目标的水库，必须通过适当的工程才能实现。现在已知的是工程目标、建设及维护成本的支出原则，不太明确的是有没有一个可行的工程方案。

　　本文的目的，是要讨论这个以前曾经提到但重视不够的问题——工程形式，也就是把一个湖泊或潴水目标区域改造成水库时选择的具体方法。

一

　　萧山湘湖成为水库一事，一向被认为是与北宋理学家杨时（1053—

＊　钱杭，上海师范大学。

1130，号龟山）存在密切关系。如果确实如此，湘湖成库工程方案的选择和实践，就应该是在杨时任萧山县令的宋徽宗政和二年至三年（1112—1113）主持并完成的。

然而，杨时本人以及与杨时同时或稍后者，却从未将湘湖与他联系在一起。不仅杨时没有在他的13则《萧山所闻》中留下线索，①就连与杨时过从甚密、相知甚深，最应该为后人留下杨时生平实录的两位同时代人——受杨时家属委托撰写了《杨文靖公墓志铭》②的胡安国（1074—1138，字康侯，谥文定）、为墓志铭提供基本资料《杨时行状略》③的吕本中（1084—1145，字居仁）——也都没有提到。《杨文靖公墓志铭》仅有6字"知越州萧山县"；《杨时行状略》稍多："知越州萧山县，萧山之人闻先生名，不治自化，人人图画先生形像，就家祠焉。"杨时在萧山整整两年，究竟做了什么，本人不记，友人不提，令人不解。

杨时的好友许景衡撰的《方文林墓志铭》，被收入许氏《横塘集》（即《许忠简集》）中。④这篇文字涉及萧山湘湖，故广受湘湖史研究者注意。墓主方氏，字从礼，新定人，历任信州玉山尉、越州萧山尉、杭州方田指教官等职，是一个"副县级"小官。宋徽宗政和六年（1116），授散官"文林郎"、大平州司兵曹事，未及赴任即病逝，故尊称"文林"。许景衡受方从礼之弟方从道的委托，写下了这篇《方文林墓志铭》。其中有两段文字与萧山湘湖和杨时有关：

> 萧山湘湖湮废久，民田无以溉。从礼亟以浚治，请于有司，而躬督其役。未几湖复，邑人赖其利。……
>
> 有日，其仲从道自台抵福，曰："吾兄游最旧且厚惟子，敢请铭。"

---

① 杨时：《龟山集》卷13《语录四》，上海辞书出版社，2006。曾枣庄、刘琳主编《全宋文》卷2675—2702《杨时》，安徽教育出版社，2006，第124册，第81—384页；第125册，第1—139页。

② 曾枣庄、刘琳主编《全宋文》卷3149《胡安国四》，第146册，第165—170页。

③ 曾枣庄、刘琳主编《全宋文》卷3789《吕本中二》，第174册，第93—95页。

④ 《横塘集》卷19，文渊阁四库全书本；《许忠简集》卷19，《丛书集成续编》第126册，台北，新文丰出版公司，1988，第388页。许景衡（1072—1128）字少伊，号横塘，谥忠简。浙江瑞安人。许景衡于徽宗大观末年（1110年左右）至宣和元年（1119）间授职大名府少尹，宣和年间任监察御史、殿中侍御史，宋高宗时任资政殿学士。现存杨、许间多封通信。

余谢以非其人。然尝闻诸杨先生中立曰："仕于州县，诚心爱民，若吾从礼者无几。"从礼小官，又卒不得年，未为当世所知，而独见称于有道者如此，则为从礼家若其朋游，皆可无憾也。故余录其语而铭之。

方从礼的身份与身居中枢、参与决策的许景衡相比差距甚大，许尊杨为"有道者"，加上杨时作为方从礼当年的长官，对方氏有很高的评价，所以就接受了方从道的委托。因有这一层关系，如果"浚治"湘湖、"邑人赖其利"是杨时主持县政时实现的"惠政"①，无论于公于私，许景衡都无略而不提之理。唯一的可能，方从礼所"请"之"有司"，不是杨时，而是别人。比如在大观三年任萧山县令的俞昌言。②

现存最早的杨时年谱，是杨时去世136年后的宋度宗咸淳六年（1270）将乐县令黄去疾所编的《龟山先生文靖杨公年谱》。在"（政和）二年壬辰公年六十"条下称：

> 四月，赴萧山知县。县有湘湖久湮塞，公劝民浚治，溉田数千顷。先是连年苦旱，是岁大熟，邑民感德，是为公立祠，至今有杨长官庙犹存。③

此记载与许景衡《方文林墓志铭》相比，最大的差别是提出"浚治"湘湖的人，由方从礼变为杨时；与吕本中《杨时行状略》相比，则由"人人图画先生形像，就家祠焉"变为"为公立祠，至今有杨长官庙犹存"。至于前后变化的依据是什么，黄氏年谱没有交代。

在黄氏年谱编成的70年前、杨时去世66年后的宋宁宗嘉泰元年（1201），沈作宾等修嘉泰《会稽志》，在记录湘湖概况时既没有提到杨时，也没有"杨长官庙"的记载：

---

① 《宋史》卷428《道学二·杨时传》（中华书局，1977，第12738页）："历知浏阳、余杭、萧山三县，皆有惠政，民思之不忘。"
② 乾隆《绍兴府志》卷27《职官志三·县官》，《中国方志丛书·华中地方》第221号，台北，成文出版社，第619页。
③ 黄去疾：《龟山先生文靖杨公年谱》，吴洪泽、尹波主编《宋人年谱丛刊》第5册，四川大学出版社，2003，第3403页。

湘湖在县西二里，周八十里，溉田数千顷。湖生莼丝最美。水利所及者九乡，以畋渔为生业，不可数计。①

据黄去疾自陈所编年谱的资料构成和写作过程："访故家得写本……又聚梁溪李丞相诸公祭文、谥议，及水心、东涧所作旧宅记而附之。"② 其超出嘉泰《会稽志》所述者，很可能即取自其中的某几种。当然这也不能成为真正意义上的证据。如前所述，毕竟距杨时任职萧山时间较近的北宋末、南宋初文献都没能证明这类记载的合理性。

要准确确定杨时与湘湖的关系，还需结合杨时于徽宗崇宁五年（1106）至大观二年（1108）在余杭县取得的"惠政"才能理解：

> （杨时）知杭州余杭县，简易不为烦苛，远近悦服。蔡京方相，贵盛，母前葬余杭，用日者之言，欲浚湖潴水为形势便利，托言欲以便民。事下余杭县，先生询问父老，人人以为不便，即条上其事，得不行。③

问题的关键不是蔡京的借口如何荒唐，而是为什么"欲以便民"的"浚湖潴水"建议，会招致"人人以为不便"的普遍反对。这要看余杭县父老们举出的具体理由。清嘉庆《余杭县志》载：

> （杨）时崇宁五年为余杭令，专务以德化民，而于水利犹尽心力。蔡京当国政，其母前葬余杭，以术者言，欲浚南湖潴水为胜，托言于民便。事下询诸父老不可。时极言沮之，京遂止。盖南湖承天目万壑之流，必平时空虚，然后暴雨洪水骤至能受也。若先潴水，则湖之量已满足矣，一遇急流，势无所容，必泛滥为邑患，此其地形利害，不难知

---

① 嘉泰《会稽志》卷10《湖》，《宋元方志丛刊》，中华书局，1990，第6889页。
② 黄去疾：《龟山年谱序》，吴洪泽、尹波主编《宋人年谱丛刊》第5册，第3393页。另参见林海权《杨时故里行实考》（福建人民出版社，2008）所录宋元明清及当代各类纪念文字。
③ 吕本中：《杨时行状略》，曾枣庄、刘琳主编《全宋文》卷3789《吕本中二》，第174册，第93页。

也。独时不畏强御，言于蔡京贵盛之日，人以时为难。后去官，邑人怀其惠，慕其教，因建龟山书院以祀之。①

清代余杭著名乡绅严启煓（字楚邻）撰《嘉庆余杭县志举正》，对这桩公案本身及杨时的所作所为有相当深入且细致的理解和讨论，值得征引：

> 《杨时传》有蔡京"欲浚南湖潴水为胜"之语；陈善《南湖考》则云"宋崇宁间，蔡京欲请佃业，县令杨时奏阻之"，两说迥乎不同。蔡、杨二人之奏疏后世不传，无从考证，但从民生利害论之，南湖之宜浚而不宜佃，不第水利内谆谆言之，即儿童妇女亦无不知之也。时以工役浩繁必须大动帑金，以封疆之臣不敢上请；蔡京奸邪小人，虽为母冢私情，亦未必敢以费帑之事轻以上请。若请佃，则为国增赋，可以取悦上心，正如王安石欲泄梁山泊之水同一心肺，容或有之；若果请浚，龟山公正当秉机举行，何反力阻？况所谓浚者，浚深湖底，使水蓄于下，其水面仍然低于溪岸，而塘堰不塞；若水平岸，仍可从石门塘引水入湖，而湖仍可照旧容纳，何患之有？若欲潴水者，不将湖浚深，止将湖堤四面培高，塘堰填塞，使水浮满于上，则水面高于溪岸；溪水骤涨时，湖始不能容纳耳。恐旧志沿袭传写之误，不可不辨也。②

按严氏所说，蔡京一案的焦点，并不是"浚"与"佃"之争，而是"浚深湖底，使水蓄于下"与"将湖堤四面培高……使水浮满于上"之争。虽然目标都是为了"潴水"，但"浚深"谈何容易。杨时提出"工役浩繁必须大动帑金"，是他能提出的合理托词；更重要的是，显示了合理的工程思路。"将湖堤四面培高"表面上又快又省，但考虑到"地形利害"，则后患无穷；既然如此，何必明知故犯。杨时之所以反对"请浚"，"父老"之所以"人人以为不便"的根本原因就在于此。

---

① 清嘉庆十三年《余杭县志》卷21《名宦传》，《中国方志丛书·华中地方》第56号，台北，成文出版社，第285页。
② 清嘉庆十三年《余杭县志》卷21《名宦传》，《中国方志丛书·华中地方》第56号，第285页。

　　杨时是否因此案得罪蔡京而丢官，于史无载，亦非本文重点，暂且不提。① 四年后其转任萧山县令时，恰遇方从礼在"有司"支持下"浚治"湘湖并"躬督其役"，则完全可能。杨时的态度虽然不明，但从"未几湖复"的进度来看，湘湖的工程思路大约还是他曾经反对过的"将湖堤四面培高……使水浮满于上"，后世关于湘湖工程概况的描述亦可证明这一点（详下节）。面对既成事实，杨时也只能表示理解，乐见其成了。一方面，他充分肯定了方从礼对湘湖的"浚治"是"诚信爱民"之举，另一方面坚持己见，与湘湖保持适当距离，所写 13 则《萧山所闻》虽无片言只语正面涉及，却都含深意，值得捉摸。

　　从广义来说，杨时秉持"不治自化"的态度也是"惠政"，因为他是立身正、名气大、学问好的道学家，"天资仁厚，宽大能容物又不见涯涘，不为崖异绝俗之行以求世俗名誉"②，没有私心，不求虚荣。因此，对于湘湖的营建而言，杨时不反对就是信誉昭著的"背书"，就代表了道德和正义，所以当地人们就由衷"感德"，就"人人图画先生形像"，或将其入家祠，或为其立公祠。至于后世硬加上的所谓"先生出金"③ 故事，则不着边际，完全多余。

二

　　根据许景衡《方文林墓志铭》反映的湘湖营建规模和工程进度，可以断定，湘湖最初的营建方式不是"浚深湖底"（亦即黄去疾所谓"浚治"），

---

① 　清嘉庆十三年《余杭县志》卷 21《名宦传》，《中国方志丛书·华中地方》第 56 号，第 285 页载："龟山历官与京相左，其初知余杭、京尉钱塘，约略同时，官位俱卑。京即葬母，何从请佃？时亦安能奏阻？大都旧志流传之语，不加考究。盖龟山先生自有惠政，系人深思，不必论其阻佃南湖之确否也。"

② 　吕本中：《杨时行状略》，曾枣庄、刘琳主编《全宋文》卷 3789《吕本中二》，第 174 册，第 94 页。

③ 　如清康熙二年（1663），毛念恃编《文靖杨龟山先生年谱》，在黄氏年谱基础上又补充了一个细节："邑有湘湖久湮塞，先生出金，劝民浚治，溉田数千顷。先是连年苦旱，是岁大熟，邑民感德，为先生立杨长官祠。"《北京图书馆藏珍本年谱丛刊》第 21 册，北京图书馆出版社，1998，第 47 页。

更不是如清人蔡惟慧所说,在平地上"凿成大湖"①。在宋代的技术条件和社会条件下,要在湘湖那样大的范围内,用"浚深湖底"的方式成湖是不可能的。而面积远较湘湖为小且位于"连山延谷"处的周家湖就可以。康熙十年《萧山县志》引"邑人毛公毅"所著《改正周家湖记》,追溯周家湖水库的形成过程:

> 湖在苎萝乡,去县三十里,肇建自宋嘉祐中。邑人周姓者,族众繁衍,资产饶裕;环是乡田,属于其家者居多。然其地连山延谷,未始有湖,故旱潦相仍,往往被其害焉。周人苦之,聚乡人合谋,相度山形,酌量水势,各捐己田,浚而深之,溯众流而纳诸中,以备灌溉,而周家湖成矣。……计其广,四百一亩九分八釐零。②

湘湖水库的形状,南宽中狭北稍开,形似葫芦。湖长约20里,宽1—6里不等,全湖周长据后世记载为"周八十余里"③。其中被湖水淹没的耕地有3.7万亩,且地势高仰,有几座小山如珠山、压乌山、定山、眉山、荷山、邋遢山、木椀山(一名馒头山)、箬獭山在水中成了小岛。④ 周家湖位于山谷之中,有水面积不过湘湖的百分之一而已,所以可以"浚而深之,溯众流而纳诸中"。而对于湘湖所在地形和库容来说,唯一可行的成库方案,只有"将湖堤四面培高"。

明代以后的文献对宋代营建湘湖的工程特点进行了概括。

明洪武十年(1377),任萧山知县的张懋,"重农恤民,尤注意湘湖水利",作《湘湖水利图记》和《萧山湘湖志略》,论及湘湖所在地形及宋代工程的特征:

> 湘湖西去县治仅二里,四面多山麓,地势高广,筑塘汇水而成湖,

---

① 蔡惟慧:《湘湖记》,转引自张宗海等修、杨士龙等纂《萧山县志稿》卷32《艺文·诗文钞一》,《中国方志丛书·华中地方》第84号,台北,成文出版社,1970,第2353页。

② 毛公毅:《改正周家湖记》,康熙十年《萧山县志》卷11《水利志》,《中国方志丛书·华中地方》第597号,台北,成文出版社,1983,第300—301页。

③ 宋时1里约合民国时0.83里,故实为68.5里。

④ 据周易藻《萧山湘湖志》卷8《湖山》(1927年周氏铅印本,第491—492页),以上8山均"在湖之中央。"

周围八十余里，所以蓄水而防岁旱者也。①

　　湘湖在县西仅二里许，原芜田也。至高阜，盛茭芦，两岸皆山。四时遇有连雨，水无所潴，漫散下流，由化乡滨浦、赵墅、五里等村地甚低洼，受其淹没，艰于农事。居民吴氏等具状闻奏，乞筑为湖。宋神宗皇帝可其奏，旨下，无贤令，不克缮营。徽宗时再请旨。政和二年，龟山先生来莅，会集耆老暨诸富民，躬历其所，视山之可依，度地之可圩，相与计议，以山为止，筑土为塘，始成湘湖，实赖潴水以救旱荒，及民之利，与天地齐休。②

　　张懋的"筑塘汇水""以山为止，筑土为塘"，就是前引余杭乡绅严启煓所谓"将湖堤四面培高……使水浮满于上"的意思，与湘湖的工程实际相符；而且这一概括一定也有宋代文献依据，可惜目前已无线索可寻。另有一点似可注意，将"始成湘湖"作为"惠政"归功于杨时的时间，不可能是宋代，应该是明代，或者就是萧山县令张懋本人。因为在湘湖成库之初，蓄水情况并不理想，人们对此颇有微词（详下）。

　　总之，张懋所说的内容，成了此后湘湖文献对湘湖工程特征所做总结的基础。人们虽不断对细节有所补充（比如将成湖后才能确切认定的被淹亩数，说成是事先就知道的），但大多是为使营建湘湖显得更加"合理化"，而不是展现出另有一套工程原则。如《富志》收录萧山乡绅、曾任南京工部尚书的张嵿（1457—1530，字时峻，号枫丘），于明正德十五年（1520）写的一封信《致许金都论湘湖水利书》，其中有：

　　萧山地濒江海，水无泉源，每苦于旱。县西南一隅有田三万七千二亩，四面多山，地势高仰。宋徽宗时，杨龟山知县事，经始以山为止，山断处筑堤，名曰湘湖。③

---

① 清康熙十年《萧山县志》卷11《水利志·诸湖水利》载，"明洪武十年邑令张懋为《湘湖水利图记》"，第295页。

② 富玹、张文瑞等编著《萧山水利》卷上《明邑令张公〈萧山湘湖志略〉》，齐鲁书社于1996年据浙江大学图书馆藏清康熙五十七年（1718）、雍正十三年（1735）孝友堂刻本影印，《四库全书存目丛书·史部》第225册，第288页。以下简称"《富志》"。

③ 《尚书张公致许金都论湘湖水利书》，《富志》卷下，第298页。

万历十五年（1587）刊印的《绍兴府志》述及湘湖当年的营建历史，与上引诸说相同：

> 湘湖在县西二里，本民田，低洼受浸。宋神宗时居民吴姓者奏乞为湖，而政和二年杨龟山先生来知县事，遂成之。四面距山，缺处筑堤障水，水利所及者九乡，以贩渔为生业者不可胜计，生莼丝最美。①

杨龟山如何自然不必计较，重要的是对"四面距山，缺处筑堤障水'这一宋代工程形式的确认。

最完整、最细致，当然也可能加了最多个人体会的概括，是明末清初萧山人毛奇龄在《湘湖水利志》中的三段文字：

> 萧山土硗而水渫，雨则暴涨，稍干暵则渠港皆坼。县西二里许有高阜，在西山之阴，距隔阜菊花诸山相去越二里，而东西夹束如胡同。然每春夏多雨，山水流离，漫无所潴；既不可以艺植，而一当秋暵则中高外脊，望如蒿芦，真芜田也。
>
> 宋熙宁间，县民殷庆等度通县之地为颇高，可以下注，而东西两山蜿蜒如长堤，天然捍蔽，惟北南山尽处横亘以塘，即巨浸也。春夏山雨下，可以蓄水，而秋暵即洩溉之，以数万亩易潴之田，就十余万亩砃裂不锱之地，似乎较便。因具状奏闻，请筑为湖。……
>
> 政和二年，杨时补萧山县令。集耆老会议，躬历其所，相山之可依与地之可圩者，增庳补陙，但筑两塘于北、南。一在羊骑山、历山之南，一在菊花西山之足，两相拦筑，其潴已成。②

稍晚于毛奇龄的顾祖禹撰《读史方舆纪要》，记录湘湖宋代工程的基本特征：

---

① 万历《绍兴府志》卷7《山川志四·海江河湖》，《中国方志丛书·华中地方》第520号，台北，成文出版社，1983，第628页。
② 毛奇龄：《西河合集》第76、77册。齐鲁书社于1996年据清华大学图书馆藏清康熙刻《西河合集》本影印，《四库全书存目丛书·史部》第224册，第613页。以下简称《毛志》。

湘湖……本为民田,四面距山,田皆低洼,山水四溢,则荡为一壑,民被其害。宋政和间,县令杨时因而为湖,于山麓缺处凿堤障水,民皆以渔贩为业,遂无恶岁。①

清嘉庆元年(1796),萧山乡绅於士达著《湘湖考略》,在"全湖形势"一节中称:

湘湖……创自宋。邑令杨文靖公就其形势,傍山为湖;其无山可傍者,筑土为塘。②

萧山另一位著名乡绅王宗炎为於氏《湘湖考略》作序,讲得就更明确一些:

湘湖积水环以山,山所不周,为堤补之。③

至此已经很清楚,湘湖的宋代营建工程,是用堤塘补上"山所不周"处留下的缺口,所以工程的总量不是很大。

据康熙十年《萧山县志》记载,宋代所建湘湖堤塘共17处:

湘湖塘:治西二里,跨夏孝、长兴、赡养诸乡,周围八十余里。其一带地方东陡门、盛家港、横塘、柳塘、塘子堰、石岩堰、施家河、史家池、童家湫、凤林穴、秦家堰、潘家浜、黄竹塘、杨岐穴、许贤霪、河墅堰、石鳝口,共十七处,皆设塘长看守。④

於士达在《湘湖考略》中对湘湖各堤塘的位置、长度以及对应的霪穴,描述得非常细致:

上湖自杨岐山迤南过亭子头,转东而北至糠金山,计五里许,筑塘

---

① 顾祖禹:《读史方舆纪要》卷92《浙江四》,贺次君等点校,中华书局,2005,第4220页。
② 於士达:《湘湖考略》,清道光二十七年学忍堂补刊本,第2页。
③ 於士达:《湘湖考略》,第1页。
④ 康熙十年《萧山县志》卷11《水利三·内地诸塘》,第344页。

八百一十余丈，其间有凤林、杨岐二穴。逾糠金山而北则为童家湫，从此过小湖庙而东，则为岭头田，迤东北至石岩，计二里许，筑塘三百四十余丈，其间有石斗门、黄家湫二穴，其河墅堰一穴在东汪村，居湖之西，柳塘一穴在井山坞，居湖之西北。此上湖之大略也。下湖自城西石家湫至菊花山，计二里许，筑塘三百五十余丈，石家湫、东斗门二穴分设其间。过菊花山则为横塘穴，其志载金二穴、划船港在东斗门之西。周婆湫在菊花山麓，迹尚存而穴废。黄家湫在横塘西里许。此下湖之大略也。①

虽然湘湖有"上湖""下湖"之称始于明代，但《萧山县志》和於士达提到的堤塘所在及 1500 余丈的长度，则一定是湘湖营建时所必备；发生变化的，只是若干霤穴的具体位置。

以上所说已充分证明，宋代的湘湖水库营建工程，是一个符合库区自然条件，适合当时技术及社会条件的较易组织、较易操作的工程，符合快、省的原则。其中最大的人工投入是"以山为止，筑土为塘"，所需资源亦相当有限。由于湘湖位于"地势高广"处，筑成蓄水后，居高临下，"可以下注"，所以灌溉渠道的建设也很方便，真是"及民之利，与天地齐休"。然而，正因为湘湖营建工程的基本特征是省工省时的"以山为止，筑土为塘"，而不是费工费事的"深浚湖底"和开掘"浚治"，因此，随着水库淤积程度的不断加剧，原来"低洼受浸"的湖底逐步抬高，与湖争田、废湖为田变得非常容易。毛奇龄说过一个故事：

> 宣和改元，豪民即有请罢湖复田者，下本县会议。时梅雨初过，湖岸浮溢，守者皆撤防待涸，而议不画一，且议罢者少，议筑者多。主客不敌，遂迟久未决。入夏顿晴，而运河水浅，民甚虞之。值乡官有主罢议者召入汴，里老十人诣其家，跪请勿罢。会县令送者亦在坐，助里老言。各咨嗟间，里老请视今年旱涝果须溉与否以定行止，旱则留之，否则听罢之可耳。许之。是年适大旱，秋后河涸，赖湖水救济得不饥。于

---

①　於士达：《湘湖考略》，第 2—3 页。

是议罢不许。时民谣曰："民有天，湖不田，脱未信，视此年。"①

此时距湘湖成库仅仅 7 年。事情的原委是否真如毛奇龄所说姑且不论，已成之库居然可以如此认真地成为"留之""罢之"的博弈对象则说明，湘湖的成库工程本身的确相当脆弱，甚至是可逆的。

于是"成湖"工程的快、省，被越来越高昂的护湖成本取代，导致了湘湖此后 900 年始终无法排解的所谓公、私纠纷和公、私矛盾，其逻辑起点也正在这里。

当然，地方政府和湘湖居民愿意为减缓这个过程付出艰巨的努力。

三

从浙东水利史的总体态势来看，湘湖一类位于平原丘陵地带的潟湖、浅湖，在扩大、发展、维持后，已明显表现出"生存周期"下行段的诸多特征。在自然和人为的双重压力下，大部分类似性质的湖泊都免不了逐渐走上这条淤塞、萎缩、消亡的道路。在这个具有必然性的过程中，人类发挥主观能动性，运用恰当的技术手段，尽力挽救并人为延长某些湖体的"生命"，将其改造为可满足部分人需要的水库，这类努力自有其合理积极的意义，应该得到充分理解和正面评价。

湘湖成库工程的特点，是"以山为止，筑土为塘"；是在已大部淤积成陆的古代水道基础上，以少量泉水、江水和大量洪水，淹没库区内的耕地、湿地、池塘、荒岗、山丘，形成"周八十余里"的湖面。相邻的周家湖、白马湖则不同，虽然湖体的基础也是古代水道，但因所处位置是山岭间的狭窄沟谷，所以淤积程度不深，"古来系是蓄水湖地，难以作田。……白马湖系蓄水去处，难以侵占"②；其成库方式，因而主要是将已经影响"蓄水"的湖田"开掘为湖"，恢复湖面。

水库所在的不同地形，决定了人们对不同的成库方式的选择，更决定了地方政府和周边人群已支付并将继续支付不同的护水、护库、护塘的成本

---

① 《毛志》卷 1《宣和年议罢湖不许》，第 613 页。
② 《邑令顾公〈萧山水利事迹〉》，引自《富志》卷上，第 278 页。

（包括经济成本、政治成本和社会成本）。

　　此外，影响水库成本的重要因素还有湖泊的生命周期，以及对其处于周期之上行段或下行段的认识和判断。换言之，处于周期上行段的湖泊，维护成本将明显低于周期下行段湖泊；而采取的对策是否符合实际，既考验了人们的智慧，也将持续考验人们的承受能力。

第四编
宗族与村落

从文书到族谱与方志

——以明代休宁珰溪金氏为中心

阿　风[*]

在明清史区域社会史研究中，地方志与族谱是两种重要的史料。在时人看来，地方志是公籍，族谱则为私籍。[①] 不过，无论是公籍，还是私籍，我们在使用这两种史料时，很有必要了解其编纂背景与史料系统，[②] 这样才能更好地利用这些史料。

明清时代，徽州是地方志编纂最为发达的地区，不仅有弘治《徽州府志》、嘉靖《徽州府志》、万历《歙志》、万历《休宁县志》等重要的府县志，同时还编纂了大量的乡镇志，这些方志都是同时代地方志编纂的典范。同时，徽州是现存明清族谱数量最多的地区之一，而且善本居多。中国国家图书馆、上海图书馆收藏的善本族谱中，徽州籍的族谱占

---

[*]　阿风，中国社会科学院历史研究所。

[①]　关于明代人公籍与私籍观念，参见阿风《公籍与私籍：明代徽州人的诉讼书证观念》，《徽学》第 9 卷，黄山书社，2013。当然，"中古谱牒"与"皇室谱牒——玉牒"则有浓厚的官修色彩，其与近世的私家谱牒有所不同。参见武新立《中国的家谱及其学术价值》，《历史研究》1988 年第 6 期，第 20—34 页；陈爽《出土墓志所见中古谱牒探迹》，《中国史研究》2013 年第 4 期，第 69—100 页。

[②]　相关的研究参见潘高升《史学研究中利用地方志的几种方法——兼谈方志的资料性与学术性》，《中国地方志》2006 年第 4 期，第 31—35 页；阿风《〈新安志〉的史源考察》，《安徽大学学报》2017 年第 2 期，第 1—8 页。

到一半以上。①

不过，现在我们看到的这些族谱与方志，有些内容可以查到出处，如官修正史、私人文集等。有些内容，则不清楚其来源。其中除了有口耳传承的内容外，还与公私文书有着密切的关系。

明朝隆庆二年（1568）刊印的徽州府休宁县《珰溪金氏族谱》收录了与金氏先祖科举、行事有关的公文书，将这些公文书与族谱、方志的记载相互对照，可以看出族谱、方志部分记载的源流。

一　关于珰溪金氏与《珰溪金氏族谱》

今天安徽省休宁县陈霞乡境内，率水迂曲南向处的东岸，有一个被称为"小珰"的村落。两条小溪自东向西在此合流，注入率水。"相传溪流有珰佩声"②，故名珰溪，又名小珰。金氏是村中的大姓。

珰溪金氏自称是汉秺侯金日磾的后裔。其先祖唐末避黄巢乱，自长安迁居歙县之黄墩，继迁休宁县之白茅。到了北宋初年，有金夫赵迁居率水之滨的石田（今休宁县溪口镇石田村），三世金大，沿率水向下，迁居洲阳干（又称洲阳圩，今休宁县溪口镇阳干村）。南宋初，"有三四府君讳咏者，赀产甲于一乡"③。金咏娶妻徐氏，生金文藻（六十府君），为宋王府学谕，再迁洲阳干斜对岸的珰溪，是为珰溪金氏始祖。④

珰溪村在宋代属履仁乡，⑤在明代则属里仁东乡十一都。⑥自金文藻迁

---

① 赵华富：《徽州族谱数量大和善本多的原因》，见氏著《两驿集》，黄山书社，1999。章毅根据已经出版的各种家谱目录的统计分析，指出目前存世的中国宋元家谱中，徽州籍家谱约占六成，而现存的明代家谱，徽州籍则占一半以上。参见章毅《明代家谱的著录及其社会史意义》，郑培凯主编《九州学林》，复旦大学出版社，2007，第224—248页。

② 金瑶：《金栗斋先生文集》（万历四十一年，瀫山书院刻本）卷2《珰溪地图记》，汪从龙等校，《续修四库全书·集部》第1342册，第529页。

③ 参见金瑶《珰溪金族谱序》；金彦瑾《醉乡癯仙自叙》，金瑶纂修《珰溪金氏族谱》卷13《袞翰二·序》。蔡紫云：《元承德郎同知婺源州事金公墓志铭》，金瑶纂修《珰溪金氏族谱》卷14《袞翰三·墓志》所记，珰溪金氏"系出汉都成侯钦"。

④ 金瑶：《珰溪金氏族谱》卷9《录仕》。

⑤ 淳祐《新安志》卷4《休宁·沿革·乡里》："履仁乡在县西，其里永康、太平、仁义、仁德、回溪。"

⑥ 弘治《徽州府志》卷1《地理一·厢隅乡都·休宁县·国朝》："里仁东乡，十一都、二十六都、二十七都。"万历《休宁县志》卷1《舆地志·隅都》："十一都，共三图。"其村有石田、金塍、珰溪、朱［洲］洋［阳］干、霞汉。

居珰溪之后，金氏一族代有名人，成为宋、元、明时代的徽州望族。金文藻长子金修和（1187—1255），"以荐授迪功郎、严州司户参军"。金修和有从弟金革（号垕山，"宋承信郎、判车辂院讳文渊之季子"，1215—1293）"早失怙恃"，金修和"爱其颖敏，鞠而成立之"①。咸淳四年（1268），金革登武举进士第，② 成为珰溪金氏宦业兴旺的标志性人物。

　　金革登武举进士后，珰溪金氏开始以"富民""儒业""武功"称名乡里。金革之子金应凤（号桐冈）曾为南宋待补太学生。③ 入元以后，他"筑室储书、延师教子若孙"④。应凤之子金南庚（1280—1344），"尝输粟赈济数郡，时号'江东富民'"⑤。他"游京师，出入王公大人之门，挥金如土。都人号金舍人，声名籍甚"。当时，包括程巨夫、元明善、邓文原、刘致中、揭傒斯等人，"皆降节与交"。后被推荐为江陵路拔都儿民户副总管。⑥ 金南庚之子金震祖（1299—1362）北走上都从军，"深入朔漠、屡奏奇功"，以功授"忠翊校尉、平江十字路万户府镇抚"。⑦ 金震祖长子金符午，袭受千户。次子符申，亦有"勇略"。元至正十二年（1352），南方红巾军徐寿辉、彭莹玉部将项奴儿（又名项明威）自婺源进犯江东、浙西，时称"蕲黄盗乱"。此次"盗乱"，"徽州受害尤大"，而"休宁得祸最深"。⑧ 金符申"以义士领丁壮从军，因率乡人擒执（项）奴儿……功授宁国等处榷茶副提举"⑨。因此，金震祖一家被旌为"忠义之门"。此外，金南庚之弟南召、南周分别被授元江浙行宣政院宣使、绩溪县儒学教谕；金南召之

---

① 蔡紫云（玄）：《新修九龙潭著存观记》，金瑶纂修《珰溪金氏族谱》卷 13《哀翰二·记》。

② 弘治《徽州府志》卷 6《选举·科第·咸淳四年陈文龙榜》："金革，休宁人，右科。"

③ 曹弘斋：《宋进士成忠郎武翊军新宁县主簿金公墓志铭》："（金革）男三人……应凤待补太学生。"（明）金瑶纂修《珰溪金氏族谱》卷 14《哀翰三·墓志》。又《珰溪金氏族谱》卷 9《录仕·三世》："淳一府君（应凤），千一府君长子，宋以书经与解试乙榜，取中待补太学生。"

④ 胡一桂：《一经堂记》，金瑶纂修《珰溪金氏族谱》卷十三《哀翰二·记》。

⑤ 曹嗣轩编《休宁名族志》四卷《金》，胡中生、王黎点校，黄山书社，2007，第 705 页。

⑥ 金瑶纂修《珰溪金氏族谱》卷 9《录仕》："庚三府君南庚，淳一府君长子，元以荐授承事郎江陵路把都儿民户总管府副总管……晚以子贵，宣封武略将军。"这段文字后金瑶注曰："查《元史》无把都儿官，一日偶阅《胡云峰文集》，载有此官。'把'作'拔'，是《元史》多见拔都儿。"

⑦ 弘治《徽州府志》卷 9《人物三·武功》。

⑧ 赵汸：《克复休宁县碑》，万历《休宁县志》卷 7《艺文志·纪述》。

⑨ 万历《休宁县志》卷 5《选举志·材武·金符申》。

子金观祖亦以"击贼有功，授祁门县尉、升婺源州判官，又以功升婺源州同知"①。

元代的琯溪金氏亦崇尚学术，与当世名儒相交。元代徽州著名理学家陈栎就曾在琯溪金氏作馆十余年，② 他与金革之孙金南庚是好友，曾应金南庚请求，为其父亲金应凤撰写墓志铭。③ 元末明初，金震祖与徽州儒士赵汸、郑玉、朱升等交游。朱升曾受金震祖之邀，在琯溪为童蒙师。④ 他曾代金震祖作有《祭郑师山（玉）先生文》。⑤

明朝建立后，琯溪金氏多人先后以荐辟入官。例如，洪武十一年，金彦瑾"以才举授广西宾州判官，廉介着声，荐调知襄樊，转上犹县"。洪武十三年，金彦清"举贤良孝弟，授大同府同知"。洪武二十二年，金彦初"举人材，知河南汲县"⑥。到了永乐二年，金辉（1381—1420）登进士第，成为金革之后，琯溪金氏又一位进士。金辉曾任江西临江府推官，升广东道监察御史，"以风节著称"⑦。

金辉之后，琯溪金氏虽亦有出仕者，但多是选贡出身，出任府县训导、县丞、军卫经历之类小官，宦业并不显赫。不过，明代中后期，琯溪金氏却出现了很多学者，金瑶就是其中的代表。

金瑶（1495—1588），字德温，号栗斋。其父金通正（1471—1546），字时正，号实斋。"少综坟典，习为儒"，不过"弱冠丧父"，遂弃儒经商，"以贩槎（艖）为业"。但"训二子以经传。朝夕汛扫馆舍，延礼师宾甚笃"⑧。金瑶少

---

①　金瑶纂修《琯溪金氏族谱》卷9《录仕》。

②　陈栎：《定宇集》卷9《处士南山戴君行状》："皇庆壬子（1312），同邑桐冈金聘予为熟师。"《景印文渊阁四库全书》，台湾商务印书馆，第1205册，第281页。又《琯溪金氏族谱》卷13《袞翰二·序》收录了陈定宇《送赫翁学正北上序》，前有陈定宇小传："（陈定宇）栎，字寿翁……尝主予家西塾十余年。"

③　陈栎：《定宇集》卷9《桐冈金先生墓志铭》，《景印文渊阁四库全书》。

④　万历《休宁县志》卷8《通考志·佚事·琯溪记验》载："朱学士允升，微时为琯溪童蒙师。"又《琯溪金氏族谱》卷13《袞翰二·序》收录了朱升撰写的《赠金生德基归新安序》，前有朱升小传："（朱）升，字允升，本号枫满林，又号隆隐，回溪人。赘歙石门，幼有美质，家贫，武略公（金震祖）邀至予家一经堂海之。及长，遂主予家西塾。"

⑤　朱升《祭郑师山先生文》，见程敏政辑《新安文献志》卷46。

⑥　万历《休宁县志》卷5《选举志·荐辟》。

⑦　万历《休宁县志》卷6《人物志·宦业》。

⑧　沈錬：《实斋处士传》，见金瑶纂修《琯溪金氏族谱》卷14《袞翰三·传·续录》。

有才名，"弱冠以诗补邑廪士，郡守郑公首拔入紫阳书院"①。明嘉靖十一年（1532），选贡生。② 后九次科考未中。于是"谒选铨曹"，先后出任会稽县丞、庐陵县丞。又擢升广西桂林中卫经历，以母老不赴，致仕林居三十年，享年94岁。在乡期间，金瑶"日惟谈道著述，仿先哲，诱后进，言动遵矩矱，婚丧定仪礼，乡人服从之"。金瑶著有《周礼述注》《六爻原意》《十七史摘奇》等书数百卷，并有《金栗斋先生文集》十一卷存世。所以时人称其"经学拟（郑）康成，行年踰伏生，止足同（陶）元亮，著作并（金）履祥"③。这虽是溢美之词，④ 但也表明金瑶著作等身，于经学有一定造诣。

金瑶除了研究学问、吟咏诗文外，也致力于地方宗族建设，编纂《珰溪金氏族谱》就是他的重要贡献之一。王作霖为《珰溪金氏族谱》所作的后序中写道：

> 桂林卫参军珰溪金君，辞檄师，归林岩。惧宗谱舛遗，无以敦家范、延芳英也。乃群宗人敏者、博者，纪志有体者，搜稽纂构，阅十三载而谱成。⑤

金瑶归林下之后，花费十余年时间潜心纂修族谱。为了搜集资料，金瑶"躬加搜讨"，"间有一疑，遂至于数月不能决者。有一缺略而数时不能补辑者。既绎之心，又询之父老，稽之载籍"。⑥ 在编写族谱过程中，他非常重

① 范涞：《金栗斋先生文集序》，收录于《金栗斋先生文集》，见《续修四库全书·集部》第1342册，第485—488页。"知府郑公"当为明嘉靖朝徽州知府郑玉。嘉靖《徽州府志》卷6《名宦传·郑玉》：郑玉，字子成，福建莆田人，在任期间，"兴教紫阳书院，命训导舒柏课之，拔其隽者时进之郡斋，字而不名或与讲论，夜分送之治门外乃别。尝出行春临文学方玄静之庐，于于忘去。其礼士如此"。
② 万历《休宁县志》卷5《选举志·岁贡》。
③ 万历《休宁县志》卷6《人物志下·文苑》。
④ 《四库全书总目》卷178《集部三十一·别集存目五》评论《金栗斋先生文集》云："文颇有轶宕之致，其阐发经义之作，大抵空言多而实际少，盖其说《易》、说《周礼》，即多以臆断云。"
⑤ 王作霖《珰溪金氏族谱后序》。根据隆庆二年金瑶所作的《珰溪金氏族谱序》，可知族谱始修于嘉靖三十四年（1555），历经14年于隆庆二年（1568）最终完成。王作霖的《后序》作于嘉靖四十五年（1566），如果按照嘉靖三十四年始修的话，当为12年，而不是13年。
⑥ 金瑶：《珰溪金氏族谱序》。

视与先祖宦业有关的敕、诰、牒等公文书。他将这些文书与"先儒名笔"一起编为《哀翰》六卷，"盖将以是为后人进修之助，不徒以征文献为也"①。对于这些文书的来源，金瑶有专门的说明：

> 此册多王言，谱宜载而旧谱②不载。至祥二府君谱③始载。此册祥二府君时，诸玺书犹在。先君尝目见云：篆红如新，浓艳欲流。已巳（正德四年，1509 年）之灾，扬为飞灰。使非此册存，不亦谱中一阙典邪。祥二府君有功于谱，此其大者。故特着之。④

这些文书在祥二府君修谱时，开始加载族谱。当时这些文书原件犹在，金瑶的父亲曾经亲眼所见，"篆红如新，浓艳欲流"。不过，正德四年大火，原件被焚。幸好有祥二府君谱，这些文书得以存世。金瑶照依祥二府君谱，将这些文书收入新谱，构成族谱的重要内容。

二　文书与族谱、方志的关系

《珰溪金氏族谱》卷 12《哀翰一》有《三朝敕制、诰制及历世入官政绩文橄》，收录了与珰溪金氏家族有关的宋代公文书 8 件（其中 3 件仅存题名）、元代公文书 15 件以及明初公文书 2 件。该书卷 15《哀翰四·代金镇抚祭文》还附录了一份元至正五年御史台的呈文，共计公文书 26 件。除 3 件仅存题名的文书及附录的第 26 件文书外，其他 22 件文书均照原样抬头、空格，押印处也一一注明。这些文书不仅有助于分析当时各类公文书的形制及文书制度的变化，而且文书记载的内容与当时的一些重大历史事件有关，为重新认识这些事件提供了新的证据。可以说，《珰溪金氏族谱》所收宋、元、明公文书的发现，极大地丰富了南宋至明初公文书研究

---

① 金瑶：《珰溪金氏族谱》卷 12《哀翰一》。
② "旧谱"是指洪武年间金瑜（韫一府君）编修的族谱。《珰溪金氏族谱·凡例》云："谱内所称旧谱，韫一府君谱也。"
③ 祥二府君即金希宗（1396—1484），珰溪十六世，行祥二，字景望，号琴山，正统五年曾编修族谱。参见金希宗《珰溪金氏族谱序》（《珰溪金氏族谱》旧谱序）及《珰溪金氏族谱》卷 4《叙族二·总管公支》。
④ 金瑶：《珰溪金氏族谱》卷 12《哀翰一》。

的内容。①

　　以下就是珰溪金氏族谱所收公文书的目录：

　　　　宋封补中大武学生千一府君父五府君某职敕命（宝祐二年，1254年，缺）

　　　　宋封补中大武学生千一府君母程氏孺人敕命（宝祐二年，1254年，缺）

　　　　宋封补中大武学生千一府君妻杨氏孺人敕命（宝祐二年，1254年，缺）

　　　　宋授五府君严州司户参军牒（宝祐二年，1254年）

　　　　宋给千一府君省试公据（咸淳四年，1268年）

　　　　宋给千一府君进士年甲公据（咸淳四年，1268年）

　　　　千一府君令状（咸淳九年，1273年）

　　　　元授震一府君镇抚宣命（至元四年，1338年）

　　　　元封震一府君祖母黄氏休宁县太君宣命（至元六年，1340年）

　　　　元封震一府君父江陵路把都儿民户总管府副总管庚三府君男爵宣命（至元六年，1340年）

　　　　元追封震一府君母汪氏休宁县君宣命（至元六年，1340年）

　　　　元拟授麟二府君榷茶副提举咨（至正十三年，1353年）

　　　　元建德路总管府优恤震一府君关（至正十三年，1353年）

　　　　元授麟二府君副提举执照（至正十三年，1353年）

　　　　麟一府君袭职咨（至正十三年，1353年）

　　　　元徽州路总管府举授麟一府君正千户关（至正十四年，1354年）

　　　　元总制都元帅请震一府君还徽州路批（至正十六年，1356年）

　　　　元徽州路总管府请震一府君还本路牒（至正十六年，1356年）

　　　　元建德路总管府催请震一府君还徽州路牒（至正十六年，1356年）

　　　　元徽州路总管府保升震一府君治中牒（至正十六年，1356年）

　　　　元授震一府君治中札付（至正十六年，1356年）

---

① 关于这批文书的详细讨论，参见阿风、张国旺《明隆庆本休宁〈珰溪金氏族谱〉所收宋元明公文书考析》，《中国社会科学院历史研究所集刊》第九集，商务印书馆，2015。

明授贞一府君楚府典仪副敕命（洪武十年，1377 年）

明仁四府君乡试公据（永乐元年，1403 年）

至正五年御史台呈文（至正五年，1345 年）

这些文书涉及珰溪金氏的金革、金南庚、金震祖、金符午、金士贤、金辉等多位先祖，这些人在地方志、族谱中均有记载。通过这些相关人物的事迹，从中可以看出文书与族谱、方志之间的互动关系。

（一） 金革

弘治《徽州府志》卷 6《选举·科第·咸淳四年陈文龙榜》记载："金革，休宁人，右科。"该书卷 8《人物二·宦业·金革》则有珰溪金氏先祖金革的传记：

> 金革，字贵从，休宁珰溪人。咸淳间登武举进士，授武冈新宁簿。廉谨自持，严于抚缉。其地蛮獠杂处，民赖以安。邑有大囚，积久不决。宪使文天祥诿以详谳，一验得实。文嘉叹，欲荐用之，革固辞，退老于家。①

地方志的记载与族谱中收录的第 5、6、7、8 四件文书有密切的关系，例如文书 5 是金革咸淳四年（1268）登武举进士的省试公据：

> 门下中书后省复试所照会到，近准咸淳四年三月日尚书省札子节文：奉
> 圣旨：过省士人并令就本省复试，札付本人。今据兵部解至徽州武举过省士人金革复试，除已于本月二十七日请省官聚厅引试，本人文理合格，须至给据者。
> 右出给岁字号公据，付进士金革收执照应，趁赴
> 御试。
> 咸淳四年四月印日给
> 朝散郎、监察御史、监试陈押

---

① 弘治《徽州府志》卷 8《人物二·宦业·金革》。

奉议郎、试起居舍人兼国史院编修官、实录院检讨刘假

朝请郎、守起居郎兼权直学士院兼国史院编修官、实录院检讨兼侍
讲危押

朝奉郎、守军器监兼权直太史院兼权侍左郎官兼枢密院编修官、暂
兼右司郎官卢押

朝请郎、新除秘书省著作郎兼权侍左郎官兼崇政殿说书章押

朝请大夫、权尚书工部侍郎兼刑部侍郎暂兼权给事中兼权直院冯押

文书 7 则是咸淳四年吏部授官的"印纸":

行在尚书吏部据

敕赐武举进士出身金革状,准告拟补承节郎、差权武冈军新宁县尉
兼主簿,监税,搜捉铜钱下海出界、私铸铜器、伪造会子、钰销钱宝,
系监当资序。

右印纸付本官有合批书事,于所在州依式批书(在京于所属)。

得替或到选缴纳考功。

咸淳六年五月印日守当官张显宗给

新除大常丞兼权侍右郎官王押

新除侍郎方未上①

前一件文书是金革省试合格后,门下中书后省发给的公据,以作为参加
御试(或称殿试)的凭证。后一件文书则是金革就职之前前往礼部本选照
检所得印纸。通过这两件文书可以知道,金革是咸淳四年武科进士,授官武
冈军新宁县尉兼主簿。这也成为弘治《徽州府志》两条有关金革史料来源
的重要凭据。

此外,隆庆刊《珰溪金氏族谱》卷 14《哀翰三·墓志》收录了曹弘斋
(泾)撰的《宋进士成忠郎武冈军新宁县主簿金公墓铭》,其中写道:

———

① 此处有双行小字注:"侍下疑有'左'字。"此处"未上"应当是未就职之意。例如,《宋
史》卷 430《列传》第 189《道学四·黄榦》:"(黄榦)以提举常平、郡太守荐,擢监尚书
六部门,未上,改差通判安丰军。"《宋史》第 36 册,第 12778 页。

武冈隶湖南，去家二千里而迥。新宁在万山间，土广户繁，峒蛮夥处，易以生变。又荒寂，仕者仰职田为俸，计其勺合。谈官况者左之。公曰：世岂有不可为之官，不可理之民……自公至，践言如初，民畏以怀，无变容动色者……邑有大囚，积十六年不决，官吏被罪相踵。宪佥文公天祥选使甚严，以委公。公惩前弊，躬审之，不为疚惕，一验得实。文公阅申嘉叹，遣门士刘大同携书诣公，褒劳甚诚也。①

这段曹弘斋撰写的墓铭，其中提到"邑有大囚，积十六年不决"，"宪使文公天祥选使甚严，以委公……一验得实"；在弘治《徽州府志》中则是"邑有大囚，积久不决。宪使文天祥遴以详谳，一验得实"，从文字上可以看出两个文本之间有着密切的渊源。当然，所谓曹弘斋的墓铭目前仅见于隆庆本的族谱中，尚不能完全认定墓铭早于《徽州府志》。不过，墓铭的记载更为翔实，似乎也非抄自府志。

（二）金震祖

弘治《徽州府志》有珰溪金氏的金子西、金震祖及金符午、金符申祖孙三代四人的传略：

金震祖，字宾旸，珰溪人。父子西，有志略，为江陵路副总管。震祖幼颖悟好学。年十五，受《易》于胡云峯，以奇疾废业数载。走上都，用荐从丞相太师秦王苍剌罕，深入朔漠，屡奏奇功。宣授忠翊校尉、平江十字路万户府镇抚。时元运将终，纪纲渐紊，岁入芦柴三万，议隐三之一焉。震祖曰：欺君辱身，吾不为也。委疾东归。后同僚皆以是获谴。晚号柴扉，避兵石门山中，又寓严陵者。五年（应为至正十五年——笔者），平章三旦八克复徽州，复聘守本郡治中。子符午，字彦忠，号竹洲渔隐，袭受千户。符申，字彦直，号珰溪钓叟，有勇略，以讨贼功授宁国等处榷茶副提举……平章尝奏请旌表金氏忠义之门。符午、符申能诗文，有《竹洲渔隐》、《珰溪钓叟》二集。②

①　金瑶：《珰溪金氏族谱》卷14《哀翰三·墓志》。
②　弘治《徽州府志》卷9《人物三·武功》。金震祖之子金符午撰有《元忠翊校尉十字路万户府镇抚金公（震祖）行状》，见程敏政辑《新安文献志》卷97，明弘治刊本。

地方志记载中的相关内容则主要来自文书 14 至文书 23。

例如文书 14《元拟授麟二府君榷茶副提举①咨》：

> 皇帝圣旨里，江浙等处行中书省：准平章政事三旦八荣禄咨："见遵承
>
> 朝命，剿捕徽、饶等处反贼，近师次建德。云云。议得蕲、黄反逆贼首伪元帅项奴儿等纠集逆徒，鼓煽凶焰，侵越江浙，攻焚省治，残破江东、浙西州县四十余处。似此大恶，罪不胜诛。有休宁县义士金申自备衣财，倡义率众备御，奋身向前，亲获贼首伪元帅项奴儿等解官。论其功绩，难同捕获常盗，理宜优加擢用。及义士汪序、汪子渊，虽是一体获贼，终因金申首先擒获，然后从而加力，拟合量加擢用。开申。得此。详得义士金申虽是擒获反逆贼首伪元帅项奴儿等，缘本贼始因克复广德，大势官军杀散逃窜，到来休宁县，及被本县官典追踪袭捕，众败食尽，力不能支，致被金申率众擒获。若依剿捕反贼事例授与五品流官，即与身先士卒、临阵对敌擒获不同。合将金申量与从七品流官。其汪序、汪子渊从而加力擒获以次贼首伪千户赵普实、伪镇抚蒋普义等六名，量于巡尉内任用。除将金申等委任后项职名，出给执照，令各官即便领职署事，照会宁国等路榷茶提举司及徽州路依上施行。外，据所受文凭，咨请备咨，颁降施行。"准此。本省合行移咨，伏请照详施行。须至咨者：
>
> 　总计获功人三名，拟任下项职名
>
> 　金申拟充宁国等路榷茶提举司副提举，任回，依例流转。
>
> 　汪序拟充徽州路休宁县南岭巡检。
>
> 　汪子渊拟充徽州路歙县王干巡检。
>
> 　右咨
>
> 　中书省伏请照详，谨咨。
>
> 　至正十三年月印日具官某押②

---

① 万历《休宁县志》卷 1《舆地志·沿革》：元世祖至元二十三年丙戌（1286）冬，"徙宁国榷茶司于我县"。又同书卷 8《通考志·古迹》："元，宁国等路榷茶提举司，在县谯楼前正街。"

② 金瑶：《珰溪金氏族谱》卷 12《哀翰一》。

又如文书 17《麟一府君袭职咨》：

皇帝圣旨里，江浙等处行中书省：据平江十字翼万户府申："近准徽州路关：据休宁县申：准忠翊校尉、前镇守平江十字翼万户府镇抚金震祖关该：'会验当职，徽州路休宁县附籍民户。元统三年六月内因为上都唐其势等叛乱，跟随右阿速卫舍住指挥一同随从大师秦王苔剌罕右丞相与剌剌、和尚等对阵相杀。有剌剌等败阵，在逃赴北，当职与舍住指挥跟随马札儿台苔剌罕知院将引官军前往迤北怯鲁伦地面出军，跟趁苔里、剌剌、和尚。昼夜相杀，生擒苔里等，押赴上都。自备财力，多负劳苦。蒙枢密院于至元四年四月十一日阿保秃怯薛第日，延春阁后咸宁殿内有时分，速古儿赤拜拜、必阇赤沙剌班、云都赤脱脱、宝儿赤怯薛官人笃怜帖木儿、殿中教化、给事中当道驴、亦思剌瓦僧吉等有来，本院官马札儿台苔剌罕知院、哈八儿委大尉知院、泼皮知院、福定知院、只延不花同知、阿鲁灰帖木儿同知、只儿骇副枢、当僧同签、阿剌不化参议、阿鲁灰经历、定住都事、客省副使兀奴罕、教化、蒙古必阇赤太平、也先等奏，交金震祖于江浙行省所辖十字路万户府镇抚赵衍致仕阙里，就带前官牌面做镇抚。委付呵，奉

圣旨：那般者。钦此。当日交付火者秃满迭儿

大皇大后根底启呵。奉

懿旨：那般者。敬此。除钦遵外，当年八月十二日钦受

宣命，授忠翊校尉、平江十字翼万户府镇抚。依奉上司照会，已于至元五年四月初三日到平江路十字翼万户府镇抚所之任请俸勾当。至元六年二月二十六日，奉省堂钧旨，仰本职立便赴省，有事委用。奉此。行至杭州听候间，痔疮举发，关请医治不痊，已成废疾，不胜任职。亲出三男。长男金午，正室张氏亲生嫡长儿男，见年二十岁，年当少壮，弓马熟闲，并无癈疾，不犯十恶、奸盗过名，合令依例承替本职管军勾当。'今将原受

宣命抄连似本在前，关请备申上司施行。准此。据十一都里正金南翁、主首朱伯振、房亲金复祖、社长金公辅、邻佑金伯三等保结相同，当官令彩画宗支图本，依例相视。金午年壮无病，弓马熟闲，堪以管军，保结申讫照详。得此。行据蒙古字学申：教授宋不花辨验

宣命，别无诈伪。所据金震祖原签籍本路，于至正十二年四月十二日被反贼残破城池，文卷烧毁，无凭揭照。为此，本路今将前事备申，定夺施行。准此。照得金震祖患病作缺，令男金午承替，未经照勘，似难凭准。行下镇抚所，照勘相同。得此。府司今将徽州路并本府保勘事件用日字二号半印勘合书填前去开坐，申讫施行。得此。移准刑房付：近因贼人突入杭城，烧毁省治，卷册不存，无凭查照。至正十二年七月以后至今，本人别无到房过名，替人金午亦无经犯十恶、奸盗等罪，移付照验。"准此。送据左右司呈：令蒙古必阇赤普颜辨凭无伪，本省今用神字十号半印勘合书填，抄连所受文凭、宗支图本籍面在前开坐，合行移咨，请照详定夺施行。

右咨

枢密院

至正十三年月日具官押

神字十号①

对比文书与地方志，可以看出地方志关于金震祖的事迹出要来自文书的记载。此外，隆庆刊《琦溪金氏族谱》卷8《征贤》中有《元徽州路总管府添设治中柴扉公事徊》，也就是金震祖的传略，则明确了相关事迹的来源。

公讳震祖，字宾旸，号柴扉。幼从定宇陈先生学，比长，受易于胡云峯（出《新安学系录》全文，见《存述》）。尝因讲学，居宿于外。若有妖祟逼床帏，公叱之，忽失声数载不治。一夕梦一羽衣谓曰："子疾非世剂可疗，吾以还丹相遗，可拜服之，乃长唫三十六年，如梦觉百千万里，得官归"之句而去。既觉，举身流汗，神爽而声清矣。至元元年，公年三十七，乃思梦中之句，游上都，识者深加器重，荐之太史院（出《行状》全文，见《存述》《新安文献志》摘下）。时左丞相唐其势等谋不轨，公与右阿速卫指挥舍住随右丞相、太师荅剌罕掩捕其势，诛之。和尚剌剌等战败北奔。公与舍住复随知院马扎儿台答剌罕追

---

① 金瑶：《琦溪金氏族谱》卷12《哀翰一》。

及刺刺答里于怯鲁伦战一昼夜，生擒答里等押赴上都。答里其势从父刺刺其党也，至元四年四月论功，七月授公忠翊校尉、平江十字路万户府镇抚。至元五年四月之任（出《学系录》及《麟一府君袭职咨》，《咨》见《哀翰》）。勤于职事，正身率物。时元运蹶，纪纲渐紊，府误岁应入芦柴三万，当事者议隐，其一公俛首不言，退而叹曰："知进退存亡而不失其正者，其惟圣人乎。欺君卖友，皆所不能。"即有去志。至元六年二月，省堂有旨，召用公，行至杭州，告病归（出《行状》）。是年冬，朝廷以大庆覃恩父承事郎江陵路把都儿民户总管府副总管庚三府君封武略将军、江浙等处行中书省副都镇抚、飞骑尉、休宁县男。母汪氏追封休宁县君，谕葬。妻胡氏追封休宁县君，谕葬。祖母黄氏以公继室张氏让封休宁县太君（各有《宣命》，全文见《哀翰》）。至正十一年秋，蕲黄盗起，十二年二月，破江州，掠南康、鄱阳。四月，由婺源犯我县（出《县志》）。公时家居已十年，一闻盗起，即发乡丁从县守亭障。募间远行觇盗虚实（《篁墩文集》，元吴万户与程北山诗跋称元季之乱，公与万户皆以知兵受荐，分道捍御，未知何据，审尔当在是时）。知事不可为，乃遣长子午挈家累晦迹于杭，独与仲子申驻石门山中。盗攻陷郡邑，残虐逾甚。独不得公所在。盗帅项奴儿势尤猖獗，即盗中呼项明威。既对人自言名奴儿，残戮邑四十余所者也。奴儿至我县，遣其徒索金镇抚甚急。公不为动，从奴儿来有孙哲者，收兵邑南里中，为里人吴相言家实残于盗，所以不死者，欲得其当为父报仇耳。相入其言，以告所善。同邑诸故名家子弟及歙邑大姓得壮士可二千人逆贼于郡西七里溪，战败，诸子弟壮士歼焉。相、哲皆死之。始相有谋告人曰，金镇抚许我千夫矣，故从之者众。时事起仓卒，公初不知也，奴儿于是益自猖獗，遂尔长驱（出赵东山《赠金彦真授官序》，全文见《存述》）。七月，午在杭，浙东道宣尉使司同知副都元帅八尔思不花领兵随本省右平章政光禄教化克复杭州路治。午备鞍马愿随大军征进。十月至独松关，大军与贼对敌连日，午身先士卒，攻破独松关，克复安吉县治（出《麟一府君授千户保章》，全文见《哀翰》）。是月某日，奴儿众溃，于广德间道来奔，公募民义潘社二等若干人，令申率之，授以方略。至十三都生擒渠魁伪元帅项奴儿、伪千户赵普实、伪镇抚蒋普义等献辕门，主将夺其攻，以畀所私。公不辨。不旬日，贼复攻陷我郡邑，求执项奴儿者甘心焉。即公乡里，杀公亲弟谦，从兄祖寿（查谱，逸此人）民义火佃宁童、宋福等一百余人，烧毁房屋二百余间，公因转驻遂安，随改于建德城中（杂出《授提举序》《拟授提举咨》《建德路优恤关咨关》，全文见《哀翰》）。十二月，午随八尔思不花进兵昱岭，至大佛桥，午杀贼二人，至深渡，杀贼一人，割获首级解官，不愿受赏。是月二十某日，午随军克复徽州路（《授千户保章》）。至正十三年二月，本省左平章政事荣禄三旦八引火兵至，檄召公及申，公与申复随荣禄，午乡导徽州路泰翼路万户府万户赵德昊军马为前驱，共克复休宁县治（《优恤关》《授千户关》）。荣禄按失守之罪，始得贼仇公事迹，复以功归公父子。据剿捕反贼例应授申以五品流官，但以其非临阵对敌因而擒获，乃降授七品宁国路榷茶副提举。公犹请辞再三，荣禄嘉之达于朝，奉诏命八尔思不花及徽州路总管府郑传翼旌表金氏忠义之门（《授提举序》《拟授提举咨》《行状》）。不花时兼领徽州路泰翼万户府事（《授千户保章》）。某月，公以疾告授镇抚职荫（《袭职咨》）。至正十四年某月，不花叙公荫男午前后功绩，保升午常熟千户所正千户（《授千户保章》）。公得授，以余寇未平，惧有前日之变，仍留建德不敢归。至正十六年五月，郑传翼关建德路及总制官浙东道宣慰使司都元帅遣徽州路经历拜住，并诣建德，请公还徽州路防余寇也。公辞，传翼因保公为徽州路添设治中，意以动公也。七月，都元帅府札付公领职。公固辞（有牒文、札付，全文见《哀翰》）。至正十七年天兵取徽州路，自是贼党渐平，公乃还我邑，即其居之汪源虎跑谷，引泉为池，依严为屋，扁曰"樵隐"。纶巾藜杖，日逍遥于烟霞缈缥间，以终身焉（《行状》）。此公履历之大端也。公之在建德也，我县尝奉诏优恤，今其文不传（《优恤关》）。建德路之恤公也，其词云：验功给赏，须明效用之劳……庶少章于令德（以上全文见《哀翰》）。此数言者，皆足以验公为人之实。《记》曰："捍大患则祀之。"夫以公之功德，在人不得庙祀，已非人情，矧无乡贤乎。公之问学（在《新安学系录》，出处在《行状》及诸先儒序文），功绩才略，在郡县志及各荐章，拟之勋贤诸公，似为无愧。而作志者顾以"武功"当之，盖公生当胜国溃洞之秋，而大明御宇天造草昧比及清明世远而人亡矣。何怪乎其不能识公也。但事迹在方册，不容尽灭，而天理之在人心，难以终泯，公之子孙卒未有能举其事而直之者，予故表之，以俟。①

从上文可以看出金震祖传略主要来自《珰溪金氏族谱·衰翰》中所收文书，还有一些文集、方志等。可以说，珰溪金氏宋元及明初先祖的诸多事迹，主要是通过这些文书彰显于后世。故金瑶说："事迹在方册，不容尽灭，而天理之在人心，难以终泯。"

三　从文书到方志

赵汸《赠金彦直授官序》一文提到了这样一个故事。至正十二年（1352），"蕲黄盗乱"发生时，金震祖"发乡丁从县令守亭障"。当发现事不可为时，一方面，"乃遣其二子，托于远山"；另一方面，"独与中子（金符）申微服怀入官符牒与推恩宣命"避难。② 战乱之际，金震祖首先考虑到的是符牒与宣命的安全，珰溪金氏对于这些文书的重视可见一斑。

明初洪武十年（1377），朱升之子朱同为徽州府教授，主持续修《新安志》。③ 续修的《新安志》未记有珰溪金氏诸多先祖事迹，引起珰溪金氏一族的不满。洪武年间编纂族谱的金瑜（彦瑾）曾撰文批评朱同的行为：

> 翰林侍讲学士隆隐朱先生祖居回溪，寓居石门。子大同为府教授时，得续《新安志》。同不念先世回溪朱氏与吾金氏有连，又不思厥考自幼从师讲读，出吾一经堂④下，故将吾家先德湮没不传，高祖主簿公咸淳戊辰右科进士，不列于进士题名记。伯祖总管公以子勋宣封飞骑尉、休宁县男，不列于封建班爵类。又厥考撰吾祖宣使公墓志，信遗殷

---

① 金瑶：《珰溪金氏族谱》卷8《征贤》。
② 金彦忠：《元忠翊校尉十字路万户府镇抚金公行状·附》，程敏政辑《新安文献志》卷97。
③ 朱同修《新安志》仅存佚文。关于朱同编修的《新安志》，参见蒲显霞《〈朱同新安志〉的价值及其利用》，《徽学》第7卷，安徽大学出版社，2010，第211—219页。
④ 一经堂是珰溪金氏的书馆。胡一桂：《一经堂记》（《珰溪金氏族谱》卷13《衰翰二·记》）载："海宁桐冈金君筑室储书，延师教子若孙，扁其堂曰'一经'。"

勤，索之终不肯与……盖志，一郡之史也。务在据事实书。无其事而书之，固非也。有其事而不书，尤非也……韩子有言：善恶随人所见，憎爱不同，凿空构立，传后世者，不有人祸，必有天刑。岂可不畏惧也……大同于吾家相知之深，且如此，其他纪而传者，后必有公论在焉。因有所感，遂为之记，以俟他时秉笔立言之君子再续郡乘者览之，幸无蹈前辙也。①

珰溪金氏与回溪朱氏为世交，而朱同之父朱升又自幼在珰溪金氏的书馆——一经堂"从师讲读"，与金氏相交甚深。但朱同主持续修《新安志》时，却不列珰溪金氏诸多先祖事迹，使金氏"先德湮没不传"。同时，珰溪金氏多次写信给朱同，索取其父朱升为金南召（宣使公）撰写的墓志，朱同也不肯交出。金瑜对此非常愤怒，他认为府志乃是"一郡之史"，"有其事而不书，尤非也"。他引韩愈所言，认为朱同这种"凿空构立"的修史行为，"不有人祸，必有天刑"。②故撰文以记之，期望后世自有公论。

虽然由于朱同的原因，洪武《新安志》未能开列珰溪金氏先祖事迹，但珰溪金氏也开始寻求将这些文书刊刻成书，以存永久。正统五年，金希宗修族谱，始将这些与先祖有关的符牒、宣命等文书刊刻入谱。也正是经过珰溪金氏不断地努力，到了弘治年间徽州府修府志时，金革始被列入"进士题名记下"。嘉靖年间重修府志，金南庚也列入"休宁县男爵下"③。在时人看来，家谱乃是私籍，而方志则为公籍，为"郡邑之信史"，故而"志不载，谱虽实，何以示信"④。正是因为珰溪金氏家族重视保存先祖的符牒、宣命等公文，虽历经宋元、元明两次鼎革之乱，先祖的事迹仍得以留传下来，到了明代中期，其先祖事迹收入府县志，遂成"信史"。可以说，如果没有这批文书，珰溪金氏先祖的事迹也将湮没不闻。

① 金彦瑾：《珰溪金氏逸事记》，金瑶纂修《珰溪金氏族谱》卷13《哀翰二·记》。
② 洪武十五年（1382）三月，朱同以吏部司封员外郎官升任礼部试侍郎（《明太祖实录》卷143，第2253页），但不久"坐事死"（《明史》卷136《朱升传》，第3930页）。
③ 金瑶在金彦瑾《珰溪金氏逸事记》文后附注曰："旧郡志已列主簿公于进士题名记下（见于弘治《徽州府志》卷6《选举·科第》），新郡志又列总管公于休宁县男爵下（嘉靖《徽州府志》卷21《封建》），足以慰金九原之思。"
④ 金瑶：《珰溪金氏族谱》卷9《录仕》。

金瑶在编修族谱时，不仅重视搜集符牒、文檄等公文，而且也重视搜集登记祖先墓产的产业簿。《珰溪金氏族谱·凡例》中提到，洪武年间编修旧谱时，"先世诸祖墓经理、亩步、字号、四至"等内容多出自元代珰溪金氏的墓产簿——《桐竹簿》，而金瑶编修族谱时，又找到了两册与洲阳金氏共享的宋代墓产簿——《乌皮簿》（原六册），他比对宋、元两种产簿，"凡二册有载者，并入之，以备参考"。

也正是珰溪金氏一族对于这些先祖文书的重视，使得这批材料得以留存下来，为当时地方志与族谱的编纂提供了可信的素材，也为今天复原珰溪金氏的家族史，了解徽州地方的历史，了解宋、元、明三代中国历史的诸多问题，提供了很多新的、重要的依据。

从同姓到同宗：宋明吉安地区的宗族实践

黄志繁*

一 讨论的问题

关于中国宗族的研究，学术界已经达到了相当高的水准。可以说，学术界已经基本超越了功能主义的倾向，而着眼于从中国社会制度和历史发展的实际出发来认识宗族问题。科大卫和刘志伟认为，宗族的发展实践，是宋明理学家利用文字的表达，改变国家礼仪，在地方上推行教化，建立起正统性的国家秩序的过程和结果。[1] 然而，或因现有的宗族研究成果相对集中于广东、福建、香港和台湾等东南沿海地区的缘故，学术界对明清以来宗族组织的发展历程研究虽然已经相当深入，但对宋至明初宗族组织的演变并没有很清晰的描述，从而导致对宋明宗族组织的实践和具体运作缺乏深入了解。根据钱杭的研究，无论是上古经典文献，还是后来宗族的实践活动都表明，宗族是"父系单系世系""建构"的产物，而不是"血缘"关系自然延伸的产物。[2] 不过，钱杭的研究并没有涉及宋明时期宗族建构的过程。实际上，从宋代到明代宗族组织的发展，最为核心的当是"宗法伦理庶民化"，即宋

* 黄志繁，南昌大学人文学院历史学系。

[1] 科大卫、刘志伟：《宗族与地方社会的国家认同：明清华南地区宗族发展的意识形态基础》，《历史研究》2000 年第 3 期。

[2] 钱杭：《宗族建构过程中的血缘和世系》，《历史研究》2009 年第 4 期。

明理学家突破宗法的限制，突破祭祀祖先的代数，从而使宗族组织建立有了理论上的依据。① 然而，从宗法伦理理论上的突破到宗族实践并非一蹴而就，还有很长的道路要走。②

迄今为止，关于宋明地区宗族组织发展的研究，仍有一个关键问题尚未厘清，即从宋到明宗族组织是以何种方式组织起来的。正如前引钱杭论文所指出的，宗族组织是"世系建构"的产物，不是血缘发展的结果，那么，一群有着同样姓氏的人，是如何"建构"起他们的宗族组织呢？贺喜从对北宋大儒欧阳修所编《欧阳氏谱图》流变的考察入手，非常精彩地展现了不同地域的欧阳氏后人，通过不同层次的迁移传说，和图谱建立联系，并建立实体性宗族的过程。在贺喜看来，宗族起初只是一个概念，或理想，后来混合了地方经济，就成了实体化的宗族。③ 然而，即使如此，我们依然可以追问，宋明时期的地方宗族实践者是如何突破宗法伦理的代数限制，而在实际生活中"创造"出一个宗族组织来的。④ 一个明显的事实是，在朱熹的理论中，家庙祭祀只能由己上溯到高祖，而只祭祀五代是显然无法建构起一定规模的宗族组织的。因此，从理论或概念化的宗族到实体化的宗族，在实践中除了贺喜所指出的认同共同的宗族图谱和经济因素之外，应该还有若干世系的组织原则需要确认和运用。

江西吉安地区，自宋以来就经济发达、人文繁荣，宗法理论的实践也比较早。早在北宋，欧阳修就在他的家乡永丰修撰了家谱，为吉安地区的宗族实践活动做出了表率。宋明时期，吉安地区的修谱和建祠等宗族实践活动比较频繁，特别是修谱活动，蔚然成风，至今留下了大量的谱序和谱论，为我们研究宋明吉安地区的宗族实践活动提供了较好的基础史料。本文即拟对宋明吉安地区的宗族实践展开研究，并由此讨论宋明宗族组织演变的相关理论问题。

---

① 郑振满：《明清福建家族组织与社会变迁》，福建教育出版社，1990；前引科大卫、刘志伟文也对此有清晰的论证。

② 郑振满、刘志伟、常建华等人对此做出了努力，参见郑振满《莆田平原的宗族与宗教——福建兴化府历代碑铭解析》，《历史人类学学刊》2006年第1期；刘志伟《乡豪历史到士人记忆：由黄佐自叙先行状看明代地方势力的转变》，《历史研究》2006年第6期；常建华《明代宗族研究》，上海人民出版社，2005，第360—398页。

③ 贺喜：《〈欧阳氏谱图〉的流变与地方宗族的实体化》，台湾《新史学》2016年冬季卷。

④ David Faure, "The Lineage as a Cultural Invention: The Case of the Pearl River Delta," *Modern China*, Vol. 15, No. 1 (Jan., 1989): 4–36.

二　同姓而不同宗：宋代吉安欧阳氏的修谱活动

北宋皇祐四年（1052），在外为官多年的欧阳修带着母亲的灵柩回到了家乡永丰，在将母亲与父亲合葬在家乡凤凰山泷冈之后，他撰写了著名的《泷冈阡表》。北宋熙宁三年（1070），欧阳修在青州太守任上，将《泷冈阡表》碑立于父母亲安葬地不远的道观西阳宫中，碑石正面刻《泷冈阡表》，背面刻《欧阳氏世系表》。在《泷冈阡表》中，他表达了修《欧阳氏世系表》的缘由："呜呼！为善无不报，而迟速有时，此理之常也！惟我祖考，积善成德，宜享其隆，虽不克有于其躬，而赐爵受封，显荣褒大，实有三朝之锡命，是足以表见于后世，而庇赖其子孙矣！"① 可见，他修《欧阳氏世系表》的目的，不在于修撰一个完整的欧阳氏族谱，而是通过修撰世系，彰显其父亲的善德，使其能庇佑后世。所以，不难理解，虽然欧阳修所修的《欧阳氏世系表》对后世影响巨大，但是，从族谱修撰的角度来看，并不严谨，甚至有很多错漏。②

很多年后，南宋吉安地方大儒欧阳守道就委婉地批评欧阳修所修世系存在问题："予欧阳氏家吉州自唐中世刺史府君始，大约距今五百余年。子孙散居诸邑，或徙他州，不可尽考。姑以见居而未徙者言之，户不啻百计，丁不啻千计矣，其间最著仅文忠公一人，自刺史府君视子孙，可谓最著者之少也。族谱非最著者，其谁宜为？宜乎公之为之也！然公谱未广，又颇有误……文忠公游宦四方，归乡之日无几，其修谱又不暇咨于族人，是以虽数世之近，直下之派，而屡有失亡。"③ 在欧阳守道看来，欧阳修是庐陵地区欧阳氏最为著名的人物，族谱理应由他来进行，但是，欧阳修公务繁忙，在家乡的时间太少，所以，所修世系即使离他最近的世系都"屡有失亡"。族谱修撰不严谨导致的后果就是，虽然同为庐陵欧阳氏，但各派系之间都有自

---

① 欧阳修：《泷冈阡表》，《欧阳文忠公集》卷25，《景印文渊阁四库全书》第1102册，台湾商务印书馆，1986，第202页。

② 《欧阳氏世系表》有多种版本传世，前引贺喜文已经进行了详细的比对，根据她的比对，石本和刻本虽然有很多不同，但世系基本相同。

③ 欧阳守道：《书欧阳氏族谱》，《巽斋文集》卷19，《景印文渊阁四库全书》第1183册，台湾商务印书馆，1986，第664—665页。

己的族谱，且互相之间族谱世系并不吻合。欧阳守道继续说道："予前后所见同姓诸谱，但在庐陵诸邑者已六七本，各巨帙细书。至邻郡清江、宜春、长沙同姓亦各有谱，往往出以相示，参较上世，率不相合，皆无一本略同者，此不可晓也。安得遍与诸家借聚，与民先细订之乎！姑识此以俟他日。"① 可见，欧阳修所修之世系并没有起到统一各地欧阳氏世系的作用，到了南宋末年，吉安地区的欧阳氏之间各自修撰自己的家谱，并无统一的世系。所以，不难理解，欧阳守道并不认为他与欧阳修有共同的世系，而庐陵称为"欧乡"也和欧阳修没有关系。② 可见，虽然欧阳修所修的世系成为后世欧阳氏建构的基础，但是，至少到南宋末年，遍布吉安地区大大小小的欧阳姓，并没有共同认可的世系。严格地说，吉安欧阳氏只是一群一群的同姓团体，并没有整合成一个宗族。

欧阳氏的情况并非个案。明初解缙回忆杨万里家族时说："杨氏既多，所至迭盛。予尝观其阇乡谱、大同谱、四院谱、龙图谱、靖共两院谱、蜀中院谱、渡江院谱、浙院谱、浦城谱、吉水杨庄谱、上径谱、湴塘谱、小南江谱、今翰林杨公士奇所辑泰和谱。何其随寓而盛也！龙图已上不待言矣！其曰'靖共'者，长安坊名，其在唐元和长庆间一院不下数十百口，族长堂前有木榻，朝退问安，掷笏其上，堆积明旦乱取以去，俸钱所入，至逾百万，禄仕之盛，古未有也。"③

从解缙的描述中可以看出，即使到了明初，吉安杨氏共有 14 种之多，并无统一的世系，各自有各自的谱系，从世系上看，还远远达不到整合成一个宗族的要求。有些谱，例如靖共谱，更多的还是在追忆唐时的繁盛，向往大家族族人大多出仕为官的盛况。联系欧阳氏和杨氏的情况，我们可以看出，宋代到明代初年，吉安各大家族虽然有建立宗族的愿望，但是，他们更多的是向往魏晋隋唐以来世家大族的荣光，这些同姓团体和明中期以后南方地区普遍出现的宗族组织还有很大的差距。常建华系统地考察了明代吉安地区宗族组织的发展和理论基础后，提出了"故家论"，认为明初以杨士奇为

---

① 欧阳守道：《书欧阳氏族谱》，《巽斋文集》卷 19，《景印文渊阁四库全书》第 1183 册，第 665 页。

② 贺喜：《〈欧阳氏谱图〉的流变与地方宗族的实体化》，台湾《新史学》2016 年冬季卷。

③ 解缙：《泰和杨氏族谱序》，《文毅集》卷 8，《景印文渊阁四库全书》第 1236 册，台湾商务印书馆，1986，第 714—715 页。

代表的吉安士大夫将修谱的实质定位于延续魏晋以来"故家"传统，正是基于这一史实做出的判断。①

实际上，北宋时人大多认为，大宗谱法很难继续，唯有"以五代为限，五世则迁"的小宗谱法可以修撰。② 欧阳修在修完家族的《欧阳氏谱图》后曾经对此进行过详细阐述："谱图之法，断自可见之世，即为高祖，下至五世玄孙而别自为世。如此，世久子孙多，则官爵功行载于谱者不胜其繁。宜以远近亲疏为别，凡远者、疏者略之，近者、亲者详之，此人情之常也。玄孙既别自为世，则各详其亲，各系其所出。是详者不繁，而略者不遗也。"③从他的论述可以看出，他并不认为族谱修撰可以无限制地追溯远祖，不断地扩大规模，而是应严格区分亲疏，以上自高祖、下自玄孙为核心纂修。因为一个人最多有可能活着见到自己的高祖，即上延五世，同理下延五世，到了玄孙辈则应"别自为世"。另一位族谱大家苏洵也表达了类似的观点。他说："凡今天下之人，惟天子之子与始为大夫者，而后可以为大宗，其余则否。独小宗之法，犹可施于天下。故为族谱，其法皆从小宗。"④ 苏洵与欧阳修所修族谱对后世影响很大，所谓"欧体""苏体"成为后世修谱的两种重要的体例。⑤ 但是，他们都基本恪守"小宗之法"的宗法伦理原则，不对宗族世系做无限制的扩展。在这种理论指导下，不难理解，宋代吉安欧阳家族为什么无法统一世系，成为严格意义上的宗族了。

不过，在具体实践中，过于苟守小宗之法，显然无法适应家族人口扩张的需求。特别是在宋代的江西，大家族特别多，小宗之法的局限性太明显了，上述欧阳守道就说庐陵欧阳氏"户不啻百计，丁不啻千计矣"。实际上，正是由于地方社会实践中"小宗之法"的局限过于明显，欧阳修在自己所撰写的世系中，已悄悄突破了上追五世的限制，而是追溯到了九世，即从欧阳万至他自身。在

---

① 常建华：《明代宗族研究》，第 360—398 页。
② 钱杭：《中国古代的世系学》，《历史研究》2001 年第 6 期。
③ 欧阳修：《欧阳氏谱图序》（集本），《欧阳文忠公集》卷 21，《四部丛刊初编》第 49—50 册，台湾商务印书馆，1967，第 532 页。
④ 苏洵：《族谱后录上篇》，《嘉祐集》卷 14，《景印文渊阁四库全书》第 1104 册，台湾商务印书馆，1986，第 951 页。
⑤ 相比之下，"欧体"影响更为深远一些。欧阳修开创了宋代的士风、文风和学风，是宋代士大夫的"人格典范"，也是"欧体"风靡天下的重要原因，参见范卫平《欧阳修理性人格及其对现代人格建构的启示》，《南昌大学学报》2013 年第 1 期。

他上述的谱论中，他也没有明确指出要限制其世系上追五世，而只是强调了以五世为核心的原则，这应是对现实的一种变通。但是，无论如何，宋代的吉安地区虽然存在许多同姓大家族，但他们各自为阵，有各自的谱系，没有形成统一的世系，他们最多是同姓，而不是同宗，这是不争的事实。

三　同姓而同宗：忠节杨氏的世系建构

杨万里家族是吉安地区另一具有重要影响的大家族，其家族因出了南宋末年坚守建康城而英勇就义的"忠襄公"杨邦乂和以文章节义闻名于世的"文节公"杨万里而被称为"忠节杨"。

关于杨氏宋代宗族史料，目前能找到的只有嘉庆二年（1797）刻印的《忠节杨氏人文纪略》的两篇文献。① 一篇为宋徽宗宣和五年（1123）杨存所作，一篇为宋宁宗庆元五年（1198）杨万里所作。

杨存所作的《杨氏流芳谱系序》摘录如下：

> 文友生辂，仕江南李氏，始迁庐陵，初为虞部侍郎出知吉州刺史，因家居庐陵郡，今为杨氏一世祖。辂生二子，曰锐曰铤。锐生宏嗣，宏嗣生二子。曰延安为上径高祖，曰延规为庄（？）中高祖。铤生宏徹。宏辙生二子。曰延宗为澉塘高祖；曰延邦为江南高祖，谓之江南，即吴里小江之南，是为本族高祖。延邦生子七人。曰戬为曾祖。戬生五子，曰伦为祖。伦生二子曰郊为考。考生三子。长曰布季，次曰本次，即存也。二世祖铤为海昏令，即今建昌县。三世祖宏徹有墓在东冈山落水塘。高、曾、祖、考先茔咸在，岁圮不替。自辂始迁，子孙世为庐陵儒行士族，继有显者。元祐间改为吉水中鹄乡人也。存重念杨氏绵远，中间分为四族，图以示来者，庶知源流不紊也。其详载家谱。
>
> 宋徽宗宣和五年七月中元孙朝请大夫通判洪州主管神霄□清□□□□□□□□田事存谨序②

---

① 该文献为笔者在吉水县澉塘杨万里故居考察时所获得。

② 杨存：《杨氏流芳谱系序》，《忠节杨氏人文纪略》卷1《谱序》，嘉庆二年（1797）刻本，第1页。

　　杨存曾担任过洪州通判，后被封为"中奉大夫"，其事迹载入《吉水县志·名宦》中，历史上应真有其人。从《忠节杨氏人文纪略》后面的相关记述来看，这篇谱序无疑是杨氏宗族里程碑式的作品。其重要意义在于，确立了杨辂为庐陵始祖，并从杨辂往下，排列出了完整的世系，使原本散处吉水各地的杨氏宗族有了共同的谱系。更重要的是，杨存还为杨氏的世系制作了图，使其世系更为清晰。这一世系如图1所示。

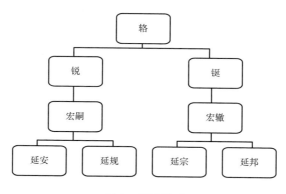

图1　杨氏世系

　　至"延"字辈，共分为"四族"，分别为上径、杨庄、江南、涩塘四支。

　　后来杨氏历修族谱均大致照抄杨存排列出来的祖先系谱，正如乾隆四十九年（1784）杨氏族谱序所言："是吾族虽本源侍郎，而支流则始盛于四世，故八世中奉公起而谱其世次，此吾族之有谱所自也。"[1]"中奉公"即杨存，可见到了清代，杨氏族人认为他们宗族族谱世系是杨存所编定的。

　　与杨存的序相比，杨万里的序显得比较谨慎。今摘录其序文如下：

　　　　辂之二子锐、铤居庐陵城中。其居杨家庄，自锐徙也，今延安、延规之子孙，其后也；居涩塘者，自铤徙也，今延宗、延邦之子孙，其后也。二族自国朝以来至于今，第进士者十有三人。杨庄居其九，曰丕、曰纯师、曰安平、曰求、曰同、曰邦义、曰迈、曰炎正、曰梦信；涩塘居其四，曰存、曰杞、曰辅世、曰万里。盖杨氏自太尉伯起以来，大抵

① 杨嘉谟：《续忠节总谱记》，《忠节杨氏人文纪略》卷1《谱序》，第16页。

以忠孝文学相传。而近世卓然冠吾族者，忠襄公也。公之死节，余既为之行状，上之史官，已有传矣。而十三人者，公父子及其二孙，凡一家而四人焉……其《唐表序》、《吕夏卿大同谱序》、《中奉府君族系图序》，今列篇首，俾来者有所稽焉。

　　宋宁宗庆元五年己未六月一日孙通奉大夫宝文阁侍制致仕万里谨序①

与杨存的序相比，杨万里的序最为明显的变化是，杨存序中的"四族"变成了"二族"，即直接将锐和铤作为杨庄和澾塘的始祖，而不是从"延"字辈算起。但杨万里序文的重点似乎不在祖先世系，而重在强调杨氏人文兴盛，对祖先源流和世系的记载也比较慎重，申明把"《唐表序》、《吕夏卿大同谱序》、《中奉府君族系图序》"放在族谱前面，希望将来有所考证。其中《中奉府君族系图序》即杨存宣和五年所作的族图，表明作者对杨存所列的世系是有疑问的。尽管杨万里无心考订家族世系，但他无意中把杨辂在吉水的分支由"四族"变成"二族"的说法，却对后世影响很大，后来的杨氏族谱基本上都延续了这种说法。

我们无法判定两篇序文的真假，杨万里的序也不见于他的《诚斋集》。但我们可以判定，这两篇序至少应为明初或以前的作品。明初，吉水名人解缙曾为泰和杨氏作过长篇序言，中间对杨万里的序有大段引用。解缙的序载入他的文集，真实性比较高。解缙《泰和杨氏族谱序》中首先指出明初杨氏家族分支较多，谱牒也比较混乱，而且，没有共同的世系，所以，解缙花了很多篇幅考证他们的始祖杨辂。解缙的序对杨氏家族最大的贡献在于，他成功地考证了杨氏的始祖杨辂不是如杨万里等人所认为的南唐李氏时期定居庐陵，而是后吴（即五代杨行密所建吴国）时期定居庐陵。他这一观点被后来历修族谱所采用。②

真正将杨氏纷繁复杂的世系统一起来的是宣德年间担任广西副宪的杨琩，他在宣德八年（1433）主持重修了族谱，并在序文中记述了经过。他

---

① 杨万里：《重修杨氏谱序》，《忠节杨氏人文纪略》卷1《谱序》，第2—3页。
② 解缙：《泰和杨氏族谱序》，《文毅集》卷8，《景印文渊阁四库全书》第1236册，台湾商务印书馆，1986，第714—715页。

在序文中说，在他修谱之前，杨氏族人杨义方已经修订了杨氏族谱，这个族谱虽然被杨瑒认为比较"欠考索"，但影响却极大，"诸本皆因之"，因此，杨瑒才下定决心在繁忙的行政事务之中进行重新修订。毫无疑问，杨瑒这次修谱，所采用的世系是从"中奉公"杨存到解缙所反复考订的世系。杨瑒是在族中存在的各种版本族谱基础上进行的修订和考证，有疑问的地方则仍其旧，存疑待后人来解决。杨瑒还强调了职业正当（儒、农）方可入谱，如果行为有辱先德，则将其除名，即所谓"为儒、农者皆详注其派；如有失身玷先德，则黜而弗录"①。

可以想象，杨瑒修订族谱的根本目的就是要统一"忠节杨"氏的世系，将所有的杨氏族谱统一成一个大家认可的官方版本。至此，自南宋开始陆续进行努力的"忠节杨"氏世系终于正式统一。值得注意的是，根据道光《吉水县志》记载，杨瑒是"忠襄公之后"②，即不是涩塘杨氏，而是杨庄杨氏，所以，可以想象，他组织在涩塘进行的修祠和修谱活动，应该包括了两支杨氏。正如下文所说，经过他的努力，杨氏有了统一的世系、祠堂和族谱，这两支杨氏的宗族建设应该说基本完成了，所谓"忠节杨"也就成了世系完整且统一的宗族了。

几乎同时，与吉水相邻的泰和县的另一位在地方社会上有重要影响的人物杨士奇，成功地将自身家族与吉水杨辂家族联系在一起。杨士奇在为其家谱作序时有比较清楚的解释："文友生辂，来居庐陵郡中，则庐陵杨氏始祖也。庐陵府君二子，锐徙吉水杨家庄，铤徙吉水涩塘。锐之孙延安又徙上径，延安孙允素始徙泰和，则泰和杨氏始祖也。泰和杨氏族故有谱刻石置县西延真观，元季观毁于兵，石坏刻本亡逸，士奇求之廿余年不得。近得族父与芳翁寄示所修《谱图》一帙，其间传系失于接续者，亦多矣。窃惧其益久而益废也，乃本《谱图》所载，准欧阳氏五世以下别自为世之法，而统录之。其传系失于接续者，皆仍旧位置，而详注于下方。庶几延真刻本有出，可以参补，名曰《泰和杨氏族谱》。"③根据杨士奇的说法，泰和杨氏族谱本来是刻石放在延真观中，但元末毁

① 杨瑒：《杨氏重修族谱序》，《忠节杨氏人文纪略》卷1《谱序》，第3—4页。
② 道光《吉水县志》卷22《人物志·宦业》，第36页。
③ 杨士奇：《泰和杨氏族谱序》，《东里集续集》卷13，《文渊阁四库全书》第1238册，上海古籍出版社，1987，第524—525页。

于兵火，于是，他根据族人保留的谱图，重新修撰了族谱。按照他的说法，泰和杨氏的始祖乃是从吉水杨家庄迁来的，自然也就和吉水杨氏系出同源了。

杨士奇还仿照杨存，为泰和杨氏的世系修了谱图。根据杨士奇自己的撰述，他这次修族谱和谱图的态度是比较严谨的。他说："士奇既作《杨氏族谱》，而欲便于观览也，又作此图，且欲刻之分界族之人。……此图上自府君辂始迁庐陵，以再迁泰和，于今廿有三世。其间或书字、或书名、或书行、或书号者，凡四百九人。失其字名、行号，但书某以识之者十有五人，总四百二十四人。夫谱泰和之族，必自庐陵府君始者，尊吾所从出，且旧图之录也，其上失系属者……皆仍旧图位置，庶几传疑之意。而今廿二世以下子孙尚多此。但载旧图所录及士奇所知者。盖族人散处，且士奇仕于外，不得访录，姑明其统系之绪而已。统系明，将后有继修者，得缘此而录也。"① 杨士奇在修族谱和谱图时，参考的是族人与芳的图和各派的分谱。在制作谱图时，杨士奇对一些有缺失的世系，仍依旧图照录，不随便增加和添补；近世的族人，则根据他自己所了解的真实情况收录。经过严格的修订，该族谱和族图共登录 424 人。

通过这次修谱，杨士奇家族和杨万里家族拥有了共同的祖先。可以推测，由于吉水杨氏这一支拥有崇高的地望（涌现了杨邦义和杨万里等名人，号为"忠节杨氏"），许多周边的杨姓也纷纷通过建构世系，在系谱上加入其家族。杨士奇这次修族谱活动也可以看成明初吉安地区修族谱活动的一个缩影。

经过一系列努力，到了明初，吉水杨氏基本上确立了始迁祖和排列出了基本的世系，并且周边的杨氏也建立了与吉水杨氏的联系。然而，即使如此，杨氏家族的"宗族建设"还只停留在整理和建构祖先谱系的层面，和明中期以后南方普遍出现的宗族组织还有很大的差别。

四 "忠节"传统与"忠节杨氏"的形成

南宋，吉水杨氏声誉渐隆。他们首先在科举上获得了巨大的成功。杨万

---

① 杨士奇：《泰和杨氏重修族谱图序》，《东里集续集》卷 12，第 515—516 页。

里对此颇为自豪，他曾在给人写的记文中提及家族举业的辉煌："宋中兴以来……临轩策士，凡二十有三，得人众矣，不可得而详已。惟我大江之西，有一族而叔侄同年者，一时艳之，以为盛事，若予与故叔父麻阳令讳辅世是也；有一家从兄弟同年者，若予族叔祖忠襄公之二孙曰炎正、曰梦信是也；有产兄弟而同年者，若吾州印冈之罗曰维藩，曰维翰，兰溪之曾曰天若，曰天从是也。"① 在他列举的三个科举成功的例子中，有两个就是他们家族的。事实上，加上杨万里本人，到南宋末年，他们家族至少涌现了13位进士，这不能不说是巨大的成功。

比科举上的成功更为重要的是，家族人物在"忠义"气节表现上获得的巨大声誉。杨万里曾经自诩为"天下第一"。他曾说："吾族杨氏自国初至于今，以文学登甲乙者，凡十有一人。前辈之闻者曰屯田公、中奉公……以此，自屯田公、中奉公之后至忠襄公，以死节倡一世。于是杨氏之人物，不为天下第二。"② 上文中的"忠襄公"即杨邦乂，他在金兵入侵建康时被俘，坚贞不屈，被金人剖心，其英雄壮举至今仍流传不已，南京还有古迹"杨邦乂剖心处"。正因为其壮烈行为为杨家博得巨大名声，杨万里才有底气自赞家族"人物不为天下第二"。杨万里本人则以文章和忠义并举而闻名天下。他不仅诗文杰出，而且，晚年闻知韩侂胄北伐，绝食而死，死后谥"文节"，一时也是名动天下，成为士大夫的榜样。

由于杨邦乂和杨万里卓绝的名声，他们死后一直被历代朝廷和地方政府所祭祀，但囿于礼法，没有在家族中立祠祭祀。到了元代，杨氏后人开始在杨万里的家乡湴塘设立专祠祭祀他们和家族中的名人。关于元代湴塘立祠之事，元代江西硕儒揭傒斯有文记述。今摘录其文如下：

> 庐陵杨氏作忠节祠者何？昔金人侵宋，沿江诸郡皆望风奔溃，其先忠襄公邦乂以建康通判被执，大骂死；韩侂胄专国擅政柄，文节公万里以宝谟阁学士，家居闻之，三日不食死；故合而祀之也。中祀建康通判赠通奉大夫存者何？尝以直抗蔡京为杨氏忠义开先也。别祀广东经略使长孺、吏部郎官孙、子同知昆山州事学文者何？经略仁声义实，风概天

---

① 杨万里撰，辛更儒笺校《杨万里集笺校》卷76《静庵记》，中华书局，2007，第3141页。
② 杨万里撰，辛更儒笺校《杨万里集笺校》卷78《鳢堂先生杨公文集序》，第3187页。

下，在广东三岁禄入七万缗，尽以代民输丁租，不持一钱去；吏部阎通敏惠，奉法循理为时良臣；昆山好德尚义，能以私钱复文节故居，割田百亩以建祠事。皆克绍先烈者也……故庐陵若欧阳氏、杨氏、胡氏、文氏又有身致乾淳之治，若周文忠氏皆国家之元气也，而欧阳氏又庐陵之元气乎。昆山之子元正请记忠节祠，故并及之。

该文被收入揭傒斯的文集，具有比较高的可信度。这次杨氏为家族中贤明设立专祠，带有很强烈的纪念名人的意味，目的是弘扬家族中的"忠"和"节"两种可贵品质。这次共祭祀了5位名人，忠襄公杨邦乂和忠节公杨万里自不必说，还有前文提到的建康通判杨存（即"中奉公"）、广东经略使杨长孺、吏部郎官杨孙、杨孙之子昆山同知杨学文。虽然后面三位名气不如杨邦乂和杨万里，但都有值得称道的事迹，因而得以专祠。实际上，设专祠祭祀名人还有一个目的，即突破礼法中规定的臣民不得建家庙的规定。所以，虽然名义上建的是祠堂，但揭傒斯仍不断解释为什么要祭祀这些杨氏名人。

颇具戏剧性的是，倡导建立忠节祠的昆山知州杨学文，并不是湴塘本地人，而是杨氏在四川的后代。若干年后，杨士奇留下一段文字，让我们得以了解杨学文建忠节祠的经过。根据他的记载，揭傒斯说杨氏由四川迁入根本就是错的。真实情况是，唐代有个祭酒叫杨膳，他跟随唐僖宗避难而进入四川，成为四川杨氏的先祖；杨氏后来又迁居庐陵安成，所以，安成杨氏和杨庄、湴塘的杨氏并不是同一支派，所谓"虽皆居庐陵，而所从来者实异"。但是，后来安成杨氏的族正杨仲"乏嗣"，"以其先与杨庄、湴塘同出汉太尉，乃之湴塘求叔先之子珪孙为嗣，更名孙，仕为赣州路总管、吏部侍郎，孙之子知昆山州事学文，不忘其父所生，以私钱复文节故居，又割田百亩，建忠节祠，故孙、学文皆得列祠祀中"①。杨士奇的这个记载比较有意思，从中可以看出，虽然同为居住在庐陵的杨氏，但杨庄、湴塘的杨氏和从四川迁至庐陵所谓"安成之族"的杨氏虽属同姓但并不同宗，前面所引揭傒斯文将两支杨姓混为一谈是错误的，因为他看的只是四川杨氏族谱（"蜀之

---

① 杨士奇：《书揭学士〈杨氏忠节祠记〉后》，《东里集》卷9，《文渊阁四库全书》第1238册，上海古籍出版社，1987，第100—101页。

谱")；但后来，安成之族的杨氏后裔肇庆知府杨仲无后，于是将涩塘杨叔先的儿子杨珪孙过继为自己儿子，改名"杨孙"，杨孙后担任赣州路总管，其儿子昆山知州杨学文为了不忘记其父亲的出生地，以自己的私钱给予涩塘杨氏100亩地，同时建立了忠节祠，因此，杨学文和他父亲杨孙的牌位自然也就放入了忠节总祠。

这个颇具戏剧性的故事，再一次清晰地展现了世系不完全相同的同姓，如何通过种种手段，建立其共同的联系，从而达到联宗的目的。杨学文建立忠节祠，固然有他所谓的"不忘其父所生"的朴实愿望，但是，和大名鼎鼎的"忠节杨"攀附上关系，又未尝不是其重要目的之一。虽然建立这个祠堂包含了杨学文的私心，但祠堂却成了杨氏卓绝名声的物化象征。如果说元代忠节祠还只是个名人纪念堂的话，到了明代，其名人纪念堂的色彩渐渐褪去，开始演变为家族祠堂了。

明初宣德年间，曾经重修族谱的杨瑒主持了忠节祠的重修。安福人明代名臣李时勉有记曰："故元盛时，杨氏之贤同知昆山事学文，始复文节故居为祠，规制广于前而益加多。岁久弗治田，芜宇倾。……杨之贤季琛以旧臣膺京兆之举，作令南海，次修祠之颠末，命宜修授予请记焉。……增设始祖吉州公及屯田、清谨二龛，诸小宗显宦叙昭穆从祀，废像设用木主，刻世系、祀田、祭器、牲币、酒仪、设科条于碑阴，祭用冬至、立春子孙缘岁专直祠祀。祠宇坏漏，辄饬无怠，怠者罚如科条。所以尊祖而垂后，可谓远也已，可谓详也已。於乎！此可以为世劝，岂特杨氏而已哉！"① 通读全文，可发现这次重修忠节祠，变化有三：主祀增设了始祖和屯田、清谨两神位，且按照昭穆顺序从祀了其他名人；废除了宋代祭祀常用的影像，改为木头制的神位；将世系、祀田、祭器、牲币、酒仪、设科条（管理规章）刻在石碑的背后，且规定了冬至、立春祭祀祖先。从这些变化中不难看出，忠节祠已经转变为家族祠堂了。

忠节祠在明初的转变，根本的原因在于明初礼法的改变，即朱熹的《家礼》被朝廷采用，设立祠堂、祭祀四代祖先成为合法的事情了。② 但是，

---

① 李时勉：《杨氏重修祠堂记》，《古廉文集》卷3，《文渊阁四库全书》第1242册，上海古籍出版社，1987，第698—699页。

② 常建华：《明代宗族研究》，第360—398页。

在嘉靖朝夏言上书之前，祭祀始祖其实并不合明代礼法（合乎程颐理论），忠节祠增设始祖显然是有僭越礼制之嫌，然而，这恰恰说明忠节祠性质已经发生了根本变化，以至于必须增设始祖才能达到收族的效果。至此，忠节杨氏已经基本完成了宗族建设，有了统一的世系、祠堂和祀产。

然而，忠节杨氏的宗族发展脚步并没有停止。嘉靖九年（1530），担任广西副使的杨必进联合吉水、庐陵、泰和、永丰、安福、万安、信丰七邑杨氏后人在庐陵郡城建立了一个联宗祠。时任江西右布政使的钟芳为之记："杨氏自南唐虞部侍郎公始居吉之涩塘，今庐陵、泰和、永丰、安福、万安、信丰杨姓皆其支派……自侍郎而下，显者得八，谥者五，曰襄、曰节、曰靖、曰文、曰忠、曰贞，皆美谥。而祠独曰忠节，盖举盛以该之，沿旧额也。"① 这次建祠活动，颇有联宗的性质，但又明显不同于清代各地普遍出现的以同姓联谊为目的的联宗祠。祠堂选址在郡城，而不是老祠所在地涩塘，既为了方便各地后人祭拜，又使这个总祠有点联宗祠的意味。总祠中共摆放了9块牌位，除了始祖之外，其余都是在历史上有影响的杨氏名人，并不完全按照世系来。此次联宗参与的地域广泛，除了吉水之外，还有吉安（庐陵）、泰和、永丰、安福、信丰等6县，号称"七邑"。我们前面已经分析过泰和杨氏是通过杨士奇的努力将他们这一支杨氏与涩塘杨氏联系在一起的，其他几个县如何将其世系与涩塘杨氏联系在一起，不得而知，但他们属于"忠节杨氏"后裔显然是被涩塘杨氏认可的。

在建总祠的同时，杨必进还奋力主持编修了《忠节杨氏总谱》。这次修谱，修的是总谱，而不是涩塘一支的谱，杨必进在谈及修谱进程时说："乃先集族在吉水者以为各邑望，不越季，而各邑亦有持系来者。"② 乾隆年间，杨氏后人回忆这次修谱亦说："至二十三世南楼公乃取本族之散徙于各邑各郡者而合修之，名《杨氏忠节总谱》。总谱遂为吾族本支一大观，今所谓南楼公谱是也。"③ 修撰《忠节杨氏总谱》，在杨氏历史上还是第一次，也是杨必进建总祠后的又一次重大活动。或许是为了更好地凝聚族人，杨必进在这

---

① 钟芳：《庐陵杨氏忠节祠碑》，《筠溪文集》卷9《记类》，《四库存目丛书·集部》第64册，齐鲁书社，1997，第575—576页。
② 杨必进：《忠节杨氏总谱序》，《忠节杨氏人文纪略》卷1《谱序》，第10页。
③ 杨嘉谟：《续忠节总谱记》，《忠节杨氏人文纪略》卷1《谱序》，第16页。文中的"南楼公"即杨必进。

篇序文后面，还作了一篇《原始》的文章，文章重点考证了杨氏始祖杨辂。他说，关于始祖到底何时到庐陵，各派"纷纷议论，卒无定论"，有必要加以确认。于是，他经过严格考证，认为"乃知所谓在宋者，固非也；所谓在南唐者，亦未为定论；所谓在唐末吴杨初年者，固得之矣"，也就是说，他同意解缙的观点。杨必进用心良苦地再次考证杨氏家族的始祖杨辂定居庐陵的时间，表明他希望七邑杨氏族人有共同的宗族文化认同。

有一个事实必须指出，号召七邑杨氏后人修建总祠和编修总谱，并不是件轻松的事情，所以，这次联宗的活动能持续多久，始终是个疑问。到了清代乾隆年间，杨氏族人想续修《忠节杨氏总谱》而不得："由南楼公而来，至于今二百三十有七年，代增孔多已倍五世之亲，而谱犹未续。识者忧之！族之议修总谱也，盖有年矣……岁在癸卯，澁塘忠节祠冬祭日，吉邑子姓咸集。祭毕，复议曰：谱事不可缓，总谱之修未可待也。不如取总谱而翻刻之，就其在吉邑者而续修之，其在各邑郡必自详其支谱，则俟后之贤者而合续之。"① 乾隆年间，又重建了忠节总祠，但是，这次的忠节总祠基本按照市场化规则运作。《忠节杨氏人文纪略》中保留了一份乾隆三十九年（1774）忠节杨氏总祠的告示。今列示如下：

> 杨忠节总祠重建以丙戌年告竣，崇祀新主，今闻各后裔欲崇进主位，特此通闻。约订本年十二月初三日请主附庙，凡有仁孝为本念者务于十一月廿四日赍费来祠，以便□修主牌，至于上主费，悉沿丙戌年旧例开载于后：
> 一忠孝节义理学名宦及历朝进士名标志乘者从未经□上主，本届补入，后裔
> 只出修主之资
> 一举人每位主金壹两陆钱正
> 一恩拨副贡每位主金贰两，出仕者照举人例
> 一生监饮宾职员每位主金贰两陆钱正
> 一隐德每位主金叁两正
> 一修主上主之赀各后裔自办不在主金之内

---

① 杨嘉谟：《续忠节总谱记》，《忠节杨氏人文纪略》卷1《谱序》，第16页。

> 一所上主位务开清官爵世系地名及其讳其号
> 乾隆三十九年十一月初一日

告示中的丙戌年，当是乾隆三十一年（1766）。根据乾隆三十一年的旧例，不难看出，忠节杨氏总祠的牌位放置已经形成了比较成熟的定制，即按照功名和封爵明码标价。

清代忠节杨氏联宗运作不是本文讨论的重点，之所以在此提及，一个根本的原因就是，我们可以通过清代杨氏宗族的运作规则看出明嘉靖年间联宗活动的影响，即明嘉靖年间开始的联宗活动，一直维系到清代，虽然运作的规则不尽相同。明嘉靖年间联宗活动的一个最深远的影响就是，基本确定了"忠节杨氏"的辐射范围和"忠节文化"的宗族文化认同。自此，提及"忠节杨氏"必然和杨邦义、杨万里的"忠节"形象紧密联系，而其始祖则必然为五代时期定居于庐陵的杨辂。而且，并不是所有中国姓杨的都能够称为"忠节杨"，"忠节杨"的后人必须是从吉水、吉安（庐陵）、泰和、永丰、安福、信丰等七县中"奉杨辂为始祖，弘扬忠节文化"的杨氏族人中播迁演化而来。

五　余论

宗族是中国历史上非常重要的组织，甚至可以说，是中国人特有的既包含对血缘关系的认同，又包含中国传统社会宗法观念和伦理观念的组织。中国历史学家突破人类学家关于宗族组织是个功能主义组织和单纯世系群体的认识，将其放置于中国历史社会演变进程中进行考察，是非常重要的进展。毫无疑问，"宗法伦理的庶民化"和"国家认同意识的推广"是促使宗族组织发展的非常重要的，也是相辅相成的两个因素。但是，作为一个建构的世系组织，其建构的原则非常关键。从宋明吉安地区宗族实践活动来看，突破"小宗之法"的限制，建构一个"始祖"是其关键节点。正是"始祖"的构建，使宗法的世系得以成功突破五代的限制，随之而来的祠堂的建设、族谱的修撰也就顺理成章。"始祖"其实并不是一个姓的开始者，也不是一个地方的开基者，甚至也有可能不是宗族历史上最有声望的人，而是某个时间节点出于某种世系建构需要而产生的某一群人共同认可的"祖先"，正如吉安杨氏在明代建构出来的"庐陵始祖杨辂"一样。他之所以出现，是因为明初杨氏在"宗法伦理庶民化"趋势之下，宗族发展形势需要建构出来一个历史人物。正是"始祖"的成功建构，杨氏才有可能有共同的世系，才有可能组织成为一个宗族。不过，需要指出的是，建构一个实体化的宗族需要的不仅是世系的统一，还需要一定的物质基础和祠堂、族谱等物化的精神象征。因此，"始祖"的构建和世系的统一并不必然导致实体化宗族的出现。杨氏只有到了明宣德年间才通过建立祠堂、编修族谱等活动，建立起实体化的宗族。

在建立起实体化宗族后，杨氏家族还开始了联宗活动。在联宗活动中，"始祖"的构建是和宗族的文化建设结合在一起的。吉安杨氏在建构"始祖杨辂"的同时，也整合了杨氏历史上著名的两个人物"文节公杨万里"和"忠襄公杨邦乂"，形成所谓的"忠节杨氏"。也就是说，在建构出共同"始祖杨辂"的同时，也形成了杨氏独特的"忠节"文化。我们相信，从宋到明，南方中国的许多地方同姓大族也经历了吉安杨氏相似的经历。通过"始祖"的构建，将并无血缘关系的同姓群体整合成具有相同世系的同宗群体，并形成了宗族独特的文化。只不过，各姓之间可资利用的物质和文化资源不一样，从而规模和文化成色不一样罢了。① 杨扬考察了南昌万氏家族历史，发现南昌万氏家族原来也是四个不同的支系，四个支系亦通过构建一个祖先及更遥远的世系关系，而成功联合在一起构成了一个宗族。②

钱杭对中国历史上的联宗组织进行过深入考察，他从世系学的角度认为，联宗过程中存在对"始祖"灵活认定和对大、小宗法的超越，并明确表示联宗不是一个宗族实体，而是一个宗族地域联盟。③ 从吉安杨氏宗族发展历程来看，从同姓到同宗的发展，实际上是一个动态的过程，中间并无明显的界限。我们似乎可以说，宣德年间杨氏有了统一的世系、祠堂和祀产，

---

① 例如，著名的"义门陈"即表明了陈氏独特的宗族文化；南方的黄姓大多认可自己是"峭山公"的后代，则说明了"始祖"对宗族建构的重要。

② 杨扬：《从宗族到联宗：明清南昌万氏宗族的个案研究》，硕士学位论文，南昌大学，2014。

③ 钱杭：《血缘与地缘之间：中国历史上的联宗与联宗组织》，上海社会科学院出版社，2001，第340—349页。

因而是一个实体化的宗族，然而这个实体化的宗族，又是涩塘、杨庄联宗的结果，甚至还掺和了源自四川的杨氏。宣德后的杨氏显然还在不停地谋求与其他杨姓的联宗，从嘉靖年间到乾隆时期，杨必进建立的联宗组织也一直在运作。因此，我们可以说，从同姓不同宗的群体，到同宗的实体化宗族，再到虚拟化的联宗组织，这是一个动态的、连续的发展过程，不宜过于强调联宗的非宗族性质。联宗发展到一定程度，"宗"的外延不断扩大，其必然又会与"姓"趋于一致。

同姓群体可以"从同姓到同宗"，当然也可以"从同宗到同姓"。所以，中国历史上在明代以后南方地区广泛出现了宗族组织，到了清代即出现联宗高潮，以至于乾隆皇帝一度要"毁祠追谱"，限制联宗活动。[①]然而，这种联宗的活动一直持续至今，以至于天下同姓几乎都可共享一套共同的"世系"和"祖先"了，即形成所谓"天下某姓系一家"的说法，形成各姓标准而统一的"百家姓源流"。

吉安地区宋明时期的宗族实践的历史表明，考察宗族问题，"宗法伦理庶民化"和"国家认同意识的推广"固然重要，但"始祖的建构"所带来的世系的突破也是关键的环节。只有"始祖"成功构建出来，宗族的世系有了一个起点，族谱的统一和祠堂的修建才能顺理成章，同姓才能转变成同宗。随着后世宗法礼制的进一步松弛，始祖认定所带来的世系起点，又被进一步突破，从而演变成为同姓即同宗的局面，即所谓"天下某姓系一家"的观念深入人心，从而出现了"天下某姓通谱""百家姓源流"等文化现象。此时，血缘关系已经变得非常不重要，宗族文化成为同姓认同的核心。然而，虽然天下同姓都是一家人，拥有共同的姓氏文化，但是，同姓之间还是有微妙的差别，正如前面所论述的，并不是所有中国杨姓都可称为"忠节杨"。只不过，这种微妙的差别往往湮没在强大的姓氏文化之中而不易被人察觉。

---

① 黄海妍：《在城市与乡村之间：清代以来广州的合族祠》，生活·读书·新知三联书店，2008，第93—96页。

碑铭上的世系：明清鄂东南移民定居与家族世系的层累构建[*]

—— 以阳新县袁广村坟山墓碑资料为中心的考察

杨国安[**]

一　引论：家族墓地与宗族史研究

在明清宗族史已有的研究中，相对于族谱、祠堂与族产广泛而深入的探讨而言，史学界对于祖坟的关注似乎还较为薄弱。为数不多的学术成果也较多集中于北方，[①] 并且视祖茔系统为北方宗族形态和发展模式之核心，以区别于祠堂之于南方宗族的外在表征。南北宗族形态差异的外在象征要素，是否可以简约为以祠堂与坟墓为代表的两大系统，恐怕还有待进一步的考订。事实上，在南方许多地区，较之于跨村庄、大规模、程式化的祠堂祭祖仪式，每年持续不断的、以房支与直系亲属为核心的清明扫墓祭祖活动，因其简便易行和体现对祖辈的孝道而更为普及、普遍和频繁。坟墓作为安放祖宗体魄之所，关乎后嗣子孙的兴旺发达，同时立碑刻传、颂扬墓主懿德、祭扫先祖坟墓，也是儒家孝道的重要体现，未尝不可构成南方宗族的重要活动。[②]

* 本文的写作得到了香港特别行政区大学教育资助委员会卓越学科领域计划 "中国社会的历史人类学研究" （Hong Kong SAR University Grants Committee Areas of Excellence：The Historical Anthropology of Chinese Society） 的资助。

** 杨国安，武汉大学历史学院。

① 王日根、张先刚：《从墓地、族谱到祠堂：明清山东栖霞宗族凝聚纽带的变迁》，《历史研究》2008 年第 2 期。
② 华若璧（Rubie S. Watson）：《纪念先人：中国东南部的坟墓与政治》，载华琛（James L. Watson）、华若璧：《乡土香港——新界的政治、性别及礼仪》，张婉丽等译，香港中文大学出版社，2011。

因此，祖先去世之后，围绕着墓址的选择和保护，包括培土护林、竖立碑石、绘制坟图、载入族谱、反对盗卖坟山田地林木等，都成为各个村落宗族的重要事务。而进行墓祭也是族人祭祀活动的重要内容。鄂东南的通山、通城、崇阳、大冶、阳新等地区，甚至为了进行不间断的墓祭活动，各祖先的后嗣还纷纷成立祭会，设置祭产，从组织和资金上确保墓祭活动的长久有效举行。而围绕着坟山的产权和竖碑祭祀等，不同的宗族之间产生各种纠纷和官司的现象，亦不鲜见。诚如冯尔康先生所言，祖坟的存在令族人由观念上的祖宗认同，进到组织上的建立清明会之类的团体，令族姓的天然血缘事物，变成宗族社会群体，成为宗族的一种载体。祖坟与祠堂、族谱共同构成宗族实体元素。①

鉴于坟墓在宗族发展过程中的重要地位，笔者在近若干年来在鄂东南进行历史人类学的田野考察活动中，感受最大的就是，这一典型的南方山地丘陵区依然保存有许多聚族而居的古村落，而这些古村落之间，矗立着巍峨的祠堂、收藏有丰富的族谱、保存有完整的家族墓地，这些无不彰显此地浓厚的宗法文化。在已有的祠堂与家族谱的探究之余，② 如何透过家族墓地来探究坟墓与墓祭对于宗族形成机制的影响，以及如何利用大量的墓志碑铭来重构家族的谱系和还原村落的历史，已经成为笔者长期思考的问题了。

在地处鄂赣交界、号称"吴头楚尾"的阳新县，我们因缘际会地选择了富池镇袁广村作为考察对象，因为该村落有祠堂、族谱和家族墓地，适合作为个案考察。于是在 2005 年年底，笔者带领着七名学生一起对袁广村进行了为期五天的田野考察。③ 其中重点抄录了袁广村坟山上的墓志碑铭三十

---

① 冯尔康：《清代宗族祖坟述略》，《安徽史学》2009 年第 1 期。

② 杨国安：《空间与秩序：明清以来鄂东南地区的村落、祠堂与家族社会》，《中国社会历史评论》第九卷，天津古籍出版社，2008。

③ 2005 年 12 月 13—17 日，笔者偕祁磊博士以及武汉大学 2002 级历史学基地班的张研妍、刘嘉乘、周倩文、陈才艳、汪志杰、林小昭，一行八人，对阳新县进行了为期五天的实习考察。除了参观梁氏祠堂、贾氏祠堂等建筑之外，重点就是抄录了袁广村的坟山碑刻，并进行了相关的访谈。嗣后学生们提交了一份挺不错的田野考察报告。可惜由于笔者的疏懒，学生们历经艰辛抄录的墓碑资料一直就搁在电脑里面，长期没有就此展开相关的研究，内心一直颇感愧疚。2014 年下半年，笔者利用在香港中文大学访学的机会，重新拾掇和整理该资料，希望就墓碑资料所涉及的相关问题做一些初步的思考，一方面是对两湖乡村社会史研究领域与方法做一些新的尝试，另一方面希望学生们在坟前墓地一字一句费力抄录的墓志资料不至于埋没，对学生们的辛勤付出有一个交代。

七通（其中明代四通、清代三十三通）、祠堂碑刻四通，合计四十一通碑刻，详情分布见图 1。

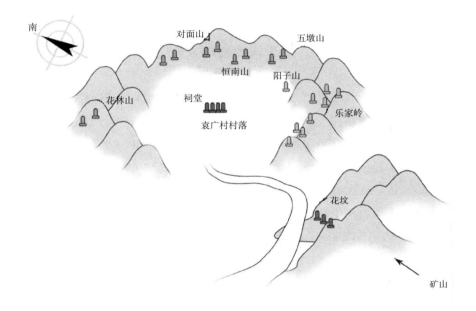

图 1　阳新县袁广村明清墓碑分布

　　就袁广村坟山墓地的碑铭规制而言，一般都有左、中、右三块。右边一块往往记叙世系图谱，从一世祖、二世祖、三世祖……依次到墓主这一代世系；中间一块则是墓主人的生卒年月、生平事迹等，碑铭很多是邀请亲朋姻亲之中有头衔或有名气的文人所撰，但刊刻立碑者是墓主的子孙辈；左边一块则是立碑人落款和立碑时间。也有较为讲究的墓碑，比如袁广村的花坟，有三进，每进有三到四块碑石，内容包括家族世系、家族遗训、家谱赞词以及不同名人为墓主撰述的墓志铭多块等。也有少数较为简单的墓碑，只有一块碑石，其上简要叙述墓主生卒年月、生平事迹、立碑人、立碑时间等事项。另外还有很多是前面碑石倾圮，后代重新竖立墓碑，于是落款出现两个甚至三个年代。

　　本文即以阳新县富池镇袁广村（地名荆溪）田野考察活动中抄录的四十一件坟山墓地及祠堂碑刻资料为中心，并结合地方志和阳新县《袁氏家谱》，以及鄂东南其他县市乡村的相关族谱、碑刻等民间文献，力图对家族墓地与宗族形态的相关问题进行初步的探讨。重点通过梳理墓碑资料来梳理荆溪袁氏重构家族早期世系的过程，以及探讨这种世系重构对于家族的意义。

二　"石碑竦峙"：鄂东南乡村的立碑、墓祭与庐墓习俗

所谓墓碑，简言之，就是墓前所竖立的条石，上面刻有死者的姓名、言行、生平等以彰显墓主身份，颂扬死者功德以激励后嗣子孙，指明墓地所在以便于后人墓祭等。《释名·释典艺》云："碑，被也。此本葬时所设也，施鹿卢（即轳辘）以绳被其上，引以下棺也。臣子追述君父之功美，以书其上，后人因焉。无故建于道陌之头，显见之处，名其文，就谓之碑也。"①即由最开始下棺时候便于升降的木质轳辘架逐渐演变成石质的"墓表"，并发展为刻写"君父之功美"的刻字碑。从现存实物来看，至少到东汉时期，墓碑大量产生。

关于墓祭的起源，一般认为肇始于西汉，而且由于当时庶民百姓囿于礼制不能建祠庙，故只能于墓前祭祀。如赵翼在《陔余丛考》中即云："盖自西汉早有上冢之俗，明帝遂因以定制耳。……盖又因上陵之制，士大夫仿之，皆立祠堂于墓所，庶人之家不能立祠，则祭于墓，相习成俗也。"②到了明清时期，随着嘉靖礼仪的变革，庶民也可以建祠堂祭祀自己的祖先，因此祠祭和墓祭往往同时进行。光绪《兴国州志》记载：

> 兴国一隅……无巨商大贾，聚族而居，往往棋置数百户，重宗谱，严别异姓同姓。宗有祠，祠立之长，家法一就长约。岁时承祀，肃衣冠，百十里外毕至。丧谨殡葬，必封必树。或历千百年，石碑竦峙，春秋榉扫，凡无主之塚亦遍及之。③

这段史料揭示了清代兴国州（即现在的阳新县）社会习俗的三个方面：

---

① 刘熙撰，毕沅疏证，王先谦点校《释名疏证补》，中华书局，2008，第76页。
② 赵翼：《陔余丛考》卷32《墓祭》，河北人民出版社，1990，第647页。
③ 光绪《兴国州志》卷4《舆地志·风俗》。

一是以农耕为主体经济的聚族而居的村落形态；二是以族谱、祠堂和族长为核心的宗族组织较为健全和发达；三是墓碑的竖立和墓祭的习俗传统较为悠久。另外，除了祭扫自己祖先的坟墓外，连带周围的无主之坟亦顺便拜祭。而且在当地社会，为祖先修坟茔也成为孝子重要的职责之一。史载："曹立徐，诸生，七岁丧父，执礼如成人。越数年，母殁，昼夜号恸，邻里为之罢宴。刻像奉祀，每食必祭，哭尽哀。检故箧，得父遗命。乃鬻田产，修祖茔。凡傍支无后者，咸立碑。"①

对于坟墓的重视，其实源自人们纪念祖先和重视坟地风水的观念，即普遍认为，"把祖先的骸骨恰当地埋在墓地，会直接影响到在世的人在世上成功与否。事实上，在墓里的祖先所受到的照顾与他后人的福祉绝对有关"②。在光绪年间的通山县宝石村，舒氏家族有一房支就曾经将人丁衰落的原因归结为其祖先坟墓旁边的大树被砍伐，风水被毁。于是立志重建祖坟及周围的围园，"公同栽树立碑"，并订立禁约，以保护祖先坟墓的风水：

> 阴宅以保祖骸，重申禁约，无敢犯矣。第我族前叨祖德卜居宝石下首，原有大树，属我围园，后被砍伐，户口渐致衰微。岁光绪甲申，续修宗谱。三分会议，白狮子岩下至象鼻水口两岸，余山废田，公同栽树竖碑，严禁不许砍伐开挖，以培围园。我族附宅可成，而岩下山土不致废圳。如有犯者，酌议处罚，绝不宽贷。刊谱存据，至象鼻系口祖私坟山口据。
>
> 清光绪十年岁次甲申仲秋月③

围绕坟墓进行的祭祀活动，在鄂东南乡村亦较为普遍，并且囿于单个核心家庭的财力有限，还成立了由同一祖先之下的众多房支组成的祭会，以保证墓祭活动的持续有效进行。如在清代的通山县："大族各建祖祠，置祭产，立祭会。清明寒食，合族老幼衣冠舆马，诣墓所，挂椿钱，杀牲备物以

---

① 光绪《兴国州志》卷 22《孝友》。
② 华若璧：《纪念先人：中国东南部的坟墓与政治》，载华琛、华若璧《乡土香港——新界的政治、性别及礼仪》，第 273 页。
③ 通山县宝石《舒氏宗谱》卷 1 上《公立围园禁约》，1988 年刻本。

鼓吹声，不绝于道，祭毕而归，记口分胙。绅耆倍之。"① 而在通城县，当地民众不仅在清明节前后准备好香椿纸钱，去墓地举行祭扫活动，而且还在社日之前专门为当年新葬的坟墓举行祭奠活动。史料即云："社日前祭新葬先塚。清明前后备香椿猪酒告醮历代先塚，毕祭，奠祠堂先灵，唱赞，奠次如前。"② 在大冶县，据同治《大冶县志》记载："清明扫墓，登谷荐新，中元、岁除及忌日焚楮致奠。大家则建祠堂兴瑞，人于冬春之际舁其祖神行锣过邑，遍历彼族。"③ 如此，则当地扫墓活动不仅局限于清明节前后，除夕、寒食节、中元节，甚至祖先的忌日，都会去坟山墓地挂椿钱、烧纸钱来祭奠先祖。当然这些节日中，尤以清明节最为隆重。

大规模的墓祭活动显然是需要一定财力支撑的，没有族产的话，大概历经四五代之后往往就没有人到墓前集体墓祭了。于是我们看到在通山县，许多宗族于清中后期纷纷成立祭会，以筹措资金、组织祭祀活动。据通山宝石村的《舒氏宗谱》所载，该宗族不同房支先后建立了仲绩公祭会、承五公祭会、元惠公祭会、通泗公祭会、南源公祭会、九盛公祭会、四盛公祭会、秀生公祭会、文生公祭会、展略公祭会、先绪公祭会等十余种祭会，以保证墓祭的如期举行。兹以南源公下的子孙组建的南源公祭会为例：

> 昔人云，祖宗虽远，祭祀不可不诚。又曰，惟士无田，则亦不祭，所以圭田制堕后，凡欲立祭必立会。我祖南源公，明人也，初抡蒸节祭稞，将往往与列祖偕乏特举。泊道光壬寅岁，有族伯明瑶公者，履雨露兮怵惕，感春秋而凄怅，倡抽哨天龙树，得值钱十余千，筹立乃祖祭会……迄今四十年间，除祭费支外，得置田租八十余石，蒸蒸日上，毫无耗蠹，虽曰祖荫，岂非人事哉。嗟乎，余尝默念，簪缨巨阀，家越数传，而累累荒冢，碣断碑残，荆棘纵横，蒿莱满目，是问当年冠裳林立，舆盖云从，煊赫于跻跄下者，固一世之华也。而今安在。噫，岂其后裔已斩，致是氏之鬼不其馁而耶。抑其无肖子慈孙忽视穴藏狐貉与魍魉耶……④

---

① 同治《通山县志》卷2《风土志》。
② 同治《通城县志》卷6《风俗》。
③ 同治《大冶县志》卷1《疆域志·风俗》。
④ 通山县宝石《舒氏宗谱》卷1上《南源公祭会序》。

　　有些祭会的资金较为富饶，不仅置有祭田，还专门建有庄屋，雇请佃户或其他人等每日省视坟山墓葬与周围的树木等，以确保墓地的整洁和安全。如阳新县三溪镇的伍氏宗族：

　　　　迄今会资颇饶，公买粮田三石有奇，及柴山花地数区。并于胡妣墓东北隔置庄房一所，使佃庄人朝夕省视坟垄、树木，以妥先灵。较之囊者岁一拜扫后，足迹杳然，委祖山为樵牧践踏场，不诚判若霄壤哉。①

　　所谓"庐墓"，即"结庐守墓"也。一般父母去世后，孝子为了表达对至亲的哀恸之情，在墓旁搭"墓庐"而居，以守护坟墓。这是古代居丧期间的一种行为，是孝文化的重要体现形式之一。但考诸历史，历史上真正如此守礼制的并不多见，到了明清更是凤毛麟角。清人崔述就曾感叹道：

　　　　近世之居丧也，惟服而已。期功之丧几与无服者同。其饮食如常也，其居处如常也，其宴会庆贺观优如常也。服既多于古人，何益哉。惟父母之丧间有一二能守礼者，即亦殊不多见……甚矣，风俗之日敝也。②

　　但是在清代阳新县，庐墓现象却较为普遍。仅光绪《兴国州志·孝友》即有大量相关事例的记载。列举数端如下："（明代）刘汉宗，黄州人，徙居兴国，以孝称。夫殁，庐墓三年"；"刘永灏，怀仁里人，明义官，事母孝，依依膝下，虽甚寒暑不少易。母殁，哀毁，庐墓三年"；"华春第，诸生，居父母丧。寝苫枕块，庐墓三年"；"（国朝）方倚中，长庆里人，三岁随母……母殁，哀毁，庐墓三年"；"潘良德，字帝锡，亲丧，庐墓三载，寿九十四，五世同堂"；"侯树慈……事父母竭尽心力，父殁，庐墓三年"；"刘光暹，字仲升，庠生，兴教里人，居父母，丧葬祭尽礼，庐墓三年，思慕弗衰"；"萧世朴……父母累居……及殁，庐墓三年，朝夕悲号"；"彭菲，安乐里人，亲疾，侍榻前三年，殁，居庐六年。

①　阳新县三溪《伍氏宗谱》卷首《胡妣坟山图说暨祭会田庄纪略》，1947 年树德堂刻本。
②　崔述撰，顾颉刚编订《崔东壁遗书》，上海古籍出版社，1983，第 644 页。

先后不入内寝凡九年。每食必祭，忌日则哭恸"；"张鹏博，字雷白，诸生。丰义里人。亲殁，庐墓三年，念念不忍去。既归，犹时望墓哀号"；"王廷简，上双迁里人。居母丧，茹蔬庐墓，三年如一日"；"彭以德，安乐里人。性至孝，力农养亲，承欢无间。亲殁，庐墓，隆冬酷暑，不少离，哭泣三年，哀容无改"。

与以上这些简略叙述的"庐墓三年"的孝友事例相比，下面还有几起围绕庐墓发生的更为感人，甚至略带传奇色彩的故事：

> 易光辰，字云衢，尊贤坊人。事父母备致孝养，母性畏雷，及殁。光辰庐墓侧，遇大雷，必号其母，使无怖。
>
> 佘允湘，尊贤坊人。家贫，少失怙。事母孝。母殁，庐墓，墓距城十余里。日则小贸城市，夜则归宿墓所，历三年如一日。一夕，大风甚雨，中途烛灭，忽有灯光导至墓前，遂不见。
>
> 从先惟，宣化里人。四岁而孤，事母甚谨……母殁，庐墓，有虎经墓侧，视眈眈。然惟叱曰：尔何为者。虎径去。
>
> 冯德遗，永城里人。力农养母。母殁，庐墓三年，见母遗物即啼泣。除夕，必携卧具，宿墓侧。终其身不易。①

以上诸多庐墓的事例，自然不排除有诸孝子为了博得"孝友"之美名，或编纂者为塑造孝子之形象，而刻意为之的夸耀性成分在内。比如，其中易光辰的故事原型来自二十四孝之中的"闻雷泣墓"的典故。笔者更为关注的则是，与其他地方志以"割骨疗亲"之类的行为作为入选《孝友传》的标准略有不同的是，此地将入选"孝友"的标准，由生前的无微不至的侍奉孝亲，延伸到了死后对于坟墓的守护上面，由此表明了此地守墓与孝亲之间的紧密关联。此种对于坟墓重视的观念彰显了鄂东南的乡村习俗之一面相，由此也部分解释了前揭风俗之中所言的阳新县各地坟山墓地"历千百年"，而依然能"石碑竦峙"的原因。而这些家族坟山墓碑资料，就成为我们研究移民家族历史的重要史料之一。

---

① 光绪《兴国州志》卷22《孝友》。

三　三门八房：荆溪袁氏的移民定居与世系延伸

　　袁广村在长江南岸，距离长江边只有数里路远，附近有军事战略要地、被誉为"楚江锁钥"的半壁山，半壁山与江北的田家镇隔长江相望，因其是太平天国运动时期的重要战场而出名。关于袁广村的建村历史，族谱是如此记载的：

　　　　南宋，仲七公。仲七公与全、清二公为从兄弟。全、清二公厥裔尊为一世祖，我仲七公应尊为一世祖。当时我仲七公定居于江西丰城县正信乡袁家渡，传五世至丙七公始迁兴国沙村，生普胜，普胜公由沙村再迁碧山，生兴福、祖、广、禄。我兴广公卜居于荆溪之覆钟山下，见四面云山秀丽，一溪流水泉清，尚未再行迁动。始著户顶甲名籍当差。故尊兴广公为一世祖云。①

　　以上似乎对于袁广村的开村历史描述得非常清楚了，其始迁祖或开基祖、落叶祖为兴广公，此村以祖先名字命名曰袁广村。再往前追溯就是仲七公于宋元之际，定居江西丰城县，传五世至丙七公迁居兴国沙村，其子普胜公（兴广公之父）又迁到碧山，最后兴广公由碧山迁居荆溪，就是现在袁广村所在地。荆溪袁氏的迁徙历史是否就是如此过程，目前仅据族谱资料，我们还是没有能明晰袁氏早期移民定居的历史。以下不妨将视线转移到坟山几块明代的墓碑之上，看这些更为接近移民之初的史料能带来何种信息。

　　首先来看目前家族墓碑之中现存较为清晰并可识别的明代墓碑。下为明代成化三年（1467），由南京兵部侍郎选司郎中同郡谢䍐撰文，袁澄所立的《明故处士袁公孺人何氏碑铭》，其碑文抄录如下：

　　　　处士讳镜，字道显，兴国州世家人也，年七十以天顺癸未（按，1463）九月七日卒于家。其年十二月丁酉，穿其元配孺人墓合葬于屋后株林之原，坐子向午，为茔礼也。后五年孤澄属其从弟蜀茂州学正美

列行状，速铭于潭。谨按袁氏之裔自周封陈始，秦汉而下代有显官，驾家牒废缺莫可考其传系之次，转徙之详也。有□元高祖鼎三公，名毅勇将军，自沙村迁居璧山前，勇略之操，有以保艾一方也。曾祖讳朝用，行信六，自璧山迁居昼山，敦宠之德，有以表仪宗门也。祖讳质，字秉文，自昼山徙荆溪，博裕之谟，有以佑启后胤也。□处士继承宗祖操行不群，启口露肝胆不肯作世俗软媚态。或讥其绝物不能易其褊心也。每值岁歉，即出粟济贫乏；或讥其好名，则曰非好名不忍视其失所也。郡守贤其行，屡宾于乡饮；或讥其附势不敢慢朝廷之令也。群行类此。孺人讳寿，姓何氏，少服其父广济处士用华之训事夫，顺以义教子。爰以礼而卑尊咸适也。岁时奉祀，惟恭阃门嫁娶如一，而内外皆安也。疑忌不萌于心术，燕私不形乎动静，而姻党咸以为女中师法也。视处士之卒，以年计则前十稔，以月计则先九月，以日计则后二十二日也。处士生洪武甲戌正月七日，孺人生洪武癸酉十一月十一日。男五，澄娶周氏、张氏，先卒，继娶贾氏；济娶张氏；洁娶张氏；濂娶刘氏；洧早世。女五，适同郡冯海、刘沔口、张万严□侄，皆有士行，惟适万者，厄于万卒，再适新亭潘荣廷。继室张氏男一七保，未娶。女一，六女在室。孙一十三，桂、榆、诸、欐、栋、梁、材、格、朴、林、极、梾、植。弟二，钱之镗，存侄八，潘、渼、洁、演、濂、通、瀛、深。呜呼，处士诚善人哉，孺人诚贤妇哉，向其子孙绳绳多也，请系以铭曰：乾道惟弘，坤道惟贞，其上下同心也，匪爵而荣，匪禄而享。其内外同称也，松柏亭亭，封域明明。其子午同茔也，于赫厥声，于皇厥灵。其天地同存也。

　　龙集成化三年岁次丁亥冬十一月吉日孤哀子澄等重立，孙女婿张选书①

　　按，此碑为袁澄于成化三年（1467）为其父母所立，袁澄为袁氏定居袁广村之后的第四代，其世系为袁广—袁质—袁镜—袁澄。据碑文可知，其父袁镜去世五年后，袁澄将母亲何孺人（袁镜之原配夫人，先去世）与袁镜合葬在一起，并嘱托从弟、四川茂州学正袁渼列其行状，由南京兵部侍郎

---

①　明成化三年《明故处士袁公孺人何氏碑铭》，抄录于阳新县袁广村家族坟山墓地。

谢覃撰文，为父母树碑立传。① 在此碑文中，专门提及了早期移民的历史——高祖鼎三公（即普胜公），由沙村徙居碧山。曾祖朝用（即兴广公）由碧山迁居昼山，祖父质公由昼山迁居荆溪。这里有点奇特的地方是，此碑刻中追溯始迁荆溪袁广村的祖先是兴广公的儿子质公，而族谱兴广公之世系下则载兴广公迁居荆溪袁广村：

> 广公讳兴广，字朝用，行信六。由碧山徙昼山，复徙荆溪，始著户丰义里七甲，民籍当差，卜宅允藏，瓜瓞绵延，今奉为一世祖。生于元文宗己巳年（1329）十一月初一日戌时。娶张氏，生于元至正丁丑年十月初六日亥时。生子五，彝、庸、政、质、玑。公殁于明洪武壬申年（按，1392），妣殁于明建文辛巳年（1401）三月初七日亥时。公妣合葬贵家林，坐丁向癸，为茔。②

这里不排除兴广公有可能是偕质公等几个儿子一起移居荆溪袁广村，而袁澄碑文中仅追溯其曾祖父而已。兴广公殁于洪武壬申年，即洪武二十五年（1392），考虑明洪武二十四年（1391）湖广地区已经普遍建立较为完备的里甲赋役制度，以兴广公的名称入籍丰义里七甲当差也是极有可能的。总之，至少在明初的洪武年间，袁氏家族正式在荆溪（袁广村）安家落户，并取得了里甲户籍身份。兴广公的经济生活应该是以农耕为主，当然荆溪袁广村三面环山，山林资源较为丰裕，直到我们考察之际，还能看到当地人砍伐竹木贩卖的行为，加之袁广村离长江较近，且有溪流相通，距长江边的贸易重镇之富池镇也不远，山林资源应该可以提供一定的经济来源。另外，附近还有水域甚阔的郝寨湖，而根据族谱记载的康熙年间郝寨湖一案所言："张、袁二姓人等，今有郝寨湖祖遗，自古迄今，二姓轮流，腐烂字没，秋鱼以供国赋。"③ 可见郝寨湖自古即为袁姓与张姓共同拥有，并有渔课。总之，荆溪袁广村农、林、水产皆为丰富，因此到第三代袁镜公时，家道颇为富饶，以至于袁镜公的碑铭中即云"每值岁歉，即出粟济贫乏"，袁镜公也

---

① 按，坟山还有一块明成化三年《故考袁公妣何氏合葬之墓》的墓碑，其碑文相同。
② 阳新《袁氏宗谱》卷1《仲七派下世系》。
③ 阳新《袁氏宗谱》卷首《仲七公派下合约》。

屡次被推选为"乡饮大宾",这在明初乡里社会中已经颇为殊荣了。到了第四代袁澄,地位则更显赫,其事迹更是载入州志,据光绪《兴国州志》记载:

> 袁澄,字晤之,丰义里人。成化甲申,南京大饥,助赈三次,授义官,坊镌御书"仍然仁风"四字。①

袁澄因为三次赈灾,救济南京,被朝廷授予"义官"。另据花坟之袁懋官的墓志碑铭所言,"贤书澄公,值荒岁,助谷三千石赈饥"②,可知其赈灾粮食的数量之巨,因此也赢得朝廷御书旌表袁氏家族"仍然仁风",为此袁氏当时是建有骑楼和匾额的,现在还存有遗址的石柱。所以此碑文开头就直陈袁镜为"兴国州世家人也"。

显然其定居移民之后的历史是非常成功和辉煌的。成化三年(1467)袁澄所立的碑文,提及让时任四川茂州学正的袁渼撰写袁镜公之行状,而弘治十六年(1503)所刊刻的《显考奉议大夫袁公之墓》的墓主恰好就是袁渼,兹碑文抄录如下:

> 先相国府君讳渼,字实之,行顺十八,别号筠直轩。世家湖广兴国洲丰义里。正统己未秋年仅十龄,补郡庠弟子员。时大父素轩处士经商姑苏,大夫人黄氏悯其游学年幼,远离者久,每遇往回,则涕泗涟洳。壬戌大夫人即世,先君守制,始就家塾习作□义,逮长受经青阳程先生懋之门,领景泰丙子乡荐上春官,中乙榜,不就,庚辰再试,遂授四川茂州儒学正。辛巳春,跋涉至茂,备尝艰阻。且茂属边郡,边民子弟多弗率教,俗尚犷悍,仇杀无虚日,先大父屡寓书曰:吾之衰老日甚一日,恐不复与吾儿相见也。先君捧书嘘唏涕泣者累日,即解任东归。时成化甲申,岁也戊子,谒选,改授淮府纪善,寻以年劳,荐升为右长史,深蒙恩奖。丁酉冬,居先大父之丧,三年毕,庚子又待次铨曹,日

---

① 光绪《兴国州志》卷 22《义行》。
② 清雍正十三年《皇清诰封修职郎故显考袁公讳懋官字永忠别号梅溪大人之墓》,抄录于阳新县袁广村家族墓地。

久例告顺天府给牒，暂归居。无何遭继祖母张氏丧。癸卯又值长兄汝弼捐馆京城，痛恨相仍，衰病益加。自是决于退休，绝迹郡城，乡饮大宾之招仅一往焉。日惟晴窗独坐，玩味书史，倦则引诸孙出憩近郊，以适趣耳。不幸于弘治壬戌（按，1502）十月十六日正寝而终，享年七十三岁。以明年癸亥十月二十八日奉柩葬于屋北乐家岭之原，坐乾向巽，附黄祖妣兆也。呜呼痛，惟吾先君赋性端庄，宅心简易，群而不党，介而有容。其居家也，奉养抚字之诚，洽于上下，故宗党亲之；其居官也，清慎敦恪之行闻于远迩，故僚属重之。自志学，至于休仕，始终一节，为士林称仰无间。谨直撮其平生履历之概，刊于墓石，用垂诸不朽云。

孝男袁相楷杲柔孝孙炳照烇熹熜勋寿焍

孝媳妇王氏刘江严孙媳妇张蔡贾王汪赵张

孝妻盛氏继妻伍氏孝弟洁演濂涌瀛深

从兄澄（义官）济从弟浴□女素闲婿冯体元

高祖信六公曾祖寿十五公祖凯二十公

大明弘治十六年岁次癸亥十月吉孤子楷等泣血立石①

立碑人袁楷，为袁渼的第二个儿子。袁渼应该是袁广村第一个拥有功名和官职之人。按碑文所载，袁渼十岁就补郡庠弟子员，可谓极为聪慧，后于景泰七年（1457）考中举人，先赴四川任茂州学正，因为距离家乡遥远而返乡，后升任淮王府之纪善，旋升右长史。据查，淮王府为明代宣德十年(1436)，淮靖王朱瞻墺从广东韶州迁江西饶州所建立的藩王府邸，府址在江西鄱阳县，距离阳新较近。而右长史全称为王府长史司右长史，正五品官衔，掌管王府政令、辅相规讽，总管王府事务，属于明藩王府核心人物。从碑文额题来看，袁渼最后还被敕封为“奉议大夫”。由于袁渼高中举人，自然会被载入州志：“景泰七年丙子乡试举人，袁渼，四川茂州学正，升淮王府右长史。”②

值得注意的是，碑文之中有一句涉及袁氏早期的经济生活，即袁渼十岁

① 明弘治十六年《显考奉议大夫袁公之墓》，抄录于阳新县袁广村家族坟山墓地。

② 光绪《兴国州志》卷14《举人》。

之时，"大父素轩处士经商姑苏"。素轩为袁镗的别号。袁镗为袁质的第三子（袁质生镜、钱、镗三子），他既然能远赴姑苏（即现在苏州）经商，[①]想必家庭殷实，镗公也被推为"乡饮大宾"，而据碑文可知，袁渼作为官员，致仕归乡之后，也被推举为"乡饮大宾"。而且据地方志所载，袁渼的长子袁相，字汝弼，亦于成化十三年丁酉乡试中举人。父子双双考中举人，在当时应该是非常值得夸耀的事情了。

从荆溪袁氏定居袁广村的过程来看，始迁祖兴广公入兴国州丰义里七甲民籍当差纳粮，估计应该是以农为业了。第二代有五个儿子，分别为彝公、庸公、政公、质公、玑公。由于政公和玑公两位先后迁往外地，袁广村就留有彝公、庸公、质公三人，这三人的后裔就演变为袁广村的上、中、下三门格局，但非常奇怪的是，其顺序却是排行老四的质公派为上门、排行老大的彝公派为中门、排行老二的庸公派为下门。清初康熙年间，下门庸公派下袁懋瞻就曾经撰《辨讹》一文，他根据墓志发现，家族中将行四的秉文（质公）作为长兄，秉常（彝公）作为三弟，"是以兄作弟，以弟作兄也"[②]。兄弟排行的错位是否就是三门格局错位的原因，抑或与质公派下第二代、第三代出现了财力富饶和功名显赫的举人有关，或者这里的上、中、下仅仅只是聚落空间格局上的划分。具体原因和形成过程还有待进一步的考证，但这种三门格局显然在明代就已经形成。

从宗谱派系来看，袁氏似乎从初期开始就注重宗族的认同和派行的分别。兴广公之后，其第二世，彝公、庸公、政公、质公、玑公，其字号分别为秉常、秉中、秉齐、秉文、秉七，皆以"秉"字开头；第三世为镇公、铎公、铭公、铨公、镜公、钱公、镗公、钟公……皆用"金"旁；第四世为海公、澜公、浴公、澄公、济公、潨公、潞公、渼公……皆用"水"旁；第五世为椿公、模公、械公、柱公、李公、杏公、梅公、梧公……皆用"木"旁；第六世为炉公、煤公、煤公、炙公、辉公、烘公、炼公、焕

---

①　这一经商现象在以后的世系碑铭中亦有出现。道光六年《故考袁公讳启篁字竹田号峭壁大人之墓》记载："峭壁袁先生，弱岁攻举子业，孤诣苦心，士林之翘楚。业后见同炊，食指日繁，生计日促。作班超投笔，端木货值之计。捐弃笔砚，部署家政，庐庐栋宇，式廓维新，经纪小大，公务胥井井有条，固不独课耕课度，训后昆以成立全节全孝，抚寡嫂以久志为足多也。"

②　阳新《袁氏宗谱》卷首《仲七公派下传赞·辨讹》。

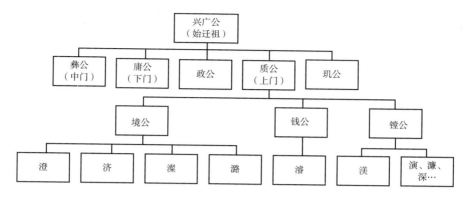

图2　袁氏前四世宗谱

公……皆用"火"旁（见图2）。

以上六世基本用单字命名，第七世之后，开始用派行字号辈命名，派行顺序依次为"继、天、朝、珑、懋、士、启、存、基、诗、书、作、训、永、知、修"，加上前面的以"金、水、木、火"偏旁命名，至当代袁氏共历二十二世。一般派行之字置于名字之前端，如"继"字辈曰继堂、继庆、继明等，"士"字辈曰士启、士份、士仪等，唯有第九世"珑"字辈，派行之字被置于名字后端，如云珑、飞珑、耀珑、跃珑等。

但笔者怀疑这种派行名字在实际运用和袁氏初期的历史中并非如此整齐划一。仅从墓志碑文来看，比如弘治十六年所刊刻的《显考奉议大夫袁公之墓》碑文中，"袁渼"就被写作"袁美"；嘉靖三十二年《故考袁公隽六十七府君之墓》中，立碑人署名为"袁龙、虎、凤"，但在族谱中，皆加了"火"字旁。因此，可以认为，修谱的过程其实就是宗族组织统一化和整体化的过程，并且解决和解释了家族的许多问题和现象。比如首次修谱，必须解决一个族源的问题，即我是从哪里来的。然后将之前星散的世系条理化、整齐化，并为以后树立规范和标准，比如派行的选定等。但袁氏在前六代，的确有意识地选择同类型的字（体）来命名，以识别不同辈分，这或许与袁氏在第三代就出现官宦和读书人有关。

继三门之后，随着时间的推移和人口的增长，袁广村又出现了八房的划分。这种同一宗族内部房份的划分，其实是人口不断繁衍、亲属圈子不断分化的结果，在承祧与继产方面，基本都是先按照房份内部来进行处理的。至于何时形成八房，以及具体是指哪八房，现在还较难判断。袁广村祠堂墙壁所保存的道光十二年（1832）碑刻《粟窝徐家坳两处合户公约》云：

> 今因岁歉，公祭费有不给，族人事有惟艰，恐再有不法之徒，妄生觊觎，是以合户齐集祖祠，共同商议，将粟窝、徐家坳两处公山，载粮钱一十二串文，情愿书契凭中，尽卖于本户文渠、德明、名播、良卿、存恕、国干、基海、基浚名下，八房现共为业，以保阖户口口来龙……买山八房丁口原议不分其山，卖后听从八房蓄种取息管业……倘后八房内恐有买卖，只许八房转运，不许出卖外姓。①

从以上碑文可以看出，至少在道光十二年（1832）之前，袁广村已经有八房的划分。"文渠、德明、名播、良卿、存恕、国干、基海、基浚"这八个人，应该就是道光十二年（1832）袁广村三门八房各自的代表，而所有户族的财产分割，都是在八房内部流转。由此可以看出，在三门之下，袁广村还有八房的家族组织格局。在1927三月的司法民事案卷中，还专门提及三门八房之事：

> 前清道光年间，有程商壁、梁国安等勾引袁姓户痞，霸挖取煤，历经讼争，严禁在案。后因补助祭费，又恐另生觊觎，合户齐集祖祠，由户长启株等并阖族人等凭中卖与文渠等上中下三门八房，相共为业。各执合约一纸。照约立石祖祠。约内载明倘后八房内恐有买卖，只许八房转运等语。②

概言之，袁广村袁氏家族，自始迁祖兴广公于元末明初迁居荆溪袁广村之后，于洪武年间编户入籍丰义里七甲纳粮当差，此时应该是以农耕为业，兼及山林特产，而从康熙郝寨湖草场案来看，袁氏与邻近的张

---

① 清道光十二年《粟窝徐家坳两处合户公约》碑，现存阳新县袁广村袁氏祠堂内。
② 阳新《袁氏宗谱》卷首《仲七公派下堂谕·民事判决书》。

氏，还共同享有郝寨湖之水面和渔业资源。总之，到了第三代袁镜公、袁镗公之时，家道开始富饶，袁镜公已经能够"每值岁歉，即出粟济贫乏"，并多次被推举为"乡饮大宾"。袁镗公更是远赴苏州经商，家道之殷实可见一斑。在经济实力上升的同时，袁氏家族的社会地位也开始显著提升，到第四代，即明代景泰、成化年间，袁氏先后出现了袁渶、袁相父子举人，而且袁渶先后任四川茂州学正、淮王府右长史等职，官居正五品。袁澄也于明成化年间赈济三次，封赠义官，朝廷旌表袁氏义门，御书"仍然仁风"。此时可谓正值袁氏家族的第一个鼎盛时期。以后庠生、太学生、国学生等地方生员亦层出不穷。故康熙年间所立的《袁氏重建祖祠碑记》即云："书香人家，地灵人杰，贤士屡生，景泰、成化年间，以举人显则袁公讳渶，其子讳相业；以岁贡显则讳熺讳朝佐也。自是学孔孟者入簧宫，习孙吴者谙韬略，代不乏人，指难胜屈，人文后先。"[①] 而其家族组织则在不断繁衍的过程中，根据亲疏远近，逐渐形成三门八房的宗族格局。

四　想象的"祖先"：荆溪袁氏早期世系的层累构建

从生物繁衍的角度而言，人皆有所本，皆有所出，但对于普罗大众而言，囿于记忆之有限、文字之缺失，往前回溯，都会遇到"文献不足征"的困境。而家族在创修宗谱之始，最需要解决的基本问题之一，可能就是族源问题，并且尽可能在移居地和迁出地之间建立有机的联系。但在漫长的移民和不断的人口繁衍过程中，遥远的祖先往往淹没在岁月的长河中杳无踪影，如此，怀抱着执着与神圣使命的族谱编纂者该如何去追寻自己的祖先？

荆溪袁氏移居袁广村之后，对祖先的记忆大概更多地停留在上溯三代之内，即兴广公之前的普胜公和丙七公。如袁广村现存最早的墓志碑刻为明代成化三年《明故处士袁公孺人何氏碑铭》（碑文见前），其中追溯最早的祖先为"元高祖鼎三公，名毅勇将军"，这里的"鼎三公"就是普胜公，号鼎三。而接下来的明弘治十六年《显考奉议大夫袁公之墓》（碑文见前），则

---

① 清康熙五十六年《袁氏重建祖祠碑记》，现存阳新县袁广村袁氏祠堂内。

世系仅推及"高祖信六公",信六公即荆溪袁氏的始迁祖兴广公,字朝用,行信六。

但这些并没有阻止他们不断追寻更遥远的祖先的脚步。除了前揭所见到的明代成化三年、弘治十六年的墓志之外,还有一块可以算是明代的墓碑,即其初次刊刻于明代弘治九年(1496),但重立于清代嘉庆二十五年(1820)。其墓主为袁氏定居荆溪袁广村之后的三世祖袁铠公,碑铭名为《先考素轩府君之墓》,其碑文抄录如下:

> 袁氏世为著姓,惟我先考府君讳铠,字道声,行凯二十二。公世家兴国丰义里,曾太父讳普胜,太父讳兴广,父讳质,咸有令德,佑启后胤。府君宅心坦夷,著德熙和,笃伦理,好施予,时称善人。生辰乃洪武庚辰八月十八日,以成化丁酉十一月十九日终于正寝,享年七十有八,又明年己亥正月初三日庚□□□□于屋北乐家岭之原,坐壬向丙加子午为莹,从先兆也。先母同里黄谷玉之女,先卒,上距府君三十六年,生男四女三,继母张氏,生男三女二,皆府君身为教养嫁娶。第家牒不存,其世系迁徙之详无由而知,深可慨也。尝得宗系图□纸云,自远祖念五公生五十五公,五十五公生六四公,六四生仲七公,仲七生丙七公,丙七公生鼎三公普胜,鼎三生信六兴广,信六生寿十五公质,寿十五公生府君,盖九世也。至若迁居之次,则闻诸故老,相传云上世初居砂村,□砂村迁碧山,碧山迁女氏山,最后迁荆溪,即今处也。□不外手本里□□知尉□来□,溁幼领庭训,受禄于官,不能远综博索索以昭前人之绪,以开后嗣之基,不孝之罪恶乎,逃又大惧先德之将泯,宗党之日疏,因拭泪而撮其慨于兹石。
>
> 男溁演濼通瀛深校
>
> 妇盛氏王方方李盛张　　□
>
> 孝孙袁相楷既杲检瞿启
>
> 孙妇王氏刘张江汪谢冯严
>
> 曾孙袁炳照奎皐喜谷惚敦忍炬
>
> 曾孙妇张氏蔡贾张汪赵
>
> 长兄讳镜生澄济洁洧潞
>
> 大明弘治九年丙辰岁十二吉日

嘉庆廿五年嗣孙启亚重立①

此碑两次刊刻竖立的时间分别为明代弘治九年（1496）、清代嘉庆二十五年（1820），中间相隔 324 年之久，为何重立？重立之后碑文是否有改动？这些暂时还不得而知。仅从碑文内容来看，应该是袁渼为父亲袁镗公所撰写的碑文，但立碑人已经向后延伸了两代，无疑是嘉庆刊刻时添加上去的。

此碑铭内容除了对墓主镗公的生平进行记叙之外，最引人注意的部分就是镗公通过"尝得宗系图"这种"偶然"方式，得到了一份袁氏定居之前的祖先宗系图，将始迁祖兴广公之前的世系进行了延伸：

念五公→五十五公→六四公→仲七公→丙七公→普胜公→兴广公

如此将始迁湖北阳新沙村的丙七公之前的世系，上溯了四代。这部分内容是弘治九年（1496）初次立碑时就有，还是嘉庆二十五年（1820）再次立碑时重新增补？目前还不太清楚，但至少可以肯定，在清嘉庆之前，早期的世系已有所回溯了。

但袁氏早期世系的构建并未到此为止，在 1988 年撰写的袁氏族谱中，此碑以《镗公墓志》为名被载入《袁氏宗谱·传赞》中，但内容有所改动：

> 袁氏世为著姓，惟我先考府君讳镗，字道声，行凯二十二。公世家兴国丰义里，曾尊太父讳普胜，太父讳兴广，父讳质，咸有令德佑启后昆。府君宅心坦夷，著德熙和，笃伦理，好施与。时称善人。生辰乃洪武庚辰八月十八日，以成化丁酉十一月十七日终于正寝，享年七十有八。又明年己亥正月初三日庚申，奉柩葬于屋北乐家岭之原，坐壬丙兼子午向。为茔从先兆也。先母同里黄谷玉之女，先卒，上距府君三十六年，生男四女三，继母张氏生男三女二，皆府君身为教养嫁娶。间尝得宗系图，云自远祖念五公生五十五公，五十五公生六四公，六四公生仲

---

① 清嘉庆二十五年《先考素轩府君之墓》，抄录于阳新县袁广村家族坟山墓地。

七公，仲七公生国一，国一公生正二，正二公生天三，天三公生星四，星四公生顺五，顺五公生丙七，丙七公生鼎三普胜，鼎三公生行信六兴广，兴广信六生寿十五公质，寿十五公生府君，盖十四世也。至若迁居之次，则闻诸故者，皆云上世初居沙村，沙村迁碧山，碧山迁女氏山，最后迁荆溪，即今处也。渼幼领庭训，受禄于官，不能远综博索，以绍先人之绪，以开后世之基，不孝之罪恶乎逃，又大惧先德之将泯，宗族之日疏，因拭泪而撮其概，于兹石。

　　哀子渼等泣撰①

对照《袁氏宗谱》中收录的《镗公墓志》和坟山碑刻中的《先考素轩府君之墓》，我们可以发现，其最大的改动就是在仲七公与丙七公之间，揷入了"国一、正二、天三、星四、顺五"五代，于是至兴广公时，形成了十二世：

念五公→五十五公→六四公→仲七公→国一→正二→天三→星四→顺五→丙七公→普胜公→兴广公

由于镗公墓志碑尚在坟山墓地之上竖立着，编者大概也意识到族谱内容与墓碑内容明显不符。为此，族谱在《镗公墓志》之后特意加了附注：

考历代总系，在仲七公后，遗失五世，即国、正、天、星、顺五世，在戊辰合修大成补上，特此说明，以免后人鉴疑家乘与墓志不合。②

坟山碑铭上直接记述"仲七生丙七公"，但宗谱却说仲七公到丙七公之间遗失了五世，但没有给出充分的理由和说明。兹将宗谱中所记袁氏早期世系绘制如下，如图 3 所示。

---

① 阳新《袁氏宗谱》卷首《仲七公派下传赞·镗公墓志》。
② 阳新《袁氏宗谱》卷首《仲七公派下传赞·镗公墓志》。

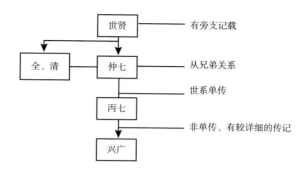

图 3　袁氏早期世系

　　那么在 1988 年修谱之际，为何要在仲七公之后、丙七公之前，添加五代，将世系延伸拉长？考之，大概与阳新县全公、清公以及仲七公三公后裔合修族谱有关。从修谱的村庄来看，全公派下村庄最多，其次为清公派下，而仲七公派下实际只有袁广村一个村庄。而据《袁氏合修宗谱序》所载：

　　　　我族自汝南衍派，施及襄中。南宋时，我祖全清仲七三公，俱为世贤公五世孙。全清二公俱由吴迁楚，全公则卜居于兴国之铜桥畈，清公始奠基于同邑之享潭，后徙居于白果，至今已属通山。仲七公其时尚未定居何所。至兴广公，乃仲七公之八世孙，始定居于荆溪之覆钟山下，厥裔遂尊为不迁祖云。……集我族七邑之耆英，聚议于兴国之河潭庄内，凡倡空前之举，统一家乘，旋复集会于率洲之袁家垄庄，推敲谱局地址，佥曰是邑富池镇之袁广庄泉甘土沃、俗美化纯，堪设我族之谱局，而广庄亦乐献其集体之连云大厦为谱局栖息之所。遂乃定居址。①

　　在 1988 年的合修族谱活动中，袁广村作为谱局地址，地位还是非常重要的。但从迁徙的历史来看，全公、清公两人于南宋时就由吴迁楚，一居铜桥畈，一居享潭（后徙居通山白果）。但仲七公于南宋时尚不知所在，直到丙七公始迁兴国州的沙村，至兴广公时才定居袁广村，此时已经到了元末明

①　阳新《袁氏宗谱》卷首《袁氏合修宗谱序》。

初。而 1988 年合修宗谱之时，袁广村为了将祖先的历史向全公、清公靠拢和看齐，就添加了一个与全、清二公同辈的仲七公，并将其与前面两位的关系定为"从兄弟"（至于全、清二派的联系是否紧密，是另一个待考的问题，兹按下不表）。如此则仲七公作为南宋人士，和元代中后期的丙七公之间就有时间上的脱节，于是就插入了"国、正、天、星、顺"五世作为过渡和衔接。

事实上，袁广村人心目中对于祖先的记忆，大概是从丙七公（号万春）开始的。由村中专门建有"万春亭"以兹纪念就可知。袁广村于 1988 年合修族谱时，将其始祖追溯到仲七公，而其或许是根据合谱的需要想象出来的人物。所以《仲七公派下世系图》中就有如此说明：

> 南宋，仲七公，全、清二公为一世祖，我仲七公应为一世祖。袁仲七公裔下五世孙在江西未迁。至丙七公始迁沙村，生普胜公。普胜公再迁碧山，生兴广，迁居荆溪著户，不再牵动，故尊兴广公为一世祖。①

这里就出现了两个"一世祖"：一方面，从合谱的角度，为了与全、清二公看齐，所以仲七公应该为袁广村的一世祖；另一方面，荆溪袁氏实际的始迁祖和开基祖是兴广公，当地人已经习惯将兴广公尊为一世祖和始迁祖。如此，仲七公到丙七公之间的一段世系，主要是为了合谱之需要而构建的一段历史。

事实上，在笔者目前所能看到的荆溪袁氏的谱序中，最早的一篇为同治年间袁光澍所撰，他曾经专门解释了为何不尊最早迁入阳新的丙七公为始祖，而是尊兴广公为始祖：

> 吾袁氏旧谱，自丙七公由江右丰城迁湖广兴国，再传至兴广公，始著户荆溪。吾族之所以尊为始祖也。曷为不始祖丙七公？公虽始迁而尚未起家也。其独详广公祖父何礼？推其所自出也。所自出只此乎？时伐

---

① 阳新《袁氏宗谱》卷首《仲七公派下世系图》。

殷遥，不敢杜撰也。①

据此谱序可知，至少在清朝同治年间，荆溪袁氏早期的祖先回溯仅到丙七公。而在目前所见最早的墓志碑刻，即明代成化三年的《明故处士袁公孺人何氏碑铭》中，回溯的祖先仅到普胜公而止。在嗣后的立碑和修谱过程中，根据现实的需要，而不断地层累构建和延伸早期的祖先谱系。

这种想象和构建早期"祖先"的现象，在其他大多数宗族中也较为常见。一方面从客观上言，由于移民迁徙的历史往往是漫长且大多没有文字记载的，当一个移民群体繁衍壮大，决定修建族谱之时，囿于文字有限和记忆消失，对于遥远的历史只能靠虚构和想象。而另一方面从主观上言，他们又需要建立一个拥有地缘关系的血缘群体，而且从朴素的生命繁衍的逻辑出发，他们认为现实的人群总是由某一个祖先传承下来的，这点是毋庸置疑的，至于这个祖先到底是谁，在没有完整文献的基础上，他们就只能凭空想象和勾连。而且一旦构建和想象出一个共同的"祖先"，那么就会通过起坟、立碑、入谱、祭祀等多种活动，让想象的"祖先"逐渐落到现实里，走入当地人的生活中，从而起到凝聚族群的作用。想象的历史并非没有现实的意义，从这个层面和角度而言，我们不能因为"祖先"的虚构就否定其在宗族组织中的积极意义。与其说他们在构建"祖先"，不如说他们在完成一项神圣的使命，在书写属于他们自己的历史。

五　余论：移民社会史研究的若干思考

众所周知，明清时期的长江流域，由于战争与土地资源以及赋税等复杂因素，掀起了历史上一场自东向西、波澜壮阔的"江西填湖广""湖广填四川"的移民浪潮。故此，两湖地区在明清时期无疑属于典型的"移民型"社会。对于两湖移民，张国雄已就移民原因、路线与过程，以及移民对于垸

---

① 阳新《袁氏宗谱》卷首《仲七公历届总序·续修新序》。

田等经济开发行为进行了初步研究。① 倘若从社会史的视野出发，我们还需进一步深化两湖移民史研究，展开移民社会史的研究——比如移民进入迁入地之后，面临的一系列问题：首先，他们如何维持生存；其次，他们如何提升自己的身份和地位；再次，在一个以移民为主体的社会，如何构建新的社会关系网络；最后，新构建的地方社会如何融入国家，如何建立新的地方社会秩序；等等。

本文通过对鄂东南阳新县富池镇袁广村的个案研究，试图部分回答有关移民社会史的相关问题。袁广村的荆溪袁氏经过几次转徙之后，终于于元末明初迁入袁广村定居下来。由于此地山林环绕，且荆溪穿越其间，比较宜于从事农耕，兼有竹木及渔业资源可资利用，所以到了第三代，荆溪袁氏就非常富有，能出谷赈济贫乏，被州县举为"乡饮大宾"，并获朝廷旌表，且有人远赴苏州经商，这对于移民家族的发展与社会地位的提升有着十分重要的意义。正是在富有的经济基础之上，到了第四代，荆溪袁氏就出现了父子举人，并官居五品。换言之，移民家族往往以农立业，以经商致富，以科举提升社会地位。一般而言，一个移民家族需要经历至少四代人的努力，才有可能跻身士绅阶层。

社会移民在一个地方定居成功之后，开始构建自己的家族历史和家族谱系。由墓碑资料和族谱资料来看，荆溪袁氏出现了一个有趣的现象——时间越靠后，其追溯的祖先越远、越翔实，并且将祖先移居的时间越推越早。显然他们是根据现实的需要，而在不断地层累构建和延伸早期的祖先谱系。这些想象的"祖先"，是否真实存在并不重要，因为对于当事人而言，每个祖先都是真的，或者说，每个祖先都具有真实存在的意义。

---

① 张国雄：《明清时期的两湖移民》，陕西人民出版社，1997。

"百果台"：晚清民国闽北惠安祠的
神诞供品及其文化与经济意涵[*]

李　军[**]

本文考察的地域范围以武夷山南麓的和平镇为主。和平镇地处闽北邵武市西南部，下辖 10 个行政村，1 个居委会。本文重点涉及和平镇北部的 3 个行政村及其辖内的 9 个自然村，俗称"上九乡"。和平镇属丘陵地带，境内岗峦起伏，和田溪两岸为狭长河谷小平原，九乡便星罗分布在这块小平原上游。本文着眼于长时段的历史变迁视角，以神诞庆典的供物为切入点，研究九乡居民如何以仪式与日常生活中的饮食之物来建构他们与神明的关系，并探讨社会经济的变化又是如何影响饮食文化和供品选择的。

一　惠安祠简史

惠安祠，俗称下城庙，位于和平镇坎头村南 200 米处，坐西朝东，依山傍溪。现今庙宇占地 1000 多平方米，抬梁与穿斗式混合构架，重檐顶，气势恢宏，大体上保留了清代的建筑风貌。庙有两进殿，主殿供奉三尊神像："福善王"居中，"民主王"与"五通王"配祀左右。主殿左侧祀奉观音及其两位侍女，右侧塑地藏王。后殿供奉的诸位神明是：社公、社母、五谷真

* 本文得到了 2015 年度和 2016 年度中央高校基本科研业务费专项资金资助，项目批准号分别为：SWU1509514、SWU1609150。

** 李军，西南大学中国乡村建设学院。

仙、土地、财神。2013 年，村民又紧邻后殿南侧新建一座观音阁，供奉千手观音，并分别以郭、邱、王三仙祖师和地母娘娘袝祀左右。①

关于惠安祠的历史，目前所能见到的最早记录出现在明弘治《八闽通志》中，其云：

> 惠安庙，在府城西南三十六都。晋永嘉时，和平居民春秋社，常于张家井巨石侧致祭，号为"和平土主神"。宋绍兴间赐额，封善应侯。②

《八闽通志》的修撰时间上距永嘉已逾千年，上述材料可能不尽准确，但是仍能提示我们惠安祠的起源可能与古老的社神崇拜密切相关。晋永嘉时，和平居民有将巨石当作土主神祭祀的习俗，巨石旁可能建有建筑，作为春秋社祭的场所。

宋代，和平地区内部的地域关系发生较大转变，其中最引人注目者当属上官家族的崛起。据北宋政和年间《宋正奉大夫上官凝公神道碑》可知，宋初的上官氏为邵武土著，父祖"皆隐迹不仕，乡里仪之"③。庆历二年（1042），上官凝进士及第，家族命运由此改变。上官凝的登科入仕使其得以跻身士林行列，为后代登科仕进创造了良好的人文氛围。此后，其子孙"历代簪缨，蝉联相续"④，仅直系子辈、孙辈中进士及第者便达 6 人，尤其是次子上官均荣登榜眼，官至大理寺少卿。曾孙及其后辈接连登科入仕，"榜籍迭书、衣冠袭起者，不可以数计也"⑤。

科举的巨大成功铸就了显赫的官宦世家。在此背景下，惠安祠庙宇的性质也出现了重大转变。收录于嘉庆《上官氏宗谱》中的《惠安祠檀越上寿胙筵由来记》对此有详细的追述，兹摘记于下：

> 惠安祠，古名"溪堂"，今名"下城庙"，为樵南之名祠也。建

---

① 关于明清邵武和平地区的宗族与信仰情况，可参见李军《村落中的国家印记、宗族与民间信仰——以闽北和平古镇为个案的考察》，《农业考古》2014 年第 3 期。

② 弘治《八闽通志》卷 60《祠庙·邵武府·邵武县》，福建人民出版社，2006，第 561 页。

③ 谢文瓘：《宋正奉大夫上官凝公神道碑》（政和四年），碑存邵武和平坎头村上官凝墓地。

④ 谢文瓘：《宋正奉大夫上官凝公神道碑》。

⑤ 刘克庄：《后村先生大全集》卷 94《序·和平志序》，《四部丛刊初编》，上海书店出版社，1989，第 2 页。

自宋朝熙宁间，其基址即葬九世祖泪公之王墓墩。公后改葬暖水窠，即就此地建造祖庙。原十七世祖均公奉使金［辽］国，夜宿馆驿，有盗图劫，梦见泪公显灵默佑，始克。回朝表奏，朝廷加封泪祖为"民主王"，兰公为"五通王"，赐建专祠，享民血食，在公原葬处建祠。公字惠安，故额曰"惠安"。……（明代重修时）又加塑"福善王"，而牌匾仍其旧。①

这则材料意在说明，自宋代以降上官家族一直对惠安祠持有支配权，传达的是清代上官族人对惠安祠的认知话语。就其所言，有两点值得注意：其一，惠安祠古名"溪堂"，宋熙宁年间（1068—1077），被改造成上官氏的私家祠庙"惠安祠"，奉祀上官泪父子；其二，宋代朝廷加封上官泪为"民主王"，上官兰为"五通王"，"福善王"的塑像则是在明代重修时加塑的。

然而，笔者结合方志、碑刻、族谱与口头传说考证出宋元时期惠安祠的演变大致轨迹：早期惠安祠可能是和平地域社会祭祀社神的场所；宋代则演化为供奉本地神明"黑面王"的庙宇"溪堂"，同时，欧阳祐与五通神信仰传入和平地区，两位神明也进入惠安祠；随着科举的繁盛，当地土著上官家族开始勃兴，并开始族源的追溯与谱系的建构；至迟在南宋绍兴十二年（1142）上官氏重修族谱时，唐末先祖上官泪忠烈殉国的故事被正式构建出来，其成为家族的祖先神，并以"民主王"取代了"黑面王"进入惠安祠，但同时其神像仍保留着"黑面王"形象特征。借此改造，惠安祠成为具有上官家族祖祠性质的庙宇。②

宋元鼎革之际，邵武地区战乱频仍，宋代形成的社会结构被破坏殆尽，③"天下世家"的上官家族也因战乱分崩离析，沦为明清时期的普通庶民宗族，在地区的影响力大为降低。同时，明清时期大量江西、浙江客民涌

---

① 《上官氏宗谱》卷首《惠安祠檀越上寿胙筵由来记》，清嘉庆十七年残本，藏于邵武市和平前山坪村。

② 李军：《神人共享：一个闽北村落庙宇的历史变迁及其权力意涵》，《中国社会历史评论》第十六卷，天津古籍出版社，2015。

③ 王琛等修，张景祈等纂光绪《重纂邵武府志》卷13《兵制·寇警》，《中国方志丛书·华南地方》第73号，台北，成文出版社，1975，第228—229页。

入闽北地区，填补了动乱造成的人口空白。① 随着明初局势的稳定，庶民家族与村社势力逐渐兴起。村落权力格局的变动势必对惠安祠发展产生重要影响。《上官氏宗谱》记言：

> 祖殿（惠安祠）后因历朝改革，迭遭兵焚，屡建屡倾，其后子孙散居各处，艰于修葺。而四十三都人士咸以尊王神威显赫，御灾捍患，功施于民，神庙应宜修理，祀典不可废弛，爰商诸吾族先辈，准其捐资修建，年规愿照后列各条，送给官姓，永为檀越。后又加塑"福善王"，而牌匾仍其旧。兹重修家乘，爰志数语，使后人知其由来云。②

遗留至今的弘治惠安祠大钟，亦记录了明代乡民重修惠安祠的情形。其铭文云：

> 当次劝首积福、龙兴二坊会同四十三、四十四、三十三都募同二十六坊，抽己资财，命工鼎新铸造铜钟，充入敕封惠安庙三位尊王御前，晨夕祈祷叩应。伏愿金钟鸣镇千载，保庇诸坊万万春，家家清吉，户户沾恩。谨题。弘治十一年戊午岁仲秋月吉日志。③

可见，在改朝易代的混乱时期，惠安祠屡遭兵燹，经历了一段衰颓的时期。直到明代开国百年后，弘治十一年（1498）才得到重建。此次修建完全由四十三都等地区的民众共同资助。由此，惠安祠不再只是上官家族的私庙，而转变为诸坊的地域性公共空间，并且形成了一套地缘性祭祀系统，维持着惠安祠的香火。值得注意的是，至明代，上官家族对惠安祠的影响犹在。诸坊民众重修祠宇时，仍须征得上官家族的同意，"爰商诸吾族先辈，准其捐资修建"，双发订明条例，规定上官氏"永为檀越"。《惠安祠簿》也明确记载上官家族作为惠安祠的檀越，在神明庆典活动中能得到特别优待。而这也间接证明，在宋元之际，惠安祠确受到上官家

---

① 参见陈启钟《清代闽北的客民与地方社会》，博士学位论文，台湾师范大学，2011。
② 《上官氏宗谱》卷首《惠安祠檀越上寿胙筵由来记》。
③ 惠安祠明弘治铜钟，通高 1.2 米，口径 0.8 米，现藏于邵武市博物馆。

族的支配。

明清以来，在九乡民众的共同支配下，惠安祠逐渐发展出一系列祭典仪式。这些祭典举行的时间、周期、内容以及目的各不相同。尤以每年八月初五的"福善王"寿诞祭典与立冬日之后的游神活动最为隆重。这些仪式对于地区的整合至关重要。出版于清光绪年间的《惠安祠簿》一书对"百果台"（又作"摆果台"）的150种祭品的种类、筹办和分配规则做了详细记载，以下便拟以此资料为中心，结合田野考察材料，对此祭典进行探讨。

二　神诞供品的种类与文化意涵

惠安祠神诞祭典中为神明准备的宴馔，被称作"百果台"，即在三王神像前摆放一张巨型的方桌，桌上摆满各色粮食糕点、干鲜蔬果、山珍海味共150余种。这些祭典饮食品类繁多，加工方式多样，而且包含着多重的文化意蕴。

（一）供品的种类

神诞日是八月初五，但筹备活动在前一天便已开始。《惠安祠簿》规定："初四日下午，排设果品壹佰贰拾色。或有缺少不遵旧例者，公罚。初五日备五烧、五蒸、油煎、面食、各色糖果、海味八色，斋菜四色，猪腹五内俱全，及各色配菜，俱要丰洁齐备，不得缺少。"① 结合下文可知，初四排设120种果品，这些供品以及相关的厨务由9村当值诸坊分作16股来筹办，除第一股总理全局，无须派果外，其余15股各需分担8种。而另外30多味荤素菜肴则由惠安祠庙祝在初五置办。供品的种类早已形成"旧例"，筹备者须遵循无缺，保证"丰洁"，否则将受公罚。至于供品清单，《惠安祠簿》有详载，兹转录于下：

光绪年间惠安祠神诞庆典供品清单

福香寿烛寿酒岩茶

① 《惠安祠簿·公议规条》，清光绪元年木活字本，藏于邵武和平坎头村。

豚肉熟鸡鲜鱼熟鹅熟鸭

猪心猪肝猪肚猪肺猪肾

海参羊觔鲍鱼沙翅兴鳗福墨汉蜇金钩

香菇木耳金针粉皮米糕蕨饵

面饵三色燔殽五鼎糖果、煎果、满汉糕饼俱购

大福果三个大料饼三个佛手三支

公派果子号数

壹号把簿总理果子无派

贰号奉香灯

梧桐子柑俚毛栗百合花苑藕丝糖莲子白番薯糖煎苏叶

叁号排棹、散碗箸

毛桃干柿俚查梨子糍酥子生糖门冬生豆角柰菇子

肆号把局房

生家葛豆角干莲蓬房盐笋干白糖五味子糖茄干生木瓜

伍号做饭

海棠梨浸杨梅法豆子香元桃仍枸杞子南瓜干蜜榄

陆号担水

梨俚麻子糖桃干石菇干油酥豆木樨花葡萄干菱角

柒号切菜

柿霜饼鲍仍乞俚苦瓜干金弹子绿梅子生豆荚西瓜

捌号管茶

糖豆子冬瓜干浸蒜条生马荠包粟子杨梅干丁香红萝卜

玖号洗米

生王瓜冬笋片赤小豆生葵花蒲萄子石榴刀背豆浸蕳子

拾号烧火

茅楂使君子浸葱苑苦榾榛子地茄子炒包粟莲藕

拾壹号把秤

观音笋生苦瓜油煎番薯核桃蜜梨片王瓜干浸子姜青枣

拾贰号洗碗

鬼灯笼腌菜苑藤梨酸枣腌白姜落花生豆荚干兔俚

拾叁号收碗

五色米杏仁生子姜糖鲍干木瓜干无［胡］孙姜砌瓜子塔黄腐干

拾肆号管酒

冬梅子姜糖浸蒜菀腌菜干扁豆干稍瓜浸加庆子油煎黄腐

拾伍号员馅

白果甘蔗盐榄子扁豆蜜梨子煎糕炒盐梅干甜楮

拾陆号监春糍

众出糯米壹斗酿酒以藏春笋浸王瓜腌鲍瓜鸡脚梨酿冬瓜

腌苦瓜浸茄子藏白萝卜①

由上可见，惠安祠神诞供品数量丰富，品类繁多，以食物为主。根据食材的性质，大体可分为主食与点心、肉食、水产品、蔬菜、果品、饮料、佐料七大类。

1. 主食与点心

邵武是福建重要的稻产区，水稻品种多样。虽然也会零星在山地栽种小麦、番薯、玉米，但数量较少。居民以稻米为主食，面食、杂粮只是偶尔调剂。当地人还以粮食为原料做各种点心。如列入供品的五色米、粉皮、米糕、糍酥子是以大米制成；由麦粉制成的点心更是花色繁多，有面饽、煎果、满汉糕饼、大福果、大料饼、佛手。

晚清糖食已很普及，且花样很多。邵武的制糖之法有两种：一种取自甘蔗之浆；一种由含淀粉酶的麦芽酵作用于米饭而制得。前者生成砂糖和白糖（即冰糖），后者制成生糖（即麦芽糖）。供品中的糖食有藕丝糖、糖煎苏叶、糖果、生糖、白糖、麻子糖、糖豆子、姜糖。在各色糕点中也会加入砂糖调味。

2. 肉食

（1）三牲

《惠安祠簿》规定的三牲由豚肉（猪肉）、熟鸡、鲜鱼组成。2013 年 8 月笔者考察百果台时，看到的三牲是猪头、鸭和鲤鱼。猪头和鸭都是半熟

---

① 《惠安祠簿》中多以邵武和平方言记载百果台供品名称。以下根据对村民的访谈，将一些生僻难懂的名称转换为通用的称呼：金钩，一种海虾；柑俚，橘子；百合花菀，百合花根部；白番薯，豆薯；查梨子，本地山楂；生糖，麦芽糖；白糖，冰糖；柿俚，李子；莲蓬房，莲蓬；法豆子，蚕豆；桃仍，桃子；梨俚，梨子；木樨花，桂花；匏仍，柚子；乞俚，本地柿子；金弹子，金橘；生马荠，荸荠；包粟，玉米；红萝卜，胡萝卜；王瓜，黄瓜；生葵花，生葵花籽；蒲萄子，鲜葡萄；藤梨，猕猴桃；黄腐干，一种本地豆腐；浸加庆子，加应子（一种闽式李子蜜饯）；鸡脚梨，拐枣；匏瓜，葫芦；白果，银杏的种仁。

的，两条鲤鱼是活的，用水盆养着。有老人表示，三牲要能代表天上飞禽、地上走兽、水中游鱼，只有在大型的仪式中才会使用。准备这些祭品，表达了人们对仪式的重视，所以被称为"大礼"。

（2）其他肉品

除三牲之外，还有猪心、肝、肚、肺、肾等"猪腹五内"，熟鸭、熟鹅、兔俚（兔子）等项。值得注意的是，光绪《重纂邵武府志》记载的当地物产中还有牛、羊、狗、猫、鹁鸽等五种"畜之属"，同时，在"毛之属"中也提到了鹿、麂、山羊、果子狸等野味，① 然而，它们并没有成为供品。从田野走访的情况可知，当地的肉类饮食结构以猪肉为主，其次是家禽和鱼类，而牛、羊以及野味只在平日偶尔食用，并没有被纳入节庆筵席食单。可见，百果台的肉类供品是比拟节庆筵席标准选定的，表现了农耕经济的饮食特点。

3. 水产品

供品中的水产品有两类，一是鲜鱼，二是八种海味干货。和平地势平坦，四面环山，水源充沛，适宜养鱼。从民国时期的经济调查可知，该地可能早在明代便已开始稻田养鱼，清代"和平鲤鱼"已成为邵武知名特产。②

供品中有八种海味：海参、羊筋、鲍鱼、兴鳗、沙翅、福墨、汉蛏、金钩。海参、鲍鱼、沙翅都是名贵的海味佳品。海参被认为是能与人参匹敌的温补之品。清人周亮工《闽小记》云："闽中海参色独白，类撑以竹签，大如掌……海参得名亦以能温补也……人参像人，海参尤像男子势，力不在参下。"③ 沙翅是从鲨鱼鳍部提取、加工而成的佳肴。成书于清末的《海错百一录》载，福建沿海的鲨鱼种类繁多，"宜为脍，或切丝和肉丝拌姜醋，再取其汤，切芥蓝菜为羹，亦美品"④。

羊筋，疑为沙筋之误。《海错百一录》言："沙筋鱼长尺余，其状如簪，

---

① 王琛等修，张景祁等纂光绪《重纂邵武府志》卷 10《物产》，《中国方志丛书·华南地方》，台北，成文出版社，1967，第 170 页。其中，对玉面狸有这样的描述："生山林中，食果实，呼为果子狸，肉味美。"

② 陈兴乐、郑林宽：《邵武农村经济调查报告书》，私立福建协和大学农学院农业经济学系印行，1946，第 32 页。

③ 周亮工：《闽小记》卷 1《海参》，上海古籍出版社，1985，第 92 页。

④ 郭柏苍：《海错百一录》卷 1，《续修四库全书》第 1120 册，第 529 页。

又名土钗。《领表录异》云：生海岸沙中，春时吐苗。其骨白而劲可为酒筹。"① 兴鳗、福墨即海鳗和墨鱼。民国《福建通志》载："墨鱼，又名乌贼，销路极广。二三四月出连江、惠安、福鼎、福安、霞浦之崳山、三沙、诏安之铜山。海鳗，有黄鳗、白鳗、青鳗，出福鼎、平潭、南安、惠安、霞浦之北礵外洋，连江之西洋，黄岐、北茭、同安之莲河、霞浯。"② 可见，它们都是福建沿海鱼类，旧时邵武人认为兴化（莆田）产的海鳗、福州产的墨鱼最佳，故以兴鳗、福墨称之。

蛏是一种海贝。《闽书·南产志》云："（蛏）长二三寸，壳苍白头，有两巾出壳外……福州、连江、福宁州最大。"③ 金钩是一种海产的小虾。《八闽通志》载福州土产有"赤尾虾，虾之小者。金钩子，又小于赤尾，而味尤珍"④。

邵武地处闽西北武夷山区，距海尚远，这些海味因何能够流入当地，成为祭祀和日常饮食的一部分，这一问题留待下文探讨，此处不赘。

4. 蔬菜

此项供品品类繁多，几乎囊括了当地所有的蔬菜，在数量上仅次于果品。主要有：生豆角、豆角干、油酥豆、生豆荚、赤小豆、法豆子、刀背豆、豆荚干、扁豆、扁豆干、生苦瓜、苦瓜干、腌苦瓜、冬瓜干、酿冬瓜、生王瓜（黄瓜）、南瓜干、王瓜干、浸王瓜、稍瓜、腌匏瓜、生家葛、柰姑子、浸蒜条、浸蒜蔸、红萝卜（胡萝卜）、浸藠子、浸茄子、白萝卜、生子姜、浸子姜、腌白姜、腌菜蔸、腌菜干、浸葱蔸、莲藕。

同时，还有香菇、木耳、金针、石菰干、柰菇子以及春笋、腌笋干、冬笋片、观音笋等9味菌类与笋类菜品。

值得注意的是，从这些供品可以看出晚清时期邵武的食物加工和贮存方式已经较为多样，包括盐渍、糖浸、酒浸、腌制、酱渍、晾干、烟熏等。加工对象涉及几乎所有的食物原料——谷物、肉、水果、蛋品、蔬菜。这些加工方式不仅延长了食物的保存时间，而且赋予其新风味，丰富了饮食文化的内涵。

---

① 郭伯苍：《海错百一录》卷2，《续修四库全书》第1120册，第548页。
② 民国《福建通志》卷20《渔业志》，第5—6页。
③ 何乔远：《闽书》卷151《南产志》，第4482页。
④ 《八闽通志》卷25《食货·土产·福州府》，第731页。

5. 果品

此类供品数量最多，达 50 多味。既有水果，又有野果；既有鲜果，也有干果。包括柑俚（橘子）、柿俚（李子）、生木瓜、毛栗、莲子、白番薯、毛桃干、查梨子、莲蓬房、糖茄干、海棠梨、浸杨梅、杨梅干、桃仍（桃子）、梨俚（梨子）、桃干、葡萄干、柿霜饼、匏仍（柚子）、乞俚（柿子）、金弹子、绿梅子、西瓜、生马荠、包粟子（玉米）、包粟、生葵花（葵花籽）、蒲萄子、石榴、茅楂、榛子、油煎番薯、核桃、蜜梨片、青枣、藤梨、酸枣、落花生、糖匏干、木瓜干、砌瓜子塔、冬梅子、甘蔗、蜜梨子、盐梅干、鸡脚梨。

上述果品都是邵武本地的物产，而果品中还有杏仁、浸加庆子、盐榄子、蜜榄四味外地干果。杏仁是一种名贵的干果，主产地在华北。加庆子，又作加应子，是一种闽式蜜饯，产地在福州。盐榄子和蜜榄都是以橄榄为原料，分别经过盐渍和糖渍加工而成的果脯，产地也在福州地区。

6. 饮料

主要是酒和岩茶。光绪《邵武府志》记载当地之酒有"时酒、中酒、冬酒，又有双夹酒，俗名窖酒"。当地农家最普遍的还是冬季用糯米酿的酒。米酒不但是筵席中招待客人必备之物，也是保存食物、烹饪调味的重要材料。武夷山区是著名的茶产地，邵武地处其间，种茶、饮茶之风也很盛行。据民国县志载："茶各区均有种植，岩茶及白毫为最佳。"[1]

7. 佐料

包含木樨花、丁香、百合花苞。木樨花，即桂花，芳香健胃，是制作闽北特产桂花酒、桂花膏的重要佐料。丁香是烹饪香科。百合花苞，即百合，有润肺滋阴的功效。

除了上述七类品种外，供品中还有门冬、五味子、使君子、枸杞、梧桐子、胡孙姜、地茄子、鬼灯笼、苦槠、甜槠十味中药材，这些都是乡民日常生活中的常用药。其中，门冬、五味子、枸杞是补虚药；使君子是驱虫药；胡孙姜是止血药；地茄子、鬼灯笼、苦槠、甜槠都有止泻清毒的功效。梧桐

---

[1] 转引自卓朗然主编《邵武市志》第十篇《农业》，群众出版社，1993，第 354 页。

子药效不明。①

《惠安祠簿》收录的神诞供品清单主要涉及饮食方面，有一类供品没有记录在册，那就是日常用品，包括纱帽、衣服、鞋子等。在祝寿仪式结束后，有一个"换新装"的仪式，为三王尊神换纱帽与龙袍。三王的纱帽上饰满人造珍珠，类似凤冠。龙袍则为"福善王"红袍、"民主王"黑袍、"五通王"绿袍，胸前皆绣龙纹。据了解，纱帽和龙袍并非年年要换，若有人还愿，买来新的，便替换。若没有的话，只要给三王"点光"，掸去身上灰尘即可。2013 年笔者考察时，有人还愿，从福州买来三顶饰满珍珠的纱帽。至于龙袍，则没有替换。

还有"烧衣裳"。早在神诞祭典数日前，弥陀会的老妪们便"缝"好衣裳，"纳"好鞋。衣裳和鞋都是用纸张制作的，包括三王在内，庙中每位神明都有一件上衣和一双鞋。这些衣裳事先用竹竿穿好，晾在大殿两旁。每件衣服的左胸前都贴一张红纸条，上面写着神祇的名字，如"福善王纳"。除了"民主王"的衣裳是黑色，其他神祇的都是粉红色，无太大区别，看上去颇为喜庆。据笔者统计，2013 年八月祭典中拥有衣裳的神明共有 18 位，分别是福善王、民主王、五通王三位尊神；灶君祖师、社公社母、五谷大神、土地大神；天官、地官、水官三官大神；郭仙大圣、邱仙大圣、王仙大圣、三仙菩萨；灵管〔官〕祖师、财神大圣、地藏王、观世音。

值得注意的是，三王衣裳的型号至少比其他神明的大一倍，而其他神明衣裳的大小与真人相近。三王鞋子的型号也比众神大一号。当地老人说，三王神威广大，所以如此。而实质上这种差别反映出作为社区主神，三王在九乡民众心目中拥有超越众神的独尊地位。

---

① 对于这些中药的药性，笔者得到了邵武市中医院杨家茂医生的指点，谨表谢忱。《本草纲目》也各有记载。如门冬，即麦门冬，"主治心腹结气，伤中伤饱，胃络脉绝，羸瘦短气。久服轻身不老不饥"（《本草纲目》卷 16，人民卫生出版社，1977，第 1033 页）。五味子，"主治益气，咳逆上气，劳伤羸瘦，补不足，强阴，益男子精"（《本草纲目》卷 18，第 1239 页）。枸杞，"主五内邪气，热中消渴，周痹风湿。久服，坚筋骨，轻身不老，耐寒暑"（《本草纲目》卷 36，第 2111 页）。使君子，"主治小儿五疳，小便白浊，杀虫，疗泻痢"（《本草纲目》卷 18，第 1247 页）。胡孙姜，又名骨碎补，"主治破血止血，补伤折"（《本草纲目》卷 20，第 1385 页）。地茄子，"主中风痰涎麻痹，下热毒气，破坚积，利膈，消痈肿疮疖，散血堕胎"（《本草纲目》卷 21，第 1427 页）。槠子，有苦甜二种，"主治食之不饥，令人健行，止泄痢，破恶血，止渴"（《本草纲目》卷 30，第 1809 页）。

（二）供品的文化意涵

李亦园探讨祭品的分类原则与神灵等级之关系时指出："民间仪式中，用祭品以表达对不同神祇的态度，有两对基本的原则，那就是'全'与'部分'、'生'与'熟'：用'全'表达最高的崇敬与最隆重的行动，而块子切得愈小，尊敬的程度也随之而降低；用'生'来表示关系的疏远，用'熟'来表示关系的熟稔和较为随便。"①

从百果台供品的情况看，豚肉、熟鸡、熟鹅、熟鸭、猪心、猪肝、猪肚、猪肺、猪肾等肉食都是半熟的，这似乎暗示了在乡民信仰逻辑中三王与信众的关系较为熟稔。而完整的鸡、鸭、鹅、鱼和150余种的供品总数则表明三王作为地域保护神受到乡民的极高崇敬。大体而言，百果台的文化意涵包含以下两点。

1. 将神与人类比的信仰观念

"敬神如神在"是传统社会民众重要的信仰观念。人类学研究者瞿明安指出："食物之所以被当作祭品献神，其根源在于人们把神与人自身进行类比，即认为神跟人一样有相似的食欲，对各种美味佳肴有着浓厚的兴趣，只有让神的各种食欲都得到充分的满足，它才可能对人有所回报。"② 惠安祠神诞祭典很好地体现了这种思维。首先，神诞活动本身便是源于民众认为神明同人一样也有生日寿辰，也需为之祝寿的观念。其次，神诞贺寿仪式、供品饮食的结构以及送新纱帽、衣服、鞋等礼物，这些无不是照凡人的庆寿流程进行。最后，由于受到当地奢靡风俗的影响，神诞祭典的排场、开销与民众的庆典活动一样，充满了攀比与铺张。

2. 祈福消灾的寓意

中国的节庆饮食往往带有祈求平安幸福、迎接光明的色彩。在人们的观念中，一些食物逐渐具有了祈福纳吉性质——吉祥食物。③ 惠安祠的百果台供品也同样具有吉祥寓意。如米糕代表高升；桃子象征吉祥、长寿；金橘寓

---

① 李亦园：《祭品的逻辑》，载氏著《人类的视野》，上海文艺出版社，1996，第290页。
② 瞿明安：《中国古代宗教祭祀饮食文化略论》，《中国史研究》1998年第3期。
③ 王学泰：《从文化角度看中国饮食习俗》，载《第三届中国饮食文化学术研讨会论文集》，台北，财团法人中国饮食文化基金会，1994；瞿明安：《中国饮食文化的象征符号——饮食象征文化的表层结构研究》，《史学理论研究》1995年第4期。

意甘甜、幸福，因为在和平方言中，橘子读作"柑俚"，"柑"与"甘"同音，金橘也就有了幸福、甘甜的含义。此外，花生、葵花籽、李子、桂圆、栗子、糖果等都属于吉祥食物。

还有一味祭品名为"糖豆子"，这是邵武南部地区一种蕴含喜庆色彩的甜点心。做法较简单，将麦芽糖、白砂糖熬成胶状，再与炒熟的黄豆相拌即可。豆子与"多子"谐音，甜蜜的味道则象征主人家添丁进口的喜悦。一般在小孩出生时，主人家大量制作，分发给邻里、亲朋，既是分享喜庆，也是一种传达喜讯的方式。

与祈福相对立的祭祀目的便是消弭灾祸。在传统时期，百姓最恐惧的灾祸莫过于暴发时疫与疾病缠身。人们面对它们的威胁常感到无能为力，往往通过向神明献祭来祈求福佑。这也就不难理解，在摆果台祭品中为什么有门冬、使君子、五味子等中药材了。

三　神诞供品的经济背景

由前文可知，邵武和平惠安祠的香火自宋代开始已延续千年，明清时期，惠安祠逐渐形成了一套村落祭祀体系，晚清时期，祠中每年的神诞庆典极为隆重。供品种类繁多，数量丰富，甚至一些外地的海味和干果也纳入其中。它充分地反映出这一时期地域社会商品经济的勃兴，以及庙宇自身经济基础的增强。

明清两代，闽江上游的邵武、建宁、延平三府是下游福州等沿海地区的主要粮食供应地。上游向下游运销的最大宗商品是粮食。① 据记载：明代"福州一府，上仰延、建、邵、汀及古田、闽清大箬、小箬各山各溪米，皆系彼处商贩顺流而下……各处之米，大约出之浦城、松溪、建阳等居其十之四，出之邵武者十之六。"② 到了清代，下游对于上游粮食供应的依赖性进一步加强。乾隆年间，"建宁七属、邵武四属，田多膏腴，索称产谷之乡……省城民食不致缺乏者，全赖延、建、邵三府有余之米，得以接济故

---

① 陈支平：《闽江上下游经济的倾斜性联系》，《中国社会经济史研究》1995 年第 2 期。
② 周之夔：《弃草文集》卷 5 《条陈福州府致荒缘由议》。

也"①。民国时期，情况依然。"抗战发生前，邵武米谷多运往闽清、福州一带出售。福州所谓'溪米'多指邵产之籼米而言。"输出量大约每年 15 万担。②

邵武地处山区，除粮食以外，还有丰富的山林资源。相关的土特产，如茶、松、杉、竹、笋、纸等，亦是沿闽江运往下游的大宗商品。③ 晚清民国时期，尤以笋和纸张的商品贸易对和平各村落的影响最大。

毛竹的出笋时间，自农历十月到次年三月，其在十月产出者，曰冬笋，略短而小，纤维密且嫩，价稍高；在二三月产出者，曰春笋，较长而大，纤维松且粗，价稍廉。据 20 世纪 40 年代的调查，邵武笋除了一部分供当地居民食用外，大宗则干制而贮藏起来，至五六月，运到江西、福州，甚至香港、上海、天津等地。冬笋干制后，有优劣之分，即白片笋、香菇笋和玉兰片。白片笋每担七八百元至一千元；香菇笋每担一千元至一千六百元；玉兰片最贵，每担在两千元以上。邵武每年输出 5000 余担，出口额为八百多万元。④ 这还只是冬笋一项，春笋及其制成的笋干数量更多，交易额自然不菲。由此可见，笋货收入对于邵武农村经济收入来说，可谓为数甚巨。"每值三五月间，乡民多操此业，实为两区农民一年中副业收入最多时期。"⑤

邵武竹木资源丰富，造纸历史悠久。晚清民国时期纸业贸易特别发达，邵武的纸业销售方向有两个。一是沿闽江而下，至福州，而后由福州海运抵京杭运河沿线的苏州、东昌至天津；或直接由福州海运至天津，再转运至北京销售。二是运至江西黎川，再转运至两湖等地区。

早在乾隆初年，邵武和延平的纸商即已到京城从事纸业贸易，并合建了会馆。撰于道光十六年（1836）的北京延邵会馆的碑文便可为证。⑥ 碑文显示，这些闽北纸商每年十月将货物由福州海运至天津，而后转运至北京销

---

① 《闽政领要》卷中《岁产米谷》，转引自陈支平《闽江上下游经济的倾斜性联系》，《中国社会经济史研究》1995 年第 2 期。
② 翁绍耳：《邵武米谷产销调查报告》，私立福建协和大学农学院农业经济学系印行，1942，第 19 页。
③ 陈支平：《闽江上下游经济的倾斜性联系》，《中国社会经济史研究》1995 年第 2 期。
④ 陈兴乐、郑林宽：《邵武农村经济调查报告书》，第 30 页。
⑤ 陈兴乐、郑林宽：《邵武农村经济调查报告书》，第 31 页。
⑥ 上官楚本：《延邵纸商会馆碑文》，载李华编《明清以来北京工商会馆碑刻选编》，文物出版社，1980，第 98—99 页。原编者按：原碑在崇文门外缨子胡同二十二号延邵会馆。

售。为答谢天后的庇佑，遂建会馆奉祀之。会馆始建于乾隆四年（1739），而后不断扩修，至道光十六年，总计"费万金有奇"，建筑规模不断扩增。清中叶以后，和平地区逐渐崛起一批纸商家族。如惇叙廖氏、恒盛李氏、福兴黄氏、大东家黄氏以及庆亲里李氏，这些家族命运的兴衰都与纸业贸易息息相关。①

商品经济的发展，一方面为邵武乡村注入了活力，特别是因此发家的大族，热衷于捐助信仰活动，大大助长了各种迎神赛会的兴起；另一方面也密切了本地与福州等沿海城市的联系，福州、兴化的商人先后在邵武结成商帮，成立会馆。他们在邵武主要经营京果、盐、米和海产等生意，从邵武采购大米、纸张运到福州，又从福州、兴化贩运海产、京果、食盐等到邵武销售。②

于是，原产于福州等沿海地区的海味、蜜饯、果脯便悄然进入闽北山区，影响着当地的饮食风尚。对海味的追求，最先出现在婚嫁筵席中，而成为奢侈风俗的指向标之一。如康熙间邑人黄衍所言："邵邑处万山中，素号贫瘠，乃风俗奢侈。每一婚嫁，动费金数百，一宴会费钱数缗。筐筐累累，炫耀耳目，山珍海错，罗列几筵。富家仅足自完，中产一挥已罄。"③ 黄衍指出，邵武虽属贫困山区，但风俗奢靡，婚嫁花费甚巨。而能在筵席中将山珍海味罗列于桌的，恐怕也至少是中产之家。即使如此，这些富裕的人家也还是难以招架，更遑论普通百姓家。

晚清民国时期，作为一类高档佳肴，海味也进入祭祀供品之列，以表达乡民对神灵和祖先的虔诚之心。如惠安祠的神诞庆典百果台供品中便有海参、鲍鱼、沙翅、墨鱼等海味八色。在以家族为单位的祭祀活动中，海味也频频出现。如编修于光绪四年的和平《竹粟（锡类堂）黄氏宗谱》记载正月初九绅耆登祠迎城隍神，供首备办的供品中便有三牲、海味等项。④

① 参见李军《宋代以降闽北邵武和平镇的信仰生活》，博士学位论文，南开大学，2015，第150—160页。

② 吴钟：《邵武城区四会馆》，载中共邵武市委统战部编《邵武统战史话》，邵武市委统战部，2013，第113—117页。

③ 黄衍：《上郡守魏苍石先生请正风俗书》，载李正芳修，张葆森纂咸丰《邵武县志》卷17《风俗》，邵武市志编纂委员会据清咸丰五年刻本整理，1986，第533页。又，黄文亦收入王琛等修，张景祁等纂《重纂邵武府志》卷9《风俗》，第165页。

④ 和平《竹粟（锡类堂）黄氏宗谱》（信义黄）卷首，光绪四年3修本。

竹粟黄氏（敬爱堂）正月十四迎接里社尊王到祠，要求供首准备包括海味一席在内的供物。① 东垣黄氏（睦九堂），正月十一迎接里社尊王，也备海味一席。而正月初一家族的团拜午餐饮福的菜单，则明确规定"每席鳗干五两、汉蛏三两、木鱼（墨鱼）五两、瑞鱼二两"②。

此外，经商致富的和平福兴黄氏也在春秋二祭上墓供品中列入海参、沙筋和鲍鱼。祭祀后的饮福特别丰盛，午餐每席八人，配备的食材有："生净肉一斤半、头尾六两、净鸡半斤、壳笋四斤、木鱼（墨鱼）四两、秋［鳅］鱼十两、鸭蛋四个、豆芽一斤、煎豆腐三箱、腌菜一碗、时菜二碗、猪油四两、茶油一两、甜酱一两、薑子一斤。"③ 1944 年编定的《庆亲里李氏宗谱》记载更加丰富。清明节祠堂祭祖时，始祖案前和东西两配案前的供物都应有海味四色。而登山祭扫祖墓时，从始迁祖到三代祖公、祖妣的供品，果品和籼糍的分量有所增减，以示地位的高低之别，但都有墨鱼。④

类似的谱牒记录还有不少，在此不一一罗列。分析这些供品单和饮福菜单，不难发现，当中多有提到"海味"，至于数量有一席者、有四色者，也有直接标明墨鱼、鳗干、汉蛏、瑞鱼者，更多的情况是只出现墨鱼。可见，晚清民国时期海味已成为节庆饮食活动中的常见食材，而不只是奢侈的享受。尤其是墨鱼，流通甚广，已成为海味的代名词。对于当时的乡民而言，鲍鱼、海参、沙翅等佳肴或许代表着遥不可及的奢华和高贵，墨鱼、汉蛏等档次相对适中，既可用来孝敬神明，也可以之招待宾客。

结　语

既有的研究表明，宗教仪式是一种有一定原则的象征行为，人们借助仪式中所用的种种祭物，以表达内心对超自然存在的不同种类的亲疏尊敬态度，并实现与神灵间的互惠。⑤ 从惠安祠的例子中，我们可以看到，这座历史悠久的神庙自明清以来已经成为和平九村社区最重要的公共空间和信仰中

① 和平《竹粟（敬爱堂）黄氏宗谱》卷 3《祈报年规》，光绪二十五年 7 修本。
② 和平《东垣（睦九堂）黄氏宗谱》卷 6《供首祈报年规》《祀事志》，1918 年 6 修本。
③ 和平《福兴黄氏族谱》第二册《祀事志》，1929 年 2 修本。
④ 和平《本仁祠春秋二祀簿》，1917 年 7 修本，手抄本。
⑤ 李亦园：《祭品的逻辑》，载氏著《人类的视野》，第 290 页。

心。每年八月为庆贺三王寿诞而举行的百果台仪式以及十月的"擎菩萨"游神活动是乡民们最重要的两大祭祀活动。如果说后者是村落权力等级关系的文化展演，前者则是乡民与三王神明之关系的仪式呈现。①

百果台供品的物品，除日常的食用外，乡民还赋予它们丰富的象征含义与阶序分明的文化价值，使之成为一种情感表达、建立社会关系的媒介。三牲、海味以及上百种的蔬果土产表达了他们对神明的虔诚和崇敬。同时，这些供物也反映出稻作农耕文化的饮食特征，并受到社会经济变化的影响。

值得一提的是，供品的清单虽需遵循旧例，但也并非绝对一成不变。远者，如由美洲传入的番薯和玉米，在逐渐成为本地物产后，便自然成为供品；近者，如晚清时期墨鱼等海味进入供品单。这种变化在当下表现得更加明显。2014年笔者考察百果台时，看到神案上有许多现代的物品，如果冻、面包、沙琪玛、夹心饼干、雪饼、塑料假花等；乡民也不再酿酒，而是以瓶装泸州老窖代替。这些现代的食品和装饰物既便宜又方便，随处可买，易于保存，已经成为人们日常祭祀神明最普遍的祭品了。诚如王连茂在考察泉州传统祭品及其现代变迁时感叹的那样："人们的（祭祀观念）已经改变，而且得到了重新的解释。这种祭祀方式甚至在不断地被仿效，现代化就是如此地改变着旧的传统，而新的传统也许就这样被创造出来了。"②

---

① 关于惠安祠百果台仪式所体现的村落和人群权力关系，请参见李军《神人共享：一个闽北村落庙宇的历史变迁及其权力意涵》，《中国社会历史评论》第十六卷。

② 王连茂：《泉州的传统祭品与象征及其现代变迁》，《第十届中华饮食文化学术研讨会论文集》，台北，财团法人中国饮食文化基金会，2008。

控制与反控制：清代乡村社会的夜戏[*]

姚春敏[**]

　　"夜戏"，顾名思义，为夜晚所唱之戏，既包含所搬演的戏剧，还引申为此类活动本身。清末民初著名戏剧家齐如山认为："在前清只有在私人家中或会馆、旅馆中演堂会戏，可演至深夜。至于戏馆子中，绝对禁演夜戏，不但不许演夜戏，就是演白天的戏，多晚也不许点灯。白天的戏，大致总是午后 1 点钟开戏，6 点过一些散戏。"[①] 齐如山所言大致反映了清代较大城市（如北京）的基本情况，然而一些中型城市并非如此。如清代李绿园《歧路灯》中描述的河南祥符（开封）纨绔子弟谭绍闻就是在当地夜戏的吸引下开始堕落的。"在传统的观念里面，夜幕下不仅是黑暗，而且是阴谋、混乱、肮脏和反叛。"[②] 至于清代乡村的夜戏召集民众，夜聚晓散，从官方角度而言，是对农业社会日常生活秩序的反叛。然而，在乡村社会中，夜戏总是令行不止，屡禁不衰。有清一代，搬演夜戏一直是乡村社会恒定不变的常态。囿于研究立场或学术习惯，目前还没有对夜戏进行专门研究的论著。学界只是在涉及"禁戏"[③] 话题时谈到夜戏，但往往将其视为淫戏的一种演

---

　　* 本文为国家社科基金项目"明清山西碑刻题名收集整理与研究"（14BZS028）的阶段性成果。
　　** 姚春敏，山西师范大学。
　　① 齐如山：《前清无夜戏》，《中国演员》2009 年第 2 期。
　　② 葛兆光：《思想史研究课堂讲录》，生活·读书·新知三联书店，2005，第 255 页。
　　③ 丁淑梅：《中国古代禁毁戏剧史论》，中国社会科学出版社，2008。

出民俗。其实，清代夜戏问题所涉甚广，举凡戏种、戏案、戏剧经济以及地方社会控制等无所不包。相关记载散见于地方志、地方公牍、文人笔记以及报刊、碑刻等中，这为认识和研究清代夜戏的全貌提供了充足的素材和可能性。本文就夜戏的一般曲种、夜戏产生的反响及其相关易发案件、清代政府对夜戏的控制以及夜戏昌盛不衰的基本原因进行分析讨论，不妥之处，敬请同仁斧正。

一　夜戏演出曲种

"夜间搬演应唱之戏，例禁尤属森严，况花鼓小戏，无非男女相悦之词。"① 乡村夜戏最常见的演出剧种是花鼓戏等一些有区域特色的民间小戏。这类小戏主要采取男女合演的形式，男持锣女打鼓，一问一答，对演员的基本功要求相对较低。演出内容无非男女相悦，彻夜连宵，极尽淫秽之态：

> 近日民间恶俗，其最足以导淫伤化者，莫如花鼓淫戏（吴俗名摊簧，楚中名对对戏，宁波名串客班，江西名三脚班）。所演者类皆钻穴逾墙之事，言词粗秽，煽动尤多……夫床第之言不逾阃，中冓之言不可道。一自当场演出，万众齐观，淫态淫声，荡魂摄魄，当此而能漠然不动、等诸过眼云烟者，有几人乎？②

2016 年 5 月 14 日，笔者在田野调查中看过山西长治潞城镇贾村迎神赛社复原的夜戏。唱本为《土地堂》和《闹五更》，内容不外乎两三个演员、简单重复的曲调、浓厚的方言和明显带有色情特征的插科打诨。这种淫秽方言加之手舞足蹈的体态表演，不需要很深的表演功底即能吸引乡民，地方花鼓戏与之相类。《得一录》曾载："某地搬演花鼓夜戏，两个月内屈指，其地寡妇改醮者十四人，多系守节有年者。"③ 搬演花鼓夜戏使得当地多名寡

---

① 裕谦：《勉益斋续存稿》卷 7，第 6 页。
② 徐梓编注《劝学·戒淫》，中央民族大学出版社，1996，第 448、451 页。
③ 余治：《得一录》卷 5《翼化堂禁止花鼓串戏议》，光绪十五年刊，第 10 页。另见田仲一成编辑《清代地方剧资料集》，笔者自早稻田大学图书馆复印。

妇不再守节，这完全背离了清廷提倡的忠孝节义思想。因此，地方政府严格禁绝花鼓戏，同时也对花鼓夜戏艺人给予严厉惩戒。道光、咸丰年间，两江总督裕谦规定：

> 花鼓淫戏宜禁也……其唱戏妇女，本系不顾脸面之人，该地方官即将其掌责一百，按十日或五日，掌责一次，总俟其面有疤痕，不能再唱淫戏为止，不得姑息。①

另一种较为流行的夜戏为影戏，亦名傀儡戏。"影戏演于夜，其词俚，其音土，听之易晓。价廉费省，便于集事，故一村乍停，一村复起，男女辐辏，乐此不疲。"② 影戏借灯光取影，鬼怪魔幻，造价低廉，演员入门基础也相对比较低，是夜戏中较为常见的表演形式。河北《滦县志》记载："用薄片透明之驴皮，雕成人物等形，夜间于台上架纸窗，借灯光照映，远视之，意态生动，惟妙惟肖……惟中多迷信之出。清季曾设有影剧改良社，惜改者无多。"③ 江浙地区"岂习俗相沿，奢华竞尚，民家宴会，辄用戏剧，徒知酣歌恒舞，足供一夕之欢，不惜竭烛倾樽，已费中人之产。更有无籍游民，不事生业，每于城市乡村，科敛民财，恣搬傀儡"④。

相对于花鼓戏的淫词艳曲，傀儡戏则多与地方上的民间信仰相关。如四川某些地方搬演傀儡夜戏主要是为了沿袭古风，借助深夜神灵的力量驱虫。清代道光《乐至县志》卷3《风俗》云："立夏后，乡农各建青苗会，祈去螣蟊，演以影戏或傀儡，亦古齐鸣击鼓御田祖之遗，蜀通俗也。"1931年续修四川《达县志》卷9《风俗》亦曰："至于乡间小民亦乐戏会，祈田祖去蟊贼有秧苗戏，病愈酬神有愿戏，然皆倩傀儡、灯影演之，以其费少而场所布置易耳……八月二日与二月二日为社公、社母诞辰，乡间多兴土地会，演傀儡庆神，亦春祈秋报之意。"⑤

① 裕谦：《勉益斋续存稿》，第6页。
② 林缙光纂修《黄安县志·风俗志》，道光二年（1822）刻本。
③ 丁世良、赵放：《滦县志》，《中国地方志民俗资料汇编·华北卷》，书目文献出版社，1989，第273页。
④ 赵士麟：《读书堂全集·彩衣集》卷44《抚浙条约》，《四库全书存目丛书》第240册，齐鲁书社，1997，第20页。
⑤ 梁志刚：《关中影戏叙论》，大象出版社，2013，第279—280页。

乡村社会逢特定节庆，夜戏中还演驱魔傩戏及孩童太平鼓，通宵达旦。如"正月上旬，迎元师坛行傩演剧，上元夜，东街五显庙。鼓乐张灯，华爆喧闹"①；"元夕，童子挝鼓，傍夕向晓，曰太平鼓"②。另外，节日期间，民间还表演高跷、秧歌："杂以高跷、秧歌，装男扮女，擦黑抹红。昼则沿街唱曲，夜则灯下作舞，五花八门，无奇不有。所演剧调，都属荒诞不经，故作俚词，以博人笑。"③

除了花鼓戏等民间小戏以及傀儡、傩戏、秧歌、太平鼓外，文献中亦可见到地方大戏的夜间演出记载。如嘉庆十年（1805）成都夜戏："会馆虽多数陕西，秦腔梆子响高低。观场人多坐板凳，炮响酬神散一齐。过罢元宵尚唱灯，胡琴拉得是淫声。《回门》、《送妹》皆堪赏，一折《广东人上京》。灯影原宜趁夜光，如何白昼尽铺张。弋阳腔调杂钲鼓，及至灯明已散场。"④不过，此类记载颇少，发生地多集中在经济较为发达的市镇和码头。

相对于白昼演剧，夜戏在内容上大致偏重于以下三类。第一，淫亵戏。《得一录》中载夜戏曲目如《新满江红》《思凡》等均具有此类特征，上文提到的花鼓戏等民间戏文亦是如此。第二，暴力血腥之剧。乡村夜戏大都喜爱搬演《天雷报》《烧灵改嫁》《杀子报》《大劈棺》等怪力乱神剧目。第三，赌博戏。如福建尤溪题记中载："初九夜赌博戏《川八仙》、《口口桥》。"⑤

二　夜戏的社会反响及易发案件

夜戏聚众难免产生男女杂沓、狂欢极乐等伤及风俗的事件。夜戏大量存在于乡村社会中，"彻夜连宵，曲尽淫秽之态。招集各村民妇，成群结队，

---

① 刘汝骥：《陶甓公牍·法制科·祁门民情之习惯》，田仲一成编辑《清代地方剧资料集》，第29页。
② 丁世良、赵放：《顺天府志》，《中国地方志民俗资料汇编·华北卷》，第3页。
③ 丁世良、赵放：《怀安县志》，《中国地方志民俗资料汇编·华北卷》，第196页。
④ 定晋岩樵叟：《成都竹枝词》，成都心太平斋藏版，嘉庆乙丑（1805）新刊本，转引自丁淑梅《中国古代的傀儡演出与禁戏》，《文化遗产》2009年第2期。
⑤ 蔡信枝：《尤溪古戏台现存艺人题留杂记》，中国人民政治协商会议福建省尤溪县委员会文史委员会编《尤溪文史资料》第8辑，1989，第25页，转引自曹广华《赌博戏：活力及其消解》，《文艺研究》2015年第5期。

相率聚观。男女混淆，喧哗拥挤。该处土棍，藉以设局诱赌，随地窝娼，累月经旬，损人利己。而无知乡愚，被其煽诱，小则废时失业，大则败产倾家。盗贼之风由此炽，妇女之节由此丧"①。利用夜戏掩护进行通宵达旦的聚众赌博，似乎也是有清一代乡村生活的常态。"四方赌徒，藉赛神为名，演戏赌博，露棚百余座。"② 这类例子太多，此不赘列。

一村夜戏往往招致方圆百里的村民前来观看，数万民众，摩肩接踵。"在百里以内之乡村男女，乘车骑马，络绎于途。会场街市，万头攒动，几无隙地，为数不下七八万人。"③ 如果组织不得力，万人云集之时踩踏事件势难避免。《申报》曾报道过一起晚清宁波数千名观众看夜戏途中发生的踩踏事件：

> 甬上都神会自十一以后连日风雨，至十七始见晴曦。各社友兴致云飞，诸游客豪情雷动，无论小巷大街莫不肩摩踵接……傍晚，会过老江桥，桥上人山人海，仅留走路一条。彤云社过后天色已黑，各有归心，两路散开势如潮涌，有老幼三人足力不支，一拥而倒。旁有少年数人见之高声喊救，将身翼护，然已被众人践踏，满口鲜血，遍体重伤，瞬息间已归摩什天尊部下矣。是夕，神驻石菅教场，两旁妇女塔台观看者不下千余人，灯下视之莫不个个似西施也。正在点放烟火，有无赖子弟暗将台板抽脱，纷纷倒坠，宛如天女散花，竟尔云鬟落劫。人声鼎沸，男女莫辨，幸有营官弹压，未酿大事。内有青年少艾四人，簪珥尽去，发乱如麻，身上衣裙亦无完整者。试为设想及之，真有不堪言语形容者矣。故妇女有不出闺门之戒也，古人不作无益害有益，旨深哉！④

除了引发聚众赌博、踩踏事件，在没有电子照明设备的清代，夜戏极易引起火灾。如康熙三十三年（1694），十岁幼女娇弟，在本村迎神赛会中观剧，深夜不归，为取暖靠近照明火源，引起火灾，不治身亡。⑤

---

① 裕谦：《勉益斋续存稿》卷7，田仲一成编辑《清代地方剧资料集》，第7页。
② 丁日昌：《抚吴公牍》卷36，田仲一成编辑《清代地方剧资料集》，第9页。
③ 丁世良、赵放：《张北县志》，《中国地方志民俗资料汇编·华北卷》，第165页。
④ 宁波市档案馆编《〈申报〉宁波史料集》（一），宁波出版社，2013，第99页。
⑤ 田仲一成编辑《清代地方剧资料集》，第41页。

　　清代妇女看戏常常被家族禁止，因此搬演夜戏时，女性往往独自在家，给偷盗和奸淫之徒留下了可乘之机，也给女性与他人通奸开了方便之门。"门户不谨，鼠窃易于生心。或男人在外，妇女独处，奸淫拐带，往往由此。故例禁夜戏乃杜绝奸盗之根源……奸淫邪盗之剧，最易坏人心术，况愚夫愚妇，不知是非利害，倘因此而动其邪念，贻害非细。"①

　　乡民赶赴外村观看夜戏，往往深夜才能归来，从而抢劫、强奸等恶性事件频频发生。《驳案成编》曾载一起夜戏归来的"鸡奸杀人案"："至晚戏毕，刘的小子、朱全小子、吴三小子，皆至冠毛小子店内歇宿，同炕共寝，朱全小子见刘的小子年轻，蓄意图奸，三更时候，两次勾搭调戏，刘的小子用手推拒，朱全小子欲念愈炽。"之后，二人发生争斗，刘的小子于是杀了朱全小子。② 看夜戏可算是整个事件的导火索。《樊山批判》也载有案例：牛某初八日二更，自厚子镇回家，复往村东看戏，四鼓回家，本村侄子三牛持刀抢了他的妻子。③

　　夜戏搬演时，人员混杂，极易引起家族械斗。《定例丛编》卷56载，嘉庆十二年（1807）九月十九日，村众秋报，在周公祠演戏敬神，傍晚戏毕，吴允江走近妇女座观看，喊伊侄女回归。周观富斥其不应男女混杂，两相争骂。最终引起家族之间的殴斗。④ 此外，夜戏场中人群混乱，打架斗殴、诱拐妇女等案例不胜枚举。

　　清代乡村社会的夜戏组织者一般为村落的乡约、会首以及乡保等。县级地方政府往往在夜戏相关案件发生后，首先处理这些地方首领。如，陕西大荔县夜戏案件后：

　　　　处理办法，将大荔县堰城村、龙池村二处夜戏之乡保、会首、集头、班头拘到，各重责三十板，具报以彰禁令。命案、拐案，另案究拟归结，仍再通行六府州查照详定批示事宜，将境内市会日期，离城远近，分析造册开报，并将事前如何传示取结查禁，事后如何那究情由，于册内登明回复，以备不时。查其遵行之虚实，嗣后凡有夜钱，不论有

---

① 《雅公心政录》卷2，田仲一成编辑《清代地方剧资料集》，第26页。
② 《驳案成编》"山西司"，田仲一成编辑《清代地方剧资料集》，第19页。
③ 《樊山批判》卷7《批张如兴呈词》，田仲一成编辑《清代地方剧资料集》，第37页。
④ 《定例丛编》卷56，田仲一成编辑《清代地方剧资料集》，第25页。

无生事，次日务将会首、集首、班首责处，不得宽纵。①

为了躲避因为夜戏带来的惩罚，有些乡约甚至作伪证隐瞒其他案件。陕西乡间恶棍王四，绰号"四阎王"，本身为乡里的骡马市牙行。乾隆九年（1744），持刀挟奸张可永之子张乃恭，可永告县。王四以唱夜戏为名，挟持乡约，乡约因此不敢作证。反判可永、乃恭责十板。王四因此置身法外，益肆无忌惮，声言报复。后经再次审理，才将此恶棍缉拿。②

三　清代政府对夜戏的控制

雍正十三年（1735），《大清会典事例》卷829《刑部》明确规定："城市乡村，如有当街搭台悬灯唱演夜戏者，将为首之人，照违制律杖一百，枷号一个月……若乡保人等有借端勒索者，照索诈例治罪。"③此禁令于乾隆五年（1740）重申，且嘉庆七年（1802）明确规定，对于放纵夜戏不管的官员要进行惩罚："倘不实力奉行，罚俸一年。"④

其实，早在清廷政令颁布之前，各地方政府对夜戏都有一些禁令颁布。如雍正五年（1727），《朔州志》卷12《艺文文告》之《禁夜戏示》就载："朔（州）、宁（武）风俗，夜以继日，惟戏是耽。淫词艳曲，丑态万状。正人君子所厌见恶闻，而愚夫愚妇方且杂沓于稠人广众之中，倾耳注目，喜谈乐道，僧俗不分，男女混淆，风俗不正，端由于此……呜呼！一夕管弦声，换得一部肉鼓吹。到此地步，莫谓本州之杀风景也。慎之！特示。"⑤

雍正朝颁布禁令之后，各地响应更是层出不穷。乾隆十四年，陈宏谋⑥在陕西巡抚任上发布《巡历乡村兴除事宜檄》，云：

---

① 陈宏谋：《培远堂偶存稿》卷29《再禁夜戏聚赌檄》，田仲一成编辑《清代地方剧资料集》，第34页。
② 陈宏谋：《培远堂偶存稿》卷21《查拿咸宁恶棍檄》，田仲一成编辑《清代地方剧资料集》，第32页。
③ 《大清会典事例》卷829《刑部·刑律·杂犯》，宣统元年上海商务印书馆铅印本，第3页。
④ 保宁等辑纂《中枢政考》卷32《绿营·杂犯》，清嘉庆七年。
⑤ 汪嗣圣：《朔州志》，雍正十三年石印本。
⑥ 陈宏谋（1696—1771），临桂（今广西桂林）人，为清代理学名臣，雍正进士，官历布政使、巡抚、总督，至东阁大学士兼工部尚书，在各任职地颇有政绩。就对戏曲的管控而言，随其官职擢拔调动，他在不同时间、不同地域多次发布禁毁戏曲的告示。

陕省向有夜戏恶习，于广阔之地，搭台演唱，日唱不足，继以彻夜，聚集人众，男女杂沓，奸良莫辨。一切奸盗匪赌，每由夜戏，且有酿成命案者，有害地方不浅。违者乡地会首，及戏班之首，一并重处。其有会首恃众，不听乡保劝阻，许乡保报官，专责会首、班头。果能禁止夜戏，地方可省无数事端也。①

很快，他又在《再禁夜戏聚赌檄》中称：

夜戏赌博，久奉例禁。乾隆十年，司道议详本都院拟定通行各属，将境内会集演戏日期，通查报官……出具不敢容留夜戏聚赌甘结，官仍发给禁止夜戏赌博小告示，分贴于集场。至期，官役设法查拿有夜戏者。②

此类禁令层出不穷。如乾隆四十五年（1780），《定襄县补志·艺文中》载："夜戏不惟多费，且易起奸盗之衅，可禁绝之。"③ 道光十五年（1835），河南辉县周知县颁布《禁夜戏淫词》："各村庄只许演剧一本，并严禁夜戏，以防盗贼，以靖赌风……乃喧闻之响，震及红尘。灯烛之光，明如白昼。驰情欢乐，竟忘子夜之筹；任意诙谐，不惜盗淫之害。"④ 同治年间，岭西"高要县出示永禁演唱夜戏"⑤。光绪年间，"会稽治牍示，申禁黉夜演戏"⑥。

同治六年（1867），《续猗氏县志》卷3《风俗》亦云：

猗重报赛，动辄演戏，旷职耗财，诲淫招盗，百弊滋生，或曰"夜戏"，可禁。夫夜固可禁也，昼亦何为也哉？论曰：风俗之不古若也，递降而下，婚丧失礼，歌舞观场，前志讥之是矣。近则每逢集墟列

① 王利器辑录《元明清三代禁毁小说戏曲史料》，上海古籍出版社，1981，第112页。
② 王利器辑录《元明清三代禁毁小说戏曲史料》，第112页。
③ 郑继修、邢澍田：《定襄县补志》，光绪六年刻本。
④ 周际华、戴铭：《辉县志·艺文》，光绪二十一年刻本。
⑤ 《岭西公牍汇存》，同治十一年五月，田仲一成编辑《清代地方剧资料集》，第11页。
⑥ 《四西斋决事》，光绪三十年刻本，田仲一成编辑《清代地方剧资料集》，第68页。

市廛而售衣物者，悉以闺中人主之。至于优伶奏技，金粉骈阗，高坐昂头，恬不为怪，习俗之恶，莫此为甚。夫外言不入，内言不出，古人致谨于男女之别者，何如？况恒舞酣歌，朝廷犹懔风愆之戒，而以闺门弱质肩摩其中，益非所以别内外而大防闲也，则严其厉禁，示以范围，易俗移风，不能不有望于整躬率物之君子矣。①

一些地方政府虽没有明文禁止搬演夜戏，但是规定夜戏的演出必须经过官府批示。如同治九年十一月，《岭西公牍汇存》载："批署高要县王炳文禀，冯光纬等呈，请五显庙唱夜戏。禀请批示。"② 此类批示各地屡见不鲜，可以反证出当时地方夜戏的繁盛。

京城对夜戏的禁令也时有颁布。如道光四年御史郎葆辰下令禁止京师城外开设戏园、戏庄，③ 这条禁令的作用似乎微乎其微。相隔 20 余年，咸丰二年（1852），御史张炜再出禁令：

> 京师五城，向有戏园、戏庄，歌舞升平，岁时宴集，原为例所不禁。惟相沿日久，竞尚奢华，如该御史所奏，或添夜唱，或列女座，宴会饭馔，日侈一日……现在国服将除，必应及早严禁……如仍蹈前项弊端，即将开设园庄之人，严拿惩办，以振靡俗而除积习。④

京城禁夜戏命令的频出，其实也是清代大城市夜戏依然存在的反证。现存文献中，亦有地方政府禁止监狱附近夜戏演出的命令。如雍正四年十月，河南地方"凡城内监压重地，前后左右，禁止演唱夜戏，免致疏防"⑤，恐夜戏丝竹扰乱被监押者的心绪。

以上禁令文本大多来源于法律文书、地方志和公牍文件，但截至目前，笔者并未在清代乡村碑刻中发现明确禁止夜戏的记载。

---

① 周之桢：《续猗氏县志》，同治六年刻本，第 26 页。
② 《岭西公牍汇存》，同治九年十一月，田仲一成编辑《清代地方剧资料集》，第 11 页。
③ 王利器辑录《元明清三代禁毁小说戏曲史料》，第 70 页。
④ 王利器辑录《元明清三代禁毁小说戏曲史料》，第 77 页。
⑤ 《抚豫宣化录》卷 3《再行严饬加谨防范监狱重他以保无虞事》，田仲一成编辑《清代地方剧资料集》，第 24 页。

四　夜戏为何屡禁不止？

夜戏搬演确实造成了相当复杂的社会问题。有清一代，各地政府对夜戏严加禁止，不但动用国法，而且通过各种公示会章、乡约族规频加禁止。夜戏对清政府的威胁不仅仅在于它伴生的各种刑事案件，更主要的是大规模人员集合本身所造成的潜在危险，因为"任何组织或可能生成公共空间的集体活动都是危险的，或者潜在滋生着某种对国家权力的威胁"①。但纵观清代 200 余年，虽禁令频发，然而夜戏似乎在乡村生根发芽，屡禁不止且愈演愈烈。究其原因，大致有以下数端。

首先，从中央政府和基层社会的管理模式来看，清代中央政府对地方的统治相对宽松，使得地方政治权威和道德权威在乡村社会中不断弱化。这是夜戏屡禁不止的主要原因之一。学术界虽对清代"皇权不下县"的统治模式有所争议，但县以下地方统治薄弱当属不争的事实。乡村社会管理主要通过宗族和以神庙为依托的地方村社组织来维系。② 这些组织产生于乡民中，与地方政府并不构成利益体，反而与生于斯、长于斯的村民具有相同地缘，血缘关系也极为紧密，对于乡民热衷的夜戏，也碍于乡里乡亲不便严禁。乡村社会与地方政府的联络人士绅、乡约等在上传下达的交流中，为了维护乡党利益刻意隐瞒夜戏的事例，时有发生。笔者读过数万通民间乡村碑刻，禁赌、禁嫖、禁开采山林甚至禁村落妇女自杀的都有，然而到目前为止并未发现一通禁止夜戏的乡村碑刻。可以想见，无论乡村社会的士绅以及地方组织对夜戏在情绪上有多么抵触，民众的广泛参与仍是这些民间权威不敢发言的忌惮所在。清代政府过分倚重基层的自治，必然会造成政令难以通畅下达和严格执行，以致对乡村夜戏的地方禁令成为一纸空文。

其次，从清代乡村社会自身生态特征来看，夜戏搬演迎合了乡村社会的需求。有清一代，观看戏曲是乡民休闲、娱乐的主要方式。乡村演出平台繁多，如节令戏，清咸丰元年（1851）《五聚堂纪德碑序》载，泽州府官戏正月有府隍庙、县隍庙、拦车司、□照壁、马号、箭道、府仪门外各三天；二

---

① 周宁：《想象与权力：戏剧意识形态研究》，厦门大学出版社，2003，第 55 页。
② 杜赞奇：《文化、权力与国家》，王福明译，江苏人民出版社，2010，第 126—127 页。

月有府仪门外、县仪门、文昌祠、县隍庙、七佛门各三天；五月有七佛门三天，府隍庙、箭道、经厅、关帝庙、东关帝庙各三天，骡马会四天；六月有龙王庙、府马号、箭道、县马号、拦车、府快班、文昌祠各三天；七月有县隍庙、春秋阁、府仪门外、县仪门里各三天；八月有府隍庙、府大堂、万寿节各三天；九月有东关帝庙、箭道、经厅、府快班、晏公庙、县隍庙各三天；十月有万寿节、箭道、县马号、县隍庙各三天；十一月有骡马会各三天。①

　　村落内部演出更是应接不暇，且不说村民的婚丧嫁娶等，就是每年村落内的神灵寿诞演剧也是花样百出。以清代上党南沟村为例，每年神庙祭祀演剧有三月初三，三蚕圣母；三月十五，山神土地；三月二十，高禖神母；四月初三，玉皇大帝；四月十五，白龙神；五月初一，龙王；五月初五，五瘟；五月十三，关圣帝君；五月十九，龙王；六月初一，山神土地；六月一九，玉皇大帝；六月二十四，河伯；七月初三，玉皇大帝；七月初七，马王、牛王；七月二十日，风王；九月十三日，关圣帝君。② 其中，四月和二月祭玉皇大帝、七月祭祀风神皆有戏三台。由此，我们可以合理推测，以二节令戏、神庙演剧加上村民家族祭祖、婚丧嫁娶等事宜的演出，村落里几乎月月歌舞升平、处处丝竹乱耳。"举家男妇，毕集于乐楼之下，附近村庄，亦扶老携幼而来，直待戏子停锣罢鼓，时已深夜。"③

　　以各种名义进行的演剧充斥乡村社会的各个角落，每次演剧动辄持续三五天，甚至十余日之久。乡村社会"无论大会、小会，均有戏剧、杂技，演唱日期，均属六日，亦有四日者"④。村落演戏大都请外地戏班，他们浩浩荡荡赶着数辆马车，带着行头来此驻扎，搭台铺帐，张灯结彩。笔者曾见过平阳府襄陵县古城邓村马王庙演戏账本，发现一次迎神演出，需要村社准备帐子、绸布段（缎）子、灯笼、桌椅等繁复杂物，且戏班在庙内驻扎吃饭，还要提前垒灶台、劈柴和准备炭火。⑤ 戏班子自己也有大量的行头，需

---

① 冯俊杰等编著《山西戏曲碑刻辑考》，中华书局，2002，第471—472页。根据碑刻及碑阴内容整理。
② 《南沟社祭诸神条规碑》，道光十二年（1832），碑现存于山西晋城市沁水县南瑶村玉皇后。
③ 《培远堂偶存稿》卷14，田仲一成编辑《清代地方剧资料集》，第31页。
④ 丁世良、赵放：《滦县志》，《中国地方志民俗资料汇编·华北卷》，第273页。
⑤ 真诚感谢以色列夏维明教授（Meir Shahar）提供的《马王庙演剧账本》，第165页。

租赁车马拉来，仅装饰戏台就需要半晌。这样看来，如仅在白天搬演，不太合算。清末民初是晋北李家湾道情最为活跃的时期，此地的节目数量、班社数量以及艺人水平远胜于周边府县，一个班社可连续五天不演复本。光绪十八年（1892）时，李家湾一道情秧歌班曾在牛家花园连唱三天三夜。[①] "每年戏楼子上唱戏至少个把月，开张戏、观音生戏、财神生戏、祖师生戏、端阳戏、仲秋戏、丰收戏……要是找不出'理由'，就干脆唱几天的'赌博戏'。"[②] 一次搬演至少要持续三至五天甚至更长时间，这期间，夜戏是注定了的。

最后，清代商品经济的发展以及竞争激烈的戏曲生态，使得戏价日趋低廉。河北滦县"每演三夜或四夜为一台，每台价昂者须四五十元至百元，少者十数元至五六元不等。于人家还愿或喜庆时用之，亦有岁时丰宁，乡村醵资开演，以资娱乐者"[③]。上文提到的清代道光年间平阳府襄陵县古城邓村马王庙演戏账本中载，阖村征收养马草料的费用可以支配一年的数场节庆演剧活动。乡村社会的大量需求使得这一市场在清代变得异常活跃。竞争使戏价日益走低，无法确保戏曲搬演的质量，地方小戏因此日趋昌盛。笔者在山西上党田野调查时也发现，年节时，村民嫌邀请县级正规剧团成本太高，大量雇用低廉的家族式戏班，表演简单、粗俗。这种表演在白昼确实有碍观瞻，因此大都放在夜晚进行。

乡村演剧除了戏剧本身的文化特征外，在清代已衍生出很多亚文化[④]现象，比如，娼妓云集和聚众赌博等。[⑤]《怀安县志》载："凡会日，开场列货，士女如云，山门外，昼夜演戏。"[⑥] 夜戏造成周边娼妓云集，嫖客围堵。"各属乡村每于晚稻登场后，即有无赖之徒倡为酬神之说，敛钱搭台唱戏聚赌抽头，供其饮博，十日半月不散。"[⑦] 有些老鸨和赌博的发起者本身就是

① 路畅：《山西兴县李家湾道情的现状与保护》，《音乐研究》2013年第5期。
② 云梦县政协文史资料委员会编《云梦文史资料》第10辑《胡金店史掇》，内部资料，1994，第194页。
③ 丁世良、赵放：《滦县志》，《中国地方志民俗资料汇编·华北卷》，第273页。
④ 所谓亚文化，也称"副文化"，与"主文化"相对。指社会中不同的人群所持有的价值观念、行为规范以及认同心理等。
⑤ 关于赌博戏的相关内容，参见曹广华《赌博戏：活力及其消解》，《文艺研究》2015年第5期。
⑥ 丁世良、赵放：《怀安县志》，《中国地方志民俗资料汇编·华北卷》，第192页。
⑦ 《岭南续集》，第50页，转引自余勇《明清时期粤剧的起源、形成和发展》，中国戏剧出版社，2009，第64—65页。

靠不定期搬演夜戏来吸引民众，夜晚是这些活动最好的掩饰，这也是夜戏长期存在的原因。加之，一些乐户后代一直受到官府驱逐，其中相当一部分沦为卖艺兼卖身之人，自身就是暗娼，夜戏是对其最好的掩饰和宣传。有清一代，乡村社会经济的发展、商人阶层的崛起、日渐奢靡的消费文化以及利益的驱动成为夜戏发展的主要动力。

当然，夜戏的繁盛也与清代乡村民众娱乐活动贫乏息息相关。夜场内买卖兴隆，热闹非凡。夜戏活动对增进家族之间的情感也不无裨益。每当唱戏之日，便是村落喜庆之时，周边村落的亲属也会被姑娘、女婿以及姐妹用马车接来，趁机拉家常、叙亲情。

从方志记载看，个别地方政府并非完全对夜戏采取禁止态度，而是尝试寻找中间路线，试图一面不用剥夺乡民的娱乐空间、尊重民俗，一面实现有效的社会控制。如光绪六年（1880），《兴县志》载："每逢年初节日良辰，城内四关及周村皆兴鼓乐、秧歌，挨村沿户请神祝福，以道情戏上场登台歌神述仙赞圣……道情鼓乐，兼唱并舞，通乐三日，笙歌震天动地，以敬天地，以助神威……李家湾、黑峪口、崞底、范瞳为最盛，有服事五日者。顺而理之，遵俗则乡盛、民安、不乱也。"① 然而笔者发现仅此一例，与不胜枚举的夜戏禁令不可相提并论。这也说明，有清一代，政府对乡村夜戏的控制从未停止，与此同时，乡村社会的反控制亦从未停息。

---

① 张启蕴、孙福昌、温亮珠编纂《兴县志》卷13《乡俗礼乐》，光绪六年（1880）刻本，第107页。

第五编
社会秩序与基层治理

家族之耻：祖墓被占与争夺祖墓的诉讼

——以明清时期休宁率水流域茗洲吴氏和首村朱氏宗族祖墓诉讼案为中心

卞　利[*]

徽州是一个聚族而居的山区，素有尊祖敬宗的传统，修家谱、建祠堂、祭祖墓是明清时期徽州强化宗族控制的重要手段，其中尤以祖墓祭扫为重中之重。所谓"俗重墓祭，往往始迁祖墓自唐宋迄今，犹守护祭扫"[①]。"吾徽敦本追远，视他郡较盛。聚族而居，一姓相传，历数百载，衍千万丁，祠宇、坟茔世守勿替。间有贸迁远地者，一旦归来，丘垄无恙，庐舍依然。"[②]在徽州宗族中，不管发生了什么事，一般都可以隐忍，唯独祖墓被侵占之事，是宗族的奇耻大辱，这是决不能容忍的大事。对此，休宁率水流域的林塘范氏宗族就明确在祠规中指出，祖墓是祖宗体魄所藏之处，"或被人侵害、盗卖、盗葬，则同心合力复之。患无忽小，视无逾时。若使缓延，所费愈大。此事死如事生，事亡如事存之道，亦圣谕孝顺内一件急务，族人所宜首讲者"[③]。

徽州又有"好讼"传统，"事起渺怒，讼乃蔓延"[④]。由于"好讼"风气的驱使，明清时期，徽州经常发生因某些细微纷争而引起的旷日持久诉讼。对此，休宁《茗洲吴氏家记》云："外侮之来，自我招之，由小隙以成

＊　卞利，南开大学中国社会史研究中心。

①　民国《歙县志》卷1《舆地志·风土》。

②　乾隆《橙阳散志》卷12《艺文志·存志户墓祀序》。

③　万历《休宁范氏族谱·谱词·统宗祠规》。

④　万历《祁门县志》卷4《人事志·风俗》。

巨衅，微不谨以至大不可救，比比皆然。"① 加上徽州民间崇尚风水理念，祖墓的风水往往经过风水先生反复踏勘精选，一旦祖坟被占，或者庇荫祖墓的林木被盗砍，往往会引发旷日持久的诉讼，"徽尚风水，争竞侵占，累讼不休"②。明代兵部尚书休宁县人程敏政（1446—1499）说："祖坟荫木之争，辄成大狱。"③

本文拟以率水上游和中游地区的茗洲吴氏宗族祖墓和首村朱氏宗族祖墓被侵占这一宗族耻辱事件为中心，全面叙述和阐释明清时期徽州宗族争夺祖墓的雪耻过程。

一　率水上游茗洲吴氏宗族祖墓被占之耻及雪耻事件

（一）吴氏定居茗洲和诉讼

茗洲位于休宁县西部山区的率水上游，率水从村庄呈"U"形环绕而过，将茗洲围成一个两面环水的山村。茗洲是吴氏宗族聚居中心，吴氏在徽州有多支，但都声称最早源于周代始祖古公亶父的长子泰伯。吴氏宗族在休宁主要有两支，分别是左台派、吴姬派，茗洲吴氏名属吴姬支派，实与左台派共祖。对此，《茗洲吴氏家记》云："《稽邑吴氏谱》：左台公自饶徙新安，而小逸公出其裔，则邑之吴姓于左台，固所共祖哉。"④

吴姬系吴小逸之妻，为避唐末之乱，随夫自鄱阳迁至歙县篁墩。"黄巢发难，乡邑值黄音字不杀掠。吴姬携子自鄱来歙篁墩避乱，过休宁龙江，贼至不辱，被刭害。尸立不僵，血泪泪，白者半。贼骇异，拜伏不敢犯，一乡赖以保全。墓在叶泊岭。人祷于墓祠，大著灵异。"其后裔即为吴姬派，茗洲吴氏就属于吴姬派。因此，《茗洲吴氏家记·世系记》把吴姬之夫吴小逸作为一世祖。其后，吴氏日渐繁荣，而龙江则以"千万记"。至第10世，吴六始从龙江迁至西五里大溪村。至13世时，吴小五迁往歙县渔梁戴家坞。14世时，吴小二迁至歙县石门。元至元二十四年，19世吴荣七移居茗洲。

---

① 万历《茗洲吴氏家记》卷7《家典记》。
② 傅岩：《歙纪》卷5《纪政绩》。
③ 转引自民国《歙县志》卷1《舆地志·风土》。
④ 吴子玉：《茗洲吴氏家记》卷首《议例》。

荣七本名"祥"，生于宋景炎二年（1277）八月十三日亥时，至正二年（1342）卒，葬于山村黄莲坑，被后人尊为茗洲吴氏的始迁祖。由此可见，茗洲古村直到元代才因吴荣七迁居而开基。至 27 世吴子玉时，茗洲已发展成为"俗尚诗书，敦礼义，有古先民之遗风"[①] 的儒风文雅，学者、商人与低级官员迭出之村。

明代中期，茗洲吴氏宗族多处祖墓被占或荫木被侵。为此，茗洲吴氏宗族不惜花费财力和物力，将其诉诸官府，进行艰苦的诉讼。弘治十四年（1501），鱼梁坑祖墓荫木被汪产义盗砍一株，茗洲吴氏宗族投诉于里长汪远、吴灿，协调未果，复具状告县。这场诉讼最终获得了胜利，吴氏宗族遂修砌了鱼梁坑祖墓，并"具仪品物展谢"[②]。嘉靖二年（1523），又发生昶二公墓被李璠侵葬事件，吴氏宗族告状到县，休宁县知县派老人前往踏勘，令侵葬者"备礼醮谢"[③]。万历七年（1579），吴氏宗族又与上坦李氏发生了磜坑口祖坟路之讼。这次诉讼尽管取得了胜诉，但吴氏宗族为此付出了沉重的代价，宗族多年积蓄几乎为之花费一空。"时郡丞丁署县，檄典史行视墓路，所路改正，而族储畜亦为磬（罄）矣。"[④]

在茗洲众多祖墓被侵所发生的诉讼案件中，明代嘉靖初年围绕辅公墓所展开的诉讼，规模最为壮观。

（二）辅公墓被侵及其艰难的雪耻诉讼

吴辅公，字友仁，南宋嘉定十三年（1220）进士，授福建崇安县主簿，值汀州、邵武寇乱，曾督军饷、赈民饥，为真德秀器重，主管两浙盐运司幕职，办事雷厉风行，人称"霹雳子"。后知江西新建县事，升任监察御史，有济世之才。死后，墓葬休宁县龙江荆山，墓前有御赐石人、石兽若干。[⑤]

明代嘉靖三年（1524）五月，辅公墓被该县长丰村朱俊捏作山邻柯盛岩等，以假契出卖，遭到蚕食侵占，坟被平没，墓前石人、石兽均被移毁。

---

① 曹嗣轩：《休宁名族志》卷 3《吴》。
② 吴子玉：《茗洲吴氏家记》卷 10《社会记》。
③ 吴子玉：《茗洲吴氏家记》卷 10《社会记》。
④ 吴子玉：《茗洲吴氏家记》卷 10《社会记》。
⑤ 吴子玉：《茗洲吴氏家记》卷 3《吴氏先贤记》。

这对茗洲吴氏宗族而言，是空前的奇耻。为此，吴容、吴鸾联合茗洲吴氏宗族各支成员，立下誓约，发起了争夺辅公墓、洗雪耻辱的诉讼。《誓约》原文如下：

　　龙江各族合剂约，人莫重于报本，报本之道莫先于崇祖德而敦族谊。本族原自小婆程氏太夫人肇居龙江，有捍乡扼贼之功，故阴功余庆、垂祐无穷等。世远支蕃，分迁暌隔，以致税业不常，渐成疏失。本族承祖原共有吴德辉名目金业七保田地山塘，系合字等号土名程村弯荆山，旧葬世祖监察御史辅公坟在上。年深莽塞，不期同都朱俊贪谋本山风水，计设价买柯盛岩原买吴士贤别号山税，混扯捏作柯盛岩，将荆山卖与写立假契搪占。阚恃本族散居不一，魅将官坟毁没，造砌重葬，是龙江族吴容、桃源族吴鸾先行告县。被嘱枉断，吴鸾感激，苦铐不招。由是，各族毕力重申，本府委帖绩溪县丞聂光时勘审，排年、邻佑、卖主执结供实，复被实嘱，朦胧申详，未得清白。于是族人复议，以族众人繁，心难归一，苟不仗之以公，维之以义，则心不克合而事难克剂。为是，协力合同义约，议二人为词首议，四人行事，及使用进出，各族酌量合出银两多寡，随即付众，明白交付使用之人。事归于一则人心齐、出纳明，应用周而事必能济矣。自立合同议约之后，各族务行同心一志，竭力向前，消事之诚。如有徇私害公、挡众拒义者，论以不义，甘罚白银五两，入众公用，仍以议约为准。所坟山余产及辅公夫人坟山余地，见被开垦成田，日后取还立业，贮以供先世程氏太夫人等坟祀拜之需。如此，则上不负祖宗本源之谊，下不可遗子孙祐荫之休。镌之碛珉，以垂不朽，庶能者有所劝，不能者有所勉，崇报先德之诚可输，敦睦宗谊少可尽矣。凡本宗盟同归于好，写立合同义约，各族收一，永为传照者。

　　嘉靖三年甲申仲夏月二十日协力议约合同族人龙江吴玄相吴连吴容吴胜祐吴凤吴政吴天正吴时吴成吴国胜吴宪吴齐保吴丽吴天仙吴泽吴廷兴吴赐；茗洲吴汝芳吴汝杰吴汝贤吴汝本；桃源吴孟显吴献吴鸾吴显

　　奉书宗侄茗洲吴琪竹溪逸人记。①

① 吴子玉：《茗洲吴氏家记》卷12《杂记》。

参与合同《誓约》署名的共有来自龙江、茗洲和桃源的吴氏宗族成员26人。《誓约》签署后，茗洲吴氏便开始了艰难的诉讼。为搜集和提供证据，茗洲吴氏宗族还动员同宗禾村、石坑、泛湖、渭桥族众，各以家谱通会。诉状先递到休宁县，无奈知县李升受贿，枉法判决吴氏宗族败诉。于是，茗洲吴氏宗族按照程序，向徽州府提起诉讼，徽州知府郑玉准状后，委派绩溪县丞聂时光亲临辅公墓地，传唤左邻右舍等进行讯问，并于是年八月最终判决茗洲吴氏宗族胜诉。[①] 这样，茗洲吴氏宗族终于收回了被盗卖的辅公祖墓，结束了祖墓被侵占的雪耻历程。

从上述茗洲吴氏宗族诉讼过程中，我们不难看出，只要是发生祖坟被侵或坟茔荫木被盗事件，吴氏宗族都是毫无例外地进行诉讼，并不惜动员宗族各支，以宗族全部资产为诉讼费用，以达到最终打赢官司、收回被占祖墓或恢复祖墓原状的目的，洗雪宗族之耻。

二　率水中游首村朱氏祖坟被占及其诉讼事件

首村位于休宁县率水中游北岸，明清时期属于该县二十六都五图，系朱氏宗族聚居村，因号称徽州朱氏宗族之首，故称"首村"。《休宁名族志》和《新安朱氏宗祠记》记载，首村距休宁县南三十里，唐代乾符年间（874—879），南宋理学家朱熹始祖朱环之兄、进士朱师古出任歙、宣观察使，[②] 遂由姑苏饮马桥迁至歙县篁墩。师古之子朱王革迁休宁禹山，朱王革长子朱春迁首村，是为首村朱氏之始祖，"此诚三代之鼻祖也，为新安朱氏万派朝宗之源流也"[③]。由于朱师古为徽州朱氏之始迁祖，其后代"子孙远迁楚、汉、江、浙，近迁宣、歙、宁、池，何计亿万"[④]。朱师古也因此成为徽州朱氏的统宗鼻祖。位于"程朱阙里"篁墩朱家巷的朱师古夫妇合葬墓，每年都是包括首村朱氏在内的远近朱氏族人标挂祭扫和朝拜的圣地。

首村朱氏宗族在繁衍发展的历程中，重视宗族活动特别是祭祀活动的组

① 吴子玉《茗洲吴氏家记》卷10《社会记》载：嘉靖三年八月十八日，"龙江监察辅公墓被长丰朱氏侵没，龙江合我族及诸族告，复之"。
② 曹嗣轩《休宁名族志》卷3《朱》。
③ 光绪《新安朱氏宗祠记》。
④ 光绪《新安朱氏宗祠记》。

织与管理。从明代崇祯二年（1629）创建宗祠开始，朱氏宗族势力逐步得到强化，宗族活动极为频繁。至今尚留存清代至民国年间各类宗族文书73件（册），其中包括不少诉讼文书。

（一）休宁首村朱氏宗族的整合

从休宁首村朱氏宗族遗留的文书中，我们发现，在邻村强大的黄氏宗族逼迫下，二世祖春公墓被非法侵占。这在朱氏宗族中是一件挥之不去的耻辱事件。因此，明末清初，朱氏宗族势力在渐趋强大之后，兴复宗族祠堂，争回被占祖墓，便成为其首要任务。此后发生的宗族诉讼也基本上是围绕宗族内部整合和春公墓诉讼这一中心。

为重整和振兴宗族，首村朱氏宗族以祠堂为核心，不断增殖祠产，置有《朱氏祠簿》，建立祠产管理组织，这从清康熙三十五年（1696）四月二十五日乡约朱希茂和保长朱天锡具呈经管祠事的呈文中可以看出。该文书内容如下：

> 具呈乡约朱希茂、保长朱天锡呈为遵奉回报事，蒙宪批谕，役等将《朱氏祠簿》清交新管之人，今遵公谕，原管之朱任康、朱有光等眼同当凭八门房长逐一立簿清交，新管朱朝益、朱邦遴、朱邦积、朱国英四人接管祠事。理合具呈回报，伏乞宪天验交。感恩上呈。
> 　　右具
> 　　呈
> 　　准交朱朝益等四人经管
> 　　康熙三十五年四月廿五日具呈乡约朱希茂
> 　　保长朱天锡。①

为保障宗祠运行的资金来源，使宗族管理制度化，清康熙三十五年（1696）五月，朱世德联合首村朱以治、朱希茂等16人共同订立签署了《议墨合同》，并详细规定了宗祠和宗祠资产运营管理的各项条规。《议墨合

---

① 《清康熙三十五年四月廿五日休宁县首村朱希茂、朱天锡等呈报宗祠新管人员名单文》，安徽大学徽学研究中心特藏室藏档案。

同》内容如下：

　　立议墨合同人世德、以治、元亮、希茂、朝郁、朝禄、朝清、自熙等，吾族创立宗祠，始于明季崇祯二年，阖族批丁各出乐输，共建祠宇，以尽人子报本之忱。构工将半，缘与邻村诘讼，以此未得告成。至于顺治五年，阖族批丁乐输约计百有余金，以为递年修葺祠屋兼纳钱粮。其银虽有批领，不能生息，于事无济，至康熙四年支丁贲自客外归来，见祠宇损漏，邀仝志倡议，阖族公举，凡支下嫁女、公堂诞男长口，取其两项，公贮入匣，系之与朝纲管理，递年于长至日果酒敬祖毕，公同族众清算贮簿，向无异议。至康熙十六年，复举元凯、自盛、希茂、希珪管理，照遵前人规议，所贮祠匣银两递年运筹生息，收支出入，皆如前规。至康熙二十三年，复交自盛、希珪、德魁、可松管理无异。岂于康熙三十三年，有田来当祠银，祠内不从，因此诘讼，是以任康、可松等不愿管理。今奉县主金批，议立管祠。今阖族公议，共举朝益、邦逊、邦积、国英等蒙批在簿，准任管理，但执事者务要洁己奉公、廉贞自守。既无瑕疵，族众自无异议。设有恃强，任事者传知各门支下子孙，集众公论。恐后人心不一，立此议墨合同一样三张，两社各执一张，存匣一张，永远遵守为照。

　　康熙三十五年五月日立议墨合同人世德（押）希茂（押）

　　世宰（押）元亮（押）朝郁（押）以恬（押）

　　朝禄（押）以愉（押）朝清自熙（押）

　　希雅（押）希祝希孟（押）

　　见议人朝珍（押）朝聘（押）杰寿（押）

　　一议肩任祠务，原非自愿乐从，因下为族众推举、上为祖宗出力，吾族长幼人各虚心体贴，无得妄生异议，肇起争端。但执事者既任其劳，无使再任其怨。族中倘有无知不法、恃强横逆者，传集族众，呈官究治。

　　一议任事者务要洁己正人，不得徇情怀私。今既议执事者三年交换，现任者自宜敬谨其事。倘遇事有疑难，即商之于众，抑可以杜无知妄言之口，又可以为后接任者之规。

　　一议坐谷，价照时银，先发谷先付银，后发谷后付银。但佃户来约看谷之日，即议付某人收，轮流挨次，不得争执高低。倘有将首饰来抵押，计重一两，只押七钱，议定冬日清偿。如不清付，将原首饰与内押银票付本家取赎。金珠宝石概不押，免后争执。

一议各项条规，当遵前簿举行，无得异说。①

从上引的《议墨合同》的文字中，我们不难看出，清代康熙年间，首村朱氏宗族通过旨在规范宗族内部行为和管理机制的方式，对宗族进行了整合。

在完成了宗祠建造和管理制度制定等宗族内部整合之后，首村朱氏宗族的凝聚力和经济实力迅速得到了加强。接着，朱氏宗族便开始了向外拓展和扩张。最能体现朱氏宗族扩张行为的事件是争回被占祖墓春公墓的诉讼。

（二）耻未雪而终饮恨——争回被占祖墓春公墓的诉讼

时机终于成熟。在首村宗族整合基本完成后，朱氏以首村为中心，联合率水流域的同宗村落宗族成员，展开了争回被侵占祖墓——二世祖春公墓的诉讼活动。

康熙四十七年（1708）五月，首村朱世观等人联合上伦堂、范庄朱氏族人，在孝的旗帜下，共同出钱出力，立下《永言孝思》文约，誓与侵占朱春祖墓的黄氏宗族进行诉讼，以期重塑朱氏宗族的权威。

永言孝思

吾宗自二世祖春公始迁海阳，派十有三，支分繁衍，屹为望族者，今十八村矣。自春公葬溪口庙岭龟山，佑启后人，向者系前人厥谋弗臧，遂致失业，使祭扫缺典，历经百有余年。虽子姓常怀激愤，然报复无因。今幸际县主龙图再世，洞察民怨，厘照黄氏之奸谋，而吾宗各派为孙子者，不乘此时之机，以复春公之墓，泄数百年之积恨，纵不能效襄公复九世之仇，然木本水源，使后世知忠孝之大节，愿吾宗各派诸公竭力输资，共襄盛举，以尽孝子贤孙之志，不胜幸甚。请书其名于左。

康熙四十七年五月日谨启

---

① 《清康熙三十五年五月休宁县首村朱世德等立议墨合同》，安徽大学徽学研究中心特藏室藏档案。

首村

世观字尚宾	输银贰拾两
家鼎字文九	输银拾两
邦礼字季和	输银拾两
邦超字汉升	输银拾两
字景佰	输银拾两
可官字登吉	输银拾两
	又输银贰拾两

上伦堂

士谌字永符	输银壹佰两
邦孚字嵋雪	输银伍拾两
绣字我文	输银拾两

范庄

朗字元昭	输银叁拾两
阳字天宜	输银拾两
恒字心如	输银叁拾两
帜字汉旌	输银拾两
镇字公威	输银拾两
濂字若周	输银拾两①

这是居住于首村的朱世观等联合首村、上伦堂和范庄朱氏族人为通过诉讼夺回被黄氏霸占的春公祖墓而进行的诉讼捐款总动员。

康熙四十七年（1708）五月二十八日，首村朱世德等再次发起与龙湾黄氏进行诉讼以夺回春公祖墓的动员，并联合以首村为中心的朱氏族人共同签署合同议约。其内容如下：

> 立合同众派首村等，今为春公古墓向被龙湾黄氏势占平抹，抽除鳞册保簿壹页，使我子姓无凭申诉，迄今百有余年。祖冤莫雪，今又奸谋

---

① 《清康熙四十七年五月休宁县首村朱世观等捐输诉讼春公墓银两启》，安徽大学徽学研究中心特藏室藏档案。

复萌，侵占溪口坟茔，以致诘告在案。幸蒙县主张公吊对原丈信字新丈短字二千一百七十九、八十、八十一等号经册、纬册，察出洗补盖印情弊。其八十一号，即我春公所葬之处。庭质之下，诘究其实。龙湾词穷，莫能掩饰，随即通详督抚各宪。是百余年平抹之祖冢，遇此大可为之机，不可谓非，春公在天之灵赫濯于今日也。祖墓显晦，在于子孙。今日一举，毋负平日报复之素志。今此急务，首在议费，各村或照丁派，或支众匣，以为使用。再各举贤能，协同任事，踊跃争先，以雪积世之仇。功成之日，酌议配犒，以张其勋。犹恐人心不齐，立此合同为照。

康熙四十七年五月二十八日立合同首村世德（押）以愉（押）朝益（押）

　　　　　　　　伦堂文宁（押）

　　　　　　　　葩庄朝珍（押）赐福（押）

　　　　　　　　长丰（押）可进（押）兴贤（押）

　　　　　　　　星洲名秀（押）

　　　　　　　　琳溪礼英（押）存濂（押）可旭（押）

　　　　　　　　中洲国勤（押）

　　　　　　　　东圫元祥（押）

　　　　　　　　隐塘守经（押）

　　　　　　　　朱村光裕（押）

　　　　　　　　杨冲祚纪（押）

　　　　　　　　里田元铭（押）

　　　　　　　　新屯序伦（押）

　　　　　　　　资口岭士彰（押）

　　　　　　　　石佛田徵（押）

　　　　　　　　遐保应书顺（押）

　　　　　　　　苦竹田正序（押）

　　　　　　　　矶溪①

① 《清康熙四十七年五月二十八日休宁县首村朱世德等立合同文约》，安徽大学徽学研究中心特藏室藏档案。

从上述所引录的首村两纸文书中，我们不难发现，首村朱氏宗族在清初勃兴以后向外扩张的过程中，是以联合支派、强化宗族凝聚力的方式进行的。我们虽然未在朱氏文书中查寻到具体的诉讼文书，但两张文书都显示，康熙年间，首村朱氏宗族的扩张是通过一系列诉讼活动来完成的。可惜，这场诉讼因为对手龙湾黄氏势力过于强大，首村朱氏宗族并没有取得成功，未达到胜诉并收回春公墓地的目的，这也成为首村朱氏宗族的奇耻大辱和永远难以释怀的隐痛。

结　语

从明清休宁率水上中游茗洲吴氏宗族和首村朱氏宗族两起祖墓被侵而导致的争夺祖墓、以血宗族耻辱的诉讼案件来看，其结果恰好是迥异的，即茗洲吴氏宗族联合龙江等地强大的支族力量，通过不懈的诉讼，在县级诉讼败诉的情况下，通过直接向徽州知府再诉的二重诉讼，最终通过群体的力量，打赢了官司，争回了辅公墓的所有权。而率水中游的首村朱氏宗族尽管也联合远近朱氏支族成员，竭尽全力进行收回被侵占的春公祖墓的诉讼，但在与更为强大的黄氏宗族针锋相对时，始终处于劣势，并最终落得了败诉的结局。旧耻未雪，又添新恨，这种耻辱和仇恨，一直被首村朱氏宗族视为奇耻大辱，以致在《朱氏统宗祠规家法》中，朱氏宗族专门开列出一条对族中能收回春公墓者给予表彰的条款，云：“各派中有能复春公墓地、重建宗祠者，准十三朱祖宗容像上画像。”① 这一事实表明，在徽州，祖墓被侵被盗，是宗族的莫大耻辱，是决不能容忍的重大事件。因此，在一些家谱、家规中，徽州宗族一再强调，即使是本族中发生婚姻破裂、妇女私奔或通奸的事件，都是可以隐忍的，唯独祖墓被侵、被盗，是不可容忍的。对此，休宁范氏宗族在祠规中指出：“自慈懿太夫人杜氏墓、观察公下庄墓、姚村府君以下各祖墓与各支祖墓，皆世守之墓，凡栋宇有坏，则葺之，罅漏则补之；垣砌碑石有损，则重整之，蓬棘则剪之；树木什器则爱惜之，或被人侵害、盗卖、盗葬，则同心合力复之。患无忽小，视无逾时。若使缓延，所费愈大。

---

① 《朱氏宗祠记》，清光绪抄本，安徽大学徽学研究中心特藏室藏。

此事死如事生，事亡如事存之道，亦圣谕孝顺内一件急务，族人所宜首讲者。"① 清代绩溪县周氏宗族祖训一再劝诫宗族成员避免诉讼，但在涉及祖墓和婚姻二事时，则指出："凡人一生不入公门，便是福人。至于不得已而结讼世人，虽说祖墓、婚姻两事，如果已葬祖茔被占而讼，尚属万不得已。若因求地葬祖而与人结讼，岂不可笑。聘妻媳被占，似乎有理，但已聘而愿改婚，其家无耻，其女亦不贞，我且不屑，何讼之有？况一切小忿致讼，至于破家荡产，辱身失名，自害害人，后悔何及？古语云：只可山头望牢狱，不可牢狱望山头。可不戒哉？"② 也就是说，媳妇被霸占，比起祖墓被侵占而言，仍是可以容忍的，祖墓被侵则不行。

　　根深蒂固的尊祖敬宗、报本追远的观念，在徽州山区的直接表现：一方面坚持祠祭和墓祭，另一方面当遭遇祖墓被侵、被盗时不惜一切代价进行争夺。宗族的耻辱，在徽州无过于祖墓的被侵、被盗。而雪耻的过程除了诉讼这一途径之外，便是宗族之间的械斗了，好在徽州号称"东南邹鲁"，宗族械斗事件极少发生，"因家族意见太重，两姓逼处，亦间有以一二人口角之争为全族械斗之事，但幸不数见耳"③。但也落得个民风"健讼"④ 的恶名。

① 万历《休宁范氏族谱·谱祠·统宗祠规》。
② 宣统《仙石周氏宗谱》卷2《石川周氏祖训》。
③ 民国《歙县志》卷1《舆地志·风土》。
④ 傅岩：《歙纪》卷5《纪政迹·事迹》。

清咸同年间河南乡村社会的军事化

——以圩寨之修筑、战守为中心

孙　兵*

一　问题之提出

对于晚清地方军事化，中外学界已有较多研究。① 美国学者孔飞力
（Philip A. Kuhn）在《中华帝国晚期的叛乱及其敌人》② 一书中，通过研究
晚清团练及其他地方武装，论述了晚清地方军事化对中国社会结构的影
响。作者认为，绅士通过举办团练等地方武装协助清政府镇压了太平天
国运动，使清王朝得以度过危机而继续生存，但这也直接导致了绅权扩
张。咸丰朝以后，地方权力旁落到绅士之手，其影响甚至及于 20 世纪前
期中国的行政与社会。论者这一分析对中国史学界产生了很大影响。该
书对地方军事化做了迄今为止堪称最具深度的探究，但也存在某些不足。
据笔者浅见，"地方军事化"此类动荡时期的地方社会状态，至少应包括
"人"与"物"这两个层面的丰富蕴涵。该书显然对前者（地方武装的
组织、联合等）用力较勤而对后者（堡寨等防御设施、乡村聚落形态的

＊　孙兵，南阳师范学院。
①　裴宜理：《华北的叛乱者与革命者 1845—1945》，池子华、刘平译，商务印书馆，2007；罗
　　威廉：《红雨：一个中国县域七个世纪的暴力史》，李里峰等译，中国人民大学出版社，
　　2014；张研、牛贯杰：《19 世纪中期中国双重统治格局的演变》，中国人民大学出版社，
　　2002；等等。
②　孔飞力：《中华帝国晚期的叛乱及其敌人》，谢亮生等译，中国社会科学出版社，1990。

变化等）多有忽略。纵观全书，对于堡寨的考察颇为粗略，仅限于华南、华中地区，对于遍修堡寨导致乡村聚落形态发生的巨大变化也少有留意。总体上看，包括该书在内，学界对于堡寨聚落，堡寨势力兴起之社会、历史意义的探讨似乎还不够充分，这无疑会限制我们对于地方军事化的认识。乡绅、宗族如何借主导堡寨之修筑、战守而扩张其支配地方社会的权力，晚清的地方军事化对于乡村社会乃至国家政局具有何种程度的重要意义，对此，学者们做了一些有益的探究，[①]但现有研究颇显零散和薄弱，取得的认识似乎还不够全面和深入。为此，本文拟以咸丰、同治时期河南各地的圩寨为例，尝试对上述问题做进一步的探讨。不当之处，恳请方家教正。

二　咸同年间河南广修圩寨之历程：
从"亡羊补牢"到"未雨绸缪"

堡寨是中国古代以至近代一种用以自卫的防御工事。至迟自汉末以降，但凡社会动荡时期，名目不一、性质各异的堡寨在南北各地皆属常见，清代安徽、河南等地则习于称之为圩寨。晚清咸同年间，清廷以"坚壁清野"政策作为对付太平军和捻军的主要手段，命令各地组织团练和修筑堡寨。于是，安徽、河南、山东、苏北等地广泛兴团练、修堡寨，形成了程度不一的地方军事化的局面。透过起初清廷倡导而河南各地少有响应到威胁迫近之际地方精英纷起修寨自卫的历史过程，可以窥见官府、绅士等力量在地方权力格局中的地位与相互关系。

咸丰二年，为防范太平军势力扩张，清廷谕令各省仿照嘉庆年间剿灭白莲教起义军的坚壁清野之法，修筑堡寨，办理团练，以资保卫，"不特被贼地方急宜筹办，即距贼较远处所亦应思患预防"。咸丰帝认为，如果只由地方官吏负责此事，难免出现借机苛派勒捐等诸多流弊；而各省公正绅耆既熟悉地方情形，又深孚众望，一呼百应，如果由他们负责，能收到事半功倍之

---

① 除了上揭著述以外，其他侧重考察堡寨的成果如并木赖寿《捻军起义与圩寨》，《太平天国史译丛》第2辑，中华书局，1983；王建革《传统社会末期华北的生态与社会》，生活·读书·新知三联书店，2009；牛贯杰《19世纪中期皖北的圩寨》，《清史研究》2001年第4期；顾建娣《咸同年间河南的圩寨》，《近代史研究》2004年第1期；等等。

效。因此，他敕令在朝官员荐举那些"通晓事体、居心公正、素系人望"的在籍绅士，责成他们劝谕捐资、浚濠筑寨，"各就地方情形妥为布置，一切经费不得令官吏经手"。如果绅耆办有成效，由该省督抚奏请奖励。① 其后要求各省督抚督同在籍帮办团练之绅士实力奉行，并再次强调"一切经费均由绅民量力筹办，不得假手吏役"②。另外，修筑堡寨原为守卫乡里，守望相助，因此所有团练壮丁"不宜远行征调"，"若本邑城池有警，则附近村堡团练必应纠集壮勇合力援应，使贼进无所据，退无所掠，自不难一鼓歼除"③。

咸丰三年四月，太平军正准备分兵北伐，河南是必经之地。但河南巡抚等地方大员未能意识到太平军北伐的战略意图和走向，将咸丰帝的上谕视为具文；大多数地方官则担心"民聚而相抗"，因而"恶坚壁清野"④。他们寄望于八旗、绿营官兵，在修筑圩寨方面并未做出任何积极举措。六月，北伐军进入河南，此前即已活动于河南、安徽等地的捻军纷起响应，爆发了大规模的起义。河南义军活动最频繁的时段是咸丰末年至同治初年。其中，角子山捻军起义的势力遍及南阳、汝宁两府，陈大喜、张凤林捻军起义，"流毒三府一州之地，袤延几及千里"⑤。豫、皖捻军声势相连，成为太平军之外清政府的另一心腹大患。当时布防于河南各府州县的八旗、绿营兵合计编制近1.6万人，⑥ 但实际上缺额很多，加以军备废弛，战斗力低下，城邑失陷之事屡屡发生。

严峻的形势迫使河南地方大员调整战略部署，不得不发动民众自保身家，按照上谕要求组织团练和修筑圩寨。咸丰九年二月，安徽捻军逼近河南，巡抚恒福亲赴鹿邑督办防剿事宜，"谕归、陈、南、汝、光各属筑堡御贼"，分遣候补知府傅寿彤等五人劝谕兴修。⑦ 这是河南正式实施坚壁清野

① 刘锦藻编《清朝续文献通考》卷215《兵考十四·团练》，商务印书馆，1955，第9619页。
② 中国第一历史档案馆编《咸丰同治两朝上谕档》（3），广西师范大学出版社，1998，第108页。
③ 刘锦藻编《清朝续文献通考》卷215《兵考十四·团练》，第9619—9620页。
④ 王铣桂：《上李文园宗伯书》，宣统《项城县志》卷14《丽藻志三》，第9、10页。
⑤ 尹耕云：《豫军纪略》，中国史学会主编《中国近代史资料丛刊·捻军》（2），上海人民出版社，1957，第264页。
⑥ 《钦定大清会典事例》卷545《兵部·官制·河南驻防》，光绪二十五年石印本；《钦定八旗通志》卷35《兵制志四·八旗驻防兵制·河南》，嘉庆四年刊本。
⑦ 尹耕云：《豫军纪略》，《中国近代史资料丛刊·捻军》（2），第341页；刘锦藻编《清朝续文献通考》卷215《兵考十四·团练》，第9624页。

政策的开端。咸丰十年，祖籍武陟的顺天府丞毛昶熙奉命回籍督办团练，酌定条规十二则，首条便是"添筑堡寨以扼要隘"①。修筑圩寨这才受到高度重视，此时距清廷首次颁发上谕已时隔八年了。

　　起初，不仅省府大僚对修筑圩寨态度消极，多数地方绅民对此也反应冷淡。河南省境内黄河以南，自荥泽、密县、禹州直至襄城、叶县、舞阳等州县向东平原广袤，交通便利，无险可守，是太平天国北伐军、捻军由皖入豫的理想通道。所以，战火波及时间较早，影响也较持久。而西、南、北三面群山环抱，交通不便，受战事的影响相对较小。即使同一府州之内，各州县乃至村镇受战事影响的程度各有不同，民众对于圩寨重要性的认识也会有所差异。遭受兵燹之地修筑圩寨自然较为积极，反之则较为消极。太康县，地处豫东，早在咸丰元年洪秀全起事、安徽捻军闻风响应之初，知县柴立本"料其必西窜，劝绅董速办团练并令大村巨镇修寨为御乱计"。可惜承平日久，民不知兵，奉命修寨多不乐从，有书差趁机"假绅民之名，大粘匿名帖，谓办团修寨，无故扰民"。柴立本被迫去官。咸丰六年、八年，捻军多次进入县境内活动，"民始念前令柴立本之言，修寨自保。两月成六十余寨"②。再如睢州，咸丰三年，"当道以贼势猖獗，劝筑寨为坚壁清野计，乡民多以为难"，少数村镇修筑圩寨后赖以自保，其他各地至此才"竭力修筑，境内遂有九十四寨"③。

　　民众起初不愿修寨，还受到"小乱居城，大乱居山"传统避乱方式的影响。战事初起时，民众大多选择逃入府州县城，托庇于城池、官兵的保护。但在地方官屡屡被杀、逃亡、城池失守的情形之下，加以府县城容纳的人口有限，民间遂有"营城立寨议"。夏邑县，咸丰初年就有捻军活动，民众起初依赖民团保卫乡间，后来民团被打败，县城屡次被攻破，人们惊惶无助，不得不于咸丰八年开始倡议修寨。④再者，捻军的搜山行动使避乱于山野的传统方法也不再奏效，山区丘陵地带的民众也被迫着手修寨。

　　正是在亲历战乱、意识到圩寨的重要性之后，民众才将官府修寨的倡议付诸实施，这是一个从"亡羊补牢"转为"未雨绸缪"的过程——起初多

① 《清史列传》卷52《毛昶熙》，王钟翰点校，中华书局，1987，第4148页。
② 民国《太康县志》卷7《职官表·柴立本》；卷3《政务志·兵灾匪祸》。
③ 光绪《续修睢州志》卷2《建置·寨工》，第13页。
④ 《捻军闻见录》（上），《中州学刊》1984年第4期，第115页。

数圩寨都修筑于起义军退后，后来有些地方在其逼近之前就预修圩寨。新乡县小冀寨，于咸丰十一年山东长枪会入境之前由地方绅士创修，后寨勇协同官兵与起义军作战获胜。① 安全防御的需要迫使民众意识发生转变，加以官府的大力倡导，在咸丰后期至同治前期，河南境内出现了大规模的修寨活动。其时"各直省增置团练大臣，俾督率编氓筑寨自卫。于是河北（指河南境内黄河以北——引者注）一路星罗棋布，处处兴修"②。咸丰八年，"新（乡）、密（县）、禹（州）、许（州）以东，有寨堡者约二十余县，每县寨堡多者七八十区，少者亦二三十区"③。项城县，见于记载的 179 个圩寨之中，有 104 个修于咸丰七年至同治二年。④ 柘城县，全部 58 个圩寨中，有45 个是咸丰九年至同治元年间集中修筑的。⑤ 其他夏邑、西华、淮阳、虞城、鹿邑、武陟等县率皆如此。⑥

曾国藩负责剿捻后，进一步强化了圩寨清乡政策。同治五年，他采取"以有定制无定"的策略，下令捻军活动的地区遍修圩寨，将人丁、牲畜、粮食集中于寨内，由民团固守，以对付捻军飘忽不定的战术。⑦ 基于这一命令和防御捻军的实际需要，此后河南境内又新修了一批圩寨。如新乡县新修了 9 个，浚县新修了 15 个。⑧

三 绅士主导下的修寨活动之组织与实施

咸同年间河南各地修建圩寨的地域范围很广，东起夏邑、永城，西至卢氏，北及安阳、内黄、南乐，南至信阳，几乎遍及全境。圩寨的分布疏密与

---

① 民国《新乡县续志》卷 1《城池》，第 44 页。

② 民国《续武陟县志》卷 8《建置志·城寨》，第 3 页。

③ 李浚：《上毛都堂书》（1858），江地：《捻军史研究与调查·附录》，齐鲁书社，1986，第294 页。

④ 宣统《项城县志》卷 5《地理志·寨堡》。

⑤ 光绪《柘城县志》卷 2《建置志·堡寨》。

⑥ 民国《夏邑县志》卷 9《杂志·兵事》，第 37 页；民国《西华县志》卷 1《大事记》，第15 页；民国《淮阳县志》卷 8《大事记》，第 53 页；光绪《虞城县志》卷 10 下《杂志·灾祥》，第 3 页；光绪《鹿邑县志》卷 8《兵事》，第 10 页；民国《续武陟县志》卷 8《建置志·城寨》，第 3—4 页。

⑦ 王定安：《求阙斋弟子记》，《中国近代史资料丛刊·捻军》（1），第 19 页。

⑧ 民国《新乡县续志》卷 1《城池志·堡寨》；光绪《续浚县志》卷 4《建置志·堡寨》。

人口分布的疏密有明显的对应关系——平原地区村落稠密，易于合力修寨，因而较为多见；山区人口稀疏，难以大范围地集聚人口修寨，因而分布较少。① 尽管省内各地的圩寨、修寨活动呈现诸多差异性，但绅士在其中的主导作用均是较为突出的。

圩寨的实际状况颇为复杂，其修筑地点和方式多种多样，因地而异，相对多见的大体上有以下几种情形。

其一为依托自然村庄修建圩寨，即以某一村庄或村内某些住宅为中心，周围环以寨垣，挑以壕沟。这种圩寨多见于平原地区，其村庄往往大而密，每村多至上百户人家，有能力修寨防守。夏邑县刘老寨、李家楼、刘家浦、彭家楼、王姑庵、侯家庙等处圩寨皆为"因庄立寨"②。封邱县林庄寨也是如此。③ 项城县绅士张静斋也是以所居之村"环以木城，置火器为固圉计"④。

其二为联村修筑圩寨。为了凑集必需的人力、财力，常有邻近的几个、十几个甚至几十个、上百个村庄合修一个圩寨。或以某一大村为主，将附近各村的村民、财物等移入其中；或修于村庄之外，作为御敌避乱之所，乱后或返回本村，或留居寨中。这种圩寨一般规模较大，防御能力较强。武陟县同春寨，由刘村、黄村、官亭村、申村、沙李村、狮路口六村合筑，周围八里许，共五门。⑤ 内黄县中流河由18个庄子合力修寨，"中流河是寨主"⑥。汜水县周固寨、五云山寨、紫金山寨，皆由附近数个或十几个村庄合修而成。⑦ 从方志记载来看，当时不少州县圩寨的数目远远小于村庄总数，⑧ 当可表明联村修寨的情形比较普遍。

其三为修于集市巨镇的圩寨。这些地方往往是经济中心、水陆要冲，汇聚了大量财富、物资，战略地位颇为重要，需要修寨防护。夏邑县桑固集、

---

① 民国《河南新志》卷3《礼俗·风俗概况·居处》。

② 《捻军闻见录》（下），《中州学刊》1984年第5期，第111页。

③ 民国《封邱县续志》卷5《建置志·寨堡》，第14页。

④ 朱宝璇：《赠荣禄大夫静斋张公传》，宣统《项城县志》卷18《丽藻志七》，第25页。

⑤ 民国《续武陟县志》卷8《建置志·城寨》。

⑥ 周到：《有关捻军运动王来凤部一点资料》，《史学月刊》1964年第11期，第37页。

⑦ 民国《重修汜水县志》卷2《建置·寨》。

⑧ 民国《许昌县志》卷1《方舆·图考》；宣统《项城县志》卷5《地理志·形势》；民国《夏邑县志·舆图》；光绪《鹿邑县志·舆图》。

李家集、营盘集、会亭集、太平集等处圩寨皆"因集立寨"①。许昌县五女镇为商业重镇，位于东西交通要道上。同治元年，恩科武举安国忠率先倡议在此筑寨，居民得以保全。②

其四为聚族而居，修筑圩寨。这种形式与联村修寨有相似之处，因为一个宗族有可能分居多个村庄。但这种圩寨更强调血缘关系，寨主由宗族中的大户充任。如项城县绅士张瑞桢为了防范起义军，倡议聚族而居，合族共修一寨，自任寨主。③ 西平县不少圩寨的情形也较为典型。如表1所示，若其以姓氏冠名，则寨中居民通常以此姓为主，当为宗族修寨聚居的反映。

表1　同治年间西平县圩寨概况

寨名	修筑时间	修筑者姓名	寨内主要家族
谭店寨	同治元年	谭鉴、谭云汉等	居民以谭姓为多
油房张寨	同治三年	张锦林、张庆藩	居民以张氏为多
吕店寨	同治元年	吕位西、吕广居	居民以吕氏为多
冯张庄寨	同治元年	冯勋等	居民皆冯氏
焦家寨	同治五年	焦逢午、史丽金	居民以焦氏为多
丁庄寨	同治五年	丁临榜、丁元泰	居民以丁氏为多

资料来源：民国《西平县志》卷4《舆地·建置·寨堡表》，第5—11页。

其五为村落之外凭险设寨。这种圩寨多修于水边或山上，利用天然屏障设防，亦可控制险要之处。信阳太和寨，位于四壁削立的黄牛山上，依山而建，"筑土既坚，置械既备，数百户恃以无恐"④。中牟县永固寨，周围七百余丈，西南借占月堤；另有中河寨，位于中河老大堤二坝湾，靠堤修筑。⑤有的圩寨修于桥梁两侧，应为出于控制这一交通要道的需要。⑥

此外，捻军据守的圩寨是较为特殊的一类。咸丰七年以后，捻军改变了

---

① 《捻军闻见录》（下），《中州学刊》1984年第5期，第111页。
② 民国《许昌县志》卷13《人物下·义行》，第59页。
③ 张瑞桢：《练寨会小引》，宣统《项城县志》卷20《丽藻志九》，第9、10页。
④ 民国《重修汜水县志》卷10，第35页。
⑤ 民国《中牟县志》卷2《地理志·寨堡》《地理志·形势》，第28页。
⑥ 民国《许昌县志·舆图》。

一贯的流动战术，开始"以守为战"，以圩寨为根据地与官府对抗，[①]"圩寨林立，不可数计"[②]。其首领张洛行在永城、夏邑、虞城等州县也筑有圩寨，每圩千余人或两三千人不等。[③]

综上所述，圩寨与村庄、集镇的关系有重合或相离之分。以村庄、集镇为中心筑寨，民众仍可居于家中，日常生活所受的影响相对较小。而"并小村入大村、移平处就险处"及聚族而居等方式，使原本分散居住的村民聚集于一所圩寨共同防守，从而失去了本来相对独立的生活空间。"匪退耕作，匪来守御"[④]，圩寨既是村民日常生活的场所，亦为保卫乡里的据点。

修寨经费方面，所需钱物的多少因圩寨的规模、防御能力而异。武陟县荆辛庄临峰寨"费钱一万余缗"；前牛文庄公信寨"周围二里许，费钱一万五千缗"；后牛文庄文明寨，"周围九百余丈，费钱四万余缗"。[⑤] 所需经费或由绅士富户独立承担，或由寨中绅民共同凑集。内黄县义兴寨，"除按地捐谷不论贫富外，有树者愿以树充公，有钱者愿以钱助用，虽多寡不等，无非仗义输财之心"[⑥]。这种均摊集资修寨的方式比较常见。而绅士多为乡间富户，他们往往承担了更多的费用。武陟县升平寨，由"北旺村巨室、詹事府主簿献南谢君"倡筑，村中人"按户科费，惟平惟均，有不继者，则谢君独任之"[⑦]。孟县上口村寨的修筑有赖于绅士阎继祖之力，所需费用由村中凑集若干，其余皆由其承担。[⑧] 宗族在其中也发挥了重要作用。有的寨址属于宗族所有，密县圣水寨由白暹等人主持修筑，寨址即为白姓祠田。清廷明令由绅士筹集修寨经费，因而似乎未见有官府干预筹款事务的情形。至于修寨所需人力，一般或为雇佣，或由贫穷村民、族人承担。[⑨]

圩寨的外形像城，有门有楼。寨墙多为土筑，也有垒石包砖的。平原地

①　池子华：《从雉河集会盟到霍丘会师——捻军战争形态转换述论》，《安徽师范大学学报》1993 年第 1 期，第 89 页。

②　袁甲三：《袁端敏公集·函牍》卷 1《捻军五》，第 203 页。

③　朱学勤：《钦定剿平捻匪方略》卷 147，同治十一年印行，第 29、30 页。

④　民国《太康县志》卷 3《政务志》，第 50 页。

⑤　民国《续武陟县志》卷 8《建置志·城寨》。

⑥　周到：《碑碣上的史料》，《史学月刊》1957 年第 7 期，第 33 页。

⑦　王少白：《升平寨记》，民国《续武陟县志》卷 8《建置志·城寨》，第 3 页。

⑧　转引自李留文、户华为《明末与晚清中原寨堡之差异》，《光明日报》2014 年 2 月 19 日，第 14 版。

⑨　民国《郑县志》卷 11《人物志·任德润》，第 31 页。

区一般环以深壕，以吊桥与外界相通。圩寨的规模大小、墙之高厚、壕之深广一般视防御的需要及地形、财力等条件而定。① 小者周长二三里，大者如许昌县繁城镇寨，寨垣周长九里有奇。② 以容纳居民数量计，"圩大者千余家"③，正阳县"虽极小之寨，居民亦不下数百"④。

在地方修寨的活动中，绅士往往起到了主导作用。如前所述，咸丰初年的谕旨已明确要求各省在籍绅士筹募资金，办团修寨，而河南各地修寨的首倡者确实以绅士为主。以孟县兴筑公和寨为例：

> 聚五王先生慨然兴筑寨之举，谋之本庄，翕然乐从；询之外村，欣然乐助，群推先生为寨主，禀请邑侯叶公以定基址，又择执事数人，方丈数、筹经费、庀材物、监工役，不数月而墙垣既成，门亦告竣。⑤

从碑文看，寨主王聚五是位监生，副寨主、众执事有多位绅士，应是当地的头面人物。本庄乐从，邻村乐助，举办工程较为顺利，足见他们在乡村社会的声望和号召力。方志中有关咸同年间绅士倡修圩寨的记载比比皆是。荥阳县修建的56个圩寨之中，有36个皆为绅士倡修。⑥ 浚县修建圩寨24个，有17个由绅士倡修。⑦

在官府的号召、绅士的倡导和带动下，很多没有功名但在地方上有一定影响力的地主富户、大姓巨族也积极参与修寨等事务，有的还因功受到官府的表彰。但总体上看，寨主多由绅士充任，圩寨的领导者以绅士为主，由各色地方精英共同构成。圩寨的各项事务，从选址、筹集资金、募集人力、督促施工直到布置防守，也皆由他们负责。有的还专门设局办理。武陟县木乐店寨规模较大，同治五年公举王藜青等人主持寨务，专门设寨局于千佛阁

---

① 徐珂：《清稗类钞》第1册《地理类·洛阳之寨》，中华书局，1986，第122页。
② 民国《许昌县志》卷1《方舆·图考》，第22页。
③ 孙衣言：《安徽候补直隶州知州褚君墓志铭》，聂崇岐编《捻军资料别集》，上海人民出版社，1958，第41页。
④ 刘厚泽编《捻军资料零拾》，《近代史资料》1958年第6期，第25页。
⑤ 《公和寨记》，转引自李留文、户华为《明末与晚清中原寨堡之差异》，《光明日报》2014年2月19日，第14版。
⑥ 民国《续荥阳县志》卷3《建置志·寨堡》。
⑦ 光绪《续浚县志》卷4《建置·堡寨》。

中，名曰"仁里局"①。许昌县丈地保某村于咸丰三年修寨抵抗太平军，也设有寨局处理寨务。②

四　圩寨之战守与乡村社会军事化

咸丰后期以后，圩寨攻防战成为河南境内捻军影响各地军事斗争的主要形式。捻军方面，"陈大喜据平舆，张凤林据张冈，各筑寨为根据地"，"张凤林威挟邑东南各乡寨服从调遣，视为部属……其余地面一切事物，生杀予夺，均归凤林主办，居然一方政府"③。陈大喜也拥有控制上百个圩寨的势力。④ 永城捻军首领李加英也是"聚众数千"，"管领三十八匪寨"⑤。捻军控制众多圩寨之下，清政府的剿捻行动不外乎攻克捻军占据的圩寨，收抚归顺捻军的村镇圩寨。

与此同时，受捻军影响的各处村庄、集镇，为了增强防御力量，修筑圩寨和举办团练往往同步进行，团练以圩寨为根据地，圩寨以团练为生力军。圩寨武装力量之强弱、出战能否取胜，不仅取决于圩寨的防御能力等客观条件，如坚固程度、武器装备的配置等，也在很大程度上受人为因素的影响，包括寨主的组织管理能力、丁勇的组织训练程度、与其他圩寨联合协作的程度等。

首先，如果寨主领导有力，组织、管理得法，善于调动寨中人员的积极性，就能有效地发挥圩寨的防御能力和战斗力。许昌县石固寨，寨主为增生袁春芳，属于下层绅士。此人富于胆略，深得乡民信赖，"法令森严，部署有方"，因而"合寨赖以保全"⑥。反之，如果组织管理松懈，不能凝心聚力，圩寨往往被攻陷。项城县路阎庄寨，寨主阎淑师曾率领寨民成功顶住了起义军的数次进攻。后来他因病疏于管理，"有奸人串匪冒雨来攻，寨遂失守"⑦。项城县张家寨寨主张瑞桢亦为绅士，为了防备起义军，倡议合族共

---

① 民国《续武陟县志》卷8《建置志·城寨》，第3页。
② 民国《许昌县志》卷13《人物下·义行·周如渊》，第58页。
③ 民国《重修正阳县志》卷3《大事记》，第40、41页。
④ 朱学勤：《钦定剿平捻匪方略》卷152，第17页。
⑤ 光绪《永城县志》卷37《叛逆志》。
⑥ 民国《许昌县志》卷13《人物下·义行》，第58页。
⑦ 张瑞桢：《练寨会小引》，宣统《项城县志》卷25《人物志四·义行·阎淑师》，第15页。

修一寨，并依照兵法对族人进行管理，"或出财或出力或出车或出马，无事时务经百炼；或使智或使愚或使诈或使贪，行伍间不拘一格"①。他根据作战的需要，妥善配置人员、装备，使得人尽其才，物尽其用：

> 其有围牌精熟死生不惧足以蔽贼之锐击者，列于阵之第一重；其有枪炮素优毒火素具足以捍贼之远交者，列于阵之第二重；其有劲弓利镞神龙火箭足以遏贼之径进者，列于阵之第三重；其有长枪阔斧百战不殆足以破贼之坚持者，列于阵之第四重；其有短兵利刃手快足捷足以防贼之猝至者，列于阵之第五重。掌饮食者，列为一队；司刍茭者，为一队；运军装者，为一队；守营巡者，为一队。正兵五十层，奇兵三十层，游兵二十有四层。行则马居先而步居后，战则步为正而马为奇。②

有关人员不仅各司其职，还必须遵守严明的军纪：

> 至若所到之处，务获安集；乡社之约，亦须有禁。奸人妻女者杀；焚人庐舍者杀；鼓之不进、金之不退、不遵主将之约束者杀；探报不实、妖言惑众、阻挠士卒之斗志者杀；机谋未发，三两窃议，使敌人预知我之所向者杀；坑戮降卒、欺罔乡愚，致胁从尽绝投诚之路者杀。③

遇有紧急情况，则男女老幼齐上前。因为寨中各式兵器俱备，寨民组织严密，纪律严明，因而防守效果较好。咸丰十年，安徽捻军突至，张家寨内"壮者登陴，老幼运砖石击贼，妇女缘梯登屋，湿被褥铺房上以避火箭。敢乱动器哗者斩之"，以此击退了捻军的进攻。远近村庄闻此，争相取经效法。④

从张家寨的情形来看，几百上千人共居一个圩寨，圩寨实际上成为一个准军事单位；寨民根据性别、各自的能力等被重新编制，实行相对军事化的管理，个人不能自由支配自己的行动，寨民的生杀予夺大权也操诸寨主之手。在严峻的军事斗争中，为了克敌制胜，想必这种军事化状态在各地皆有

---

① 张瑞桢：《练寨会小引》，宣统《项城县志》卷20《丽藻志九》，第9—10页。
② 张瑞桢：《练寨会小引》，宣统《项城县志》卷20《丽藻志九》。
③ 张瑞桢：《练寨会小引》，宣统《项城县志》卷20《丽藻志九》。
④ 张瑞桢：《练寨会小引》，宣统《项城县志》卷25《人物志四·范秉元》，第13页。

不同程度的表现。

其次，很多州县的圩寨数以百计，导致各寨势力弱而不易防守，全境防御的需要使得各个圩寨逐渐加强联络，互相支援，各寨的团练甚至联合作战。如各团以声气联络，敌情预警，"豫省通境皆民团自守，贼至则传枪三发，各团以次挨传，顷刻数百里知之。乡民闻枪声咸入堡，闭门登陴设守"①。再如汜水县，起初各寨"徒知自守，不能联为犄角"，后来邑人许会林创办汜南乡团，修筑佛儿山寨为根据地，使乡团各支力量星罗棋布，各寨之间互为声援，因而"贼不敢近"②。安阳县，各地乡民筑寨防捻，"复自动联合数十村庄，为一大团体，名之曰连庄会，并力抵御，守望相助"③。咸丰十一年，豫、皖两省三府十三州县的团练"为保身家起见"实行联团，并制定章程，规定了各寨应承担的责任和应尽的义务。④ 这种联合作战增强了特定区域的整体防御力量，降低了圩寨被各个击破的危险。

总体上看，各处圩寨有效地发挥了防御功能，牵制了捻军的活动，使其难以得到所需的各种补给。在清政府剿捻后期，圩寨不仅"自保身家"，还供应官军并与其协同作战。新乡县小冀寨的绅士不仅预修圩寨，还率领练勇协助官兵作战，⑤ 与官府多有合作。睢州境内修寨后，"凡官兵过境有所供应，匪徒野无所掠，寇氛缘此渐息"⑥。同治元年，河南团练大臣毛昶熙为了扩充马队对抗捻军，"每寨责令寨主保选壮丁一名、马一匹，投效来营"组建马队三四百名。⑦ 毛昶熙在河南取得的剿捻成绩，在很大程度上应归功于圩寨的协助。

五　晚清地方军事化的历史意义之再探讨

如前所述，办团修寨、依托堡寨之战守，实为咸同时期河南乡村社会军事化的主要内容。地方军事化的实质是高度的组织化，将民众个体整合为随

---

① 赵烈文：《能静居日记》(3)，台北，学生书局，1965，第1842页。
② 民国《重修汜水县志》卷8《人物上·许会林》，第33页。
③ 民国《续安阳县志》卷9《兵防志》，第1页。
④ 《皖豫两省颍归陈三府各属联团章程》，聂崇岐编《捻军资料别集》，第144页。
⑤ 民国《新乡县续志》卷1《城池》，第44页。
⑥ 光绪《续修睢州志》卷2《建置·寨工》，第13页。
⑦ 《清史列传》卷52《毛昶熙》，第4149页。

时可以作战的团队，大大增强了其聚合力与战斗力，也提升了领导者的绝对权威。绅士在圩寨的修筑、战守过程中无疑起了至关重要的作用，往往由此主导了各处圩寨的武装力量，从而为其在行政、军事、经济等方面扩展对地方社会的支配权提供了条件。总之，本文的研究再次印证了孔飞力的观点——19 世纪中期的大规模战乱引发的地方军事化导致了绅权扩张。对此，学界的认识比较一致，无须赘述。进而言之，晚清的地方军事化、绅权扩张对于基层社会权力结构产生了何种程度的影响，如何评价晚清地方军事化的历史意义。学者们对此也多有关注，但见解尚有分歧，似乎仍有深入探讨的必要。

对这方面的探究事实上也是由孔飞力开创的，在其《中华帝国晚期的叛乱及其敌人》一书中，他强调了 19 世纪中期绅权扩张对于其后地方行政及乡村社会的重要影响：

情况似乎是，内战的混乱局势造成了地方名流权力的扩大，这种权力常在县以下政府的正式机构中行使。这一发展的重要性怎么强调也不过分，因为旧制中名流的权力主要是通过非正式渠道来行使的。非正式的权力原来的确是名流们自己选择的，因为执行琐碎的地方行政任务不符合绅士地位的尊严。但现在绅士常常发现他们为了自己的利益，必须去监督地方的行政，在危机的年代里，由于地方防御组织的日益增长的重要性，他们已经习惯于发挥这一作用。

但是，最重要的是绅士领导的团转变成地方政府的正式机构的过程。太平天国以后年代的记载有大量证据证明，团这时开始作为县以下官方的行政机关行使职能，承担着保甲的——有时承担着里甲的——职能。

事情的另一面是官府需要委托农村社会最适合的人选来负责治安，他们就是团练组织的绅士管理人员。结果，保甲旁落到地方绅士之手的趋势成了咸丰朝及以后农村中国的共同特征。①

要言之，孔飞力认为，在从咸丰朝开始的地方军事化过程中，绅士以其

---

① 　孔飞力：《中华帝国晚期的叛乱及其敌人》，第 229、225—227 页。

主导的团练组织逐步承担了以往保甲的职能，由此控制了基层地方的行政权力。这种重视绅权扩张之重大意义的思路在国内学界也多有响应，不少学者就此做了进一步的阐发。张研、牛贯杰提出，19 世纪中期的战乱中，随着以绅士为代表的团练等基层社会力量的崛起，地方官府"丧失了其在双重统治格局中的主导地位"，"原有双重统治格局被打破"。① 王先明亦有近似的见解：

> 到咸同之际，伴随着地方团练的兴起与发展，士绅阶层借助这一组织形式，获得了对地方社会控制的主动权，开始从根本上摆脱了保甲制度的制约，意味着其基层社会地位的根本性变动。②

综而观之，以上这些论述认为，以 19 世纪中期的地方军事化为契机，绅士（或其代表的基层社会力量）从此在地方社会的权力结构中取得了主导地位。如果单就咸同时期而言，这种看法大体上正确地反映了史实。但论者的用意并非仅此而已，而意在强调绅权扩张的"历史变动"的重要意义，言下之意，绅士在地方社会居于主导地位的局面由此开始，并且时间不仅限于咸同时期，而至少延续到清末。在孔飞力、王先明的相关论述中，都或明白或模糊地表示了这层意思。对此，笔者以为，论者似乎将视野局限于咸同时期，对此前、此后地方军事化等有关史实疏于考察，从而使得出的这种认识似乎还存在一些问题。

其一，晚清的绅权扩张以地方军事化、团练崛起为基础，但办团修寨劳民伤财，战乱过后往往难以长期维持，论者对此似乎少有留意。

早在咸丰三年，曾国藩曾有云：

> 并村结寨、筑墙建碉、多制器械、广延教师、招募壮士、常操技艺，此多费钱文，民不乐从者也；不并村落、不立碉堡，居虽星散，闻声相救；不制旗帜、不募勇士，农夫牧竖皆为健卒，镵锄竹木皆为兵

---

① 张研、牛贯杰：《试论团练大臣与双重统治格局》，《安徽史学》2004 年第 1 期。

② 王先明：《晚清士绅基层社会地位的历史变动》，《历史研究》1996 年第 1 期。

器，此不必多费钱文，民所乐从者也。①

可见，军事化需要耗费大量钱财，小民百姓对此并不积极。曾国藩是就湖南的人情世态而言，但想必各地皆不乏类似的情形。有研究表明，太平天国运动过后不久，湖南各地的团练组织大多数皆解散，仅在少数盗匪为患之地保留了一些。② 结合上述曾国藩的看法，这似乎不难理解——迫于战乱威胁，民众为了保全身家，尚可在人力、财力上对军事化有所支持；一旦战乱平息，人们不再依赖团练、堡寨，就不愿意继续承担这些负担了。

在堡寨的维护方面也是如此。同治七年捻军主力失败后，考虑到安徽、江苏、河南、山东各省交界地带的团勇遣散后容易因生计艰难而重新滋事，清廷饬令当地各府州"劝谕民间照旧修理圩寨，整顿乡团，互相保卫，庶足以戢奸宄而安闾阎"③。但长期战乱之后民穷财尽，圩寨也不再受到重视，地方上对于这一朝廷政令其实少有奉行。以河南封邱县某村为例，同治七年因捻军逼近而兴筑高产角寨，当时"民穷财困，百计维艰，仅筑寨隍甫毕"，捻军迅即战败，"时亦清平，因而中辍"④。战后的当务之急是重建家园，恢复生产，官府、民众皆对圩寨少有顾及，圩寨的荒废实为各地相当普遍的情形。

综上所述，地方上维持军事化的成本很高，战乱过后也没有必要将其延续下去，使其成为民众的负担。上述湖南、四省交界地带皆为军事化程度较高的地区，它们尚且如此，想必其他各地也多有类似的情形。如果这一推论大体上成立，各地团练皆解散对绅权会有多大程度的影响？尽管我们对这方面了解得还很不够，难以做出定论，但至少表明，前述几位学者立论的基础并不牢固。由此看来，有关咸同之后的团练、绅权以及基层社会的权力结构，还需要详加考察，这很可能会修正我们现有的认识。

其二，对于考量绅权在基层社会是否处于主导地位的标准，论者都着眼于绅士与保甲组织（或官府）的关系，并以此作为评判的依据，这似乎值

① 刘锦藻编《清朝续文献通考》卷215《兵考十四·团练》。
② 爱德华·麦科德：《清末湖南的团练和地方军事化》，《湖南师范大学社会科学学报》1989年第3期。
③ 朱学勤：《钦定剿平捻匪方略》卷319，第35页。
④ 民国《封邱县续志》卷5《建置志·寨堡》，第12页。

得商榷。保甲负责的各项事务、领有的行政权力，在乡村社会的生产、生活中似乎并不占有特别重要的地位。即如王先明所云："尽管保甲经过种种努力，分割到了在乡村征税、治安、统计户口等几项权利，但这些距离主宰乡村事务还相差甚远。"① 况且，正如孔飞力、王先明指出的，清代的保甲制长期"处于兴而不力，废而不亡的困境之中"，晚清以后更是渐趋衰败。②由此看来，绅士与保甲组织的关系如何，对于绅权能否主导基层社会似乎并不具有决定性的意义，况且清代绅士主持保甲事务的情形实不多见。如此看来，论者将绅权取得主导地位的时间界定于咸同时期，其依据似乎不够妥当和充分。

其三，放宽视野来看，明清时期，大范围的地方军事化曾多次出现，绅权扩张也在持续进行，绅士主导地方社会的局面可能在咸同时期之前（如明末清初）业已形成。如上所述，判定绅权是否取得主导地位的依据似乎应着眼于绅士能否在乡村社会的各方面重要事务中发挥领导作用。就此而论，正如不少中日学者所揭明的，在晚明的乡村社会权力结构中，乡绅业已取得了支配地位。③ 由此看来，咸同时期这次地方军事化、绅权扩张的"历史意义"可能被论者夸大了。正是在此意义上，美国学者罗威廉对孔飞力的观点提出了异议：

> 17 世纪 70 年代麻城县的证据表明，至少在华中地区的某些部分，国家认可的地方军事化以及相应的国家与精英权力的重新界定，仍比孔飞力所想象的早很多。事实上，它几乎完全反映不出这种"转变"，更恰当地说，只是于成龙这样的帝国官员对既有的、事实上的权力格局的法理性认可，清廷本该明智地调整自己适应这种格局，以便更有效地进行统治。在麻城，于确实很机敏地给予了这种认可，并借此为自己效忠的清政权赢得了在当地的长期合法性。④

---

① 王先明：《晚清保甲制的历史演变与乡村权力结构——国家与社会在乡村社会控制中的关系变化》，《史学月刊》2000 年第 5 期。

② 王先明：《晚清保甲制的历史演变与乡村权力结构——国家与社会在乡村社会控制中的关系变化》，《史学月刊》2000 年第 5 期；孔飞力：《中华帝国晚期的叛乱及其敌人》，第 104、105 页。

③ 高寿仙：《明代农业经济与农村社会》，黄山书社，2006，第 174—178 页。

④ 罗威廉：《红雨：一个中国县域七个世纪的暴力史》，第 190 页。

　　如前所述，太平天国运动之初，清廷倡导、支持地方绅士主持办团修寨，显然是将其视为可以信赖的盟友，亦为对绅士在基层社会领导地位的认可与利用。这种策略，与罗威廉论述的清初的情形似乎并无二致。

　　综上所述，笔者认为，各个时期不同程度的地方军事化、地方势力崛起都会程度不一地影响官府与绅士（或地方精英）的权力关系。但总体上看，无论是动乱之际还是安定时期，明清时期绅权扩张的过程从政治、经济、军事等多个层面一直在持续进行，其间不免也有反复。从这一宏阔视野来看，咸同时期军事化，绅权扩张的影响、意义似亦有限，不宜过分强调。看来，关于地方军事化、团练乃至基层社会的权力结构，学界现有的认识仍有疏漏之处，需要展开更多更为扎实的实证研究。

北洋政府时期河南的战乱、
匪患与地方社会[*]

岁有生[**]

北洋政府时期，由于军阀的争斗，河南饱受战争之苦。反直战争、胡憨战争、国吴战争，连续而起，战线深入河南全省各地。官府和军队的相继盘剥，又导致广大人民的破产，杆伙迅速滋生，全省几无一县不匪，甚至一些地方几乎无村不匪，整个社会陷入长期动荡之中。"民元至今，第见凶年，屡遭兵燹，小民离居荡析，十室九空。始则白朗扰乱，大河以南村庄、城镇半成丘墟，民气伤残，复原非易。继则老洋人变叛，审扰蹂躏豫东西南方面，抢掠烧杀，几无完善之区。"[①] 军阀混战和土匪劫掠接踵而起，给地方社会带来极大的灾难。

一 劳动人民流离失所，影响农业生产

民国年间有这样的说法：世界上的土匪以中国为最多，中国的土匪以河南为最多；河南的土匪以豫西为最多，而豫西则以鲁山、宝丰、郏县为最多。这些土匪大多不是劫富济贫或打抱不平，而是以抢劫财物供其挥霍为目

* 本文系国家社科基金项目"清末民初河南县域财政的变迁与地方社会研究（1901—1927年）"（15BZS124）的阶段性成果。

** 岁有生，商丘师范学院经济与管理学院。

① 《为旧欠粮赋分别免征援案办理呈请》，《河南财政月刊》第 23 期，1924 年。

的。土匪所到之处，房屋不分茅庵、草房或楼房，一律烧毁；人无论贫富，一样杀戮。① 北洋政府时期，河南人民饱受匪灾之苦，河南 108 县中，"欲寻一村未被匪祸者，几不可得"②。

土匪所到之处，烧杀抢掠无所不为，对当地居民的生命财产安全造成极大的威胁。1918 年，内黄县梁庄乡孙朝仲勾结濮阳土匪刘培玉、滑县土匪徐连仲等，不断抢劫、架票，6 月，攻破牡丹街，掳走男女 140 人，死伤 30 多人，抢空财物，烧房不计其数。1922 年，内黄县杆首申文祥攻破李次范寨，杀死村民 108 人，附近各村逃到该村（因为有寨）的村民也有百余人被杀害，抢劫财物不可计算。1925 年，又有匪首靳坤岭和孙朝仲等相勾结，在梁庄一带下帖索钱，李官寨、白庄因抗拒不交，村庄遭到洗劫，死伤 70 多人，掠去男女百余人，牲口百余头，烧房百余间；12 月又在小王固、赵庄杀伤 9 人，绑架 10 余人。③ 樊钟秀在 1926 年 7 月攻陷南阳时，将全城官商绅民各界掳劫一空，即使是极贫之家亦被"光顾"，城内损失约 2000 万元。同时樊钟秀所获肉票不下五六百人，男票居十分之八九，女票不过数十人；除在县城赎出数百人外，带走之票共有 120 余人。④

在一些地方，当地居民基本无日不受匪扰之苦。长葛县自民初以来，便匪扰不断。1913 年 10 月，杆首韦老八、崔文连联合悍匪百余人夜攻西关，乘势闯入，烧房十余间，焚烧兵丁 4 人，架票 2 人，掠去财物无数。1914 年 1 月 19 日，韦老八盘踞王陵村，大肆焚掠临近各村，长葛县城保卫团约集禹县军队夹攻，将土匪四面包围，土匪悍然对击，烧房数间，避居高楼，自昼及夜，子弹用尽，匪势始衰，被击毙数人。韦老八中炮夜遁，旋即被围，自杀而死。1914 年 9 月 22 日，陆军营长袁克智会合许昌、长葛、洧川、鄢陵四县军队，剿办杆首刘得寨，起初以为一鼓可擒。讵料土匪以石象镇为据点，率数十人应战，炮声隆隆，昼夜不绝，仅击毙悍匪两人，其余潜

① 张子欣：《民国时期的匪患》，中国人民政治协商会议河南省平顶山市舞钢区委员会文史资料委员会编《舞钢区文史资料》第四辑，1989，第 51 页。
② 《蔓延益广之河南匪患》，北京《晨报》1921 年 11 月 20 日。
③ 刘静轩：《内黄县匪患纪略》，中国人民政治协商会议内黄县委员会、内黄县地方史志编委会编《内黄县文史资料》第四辑，1992，第 174 页。
④ 《樊钟秀攻陷南阳之惨况》，《申报》1926 年 7 月 14 日。

逃。临去又焚烧房屋百间，掠去财物无数。1925 年 3 月，土匪相继攻破长葛县城西河侧李寨、城北罗家寨、城东斧头寨，掳掠人畜无算。1925 年 11 月 18 日夜，土匪焚烧大司马、小司马、柳庄、盆刘等村，20 日破新寨。十二月初十日破老官赵寨，杀戮无算，妇女赴井皆满，婴儿亦裂体洞腹。① 太康县自 1922 年起，连年遭受土匪侵扰。1922 年 3 月，杆首"老洋人"突至常营镇，大肆焚掠，绑票勒赎。1923 年春，"老洋人"受抚，移防鹿柘一带，途经太康县境。10 月，杆匪蔡老二陷逊母口。1924 年正月，杆首张祥劫掠县西第五、六区，架票数百人勒赎。10 月 19 日，杆首孙某劫掠丁集，架票数十名。1925 年 11 月，杆首张发劫掠县西，常营、逊母口均遭惨祸。1926 年正月十五日，匪首牛绳武复入常营寨，内外均受其扰。6 月 21 日，大股匪首牛绳武等率千余人攻入太康县城，县长王清霖向南逃至老塚，中区队长刘润泽巷战殉身。当时连日阴雨，土匪盘踞县城十余日，掠货绑票，将县城搜掘一空。至 7 月初，股匪带走绑票千余名，泥水没膝，击票鞭策而行，很多人毙于途中。离城后，又攻陷黄集、八里庙等寨，绑票勒赎。1927 年 3 月，股匪骚扰县西，大陆、冈轩、堂朗、城铺等寨均受其害。1928 年，匪首孙士贵抢劫道陵冈一带大朱家，烧杀尤甚。②

土匪的烧杀抢掠、架票勒赎、奸淫妇女，使很多人不安于命，无法从事正常的生产活动。条件稍好者，迁居城市；甚至有忍无可忍，远走他乡者。"老洋人"盘踞豫东期间，当地土匪蜂拥而起。各县乡镇中，稍有钱财的都逃往县城借居，而留下的贫苦农民，就只能忍气吞声接受土匪和兵匪的蹂躏。③ 1926—1927 年，滑县天灾人祸并集一时，加以红枪会作乱，大肆抢劫、烧杀，村落为墟，十室九空。地方元气大伤，民富者变而为贫，贫者变而为极贫，转徙流离，散于四方。1928 年滑县户口调查表显示，逃亡他处的人数共 9390 余人，至 1929 年 6 月间，迁往东三省就食之民又达六七千人。④

---

① 民国《长葛县志》卷 3《政务志》。
② 民国《太康县志》卷 3《政务志》。
③ 苏辽：《"老洋人"——张庆》，《民国春秋》1989 年第 6 期。
④ 民国《重修滑县志》卷 7《民政第四》。

二　虚耗大量的社会财富，导致人民负担严重

军阀混战期间，各派军阀为了在攻城略地中获取优势，最直接的办法就是扩充军队。于是筹饷、预征钱粮、苛捐杂税等，因以产生。1925 年，河南全省军队达到 25 万人，其中胡景翼军 5 万余，孙岳 4 万余，憨玉琨军 3 万，米振标军 2 万余，防营及毅军约 2 万；四镇师旧有师旅及二十四、十四等师及各混成旅、混成团，以及各种杂牌军队和地方性武装，总数不下 100 万人，军费支出自然也十分庞大。早在 1923 年河南军费就达到 1155 万元，居全国各省首位。为筹措如此大的军费，省当局不断加重对人民的盘剥。从 1922 年起，地丁每两折征由原来的 2.2 元增加为 3.3 元，漕粮每石由原来的 5.5 元增加为 8.25 元。① 军队除征收赋税筹措军费之外，还强令所到之处的各地商民提供报效。河南自军兴以来，大小县属均按区派饷，在吴佩孚统治时期，开封、洛阳、郑县、商丘等处苛派军饷有三四次之多者，每次均数十万元。国民军进入开封以后，因军粮无着，各统兵将领无法维持，于是设兵站于各区，以维持兵士给养。令各县署直接办理伙食，县署则分向各商会，各商会转各农户商家筹拨军食，再加上不肖知事借此大肆勒索，乡中甚有卖妻鬻子以供支应者。郑县自 1924 年 12 月 2 日起给养已断，而各军队仍纷纷围索，公款局正副局长均辞职避匿。② 郑州为四通八达之区，军事上占重要地位，故历来重兵镇守，军队林立。时因省库空虚，兵多饷少，郑地人民之负担日渐增加。1924—1925 年，仅田赋一项，统计每亩田至少已完纳钱粮 19 元以上。③ 1926 年，豫南光山、固始、正阳、泌阳四县供应驻军给养一项不下四五百万元，较之全年国家正赋已有 2/3。"观此可知豫人之不堪命也。"④

孟县自昔为南北通衢，差徭繁重。虽此前已将差徭逐渐免除，但进入民国以后，最累民者实唯兵差。因连年战事不息，招募愈多，军队愈杂，饷项亦愈不足。有由国府或省府发饷者，有全不发饷或发饷而为数寥寥者。城乡

---

① 程有为、王天奖主编《河南通史》第四卷，河南人民出版社，2005，第 244 页。

② 《豫商不胜军队给养之呼吁》，《申报》1925 年 1 月 30 日。

③ 《郑州人民负担军费之痛苦》，《申报》1925 年 10 月 16 日。

④ 《豫省兵匪之骚扰》，《申报》1926 年 1 月 4 日。

驻军充斥，供给已属不支，他处驻军又纷纷来县筹粮秣、索车马、征兵士、派款项，人民不堪其苦，有投井投河者，有自缢者。据统计，1924—1925年支银 30 余万元，1924—1932 年计九年度支银 1242285 元。① 在清代，长葛县除正供外无其他苛扰，唯兵差派车，为民所苦，然或数十年而一遇。铁路开通以后，兵差废除。民国以来，军事频兴，由长葛西至禹县东至洧川，派车则无岁不有。1922—1924 年，直奉战争期间，有一年派十数次者，且用车多少，民不得知，往往有用车数辆，而声言需车数十辆、百余辆者。故差役在乡卖放，入城则署内卖放，有一车讲价数缗至数十缗者。1925 年筹议仍照清季旧章，令二十四籍书各出一辆来城支应，民息稍安。然而一遇战争，仍须抓派，尤难堪者则在派款。派款用途有二，一为当事者提去，每次六千元、八千元不等，数年计不下五万元；一为支应驻扎及往来军队。1923年，专设军需支应局，按保派款，每次一万串、两万串不等，一年中共派七次，计钱八万余串。1925 年，知事郑思源派款 11 次，计每次三万、四万不等，共钱十万余串。②

1912 年，获嘉县设立公款局专管地方各款，徭役款项仍由两车马局收缴，公款局备用。1922 年，两车马局取消。自是之后，兵争不息，徭役频仍。公款局无暇兼顾，乃临时另设兵差处、支应局、供给所等机构，专门办理差徭。1921—1931 年，获嘉县遭遇北伐战争、南北战争、石友三盘踞新乡、孙良诚退屯县城，频年用兵，殆无虚日，派车辆、派粮秣，支应种种徭役，指不胜屈。头会箕敛，搜罗无遗。一经摊派，催缴急如星火，稍一迟缓，鞭挞加临。兼以经手诸人之剥削，各村大户乡长之浮冒，约计每年丁银一两，除完纳正赋外，额外摊派差徭数元、十数元、二三十元不等，人民筋疲力竭，十室九空，流亡载道，元气亏竭。③

信阳自辛亥武昌起义，李纯率第六师驻防始，差徭无间。1913 年，县知事闫凤冈上书督署，请提公款局存烟禁罚金七千元供办兵差。1917 年，总理段祺瑞南下过境，并未下车，而县署报销酒席费六百余元，其他胥役亦借名侵渔公款。而军人私取民财，以致伐林竹、网塘鱼，攫鸡取卵，无不以

---

①　民国《孟县志》卷 4《财赋》。

②　民国《长葛县志》卷 5《食货志》。

③　民国《河南获嘉县志》卷 6《赋役下》。

差徭为词。1918 年夏，奉军张叙五过境，供亿尤为侈异。1920 年 2 月兵变后，军阀借口卫民功德，迫使灾民摊银 8500 元作为犒劳。6 月间直皖战争，始则驻防皖军拉夫借饷，既而豫军赵杰、成慎部众索取现洋 80000 元，迫令杨知事遍拘当地殷商富户，派足其数。1922 年直奉之役，河南宏威军及南阳镇守使李治云部队次第调至，除所需粮秣外，兼索鸦片及妆铺被褥。1924 年秋，直奉再战，信阳县支应局费至七八万元。是年冬，吴佩孚巡阅李济臣省长率部由洛阳来设行署十余日，地方为设两支应处，商民摊款五六万元。① 而当时过境官兵所征差徭、平时所谓兵差，大半无关军用，不过地方官与军官私人酬酢之资而已。②

1922 年奉直战争后，陕军曹世英部驻扎长葛，掳掠枪械，悉索供给，因设支应局，半年之间，费钱六七万串。1924 年秋，奉直之战再起，征车索赋，派丁出草。1925 年，豫督胡景翼与洛西憨玉琨争斗，以禹县为南线。和尚桥为赴禹孔道，大军云集，因又设军需支应所，日供粮草器具，月余约费洋 30000 元。是年夏，因土匪猖獗，请军来援，支应所每日费钱 6000 串之多。③

当时的土匪，除抬票、截路、打家劫舍之外，还明目张胆地向各村派料派款。"老洋人"盘踞豫东期间，当地土匪蜂拥而起，所过村庄，命令庄户人家每亩地捐麦二斗。④ 河南荥泽、河阴、荥阳、汜水四县红枪会极其猖獗。1926 年左右，红枪会招兵买马，积草屯粮，自制手枪，编制训练，每月用款按村派定。汜水、荥阳两县西南乡山村之内，计有 50 余村被红枪会指定地丁为该会常年经费，不准县署征收。⑤

各地土匪除向各地派款之外，还劫掠国库，这些欠款亦需农民来填补。1913 年 12 月 25 日，汲县张知事由省公回，先将买好的地丁银 6000 两如数批解。后接续购办，将任内征收各款银 21000 余两如数买齐。正在倾熔定期起解之际，适 1914 年 1 月 1 日张知事奉饬交卸，监交委员俞世梓于 3 日即到潢川。河南交代章程规定，遇有交替，前任征收款项，责成后任暨监交委员会衔批解。张知事随将前项解款遵章会同监交委员俞世梓、后任知事陈扬

① 民国《重修信阳县志》卷 11《食货志二》。
② 民国《重修信阳县志》卷 11《食货志二》。
③ 民国《长葛县志》卷 3《政务志》。
④ 苏辽：《"老洋人"——张庆》，《民国春秋》1989 年第 6 期。
⑤ 《河南四县红枪会之猖獗》，《申报》1926 年 1 月 13 日。

验明点交清楚，如数储库。张知事于 1914 年 1 月 6 日先行，科员候算交代，暂住署内。11 日传言，光山县城被白朗攻破，距潢川较近，科员焦急万分，路上匪多，又不敢冒险前进。遂将张知事所留科员盘费薪水银 200 余两、银洋 300 元，暗埋房后。不料 15 日潢川失守，科员即出署躲避。至白朗走后，查看守所藏银，分毫无存，署内各屋棚板以及厕所沟井，尽被匪徒掏掘，应解专款全被抢失。① 1923 年，遂平、正阳、上蔡、沈丘、项城、息县等县土匪破城，劫掠衙署，损失多则巨万，少则亦五六千元。② 当时，河南省财政厅厅长薛任内，曾以省库支绌、地方不靖，令各县征存至 1500 元，即须解省；若留县不解，遇有损失，如数赔偿。通令各县一体遵照。西华县损失除由财政厅酌免 1500 元外，下余数目无论被劫虚实，均应照解，不准借词邀免。③

　　土匪的劫掠致使当地生灵涂炭。为了抵御土匪，各地自行组织武装力量，其经费大都借资于农民。1912 年 7 月，滑县东北各区盗匪蜂起，肆行劫掠，知滑县事李盛谟倡议筹款，从车马项下，以三千银起派，每银一两，带征钱 300 文，扩充守望社，增募社勇，添购快枪，四处剿匪。④ 1923 年，信阳知事宋祖镆在城内设民团筹备处，拟定办法大纲十二条，按自治区域划分九区，各委临时筹备员一人，分赴各区依限办理，集款购枪，大著成效。西北一带有邢家集、王冈、古城、平昌关、高粱店、吴家店、山河店、冯河村，东北一带有五里店、洋河店、顾家店、梅黄店、九家店等处，皆能御匪，为一方保障。1924 年秋直奉之战，信阳驻军北调，地方空虚，伏莽潜滋，城内亦乘时集款购枪，招募团丁百名，以资防御。1925 年春，官绅拟统一全境民团，九区各委区长一人主持筹办，城内设一，九区民团办公处居中调遣，并拟统一经费，按地丁一两加征钱 9 串，由县署征收转发。⑤ 1923 年 8 月 24 日，河南匪首白天中、黄振中等率匪百余人渡河，由城南门入孟县县城，抢掠架票，城市一空。去后，孟县设匪灾善后局，商办保卫团以防

① 《兼任文官高等惩戒委员会委员长政事堂右丞钱能训奏为议决卸署河南汲县知事张征乾惩戒案缮具议决书祈训示折》，《北洋政府公报》第七十七册，第 90 页。
② 《河南财政月刊》第 10 期，1923 年。
③ 《训令西华县知事张维藻被匪损失除一千五百元外均应赔解文》，《河南财政月刊》第 21 期，1924 年。
④ 民国《重修滑县志》卷 12《武备第十》。
⑤ 民国《重修信阳县志》卷 9《民政志一》。

后患。县知事为团总，以武旭如为副团总兼总教练，团勇 180 名，分四队，各区长为区团总。每粮银一两，加收钱 1800 文做饷项，购意大利造枪 100 支，子弹 10 万粒。①

1920 年春，一个在开封居留了 20 多天的外地旅人，记述了兵灾匪扰对河南人民造成的沉重灾难。"民国 9 年，（河南人民）没有得过一天安居乐业的幸福，小百姓们所度的生活就是逃死不暇的生活。兵祸、匪祸、重税、苛敛、公债、军饷，纷沓杂来。竭终岁之所入，不足应付官府的需索。尽人生之智识，不能幸免污吏、暴兵、悍匪的诛求。善良之民，十室九空，生命财产，掠夺殆尽。"②

三　战乱和匪扰接踵而起，各种自治事业停滞不前

战乱和匪扰，不仅导致生灵涂炭，即便是地方政权也自顾不暇。豫东一带自 1923 年以后，匪警时有所闻。归德九属与皖鲁苏三省交界之地，盗贼时起，开封、陈许等十县，皆本地小杆，三三五五，夜聚明散。军队来时则潜匿无踪，军队去后则大肆劫掠。1923 年八月十二日夜晚，山东巨匪范明攻破西华县城。土匪将四门把守，挨户搜刮，并将监狱打开，放出所有囚犯，并将衙署、公款局、盐店大肆抢劫，县署之一部及北门大街一带，均付之一炬。陈州共七县，1922 年扶沟、项城、沈丘三县先后失陷，而后西华陷，所未破者仅商水、淮阳、太康三县。③ 豫东淮阳县即从前之陈州府，位置重要，与安徽毗连，商业繁盛，地方富庶。因连年土匪蜂起，该处城内驻扎军队一团。1925 年 12 月 3 日辰刻，忽有土匪 200 余人占据县城。驻扎该地之军队与之巷战，兵匪不分，乱为抢劫，县监内人犯全部出城。及出城时，将陈州中学教员、学生全部架走，又架去住户小康之家 100 余人，商家亦架走 100 余人，省城各机关所委之委员亦掳去 7 人。④

土匪不仅掳掠各机关人员，使正常工作无法开展；而且还抢夺地方警察的武装，骚扰各县的教育事业。1923 年 8 月 24 日午时，河南杆匪黄建升率

---

① 民国《孟县志》卷 3《建置》。
② 北京《晨报》1920 年 5 月 1 日、5 月 3 日、5 月 26 日。
③ 《范明新股攻陷西华详情》，《申报》1923 年 10 月 4 日。
④ 《豫省最近之变乱》，《申报》1925 年 12 月 5 日。

徒众百数十人，腰炮肩枪，蜂拥由孟县县城南门入城，向各街抢掠，局所商号货物、钞票，悉付一空。架走绅民商学各界 200 余人，被枪击及中流弹死者 9 人，受伤男、女 15 人。抢去警察枪支 10 支，子弹 549 粒，武装警察枪支 7 支，子弹 3550 粒，红旗 1 杆，洋鼓、洋号各 1 对，商民损失骡马钱物约计不下 15 万元。① 光山自清末兴学以来，除开始办理数年，地方尚属平靖外，自 1913 年冬，遭白朗陷城，城内所有各校均暂停办。1915—1924年，虽有兵匪往来，但人民生计尚不艰窘，各项教款之收入亦颇顺利，故各处小学尚能逐渐扩充。至 1925 年春，突遭大股禹匪（匪首禹三山）骚扰，自兹以降，岁无宁日，王泰、李老末各股土匪，迭次扰害，加之土匪式的军阀盘踞境内，强驻各校，横征暴敛，民不堪命。甚至绑票之事，时有所闻，以致各完全小学校时办时停，不能有所进展。县立第六完全小学因而倒闭，而各里、各保各初级小学亦均因款项支绌，有名无实。② 太康县月河寺两等小学堂，光绪二年（1876）由邑人刘贯一、张子仁创办于双陵集月河寺，有初、高等学生两班，共 56 名，宣统三年（1911）因土匪猖獗停办。1925年春，邑人郭成章、圭龙骧捐资创设私立先声女子小学校系，招高级预科生一班、初级生两班，每年由教育局补助钱 1280 串文，1926 年股匪破城停办。该县设立于 1923 年八月的县立农业学校，以及县立初级中学校也因城破于匪而停办。③

北洋政府时期是地方管理制度急剧变迁的时代，它承袭清末新政时期的各项地方制度，赋予县级政权以更多的职责。除传统的行政、司法之外，县级政权也承担着办理新式警察、新式教育和实业之重责；同时设置县议会，讨论地方兴革事宜，负责地方款项的筹措和监督。虽然北洋政府时期县议会一度中辍，但是县级组织却有所扩张，其职权也不断扩大，开始广泛地介入城乡公共安全、社会治安、民众教育、地方经济诸事务，客观上推动了中国传统治理结构的近代转型，是一次重大的和具有积极意义的政治变革。但改革的推进需要稳定的环境和充裕的经费，而在军阀混战和匪扰的情况下，这一切似乎很难实现。民国初年各项新式管理机构的经费大多取资于农业，而

---

① 民国《孟县志》卷 4《大事记》。
② 民国《光山县志约稿》卷 2《政务志》。
③ 民国《太康县志》卷 4《教育志》。

军阀混战和土匪蜂起，使整个社会陷入无序状态，河南人民不安于命，无法进行正常的生产和生活；军阀的诛求和土匪的劫掠，耗尽了劳动人民辛勤劳动所创造的财富，导致十室九空，民不堪命；战乱和匪扰，也迫使晚清民国兴起的地方自治事业备受困扰，各项事业停滞不前。因此，北洋政府时期虽然是制度变革的重要时期，但受制于动荡的社会环境，各种制度执行大多不尽如人意。

市属委员会组织与近代中国城市
社会治理格局变动问题初探

——以上海、汉口为中心

方秋梅*

在中国古代相当长的时间内，城市社会治理主要依靠地方政府和保甲之类的半官方组织。当中国古代社会进入后期，行帮、会馆、公所、善堂、善会等民间组织也参与到城市社会治理中来。到了近代，这些民间组织或延续，或演化，而新式的民间社团组织如商会、自治会、工会等，也纷纷产生并参与城市社会治理甚至国家治理。对此，学术界已经有了较多的关注。并且，像冬赈委员会、劳资评断委员会等少数官民合组的组织，也开始被学者纳入城市社会治理研究的视野，由此引起了笔者对"委员会"这类组织的关注。笔者发现，在民国时期，一种产生于城市内部并服务于城市自身的委员会组织类型——市属委员会组织，广泛地存在，并在城市社会治理中发挥着重要的作用。基于这样的发现，笔者拟以上海和汉口两个城市为重点，就市属委员会组织的兴起与发展及其与近代中国城市社会治理格局变动之间的关系，进行初步的探讨，希望有助于我们认识近代中国城市社会治理的多种面向，深化我们对近代中国城市社会治理体制演变的认识。

一 近代中国市属委员会组织的源头

在民国城市社会发展的进程中，有诸多的社会现象值得关注。就社会组

---

* 方秋梅，江汉大学城市研究所。

织发展方面而言，不但民间社团组织得到了长足发展，诸如工商业社团（如商会、工会、同业公会等）、自由职业者社团、政党等社团组织的数量快速增长，黑社会组织等也得到很大的发展；而且一种新的公共权力机关——城市政府组织也在城市中逐渐朝着普及化方向发展，它们在城市社会中发展起来并确立了绝对领导权。对于这些现象，学界早已经注意到。不过，在民国城市社会发展的进程中，另一种社会组织的兴起与广泛存在，也是一个十分值得关注的现象，这就是市属委员会组织。

近代中国市属委员会组织最早产生于何时，恐怕很难确定。不过，可以确定的是，较早的市属委员会组织可能来源于租界。"委员会"的英文是"council"，不过，在早先的时候，这个词并不被译为"委员会"。例如，中国人称租界的"Municipal Council"为"工部局"，而不叫"市政委员会"。后来，租界市政机构中的"委员会"组织才逐渐为中国人所知。1920 年，外国学者丕尔斯应邀在上海演讲《上海之市政》，他在介绍上海租界市政机构的时候，曾提到其中有一个机构叫"地产委员会"，它由 3 个纳捐人组成，"遇有地产收归公用因价值而起争端时，秉公判定应予赔偿之数"①。而差不多与此同时，《申报》报道了"联太平洋路政委员会"（按：报道中的这个委员会应当是联太平洋路政委员会中国分会）在上海活动的情况，介绍了该会主任王正廷主张成立一个包括沪、杭、宁各城商会会长，苏浙省议会正副议长，苏浙省教育会正副会长，以及外国人商会会长，税务司交涉员及境内其他商界、实业界、学界重要人物在内的"百人委员会"；还计划设立 3 个"分股委员会"。② 稍后，广州市政府建立，它实行的是委员会制市制，市政府的核心组织为市行政委员会（一般简称"市政委员会"）。这是中国历史上第一个仿照西方市制而完全由中国人组建的市政委员会，因而是中国近代史上极具标志性意义的市属委员会组织。而在更早的 1917年，尚有报道国会召开"特别委员会"讨论自治的信息，只是这个"特别委员会"不是市属委员会组织，但它透漏出的信息是，20 世纪初年，中国人对于"委员会"这个名词并不陌生。而在此前后，中国已经产生

① 《上海民治会开会续纪丕尔斯演说〈上海之市政〉（再续）》，《申报》1920 年 10 月 30 日，第 10 版。
② 《联太平洋路政委员之计划》，《申报》1920 年 12 月 4 日，第 10 版。

了市属委员会组织，只不过其组织的源头要么在租界，要么在国外，也就是在西方。

二　"顺应潮流"：民初上海与汉口的市属委员会组织的兴起

20 世纪 20 年代以后，市属委员会组织日益增多，至 1927 年 4 月南京国民政府成立前夕，曾出现了一个高潮。有关这一点，从当时上海的《申报》和汉口《汉口民国日报》刊载的有关市属委员会方面的信息就不难看出大略。

上海方面，《申报》报道的市属委员会组织就有不少。诸如，1922 年，上海租界纳捐人执行委员会召开常会，松江市乡委员会召开临时会议。1923 年，上海总商会为反对军阀统治、争取国民自决权而成立了上海总商会民治委员会；上海商界为实现自卫成立了南北市商团筹备处，其下设有南北市商团委员会；上海市公所召开市议会，讨论在市公所下设置行政委员会。1925 年至 1927 年 7 月上海市政府成立以前，上海涌现出了众多的市属委员会组织，诸如：淞沪市政协会委员会、上海市政委员会、淞沪特别市起草委员会、淞沪市民协进会委员会、整顿豫园路政委员会、整顿邑庙路政委员会、修改洋泾浜章程委员会、公园委员会、新苏公会市政委员会、上海市民代表大会执行委员会、工会组织委员会、迁都南京促进委员会。同时期的上海以外的江浙闽城市，也建立了一些市属委员会组织，如：1924 年，无锡电灯用户联合委员会召开大会反对电灯加价；1926 年 3 月，厦门商会组织了监督官商合办铺贾捐的监督委员会；1927 年 4 月初，嘉兴组织了拆城委员会，苏州组织了行政委员会；等等。

汉口方面，在国民革命军攻战武汉，尤其是武汉国民政府成立之后，市属委员会组织方兴未艾。《汉口民国日报》刊载的有：汉口市政委员会、劳资仲裁委员会、工商纠纷委员会、汉口乞丐教养委员会、清理善堂团体委员会、管理善堂团体委员会、市公债保管委员会、汉口马路委员会、武汉群众运动委员会、汉口群众运动委员会、放足委员会、汉口特别市党部改组委员会、武汉市总工会筹备委员会、二七学校校务委员会、清理杨鑫记账目委员会等。

　　从上述市属委员会组织建立的情形来看，大到关系全市的政权组织，小到涉及一个商号的账目清理，都可能由此生出一个委员会来。有的委员会组织又分设出几个子委员会来。例如，汉口乞丐教养委员会下设有常务委员会和临时委员会，临时委员会下又设有宣传、调查和财政 3 个委员会。① 二七学校校务委员会下还设有教务委员会和考试委员会。② 还有的委员会是前后相续的。如，为了整顿汉口贫民工厂，总政治部、汉口市党部及各社团先是组织了清算委员会，清算完毕之后又组织了接收委员会予以接收，最后由管理委员会管理。③

　　值得注意的是，在开展城市治理的时候，时人将组织委员会视为必要的乃至顺应潮流之举。1925 年豫园商业联合会要求整理邑庙（豫园）的时候，上海市公所就批示，要由市公所和豫园商业联合会共同组建一个委员会，以便对邑庙道路和豫园进行整理。对此，《申报》以《整顿豫园路政须先组织委员会》为标题予以报道。汉口各团联合会是汉口各街区性地方自治组织的集合体，也是具有广泛社会影响的社团组织。在 1927 年委员会组织于武汉兴起后，该会决定改变其组织制度，由原来的会长制改为委员制。其改变的理由是"为顺应潮流起见"④。而后，其下属的各保安会也改为委员制。对此，报道说："汉口各段保安会，历年来在社会上，颇著成效。然各会内部组织陈腐，不合潮流，势将落伍……日昨各会人员，召集会议，议决各会改组委员制。"⑤ 以改行委员制（也就是委员会制）为顺应潮流，而以坚持会长制为落伍，组织理念的这种改变透漏出的信息表明，市属委员会组织已经成为潮流了。

三　民国中后期上海与汉口的市属委员会组织的发展概况

（一）城市大发展时期上海与汉口市属委员会组织组建的概况

　　在 1927 年南京国民政府建立到 1937 年全面抗战爆发之前的这段时间，

---

① 《专载·汉口乞丐教养委员会简章》，《汉口民国日报》1927 年 3 月 16 日，第 3 张第 2 页。
② 《二七学校校务委员会成立》，《汉口民国日报》1927 年 2 月 16 日，第 3 张第 1 页。
③ 《贫民工厂开工》，《汉口民国日报》1927 年 2 月 11 日，第 3 张第 2 页。
④ 《汉口各团联合会改委员制将于初六日会议表决》，《汉口民国日报》1927 年 1 月 10 日，第 3 张第 5 页。
⑤ 《汉口各保安会改委员制简章在起草中》，《汉口民国日报》1927 年 1 月 17 日，第 3 张第 2 页。

中国城市发展在整体上进入了一个大发展时期。在这期间，上海与汉口的市属委员会组织继续发展，其数量依然可观。

笔者粗略梳理了一下，仅 1927 年 10 月至 1928 年 12 月《申报》副刊《上海特别市政府市政周刊》中载及的市属委员会组织就有：上海市政设计委员会、上海特别市市政府法令审查委员会、上海特别市市政府土地评价委员会、上海特别市市政府房产估价委员会、上海特别市指导委员会、整理财政委员会（或财政整理委员会）、筹建平民住所委员会、征收土地审查委员会、上海劳资仲裁委员会、上海劳资调解委员会等。

此阶段市属委员会的组织，反映出上海市政府为确立市政主导权而在加强市政组织和社会治理方面做出了很多努力，同时劳资问题在城市社会治理中占有重要的地位。

1929—1935 年，《申报》上载及的上海市属委员会组织有：市政建设讨论委员会（或上海特别市建设讨论委员会，简称建设讨论会）、上海特别市市政府预算委员会、上海市政府公营业委员会、公债基金保管委员会、市复兴公债委员会、上海市政公债监督委员会、上海特别市商人团体整理委员会（下设有设计委员会）、上海特别市保卫团整理委员会、上海自治筹备委员会、警政整理委员会、闸北市民解决水费纠纷委员会、房租纠纷委员会、浦东水电公司筹备委员会、上海市保卫委员会、上海地方协会粮食委员会、绸缎业执监委员会、工部局水费监督委员会等。

此阶段市属委员会组织的设立众多，反映出城市社会治理任务日益繁重。而有关市政建设、公营事业、复兴公债等委员会组织的建立，体现出市政府对市政建设的重视；一些社团和政府机构相关委员会组织的成立，则表明当时上海的社团甚至政府机构的局部都在重整。这一时期上海城市社会正处于一个重要的调整期。

1936 年吴铁城题字版《上海年鉴》中载及的市属委员会组织有：上海市中心区域建设委员会、上海市政府统计委员会、上海市禁烟委员会、房屋估价委员会、整理内外债委员会、国债基金管理委员会、外汇评审委员会、上海市工商业贷款审查委员会、平民福利事业管理委员会、上海市学校建设委员会、上海市立闸北南市大礼堂筹建委员会、上海闸北浦东卫生事务所筹建委员会、上海市火葬场筹建委员会、上海市市立公墓基金保管委员会、识字教育委员会、上海市儿童幸福委员会、上海市儿童年实施委员会、上海市钱业同业公会联合会准备委员会、上海市银行同业公会联合会准备委员会、票据交换所委员会等。

此阶段市属委员会组织众多，反映出上海城市建设处于一积极进行阶段，文教卫事业在城市社会治理中也得到了重视。

需要指出的是，1929—1937 年，有关劳工、劳资方面的委员会组织是一直存在的。① 前述资料少有载及或未予以载及，很大程度上可能是编撰者更重视载述有关新成立的委员会组织方面信息的缘故。

1929 年 4 月至 1935 年 6 月汉口市政府、湖北省政府出版的几个有关汉口市政和城市治理的重要文本中，载及的市属委员会组织也不少，诸如：火葬场筹备委员会、火葬场管理委员会、房租审定委员会、合作社指导委员会、冬赈委员会②、乞丐收容委员会③、救济委员会、浮棺收葬委员会、民众教育委员会、体育委员会和义务教育委员会（这 5 个委员会组织是汉口市政府组织系统下的附属组织；救济委员会由乞丐收容委员会和妇女救济院合并而来）、码头工人争议公断委员会、汉口市公益联合会防水委员会等。④

而 1935 年 7 月至 1937 年 10 月相关政府出版物载及存在的市属委员会组织有：购料委员会（此会系市政府直属组织）、浮棺收葬委员会、救济委员会、普及识字教育委员会、义务教育委员会、健康教育委员会、民众教育委员会、体育委员会、喜剧审查委员会（以上 8 会为市政府附属组织）、筹设地方自治推进委员会、劳资仲裁委员会、冬赈委员会、儿童年实施委员会、民众教育设计委员会、民众教育编辑委员会、民众教育经济审查委员会等。⑤

在此期间，杭州也成立了很多市属委员会组织，诸如：杭州市旅游事业研究委员会、劳资仲裁委员会、杭州市体育委员会、杭州市政府统计委员

①　参见周卫平《南京国民政府时期劳资争议处理制度研究——以上海为视角》，博士学位论文，华东政法大学，2008；杨志伟《上海劳资争议处理制度研究（1927—1936）》，硕士学位论文，西南政法大学，2014。

②　以上组织见《汉口市政府建设概况》（1929 年 4 月至 1930 年 3 月）。

③　见《汉口市政概况》（1932 年 10 月 11 日至 1933 年 12 月 31 日）。

④　见《汉口市政概况》（1934 年 1 月至 1935 年 6 月）、《湖北省政府公报》第 118，1935 年。

⑤　参见《汉口市政概况》（1935 年 7 月至 1936 年 6 月）、汉口市政府印《行政工作统计月刊》，1937 年 10 月。

会、杭州市绸业市场评价委员会、杭州市绸业市场监理委员会、杭州市平粜委员会、杭州市各坊民众学校劝学委员会、杭州市市立公墓基金保管委员会、杭州市市民小本借贷款委员会、杭州市百年教育积储金保管委员会等。①

由上述可知，不论是在上海还是汉口或杭州，此期成立的市属委员会已经十分普遍，它们的存在与发展已经牵涉到城市社会治理的方方面面，组织的变与不变主要与各个阶段城市社会治理的实际需要和治理任务相关。同时，不同城市有着同类的市属委员会组织，如有关劳工、社会救济、文化教育等的委员会组织，反映出城市治理的共同需要；而不同城市的市属委员会存在不同，则反映出不同城市各自具有的特点：上海金融发展，同业公会组织发达；汉口面临的防水任务重；杭州的旅游事业与丝绸行业发达。

（二）沦陷时期汉口市属委员会组织组建的概况

根据笔者的不完全统计，沦陷时期汉口市属委员会组织有：武汉特别市政府市政计划委员会、武汉特别市难民救济委员会、赈务委员会、武汉特别市政府物价决定委员会、武汉特别市政府物价统制委员会、武汉特别市武汉新村建筑委员会、武汉特别市汉口区防水委员会、汉口特别市防汛委员会、（汪伪）汉口（特别市）房地清理委员会、民众乐园管理委员会、汉口市清乡实施委员会、汉口特别市社会运动指导委员会、增产委员会、汉口特别市物质调查委员会、汉口特别市物质调查取缔委员会、汉口特别市政府粮食管理委员会、汉口区尸棺掩埋委员会、汉口特别市政府事业基金保管委员会、汉口特别市商会执行委员会、汉口特别市商会监察委员会、汉口市民清洁服务督导委员会等。②

从沦陷时期汉口市属委员会组织成立的情况来看，有些组织具有延续性，例如在社会救济方面和慈善事业方面就是如此；有的则适应日伪强化城市治理、服务侵略战争需要而显示出阶段性变动。例如在防水防汛方面，同

---

① 参见《杭州市政季刊》（1933—1937 年部分）。
② 参见《武汉印记》《沦陷时期武汉的政治与军事》《沦陷时期武汉的社会与文化》《沦陷时期武汉的经济与政治》。

样设置了汉口市防汛委员会，在沦陷之前，汉口市商会和汉口市保安联合会（汉口市公益联合会）两个民间组织是作为委员单位参与其中的；但是在沦陷时期，由于日伪当局以堤防为城防，不欲民间社团参与其事，而倚重于当时具有警察职能的保甲体系，这两个民间组织遂均被排斥在防汛委员会的委员单位之外。而武汉物质调查委员会、武汉特别市政府物价决定委员会、武汉特别市政府物价统制委员会、汉口市清乡实施委员会物质调查取缔委员会诸会中亦无民间组织的委员，如此情形无疑体现出日伪极力强化城市社会控制的特点。

（三）　战后上海和汉口等城市的市属委员会组织组建的概况

战后的上海组织了许多市属委员会组织。诸如：上海市政府市政咨议委员会，上海市房屋租赁管理委员会，市房屋兴建策进委员会，工资评议委员会，市劳资评断委员会，市劳资争议仲裁委员会，失业工人临时救济委员会，工人福利委员会，市经济委员会，经济计划委员会，上海都市计划委员会，市参议会下设的 10 个审查委员会、11 个小组委员会、驻会委员会，上海消防委员会，上海市冬令救济委员会（下设筹募委员会），上海市救济委员会，上海市区调解委员会，沪市各区浚河委员会，上海公共交通公司筹备委员会，保卫委员会，上海市清洁委员会，市各界节约运动委员会，市民食调配委员会，税捐评议委员会，价格审议委员会，市标准地价评议委员会及上海市德侨管理委员会等。①

战后的汉口组织的市属委员会有：武汉临时救济委员会、冬令救济委员会、汉口市社会救济委员会、赈济委员会、汉口市救济福利事业审议委员会、工人福利委员会、劳资仲裁委员会、码头工人争议公断委员会、劳资评断委员会、暴尸浮棺掩埋委员会、路灯水门管理委员会、汉口码头业务管理委员会、中山公园管理委员会、毛笔商整理委员会、旅栈业同业公会整理委员会、汉口市商会复员委员会、汉口市商会整理委员会、汉口市公益联合会

---

① 参见上海市通志馆年鉴委员会编《上海年鉴》，中华书局，1946；上海市文献委员会编《上海年鉴》，上海市文献委员会、年鉴委员会发行，1947；《市政建设专刊》第 1 辑，中国战后建设协进会上海分会 1947 年发行；1946 年 11 月至 1949 年 4 月《市政评论》，中国市政协会上海分会编。

整理委员会等。①

　　复员后天津市政府统计的市属委员会组织有：市卫生工程委员会、市冬令救济委员会、市临时处理隐匿敌伪物资委员会、市政府物资管制委员会、市政府房地产清理委员会、市政府新市区建设委员会、市政府设计考核委员会、市不动产评价委员会、市公共工程委员会、市工资评价委员会、市政府员工福利委员会、市标准地价评价委员会、市旧英法意租界官有资产及官有债务清理委员会。②

　　从总体上看，在民国中后期，上海、汉口等城市的市属委员会组织既有变动，也有承续。一方面，由于城市劳资矛盾、劳工福利、社会救济等方面的问题一直存在，故在整个民国中后期，这方面的委员会组织一直存在，并且具有较强的延续性；另一方面，由于不同时期城市面临的社会问题或矛盾有所不同，故市属委员会组织时常发生变动。例如，在南京国民政府建立之前的大革命时期，汉口的运动型市属委员会组织急剧增加；而随着南京国民政府的建立，工运、农运等社会运动受到遏制，运动型市属委员会组织很多就消失了。20世纪20年代末到30年代前期，随着国家对社会控制的加强，社团成为治理的重要对象，社团整治方面的委员会组织就产生了；而伴随着社团整顿任务的结束，相关市属委员会就会被撤销。抗战胜利后，城市治理进入"复员时期"，城市社团组织又经历了一次恢复或重整，社团整治方面的委员会组织就又纷纷产生了。而在所谓的"复员时期"，城市建设问题不仅受到了国民政府的重视——于1945年4月颁布了《都市计划委员会组织规程》，各城市也纷纷投入战后城市重建或调整城市发展目标，响应中央政府的指令，组建都市计划委员会，③ 以指导新时期的市政建设。

四　民国市属委员会组织的类型分析

　　在城市社会治理的过程中，组织主体如何组建，将会影响城市社会治理

---

① 参见《武汉日报》；《汉口市市政公报》第1卷第1期，1948年9月15日；《汉口市政府·公益会及公益联合会分会组织规程手册》，档案号：9-8-3。

② 天津市政府统计室编《天津市政统计月报》第1卷第1期，1946年7月25日。

③ 笔者尚未发现汉口都市计划委员会组建的信息。当时，汉口的城市规划被纳入大武汉区域城市规划之中，与汉口城市规划相关的委员会组织是武汉区域规划委员会。

的效果。下面按组建主体进行划分，对这些组织进行简单的归类分析。大体说来，民国时期的市属委员会组织可以分为以下四大类型。

（一）政府自组型

纯粹由政府官员组建的市属委员会组织，笔者称为政府自组型委员会。这类市属委员会组织的组建与存在，主要反映的是官方或者国家治理城市的意志，体现了政府或官府在城市社会治理中的绝对主导权。

在沦陷之前，上海和汉口组建的政府自组型委员会组织很少，如吴国桢任市长时的汉口市政府购料委员会等。

在沦陷时期，政府自组型委员会组织明显增多，诸如：日伪汉口特别市物质调查委员会（由经济警察相关机构人员组成）、汉口特别市政府事业基金保管委员会、汉口特别市物质调查委员会、日伪武汉特别市汉口区防水委员会、日伪汉口特别市防汛委员会。[①] 沦陷时期政府自组型委员会组织众多，反映出日伪市政权的专制实质。

不过，从纵向发展来看，政府自组型委员会组织在所有委员会组织中所占比例很小。

（二）官民合组型

官民合组型市属委员会组织，是指由市政府机构的官员与民间社团代表或民间人士共同组成的、在官民之间起着桥梁或纽带作用的委员会组织。

这类组织在数量上比较可观，且涉及城市社会治理的方方面面。如果按组织的社会治理功能分，主要可以分为以下几类。

市政规划、建设与管理类官民合组型委员会。如：嘉兴组织了拆城委员会、上海市政设计委员会、上海特别市市政府法令审查委员会、上海特别市建设讨论委员会、上海都市计划委员会、上海自治筹备委员会、警政整理委员会、上海市政府公营业委员会、上海市中心区域建设委员会、上海市学校建设委员会、上海市立闸北南市大礼堂筹建委员会、上海闸北浦东卫生事务所筹建委员会、上海市火葬场筹建委员会、上海市政府市政咨议委员会、汉

---

① 涂文学：《沦陷时期武汉的政治与军事》，武汉出版社，2007，第37、413、593、612—613页。

口马路委员会、汉口市火葬场筹备委员会、汉口市火葬场管理委员会、汉口市筹设地方自治推进委员会、汉口路灯水门管理委员会、码头业务管理委员会、中山公园管理委员会、上海消防委员会等。

经济监管类官民合组型委员会。如：上海特别市市公债保管委员会、上海特别市市政府土地评价委员会、上海特别市市政府房产估价委员会、上海特别市财政整理委员会、筹建平民住所委员会、征收土地审查委员会、公债基金保管委员会、市复兴公债委员会、上海市政公债监督委员会、上海特别市市政府预算委员会、上海市政府统计委员会、房屋估价委员会、整理内外债委员会、国债基金管理委员会、外汇评审委员会、上海市工商业贷款审查委员会、上海市市立公墓基金保管委员会、房租审定委员会、汉口市公债保管委员会、汉口贫民工厂清算管理委员会、汉口贫民工厂接收管理委员会、汉口贫民工厂管理委员会、民众教育经济审查委员会、杭州市政府统计委员会、市立公墓基金保管委员会、市民小本借贷款委员会、百年教育积储金保管委员会、日伪汉口特别市政府粮食管理委员会、汉口特别市政府事业基金保管委员会、上海市民食调配委员会、税捐评议委员会、价格审议委员会、标准地价评议委员会等。

社会矛盾协调类官民合组型委员会。如：各市的劳资评断委员会，上海市工商纠纷委员会、闸北市民解决水费纠纷委员会、房租纠纷委员会，上海市工资评议委员会、市劳资评断委员会、市劳资争议仲裁委员会，汉口市码头工人争议公断委员会、市劳资评断委员会，上海市房屋租赁管理委员会等。

社会救济类官民合组型委员会。如：汉口市乞丐教养委员会、上海市平民福利事业管理委员会、上海市冬赈委员会、汉口市乞丐收容委员会、汉口市救济委员会、汉口市浮棺收葬委员会、日伪武汉特别市难民救济委员会、赈务委员会、日伪汉口特别市汉口区尸棺掩埋委员会、失业工人临时救济委员会、工人福利委员会、上海市冬令救济委员会（下设筹募委员会）、上海市救济委员会、武汉临时救济委员会、冬令救济委员会、汉口市社会救济委员会、赈济委员会、汉口市救济福利事业审议委员会、工人福利委员会、暴尸浮棺掩埋委员会、上海市失业工人临时救济委员会等。

文教体育促进类官民合组型委员会。如：上海市儿童幸福委员会、儿童年实施委员会，汉口市民众教育委员会、体育委员会、义务教育委员会、民

众教育设计委员会、民众教育编辑委员会、儿童年实施委员会、普及识字教育委员会、义务教育委员会、健康教育委员会、民众教育委员会、体育委员会、喜剧审查委员会，汉口二七学校校务委员会及其下属委员会，杭州市体育委员会，杭州市各坊民众学校劝学委员会等。

社会组织筹建、调整或监管类官民合组型委员会。如：清理善堂团体委员会、管理善堂团体委员会、汉口特别市党部改组委员会、武汉市总工会筹备委员会、上海工会组织委员会等。

社会运动组织类官民合组型委员会。如：武汉群众运动委员会、汉口群众运动委员会、日伪汉口特别市社会运动指导委员会、上海市各界节约运动委员会等。

社会风俗改良类官民合组型委员会。如：放足委员会、上海市禁烟委员会等。

官民合组型市属委员会组织应该是所有城市委员会组织类型中，项类最为繁多、服务功能最为繁复的一种类型。这类城市委员会组织在民国中后期得到了快速发展，在城市社会治理中扮演着政府和民间均无法单独替代的角色。这说明在民国中后期的城市社会治理中，即便是城市政府确立了市政地位，掌握着主导权，官民协治也有着举足轻重的地位，城市政府并未完全垄断城市社会治理权。

当然，上述功能分类也只是相对而言的，因为从广义上看，所有的官民合组型委员会组织，都可以归入市政建设与管理类委员会的范围。

（三）民间自组型

市属民间自组型委员会，顾名思义，是由民间自主组织的市属委员会组织。这种类型的委员会组织可以分为以下四类。

一类为争取市政参与权的民间自组型委员会组织。诸如：淞沪市政协会委员会、上海市政委员会、淞沪特别市起草委员会、淞沪市民协进会委员会等。这类组织在20世纪20年代之后逐渐增多，直到南京国民政府建立之后才归于沉寂。

一类为地方性或街区性自治组织型委员会，如上海的整顿豫园路政委员会（整顿邑庙路政委员会）、救火会，汉口的各保安会及其联合会会下的委员会，汉口的市公益联合会防水委员会、市公益联合会整理委员会等。这类市属委员会组织，主要依法从事社会公益活动，主持或参与部分市政，同时，又未取得城市共同体那样的自治权，且其自治权的大小随着地方政府或城市政府对其辅助市政的需要程度而变化。总体来说，它们的自治权限随着市政府市政主导权的确立而逐渐缩小。①

一类为职业团体自组委员会组织。如：商会、同业公会、工会等组织筹备委员会、整理委员会、执行委员会、监察委员会、复员委员会等。前述上海的地方协会粮食委员会、市绸缎业执监委员会、市钱业同业公会联合会准备委员会、上海银行业同业公会联合准备委员会票据交换所委员会，汉口的毛笔商整理委员会、旅栈业同业公会整理委员会、市商会复员委员会、市商会整理委员会，杭州市绸业市场评价委员会、杭州市绸业市场监理委员会，厦门铺贾捐监督委员会，等等，皆是。

还有一类是维权性质的民间自组型委员会，如无锡电灯用户联合委员会。

从纵向上看，市属民间自组型委员会在数量上的增减有起伏，但总量不少，其中，仅同业公会委员会组织的数量就很可观，因为其种会——同业公会数量众多。而这类民间自组型委员会的存在，体现出民间力量在城市社会治理过程中的自治与协治并存的特点。对于这一大类型的市属委员会组织（除了试图争执城市管理权之牛耳的那些组织之外），各级政府对于它们所拥有的自治权，均进行了限制，但又未完全剥夺其自治权。

（四）官民一体型

市属官民一体型委员会组织，就是由官民共同组成城市治理共同体。如：1926 年 10 月至 1929 年 1 月先后成立的汉口市政委员会、武汉市政委员会、武汉市政计划委员会、武汉市工程委员会、武汉市市政工程委员会（上述委员会组织大致均可归属为市政委员会），以及上海和汉口等城市的市临时参议会或市参议会下属的委员会组织。

总体而言，民国时期的官民一体型市属委员会组织，归根结底，所依托的组织分别是委员会制市政府和市议会。前者只在中国为数不多的城市实行

---

① 参见方秋梅《近代汉口市政研究（1861—1949）》（博士学位论文，武汉大学，2008）的相关论述。

过，比如广州、汉口、苏州在短期内实行过；而中国绝大多数城市或某些城市的绝大多数采取的是"强市长制"市制。至于市议会，在战后的城市政府比较普遍地建立了起来，但是在战前，也只有上海、汉口等少数城市成立了市议会。因此，官民一体型市政委员会只在少数城市的社会治理中发挥过重要的作用；而市议会则在很多城市存在过，其在不同的城市社会治理中发挥的作用各不相同。不过，可以肯定的是，其在存在的大部分时间里，更多地发挥着"议"的作用，而不具备"决"的功能。市议会下属的委员会的功能应该与此相类似。

其他类型。官府委托型市属委员会组织如淞沪特别市起草委员会等。这类组织数量很少，社会影响比较有限。

五　近代中国城市治理格局的演变

在清末地方自治运动兴起以前，中国城市社会内部组织的发育总体来说比较缓慢。参与城市社会治理的民间组织主要有行帮、会馆、公所、善堂、善会等，而地方政府在城市社会治理过程中，不管是发挥着积极领导作用还是消极领导作用，它们始终起着决定作用。其城市治理格局基本可以概括为地方官府与绅、商共治。

清末地方自治运动兴起之后，中国城市社会治理的格局开始发生较大的变化。其中，最大的变化就是自治性社团参与到城市社会治理中。产生这一变化的原因在于，参与城市社会治理的民间力量尽管依旧主要是绅、商或绅商，然而，他们逐渐接受了自治的观念，越来越多地成为新式的具有自治性的社会组织——社团的领导者和参与者。他们在参与城市社会治理的过程中，更多地体现出民间社会组织——社团的力量。这样，城市治理格局基本上可以概括为地方官府与自治性社团协作共治。对于绝大多数中国城市而言（广州是个例外），这种格局一直延续到民初。在这一格局之下，地方政府依然是城市社会治理的当然领导者，虽然其未必能够主导社会治理的方方面面。

进入民国中后期，城市治理中的权力格局及国家与社会之间的关系发生了重大变化，其突出表现有二：其一，也是最重要的表现，是城市政府确立了市政主导权，民间组织已无法如民初那样可以取得部分城市治理权；其二，在自治性社团被规整的同时，市属委员会组织日趋普遍地存在。与此相应，中国城市社会治理格局发生了重大变动，城市治理的基本格局转变为：城市政府与市属委员会组织及自治性社团协作共治。

六 市属委员会组织兴盛的原因及其与新的城市治理格局之间的关系

由前述可知，市属委员会组织在民初兴起，广泛地存在于在民国中后期，并在新的城市治理格局中占有比较重要的位置。值得思考的是，为什么市属委员会组织此时能够在民初兴起且在此后逐渐普遍，并进而能够在民国中后期的城市治理格局中占有比较重要的位置。

如前所述，在当时，建立市属委员会组织，实行委员会制度，被认为是"顺应潮流"的举动，而坚持会长制则被认为是"落伍"的表现，那么，这"顺应潮流"之"潮流"是什么？其实质是什么？在委员会制兴起之时，会长制被作为委员会制的对立面而存在，被认为是"落伍"的，那么，委员会制与会长制相比，有什么优点呢？实行会长制的组织，其权力最终集中于会长，体现的是会长集权制；而委员会制组织的权力并不集中于某一个人，它体现的是委员们的集体决策，也就是民主集中制。"顺应潮流"之'潮流"是民主化，"顺应潮流"的实质是顺应社会的民主化。顺应社会民主化就是进步的；否则，就是落伍的。

事实上，上海市公所建立市政委员会，汉口各团联合会及其下属各保安会改行委员会制，显然是受租界市政组织制度及广州的市政制度和当时汉口乃至武汉市政制度影响的结果。当时，租界市政组织中的委员会制逐渐为华人所熟悉，在上海的影响日益扩大，广州市政在当时被上海乃至全国视为模范，上海市公所实行委员会制，汉口的汉口市政委员会、武汉市政工程委员会等市政委员会的建立，是上海、汉口、武汉向广州这个市政模范学习的结果。而广州市政委员会的建立又是以美国的市政委员会制度为蓝本的，是受西方市政民主制度影响的结果。由此可见，正是借助于革命运动追求民主进步的大潮，西方的市政民主制度的影响迅速渗透到中国大都市的社会组织中。

同时，民初之末市属委员会组织的纷纷建立，其实还是地方自治运动和西方市政民主制度在中国影响深化的结果。在清末，地方自治这种西方民主制度开始影响中国城市，清末地方自治运动在城市的展开，就是中国城市第一次大规模接受西方市政民主制度的结果。但是，地方自治运动在北洋政府时期进展得并不顺利，上海、汉口、北京、天津、青岛等地的城市自治运动，并没有取得城市民众（其代表是商或绅商）所期待的结果。在屡屡受挫的情况下，经过推行西式的市政民主制度——委员会制而取得令人瞩目的市政成绩的广州——这个被屡屡叫板北洋政府的南方革命政权作为首府而为全国瞩目的城市，很自然地成为其他城市——首先是南方城市学习的榜样，其所实行的委员会制，也自然而然地成为城市社会组织追求进步的模范。这种学习模范——推行委员会制的潮流，是中国城市进一步对西方市政民主制度所做出的尝试性选择，也是城市社会进步的表现。由于委员会市制只是中国城市在社会治理制度上对具体的地方自治制度进行选择的一种结果，故而也是中国城市更加深入地学习西方民主制度的结果。明乎此，我们对1925年上海市公所总董李平书在整顿豫园路政委员会成立时的那句致辞——"以从事筹备整顿豫园为目的，深合自治之制度"①，就不难理解了。

　　然而，委员会制这种西式的市政民主制度并不能很好地适应中国城市社会治理的实际。在传统中国城市社会治理的过程中，人们习惯于集权。同时，中国城市的规模大，委员会市制不能很好地适应规模较大的城市的社会治理需要。职是之故，张群在出任上海市市长之后，审时度势，不顾中央政府既定的在上海实行委员会市制的决策，开始在上海推行"强市长制"市制。广州和汉口等城市后来也放弃了委员会市制，改而施行"强市长制"市制。

　　值得注意的是，委员会制这种组织制度虽然不适合作为规模庞大的城市的社会治理体制——市政体制，但它所具有的民主集中、议行可以合一的特点，成为推动城市政府之外的其他社会组织委员会化，进而引领时代潮流，引导众多城市社会组织建立委员会制或进行委员会化改造的动力。

　　因此，市属委员会组织在民初之末兴起并于民国中后期普遍存在，是近代中国城市社会民主化的产物，也是中国城市对西式民主制度进行学习与适应性选择的结果。

――――――――――

　　①　《整顿豫园路政委员会成立纪》，《申报》1925年8月31日，第15版。

市属委员会组织的普遍存在，还与城市社会治理制度的改变相适应。或者说，是建立新的城市社会治理体制的需要。

一方面，随着城市社会的发展及晚清以来地方自治运动在城市的断续展开，民间要求参与城市社会治理的呼声越来越高，甚至一些城市（如上海、汉口、天津等）在商界精英的领导下，希望建立由商界主导的城市自治政权。这表明，随着地方自治运动在城市日益深入地展开，国家与社会之间呈现日益明显的分离趋势。另一方面，南京国民政府建立以后，各级政府通过颁布法律法规、党政联合，对城市社团进行整顿，力图将它们规范于既定的范围之内，这恰恰与城市社团积极扩大社团自治权和追求城市自治背道而驰，故而在南京国民政府建立后的一段时间里，在城市政府逐渐确立市政主导权的这段时间里，官府与民间之间或国家与社会之间是有着比较强烈的对立感和紧张感的，城市社团对政府规整举措的不满和抵制就是明证。而委员会组织的建立，则可以将官府与民间的力量整合在一起，同时民间也被赋予了参与权，因而有利于改变因城市自治运动逐渐深入地展开而导致的国家与社会分离的趋向，消解因新生的党制政权通过国家强制——立法的、行政的以及党化的——对城市社团进行大规模的规整所带来的官民之间或者国家与社会之间的对立感与紧张感。而官民合组型市属委员会和官民一体型市属委员会组织，就可以在官与民、国家与社会之间较好地起到润滑与整合的作用，这样既在一定程度上满足了民间参与城市社会治理的要求，又不至于挑战市政府的市政主导权（或者说在城市社会治理中的主导权），从而成为新的城市社会治理体制的一个组成部分。并且，一些官民合组型市属委员会和官民一体型市属委员会的组建和存续，是具有法律依据的。例如：官民一体型市属委员会市临时参议会和市参议会的组建，其依据是中央政府颁布的《市组织法》《特别市组织法》《市参议会组织法》《市参议会选举法》；而一些官民合组型市属委员会如各城市的都市计划委员会、慈善团体财产整理委员会、财政整理委员会、冬令救济委员会、工人福利委员会、劳资评断委员会等，也都是依据相关法律法规组建的。而这些法律法规往往规定这些市属委员会组织中的主席委员由市长或市政府相关部门的长官担任，这实际上也是以国家强制的形式确立市政府的施政主导权。因而，"市政府+市属委员会组织+自治性社团"这种新的城市社会治理体制的形成和延续，实际上也强化了市政府主导市政的市政管理格局，巩固了市政府在新的城市治理格局中的绝对领导地位。

当然，市属委员会组织的普遍存在，还与城市社会治理环境的变动息息相关。

南京国民政府成立后，中国城市进入了一个建设高潮期，从马路、码头、堤防的修筑，到水电、公共卫生、消防、公共交通等公用事业或公共事业的建设纷纷展开，相应的治理也随之展开；同时，劳资纠纷与矛盾问题及社会贫困问题、公共卫生问题、社会治安问题，等等，均需要大力加以治理。所有这些，单凭市政府的力量是难以做好的。因此，虽然市政府不希望民间力量挑战其市政主导权，但是它还是希望和需要民间广泛参与到城市建设与城市社会治理中来。身为东亚第一商埠和中国最大商埠的建设者与治理者的上海市政府亦不例外。上海市市长吴铁城就曾表达出市政府希望民间人士参与城市建设的愿望，并力赞过去的官民协治。他说：

> 我想市政是最足以表现自治精神的，虽然现在还没有完全达到自治时期，但是只要人民能为地方出力，就可以表现自治的精神。所以市政府同人，此后所有关于社会新事业的建设，不仅在筹备的时候要请地方领袖人士来参加筹备，就是在建设告成以后，在管理方面也还是想请地方人士来参加管理！如市政府去年兴建的运动场、体育馆、游泳池、图书馆、博物馆、市立医院、市立卫生事务所等，都莫不如此。因为如此一方面可以表现政府与人民的合作，一方面可以表现地方自治的实现。所以我们请各位先生对于最近要建设的几件社会事业，要竭力予以赞助，俾得早观厥成！①

因此，民国中后期市属委员会组织普遍存在的另一个原因，就是市政府主导城市社会治理时需要民间协治。

---

① 《上海年鉴（1936）》，吴铁城题字版。

"阶级成分登记表":集体化时代农村社会研究的重要文本

行　龙[*]

集体化时代的中国农村社会研究虽已引起学界的重视,但基层农村社会资料的搜集和利用仍然是我们面临的一个问题。笔者几年前曾撰写《"自下而上":从社会史的角度研究集体化时代的中国农村社会》一文,[①] 特别指出:"从'自下而上'的社会史视角研究集体化时代的农村社会,还有一个基础的、也是很重要的工作就是对基层农村资料的搜集和整理。"呼吁在这批资料快速散失的状态下,起而行之,抓紧抢救搜集。山西大学中国社会史研究中心近年来已经搜集到 300 多个基层农村的档案资料,所涉内容"无奇不有,无所不包"。本文捡取其中的"阶级成分登记表"予以介绍,并对利用此资料开展集体化时代的农村社会研究提出一些初步的想法,不妥之处,尚祈指正。

引言:"并不容易获得"的"阶级成分登记表"

自 20 世纪 40 年代的土地改革始,直到改革开放的 20 世纪 80 年代,阶级成分都是那个时代国人的重要政治身份,或者说是一种政治标签。对于大多数家庭或个人来说,阶级成分划分或"重新登记"也应该经历了不止一

---

* 　行龙,山西大学。
① 　载山西大学中国社会史研究中心编《社会史研究》第三辑,商务印书馆,2013。

次，日常生活中个人填写的各种表格也必有"阶级成分"或"家庭出身"一栏。然而，由于"阶级成分登记表"在那个时代属于档案而封存管理，个人要想获取这类资料几乎是没有可能的。对中国农村社会素有研究的黄宗智先生曾提到：

> 关于单个村庄的客观阶级结构的资料相当有限。现存关于每个村庄的阶级成分详细而准确的资料，多是在土改时收集的并在四清中被系统核实过的。然而这些资料并不容易获得。那些我们通常在研究中使用的官方数据，往往过于简略而且并不包括单个村庄的情况。事实上，共产党向外部世界所提供的是经过细心选择的若干村庄的数据，这些数据被用来证明官方对农村社会结构分析的真实性。……直到现在，我们能够掌握的确实可靠的资料只有几十个村庄的数据，这些数据主要来自于解放前完成的人类学实地调查。[1]

是的，对我们这些对国史和党史没有太多研究的人而言，最初涉猎土改和"阶级成分登记表"也是源自人类学实地调查的各类报告和著述。2005 年春季，山西大学中国社会史研究中心曾组织"再读《翻身》"读书会，并邀请韩丁的妹妹寒春等家属及张庄时任支部书记王金红举行报告会，从韩丁那本"兼用了小说家、新闻记者、社会学家以及历史学家的笔法"，"在风格上或内容上都很像一部记录影片"的著作中，从寒春及王金红等人的口述中，我们开始了解张庄，了解土改，了解"阶级成分"，但那毕竟是字面上的感想认识，不可避免地有隔雾看花的感觉。

也就是从那个时候开始，山西大学中国社会史研究中心全体师生，不避寒暑，栉风沐雨，坚持"走向田野与社会"，广泛搜集散落在全省各地农村的基层档案。我们已经搜集到全省各地 200 余个村级历史档案，总量当在数千万件以上。这批档案最早的在明清时期，绝大多数则属于集体化时代，包括农村总账、分类账、分户账、日记账、工分账、

---

① 黄宗智：《中国革命中的农村阶级斗争——从土改到文革时期的表达性现实与客观性现实》，载黄宗智主编《中国乡村研究》第二辑，商务印书馆，2003，第 73 页。

社员往来账、实物收付账、现今收付账、实物明细账等各类纷繁多样的账册；中央、省、市、县、乡（公社）、生产大队、生产小队各级政府的文件、计划、总结、制度、方案、意见、报告、请示、指示、通知、讲话等各类文书，政治、经济、军事、文化、宗教、教育、卫生、社会方方面面无所不包；阶级成分登记表，斗争会、批判会记录，匿名信，告状信，决心书，申请书，判决书，悔过书，契约，日记，笔记等个人与家庭档案无奇不有；宣传画、宣传册、领袖像、红宝书、红色图书，各地不同时期的各类日报、小报、各类票证等，真是"无所不包，无奇不有"。①

"阶级成分登记表"是山西大学中国社会史研究中心收藏较多的一种基层农村档案，是集体化时代农村阶级档案的一种类型。我们已以数据库的形式，初步整理出 10 余个县份 60 多个村庄近 300 个生产大队超过 10000 户（家庭）的相关资料。我们相信，随着搜集工作的进一步展开，这类档案还会有更多发现。

事实上，"四清"时期重新进行阶级成分的登记，是当时一个普遍的要求，也许没有一个家庭可以漏掉。只是半个世纪后，这批档案已有相当一部分散失，或者正在迅速地散失过程中。但是，广大的农村基层单位，仍然因为不同的原因会有很多存留在世，不少县级的档案馆也保留了不少此类资料，这些已经为近年来的田野工作所证实。

那么，我们不禁要问，中共是何时在农村进行阶级划分和登记工作的。相比其他时期而言，"四清"运动时期形成的阶级成分登记表有何自身的特点，它对于集体化时代农村社会研究有何价值。若有，又该如何把握和利用。

一　1933 年以前的农村阶级思想

阶级分析方法是马克思主义政党分析和治理社会的重要方法。20 世纪初，各种社会思潮风起云涌，阶级理论也随之传入中国。李大钊、陈

---

① 参见行龙、马维强《山西大学中国社会史研究中心"集体化时代农村社会基层档案"述略》，《中国乡村研究》第五辑，福建教育出版社，2007。

独秀等早期共产主义者开始运用阶级理论分析中国社会。但是，直至国民大革命失败，共产党人对于中国农村社会阶级的分析仍无统一的标准和认识。更何况，其他政党和社会团体对于阶级理论是否适用于中国尚存疑问。国民党的右派十分惧怕共产党，特别是当时蓬勃发展的农民运动，削弱了国民党在农村的政治和经济基础。梁漱溟等乡村建设派也始终认为中国并无阶级，也无阶级斗争，而是伦理本位和职业殊途，改造社会的关键在于教育农民。梁漱溟与毛泽东的两次争论，即基于中国是不是阶级社会的分歧。

20 世纪 20 年代中后期，毛泽东对于中国农村阶级的认识和分析经历了一个逐渐完善和成熟的过程。

1925 年，《中国社会各阶级的分析》一文提出"革命的首要问题"即"谁是我们的敌人？谁是我们的朋友？"，并将农民分成小资产阶级（自耕农）、半无产阶级（半自耕农、贫农等）和无产阶级（雇农、游民等）。同时，他又将自耕农分成三种。第一种自耕农是有余钱剩米的，即每年劳动所得，除自给外，还有剩余。他们的经济地位与中产阶级的小地主颇接近，他们"对于现代的革命在他们没有明了真相以前取了怀疑的态度"。这部分人在自耕农中占少数，大概不及 10%，是自耕农中的富裕部分。第二种自耕农是恰足自给的，即每年收支恰足相抵，不多也不少。他们的生存状况正在恶化，"对于反帝反军阀的运动仅怀疑其未必能成功，不肯贸然参加，取了中立的态度，但绝不反对革命"。这一部分人数大概占自耕农的一半。第三种自耕农每年都要亏本，多数是从原来的殷实人家衰败下来的。他们在革命运动中颇要紧，"颇有推进革命的力量"，是"小资产阶级的左翼"。这一部分人数约占自耕农的 40%。一旦革命潮流高涨到可以看得见胜利的曙光时，第三种左倾的自耕农会马上参加革命，第二种中立的自耕农也可参加革命，第三种右倾的自耕农也得附和革命。总之，小资产阶级的自耕农是全部可以倾向革命的。

1927 年，毛泽东在《湖南农民运动考察报告》一文中将农民划分成地主、富农、中农、贫农（包括次贫和赤贫）。

1930 年，毛泽东在《反对本本主义》一文中说："我们调查农民成分时，不但要知道自耕农，半自耕农，佃农，这些以租佃关系区别的各种农民的数目有多少，我们尤其要知道富农，中农，贫农这些以阶级区别阶层区别的各种农民的数目有多少。"他又说："我们调查工作的主要方法是解剖各种社会阶级，我们的终极目的是要明了各种阶级的互相关系，得到正确的阶级估量，然后定出我们正确的斗争策略，确定哪些阶级是革命斗争的主力，哪些阶级是我们应当争取的同盟者，哪些阶级是要打倒的。"在这里，我们看到，毛泽东已经逐渐摒弃以租佃关系为基础的阶层区别，代之以剥削关系为基础的阶级划分。

二 1933 年的两个重要文献

中国共产党在成立前后就开始对包括农村在内的中国社会进行阶级分析，但系统而准确地论述农村"阶级成分"划分问题却是后来的事情。

中国共产党对农村"阶级成分"的划分是在土地改革的具体实践过程中明确起来并不断完善的。

1933 年 10 月，毛泽东为纠正土地改革中扩大阶级斗争范围的"左"倾错误，写成《怎样分析阶级》一文。在该文中，毛泽东将农村划分为五大阶级，即地主、富农、中农、贫农和工人（含雇农），划分阶级成分的标准主要是两条：生产资料（主要是土地和生产工具）占有状况和参与生产劳动状况。地主"收取地租"，"占有土地，自己不劳动，或只有附带的劳动"；富农"一般占有土地"，"一般都占有比较优裕的生产工具和活动资本，自己参加劳动"，但是"雇佣劳动（请长工）"；中农"许多都占有土地"，"自己都有相当的工具"，"一般不出卖劳动力"；贫农"占有一部分土地"，或者"全无土地"，占有"不完全的工具"，"一般都须租入土地来耕"，而且"一般要出卖小部分的劳动力"；工人（雇农在内）"一般全无土地和工具"，"完全地或主要地以出卖劳动力为生"。

与毛泽东此文同时发布的另一个重要文献是《苏维埃共和国中央政府关于土地斗争中一些问题的决定》。这个决定进一步对阶级划分过程中的 20个实际问题做出了更加详细的规定，尤其是细化了富农与地主、富裕中农的区别，对富农的界定、富农的待遇都有了明确的规定。

1933 年的这两个文件，是中国共产党土地改革史上最早的重要文献，

也是中国共产党农村阶级分析和阶级成分划定的指导性文献。解放战争
时期、新中国成立后所进行的土地改革，均以 1933 年的这两个文件为底
本，进行适当修改和增删后重新发布，中央认为其关于阶级成分的规定
基本上是正确的。例如，1947 年 11 月颁布的《中共中央关于重发〈怎
样分析阶级〉等两个文件的指示》，进一步肯定了这一阶级分类，并认为
其关于阶级成分的规定基本上是正确的；1948 年 5 月，中央委员会又一
次颁发《中国共产党中央委员会关于一九三三年两个文件的决定》，在适
当删减和修改的基础上，"将这两个文件作为正式文件，重新发给各级党
委应用"。

三　转折年代：20 世纪 40 年代的阶级政策

抗日战争时期，中国共产党执行的是抗日民族统一战线的土地政策，
即一方面减租减息一方面交租交息的土地政策。1942 年 1 月，中共中央
发布《关于抗日根据地土地政策的决定》及其附件，2 月 4 日发布《关
于如何执行土地政策决定的指示》，指导各解放区开展了大规模减租减息
的群众运动，老区的土地改革和阶级成分的划分也同时展开。尽管抗战
期间，阶级政策有所缓和，但是仍然要削弱封建势力，仍然要发动群众
进行土地斗争。

山西大学中国社会史研究中心现藏最早的"阶级成分登记表"档案，
是 1944 年阳城县"评成分底册"。虽然内容较为简单，但基本经济情况和
成分"决定"一目了然。举其一例（见图 1）：

> 宁维祺，卅一年：民房 32 间，厕坑 2 个，园地 11.07 亩，旱地
> 47.6 亩；卅二年：自己雇长工 1 人，种园 2 亩，其余的都是出租；卅
> 三年：同上。以上自己无有劳动。决定：地主。

抗战结束后，国共内战爆发。鉴于新的国内和国际局势，以及农民对土
地的迫切需求，中共的阶级政策和土地政策有了调整，将减租减息的政策改
为没收地主土地分配给农民。1946 年 5 月 4 日，中共中央颁发了《关于土
地问题的指示》，即"五四指示"，号召放手发动群众，解决土地问题，实

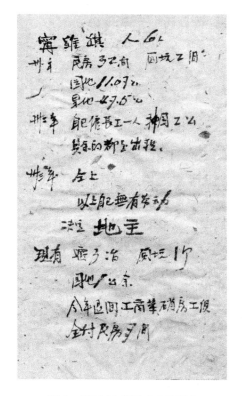

图 1　阳城县"评成分底册"

资料来源：山西大学中国社会史研究中心藏"阶级成分登记表"档案。

现耕者有其田。为了总结"五四指示"颁布以来的经验，进一步推动土地改革工作的开展，并适应革命形势的发展，完善党的土地政策，1947 年 7月至 9 月，全国土地会议在河北省平山县西柏坡村召开。1947 年 9 月 13日，通过了《中国土地法大纲》，号召彻底平分土地。全国土地会议确定的"平均分配一切土地"的方针，助长了农民群众中存在的平均主义倾向，导致农村中存在严重的过"左"倾向，阶级划分也出现了一定程度的混乱问题。1947 年 11 月 29 日，中共中央做出重发《怎样分析阶级》等两文件的指示，将其作为农村阶级划分的指导性文件。1948 年 1 月 12 日，又将任弼时的《土地改革中的几个问题》作为阶级划分的又一指导性文件。需要注意的是，任弼时的这一小册子在此阶段的农村运动和阶级划分工作中具有重要的指导作用。

1948 年 2 月 15 日，中共中央通过了《关于土地改革中各社会阶级的划分及其待遇的规定（草案）》，目的在于纠正农村阶级划分中存在的问题。但最终并未公开发表。

四　建国初期的土改与划阶级

中国共产党关于农村阶级成分的划分标准，新中国成立后普遍执行的标准就是在 1950 年 6 月《土地改革法》基础上，于 1950 年 8 月 4 日政务院第 44 次政务会议通过的《中央人民政府政务院关于划分阶级成分的决定》：

一、为了正确地实施一九五〇年六月三十日中央人民政府公布的《中华人民共和国土地改革法》，特公布本决定。

二、中央人民政府政务院认为一九三三年瑞金民主中央政府为着正确地解决土地问题而公布的两个文件，即《怎样分析农村阶级》和《关于土地改革中一些问题的决定》，除开一小部分现时已不适用外，其余全部在现时的土地改革中是基本上适用的。这两个文件在一九四八年五月曾经中共中央重新公布，并在土地改革工作中加以应用，已证明其在现时的土地改革中是适用的。因此，中央人民政府政务院特将这两个文件稍加删改并加以补充后，再行公布，作为今后正确解决土地问题的文件。在这两个文件中，凡系本院所补充决定者，均加上"政务院补充决定"字样，并于这两个文件外，增补《政务院的若干新决定》。

三、由本决定所公布之文件，其文字解释如有与土地改革法相抵触者，均按土地改革法执行。

四、各省人民政府得根据各地方的实际情况和本决定公布之文件所规定的原则，颁布划分阶级的补充文件。但这些文件应呈报本院备案。

这一时期的农村阶级划分仍以 1933 年的《怎样分析农村阶级》和《关于土地改革中一些问题的决定》这两个文件为蓝本。需要注意的是，1951

年3月，中共中央又通过了《关于划分农村阶级成分的补充规定（草案）》。鉴于当时农村土改工作的复杂情况，这一草案，最终只作为内部参考文件下发。

五　20世纪60年代的阶级档案

在1960年冬到1961年春农村整风整社运动中，中共中央华北局就提出了在农村逐步建立阶级档案的问题，而且在各省、市、自治区都进行了一些试点工作。《中共中央华北局关于在农村建立阶级档案的指示》认为：

> 经验证明，在农村建立阶级档案，不仅可以帮助我们系统地了解每一个乡村阶级情况和革命斗争历史，而且可以帮助我们在长期的复杂的阶级斗争中，正确贯彻执行党在农村的阶级路线，明确依靠谁、团结谁和谁作斗争。阶级档案，是我们进行阶级斗争的有力武器，也是向广大群众，特别是青年一代进行阶级教育、革命传统教育的好教材。

1963年1月19日，中共山西省委《关于生产队和生产大队普遍建立档案的通知》要求将四个方面的材料立卷归档，第二条就是："阶级变化情况。应包括解放前后、土改前后和合作化前后的阶级状况。历年来较大的社会改革运动中阶级斗争和阶级成分的变化等情况。"

中国社会史研究中心现存的运城县北相公社西张贺大队"阶级成分分户登记表"，很可能就是这次试点工作中存留下来的农村档案。此档案按每个生产小队装订成册，案宗题为"各阶级情况分户登记表"，"工作队"为"文件作者"，不同于"四清"时期的登记表一律用毛笔或钢笔填写，本档案以蜡版刻印，一体蓝色。时间明确在1963年5月。内设土地改革时期情况、高级社时期情况、公社化时期情况三大栏。土改时期情况含户主姓名、性别、年龄、家庭成分、家庭人口、经济情况（土地、牲口、房屋、自行车、缝纫机、猪、羊、车辆、换水工具、每人平均粮食、每人平均现金、借贷关系）、党或团、家庭主要成员简历、参加过何

种反动军警宪党会道门、当时思想态度表现。高级社时期和公社化时期
增加阶级成分变化情况。

图 2　运城县北相公社阶级情况分户登记表

资料来源：山西大学中国社会史研究中心藏。

1963 年 12 月 6 日，华北局发布《关于在农村建立阶级档案的指示》，要求"农村阶级档案，应该包括每户的阶级成分登记表，以自然村或生产大队为单位编写的革命简史和典型人物的家史"。规定"阶级成分登记表由省、市、自治区统一制定格式，以县人民委员会的名义印发"，"进行阶级登记的工作，不要登报"。该指示最后一句话为"阶级成分登记表样式（略）"，这大概就是后来"四清"运动中普遍使用的"阶级成分登记表"规定样式。①

1964 年 9 月 10 日，《中共中央关于农村社会主义教育运动中一些具体政策的规定（修正草案）》（即后十条）发布，明确规定"在这次运动中，必须有步骤地进行下列十二项工作"，其中第六项为"清理阶级成分，建立阶级档案"。与此同时，中共中央华北局批转《中共中央华北局办公厅关于农村阶级档案及其他档案收集和管理办法的规定（草案）》，规定"每户阶级成分登记表，一律用十六开纸，用毛笔或钢笔填写（不得用铅笔或圆珠笔）一式二份，一份交县，一份由公社（或大队）保存"②。这也就是我们现在仍然可以在县级档案馆及乡村两级发现到此类档案的原因。

"文化大革命"前夕，也就是 1966 年上半年，山西各地普遍进行了阶级成分的登记，登记表纸张硬厚、设计内容一致。笔者手头三种不同县份（文水县、平遥县、永济县）的"阶级成分登记表"均集中在 1966 年 4 月到 6 月。表分正反两页，正面内容为：户主姓名、性别、年龄、民族、家庭出身、本人成分、在家人口、在外人口；家庭经济状况包括土改时、高级社时、现在；家庭主要社会关系及其政治面貌；家史简述；备考。背面家庭成员简况：姓名、与户主关系、性别、年龄、民族、家庭出身、本人成分、文化程度、宗教信仰、是否社员、现在职业及职务、参加过什么革命组织、参加过什么反动组织、受过何种奖励与处分；主要经历和主要政治表现、备考（见图 2）。编号、填写人、填写日期一应俱全。只是永济县的阶级成分登记表"家庭成分"一栏，分"现在复议评定"和"土改划分议定"两项，与文水、平遥两县仅此区别。兹录一则永济县的"阶级成分登记表"的内容（见图 3、图 4、图 5），以窥一斑：

---

① 《临县阳泉公社档案资料》（18），山西大学中国社会史研究中心藏。苏泽龙采集资料，苏泽龙、刘栩整理资料。
② 《临县阳泉公社档案资料》（18），山西大学中国社会史研究中心藏。苏泽龙采集资料，苏泽龙、刘栩整理资料。

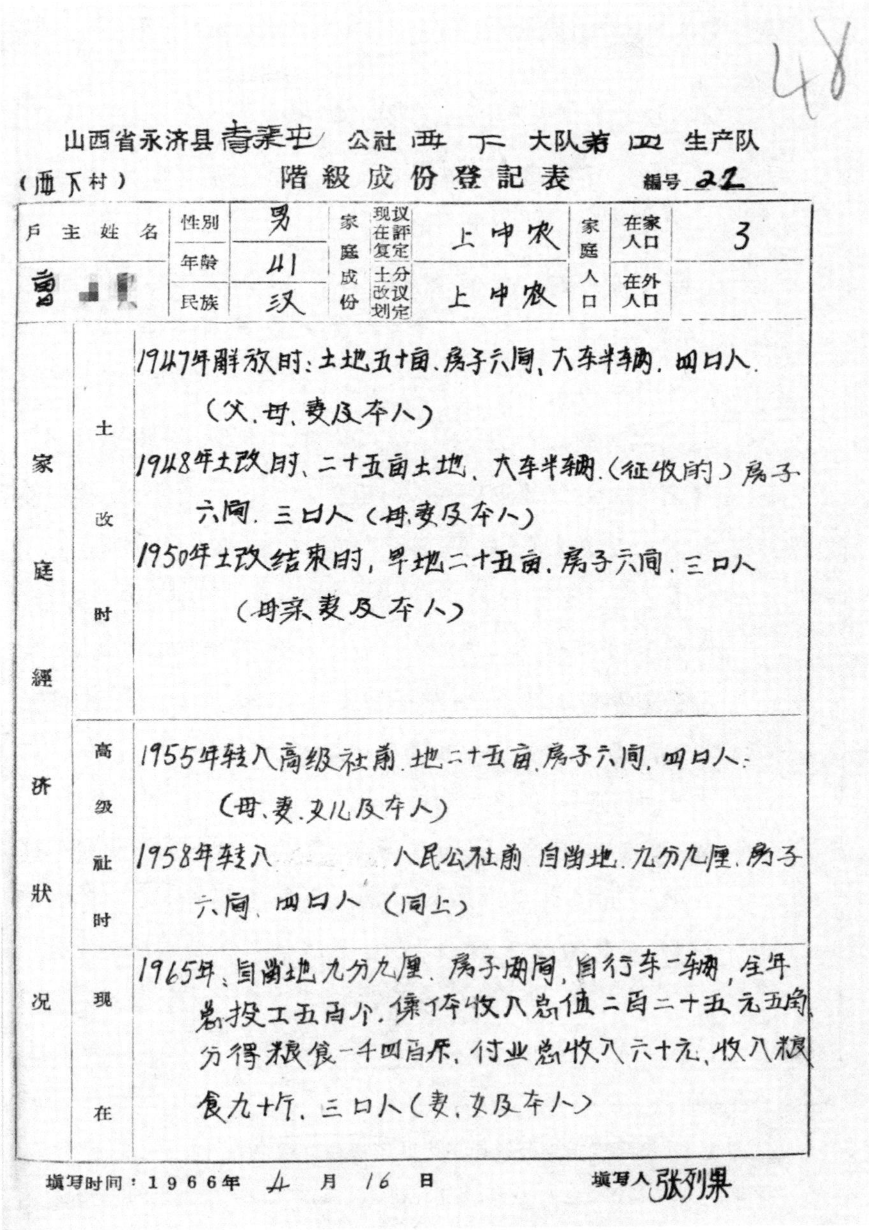

48

山西省永济县 青渠屯 公社 西 下 大队 第 四 生产队

（西下村）　　**階級成份登記表**　編号 **22**

戶主姓名	性別	男	家庭成份	现议在评复定土分改议划定	上中农	家庭人口	在家人口	3
	年龄	41					在外人口	
曾██	民族	汉			上中农			

家庭經濟狀況	土改时	1947年解放时：土地五十亩、房子六间、大车半辆、四口人。（父、母、妻及本人） 1948年土改时、二十五亩土地、大车半辆。（征收的）房子六间、三口人（母妻及本人） 1950年土改结束时、旱地二十五亩、房子六间、三口人（母亲妻及本人）
	高级社时	1955年转入高级社前、地二十五亩、房子六间、四口人。（母、妻、女儿及本人） 1958年转入　　　人民公社前、自留地九分九厘、房子六间、四口人（同上）
	现在	1965年、自留地九分九厘、房子四间、自行车一辆、全年总投工五百个、集体收入总值二百二十五元五角、分得粮食一千四百斤、付业总收入六十元、收入粮食九十斤、三口人（妻、女及本人）

填写时间：1966年 4 月 16 日　　　　填写人 张列果

图3　永济县青渠屯公社西下大队阶级成分登记表（正面1）

资料来源：《永济县青渠屯人民公社西下村档案》，山西大学中国社会史研究中心藏，未编目。

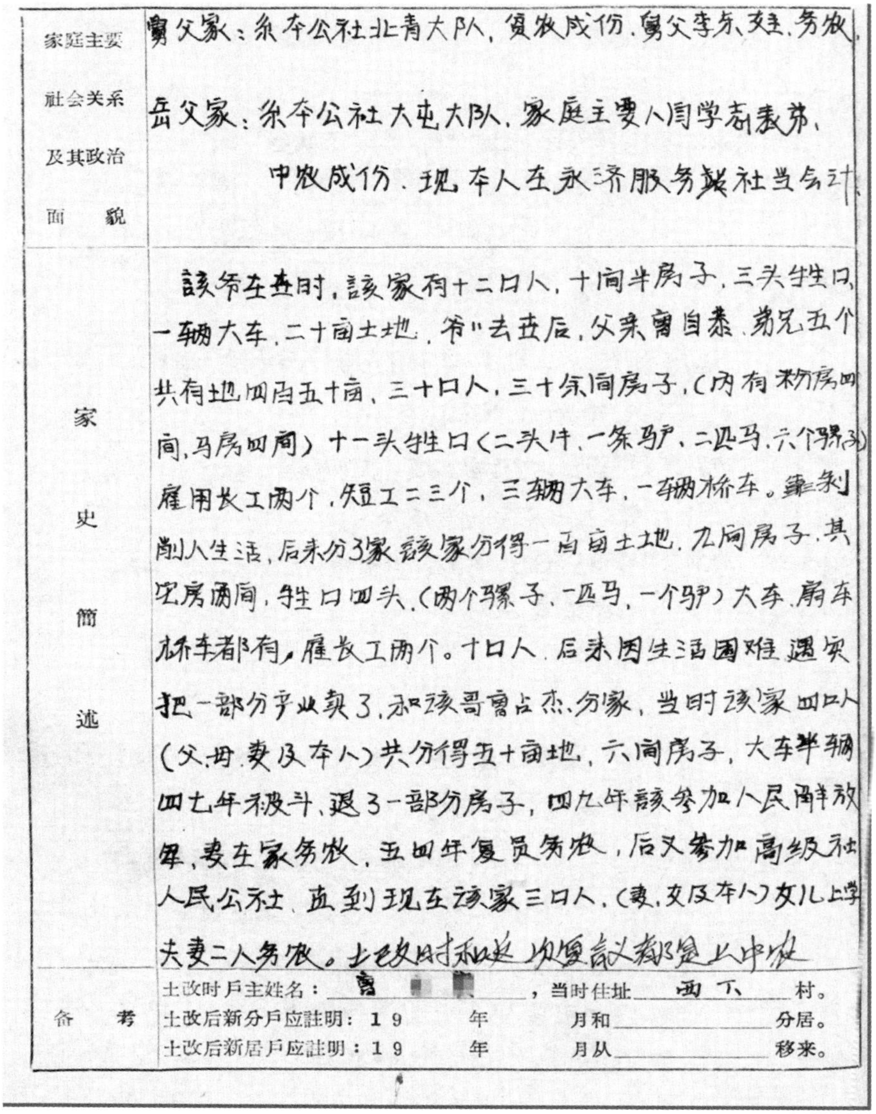

家庭主要 社会关系 及其政治 面貌	舅父家：系本公社北青大队，贫农成份，舅父李东，交主，务农。 岳父家：系本公社大屯大队，家庭主要人周学志表弟，中农成份。现本人在永济服务社当会计。
家史简述	该爷在世时，该家有十二口人，十间半房子，三头牲口，一辆大车，二十亩土地，爷''去世后，父亲曾自秦，弟兄五个共有地四百五十亩，三十口人，三十六间房子，（内有粉房四间，马房四间）十一头牲口（二头牛，一条马驴，二匹马，六个骡子）雇用长工两个，短工二三个，三辆大车，一辆桥车，靠剥削人生活。后来分了家该家分得一百亩土地，九间房子，其它房两间，牲口四头，（两个骡子，一匹马，一个驴）大车，扇车，桥车都有，雇长工两个。十口人。后来因生活困难遇灾把一部分产业卖了，和该哥曾占杰，分家，当时该家四口人（父母妻及本人）共分得五十亩地，六间房子，大车半辆，四七年减斗，退了一部分房子，四九年该参加人民解放军，妻在家务农，五四年复员务农，后又参加高级社人民公社。直到现在该家三口人。（妻、女及本人）女儿上学夫妻二人务农。土改时私地 为貧农家都是上中农
备考	土改时户主姓名：曹　　　，当时住址　西下　村。 土改后新分户应註明：19　　年　　　月和　　　　分居。 土改后新居户应註明：19　　年　　　月从　　　　移来。

图4　永济县青渠屯公社西下大队阶级成分登记表（正面2）

资料来源：《永济县青渠屯人民公社西下村档案》，山西大学中国社会史研究中心藏，未编目。

家 庭 成 员 简 况

姓　　　　名	曾　■■、	闫灵珍	曾军娃		
与户主关系	户　　主	妻	女儿		
性　　　别	男	女	女		
年　　　龄	42	45	11		
民　　　族	汉	汉	汉		
家庭出身	上中农	下中农	上中农		
本人成份	上中农	上中农			
文化程度	小学	文盲			
宗教信仰	无	无			
是否社员	社员	社员			
现在职业及职务	务农	务农			
参加过什么革命组织	人民解放军	无			
参加过什么反动组织	二战佰周班衣	无			
受过何种奖励与处分	无	无			
主要经历和主要政治表现	31年至36年苦力 36年务农 45年参加佰周班衣三们 46年参加保卫团 一年至51年加入人民解放军致今务农，表现较积极本仔	38年从大连娘家嫁到西下一直务农表现一般			
备　　　考					

图 5　永济县青渠屯公社西下大队阶级成分登记表（背面）

资料来源：《永济县青渠屯人民公社西下村档案》，山西大学中国社会史研究中心藏，未编目。

六　集体化时代农村研究的重要文本

"阶级成分登记表"是集体化时代农村社会研究的重要文本。

第一，"阶级成分登记表"相对真实可靠。从土地改革到"文革"开始后的"四清"运动，阶级成分的划分和登记在多数地区至少有过两次，即土改时期的划分和"四清"时期的复议及重新登记。我们知道，阶级成分曾经是那个时代个人和家庭最重要的政治符号。韩丁在《翻身》中写道："阶级成分的划定，最终将要决定每一家的前途。""换句话说，划分阶级成分这件事，决不是什么纸上谈兵，什么统计人数或者人口调查。这是采取经济和社会活动的基础，而这些行动是会从根本上影响到每一个家庭和每一个人的。"① 潞城县委陈书记在重新划分阶级成分的报告中要求："我们必须解释、讨论、报告、审核、划成分、发榜；再解释、讨论、报告……要反复地搞。这很麻烦，很困难，很费时间。但是人家并不嫌麻烦，因为这是决定他们命运的事情。"② 1948 年 2 月 22 日《新土地法大纲》在全国公布后，韩丁以队员的身份参加了张庄复查土改情况的工作队，从"自报公议"、确定标准、会议讨论、"三榜定案"到复查、再次划分、纠错、纠偏，整个过程严肃而紧张。至于各地不同程度的错划漏划，或者政策掌握上的宽严不一的问题，毕竟不是主流的东西。

"四清"时期的阶级成分复议同样是非常严肃认真的。一般的做法是，省、县两级组织专门的工作队进行培训，然后深入社队、一线开展工作。发动群众、访贫问苦、忆苦思甜、自报公议、民主评定、张榜公布，整个过程环环相扣，严肃认真。《洪洞县社会主义教育典型经验汇集》中，有一份1965 年龙马分团《清理阶级成分的情况和体会》，其中讲道，龙马公社1947 年冬解放，1948 年春至 1949 年春相继进行了土改，同时进行了纠偏。但"由于土改时群众没有很好发动，解放十多年来，又未进行过阶级教育和阶级清理。群众干部阶级观念十分模糊，土改划成分的老底大部分已经丢

---

① 韩丁：《翻身——中国一个村庄的革命纪实》，韩倞等译，北京出版社，1980，第313—314 页。

② 韩丁：《翻身——中国一个村庄的革命纪实》，第 509 页。

失，没有可靠的文字记载，外来户大部分没有迁移手续，原籍的成分不清。因此，近几年来，错报、篡改成份的不少"。工作组入驻后，首先建立了以贫协为主导的清理阶级成分领导小组，培养骨干，训练登记队伍；访贫问寒，召开各类座谈会，利用历史资料和摸底材料，综合分析研究，按生产资料和生活状况排队进行内部审查。之后印刷提纲，向群众宣讲，做到"家喻户晓，人人皆知"。"村内村外，田间地头阶级成分成了大家谈话的中心，有的找贫协，有的找工作队，有的书面申请要求复议自己的成份。"最后是自报公议、民主评定，"即群众自报公议，清理小组初审，群众再议，领导小组批准，社员大会通过定案"。群众反映说"这次划成份很民主，比土改时细致多了"①。

第二，"阶级成分登记表"的时限是一个相对而言的"长时段"。"阶级成分登记表"中的"家庭经济状况"一般有土改时、高级社时、现在三栏，时限从 20 世纪 40 年代的老区土改到 20 世纪 60 年代的"文革"之前，部分登记表也有反映土改前家庭经济状况的内容。这样一个至少 20 年或更长时段的研究资料，在中国现代史的资料中是一种相对而言的"长时段"资料了。我们知道，尽管现代史的资料中，已有许多个人回忆录、日记、笔记等刊布于世，但与"阶级成分登记表"相比，这些都是较为零星和分散的，"阶级成分登记表"相对成规模，其系统性、完整性、全面性都是这些资料不可比拟的。更何况，"阶级成分登记表"还有一个代际性的特点，我们可以从阶级成分登记表中看到一个家庭至少三代的大致情况。

中国现代史的研究也要避免"碎片化"的陷阱，就像中国古代史的研究要避免先秦、两汉、魏晋、隋唐、宋、元、明、清那样的细化，甚至不顾"问题意识"而人为割裂历史一样，中国现代史的研究也要注意避免土改、合作社、人民公社、"文革"分段研究的弊端。"阶级成分登记表"这样"长时段"的系统资料正是我们克服此种弊端可以利用的极好材料。

第三，"阶级成分登记表"的内容十分丰富。传统中国农村是一个自给自足的自然经济结构，生产生活以一家一户为单位。就农村存留的文字资料而言，最多的应是以家族为单位编撰的族谱和家谱，极少数所谓的文人留有极少数的日记、笔记、账本等散见文书，再有就是碑刻和遗物了。只是到了

---

① 《洪洞县社会主义教育典型经验汇集》下集，山西大学中国社会史研究中心藏。

中国共产党领导的集体化时代，才有了以村（生产大队或生产小队）为单位的系统全面的集体文字资料。"阶级成分登记表"是集体化时代最为系统完整的资料，也是内容最为丰富的资料。资料的丰富性，为我们了解和研究这段历史提供了坚实的基础。比如，从登记表提供的家庭人口数量、年龄、性别、民族、职业、婚姻状况、文化程度、宗教信仰等信息中，可以分析人口的数量变迁、性别结构、年龄结构、职业结构、文化教育结构、宗教信仰结构等基层社会的基本状况，甚至可以验证那些层层上报的各类统计表格和数字的真实与否。从家庭经济状况提供的土改时、高级社时、现在（"四清"时期）三个阶段的分析中，不仅可以看出家庭经济状况的变化与变迁过程，而且可以验证政策层面上的富农问题、中农问题，甚至土改是否过火、阶级斗争是否扩大化这样的"大问题"。从家史的叙述中可以看到一个具体家庭的分合演变、职业转换等信息；从家庭关系及政治面貌中可以看出其"历史问题"和政治身份，如此等等，不胜枚举。

需要指出的是，内容十分丰富的"阶级成分登记表"虽然以表格的形式分类填写，看似各项分隔开来，互不统属，实则政治、经济、文化等方面互相联系，反映的是一个家庭的整体面貌。内容丰富的另一面，换个说法就是内容繁杂，以家庭经济状况而言，除登记一般的土地、房屋、15岁以上的劳动力外，详细一点的登记表还有更为繁杂的瓦房、土房、窑洞、棚子、旱地、平地、水地、梁地、坡地、树、果树、牛、马、骡、羊、猪、鸡、车、犁、耙等有关信息。如果将"阶级成分登记表"的各种信息综合起来，整个变量至少在200个以上，真有点"剪不断，理还乱"的感觉。另外，由于"阶级成分登记表"以家庭为单位进行登记，尽管其反映的是一个家庭的整体面貌，但它毕竟只是一个家庭。以一家一户，甚至一个或几个村庄的"阶级成分登记表"讨论相关的问题，样本不足是一个很大的缺陷，也有"只见树木不见森林"的困惑。

七　量化历史研究的尝试

面对"剪不断，理还乱"和"只见树木不见森林"的困惑，我们建立了"阶级成分数据库"，试图以量化历史研究的方法对此进行综合的分析与研究。

自 2014 年 9 月起，山西大学中国社会史研究中心与香港科技大学人文学院李中清、康文林团队合作建立"阶级成分数据库"。从现已收集的 200 多个村庄基层档案中，我们发现有 10 余个县份 60 多个村庄保存着较为系统的"阶级成分登记表"，总计有上万份。这些县份是阳高县、原平县、盂县、太原市、昔阳县、文水县、祁县、平遥县、侯马市、曲沃县、闻喜县、运城市、永济县。

综合数十年来中心对集体化档案的治史积淀和李康团队在量化数据库领域的丰富经验，2014 年 10 月，经过多方协商讨论，我们将"阶级成分登记表"这一历史文本分解成 200 多个变量，并对社会史研究中心 17 名硕士研究生进行录入培训。在数据录入过程中，录入员可以根据各生产大队或生产队的填写特点适时调整和增加现有变量种类，以期所录变量能够客观和准确地反映历史文本中所蕴藏的极具价值的丰富信息，能够突出反映不同地区不同村庄的社会"经济"文化结构方面的不同特点。2015 年 4—6 月，我们综合讨论录入过程中出现的问题和疑惑，大幅度调整和更改变量列表，特别是对一些模糊不清的变量类型进行细致分别。同时对第一期的录入数据进行合成工作。至 2016 年底，数据库中的户数已达到一万户左右。目前，中心已经有老师和同学利用数据库进行尝试性的分析与研究。

"阶级成分登记表"记载了各阶段家庭和社会关系信息与长时段的家庭历史变迁过程，使得这一史料成为集体化时代农村社会研究的重要文本。建立历史数据库，采用大数据的方法进行历史研究，不仅可以有效避免个案研究的碎片化倾向，而且可以运用社会科学的研究方法发现隐于背后的历史规律和社会逻辑。从目前山西地区的"阶级成分登记表"来看，学术界的很多课题仍值得进一步深化研究，甚至纠正偏见误识。与此同时，需要清楚的是，在将历史描述文本转化成变量数据，并运用计量方法进行研究时，需要注意以下几个问题。

一是避免唯数据论。在我们将"阶级成分登记表"转化成变量数据时，分解了连贯性的历史描述语言，可能会造成历史文本的失真。这就要求我们及时总结经验和教训，检查核对录入的数据，适时调整变量列表，尤其注意同类不同质的情况，比如房屋，有砖房、瓦房、草房、窑洞、边子、场棚等。在利用和分析数据的时候，必须参考原文，将变量放置于连贯的历史叙述中理解。切忌断章取义，以偏概全。

　　二是注意扩展史料。集体化时代的农村社会基层档案资料极为丰富，"四清"时期的"阶级成分登记表"只是浩瀚史料中的一种，且不同年代存在不同样式和内容的成分表。尽管数据库的优势不言而喻，但是不可只听登记表一面之词，而应尽量扩充史料。在可能的情况下，应将登记表放在整个村庄或地区的资料当中进行理解，并用其他类型的档案进行补充和参考。比如，"四清"阶段的收入分配，即可以参考村庄粮食分配方面的统计资料。

　　三是重视田野调查。几十年来，中国社会史研究中心一直倡导和坚持"走向田野与社会"的治学理念，其不仅仅在于地方基层档案资料的搜集保护，更为重要的是近代社会史研究必须注意地方性知识和社会实践逻辑，自下而上地研究社会结构及其变迁。因此，仅靠书斋里的苦思冥想是无法理解农村、理解农民的。数据库中诸多让人摸不着头脑的概念词语，多是地方知识的产物。比如吕梁地区称房屋为"房则"，阳高地区称内兄为"大兄哥"。

　　"四清"时期的"阶级成分登记表"记载的信息，具有回溯性的特点。因为"四清"时期的土改底册大多已经丢失，登记表上的信息多是靠访问村内"三老"和挨家挨户回忆填报得来。部分地由于这个原因，每个村庄或大队的数据质量高低不同，涵盖的细节详略不一。尽管"阶级成分登记表"有一些历史的局限，但并不妨碍其作为一种有价值的历史文本及据此形成的历史大数据来进行研究和分析。就目前学界对于该史料的利用程度来看，仍有巨大的潜力以资发掘。

余论：中国当代社会史需要一场"资料革命""史观革命"

　　1949 年以后的中国当代史已经成为"名正言顺"的二级学科，当代史的繁荣之象越来越向我们逼近。以笔者自身的感受而言，顺应这一趋势，中国当代社会史的研究也越来越受到学界重视。忆及 2007 年，田居俭先刍在《当代中国史研究》（2007 年第 3 期）发文，开始倡导"把当代社会史提上研究日程"，两年以后，笔者也在同刊发文（2009 年第 4 期），倡导从社会史的视角研究当代史，现在已有中国社会科学院当代史研究所李文先生主编的《中国当代社会史》问世，这样的局面真有出人意表之慨。此外，最近几年来，相关的专业刊物也在陆续刊登"笔谈"文章，笔者就曾先后参与了《河北学刊》、《社会科学》（上海）和《中共党史研究》三个笔谈。然而，在参与的过程中，笔者却"另有一番滋味在心头"。这就是我们一方面要积极倡导和推动当代社会史的研究，另一方面又要脚踏实地做点基础工作，切忌一哄而上，落入俗套。

早年就致力中国社会史研究的王家范先生在《社会科学》主持的"中国当代史学科建设"笔谈中，有一篇题为《史学重心的第二次下移：对当代史研究的期望》的短文，提出来这样一个问题：

> 证据越多越好，多一分证据就多一分底气。最怕的是以发现某"新史料"为满足，就此件说此事，胆大的还横加发挥延伸，由此及彼，难保不出纰漏与笑话。因此，我建议在当代史研究兴起之初，特别需要建立"史料学"课程，以培养后进，就像军训演习队形一样，看无实战效应，却是将来打仗时必须先得具备的"严守纪律"的素质基础。[①]

"当代史研究将不再有古代史学研究常遇的史料贫乏或枯竭之窘，但也可能遭遇前所未有的'史料横溢'的挑战"，这是王先生提出开设"史料学"课程的出发点。另外，中国当代史研究的资料，多限于已经公布的上层文件选编、文稿、文集、回忆录、传记、报纸、杂志等"大路货"，反映下层社会实态的基层档案、各类账册、上下级往来文件、各种会议记录、个人及家庭登记、笔记、日记、书信等以往不入法眼的"地方性"资料仍然没有得到很好利用，这是我们遭遇的另一个挑战。为应对这一挑战，我们需要"走向田野与社会"，更加深入地从事收集和整理工作。

全面的、整体的中国当代社会史，应当是"自上而下"和"自下而上"相结合的当代史；同样，它的取材和资料也应是"大路货"和"地方性"资料的结合。中国当代社会史的研究不仅需要一场"史观革命"，同样也需要一场"资料革命"。在笔者看来，"阶级成分登记表"正是中国当代社会史研究可以利用的重要资料。

法国年鉴学派的代表人物勒高夫在谈到年鉴学派创始人费弗尔《为史学而战斗》一书时写道：

---

① 王家范：《史学重心的第二次下移：对当代史研究的期望》，2013年第6期，第153页。

费弗尔在书中提倡"指导性的史学",今天也许以很少再听到这一说法。但它是指以集体调查为基础来研究历史,这一方向被费弗尔认为是"史学的前途"。对此《年鉴》杂志一开始就做出榜样:它进行了对土地册、小块田地表格、农业技术及其对人类历史的影响、贵族等的集体调查。这是一条可以带来丰富成果的研究途径。自1948年创立起,高等研究实验院第六部的历史研究中心正是沿着这一途径从事研究工作的。①

愿以勒高夫的这段话作为本文的结尾。

---

① 吕西安、费弗尔:《为史学而战斗》,巴黎1953年。

图书在版编目（CIP）数据

中国历史上的国计民生 / 陈锋，常建华主编. -- 北
京：社会科学文献出版社，2018.11
ISBN 978 - 7 - 5201 - 3183 - 4

Ⅰ.①中… Ⅱ.①陈… ②常… Ⅲ.①经济史 - 中国
- 近代 - 文集②社会发展史 - 中国 - 近代 - 文集 Ⅳ.
①F129.5 - 53②K250.7 - 53

中国版本图书馆 CIP 数据核字（2018）第 174549 号

中国历史上的国计民生

主　　编／陈　锋　常建华
副 主 编／杨国安　余新忠

出 版 人／谢寿光
项目统筹／宋荣欣
责任编辑／宋　超　赵　晨　汪延平

出　　版／社会科学文献出版社·近代史编辑室（010）59367256
　　　　　地址：北京市北三环中路甲 29 号院华龙大厦　邮编：100029
　　　　　网址：www. ssap. com. cn
发　　行／市场营销中心（010）59367081　59367018
印　　装／天津千鹤文化传播有限公司

规　　格／开　本：787mm × 1092mm　1/16
　　　　　印　张：31.75　字　数：529 千字
版　　次／2018 年 11 月第 1 版　2018 年 11 月第 1 次印刷
书　　号／ISBN 978 - 7 - 5201 - 3183 - 4
定　　价／128.00 元